AF173065

Cultural Leadership – Führung im Theaterbetrieb

Jürgen Weintz

Cultural Leadership – Führung im Theaterbetrieb

 Springer VS

Jürgen Weintz
Hochschule Niederrhein
Mönchengladbach, Deutschland

ISBN 978-3-658-31730-0   ISBN 978-3-658-31731-7   (eBook)
https://doi.org/10.1007/978-3-658-31731-7

Die Deutsche Nationalbibliothek verzeichnet diese Publikation in der Deutschen Nationalbiblio-
grafie; detaillierte bibliografische Daten sind im Internet über http://dnb.d-nb.de abrufbar.

© Springer Fachmedien Wiesbaden GmbH, ein Teil von Springer Nature 2020
Das Werk einschließlich aller seiner Teile ist urheberrechtlich geschützt. Jede Verwertung, die
nicht ausdrücklich vom Urheberrechtsgesetz zugelassen ist, bedarf der vorherigen Zustimmung
des Verlags. Das gilt insbesondere für Vervielfältigungen, Bearbeitungen, Übersetzungen,
Mikroverfilmungen und die Einspeicherung und Verarbeitung in elektronischen Systemen.
Die Wiedergabe von allgemein beschreibenden Bezeichnungen, Marken, Unternehmensnamen
etc. in diesem Werk bedeutet nicht, dass diese frei durch jedermann benutzt werden dürfen. Die
Berechtigung zur Benutzung unterliegt, auch ohne gesonderten Hinweis hierzu, den Regeln des
Markenrechts. Die Rechte des jeweiligen Zeicheninhabers sind zu beachten.
Der Verlag, die Autoren und die Herausgeber gehen davon aus, dass die Angaben und
Informationen in diesem Werk zum Zeitpunkt der Veröffentlichung vollständig und korrekt
sind. Weder der Verlag, noch die Autoren oder die Herausgeber übernehmen, ausdrücklich oder
implizit, Gewähr für den Inhalt des Werkes, etwaige Fehler oder Äußerungen. Der Verlag bleibt
im Hinblick auf geografische Zuordnungen und Gebietsbezeichnungen in veröffentlichten Karten
und Institutionsadressen neutral.

Planung/Lektorat: Cori Antonia Mackrodt
Springer VS ist ein Imprint der eingetragenen Gesellschaft Springer Fachmedien Wiesbaden GmbH
und ist ein Teil von Springer Nature.
Die Anschrift der Gesellschaft ist: Abraham-Lincoln-Str. 46, 65189 Wiesbaden, Germany

Es ist ja durchaus richtig, und alle geschichtliche Erfahrung bestätigt es, dass man das Mögliche nicht erreicht, wenn nicht immer wieder in der Welt nach dem Unmöglichen gegriffen worden wäre (Max Weber 1919).

Zu führen bedeutet nicht Macht auszuüben, sondern die Macht jener zu erhöhen, die man führt (Mary Parker Follett 1924).

Wenn wir von jemandem sagen, er ,habe die Macht', heißt das in Wirklichkeit, dass er von einer bestimmten Anzahl von Menschen ermächtigt ist, in ihrem Namen zu handeln (Hannah Arendt 1970).

„Die größte Gefahr ist nicht der Umbruch selbst – es ist das Handeln mit der Logik von gestern" (Peter Drucker 2001).

„Man kann nur versuchen, im Theaterbetrieb nicht das zu reproduzieren, was wir außen anklagen" (Sibylle Berg 2017).

„Dieses Thema, die Organisationsform von Theater, treibt mich sehr um. Wie kann man Hierarchiestufen in Frage stellen? Wie mehr Menschen von Anfang bis Ende an einem Produktionsprozess beteiligen?" (Barbara Mundel 2020).

Vorwort

Kann man angesichts einer Epidemie, die schlimmer als eine biblische Plage immer noch auf dem ganzen Planeten wütet und existenzielle Folgen für viele Menschen, aber auch gravierende Folgen in sozialer, kultureller, wirtschaftlicher und politischer Hinsicht nach sich zieht, noch über ein solches ,Luxus'-Thema wie die Krise des Theaters, mögliche Reformen sowie tradierte und neue Führungsmodelle sprechen? Welchen Wert hat es, ein Buch über Cultural Leadership und Führung im Theaterbetrieb zu schreiben, wenn die Theater-, Opern- und Konzerthäuser über eine so lange Zeitspanne geschlossen werden mussten?

Ich bin davon überzeugt, dass es – gerade jetzt, wo Kunst und Kultur für eine lange Zeit in virtuelle Räume verdrängt wurden – einen tieferen Sinn ergibt, sich mit dem Sehnsuchtsort und Erfahrungsraum Theater näher zu beschäftigen, der wie kein anderer für Öffentlichkeit, lebendige Begegnung, Austausch und Auseinandersetzung steht. Die Zeiten werden sich ändern und ich hoffe daher sehr, dass – wenn dieses Buch erscheint – Besuche von Theater, Oper und Konzert wieder dauerhaft und in gewohnter Weise möglich sind und dass es dann auch wieder ganz besonderen Sinn macht, Gegenwart und Zukunft des Theaters genauer zu betrachten.

Das Jahr 2020 hat auf drastische Weise verdeutlicht, welch wichtige Funktion Kultureinrichtungen – und hier insbesondere die Theater – für Kommunikation, Austausch und Zusammenhalt haben (vgl. Knoblich 2020). Es wurde mit einem Schlag augenfällig, was fehlt, wenn flächendeckend alle Theater-, Opern- und Tanzaufführungen sowie Konzerte abgesetzt werden müssen und im besten Fall nur noch als mediales Surrogat rezipiert werden können.

Die Corona-Krise hat schmerzlich vor Augen geführt, dass Kunst und Kultur sowie die entsprechenden Infrastrukturen auch eine Systemrelevanz besitzen.

Daher darf die vielfältige bundesdeutsche Kultur- und Theaterlandschaft – als
Ort für gesellschaftliche Diskurse – aufgrund der finanziellen Auswirkungen der
Pandemie keinen Schaden nehmen (vgl. ebd.). Die bisher von staatlicher Seite
vorgenommenen Investitionen zur Abmilderung der wirtschaftlichen und sozialen
Folgen der Epidemie und auch die in Zukunft dringend erforderlichen Aus-
gaben im Bereich der städtischen Infrastrukturen dürfen nicht dazu führen, dass
der Kulturbereich mehr und mehr an den Rand gedrängt wird. Dies gilt auch für
die bundesdeutschen Stadt-, Landes- und Staatstheater. So unterstreicht auch der
Schauspieler Ulrich Matthes: „Bei den Verteilungskämpfen, die es nach Corona
geben wird, werden bestimmt manche Bürgermeister mittelgroßer Städte sagen:
‚Na, jetzt machen wir das Stadttheater zu, wir müssen 150 Mio. sparen und die
Schulen und die maroden Brücken sanieren'. Dieses Gegeneinanderausspielen
muss unbedingt verhindert werden" (Matthes 2020, S. 47).

Die bundesdeutschen Theater und das ihnen zugrunde liegende Theatersystem
waren bereits vor der Corona-Epidemie in einer strukturellen und ökonomischen
Krise verhaftet sowie in ihrer Existenz bedroht. Und es besteht die Gefahr, dass
das Covid 19-Virus zu einem Beschleuniger der bereits bestehenden Probleme
wird (vgl. Balme 2020, S. 48 f.), denn es ist nicht nur temporär ein großer Teil
der Eigeneinnahmen der Theater weggebrochen, der durch die Träger gegen-
finanziert werden muss, sondern Politik und Gesellschaft müssen nun zusätzlich die gewaltigen Folgen der Pandemie bewältigen. Daher ist zu hoffen, dass
das öffentliche Theater – entgegen einiger dystopischer Szenarien – weiterhin
als systemrelevantes, meritorisch-wertvolles Gut und nicht als unbezahlbarer
Luxus betrachtet wird und dass die viel gepriesene deutsche Theaterlandschaft im
heutigen Umfang erhalten bleibt.

In den letzten Jahren gab es eine Reihe von Denkanstößen, wie die Rettung
des Theaters und des Theatersystems gelingen könnte. Diese zielen nicht allein
auf das finanzielle Überleben der Bühnen, sondern letztlich auf eine Reform ihrer
Organisations- und Führungsstruktur, und zwar durch mehr aktive Beteiligung
der Politik, Beschränkung des vertikalen Aufbaus, Erprobung neuer Führungsmodelle, mehr Teilhabe für Ensemble und Mitarbeiterschaft, Drosselung der
Überproduktion, Verbesserung der Arbeitsbedingungen für die künstlerisch
Beschäftigten, Überwindung des Gender Gap sowie Abbau der Tarif- und
Gagenungerechtigkeit (vgl. vor allem Schmidt 2012, 2017, 2019, 2019a, 2019b,
Schneider 2013, Beiträge auf dem Blog Nachtkritik 2011–2019 und Ensemble-
netzwerk 2019)

Die öffentlichen Stadt-, Landes- und Staatstheater sind zum größten Teil
immer noch hierarchisch konstruierte Kultur-Organisationen, die auf der

asymmetrischen Machtverteilung zugunsten einer oder weniger Personen basieren und dazu beitragen, dass Mitarbeiter in hohem Maße abhängig sind von der Führungsspitze (vgl. auch Hausmann 2019a, S. 18 f.; Mohr 2020, S. 6). Vor diesem Hintergrund haben sich mittlerweile viele Theaterschaffende zu Netzwerken wie „Art but fair", „Pro Quote Bühne", Ensemblenetzwerk", „Regie-Netzwerk", „Dramaturgie-Netzwerk" oder „Dancersconnect" zusammengeschlossen und beteiligen sich nicht nur konstruktiv an der Reformdebatte, sondern beflügeln auch mit originellen, höchst wirksamen Aktionen die Lobbyarbeit für das Theater. Man denke nur an die Initiative „40.000 Theatermitarbeiter/innen treffen ihre Abgeordneten", die im Jahr 2016 maßgeblich von der Dramaturgischen Gesellschaft und vom Bund der Szenografen ins Leben gerufen wurde.

Nun liegt es vor allem in den Händen der Kulturpolitik, der Aufsichtsgremien, der Theaterleitungen, der Gewerkschaften und auch des Deutschen Bühnenvereins, sich nicht die Verantwortung für tief greifende Neuerungen gegenseitig zuzuschieben, sondern sich in einer konzertierten Aktion stärker in den Reformprozess mit einzuklinken und einen Stabwechsel an die jüngeren nachrückenden Generationen von Theaterschaffenden vorzubereiten.

Erfreulicherweise haben sich in den letzten Jahren etliche Theater bereits auf den Weg gemacht und die eine oder andere Teilreform in Angriff genommen. Und auch der Deutsche Bühnenverein hat vereinzelte Neuerungen angestoßen wie einen Vorschlag für einen Werte- und Verhaltenskodex, die Mitbegründung der „Vertrauensstelle Themis gegen sexuelle Belästigung und Gewalt e. V.", die Vereinbarung einer leicht erhöhten, künstlerischen Einstiegsgage sowie den verstärkten Kündigungsschutz von schwangeren Schauspielerinnen. Dies alles kann aber nur ein Anfang sein.

Nicht selten wird die vertikale Organisation der Theater und insbesondere das etablierte Führungsmonopol der Intendanz als Kristallisationspunkt der Krise identifiziert, da dieses grundlegenden Reformen im Weg stehe, eine wirkliche Teilhabe der Mitarbeitenden verhindere und anfällig für den Missbrauch von Macht in allen erdenklichen Formen sei. Vor allem aber sei hier die Ursache für mangelnde künstlerische Innovation und die fehlende Wandlungsfähigkeit der Institution zu suchen (vgl. Schmidt 2019a, S. 9,12). In der Tat kommt eine Reform der Organisations- und Führungsstruktur der Theater an der kritischen Befragung des Intendantenmonopols und der Erprobung neuer Leitungsmodelle nicht vorbei.

Andererseits kann keine Organisation – wie noch gezeigt wird – völlig ohne hierarchische Entscheidungsbefugnis existieren und oft sind es gerade die

Führungsspitzen, die Wandlungsprozesse konsequent vorantreiben könnten. Das Ziel kann daher nicht in der Abschaffung der Intendanz liegen, sondern es sollte um Teilung von Macht und Einfluss in Form von Co- oder Shared Leadership gehen, ohne das hierarchische Gefüge in der Gänze aus den Angeln zu heben.

Allerdings sind mit der Etablierung eines Teams an der Spitze, bei dem Führung auf mehrere/n Schultern ver- oder geteilt wird, weitere grundlegende Herausforderungen noch nicht gelöst: wie die Ermöglichung von mehr Partizipation durch die situative Teilung von Führung auch auf den nachgeordneten Ebenen, die verbriefte Gewährung von mehr Mitsprache in den Gremien, die Begrenzung der Überproduktion, die Verbesserung der prekären Arbeitskonditionen für die künstlerischen Beschäftigten sowie die Beseitigung der Geschlechterungerechtigkeit.

Ob im Kontext einer Allein- oder einer Team-Intendanz: Bei Wandlungsprozessen hat die Ebene der obersten Führung nach wie vor eine Schlüsselrolle inne. Daher stehen zuallererst die Aufsichtsgremien und die Intendanzen in der Verantwortung, den Bedarf für die Weiterentwicklung ihres Theaters zu erkennen, selbst die Initiative zu ergreifen, Impulse seitens der Stakeholder aufzunehmen, mögliche Ziele und Schritte gemeinsam mit Belegschaft und Ensemble zu erarbeiten sowie die Umsetzung zu begleiten und zu evaluieren. Dies sollte am Ende dazu führen, dass die Intendantenebene einen Teil ihrer Macht mit Ensemble und Mitarbeiterschaft teilt. Darüber hinausgehende systematische Veränderungen – wie die Beseitigung der flächendeckenden Gagenungerechtigkeit an den öffentlichen Theatern – können allerdings nur im Schulterschluss zwischen der Kulturpolitik, dem Deutschen Bühnenverein, den Gewerkschaften und den Netzwerken von Theaterschaffenden wie dem Ensemblenetzwerk angebahnt und umgesetzt werden.

Das vorliegende Buch rückt aus der Perspektive der Kulturmanagementlehre den Themenkomplex der Führung im Kontext der bundesdeutschen Bühnen in den Mittelpunkt der Betrachtung. Dabei soll untersucht werden, ob und inwieweit die teilweise parallel geführten Diskurse über Führung und Leadership in den Management Studies, in der Kulturmanagementlehre unter dem neuen Leitbegriff des Cultural Leadership und in der aktuellen Debatte um eine Stadttheaterreform so miteinander verschaltet werden können, dass sich daraus ein neues Verständnis von Führung im Stadttheaterbereich ableiten und zugleich der Begriff des Cultural Leadership konkreter fassen lässt. Kurz gefasst lautet die Kernfrage: Welche konkreten Anregungen bieten aktuelle Positionen innerhalb der Managementlehre und der Cultural Leadership-Debatte für das Verständnis von Führung und Organisation im Theaterbetrieb sowie für eine angemessene Führungspraxis?

Dabei sollen alle drei Dimensionen von Führung untersucht werden: die *Unternehmens-* oder *Organisationsführung*, die *Mitarbeiterführung* sowie die *Selbstführung* im Sinne von Selbstreflexion als einer wesentlichen Voraussetzung von Führungskompetenz. Und es werden *alle Ebenen* einbezogen, die im Theater Führungsverantwortung tragen oder an Führung mitwirken: die Aufsichtsgremien der Gesellschafter, die Intendanz und Geschäftsführung, die mittlere Führungsebene, die Regieführung als künstlerischer Kernprozess sowie der Einfluss auf das Führungsgeschehen durch Mitarbeiterschaft und Ensemble hinsichtlich der formalen Rechte des Betriebs- oder Personalrats, der informellen ‚Führung von unten', der geteilten Führung und der Frage nach einer Ausweitung der Mitsprachemöglichkeiten.

Dieses Buch will sich als Handreichung verstanden wissen zur Auseinandersetzung mit zeitgemäßen Führungskonzepten für den Theaterbetrieb sowie zur eigenen Selbstvergewisserung und Positionierung. Es ist gedacht für Entscheider in der Kulturpolitik, für Führungskräfte auf allen Ebenen im Kultur- und Theaterbereich, für Ensemblemitglieder und Theatermitarbeiter, für Kulturschaffende sowie Lehrende und Studierende in den Bereichen des Kulturmanagements, des Theatermanagements sowie der Theaterwissenschaften.

Die Untersuchung greift zurück auf eigene Erfahrungen als Regisseur und Kulturmanager im Kontext des freien wie des städtischen Theaters sowie im Bereich der künstlerisch-kulturellen Weiterbildung, auf Datenmaterial aus Statistiken und Untersuchungen sowie auf den informellen Austausch mit Intendanten/innen bzw. kaufmännischen Geschäftsführern/innen, weiteren Theaterschaffenden an deutschsprachigen Bühnen sowie Vertretern/innen von Verbänden und anderen Anspruchsgruppen. Und sie geht zurück auf die Teilnahme an den – vom Ensemblenetzwerk mit initiierten – bundesweiten Ensembleversammlungen in den Jahren 2018 und 2019.

Allen Gesprächspartnern und Gesprächspartnerinnen, die mir für Fragen zur Verfügung gestanden haben, möchte ich an dieser Stelle herzlich danken. Im Besonderen möchte ich mich bedanken bei Marc Stefan Sickel, dem Geschäftsführenden Intendanten und Ersten Betriebsleiter des Nationaltheaters Mannheim, dessen Namen ich hier auch nennen darf. Darüber hinaus möchte ich mich für hilfreiche Anregungen bedanken bei Sabine Nolde (Stellvertretende Vorsitzende und Landesvorsitzende Nord der GDBA), Lisa Jopt (Sprecherin des Ensemblenetzwerks) und Laura Kiehne (Referentin des Ensemblenetzwerks), Dorothea Marcus, Elke Weber, Jens Breder, Anna Volkland, Judith Hoffmann und Karin Klossek.

Ich möchte mich aber auch – und dies geht über die üblichen Usancen hinaus – bei den Gründern und Gründerinnen sowie unzähligen Autoren und Autorinnen des ersten unabhängigen, überregionalen Online-Theaterfeuilletons ‚Nachtkritik‘ bedanken, das im Mai 2007 gegründet wurde und das seit vielen Jahren ein wichtiger Impulsgeber für die Stadttheaterdebatte ist.

Ein weiterer Dank gilt meinen Kollegen/innen Prof. Dr. Felicitas Lowinski und Prof. Dr. Theodor Maria Bardmann von der Hochschule Niederrhein für die Unterstützung während meines Forschungsfreisemesters, dem Dekanatsteam des Fachbereiches 06 der Hochschule Niederrhein, bestehend aus Prof. Dr. Michael Borg-Laufs, Prof. Dr. Sabine Krönchen und Prof. Dr. Claudia Bundschuh, meinem Kollegen Prof. Dr. Burkhart Brückner, allen Kollegen und Kolleginnen unseres Fachbereichsrats aus der Amtsperiode 2018–2020 sowie den Studierenden in unserem Bachelorstudiengang „Kulturpädagogik“ und unserem Masterstudiengang „Kulturpädagogik /Kulturmanagement“.

Darüber hinaus möchte ich auch meinen Lektorinnen Nora Valussi, Stefanie Eggert und Cori Mackrodt sowie Katharina Gonsior aus dem Projektmanagement von Springer VS danken. Und schließlich gilt ein ganz besonders herzlicher Dank meiner Frau Anke, die in der Zeit der Entstehung dieses Buches mit hilfreichen Anregungen, Verständnis und Unterstützung an meiner Seite war sowie meiner Tochter Leoni.

Düsseldorf, im September 2020

Inhaltsverzeichnis

Einleitung 1

Führung und Kulturbetrieb

Die rasanten Umweltveränderungen stellen Wirtschafts- wie Kulturbetriebe permanent vor neue Herausforderungen. Sie sehen sich komplexen Aufgabenstellungen gegenüber, deren ausschließliche Bewältigung durch eine vertikale Organisationsarchitektur sowie wenige, allein verantwortliche, Akteure kaum mehr sinnvoll erscheint. Daher haben sich innerhalb der letzten beiden Jahrzehnte in den Management-Studies systemisch-postheroische Sichtweisen auf Führung durchgesetzt, die die tradierten, heldenhaften ‚Great (Wo)Man'-Konzepte überwinden und die eine Ergänzung der tradierten Hierarchie durch geteilte Führung und situative Einbeziehung der Mitarbeiterexpertise[1] in Form von selbstorganisierten Teams als notwendig betrachten.

Auch Kulturorganisationen sind heutzutage mehr denn je auf kreative, ambitionierte Mitarbeitende angewiesen, die mit immer neuen Problemstellungen umgehen müssen, die aber ihrerseits – und das ist neu – selbstbewusst Erwartungen an ihr Arbeitsfeld formulieren. Die *nachrückenden Generationen Y und Z* lassen sich nicht mehr ohne weiteres unter die etablierten Strukturen subsumieren. Sie legen nicht nur Wert auf faire Arbeitskonditionen und Geschlechtergerechtigkeit, sondern auch auf Transparenz, Teamarbeit und Partizipation an maßgeblichen Entscheidungen, Selbstwirksamkeit und Sichtbarkeit der eigenen Performance sowie auf angemessene Kommunikations- und respektvolle Umgangsweisen. Auch vor diesem Hintergrund rücken in den all-

---

[1]Zum Zwecke der besseren Lesbarkeit wird in der Regel auf die gleichzeitige Nennung weiblicher und männlicher Sprachformen verzichtet. Alle Personenbezeichnungen gelten für alle Geschlechter.

© Springer Fachmedien Wiesbaden GmbH, ein Teil von Springer Nature 2020
J. Weintz, *Cultural Leadership – Führung im Theaterbetrieb*,
https://doi.org/10.1007/978-3-658-31731-7_1

gemeinen Management Studies die *Mitarbeitenden selbst* immer mehr in den
Fokus. Die gemeinsame Schnittmenge vieler Untersuchungen besteht darin,
dass sie Organisations- und Führungsmodelle konturieren, die den Geführten
mehr Möglichkeiten zur *Teilhabe* und zur *Mitgestaltung* bieten. Auch wenn die
Corona-Pandemie vor allem die jüngeren Arbeitnehmer und Arbeitnehmerinnen
durch Kündigungen, Kurzarbeit sowie die Streichung von Ausbildungs-
plätzen und Praktikumsstellen vorübergehend in die Defensive gedrängt hat,
(Dettmer et al. 2020), werden diese ihre Ansprüche an die Arbeitstätigkeit nicht
ohne Weiteres aufgeben – vor allem dann, wenn die Konjunktur nach der zu
erwartenden Delle wieder anspringt und sich die (vorübergehend zugespitzte)
Arbeitsplatzunsicherheit wieder verflüchtigt hat.

Während im Kontext des Kulturmanagements und der öffentlichen Kultureinrichtungen noch bis vor kurzem eher Themen wie Marketing, Branding oder
Audience Development im Vordergrund standen (vgl. auch Salzwedel 2017;
Hausmann 2017, S. 36 und vgl. Föhl/Glogner-Pilz 2017, S. 18), hat nun unter
dem Leitbegriff des *Cultural Leadership* eine Diskussion um eine neue Kultur
des Führens begonnen, die die neueren Erkenntnisse aus den Management-
Studies auch für den Kulturbereich nutzbar machen will. Und auch im Bereich
der *öffentlichen Theater* ist mittlerweile eine lebendige Debatte zur Reform ihrer
Organisations- und Führungsstruktur entbrannt. Die Auseinandersetzung mit
Führungsfragen im Kultur- und Theaterbetrieb begann in der Kulturmanagementlehre durch die Veröffentlichungen von Armin Klein (2009) und Andrea
Hausmann/Laura Murzik (2013) sowie in der Theatermanagement- und Kultur-
politik-Lehre durch die Positionsbestimmungen von Thomas Schmidt (2012,
2017, 2019, 2019a) und Wolfgang Schneider (2013), die beide wichtige Impulse
zur aktuellen Stadttheaterdebatte lieferten.

Die Gründe für das aktuell erwachte Interesse an Führungsthemen im Kulturbereich ergibt sich aus einem erhöhten Komplexitätsdruck, der sich zum einen
speist aus Unberechenbarkeit und Unsicherheit der Umweltbedingungen – eine
Entwicklung, die kurz und knapp mit dem Begriff der sogenannten VUCA-Welt
umrissen wird (vgl. Hoffmann 2019, S. 7). Zum anderen müssen sich die Kulturinstitutionen verstärkt auseinandersetzen mit den Herausforderungen des Fachkräftemangels, der (Post-)Migration, der Diversität sowie des bereits erwähnten
Generationenwechsels. Hinzu kommt die, durch die Covid 19-Epidemie zusätzlich verstärkte, Mega-Herausforderung der Digitalisierung, die auch kulturelle
Produktions-, Arbeits-, Distributions- und Rezeptionsweisen massiv verändert
(hat) (vgl. auch Föhl/Glogner-Pilz 2017, S. 134).

Die zunehmende Auseinandersetzung mit Führungsfragen ist aber auch
dem Umstand geschuldet, dass man im Kultursektor (und hier insbesondere

im Theaterbereich) auf der Suche ist nach Alternativen zum tradierten vertikalen Führungsmodell mit Machtmonopol und alleiniger Entscheidungsbefugnis. Dieses Modell der ‚One (Wo)Man Show‘, des ‚Roi Soleil‘ oder ‚Imperator Unicus‘, das mit kaum zu erfüllenden Erwartungen an eine allseits kompetente, künstlerisch bahnbrechende und charismatische Führungspersönlichkeit verknüpft ist, wird zunehmend kritisch befragt und stattdessen wird eine Kombination von vertikaler und geteilter Führung in den Diskurs eingebracht (vgl. auch Schramme 2016, S. 1). Seit den 90er Jahren hatte sich zwar neben dem Modell der alleinigen Führungsverantwortung die Konstruktion des Dual Leadership aus künstlerischer und kaufmännischer Führung herausgebildet (vgl. Mandel 2018, S. 5 f). Allerdings blieb dabei in der Regel die Verwaltungsleitung immer noch nachgeordnet. Mittlerweile aber wird unter dem Label des *Cultural Leadership‘* das Modell einer konsequenter *geteilten* Führung als einer notwendigen Ergänzung zum hierarchischen Prinzip diskutiert, da auf diese Weise die komplexen Aufgaben eher bewältigt werden können.

Bei *geteilter* Führung auf der gleichen Führungsebene liegt eine vollständige Rollen-Überlappung vor, sodass *alle* Entscheidungsbefugnisse von zwei oder mehreren Akteuren im Sinne eines *‚Co- bzw. Shared Leadership‘ gemeinsam* geteilt werden. Bei *ver*teilter Führung –*‚Distributed Leadership‘* – ist allerdings bei Doppelspitze oder Leitungsteam auf der gleichen Hierarchie-Ebene eine Rollenüberlappung nur teilweise gegeben, sodass für abgegrenzte Bereiche eine exklusive *Teilführerschaft* und nur bei wenigen Themen eine gemeinsame Führung übernommen wird (vgl. Endres/Weibler 2019, S. 6 ff). *Geteilte* Führung hingegen als Grundprinzip von ‚Cultural Leadership‘ ermöglicht nicht nur einen höheren Beteiligungsgrad für die Geführten und ein gesteigertes Reflexionslevel im Hinblick auf Führung überhaupt, sondern kann auch dazu beitragen, öffentliche Kultureinrichtungen als attraktives Arbeitsfeld für Kulturschaffende zu erhalten sowie zeitgemäße Programme zu entwickeln, die einer veränderten Bevölkerung in ihrer Vielfalt mehr Rechnung tragen (vgl. Mandel 2018, S. 5 f; 14 f).

Nach Birgit Mandel wird *‚Shared Leadership‘* zwar von jüngeren Führungskräften im Kulturbereich favorisiert, sie würden allerdings auch ihr Scheitern zurückmelden, die verfestigten Konstellationen und institutionellen Logiken aufzubrechen. Dies könne – so Mandel – nur im Schulterschluss mit einer konzeptbasierten Kulturpolitik gelingen (ebd. S. 15). In der Tat ist die Bedeutung einer *aktiven* Kulturpolitik, die auf eine Verflüssigung der etablierten Ordnung hinwirken kann, nicht zu bestreiten. Dies wird noch an anderer Stelle ausführlich erörtert. Allerdings muss betont werden, dass das Modell der *geteilten* Führung nur als notwendige *Ergänzung* zur vertikalen Führung zu betrachten ist, denn

Hierarchie kann nicht völlig ersetzt, sondern allenfalls durch heterarchisch-selbstorganisierte Arbeitsweisen *eingegrenzt* werden. Damit *situativ geteilte* Führung überhaupt nachhaltige Erfolge erzielen kann, ist es zudem erforderlich, sie auf möglichst viele Ebenen in der Kulturorganisation auszudehnen. Dass über das Modell der geteilten Führung hinaus aber noch *weitere* manageriale und soziale Fragen im Theaterbetrieb angegangen werden müssen, wird noch an anderer Stelle verdeutlicht.

Die Situation der bundesdeutschen Theater
Wenn im Laufe dieser Arbeit aus Lesbarkeitsgründen vom Stadttheater gesprochen wird, geschieht dies wohlwissend, dass unter dem Label Stadttheater eine Homogenität der Theater suggeriert wird, die so nicht besteht, denn die einzelnen Bühnen unterscheiden sich teilweise gravierend voneinander und zwar: im Hinblick auf Ausrichtung, Sparten, Mitarbeiterzahl (von 70 bis weit über 1000 Personen), auf die Träger-, Leitungs- und Organisationsstruktur, auf den regionalen Kontext (Stadt oder Land bzw. Osten oder Westen) sowie auf Förderart und Förderumfang.

Auch Führung im öffentlichen Theaterbetrieb muss die sich permanent ändernden Umweltbedingungen in den Blick nehmen, worauf zeitgemäße Antworten gefunden werden müssen. So steckt die öffentlich geförderte, bundesdeutsche Landschaft der Stadt-, Landes- und Staatstheater – und um diese soll es hier gehen – in einer tief greifenden Krise (vgl. Vorwerk 2012, S. 13 ff; Schmidt 2017, S. 47–180, 199–218). Sie steht vor einer gewaltigen Umbruchsituation und ist – auch durch die Covid 19-Epidemie – in ihrer Substanz gefährdet wie noch nie zuvor. Die Theater- und Opernhäuser sind teure Orte der Kunstproduktion. Dies liegt nicht nur daran, dass Konzeption und Produktion in einem großen Manufakturbetrieb erbracht werden, in dem viele Instanzen, Abteilungen, Gewerke und Berufsbilder beteiligt, sondern auch daran, dass sich das Theater im Zeitalter technischer Reproduzierbarkeit und medialer Überschwemmung als transitorische Kunst gegenüber der seriellen Replizierung sperrt: Den Darstellenden Künsten ist das ‚Live'-Erlebnis mit eindringlicher und zugleich flüchtiger Präsenz immanent. Gerade diese Kombination von Personalintensität und mangelnder Reproduzierbarkeit führt dazu, dass Theater vergleichsweise teuer ist, macht aber andererseits seinen spezifischen Reiz aus (vgl. auch Scheytt 2008, S. 160–161). Die komplexe, arbeitsteilige Produktionsweise führt zu unvermeidlich hohen Aufwendungen und zu einem besonderen Förderungsbedarf. Dies sollte Theaterleitungen, Theaterschaffende, Netzwerke, Gewerkschaften und vor allem die Kulturpolitik daher weiterhin motivieren, immer wieder auf die *ästhetische Besonderheit* und auch auf die *gesellschaftliche Funktion* des

Theaters hinzuweisen, die nach Roland Schimmelpfennig darin besteht, ein Ort gegen die Vereinzelung und für die Entwicklung kultureller Identität zu sein (vgl. Die Deutsche Bühne 05/2020, S. 10).

Die Theater bieten in Zeiten von Vereinsamung und Selbstoptimierung, von medialer Halb- und Desinformation, von sozialen Verwerfungen, Abschottung in Communities und politischer Radikalisierung immer noch Orte der Zusammenkunft, der Identifikation, der ästhetischen Herausforderung, der Reflexion, der Auseinandersetzung und des Widerspruchs. Das Theater eröffnet erst recht seit der Grenzerfahrung des monatelangen *Social Distancing* im Zuge der Corona-Epidemie einen Raum für einzigartige, intensive künstlerische und zwischenmenschliche Begegnungen in einem ‚Common Space'. Grundlegende Wesensmerkmale des Theaters sind die einzigartige Überschneidung von ästhetisch organisiertem und alltäglich-realem Leben (Lehmann 2001, S. 12) bzw. von Repräsentation und Präsenz (Fischer-Lichte 2004, S. 255), seine *Flüchtigkeit* und *Einmaligkeit* sowie das *Uno-actu-Prinzip,* das auf der ‚Hier und Jetzt'- Einheit von Produktion und Rezeption im kommunikativen Ereignis der Aufführung beruht. Daher ist auch das öffentliche Theater mehr denn je ein Ort des lebendigen, interaktiven Austauschs zwischen den Mitwirkenden, zwischen Bühne und Parkett sowie innerhalb der Zuschauer selbst (vgl. Weintz 2008, S. 136; 145 f). Das Theater dient der ästhetischen, politischen, stadtgesellschaftlichen und menschlichen Verständigung auf klassisch-analogem Wege. Wo sonst, wenn nicht im Theater, entstehen zugleich sinnlich greifbarere, emotional anrührendere und geistig differenziertere, öffentliche ‚Metakommentare' zur Gesellschaft und zum eigenen Leben (vgl. auch Turner 1989, S. 15, 170). Das Theater kann daher auch verstanden werden als ein „Laboratorium sozialer Phantasie" (Heiner Müller 2014, S. 25) oder gar als eine der ‚radikalsten Formen der Erprobung des Sozialen' zwischen Schauspielern und vor Publikum, denn die Bühne fordert wie keine andere soziale Form zur Beobachtung zweiter Ordnung heraus und führt diese zugleich vor (vgl. Baecker 2013, S. 7, 18 f). Theater sind daher nicht nur Orte der künstlerischen Auseinandersetzung, sondern auch im besten Sinne "Erfahrungsräume der Demokratie (…) (denn) im Theater wird exemplarisch durchgespielt, was Demokratie ausmacht: nämlich das Aufeinanderprallen extrem unterschiedlicher Standpunkte auszuhalten – und diskursiv zu kanalisieren" (Harald Wolff 2016).

Ungeachtet dieser besonders schützenswerten, ästhetischen und gesellschaftlichen Funktion der deutschen Stadt-, Landes- und Staatstheater befinden sich diese in einer systembedingten, ökonomischen und politischen Bedrängnis von nie da gewesenem Ausmaß. Es droht über kurz oder lang ein Kollaps auf breiter Front: Es wird immer mehr produziert, an immer mehr Spielstätten, mit immer weniger Beschäftigten und kürzeren Probenzeiten, mit stagnierender Publikums-resonanz, bei immer weiter steigenden, allgemeinen Kosten sowie regelmäßigen Tariferhöhungen (vgl. auch Vorwerk 2012, S. 18) – und dies bei oft eingefrorener oder gar rückläufiger öffentlicher Förderung, was gerne mit dem Ruf nach mehr Selbstverantwortung und dem schlanken Staat begründet wird.

Der Personalkostenanteil betrug in der Spielzeit 2017/2018 ähnlich wie in den vorangegangenen Spielzeiten im Durchschnitt 72,6 % des Gesamtbudgets (vgl. Deutscher Bühnenverein 2019, S. 259), was den Spielraum für aufwendigere oder experimentellere Produktionen bereits seit Jahren stark einengt. Da die öffentliche Förderung mehr oder weniger stagniert, versuchen die Theater mit enormem Kraftaufwand die Produktionsfrequenz und damit die Eigeneinnahmen zu erhöhen – ein nur begrenzt wirksames Instrument, das den Theaterapparat aufs Äußerste strapaziert und die künstlerische Qualität letztlich gefährdet. Ensembles und Mitarbeiterschaft wurden bereits weitgehend ausgedünnt bzw. feste Stellen oft in Zeit- und Werkverträge umgewandelt. Nicht selten wurden am Ende einzelne Sparten aufgelöst oder das eigene Haus entweder mit einer anderen Bühne fusioniert oder sogar ganz geschlossen. Im Zeitraum zwischen 1999 und 2016 sind insgesamt 25 Theater zusammengelegt oder geschlossen worden und von den insgesamt 140 öffentlichen Häusern wurde oder wird aktuell ein knappes Drittel von massiven Kürzungen, Spartenauflösungen oder Komplettschließungen bedroht (vgl. Schmidt 2019, S. 37 f).

Bei all diesen drastischen Maßnahmen und Rettungsversuchen blieb die tradierte Organisations- und Führungsarchitektur weitestgehend unangetastet. Politik und Intendanzen pochten auf die Fortschreibung des Status quo und reproduzierten die etablierte Ordnung weiter. Dies führt zu dem Paradox, dass die alltägliche Führungs- und Arbeitspraxis am Theater im diametralen Gegensatz zu den humanen Werten steht, die auf der Bühne eingefordert werden. Obwohl Theater eine soziale, kollektive Kunstform ist, blieben die aus dem 19.Jahr-hundert stammenden spätfeudalen Machtverhältnisse an den Bühnen und die oft unzumutbaren Arbeitskonditionen für die künstlerisch Mitarbeitenden erhalten: "Der Theaterbetrieb (scheint) tatsächlich ein Bereich zu sein, der an allen Symptomen der Steigerungslogik leidet, wenn man ständig in hierarchischen Verhältnissen, aber auch unter permanenten Steigerungszwängen steht (...). (Es) muss immer mehr geboten werden, jedenfalls in der Wahrnehmung, um überhaupt noch Publikum anzuziehen (...) Vor allem hat man es (...) mit sehr kurzfristigen Verträgen und Engagements zu tun, so dass die meisten Theater-schaffenden in ziemlich erbarmungslose Hamsterräder gezwungen sind" (Rosa 2017, S. 25).

Die verbliebenen Ensembles und Belegschaften arbeiten häufig zu unzumutbaren Konditionen, die sich wie folgt beschreiben lassen: oft fünf oder mehr Produktionen pro Schauspieler je Spielzeit, ungerechte Vergütungen für die nach NV Bühne bezahlten künstlerisch Tätigen, prekäre, kurzfristige Beschäftigungsverhältnisse, eine ausgeprägte Genderungerechtigkeit (nicht nur im Hinblick auf die Bezahlung, sondern auch hinsichtlich der Karriere-Chancen) sowie wenig Möglichkeiten der Mitsprache und der Mitgestaltung. Zugespitzt könnte man meinen, dass die öffentlichen Theater selbst zum *Paradebeispiel* des *Turbokapitalismus neoliberaler Prägung* geworden sind, der auf der Theaterbühne regelmäßig kritisiert wird. Konsequentes politisches Theater darf aber vor den eigenen Türen nicht Halt machen, sondern muss auch an den eigenen Herstellungsformen arbeiten (vgl. Kuhlmann 2011, S. 117).

Ulf Schmidt beschrieb 2014 die Situation an den bundesdeutschen Bühnen wie folgt: „Wir sehen einen Rückgang regulärer Beschäftigungsverhältnisse: 14 % weniger Mitarbeiter gesamt. Ein Drittel weniger Schauspieler in den letzten 20 Jahren. Zugleich sehen wir die Tendenz zur Lohndrückerei dort, wo der gewerkschaftliche Widerstand offenbar schwach ist: bei den Schauspielern, deren reales Gehalt in den letzten 20 Jahren inflationsbereinigt um dramatische 50 % gesunken ist. Und wir sehen eine massive Zunahme irregulärer Zeit- und Werkverträge (…) Diese massive Zunahme an unstetigen Beschäftigungsverhältnissen ist frappierend (…) Das ist kein theaterexklusives Phänomen. Sondern das sind bereits die Überforderungssymptome der nächsten Gesellschaft. Immer weniger Mitarbeiter müssen unter immer schlechteren Bedingungen immer mehr produzieren (…) Das ist eine katastrophale Entwicklung. Und sie lässt die schleichende Abwicklung der deutschen Theaterlandschaft als eine reale Gefahr erscheinen" (U. Schmidt 2014).

Die Theaterleitungen, aber auch die Kulturpolitik, die Theaterschaffenden, die Gewerkschaften sowie der Deutsche Bühnenverein als Arbeitgeberverband stehen vor der Frage, wie eine angemessene Antwort auf die systembedingte Misere aussehen und ob diese darin bestehen kann,

a) so weiter zu machen wie bisher, die tradierte Ordnung zu erhalten und die gegenwärtigen Produktionsquoten – bei stagnierenden Budgets und verschlanktem Personal – möglichst aufrecht zu erhalten, um dadurch die Eigeneinnahmen (in begrenzter Weise) zu steigern und/oder

b) in einer permanenten Auseinandersetzung mit der Politik eine bessere Absicherung der Bühnen durch höhere Fördergelder auf kommunaler, Landes- oder auch Bundesebene anzustreben – was zwar angemessen erscheint, jedoch angesichts der leeren öffentlichen Kassen sowie der weitreichenden wirtschaftlichen und sozialen Folgen durch die Corona-Pandemie nur begrenzte Aussicht auf Erfolg haben dürfte oder

c) die Krise als Chance für eine umfassende Veränderung der bestehenden Strukturen zu begreifen, und zwar durch eine Transformation sowohl vor Ort als auch im überregionalen Zuschnitt.

Die nachhaltigste Lösung wäre daher zweifellos eine Reform der vertikalen Organisations- und Führungsstruktur, und zwar auf *allen* Ebenen des Theaters, auf denen Entscheidungen getroffen werden: auf den Ebenen der Aufsichtsgremien, der Theaterleitung, der mittleren Führungsebene, der Mitarbeiterschaft sowie der Proben- und Inszenierungsarbeit. Dies könnte nicht nur dazu beitragen, die Verantwortung auf mehrere Schultern zu verteilen und Fehlentscheidungen zu vermeiden, sondern auch dazu, die Arbeitsweisen am Theater zu humanisieren, Motivation und Einbindung der Mitarbeiter zu steigern sowie ein höheres Maß an Glaubwürdigkeit im Hinblick auf die (auf der Bühne) vertretenen Werte zu erreichen.

Das Phasen-Modell von Glasl/Lievegoed zur Entwicklung von Organisationen lässt sich auch auf die bundesdeutschen Theater übertragen. Danach befinden sich die meisten Bühnen nach der Entstehungs- und Pionierphase heute immer noch in der *Differenzierungsphase,* in der versucht wird, den ,Apparat' mit Hilfe von Logik, Systematik und Hierarchie sowie mit Organigrammen und Regelwerken zu gliedern und zu steuern. Die Folgen sind Königreichdenken, Versäulung sowie Sparten- oder Abteilungsegoismus (vgl. Glasl/Lievegoed 2016, S. 79–95). Nun gilt es, das Theater in der *Integrationsphase* weiterzuentwickeln: Diese beinhaltet die Ergänzung von fachlich-künstlerischem Anspruch um eine soziale und ethische Komponente, die Überwindung des Abteilungsdenkens, die Ablösung von Top Down-Instruktion und Entscheidungsmonopol durch Mitplanung und Mitgestaltung der Beschäftigten, die Etablierung kleinerer Einheiten/Teams, die selbstorganisiert arbeiten und die kooperative Entwicklung von Leitlinien und Zielen. Die Führenden wären dann nicht mehr Kontrolleure, sondern Förderer und Unterstützer der Mitarbeitenden (vgl. ebd. S. 96–124).

Bisher fehlt es bei der Kulturpolitik, den Theaterleitungen, den Gewerkschaften und auch beim Deutschen Bühnenverein noch an Entschlossenheit und langem Atem zu einer grundsätzlichen Transformation. Es mangelt darüber hinaus aber auch im öffentlichen Bewusstsein an Einsicht darin, von welch elementarer Bedeutung kulturelle Zentren wie die Stadttheater als Orte der Einkehr, der Versammlung und der Kommunikation sind und wie sehr ihr Fortbestand gefährdet ist. Es hat mitunter fast den Anschein, dass die Öffentlichkeit das Theater nicht als ihr Eigentum begreift, für das es sich zu kämpfen lohnt (vgl. U. Schmidt 2014).

Andreas Reckwitz hat dargelegt wie in einer ‚Gesellschaft der Singularitäten' an die Stelle der Wertschätzung des individuellen Beitrags zum ‚Allgemeinen' nun die durch den Markterfolg belohnte Performanz des einzelnen Subjekts oder der Organisation tritt (vgl. Reckwitz 2017, S. 435 f). So ist auch die Reduktion der Theater darauf, ob sie sich rechnen – statt anzuerkennen, was sie leisten – eine Folge der *Ökonomisierung,* die auf Rückzug des Staates, Selbstverantwortung, Markt und Messbarkeit setzt. Nach Reckwitz muss das überkommene Leitbild des Neoliberalismus bzw. apertistisch-differenziellen Liberalismus, das auf dem Abbau staatlicher Regulierung in der Ökonomie und im Sozialen beruhte, abgelöst werden durch das neue Paradigma eines regulativen, einbettenden Liberalismus: Dieser stünde vor einer doppelten Herausforderung, beides zu regulieren: das Soziale mit Blick auf Fragen sozialer Ungleichheit und zugleich das Kulturelle hinsichtlich der Sicherung allgemeiner kultureller Güter und Normen (vgl. Reckwitz 2014, S. 441 und ders. 2019a, S. 261 f, 285 ff, 296 ff). Es muss daher um einen Paradigmenwechsel von der *Marktlogik* zu einer *staatsbürgerlichen Logik* gehen (vgl. auch Rosa 2017, S. 25 f), die von der Notwendigkeit der Kulturerhaltung und Kulturpflege überzeugt ist und der sich auch die Kulturpolitik verpflichtet fühlen sollte. Dieses Bewusstsein für den nötigen Erhalt der Bühnen als Teil einer unverzichtbaren kulturellen Grundversorgung muss immer wieder geschärft werden durch Überzeugungs- und Lobbyarbeit auf allen Ebenen, durch eine aktive, engagierte Kulturpolitik, eine gemeinsame solidarische Haltung aller Theater und entsprechenden Verbände, eine Vernetzung der Kulturinstitutionen in der jeweiligen Stadt sowie eine enge Anbindung an die städtische Öffentlichkeit (vgl. Marion Tiedtke 2014).

Darüber hinaus geht es aber auch um die Suche nach einem adäquateren Führungs- und Organisationsmodell, da das tradierte Gefüge und die gängigen Führungspraktiken dem Selbstverständnis der Bühnen als Bollwerke gegen Ungerechtigkeit und Unterdrückung so gar nicht entsprechen. „Theater (soll) durch die Begegnung mit dem anderen eine Art Demokratieschule sein, während es selbst absolut hierarchisch strukturiert ist. Wie kann sich ein Theater einrichten, um resonanzfähig zu bleiben – nicht nur im Hinblick auf das Publikum, sondern auch auf seine eigenen Mitarbeiter" (Rosa 2017, S. 25).

Untersuchungsgegenstand, Positionierung und Leitfragen
Die diesem Buch zugrunde liegende Ausgangsthese lautet, dass sich die Theater nicht nur auf politische und ästhetische Impulse zur gesellschaftlichen Trans-

formation beschränken sollten, sondern sich – auch gemessen an den auf der Bühne postulierten Werten – *selbst* einem Erneuerungsprozess stellen müssen. Es ist daher an der Zeit, Abschied zu nehmen vom herkömmlichen, heldenhaften Führungsmodell im Theaterbetrieb. Es geht um einen *Paradigmenwechsel* weg von der Phantasmagorie der allwissenden, allseits kompetenten und allein entscheidenden Instanz zu einem systemisch-postheroischen Führungsverständnis, das Wissen, Expertise aber auch Interessen und Bedürfnisse der Mitarbeiterschaft stärker mit einbindet. Vertikale Führung soll daher um *situativ* geteilte Führung auf möglichst vielen Ebenen des Theaterbetriebs *ergänzt* werden. Darüber hinaus sollten wichtige Impulse aus der ohnehin immer wirksamen, *informellen* Führung der Mitarbeiter *von unten* überführt werden in *offiziell verbriefte, formal verankerte* Möglichkeiten der aktiven Mitsprache und Mitentscheidung. Außerdem wird herausgearbeitet, dass Führung unabhängig von Charisma-Ansprüchen oder Charisma-Projektionen zu betrachten ist. Sie gelingt eben nicht aufgrund scheinbar angeborener persönlicher Konstanten (wie Ausstrahlung, Extrovertiertheit, Selbstvertrauen, Entschlusskraft oder Dominanz), sondern indem der Grad der Einflussnahme situativ immer wieder neu ausgehandelt wird zwischen Führenden und Geführten. Dies bedeutet aber auch: Gute Führung kann erlernt und täglich weiter optimiert werden.

Im Januar 2018 wurde auf der Jahrestagung des Fachverbandes Kulturmanagement ein neuer Topos in die Diskussion eingebracht, nämlich der aus dem angelsächsischen Raum entlehnte Begriff des ‚*Cultural Leadership*‘. Dieser postuliert eine zeitgemäße, nach innen und außen (in die Gesellschaft hinein) wirkende Führung des Kulturbetriebs. Der Terminus des „Cultural Leadership" wurde allerdings bisher mit wenig Leben gefüllt. Daher soll zum Zwecke seiner *Differenzierung* auf aktuelle Positionen in der Managementlehre zur systemischen und geteilten Führung und mit dem Ziel seiner *Konkretisierung* auf Best Practice-Beispiele sowohl aus dem deutschsprachigen Theaterbereich als auch aus dem angelsächsischen und amerikanischen Raum (Royal Shakespeare Company und Orpheus Chamber Orchestra) zurückgegriffen werden.

Um dieses Verständnis von Führung und Organisation im Kulturbetrieb zu veranschaulichen und auf seine Belastbarkeit zu überprüfen, drängt sich der *Transfer zum bundesdeutschen* Theater geradezu auf, da hier derzeit eine intensive Reformdebatte geführt wird. Die gewonnenen Erkenntnisse sind aber nur bedingt auf andere Kulturbereiche übertragbar. So unterscheiden sich beispielsweise Institutionen in den Sparten Theater und Bildende Kunst grundsätzlich im Hinblick auf das hierarchische Gefüge, die Arbeitsweisen, das Führungsverständnis und die Erstellung des Kulturangebots (vgl. Andrea Hausmann, 2017, S. 34).

Thomas Schmidt hatte in seiner 2017 erschienenen Studie „Theater, Krise und Reform" (Schmidt 2017) den Akzent primär auf die *Organisation* des Theaters und die Reform seiner *Struktur* gelegt. Diese Untersuchung nimmt eher *die Frage der Führung* in den Blick, denn eine Transformation muss vor allem auf den beiden obersten Führungsebenen (Kulturpolitik und Intendanz) angedacht, moderiert, implementiert und evaluiert werden. Der Fokus des Buches liegt daher primär auf der *Personal- oder Mitarbeiterführung* auf allen Ebenen des Theaters sowie auf ihren Schnittstellen zur Unternehmensführung und damit zur Organisationsstruktur. Wenn man nun also die neueren Managementansätze – angereichert um die Idee des Cultural Leadership – auf den Theaterbetrieb anwenden will, ergeben sich acht Leitfragen (Abb. 1.1).

In Kulturinstitutionen gelangen – ähnlich wie in manch einem Wirtschaftsunternehmen – Personen auf Leitungspositionen, die zweifellos Experten und Expertinnen für ihr (künstlerisches) Fachgebiet sind, aber nicht unbedingt für Managementfragen (vgl. von der Oelsnitz 2017, S. 23). Führungskräfte der ersten und zweiten Ebene im Theaterbereich verfügen über eine fundierte Ausbildung und ein ausgeprägtes Expertenwissen in künstlerischer Hinsicht. Allerdings haben

Leitfragen

1. Welche Impulse aus den Management Studies und der Kulturmanagementlehre sind hilfreich für neue Führungsmodelle am bundesdeutschen Theater?
2. Inwieweit müsste Führung auf den verschiedenen Ebenen der Theater (Aufsichtsgremien, Intendanz/Geschäftsführung, mittlere Führungsebene, Regie-Führung sowie Ensemble und Mitarbeiterschaft) neu konfiguriert werden?
3. Inwieweit wäre das Modell der verteilten oder geteilten Führung (Distributed bzw. Shared Leadership) eine sinnvolle Ergänzung zur hierarchischen Führung?
4. In welchen Arbeitsbereichen und in welchen Situationen kann auf hierarchische Entscheidungen/Vorgaben verzichtet werden und wo eher nicht?
5. Wie kann die mittlere Führungsebene, die oft als „Brems"-Ebene bezeichnet wird, die aber de facto über die konkrete Umsetzung entscheidet, mit ins Boot geholt werden?
6. Wäre eine Verknüpfung von vertikaler und geteilter Führung auch im Kontext von Probe und Inszenierung sinnvoll und wenn ja, wie könnte dies gelingen?
7. Wie können Ensemble und Mitarbeiterschaft stärker beteiligt werden, ohne dass dabei die hierarchischen Strukturen gänzlich aufgelöst werden und ohne dass die Führungskräfte ihre Rolle ganz aufgeben?
8. Wie können die Theater im Sinne eines Cultural Leadership ihre Glaubwürdigkeit im Hinblick auf die von ihnen vertretenen Werte und somit ihr Anregungspotential für die gesellschaftliche Weiterentwicklung steigern?

Abb. 1.1 Leitfragen. (Quelle: Eigene Darstellung)

nur die wenigsten im Laufe ihrer künstlerischen Karriere ausreichendes Wissen in den Bereichen Management und Leadership erworben. Sie beschränken sich häufig auf ‚learnig on the job', orientieren sich an Vorbildern aus der früheren, oft autokratisch agierenden Generation von Intendanten sowie Regisseuren, verlassen sich auf ihre Intuition oder kommunikative Kompetenz und betreiben sozusagen Führung aus dem Bauch (vgl. auch Hausmann 2019a, S. 24).

Dieses häufig rudimentäre Vorwissen zu Führungsfragen reicht jedoch nicht aus, um einen großen Kulturbetrieb zu führen, der permanent mit einer Fülle an neuen Herausforderungen und komplexen Aufgabenstellungen konfrontiert ist und in dem hundert(e) oder gar mehr als tausend Beschäftigte arbeiten, die aufgrund von Alter, Geschlecht sowie kulturellem oder Bildungshintergrund in hohem Maße divers sind. Fachkompetenz im künstlerischen Bereich bedeutet nicht automatisch Führungskompetenz. So lassen sich Konfliktlagen oder Krisen an dem einen oder anderen öffentlichen Theater auch damit erklären, dass in den Berufungsgremien für neue Intendanzen zwar auf Qualifikationen wie künstlerisches Profil und Vernetzung geachtet wird, aber Kenntnisse in den Bereichen Management und Führung als nachrangig betrachtet werden.

Es setzt sich allerdings allmählich die Erkenntnis durch, dass zur angemessenen Führung im Theaterbetrieb weder ein hohes Maß an künstlerischer Kompetenz, Reputation und Vernetzung, noch eine Prise Charisma sowie das sogenannte ‚Learning by doing'-Prinzip allein ausreichen. Vielmehr sind zusätzlich fundierte manageriale Kompetenzen erforderlich, die nötigenfalls im Rahmen von Weiterbildung, Expertenberatung und Coaching erworben bzw. vertieft werden müssen (vgl. Hausmann 2017, S. 33, 36; Schmidt 2019a, S. 372 f). Dies hat auch der Deutsche Bühnenverein, der Interessens- und zugleich Arbeitgeberverband der bundesdeutschen Theater, erkannt und eine Reihe von Workshops zu tarifrechtlichen, betriebswirtschaftlichen, kommunikationsbezogenen und PR-Themen aufgelegt (Deutscher Bühnenverein, Website und H. Weber 2020). Hier wäre zudem die Weiterbildung Theater- und Musikmanagement zu erwähnen, die das Institut für Theaterwissenschaft der Ludwig-Maximilians-Universität München in Kooperation mit dem Deutschen Bühnenverein und der Theaterakademie August Everding durchführt.

Es ist einerseits an der Zeit, sich auf der Ebene der Intendanz in ein wenig Bescheidenheit gegenüber Organisation und Belegschaft im Sinne einer dienenden Führung *(Servant Leadership)* zu üben. Es sollte nicht mehr vorrangig darum gehen, nur die eigene Machtposition und Karriere stetig weiterzuentwickeln, sondern darum, Macht und Einfluss situativ mit den anvertrauten Mitarbeitern zu teilen, ohne allerdings bei drängenden oder schwer lösbaren (Konflikt-) Fragen die letzte Entscheidungsbefugnis aus der Hand zu geben. Das

Buch will daher auch dazu ermutigen, schon heute damit zu beginnen, den Mitarbeitern, Teams und Ensembles Schritt für Schritt mehr echte Mitgestaltungs-
und Mitentscheidungsmöglichkeiten zu bieten.

Andererseits wird es bei allem Bemühen um Teilhabe und Selbstorganisation nicht ganz ohne Hierarchie gehen. Auch wenn verstärkt Interessen
des Ensembles oder auch der gesamten Mitarbeiterschaft Gehör finden, viele
Aufgaben kooperativ gelöst und etliche Themen demokratisch erörtert und
entschieden werden können, wird es nicht ausbleiben, dass in bestimmten ökonomischen Belangen wie bei der Verhandlung mit Trägern oder Sponsoren, bei
repräsentativen Aufgaben, in Patt- oder Konfliktsituationen sowie bei hohem
Termindruck die Alleinvertretung und/oder Letztverantwortung von der Intendanz
oder dem Intendantenteam wahrgenommen werden muss. Daher werden sich
vertikale und *geteilte* Führung gegenseitig ergänzen und stützen müssen. Eine Art
Blaupause für alle Theater und für alle Führungssituationen gibt es nicht. Jede
einzelne Theaterleitung sollte daher im Schulterschluss mit der Kulturpolitik
und der Mitarbeiterschaft aufgrund der spezifischen Rahmenbedingungen vor
Ort einen jeweils eigenen Weg definieren, um das eigene Theater weiter zu entwickeln und zukunftsfähig zu machen.

Zur Vorgehensweise
In dieser Untersuchung wird zunächst – in Anlehnung an Erkenntnisse aus der
Managementlehre – der Begriff der Führung erläutert. Im Anschluss erfolgt
(immer aus der Perspektive der Führung) eine Auseinandersetzung mit einigen
zentralen Begriffen aus den Management Studies wie Motivation im Führungskontext, Management und Leadership, Organisation und Organisationsentwicklung, Hierarchie und Heterarchie, klassische und neuere Führungsansätze
sowie konstruktive und destruktive Führung. Daran schließen sich Überlegungen
an zur Führung in Kulturorganisationen sowie zum Begriff des Cultural Leadership, der eine neue Kultur des Führens intendiert.

Danach erfolgt der Transfer in den Bereich der öffentlichen Theater,
indem zunächst die bundesdeutsche Theaterlandschaft sowie ihre gegen-
wärtige(n) Krise(n) skizziert und im Anschluss daran die verschiedenen Ebenen
von Führung am Theater einschließlich entsprechender Reformvorschläge
erörtert werden. Dabei soll es nicht nur um die Führungsebene der *Intendanz*
einschließlich der Doppelspitzen- und Direktoriumsmodelle gehen, sondern
auch um die übergeordnete Ebene der politischen *Aufsichtsgremien* (die hier ausdrücklich als Führungsebene verstanden wird), um die nachgeordnete *mittlere
Führungsebene* der Sparten- bzw. Abteilungsleiter, um die *Regie-Führung* im
Rahmen des Proben- bzw. Inszenierungsprozesses sowie um die *Mitarbeiterebene*

im Hinblick auf die offiziellen Formen der Mitbestimmung sowie auf informelle ‚Führung von unten', auf (situativ) geteilte Führung und auf erweiterte Teilhaberechte.

Zur Methodik

Das Anliegen dieses Buches besteht darin, Forschungsergebnisse, Positionen und Diskurse in den Management-Studies, der Organisationssoziologie, der Arbeits- und Organisationspsychologie, der Kulturmanagement- und Theatermanagementlehre sowie im Rahmen der aktuellen Stadttheaterdebatte miteinander zu korrelieren und aus dieser Schnittmenge mögliche Implikationen zum Themenkomplex der Führung am öffentlichen Theater abzuleiten. Daher liegt dieser Untersuchung keine aktuelle, eigene empirische Primärforschung zugrunde, sondern sie stützt sich auf Daten des Deutschen Bühnenvereins sowie der Landesämter für Statistik, auf Sekundäranalysen wie die von Vorwerk (2012), Nix (2016), Norz (2016), Schmidt (2019a), auf Daten, die der Arbeitgeber-Bewertungsplattform Kununu und verschiedenen Veröffentlichungen entnommen sind, sowie auf Datenmaterial aus früheren eigenen Untersuchungen (Weintz 2011, 2013, 2016). Um die Positionen einiger Stakeholder im Rahmen der Stadttheaterdebatte noch genauer zu eruieren, wurden zudem informelle Gespräche mit Intendanten, Geschäftsführern, Ensemblemitgliedern und weiteren Theaterschaffenden geführt sowie mit Vertretungen des Ensemblenetzwerks und einer Vertretung der Gewerkschaft Deutscher Bühnenangehöriger GDBA.

Führung

2

2.1 Begriff und Einordnung

2.1.1 Die Anforderungen an Führung im Kulturbetrieb

Bis in die jüngste Zeit spielte der Themenkomplex der Führung sowohl im deutschsprachigen Kulturbereich als auch innerhalb der Kulturmanagementlehre eine eher marginale Rolle (vgl. Salzwedel 2017). Dieses Desinteresse könnte auch dem Umstand geschuldet sein, dass der Arbeit im Kultursektor ein hohes Potenzial an Sinnstiftung und Förderung intrinsischer Motivation unterstellt wird, die gegen eine mögliche Unzufriedenheit mit der Führungspraxis und den oft prekären Arbeitsbedingungen immunisieren könnte (vgl. Birgit Mandel 2018, S. 4 f).

Allerdings mehren sich die Anzeichen, dass nun auch im Kulturbetrieb eine eingehendere Beschäftigung mit Führungsfragen dringend erforderlich ist. Diese Notwendigkeit ergibt sich zum einen aufgrund der mittlerweile schon inflationär thematisierten Begleiterscheinungen der sogenannten VUCA-Welt (vgl. Hoffmann 2019, S. 7) in Form von *Unberechenbarkeit* (Volatility) der gesellschaft-lichen-kulturellen Entwicklungen, der Kulturmärkte und der Kulturpublika, von *Unsicherheit* (Uncertainty) wie z. B. der öffentlichen Kulturförderung, von zunehmender *Komplexität* (Complexity) der stets neuen Aufgaben, die an Kultureinrichtungen herangetragen werden sowie von *Ambivalenzen* und Spannungsfeldern (Ambiguity), die sich schon allein durch die unterschiedlichen Stakeholder ergeben können.

© Springer Fachmedien Wiesbaden GmbH, ein Teil von Springer Nature 2020
J. Weintz, *Cultural Leadership – Führung im Theaterbetrieb*,
https://doi.org/10.1007/978-3-658-31731-7_2

Weitere Gründe sind Herausforderungen wie die *Digitalisierung, der Fach-kräftemangel,* die *(Post-)Migration* und *Diversität* sowie insbesondere der *Generationenwechsel.* Und schließlich gilt es, aus systemischer Perspektive die verschiedenen *Stakeholder* immer im Blick zu halten – und zwar neben den Gesellschaftern und dem Publikum (seinen Interessen, Motiven oder Besuchs-barrieren) insbesondere auch die *Mitarbeiterschaft.* Zum einen müssen sich auch Kultureinrichtungen auseinandersetzen mit der Herausforderung der *(Post-) Migration,* also mit dem Zusammenleben in einer Gesellschaft mit einem hohen Migrationsanteil. Dieser betrug im Jahr 2018 etwa 25,5 % der Gesamtbevölkerung (vgl. Bundeszentrale für politische Bildung 2019). In einer Metropole wie München lag Ende 2018 der Anteil der Bewohner mit Migrationshintergrund ins-gesamt bei 43 % Prozent (vgl. Landeshauptstadt München 2019) und bei Kindern und Jugendlichen bis zu 18 Jahren in den Duisburger Stadtteilen Hochfeld bei 92,8 % und Marxloh bei 87,7 % (vgl. WAZ 2018). Dies stellt die Institutionen vor die Aufgabe, kulturelle Teilhabe und interkulturelle Verständigung verstärkt zu fördern, wenn sie sich der Stadtgesellschaft in ihrer ganzen Breite öffnen wollen.

Darüber hinaus werden die Kultur- und Theaterbetriebe verstärkt durch *Diversität* in einem erweiterten Sinne geprägt und zwar nicht nur im Hinblick auf ihr Publikum, sondern auch auf die eigene Mitarbeiterschaft. Die Diversi-tät ist bedingt durch unterschiedliche kulturelle Hintergründe und Lebensstile, durch gender-, alters- und generationenbezogene Unterschiede, sprachliche und fachsprachliche Differenzen sowie spezielle Bildungshintergründe und berufs-spezifische Perspektiven. Hinzu kommt, dass sich der *Fachkräftemangel* im öffentlich geförderten Kultursektor und hier insbesondere bei den öffentlichen Bühnen schon jetzt in den Bereichen Verwaltung und Technik sowie im Hinblick auf die Meisterberufe (Theater-/Bühnenmeister, Beleuchtungsmeister, Tonmeister oder auch Gewandmeister) auswirkt, was derzeit noch aufgefangen werden kann durch die Steigerung der hauseigenen Ausbildungs- oder Weiterbildungsangebote (vgl. Almstedt 2019, S. 38 ff).

Eine zusätzliche Herausforderung ist die *Digitalisierung,* die nicht nur neue künstlerische Ausdrucksformen ermöglicht, sondern auch eingreift in technische Infrastrukturen, Produktionsbedingungen, Arbeitsprozesse und zwischenmensch-liche Beziehungen (vgl. Fachverband Kulturmanagement 2020). Dies betrifft auch im Sinne des New Work Regelungen zum Home Office und zur Vertrauens-arbeitszeit. Die positiven wie negativen Seiten der Digitalisierung von *Kultur-angeboten* (neue Ästhetik versus Verlust der echten Begegnung im ‚Real-Life') und *Arbeitsweisen* (Abschwächung von steilen Hierarchien wegen fehlender Ko-Präsenz versus stärkere Abgrenzung der Führungsebenen, Ermutigung zu kreativem Entrepreneurship und Steigerung der persönlichen Flexibilität versus

Aufhebung der Trennung zwischen beruflich und privat) waren sehr anschaulich zu erleben im Zusammenhang mit der Corona-Epidemie, als die Kulturanbieter erfinderisch sein mussten bei der Generierung neuartiger Angebotsformen und die Arbeit monatelang fast ausschließlich im Home-Office stattfand. Eine verstärkte Öffnung der Organisation für alle erdenklichen Prozesse der Digitalisierung wie Informationsbeschaffung, Datenverwaltung, Wege der internen und externen Kommunikation, neue Formen der Zusammenarbeit, Anwendungen in Buchung, Recruiting, Disposition oder Technik sowie Erprobung innovativer ästhetischer Praxen sollte immer mit einem Mindset einhergehen, das Transparenz und Partizipation als grundlegende Pfeiler der neuen Form von Zusammenarbeit versteht (vgl. auch Heskia 2019, S. 174).

Die größte Herausforderung für die Führung in Unternehmen sowie in Kulturbetrieben stellt jedoch die *Generationenfrage* dar, also die bereits begonnene Durchmischung der Beschäftigten aus mittlerweile vier Generationen mit sehr differenten Wertesystemen, Interessen und Bedürfnislagen. Auch wenn im Zuge der Corona-Pandemie vor allem die jüngeren Arbeitnehmer und Arbeitnehmerinnen aufgrund von Kündigungen, Kurzarbeit oder nicht verlängerten, befristeten Arbeitsverhältnissen sowie weggebrochenen Mini-Jobs und Praktikumsstellen verunsichert wurden (vgl. Dettmer et al. 2020), werden diese ihre besonderen Ansprüche gegenüber der Arbeitswelt (mehr Autonomie, Selbstwirksamkeit und Mitsprache sowie mehr Transparenz und Respekt) nicht ohne Weiteres aufgeben. Diese Erwartungshaltung der Jüngeren steht in einem starken Gegensatz zu Einstellungen der älteren Generationen (Babyboomer und Generation X), die derzeit noch die meisten Führungspositionen bekleiden.

So ist für die zahlenmäßig größte Generation der zwischen 1955 und 1965 geborenen *Babyboomer,* die mehrheitlich im Laufe dieses Jahrzehnts das Rentenalter erreichen wird, eine hohe Arbeitsmoral kennzeichnend, die sich in Werten wie Loyalität, Pflichtbewusstsein, Strebsamkeit und Fleiß, aber auch in der Bejahung von Wettbewerb und Karriere sowie in der Akzeptanz von Autorität, Hierarchie und klaren Ordnungsprinzipien niederschlägt. Die Babyboomer tun sich schwer mit der Gabe oder Annahme von Feedback sowie mit Kritik und Selbstkritik. *Als Führende* bevorzugen Babyboomer zwar idealiter einen demokratischen Führungsstil, geben aber selbst klare Anweisungen und erwarten, dass diese befolgt werden. Außerdem wünschen sie sich Respekt gegenüber ihrer (hierarchischen) Position und ihrer Berufserfahrung. Als *Geführte* mögen Babyboomer klare Zuständigkeiten und Anweisungen. Sie kooperieren gern und schätzen direkte Kontakte, persönliche Beziehungen sowie Loyalität (vgl. Mangelsdorf 2015, S. 22 f, 51, 73, 84 f, 150 f).

Die *Generation X* (Geburtsjahre von 1965 bis 1980) ist pragmatisch sowie erfolgs- und ergebnisorientiert. Sie legt Wert auf Professionalität, Flexibilität und Autonomie. Sie bevorzugt sowohl Strukturen als auch Freiräume für selbstbestimmtes Arbeiten und ist in besonderem Maße an der Vereinbarkeit von Familie und Beruf interessiert. *Führungskräfte* der Generation X bevorzugen einen prozessorientierten Führungsstil. Sie geben wenige Anweisungen und managen eher aus der Distanz. Sie erwarten Respekt für ihre Kompetenz und Professionalität. Effizienz und Ergebnisse sind ihnen wichtiger als das Betriebsklima. *Geführte* aus der Generation X haben ein großes Bedürfnis nach Unabhängigkeit und Selbstbestimmung. Sie benötigen präzise Kenntnis der Erwartungen, um Ziele geradlinig verfolgen zu können. Sie definieren sich über ihre Leistung und Kompetenz und erwarten, dafür belohnt zu werden. Sie halten gerne professionelle Distanz und reagieren besonders sensibel auf Einmischung und Kontrolle (vgl. ebd.).

Für die *Generation Y* (Geburtsjahr 1980 bis 1995) stehen in puncto Arbeitsleben nicht mehr Hingabe und Aufopferung im Zentrum, sondern Abwechslung, Teilhabe, Sinnstiftung und Selbstverwirklichung. Mitglieder dieser Generation haben in der Regel eine geringere Aufmerksamkeitsspanne und eine Abneigung gegen Strukturen, Routine und vorgezeichnete Lösungswege. Sie sind fixiert auf persönliche Lebensziele. Für Ypsiloner sind flexible Arbeitsgestaltung, der Spaßfaktor, zeitnahes Feedback und leistungsgerechte Entlohnung wesentlich. Hierarchie verliert an Bedeutung. Respekt wird nicht aufgrund der Position, sondern aufgrund des Verhaltens eingeräumt. *Führende* der Generation Y bevorzugen einen partizipativen Führungsstil. Sie managen integrativ und erwarten Achtung gegenüber der einzelnen Persönlichkeit sowie der gelebten Vielfalt. Entscheidungen treffen sie lieber im Team und erwarten von den Mitarbeitern, dass diese sich selbst informieren, aber auch ihr Wissen teilen. *Geführte* der Generation Y tun sich schwer damit, Autorität zu akzeptieren. Sie sind interessiert an flachen Hierarchien und direkten Kommunikationswegen. Ihnen ist eine authentische, transparente und integrative Führung auf Augenhöhe wichtig. Sie erwarten Idealismus und Realitätssinn zugleich sowie den Mut zur Ehrlichkeit. Sie wollen für ihren Einsatz belohnt werden und wünschen sich von ihren Vorgesetzten Unterstützung sowie Wertschätzung in Form von positivem Feedback (vgl. Mangelsdorf 2015, S. 22 f, 51, 73, 84 f. 150 f; Pinnow 2011, S. 73).

Die Generation Y will durch eine mitreißende Vision von Führungsseite inspiriert und enthusiasmiert werden, denn ihr geht es vor allem um Sinnstiftung. Hurrelmann/Albrecht bringen es wie folgt auf den Punkt: „Das ‚Y' (…) wie ‚why' (…) ist der Buchstabe, der diese Generation medial auf den Punkt bringen soll. Die Frage nach dem Sinn wird zum Merkmal einer Generation (…). Sie haben in kurzer Zeit den strukturellen Wandel in Politik, Wirtschaft, Arbeitsleben, Familie, Technik und Freizeit eingeleitet. Allerdings nicht gewaltsam und mit militanten Mitteln, ohne die lautstarken Proteste (…). In keinem anderen Bereich sind die Ypsiloner so radikale Utopisten wie bei Arbeit und Beruf (…). Abschied von Hierarchien, Umorganisation der Arbeitsabläufe zu einzelnen Projekten, Teamwork, flexible Arbeitszeiten, Mitarbeiterbeteiligung und die konstante Suche nach Antworten auf die Frage: ‚Why'(…). Die Generation Y liebt projektbezogenes Arbeiten. Die innere Logik von Projekten motiviert sie deutlich mehr als starre Büroarbeitszeiten. Gleichzeitig pochen die Ypsiloner darauf, dass Arbeitgeber auch auf ihre Bedürfnisse eingehen (…). Sie möchten Arbeiten und Leben miteinander in ihrer gesamten Biografie verbinden" (Hurrelmann/Albrecht 2014, S. 7 f, 227 f).

Auch die jüngste Generation, die ab 1995 geborene *Generation Z*, wünscht sich einen Beruf, der sie erfüllt und der Möglichkeiten zur Selbstverwirklichung bietet. Sie ist einerseits an einem Arbeitsplatz interessiert, der Sicherheit und feste Arbeitszeiten bietet, fühlt sich aber andererseits weniger an den Arbeitgeber gebunden. Die Generation Z „hat immer weniger Bindungen an Unternehmen und Marken, aber auch immer weniger Interesse an Führungsverantwortung und flexiblen Arbeitszeiten. Sie will klar zwischen Arbeitswelt und Privatleben in der eigenen kleinen Welt trennen, will sich aber – allerdings in einem geregelten Rahmen – durchaus in Unternehmen einbringen" (Scholz 2018). Zentrale Werte sind Integrität, Informationsfreiheit, Unternehmergeist und Verbindlichkeit. Vertreter der Generation Z schätzen klar kommunizierte Erwartungen. Sie respektieren andere in ihrer Individualität und Kompetenz und sie favorisieren sich selbstregulierende Teams im Sinne einer kollaborativen Schwarmintelligenz. Von *Führungskräften* erwarten sie Gerechtigkeit, Kompetenz, Verständnis, Freundlichkeit, Anerkennung ihrer Leistung, Offenheit für ihre Vorschläge sowie einen unterstützenden Führungsstil. Zudem akzeptieren sie vorgegebene Strukturen, solange sie selbst ernst genommen werden (vgl. Mangelsdorf 2015, S. 22 f, 51,73, 84 f. 150 f).

Galt vor allem die Generation Y noch vor einigen Jahren als die der ‚heimlichen', diskreten Revolutionäre, hat sich dies sowohl im Hinblick auf Umwelt- und Klimafragen (vor allem im Rahmen der ‚Fridays for Future'-Bewegung, die maßgeblich durch die Generation Z angeschoben wurde) als auch hinsichtlich des Themenkomplexes Rassismus (im Rahmen der ‚Black Lives Matter'-Bewegung) signifikant verändert. Die beiden jüngeren Generationen Y und Z formulieren mittlerweile nachdrücklich ihre eigenen Ansprüche hinsichtlich der Gestaltung von Zukunft und Gesellschaft. Die Themen Umweltschutz und Klimawandel stehen dabei im Mittelpunkt der Forderung nach mehr Mitsprache und der Handlungsaufforderungen an Politik und Gesellschaft (vgl. Albert/Hurrelmann et al. 2019, S. 9, 15, 314).

Zusammenfassend lässt sich festhalten, dass – im Gegensatz zu den beiden älteren Generationen der Babyboomer und der Generation X – die jüngeren Generationen Y und Z besonders viel Wert legen auf persönliche Erfüllung und Selbstoptimierung, auf kooperative Führung, Teilhabe, Eigenverantwortung und klares Feedback sowie vor allem auf die Sinnhaftigkeit ihrer Tätigkeit, die mit einer tiefen inneren Überzeugung einhergeht (vgl. auch Scholz 2014; Mangelsdorf 2015, S. 164 f).

Die Einteilung der Mitarbeiterschaft nach Generationen kann jedoch nicht mehr sein als eine grobe Annäherung an übergreifende, altersspezifische Orientierungen. Darüber sollte der einzelne Mitarbeiter mit seinen individuellen Bedürfnissen, Erwartungen, Sichtweisen und Kompetenzen nicht aus dem Blick geraten, denn eine generationsbezogene Stereotypisierung wird dem einzelnen nicht gerecht. Dennoch: Auch aufgrund des demografischen Wandels, des Fachkräftemangels und des ‚War for Talents' (Steven M. Hankin 1997) sind Unternehmen und Organisationen gut beraten, einigen (aber zweifellos nicht allen!) grundlegenden Bedürfnissen der beiden jüngeren Generationen entgegenzukommen, denn diese werden in wenigen Jahren den Arbeitsmarkt dominieren und die Macht haben, die Arbeitsweisen zu ihren Gunsten zu verändern. Ein gut durchdachtes Eingehen auf die beiden jüngeren Generationen kann zu Wettbewerbsvorteilen bei der Personalsuche, zu erhöhter Motivation und zu mehr Innovation führen (vgl. Scholz 2018; Mangelsdorf 2015, S. 164 f).

So nennt auch Birgit Mandel als Ergebnis einer 2018 vorgenommen Befragung von jüngeren und älteren Führungskräften in öffentlichen Kultureinrichtungen, dass die selbstkritische Auseinandersetzung mit dem eigenen Führungsverständnis im Kultursektor notwendig geworden ist beim Umgang mit den Generationen Y und Z. Jüngere Führende haben die Zeichen der Zeit offenbar eher erkannt als die älteren. Während sich *ältere* Führungskräfte immer noch gerne als allein verantwortliche Führungsfigur mit klarer Richtlinienkompetenz verstünden, sähen die *jüngeren* Führungskräfte „die Notwendigkeit, mit einer partizipativen Führung auf die wachsende Komplexität der Aufgaben und die Ansprüche neuer Generationen von Mitarbeitenden zu reagieren (…) (Sie) begreifen sich zum Teil eher als Moderator denn als Chef (…) und artikulieren, dass sie (…) eine als offen und partizipativ empfundene Arbeitsatmosphäre sowie eine ausgewogene Work-Life-Balance gewährleisten müssen" (Mandel 2018, S. 3).

In Zeiten allgemeiner Unübersichtlichkeit und Unwägbarkeit sehnen sich die Mitarbeitenden (auch der älteren Generation) nach *Sinnstiftung,* die sich in einer

klar formulierten Ausrichtung der Organisation und einer zukunftsweisenden
Vision niederschlägt und die auch einen *Nutzen* für die Gesellschaft hat. *Sinnstiftung* in Form einer motivierenden Leitidee wird erst dann wirksam und
glaubwürdig, wenn diese in allen Bereichen der Organisation gelebt wird, wenn
sie Fixpunkt der internen Steuerung ist, wenn Ziele, Teilaufgaben und Erfolgskriterien daran geknüpft sind, den Mitarbeitern Spielräume gewährt werden,
diese mit zu formulieren, und wenn sie auch nach außen gut sichtbar wird (vgl.
Alzen 2019, S. 12). „Purpose ist heute wichtiger als je zuvor. Nicht zuletzt
wegen des branchenübergreifenden Fachkräftemangels. Im Wettbewerb um die
besten Talente hilft es, wenn man glaubwürdige Antworten auf die Sinnfrage
liefern kann (…). Ein klar definierter Purpose, der jedem Einzelnen das Gefühl
vermittelt, Teil von etwas Größerem zu sein, erzeugt die dazu notwendige Auf-
bruchsstimmung" (ebd.).

2.1.2 Zum Begriff Führung

Eine erste Annäherung an den Begriff Führung bietet ein etymologischer Blick
auf die Bedeutungsgeschichte des Wortes. Die Wörter „Fuoren" (althochdeutsch)
und „Vüeren" (mittelhochdeutsch) bedeuten jeweils „in Bewegung setzen" oder
auch „Richtung weisen". Hier deutet sich bereits an, dass der Begriff Führung
beinhaltet, jemand anderen zu einer Handlung zu bewegen (vgl. Weibler 2016,
S. 14). Führung als soziale Tatsache bildete sich spätestens mit dem Beginn der
Sesshaftigkeit während der Jungsteinzeit (ab ca. 13.000 v.Chr.) heraus. Dies liegt
darin begründet, dass sich – aufgrund der Akkumulation von Tier- und Pflanzen-
überschüssen – Herrschafts- und Führungskonstellationen herausbildeten, die
zunächst auf Zwang und Gewalt sowie später zunehmend auch auf Ideologie
fußten. Schon in der ägyptischen Überlieferung von vor etwa 5000 Jahren finden
sich Hieroglyphen für Begriffe wie Führung und Geführte (vgl. Weibler 2016,
S. 3, 7).

Selbstführung, Mitarbeiterführung und Organisationsführung
Führung ist ein hoch komplexes Geschehen, das nicht nur durch die Persönlichkeit, Erfahrung und Kompetenz der Führenden wie der Geführten und
ihre Beziehung zueinander, sondern auch durch die Führungssituation, die Art
der Aufgabenstellung sowie durch die Ausrichtung, Struktur und Kultur der
Organisation beeinflusst wird (vgl. auch Schreyögg/Koch 2010, S. 265). Führung
und Organisation durchdringen sich gegenseitig, denn Führung repräsentiert
die Organisation, ihre Ziele, Strukturen sowie Regeln und umgekehrt versucht

Führung nicht nur auf die Mitarbeitenden, sondern auch auf die Organisation einzuwirken. Führung ist also ein organisationsbezogenes Phänomen (=*Organisations*führung) sowie ein personenbezogenes Geschehen (=*Mitarbeiter* führung). Darüber hinaus beinhaltet Führung noch eine dritte Dimension, nämlich die sogenannte *Selbstführung* (vgl. Müller 2013, S. 23) (Abb. 2.1).

Selbstführung
Auch da die Arbeitsweisen in vielen Organisationen (erst Recht seit dem Home-Office-Boom, der durch die Corona-Epidemie ausgelöst wurde) digitaler, virtueller, agiler, individualisierter und selbstbestimmter geworden sind, hat die *Selbstführung* erheblich an Bedeutung gewonnen. *Selbstführung* (oder *Self-Leadership*) beschreibt das Bemühen, Arbeitsziele und -prozesse weitgehend *autonom* zu gestalten, sein Handeln zu *reflektieren,* die eigene berufliche und persönliche Entwicklung *bewusst* mitzuprägen sowie Zufriedenheit im beruflichen wie im privaten Kontext zu erlangen.

Selbstführung beschreibt nach Astrid Schreyögg Handlungen, die sich an den individuellen Bedürfnissen und Zielen orientieren, die eigenen Ressourcen schonen oder vermehren und eine Emanzipation von fremdbestimmenden Faktoren anstreben (vgl. Schreyögg 2012, S. 64). Dabei lassen sich Selbstführung oder Selbstmanagement auch mit den klassischen Managementfunktionen beschreiben:

1. *Planung* von Arbeits- und Freizeit sowie der Aufmerksamkeit für verschiedene Aufgaben
2. *Organisation:* Vernetzung in der Berufs- und Lebenswelt sowie Auffinden und Ausgestaltung eines passenden Ortes im sozialen Feld

Abb. 2.1 Die drei Dimensionen von Führung. (Quelle: Eigene Darstellung)

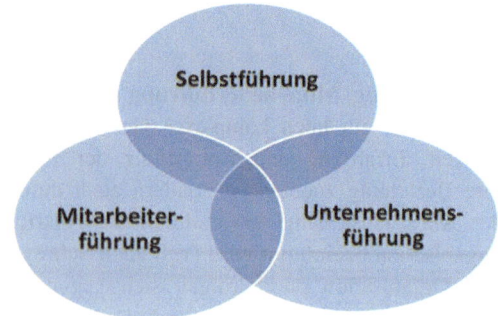

3. *Personal*(entwicklung): Eigene Weiterbildung und Förderung des eigenen psychischen und physischen Wohlbefindens
4. *Führung:* Mit Disziplin und Geduld Ziele erreichen sowie innere und äußere Konflikte lösen
5. *Kontrolle:* Selbstreflexion und Selbstevaluation der eigenen Arbeit sowie Wahrnehmung der Reaktion von anderen auf die eigene Person und das eigene Verhalten (vgl. ebd. S. 64f).

Selbstführung basiert auf umfassenden kognitiven Prozessen und bedeutet, *Gedanken, Affekte* und *Verhalten* im Hinblick auf zu erreichende (eigene) Ziele zu beeinflussen und im Fall von erkannten Problemstellungen bestehende Standards oder Operationen zu ändern. Nur wer sich selbst führen kann, ist auch in der Lage, andere zu führen (vgl. Weibler 2016, S. 353). Selbstführung wird auch in Verbindung gebracht mit *Achtsamkeit* (Mindfulness), also der Fähigkeit, „bei etwas zu verweilen und mit der Aufmerksamkeit im gegenwärtigen Augenblick zu sein" (ebd. 355). Dies bedeutet auch, bei aller Zielorientiertheit rechtzeitig Überforderung, Belastungen oder Erschöpfung zu erkennen und dem Bedürfnis nach Pausen, Erholungsphasen und Ausgleich stattzugeben.

Selbstführung in *kognitiver* Hinsicht dient dazu, sich über eigene Stärken und Schwächen, Werte und Leitideen, aber auch Glaubenssätze, Antreiber, Denkblockaden, Menschenbilder und Vorurteile klar zu werden – auch hinsichtlich vorgegebener oder selbst gesetzter Ziele. Selbstführung im Hinblick auf die *Affekte* bedeutet, sich der eigenen Emotionen bewusst zu werden und auch zu sich selbst auf Abstand gehen zu können. Bei der *verhaltensbezogenen* Selbstführung geht es darum, sein Verhalten – auch Mitarbeitern gegenüber – zu überprüfen und gegebenenfalls zu ändern. „Sich selbst zu führen bedeutet also auch, sich immer wieder selbst infrage zu stellen, Feedback zu fordern und anzunehmen" (Pinnow 2008, S. 182). Und bei der *physischen* Selbstführung gilt es, die Grenzen der körperlichen Leistungsfähigkeit und Belastbarkeit zu akzeptieren, sich durch Erholungsphasen und Freizeit einen Ausgleich zu schaffen sowie durch viel Bewegung, ausreichenden Schlaf und gesunde Ernährung die eigene Gesundheit zu erhalten (vgl. auch Hausner 2016).

Die Aufgabe der Selbstführung betrifft Führungskräfte wie Geführte gleichermaßen. Wer sich im Arbeitskontext selbst führen kann, kennt seine Fähigkeiten, seine bevorzugten Arbeitsweisen, Wertvorstellungen und Bedürfnisse, strebt einen entsprechenden Arbeitsplatz an, an dem er (auch für sich selbst) relevante Beiträge erbringen und Verantwortung für gute Arbeitsbeziehungen sowie eine gelingende Kommunikation übernehmen kann (vgl. Drucker 2009a, S. 38 ff). Je höher aber eine Leitungsposition in der Organisation angesiedelt ist, desto geringer ist die Wahrscheinlichkeit, dass der Positionsinhaber von außen korrigiert wird. Er ist stattdessen vermehrt auf Selbstführung angewiesen. Dies bedeutet für denen einen vielleicht eine Befreiung, für den anderen eher eine spezifische Belastung, da er nicht nur die anderen sondern auch noch sich selbst laufend managen muss (vgl. Schreyögg 2012, S. 63 f)

Neue Konzepte von Selbstführung bringen zusätzlich eine *moralisch-ethische* Komponente im Sinne einer *wertebasierten* Führung ins Spiel. Selbstführung ist dann ausgereift, wenn sich Authentizität mit Leistungsvermögen und verantwortungsvollem Handeln verbindet (vgl. Weibler 2016, S. 354).

Zur Selbstführung gehört es daher auch, konstruktive Anteile im eigenen Führungsverhalten zu steigern und destruktives (respektloses, aggressives) Verhalten gegenüber den Mitarbeitenden sowie gegenüber der Organisation zu reduzieren. Dies kann im Rahmen von kritischer Selbstreflexion beispielsweise mithilfe eines Führungstagebuchs geschehen. Bei ausgeprägt destruktivem Verhalten wäre eine professionelle Unterstützung durch Beratung und Begleitung von außen erforderlich.

Bei der kritischen Selbstreflexion sind aus *lerntheoretischer* Perspektive folgende Schritte oder Phasen von Selbstführungsprozessen denkbar (die zwar etwas mechanistisch wirken, aber einen hohen Lerneffekt versprechen):

- Änderungsmotivation und Identifikation von erwünschten Verhaltensweisen als Ausgangspunkt
- Selbsteinschätzung: Identifikation der kritischen Verhaltensweisen sowie Analyse der Ursachen und Konsequenzen dieses Verhaltens
- Setzung von spezifischen, realistischen sowie kurz- oder längerfristigen Änderungszielen und von damit verbundenen Schritten/Maßnahmen
- Selbstbeobachtung (z. B. durch Führung eines Tagebuchs), um Häufigkeit, Dauer und Intensität des intendierten Verhaltens zu dokumentieren
- Selbstbelohnung oder Selbstbestrafung, wenn Ziele erreicht oder verfehlt wurden sowie Analyse der Bedingungen für das Fehlverhalten
- Schließung eines schriftlichen Kontraktes mit sich selbst (und gegebenenfalls vor einer vertrauten Person außerhalb der Arbeitskontextes), der Ziele, Schritte zur Zielerreichung sowie Formen der Belohnung und Bestrafung enthält
- Rückfallprävention: Identifikation von Risikosituationen und entsprechenden Sicherungsmaßnahmen (wie Situationsvermeidung) sowie Üben der gewünschten Verhaltensweisen (vgl. Kirchler/Walenta 2011, S. 393 f; Nerdinger et al. 2008, S. 312 f)

Mitarbeiterführung

Mitarbeiterführung will Personen oder Gruppen gezielt beeinflussen und in die Lage versetzen, mit beizutragen zur Erreichung der gemeinsamen Ziele einer Organisation (vgl. Kauffeld 2011, S. 68). Mitarbeiterführung beinhaltet die Festlegung oder Vereinbarung von Aufgaben für Mitarbeiter oder Teams, die Sicherstellung, dass diese Aufgaben im Sinne des Organisationsziels erreicht werden sowie die Förderung aufgaben- sowie mitarbeiterorientierter Beziehungen (vgl. auch Hausmann 2017, S. 32)

Die *Mitarbeiterführung* ist insbesondere durch folgende Merkmale gekennzeichnet: 1. Es sind mindestens zwei Personen beteiligt, wobei eine Person führt. 2. Es findet eine soziale Interaktion statt, d. h. das Verhalten der Führungspersonen und des Mitarbeiters bedingen sich gegenseitig. 3. Die Interaktionsbeziehungen sind (in der Regel) asymmetrisch, da Macht und Entscheidungsbefugnisse ungleich verteilt. 4. Die Einflussnahme der Führungsperson erfolgt zielorientiert 5. Die Interaktion ist dynamisch, da Führung permanent Veränderungen in der Organisation sowie aufseiten der geführten Mitarbeiter ausgesetzt ist (vgl. Ruth Stock-Homburg 2010, S. 479 f). Neuere, systemische Ansätze von Mitarbeiterführung zielen auf einen möglichst hohen Grad an *Selbstführung* der Mitarbeiter – im Sinne von Selbstorganisation und Eigenverantwortung.

Die Beziehung zwischen Führenden und Geführten ist zwar einerseits durch eine gewisse *Asymmetrie* gekennzeichnet, da erstere qua hierarchischer Ordnung und formaler Bestimmungen über mehr *Machtfülle* verfügen. Andererseits haben die Geführten ihrerseits einen nicht unerheblichen *Einfluss* auf Entscheidungsprozesse und Führungserfolge. Zielbewusste Einflussnahme auf andere wird nämlich nicht nur von Vorgesetzten qua formaler Positionsmacht ‚*von oben nach unten*' ausgeübt, sondern auch umgekehrt von den Mitarbeitenden ‚*von unten nach oben*' – zum Beispiel dann, wenn die Führung (an)erkennt, dass Mitarbeiter auf bestimmten Gebieten über eine besondere Expertise verfügen und sie den Betreffenden daher temporär die Führung überlässt. So agieren neben den formell Führenden immer auch informell Führende, die unabhängig von einer formellen Hierarchie Einfluss nehmen aufgrund ihrer langjährigen Zugehörigkeit, fachlichen Expertise oder Persönlichkeit (vgl. Hausmann 2019, S. 77).

Unternehmensführung

Unternehmens- oder *Organisationsführung* ist umfassender, denn sie beinhaltet – trotz der begrenzten Steuerungsfähigkeit durch eine einzelne Führungsperson – grundsätzlich alle Aufgaben und Handlungen zur zielorientierten Lenkung, Gestaltung und Entwicklung einer Organisation (vgl. Dillerup/Stoi 2013, S. 10).

Sie umfasst die normative und strategische Ausrichtung, die Analyse der Unternehmensumwelt, des Wettbewerbs, der Kunden/Besucher und anderer Stakeholder, den Bereich der Aufbau- und Ablauforganisation, die Schaffung von Rahmenbedingungen, die Bereitstellung von Ressourcen, das Prinzip der Wirtschaftlichkeit und den Bereich der Mitarbeiterführung.

Führungsaufgaben und Führungserfolg

Typische *Führungsaufgaben* sind: Ausrichtung und Strategie formulieren, Ziele vereinbaren, Pläne erstellen, Aufgaben festlegen und den Erfolg überprüfen, Strukturen und Rahmenbedingungen schaffen, Mitarbeiter- und Teamgespräche führen, Feedback geben, den Zusammenhalt fördern sowie Stärken und schlummernde Talente von Mitarbeitern erkennen und fördern.

Der *Führungserfolg* lässt sich nach Weibler aufgrund folgender Effizienzvariablen bestimmen: *ökonomische* Effizienz (Indikatoren wie Umsatz, Rentabilität, Gewinn oder Marktanteil), *materielle* Leistungsprozess-Effizienz (Indikatoren wie Planabweichungen oder Ausschussquoten), *immaterielle* Prozesseffizienz (im Hinblick auf Innovationsbereitschaft, Problemlösungsgenauigkeit oder Entschlusskonsistenz) sowie *personenbezogene* Effizienz im Hinblick auf Leistungsmotivation, Kommunikationsgüte, Zielkonformität oder individuelle Einstellungen wie Kooperationsbereitschaft, Konsens, Zufriedenheit und Vertrauen (vgl. Weibler 2016, S. 65 f). Auch im Kulturbereich müssen neben den quantitativen Variablen wie Umsatz, Besucherzahlen oder Erreichung neuer Zielgruppen auch *qualitative* Faktoren berücksichtigt werden wie z. B. die Qualität der Veranstaltungen, der Stellenwert in der Kulturlandschaft, die Wahrnehmung in der Öffentlichkeit, die Atmosphäre im Haus sowie die Mitarbeiterzufriedenheit.

Der Führungserfolg bemisst sich sowohl an der *Leistung* der Mitarbeiter und an der *Erreichung* der *Organisationsziele* (wie z. B. Nachfrage- und Umsatzsteigerung, Kunden- oder Besucherzufriedenheit, Präsenz in den Medien, Steigerung der öffentlichen Förderung oder Einwerbung von Drittmitteln etc.) als auch an der *Zufriedenheit* und dem *Zugehörigkeitsgefühl* der Geführten. Wirksame Führung basiert nicht nur auf erfolgreichen Ideen und ehrgeizigen Zielsetzungen, sondern auch auf der Fähigkeit, Vertrauen in strategische Ansätze zu erzeugen, Kompetenzen von Mitarbeiterinnen und Mitarbeitern erkennen und zu fördern, Tätigkeiten in einen Sinnzusammenhang einzubetten, relevante Informationen empfängerorientiert zu kommunizieren und die Arbeitsbeziehungen zu Mitarbeitern zu ‚managen‘ (vgl. Schlicht 2020, S. 13).

Führungskompetenzen

Zur Bewältigung der komplexen Anforderungen im Führungsgeschehen sind auf der Seite der Führenden – neben dem spezifischen *Fach*wissen, das für die inhaltliche Ausrichtung und Ausgestaltung der Organisation erforderlich ist (wie kunsthistorisches oder theaterbezogenes Wissen) – in *managerialer* Hinsicht bestimmte fachlich-methodische, konzeptionelle, sozial-kommunikative und personale *Kompetenzen* unverzichtbar.

Nach Jürgen Weibler sind mit Verweis auf Erpenbeck/Heyse unter anderem die folgenden *managerialen Schlüsselqualifikationen* oder Teilkompetenzen erforderlich: Im Bereich der *fachlich-methodischen* Kompetenz sind dies betriebswirtschaftliche Kenntnisse, organisatorische Fähigkeiten, EDV-Wissen, Markt-Know-how sowie unternehmerisches Denken und Handeln. Im Bereich der *sozial-kommunikativen* Kompetenz sind insbesondere Teamfähigkeit, Empathie-Vermögen, Kooperations- und Konfliktlösungsbereitschaft sowie Kommunikationsfähigkeit gefragt. Im Hinblick auf die *personale* Kompetenz wären Schlüsselqualifikationen vonnöten wie die Bereitschaft zur Selbstentwicklung und Selbstreflexion, Leistungs- und Lernbereitschaft, Offenheit, Risikobereitschaft, Glaubwürdigkeit und Flexibilität sowie Entscheidungsfähigkeit, Gestaltungswille, Tatkraft, Belastbarkeit, Optimismus und Beharrlichkeit (vgl. Weibler 2016, S. 255).

In Anlehnung an Jung, Bruck und Quarg soll hier die sogenannte *konzeptionelle* Kompetenz, die auch als Teil der fachlich-methodischen Kompetenz begriffen werden kann, gesondert herausgestellt werden: Damit sind sowohl *logisch-analytische* wie *kreativ-synthetische* Fähigkeiten gemeint, die es ermöglichen, wechselseitige Zusammenhänge zu erkennen, zu interpretieren und beeinflussen zu können. Wichtige Voraussetzungen sind die Offenheit für neue Erfahrungen und Interpretationen, eine ausgeprägte Ambiguitätstoleranz (also die Fähigkeit zum Umgang mit unsicheren, widersprüchlichen Situationen) sowie die Fähigkeit, Komplexität zu reduzieren (vgl. Jung et al. 2008, S. 81). Der *konzeptionellen* Kompetenz kommt angesichts der Umweltkomplexität und -dynamik sowie der Grenzen tradierter Lösungsmuster eine überlebenskritische Bedeutung zu. Sie hat auf den oberen Hierarchieebenen eine besondere Relevanz und zwar nicht nur wegen des entsprechenden Zuständigkeits- und Wirkungsbereichs sondern auch aufgrund der hervorgehobenen Bedeutung für die erfolgreiche Ausrichtung und Positionierung der Organisation (vgl. ebd.).

Dilemmata, Einflusspotenziale und Humanverantwortung

Führung ist mit verschiedenen Ambivalenzen und *Dilemmata* verbunden. Das Hauptdilemma besteht im Gegensatz von *Unternehmens-* bzw. *Leistungs-*

orientierung auf der einen und *Mitarbeiterorientierung* auf der anderen Seite, wobei es darum geht, jeweils eine situationsadäquate Balance herzustellen. Viele klassische Motivations- und Führungstheorien haben sich an diesem Grundwiderspruch abgearbeitet, der zusätzlich noch überlagert wird durch die *Stakeholder-Orientierung,* also durch die Orientierung an den Interessen anderer Anspruchsgruppen wie Kunden/Besucher, Politik oder Träger/Zuschussgeber, Kooperationspartner, Verbände oder Medien. Weitere Dilemmata werden in einem der folgenden Kapitel vorgestellt.

Führung als Einflussnahme auf andere steht in engem Zusammenhang mit *Hierarchie* und *Macht,* denn sie basiert auf einem Machtvorschuss, der zur Durchsetzung eines Fremdwillens im Rahmen einer asymmetrischen Vorstrukturierung genutzt werden kann (vgl. von der Oelsnitz 2017, S. 18; Weibler 2016, S. 626). Dabei haben die Führenden verschiedene Möglichkeiten der Einflussnahme. Diese Machtbasen können beruhen auf der *Legitimationsmacht,* der *Belohnungs-* und der *Bestrafungsmacht,* der *Expertenmacht,* der *Macht durch Informationsvorsprung* sowie der personenbezogenen (charismatisch bedingten) *Referentenmacht* (vgl. Schreyögg/Koch 2010, S. 264 ff; Weibler 2016, S. 138 f). Auf die letzten drei Machtbasen können nicht nur Vorgesetzte, sondern auch Mitarbeitende zurückgreifen. Dadurch kann Führung nicht nur top down, sondern auch seitwärts (lateral) oder ‚von unten' ausgeübt werden (vgl. auch Marcus 2011a, S. 100). Auf die verschiedenen Machtgrundlagen oder Einflusspotenziale wird noch an anderer Stelle näher eingegangen.

Der Einsatz von Macht hat immer auch eine *ethische Dimension,* denn er muss sich nicht nur an der Frage messen lassen, in welche *Richtung* die Führung das Verhalten der Geführten zu steuern versucht, sondern er bemisst sich auch an den *lebenspraktischen* Wirkungen auf die Arbeits- und Lebensqualität der Geführten im Hinblick auf Überforderung oder Unterforderung, auf Selbstwirksamkeit und Eigenverantwortung sowie Anerkennung und soziale Einbindung (vgl. Weibler 2016, S. 625; Dillerup/Stoi 2013, S. 639). Führungskräfte haben daher nicht nur eine organisationsbezogene *Erfolgsverantwortung* sondern auch eine umfassende *Humanverantwortung* den Geführten gegenüber. Dies gilt umso mehr je ausgeprägter die Positionsmacht und die identifikatorisch-charismatische Referentenmacht der Führenden ist (vgl. Weibler 2016, S. 628).

Formale und informelle Führung
Der *formalen* Führung *von oben* qua Positionsmacht aufseiten der Vorgesetzten steht in der Regel auch ein *formaler* Einfluss der Mitarbeiterschaft durch den Betriebs- oder Personalrat gegenüber (der aber vor allem in Tendenzbetrieben

begrenzt ist). Hinzu kommt die *informelle* Führung ,*von unten'* durch die Mitarbeitenden, die auf verschiedenen Gebieten oft über mehr Informationen, Wissen und Erfahrung verfügen. Die Geführten können ihren Einfluss geltend machen durch rationale Argumente und eloquente Beiträge, durch Zurückhalten oder Weitergabe bestimmter Informationen, aber auch durch Netzwerk- und Koalitionsbildung sowie Druck von unten (von der Oelsnitz 2017, S. 17 f; Sturm et al. 2011, S. 67 f). Parallel zur vorhandenen *formalen* Hierarchie können sich daher temporär oder dauerhaft wirksame, *informelle* Nebenhierarchien als *heterarchisch* agierende Einflusszentren etablieren (vgl. auch von der Oelsnitz 2017, S. 18 f).

Führung als wechselseitige Einflussnahme
Führung muss als ein interaktiver, wechselseitiger und sozial konstruierter Einflussprozess zwischen formal Führenden sowie formal oder informell mitführenden Geführten betrachtet werden. Führung kann letztlich nur dann wirksam werden, wenn sie von anderen auf freiwilliger Basis zugeschrieben bzw. zugelassen und im fortwährenden Austausch bestätigt wird. Führende und Mitarbeitende sollten sich daher als Teilhabende an einem gemeinschaftlichen Einflussprozess verstehen, der sich in gemeinsamer, geteilter Verantwortung realisiert (vgl. Endres/Weibler 2019, S. 42; Werther 2014, S. 5 f). Dies bedeutet: nicht nur Führende, sondern *auch Geführte machen Führung,* denn erst durch sie wird Führung vollends hergestellt. Führung kann somit nur da ihre Wirksamkeit entfalten, wo sie akzeptiert wird. Wer allerdings permanent gegen Werte und Interessen der Geführten verstößt, wird seine Führungsposition nicht lange halten können (vgl. Eckert 2019, S. 87 f).

Direkte und indirekte Führung
Führung in Organisationen kann durch Personen oder durch Strukturen (als Substitute) ausgeübt werden. Es wird unterschieden zwischen *direkter, interaktiver* Führung und *indirekter, strukturierter* Führung. *Direkte, personalisierte* Führung umfasst die Rekrutierung, Entwicklung und Unterstützung der Mitarbeiterschaft sowie alle direkten Interaktionsprozesse zwischen gleichzeitig anwesenden Personen wie bei Mitarbeiter- oder Feedbackgesprächen bzw. Teamsitzungen. *Indirekte, entpersonalisierte* Führung geschieht über *strukturelle Vorgaben* wie Leitbilder, Mission und Vision, durch Hierarchieebenen, Kommunikationslinien, Organigramme, Stellenbeschreibungen, Verfahrensvorschriften sowie Betriebsvereinbarungen, Tarif- und Entlohnungssysteme (vgl. von

der Oelsnitz 2017, S. 19; Kauffeld 2011, S. 68; Kanning 2012, S. 243; und Hausmann 2019a, S. 9).

Während *indirekte* Führung auf Strukturen und relativ starren Rahmenbedingungen basiert, kann *direkte,* personale Führung flexibel und situationsbezogen agieren (vgl. von der Olesnitz 2017, S. 19 f). Führung durch Struktur kann auch als ein Vorfeld von personaler Führung betrachtet werden, denn sie ermöglicht im Idealfall die Reduktion von Komplexität und eine Entlastung der Führungskräfte, weil sie den Bedarf an interaktiver Führung reduziert. Umgekehrt kann Führung durch Struktur aber auch dazu führen, dass die Kreativität der Geführten eingeschränkt und die Komplexität durch Überregulierung sogar noch vergrößert wird (vgl. Hausmann 2019a, S. 9). Interaktive, personalisierte Führung schreitet vor allem dann ein, wenn die auftretenden Situationen nicht genügend vorstrukturiert oder systematisiert sind. Blessin/Wick bringen aus handlungstheoretischer Sicht das Verhältnis von Führung und Organisation wie folgt auf den Punkt: „In der Steuerung von MitarbeiterInnen stellt die einzelne Führungskraft die orientierende und regulierende Wirkung von Vorschriften, Normen, Routinen, Gewohnheiten, Vorgaben, Technologien etc. in Rechnung, nutzt sie, ist selbst durch sie in ihrem Handlungsspielraum kontrolliert (…) oder kann in den Steuerungslücken und Widersprüchen, die diese Artefakte mit sich bringen, kreativ eigene Initiativen entfalten (…) (Demnach ist) personelle Führung (…) legitime bestimmende Einflussnahme auf das Handeln von Geführten in schlecht strukturierten Situationen" (Blessin/Wick 2014, S. 40 f).

Führung, Organisation und Systemtheorie
Vor diesem Hintergrund wird deutlich, dass Führung und Organisation immer miteinander verwoben sind. Daher sollte die direkte *Mitarbeiter*führung immer im Zusammenhang mit der übergeordneten, *Organisations*führung betrachtet werden – auch im Hinblick auf mögliche Veränderungsmaßnahmen. Innerhalb der Denkmodelle zur Mitarbeiter- und Unternehmensführung wird hier die Systemtheorie favorisiert. Ihr liegt die Erkenntnis zugrunde, dass Unternehmen und auch Kulturinstitutionen nur begrenzt steuerbar sind, und zwar aufgrund ihrer hochkomplexen inneren Ordnung sowie einer ebenso komplexen Unternehmensumwelt, die sich permanent wandelt. Dies stellt die Organisation vor stets neue Herausforderungen, die eine einzelne Führungsperson nicht mehr allein antizipieren geschweige denn lösen kann. Organisationen können darauf nur reagieren, indem Führung mehr geteilt wird sowie Kompetenzen und Ressourcen möglichst vieler Mitarbeiter eingebunden werden.

Führungsinstrumente

An dieser Stelle sollen einige zentrale Führungsinstrumente kurz genannt werden: Dies wäre zunächst eine in die *Zukunft* gerichtete, herausfordernde und motivierende *Vision,* die beschreibt, wohin sich die Organisation in den nächsten fünf bis zehn Jahren entwickeln will. Hinzu käme die Selbstdefinition der Organisation in Form eines *Leitbildes* und in Form einer daraus abgeleiteten, auf wenige Sätze verknappten *Mission,* die den Daseinsgrund und das Tätigkeitsfeld beschreibt. Letztere sollte anschaulich-bildhaft formuliert sein, damit sie ohne Mühe verinnerlicht sowie nach innen eine motivierende und nach außen eine orientierende Wirkung entfalten kann. Vision, Leitbild und Mission sollten möglichst *dialogisch mit der Mitarbeiterschaft* und dem Gesellschafter/Träger erarbeitet werden. Sie stellen eine ‚Führgröße‘ dar, um die Organisation zu ‚programmieren‘ und zu strukturieren, denn ausgehend von dieser Zwecksetzung können passende Führungskräfte oder Mitarbeiter gesucht sowie organisatorische Planungen und entsprechende Maßnahmen abgeleitet werden (vgl. Kühl 2011, S. 69).

Weitere Führungsinstrumente wären *Führungs- und Ethik-Grundsätze,* die an die genannte Selbstdefinition angelehnt sind und die Verlautbarungen enthalten sollten zu Umgangsweisen sowie zu Compliance-Fragen (Vermeidung von Korruption, Begünstigung nachstehender Personen oder Vermeidung unzumutbarer Arbeitskonditionen). Wichtige Führungsinstrumente wären zudem aussagekräftige, *aktuelle Stellenbeschreibungen* mit präzisen Angaben zum Anforderungsprofil (Ausbildung, Weiterbildungen, Berufserfahrung sowie fachliche, methodische, soziale und personale Kompetenzen), zur Tätigkeit und zum Aufgabenfeld, zur Einordnung in die Organisation (direkte Vorgesetzte und gegebenenfalls unterstellte Mitarbeiter), zu Befugnissen, Zuständigkeiten und Kommunikationswegen. Darüber hinaus wären zu nennen ein angemessenes *Onboarding* neuer Mitarbeiter, adäquate *Kriterien* zur *Beurteilung* von Mitarbeitenden sowie *Anreizsysteme* in Form von materiellen oder immateriellen Anreizen.

Weitere Führungsinstrumente sind *Mitarbeiterbefragungen* zur Arbeitszufriedenheit, zum Arbeitsklima sowie zur möglichen Weiterentwicklung der Organisation. Mitarbeiterbefragungen können vor allem folgenden Zwecken dienen: Diagnose der Organisation, stärkere Aktivierung und Einbindung der Mitarbeitenden, Überprüfung des eigenen Führungsverhaltens und der getroffenen/ zu treffenden Entscheidungen, Verbesserung der Kooperation, Aufspüren von

Anregungen für den Bereich der Personal- oder Organisationsentwicklung sowie
Erfolgskontrolle.

Ein zentrales Führungsinstrument ist das *Mitarbeiter-* oder auch *Zielverein-barungsgespräch* mit dem direkten Vorgesetzten. Anlässe können sein: ein aus-
führliches Feedback (Kritik oder Anerkennung), gegenseitige Information oder
Erwartungsklärung, eine Beurteilung, eine anstehende Vereinbarung von Auf-
gaben oder Zielsetzungen, eine gemeinsame Bilanz des vergangenen Jahres und
ein Ausblick in das laufende Jahr, ein Austausch über den Aufgabenbereich, die
Kooperation im Team, die Arbeitsmodalitäten, Konflikte mit anderen Mitarbeitern
oder Vorgesetzten, besondere Anliegen des Mitarbeiters sowie Weiterbildungs-,
Entwicklungs- und Karrieremöglichkeiten (vgl. auch Stock-Homburg 2010,
S. 558 f, 569 f; Weibler 2016, S. 405 f). Weitere Führungsinstrumente sind
Teamgespräche, Mitarbeiterversammlungen, Großgruppenworkshops sowie
Maßnahmen der *Personal- und Teamentwicklung* (auch in Form von Weiter-
bildung, Beratung oder Coaching).

2.1.3 Führung und Motivation

Dass auf dem Gebiet der Mitarbeitermotivation noch viel getan werden muss,
unterstreicht die Gallup-Studie aus dem Jahr 2010, nach der *zwei Drittel*
der Mitarbeiter ‚Dienst nach Vorschrift' machen und *21 %* bisweilen sogar
eine Sabotage-Haltung pflegen (vgl. von der Oelsnitz 2017, S. 22 und Brosi/
Spörle 2012, S. 270). Zwischen Führung und Mitarbeitermotivation besteht
ein enger Zusammenhang: Die Führungskraft kann die Geführten zwar nicht
direkt motivieren, aber sie kann eine Arbeitsumgebung schaffen, die es den
Mitarbeitern erlaubt, eine eigene Motivation zu entwickeln (vgl. auch Hausmann 2019a, S.32ff). Motivation bezeichnet die Verhaltensbereitschaft oder
aktivierende Ausrichtung zur Erreichung eines Ziels oder zur Befriedigung eines
Bedürfnisses. Motivation bewegt zum Handeln und richtet auf Ziele aus (vgl.
Weibler 2016, S. 170; Spieß/von Rosenstiel 2010, S. 26).

Extrinsische und intrinsische Motivation
Menschen investieren Aufmerksamkeit und Energie in Richtung eines Zieles aus
zwei möglichen Beweggründen: entweder aus *extrinsischer* Motivation heraus,
die durch äußere Anreize wie Belohnungen als Konsequenz der Zielerreichung
entsteht oder bevorzugt aufgrund von *intrinsischer* Motivation, bei der die

Motivation durch Interesse an der Tätigkeit selbst entsteht und die Belohnung im Prozess oder im Ergebnis liegt – wie beispielsweise bei der Herstellung eines Kunstobjekts oder der Erarbeitung einer Inszenierung. Intrinsisch motiviertes Verhalten erfolgt um seiner selbst willen oder aufgrund der mit der Tätigkeit verbundenen Zielsetzungen. Es verfolgt also keine anderen Zwecke (vgl. Kirchler/ Walenta 2011, S. 321 ff).

Die immer noch gültige, zentrale Erkenntnis der Motivationsforschung war die Feststellung, dass das Bedürfnis nach *intrinsischer* Motivation, also nach ‚freudvollem' Aufgehen in einer Tätigkeit ohne externe Belohnung oft handlungsleitend ist und durch *Autonomie, Selbstverwirklichung, herausfordernde Ziele* sowie die Möglichkeit zu *persönlichem Wachstum, Weiterentwicklung* und *Teilhabe* entscheidend gefördert werden kann (vgl. Kirchler/Meier-Pesti/Hofmann 2011, S. 105 f und Kirchler/Walenta 2011, S. 321 ff).

Intrinsische Motivation wird im Wesentlichen erzeugt durch den Arbeits*inhalt* und die damit verbundenen Leistungs- und Erfolgserlebnisse aber auch durch die Möglichkeit der Anerkennung, die übertragene Verantwortung, die entsprechenden Entfaltungsmöglichkeiten sowie Aufstiegschancen (vgl. Nerdinger et al. 2008. S. 410; Kirchler/ Meier-Pesti/Hofmann 2011, S. 105 f).

Mihaly Csikszentmihalyi (1975) bezeichnet das freudige, intrinsische Aufgehen in der Tätigkeit selbst, bei dem die eigene Person vergessen wird, als *Flow*. Kirchler und Walenta beschreiben dies wie folgt; „Wenn Künstler ein Werk erstellen und buchstäblich Tag und Nacht arbeiten könnten, sich ihrer Arbeit fanatisch hingeben und scheinbar mühelos arbeiten, wenn sie ‚eins mit der Situation' sind und die Handlungen ‚fließen', ohne dass sie sich selbst beobachten, dann sind sie im Zustand des Flow und handeln selbstvergessen" (Kirchler/Walenta 2011, S. 323). Flow entsteht, wenn eine subjektiv bedeutsame Tätigkeit als Herausforderung erlebt wird und die eigenen Fähigkeiten dieser Herausforderung entsprechen. Als Konsequenz ergibt sich, dass eine Aufgabengestaltung dann adäquat ist, wenn Anforderungen und Fähigkeiten in einem ausgewogenen Verhältnis zueinander stehen.

Motivation durch Selbstverwirklichung und Partizipation
Die Motivationsforschung unterstreicht, dass ein zentrales menschliches Bedürfnis auf der Selbstentfaltung bzw. *Selbstverwirklichung* beruht, wodurch die intrinsische Motivation gefördert werden kann (vgl. Kirchler/Meier-Pesti/Hofmann 2011, S. 99–108; Kirchler/Walenta 2011, S. 321 f; Nerdinger et alt .2008, S. 429; Schreyögg/Koch 2010, S. 196 ff). Eine Tätigkeit wird dann als erfüllend

wahrgenommen, wenn *eigene* Ideen entwickelt und *autonome* Entscheidungen getroffen werden können und wenn die Chance zur *Weiterentwicklung* besteht. Intrinsische Motivation und Selbstverwirklichung können daher auch durch *Teilhabe* bzw. *Partizipation* gefördert werden: Durch Mitwirkung an Zielen, Erfolgskriterien, Regeln und auch Entscheidungen sowie durch mehr eigenverantwortliche Aktivität werden die Aufgabenstellungen als interessanter, bedeutsamer und dadurch auch als motivierender empfunden (vgl. Kirchler/Walenta 2011, S. 338). Programme zu mehr Partizipation fördern das Commitment der Mitarbeiter, indem sie den Handlungsspielraum erweitern, mehr Kontrolle über die eigene Arbeit einräumen und damit das Gefühl erhöhen, am Erfolg der Organisation mitbeteiligt zu sein.

Motivation durch die Tätigkeit selbst und die Arbeitsbedingungen
Eine der wichtigsten Motivationstheorien ist die sogenannte Zwei-Faktorentheorie, die von Herzberg und Kollegen (1959) durch die Auswertung von tausenden Mitarbeiterinterviews entwickelt wurde. Die Analyse ergab, dass eine bestimmte Klasse arbeitsbedingter, *intrinsischer* Faktoren zur Zufriedenheit bzw. Unzufriedenheit führte, wohingegen *extrinsische* Faktoren Unzufriedenheit bzw. Nichtunzufriedenheit hervorriefen (vgl. Schreyögg/Koch 2010, S. 199).

Die *erste* Dimension der Arbeitsmotivation (die sogenannte Nichtunzufriedenheit) wurde durch externe Faktoren der Arbeitsumwelt, durch sogenannte *Hygiene-* oder *Kontextfaktoren*, die *außerhalb der Person* selbst lagen, erzeugt wie: Sicherheit des Arbeitsplatzes, konkrete Arbeitskonditionen, Führung durch den Vorgesetzten, Unternehmenspolitik, Beziehung zu Untergebenen, Kollegen und Vorgesetzten, Statuszuweisungen oder Gehalt. Waren alle diese Aspekte der Arbeitsumgebung hinreichend erfüllt, entstand daraus ein neutraler Zustand, die sogenannte Nichtunzufriedenheit. Waren sie nicht erfüllt , stellte sich ein Zustand von ausgeprägter Unzufriedenheit ein (vgl. Nerdinger et al. 2008. S. 430; Kirchler/ Meier-Pesti/Hofmann 2011, S. 105 f). Die *zweite* Dimension der Arbeitsmotivation wurde durch sogenannte intrinsische Motivatoren oder *Kontent-Faktoren* hervorgerufen wie Leistungs- und Erfolgserlebnisse, Anerkennung, Inhalt der Tätigkeit, übertragene Verantwortung, Aufstiegschancen und Entfaltungsmöglichkeiten. Waren diese Moderatoren hinreichend erfüllt, entstand der Zustand der Zufriedenheit. War das Gegenteil der Fall, entstand Unzufriedenheit (vgl. Nerdinger et al. 2008, S. 430; Kirchler/Meier-Pesti/Hofmann 2011, S. 105 f).

Auch wenn Herzbergs Theorie partiell in Zweifel gezogen wurde, bestand sein unwidersprochener Verdienst zum einen darin, die Bedeutung der *intrinsischen* Aspekte der Tätigkeit für die Zufriedenheit der Mitarbeiter erkannt zu haben.

Vor diesem Hintergrund gilt Herzberg als geistiger Vater des *Job-Enrichments,* also der Anreicherung der Tätigkeit mit Motivatoren wie Autonomie und Übertragung von Verantwortung (vgl. Schreyögg/Koch 2010, S. 201f; Kirchler/ Meier-Pesti/Hofmann 2011, S. 106). Zum anderen hat Herzberg aber auch die Bedeutung der *extrinsischen* Faktoren wie *guter Arbeitsbedingungen* herausgestellt (die heute vehement von den jüngeren Generationen eingefordert werden) und deutlich gemacht, dass sich die leistungsstimulierende Kraft der *intrinsischen* Motivation nur entfalten kann im Kontext von *günstigen Arbeitskonditionen.* Eine starke Unzufriedenheit in diesem Bereich bremst die Wirkung der intrinsischen Motivation und damit auch das Leistungspotenzial der Mitarbeiter erheblich aus (vgl. Schreyögg 2010, S. 201 f).

Motivation durch angemessene Arbeitsgestaltung
Richard J. Hackman und Greg R. Oldham (1975) haben ein Modell zum *Motivationspotenzial* und zu den Auswirkungen von Arbeitstätigkeiten entwickelt, das Bezugspunkt für eine angemessene, motivierende Arbeitsgestaltung sein kann (Abb. 2.2). Nach ihrem Job Characteristics Model kann eine starke intrinsische Motivation, eine ausgeprägte Leistungsqualität, ein hoher Grad an Arbeitszufriedenheit sowie eine niedrige Abwesenheits- und Fluktuationsquote erreicht werden durch: 1. Die erlebte *Bedeutsamkeit* der eigenen Arbeitstätigkeit aufgrund der Aufgabenmerkmale der *Anforderungsvielfalt* und der *Ganzheitlichkeit.* 2. Die erlebte *Verantwortung* für die Ergebnisse der eigenen Arbeitstätigkeit aufgrund des Aufgabenmerkmals der *Autonomie.* 3. Das Wissen über die aktuellen Resultate und die Qualität der eigenen Arbeit durch *Feedback* seitens der Führungsebene (vgl. Kirchler/Hölzl 2011, S. 232; Nerdinger et al. 2008, S. 431 f).

Motivation durch herausfordernde Ziele und Aufgaben
Ziele spielen eine zentrale Rolle bei der Motivation und auch bei der Mitarbeiterführung. Edwin Locke und Gary Latham (1984) haben in ihrer Zielsetzungstheorie dargelegt, dass mit zunehmender Schwierigkeit der Zielsetzung eine höhere Leistung erwartet werden kann. Sie fanden heraus, dass Ziele motivierend und leistungssteigernd wirken, wenn sie Anstrengung, Ehrgeiz, Ausdauer und Hartnäckigkeit im Handeln erfordern. Besonders motivierend sind demnach Ziele, die herausfordernd (aber erreichbar!), präzise und spezifisch genug formuliert sind. Schwierige, aber präzise Ziele führen zu besseren Leistungen als diffuse oder leicht zu erreichende Zielsetzungen (vgl. auch Kirchler /Walenta 2011, S. 366; Spieß/von Rosenstiel 2010, S. 29). In diesem Zusammenhang

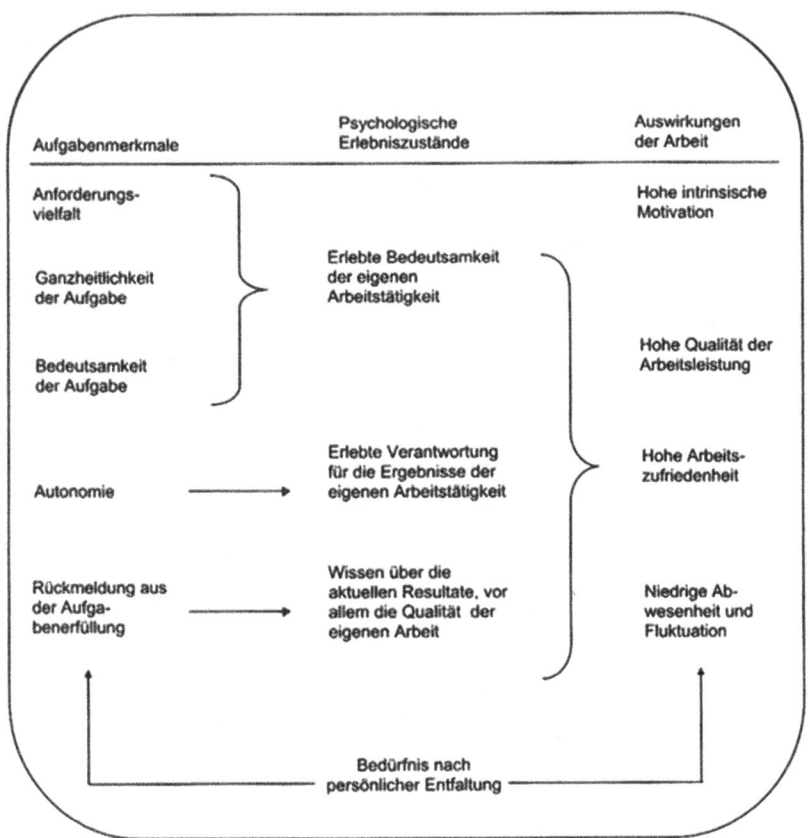

Abb. 2.2 Modell des Motivationspotenzials durch Arbeitsgestaltung (nach Hackmann/ Oldham 1976). (Quelle: Kirchler/Hölzl 2011, S. 232 – Facultas.wuv UTB)

ist auch die SMART-Formel zur Formulierung passender Ziele hilfreich: Das Akronym SMART steht für Ziele, die spezifisch und verständlich (specific), mess- und überprüfbar (measurable), erreichbar und erstrebenswert (achievable oder attractive), machbar (realistic oder reasonable) sowie exakt terminiert sind (time based) (vgl. Klein 2009, S. 118) (Abb. 2.3).

Smarte Zielformulierungen sind auch die Grundlage des *Führens durch Ziele* (Management by objectives) in Form von gemeinsam mit den Mitarbeitern

SMARTE Ziele		
S =	specific	genau und eindeutig formuliert
M=	measurable	messbar (an Hand von Kriterien, Kennzahlen etc.)
A =	activating/achievable	ansprechend, erstrebenswert, erreichbar
R =	realistic / relevant	realistisch, aber auch wesentlich und herausfordernd
T =	time-based	zeitgebunden / mit klarer Terminfixierung

Abb. 2.3 SMARTE Ziele. (Quelle: Eigene Darstellung)

getroffenen, präzisen *Zielvereinbarungen.* Führungskräfte stehen dabei vor der Aufgabe, die Unternehmensziele und Mitarbeiterbedürfnisse möglichst miteinander zu *synchronisieren,* um die Arbeitsmotivation zu erhalten, wie schon Victor Harold Vroom (1964) herausgestellt hat.

Vroom wies im Rahmen seiner VIE-Theorie nach, dass Mitarbeiter besonders dann bereit sind, sich für ein Organisationsziel einzusetzen, wenn sie zum einen in der Lage sind, dieses zu erreichen (Erwartung/subjektive Wahrscheinlichkeit), wenn sich die Chance eröffnet, persönliche Bedürfnisse erfüllen zu können (Valenz) und wenn mit der betreffenden Handlung tatsächlich wichtige persönliche Ziele (z. B. mehr Lohn, Freizeitausgleich, mehr Anerkennung oder mehr Autonomie) erreicht werden können (Instrumentalität) (vgl. Kirchler /Walenta 2011, S. 353 ff; von Rosenstiel 2007, S. 411 f, 416 f; Steinmann/Schreyögg 2005, S. 537–546). Die Arbeitsmotivation wird also vor allem dann gefördert, wenn es der Führungskraft gelingt, herausfordernde und zugleich erreichbare Organisationsziele zu formulieren und die betreffenden Aufgaben so zu konfigurieren, dass damit auch subjektive Wünsche der Mitarbeitenden realisiert werden können. Mitarbeiterorientierte Führung erörtert mit dem Mitarbeiter verschiedene Alternativen zur Zielerreichung, aus denen der Betreffende dann die Variante, die neben den Organisationszielen seinen eigenen Interessen am ehesten entgegenkommt, auswählen kann.

Zielvereinbarungen haben den Vorteil, dass Aufgaben priorisiert werden können und innerhalb eines abgesteckten Rahmens mehr Selbstverantwortung sowie eine faktenbasierte Beurteilung von Mitarbeitern ermöglicht wird. Allerdings muss eingeschränkt werden, dass nicht in allen Tätigkeitsbereichen Ziele exakt operationalisiert werden können, viele Arbeitsprozesse so routiniert verlaufen, dass keine Zielvereinbarungen nötig sind, übergeordnete Ziele oft außerhalb des Einflussbereichs einzelner Mitarbeiter liegen, Zielvereinbarungen auch eine Engführung bedeuten können (da die Mitarbeiter sich über die Zielerreichung hinaus nicht weiter engagieren oder ihr Blick für andere drängende Aufgaben verloren geht) und dass – wenn denn dann – immer nur wenige ausgesuchte Schlüsselziele vereinbart werden sollten, damit der Überblick nicht verloren geht.

Arbeitszufriedenheit
Die Motivationsmodelle von Herzberg sowie von Hackman/Oldham waren wichtige Bezugspunkte für die Forschung zur *Arbeitszufriedenheit*, dem am meisten untersuchten Teilgebiet der Arbeits- und Organisationspsychologie. Arbeitszufriedenheit wurde lange als ‚soziales Effizienzkriterium' betrachtet, denn es konnte ein moderater Zusammenhang zwischen *Arbeitszufriedenheit* und *Leistung* bei anspruchsvolleren, komplexeren und Autonomie einräumenden Aufgabenstellungen nachgewiesen werden (vgl. Nerdinger et al. 2008, S. 433). Mittlerweile geht man jedoch davon aus, dass beide Größen reziprok sind, d. h. sich beide wechselseitig beeinflussen: hohe Zufriedenheit führt zu mehr Leistung und Leistungserlebnisse tragen zu mehr Zufriedenheit bei (vgl. ebd. 434). Davon abgesehen sollte die Steigerung der Arbeitszufriedenheit auch einen *ethischen* Hintergrund im Sinne einer *Humanisierung* der Arbeitswelt haben. Die Arbeitszufriedenheit kann *gesteigert* werden durch herausfordernde, aber erreichbare Zielsetzungen, vielfältige und für das Unternehmen bedeutsame Aufgaben, Feedback und Anerkennung, ein inspirierendes Vorbild seitens der Vorgesetzten, guten Informationsfluss sowie Arbeitsplatzsicherheit, gute Arbeitsbedingungen, Personalentwicklung/Weiterbildung und auch (zumindest vorübergehend) durch ein angemessenes oder höheres Einkommen.

Höhere Arbeitszufriedenheit ermöglicht mehr Identifikation mit der Organisation, ein höheres Commitment sowie Goodwill-Extraleistungen (wie höhere Besucher- oder Kundenorientierung), ausgeprägte Eigeninitiative, proaktives, engagiertes Handeln sowie mehr Gewissenhaftigkeit und Verantwortungsgefühl (vgl. Lieber 2007, S. 8). *Geringe* Arbeitszufriedenheit erhöht die Gefahr von abweichendem, schädigendem Verhalten gegenüber den Kollegen, Vorgesetzten oder auch Nachgeordneten durch üble Nachreden, Mobbing, verbale Entgleisung oder physische Übergriffe sowie gegenüber der Organisation durch innere Kündigung, Verlängerung von Pausenzeiten, Erledigung privater Angelegenheiten während der Arbeitszeit oder sogar Diebstahl und Sabotage (vgl. Lieber 2007, S. 11).

Für die Messung von Arbeitszufriedenheit existieren zwei besonders prominente Messverfahren: Zum einen die *Skala zur Messung der Arbeits-zufriedenheit (SAZ)* von Fischer/Lück (1972) sowie der *Arbeitsbeschreibungs-bogen (ABB)*, der von Neuberger/Allerbeck im Jahr 1978 entwickelt wurde (vgl. Neuberger/Allerbeck 1978, S. 46 ff; A10- A18; Nerdinger et al. 2008, S. 428; von Rosenstiel 2007, S. 439). Der *ABB* soll hier kurz vorgestellt werden. Es handelt sich um einen Fragebogen mit insgesamt 79 Items, die quantitative Aussagen zur Zufriedenheit mit einzelnen Arbeitsbereichen erlauben und zwar zur Tätig-keit selbst, zur Kollegenschaft, zu Vorgesetzten, zu den Rahmenbedingungen der Arbeit, zur Organisation und zur Leitung, zu den Entwicklungsmöglichkeiten und zur Bezahlung. Darüber hinaus enthält der ABB eine Skala über die Gesamt-zufriedenheit mit der Tätigkeit und eine Skala zur Gesamtzufriedenheit mit dem Leben als Ganzes. Der ABB hat sich in unzähligen Untersuchungen als reliables, valides Instrument erwiesen und ermöglicht differenzierte Urteile über die Ein-stellungen und die Zufriedenheit der Mitarbeiter (vgl. Nerdinger et al. 2008 S. 428; vgl. ABB-Bogen unter Gesis: Leibniz Institut für Sozialwissenschaften 1997).

Eine Befragung zur Arbeitszufriedenheit ist ein wesentliches *Diagnose-* und *Führungsinstrument,* mittels dessen die Führenden ein Feedback einholen können zur Zufriedenheit des jeweiligen Mitarbeiters mit relevanten Teilbereichen seiner Tätigkeit und das Ansätze für Verbesserungsmaßnahmen bietet. Die Frage nach der Arbeitszufriedenheit kann auch zur Vorbereitung von Mitarbeiter- oder Ziel-vereinbarungsgesprächen gewinnbringend eingesetzt werden. Da der ABB-Bogen sehr komplex ist, soll an dieser Stelle ein eigens entwickelter, kürzerer Frage-bogen mit 28 geschlossenen und vier offenen Fragen zur Arbeitszufriedenheit vorgestellt werden, der eine Weiterentwicklung eines eigenen Fragebogens aus dem Jahr 2011 darstellt (Weintz 2011), der sich am Fragenkatalog des ABB-Bogens sowie an den beschriebenen Motivationsmodellen von Herzberg sowie Hackman/Oldham orientiert und der je nach Organisation und Frage-Intention entsprechend angepasst werden kann. Auf der 4-stufigen Likert-Skala entfällt (wie beim ABB-Bogen) eine mittlere Kategorie, da diese gerne als ‚Fluchtkate-gorie' verwendet wird, so dass die Befragten sich für eine Tendenz entscheiden müssen.

Institution	Abteilung*	Aufgabenfeld*	Beschäftigungsdauer*	O angestellt
				O freiberuflich

*Kann aus Datenschutzgründen unbeantwortet bleiben

	ja ++	eher ja +	eher nein -	nein - -
Selbstverständnis und Ziele der Organisation bekannt?				
Arbeitsfeld und Aufgaben klar kommuniziert?				
Adäquate Unterstützung bei der Einarbeitung?				
Hinreichende Information über betriebliche Entwicklungen?				
Hohe Kompetenz des direkten Vorgesetzten?				
Entscheidungen des/der Vorgesetzten nachvollziehbar?				
Gute Personalverwaltung:Urlaubsplan,Kommunikation ...?				
Kooperation/Kommunik. mit direkten Kollegen/innen gut?				
Kooperation/Kommunik. mit übrigen Kollegen/innen gut?				
Kooperation/Kommunikation m.direktem Vorgesetzten gut?				
Gute Kommunikation mit oberster Führungsebene?				
Gute Arbeitsbedingungen (Arbeitszeiten, Arbeitsplatz...)?				
Sicherer, nicht gefährdeter Arbeitsplatz?				
Gutes Arbeitsklima:Wertschätzung, Kollegialität,Wir-Gefühl?				
Vielfältiges Aufgabenfeld?				
Sinnvolle, wichtige Arbeit?				
Häufige Unterforderung?				
Häufige Überforderung?				
Durchsetzung eigener Ideen/Anregungen?				
Selbständige, eigenverantwortliche Tätigkeit?				
Sichtbare Ergebnisse der eigenen Tätigkeit?				
Anerkennung durch Vorgesetzte bei guten Leistungen?				
Regelmäßiges, ausführliches Feedback über eigene Arbeit?				
Nutzung vorhandener Kompetenzen?				
Möglichkeiten zur Weiterbildung?				
Entwicklungs- und Aufstiegsmöglichkeiten?				
Zufrieden mit der Vergütung/dem Gehalt?				
Insgesamt zufrieden mit der Tätigkeit?				

Was gefällt Ihnen besonders gut an Ihrer Tätigkeit?	Wie kann Ihre Zufriedenheit gesteigert werden?
Was gefällt Ihnen gar nicht an Ihrer Tätigkeit?	Was kann in der Institution verbessert werden?

Arbeitszufriedenheit und intrinsische Motivation stellen wichtige Erfolgs-faktoren von Führung dar, denn sie bilden die Basis für Qualität, Produktivität und Innovation innerhalb einer Organisation. Führungskräfte sollten aber auch aus *ethischer* Verantwortung heraus den Mitarbeitern Spielräume zur Entfaltung ihres

Potenzials bieten. Die Aufgabe der Führungskraft besteht nicht darin, die Mitarbeiter zu motivieren, sondern darin, ihre aufgabenbezogene Eigeninitiative und Selbstverantwortung zu stärken – etwa dadurch, dass passende, herausfordernde Aufgaben delegiert und Gestaltungsspielräume eröffnet werden, ein differenziertes Feedback zum Arbeitsergebnis erfolgt, eine Organisationskultur entsteht, die es gestattet, Fehler zu machen und daraus zu lernen sowie dadurch, dass geeignete Rahmenbedingungen geschaffen und ausreichende Ressourcen bereitgestellt werden (vgl. auch Hausmann 2017, S. 35 f; dies. 2019a, S. 33).

2.1.4 Führung, Management und Leadership

Managementbegriff
Unter *Management* ist die *Steuerung* einer Organisation durch Kommunikation, Strukturen und Prozesse zu verstehen. In den klassischen Definitionen von Management wird genau dieser Steuerungsaspekt immer wieder herausgestellt: Nach Schreyögg/Koch bezeichnet der Begriff Management einen Komplex von Steuerungsaufgaben, die bei der Leistungserstellung und Leistungssicherung in arbeitsteiligen Organisationen erbracht werden müssen (Schreyögg/Koch 2010, S. 8). Und auch Jung, Bruck und Quarg bezeichnen Management als steuerndes Meta-Handeln, das auf der Basis von Leistungszielen und Leistungsanreizen die Arbeitsinhalte und Arbeitsabläufe abstimmt (Jung et al. 2008, S. 3 f). Bereits an dieser Stelle muss allerdings aus *systemischer* Sicht eingeschränkt werden, dass eine *umfassende Steuerung* einer Organisation – wie bei einer trivialen Maschine – *nicht möglich* ist, da soziale Systeme bzw. Organisationen ihrer eigenen Logik folgen und dazu tendieren, sich selbst zu führen. Zudem tritt der Führung von oben immer auch eine Führung von unten gegenüber. Genau darin liegt das zentrale Management- oder auch Führungsdilemma begründet: nicht alle Prozesse steuern zu können und es dennoch immer wieder aufs Neue versuchen zu müssen.

Führung im Sinne von *Mitarbeiter*führung stellt innerhalb des Managements eine von fünf sogenannten *Steuerungsfunktionen* dar. Die übrigen umfassen die Bereiche *Planung, Organisation* (bzw. das Organisieren), *Personal* und *Kontrolle* (vgl. Steinmann/Schreyögg 2005, S. 10 ff). Es wurde bereits darauf hingewiesen, dass der Begriff der *Unternehmens*führung weiter gefasst ist. Er betrifft die Organisation als Ganzes und beinhaltet alle Aufgaben und Handlungen zur zielorientierten Gestaltung, Lenkung sowie Entwicklung eines Unternehmens (vgl. Dillerup/Stoi 2013, S. 8).

Managementrollen

Henry Mintzberg (1980) hat zehn *Managementrollen* mit betreffenden Verhaltenserwartungen herausgearbeitet, die sowohl für den Bereich der Wirtschaft als auch für den Kulturbereich gelten können und auch *Implikationen für
Führung* enthalten (vgl. Steinmann/Schreyögg 2005, S. 19–21; Jung et al. 2008,
S. 64 f) (Abb. 2.4). Die Managementrollen beinhalten:

a) *Interpersonelle* Rollen, gekennzeichnet durch Aufbau und Aufrechterhaltung
   positiver sozialer Beziehungen:
   Galionsfigur (Figurehead): Der Manager oder Leiter fungiert nach innen
   und außen als Vertretung sowie symbolischer Kopf einer Organisation oder
   Abteilung und erfüllt Repräsentationspflichten
   Führer/Vorgesetzter (Leader): Im Mittelpunkt stehen Motivation und
   Anleitung von Mitarbeitern, die Stellenbesetzung, die Personalentwicklung
   und -beurteilung sowie die Zuweisung von Aufgaben
   Vernetzer (Liaison): Aufbau und Pflege interner sowie externer Kontakte auf
   formellen und informellen Wegen
b) *Informationelle* Rollen gekennzeichnet durch die Aufnahme oder Weitergabe
   von Informationen:
   Informationssammler oder *Radarschirm* (Monitor): Im Mittelpunkt steht die
   Beschaffung von Informationen, die das Verständnis für die Funktionsweise
   der Organisation und ihrer Umwelt fördern.

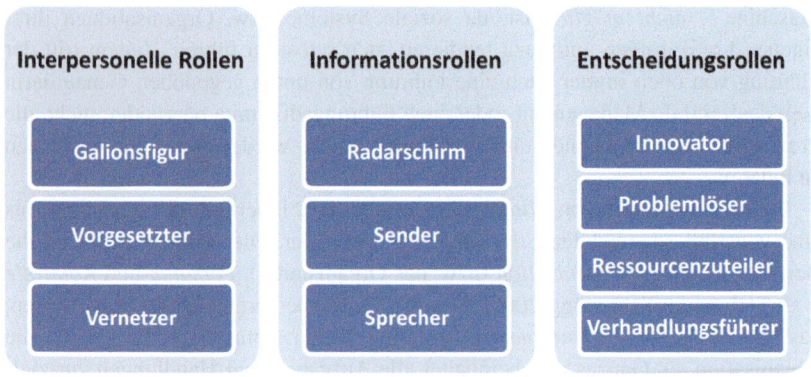

Abb. 2.4 Die zehn Managementrollen nach Henry Mintzberg (1980). (Quelle: Eigene
Darstellung – nach Steinmann/Schreyögg 2005, S. 19 (Gabler))

Sender bzw. *Informationsverteiler* (Disseminator): Hier geht es um die Weitergabe von Informationen an die Organisationsmitglieder

Sprecher (Spokesperson): Weitergabe von Informationen über Pläne, Maßnahmen oder Ergebnisse an externe Interessenten

c) *Entscheidungsrollen* im Sinne von Treffen oder Aushandeln von Entscheidungen:

Innovator bzw. *Unternehmer* (Entrepreneur): Chancen und Anlässe für Innovationen sowie für den Wandel der Organisation aufspüren und nutzen

Problemlöser bzw. *Krisenmanager* (Disturbance Handler): Handhabung von unerwarteten Störungen der betrieblichen Abläufe und Schlichtung von Konflikten

Ressourcenzuteiler (Resource Allocator): Entscheidungen über die Zuteilung von Aufgaben sowie zeitlichen und finanziellen Ressourcen an Personen oder Abteilungen

Verhandlungsführer (Negotiator): Verhandlungsführer für die eigene Organisation oder Abteilung gegenüber Externen

Alle genannten Rollen sind als Ganzheit zu betrachten und gelten im Grundsatz für jede Managementposition und jeder Hierarchiestufe. Dennoch können sich in Abhängigkeit von Position, Abteilung, Teamzusammensetzung, Persönlichkeit und Situation unterschiedliche Schwerpunkte ergeben (vgl. auch Steinmann/Schreyögg 2005, S. 21). Führungskräfte in den Bereichen Produktion oder Technik müssen häufiger die Rolle des Problemlösers übernehmen, Führungskräfte in der Kommunikationsabteilung sind oft in der Rolle des Sprechers und Vernetzers gefragt und für Leitungen im Kulturbetrieb sind die Rollen des Innovators sowie der Galionsfigur oft besonders relevant.

Leadership und Management

Aufgrund der zunehmenden Komplexität und Dynamik der Unternehmensumwelten ist seit den 90er Jahren der Begriff des *Leadership* als Ergänzung zum Managementbegriff in den Vordergrund gerückt. *Manager* und *Leader* unterscheiden sich idealtypisch in ihren Einstellungen, Zielen und Verhaltensweisen. *Management*bezogene Führung bevorzugt eher Struktur, Kontinuität und Kontrolle, meidet Risiken und will Unsicherheit reduzieren. *Leadership* bezogene Führung hingegen präferiert geringere Strukturierung, strebt nach Veränderung und geht eher Risiken ein (vgl. Krizanits et al. 2017, S. 48).

Leadership stellt die personenbezogene, interaktive Führung von Menschen in den Mittelpunkt, während *Management* eher auf distanzierte Führung zurückgreift, die sich über Artefakte wie geregelte Prozesse vermittelt (vgl. Herzka 2015, S. 26). Der *Leader* kann sinnstiftende, enthusiasmierende und transformierende Funktionen innerhalb der Organisation übernehmen. *Manager* hingegen fühlen sich vor allem für die Umsetzung von vorgegebenen Zielen verantwortlich (vgl. Walenta/Kirchler 2011, S. 470).

Leader setzen auf Innovation, Inspiration und Motivation und befähigen ihre Mitarbeiter, durch Enablement und Empowerment herausragende Leistungen zu vollbringen. Im Hinblick auf die Organisation treiben sie deren Ausrichtung voran und entwickeln passende Strategien, um ihre Zukunft zu sichern (vgl. Dillerup/Stoi 2013, S. 655 f; Salzwedel 2017) (Abb. 2.5).

Leader wollen normativ und strategisch AN der Organisation und seiner Weiterentwicklung arbeiten, *Manager* hingegen arbeiten eher strategisch-operativ IN der Organisation und konzentrieren sich auf die Umsetzung, Verantwortlichkeiten und Prozesse. Während *Leader* den Status quo herausfordern, sind *Manager* eher darauf bedacht, den Status quo zu erhalten (vgl. Peters 2015, S. 12; Dillerup/Stoi 2013, S. 656). *Management* operiert im Rahmen der bestehenden Organisation, während *Leadership* über die bestehende Organisation hinausweist, Umweltveränderungen frühzeitig antizipiert und eine mitreißende Vision für die Zukunft hat.

Ein Leader hat nach Theo Peters eine Reihe von Anforderungen zu bewältigen, die sich sowohl auf die Organisation als auch im hohen Maße auf

	Management	Leadership
Führungsebene	Operativ/Strategisch	Normativ/Strategisch
Führungsfunktion	Lenken/Gestalten	Entwickeln/Gestalten
Führungstypus	Transaktional (Belohnung und Bestrafung)	Transformierend (Gemeinschaft und Überzeugung)
Ziel	Effizienz („Die Dinge richtig tun").	Effektivität („Die richtigen Dinge tun")
Zielhorizont	Erreichung vereinbarter (überwiegend kurzfristiger) Ziele	Unternehmenswert nachhaltig steigern und Zukunft sichern
Denken und Handeln	Operational	Evolutionär/Revolutionär
Aufgabenfelder	Optimierung, Ordnung und Beständigkeit sicherstellen	Wirksamkeit, Energien aktivieren, Wandel einleiten und gestalten
Teilaufgaben	Probleme lösen, Aktivitäten planen, organisieren und kontrollieren	Visionen entwerfen, Mitarbeiter inspirieren/aktivieren, Sinn stiften
Komplexitätsdimension	Beherrschung der Kompliziertheit (Elementevielzahl)	Beherrschung der Dynamik (Veränderlichkeit)
Risikosicht	Risiken minimieren/eliminieren	Risiken eingehen/Chancen nutzen
Hierarchieebene	Steht bei unteren Führungskräften im Vordergrund	Steht bei oberen Führungskräften im Vordergrund
Kompetenzen	Schwerpunkt auf Fachkompetenz	Schwerpunkt auf Sozialkompetenz

Abb. 2.5 Vergleich von Management und Leadership. (Quelle: Dillerup/Stoi, Unternehmensführung 2013, S. 656 (Vahlen))

die Interaktion und Kooperation mit den Geführten beziehen (vgl. Peters 2015, S. 73–84):

1. Die *aufgabenbezogenen* Anforderungen umfassen zum einen das Definieren von klaren *Zielen*, wobei die operativen Instrumentalziele abgeleitet werden sollten von Fundamentalzielen (‚Worauf kommt es wirklich an?‘), da diese den Mitarbeitern die Sinnhaftigkeit ihrer Arbeit vermitteln. Dazu kommt die *Delegation* von Aufgaben in Korrelation zu den vorhandenen (oder noch zu entwickelnden) Kompetenzen auf der Mitarbeiterseite sowie die Erteilung von *Feedback* (vgl. ebd. 74–78).
2. Die *mitarbeiterbezogenen* Aufgaben für den Leader beinhalten die Eröffnung von *Partizipation* (auch zur Stärkung von Engagement, Akzeptanz und Verantwortungsgefühl), die Schaffung von Vertrauen und Verbesserung des *Arbeitsklimas* (durch Transparenz, Offenheit, Wohlwollen, Fürsorge, Seriosität, Zuverlässigkeit und Kompetenz), die *Potenzialentfaltung* durch fachliche und persönliche Weiterbildung sowie eine *gesundheitsfördernde Führung* (von der Errichtung ergonomischer Arbeitsplätze bis hin zur Vermeidung fortgesetzt hoher Verausgabung und chronisch hoher Anforderungen) (vgl. ebd. 78–81).
3. Leadership schließt aber auch die *Selbstführung* der Führenden mit ein, nämlich zum einen das Bestreben, auf die eigene körperliche Gesundheit sowie entsprechende Körpersignale zu achten. Beim geistigen Selbstmanagement geht es um die Einübung verbesserter Arbeitsmethoden und Zeitmanagementtechniken. Und die psychische Selbstführung beinhaltet die Berücksichtigung der eigenen Wünsche und Bedürfnisse (vgl. ebd. 81–82).
4. Eine *leadership-spezifische* Anforderung wäre schließlich eine mit den Mitarbeitern geteilte *Vision*, die zur Motivation beiträgt und Sinn vermittelt. Dazu gehört auch die (Weiter-)Entwicklung der Unternehmenskultur durch ein gemeinsames *Wertesystem,* das von der Führungsseite vorgelebt wird sowie die Aufgabe, *Vorbild zu* sein bei der Anwendung von Kompetenz, beim Zeigen von Mut und Engagement und beim Vorleben von Glaubwürdigkeit, Verlässlichkeit und Fairness (vgl. ebd. 83–84).

Management und Leadership sind gleichermaßen eine conditio sine qua non im Führungsgeschehen (auch im Kulturbetrieb). Sie beinhalten zwar unterschiedliche Aufgaben und Haltungen, sollten sich aber im Führungsgeschehen ergänzen. Führung bedeutet daher, die jeweils managementbezogenen sowie die leadership-bezogenen Ziele, Strategien und Verhaltensweisen immer wieder aufs Neue organisations-, aufgaben-, situations-, mitarbeiter- und stakeholderadäquat auszubalancieren. Letztlich geht es in der Führungspraxis um beides, nämlich um ein Führungsverständnis, das ein Gleichgewicht anstrebt von Stabilität und Veränderung, von Kontinuität und Bruch mit dem Tradierten, von Sicherheitsdenken und Risikobereitschaft. Führungskräfte sollten daher in der Lage sein, Managementtechniken und Leadership-Verhalten angemessen und flexibel einzusetzen (vgl. Walenta/Kirchler 2011, S. 471).

Es gibt eine große Schnittmenge zwischen dem Bedeutungsgehalt von *Leadership* und der sogenannten *transformationalen* Führung. Den Gegenpol dazu bildet die transaktionale Führung, die eher dem Managementbegriff entspricht. Bernard M. Bass und Bruce J. Avolio (1994) entwickelten mit dem *‚Full Range Model'* der transaktional-transformativen Führung ein Modell, das eine Synthese von Management und Leadership anstrebte (vgl. Weibler 2016, 342 f; Stock-Homburg 2010, S. 487 f). Das transaktional-transformationale Führungsmodell galt noch bis vor kurzem als State of the art der Führungslehre und erfreute sich großer Beliebtheit, bevor systemisch-postheroische Führungskonzepte den Blick von der einzelnen Führungsperson auf die Organisation insgesamt, auf ihre Umwelt sowie auf die Stakeholder einschließlich der Mitarbeiterschaft verlagerten.

Klassischer *Leadership*-Begriff und *transformationale* Führung unterliegen gleichermaßen einem einseitigen, *neocharismatisch-leitungszentrierten* Denkmodell. Dieses fokussiert den Blick ausschließlich auf die Persönlichkeit der Führungskraft und ihre mitreißende, motivierende Wirkung auf die Geführten. Die Führungssituation als solche, die Relation zwischen Führenden und Geführten sowie die Gegenmacht der Geführten durch Führung ‚von unten' werden völlig ausgeblendet. Der neue Leitbegriff des Kulturmanagements, das sogenannte Cultural Leadership, geht darüber weit hinaus, da es *transaktionale, transformationale und relationale* Führung innerhalb eines Gesamtmodells *integriert* und damit eine *neue Kultur des Führens* intendiert, die Organisation, Gesellschaft, Wirtschaft und Politik gleichermaßen transformieren will. Auf das Modell der transaktional-transformationalen Führung sowie auf den Denkansatz des Cultural Leadership wird an anderer Stelle ausführlich eingegangen.

2.1.5 Führungsdilemmata, Macht und Machtpotenziale

Führung ist im Alltag von einem hohen Maß an Komplexität und Ambivalenz geprägt. Sie muss stets aufs Neue die Balance finden zwischen den kollektiven Zielen der Organisation, den Interessen der Besucher-/Kunden, den Mitarbeiterbedürfnissen, den Ansprüchen weiterer Stakeholder und den eigenen Wertmaßstäben. Diese oft widerstreitenden Ansprüche schlagen sich in regelrechten Dilemmata zwischen unterschiedlichen, einander widersprechenden

Handlungslogiken nieder. Dabei müssen oft Kompromisse gefunden werden zwischen gleichwertigen Positionen, die einerseits jeweils kaum hintergehbar und andererseits kaum miteinander vereinbar sind.

Führungsdilemmata
Führung findet statt im Spannungsfeld von verschiedenen Ambivalenzen und Dilemmata. In Anlehnung an Oswald Neuberger und Michael Herzka (vgl. Neuberger 2002, S. 341–348; Herzka 2015, S. 48) lassen sich die in Abb. 2.6 dargestellten Führungsdilemmata ausmachen.

Sich diesen Dilemmata zu stellen, aus denen kein Ausweg oder Ausstieg möglich ist, ist eine zentrale Aufgabe von Führung. Die genannten Widersprüche stellen für Organisationen und Führungskräfte eine permanente Herausforderung dar und verlangen mitunter nach einer raschen, situationsadäquaten Entscheidung auf Führungsseite. Dies setzt aber wiederum eine Hierarchie und eine damit verbundene Entscheidungsbefugnis voraus (vgl. Herzka 2013, S. 61 ff und Gloger/Rösner 2017, S. 44). Neuberger nennt einige Möglichkeiten, wie Führende mit diesen Widersprüchen und Dilemmata umgehen könnten: Die

Führungsdilemmata

1. Mitarbeiter als Kostenfaktor und Ressource versus Mitarbeiter als Mensch
2. Gerechtigkeit und Gleichbehandlung aller versus Eingehen auf die Besonderheiten des Einzelfalls
3. Hierarchische Überlegenheit und Distanz versus Einfühlung und Nähe
4. Fremdbestimmung, Reglementierung und Kontrolle versus Autonomie und Selbstständigkeit
5. Spezialisierung durch Fachkompetenz versus Generalisierung
6. Gesamtverantwortung versus Delegation und geteilte Verantwortung
7. Stabilität und Konformität versus Flexibilität, Veränderung und Experimentierfreude
8. Konkurrenz und Konfrontation versus Kooperation, Solidarität und Hilfe
9. Aktivierung und Motivierung versus Zurückhaltung und Nichteinmischung
10. Innenorientierung und Identifikationszentrum versus Außenorientierung und Repräsentanz gegenüber Dritten
11. Ziel- und Ergebnisorientierung versus Prozess- und Verfahrensorientierung
12. Kurzfristige Belohnungsorientierung versus langfristige Werteorientierung
13. Orientierung an eigenen Interessen versus Gruppen-/Kompromissorientierung

Abb. 2.6 Führungsdilemmata. (Quelle: Eigene Darstellung nach Neuberger 2002, S. 341–348; Herzka 2015, S. 48)

Gegensätze als Sowohl-als-auch-Konstellation begreifen, eine Verzeitlichung oder Sequenzialisierung anstreben (beim nächsten Mal anders zu entscheiden, wenn sich die Umstände geändert haben), eine Versöhnung der Extreme und eine Anbahnung von Kompromissen zu versuchen, ein Outsourcing an andere oder zur Not das Abwarten und Aussitzen bzw. Abfinden mit dem Dilemma (vgl. Neuberger 2002, S. 359 ff).

Führung und Macht

Es wurde bereits angedeutet, dass Führung – wenn man sie unter *funktionalen* Aspekten *oder aus der systemischen* Perspektive betrachtet – keine Einbahnstraße ist, sondern eine Interaktionsbeziehung und ein Versuch der wechselseitigen Beeinflussung zwischen Führungsperson und Geführten. Man kann Führung aber auch aus der *strukturalistisch-machtbezogenen* Perspektive betrachten. Dann wird Führung als ein *Machtvorschuss* verstanden zur Durchsetzung eines Fremd-willens im Rahmen einer *asymmetrischen* Autoritätsverteilung (vgl. von der Oels-nitz 2017, S. 15 f). Der Bedeutungsgehalt von Macht und Führung überschneidet sich. Der Begriff der Macht im Sinne der Möglichkeit, etwas in Bewegung zu versetzen berührt auch in etymologischer Hinsicht den Begriff der Führung, dessen Wortwurzel auf das alte Veranlassungswort zu „fahren machen" oder „Richtung weisen" zurückgeht (vgl. Weibler 2016, S. 136).

Nach Max Weber muss Macht verstanden werden, als „Chance, innerhalb einer sozialen Beziehung den eigenen Willen auch gegen Widerstreben durch-zusetzen" (Max Weber 1922, zitiert nach Weibler 2016, S. 136). Macht versetzt Personen oder Personengruppen in die Lage, auf das Handlungsfeld anderer ein-zuwirken und Kontrolle über die Betreffenden auszuüben (vgl. Weibler 2016, S. 136). Macht wird von den Geführten aber immer nur auf Zeit *verliehen*. „Wenn wir von jemandem sagen, er ‚habe die Macht' heißt das in Wirklichkeit, dass er von einer bestimmten Anzahl von Menschen ermächtigt ist, in ihrem Namen zu handeln" (Arendt 1993, S. 45).

Macht muss als *conditio sine qua non* von Führung in Organisationen ver-standen werden, denn diese können nicht ohne jedwede Hierarchie und die damit verbundene Zuweisung von Macht und Entscheidungsbefugnis existieren (vgl. Luhmann 1972, S. 39 f, 108 f, 210 f; Luhmann 2018, S. 237; Kühl 2011, S. 17–20). Um handlungsfähig zu sein und zu bleiben, benötigen Organisationen eine *Führungsspitze* und diese muss mit einer *Machtbasis* ausgestattet sein, damit Aufgaben zugeteilt, die Zielerreichung überprüft sowie auch Konsequenzen gezogen werden können (vgl. auch Hausmann 2020, S. 9 ff). Mit der ver-liehenen Macht ist allerdings nicht nur ein Handlungsspielraum definiert, um Entscheidungen treffen zu können, sondern auch die Übernahme von *Verantwortung* für die getroffene Entscheidung.

Allerdings kann die hierarchisch legitimierte, *formale* Macht der Führenden durch eine *informelle* ‚Gegenmacht', durch ‚Führung von unten' oder ‚Unterwachung' (Luhmann) seitens der Geführten begrenzt werden. Und sie kann (‚von oben' intendiert) *temporär* aufgebrochen werden, wenn einzelnen oder mehreren Geführten vorübergehend eine Führungsrolle im Sinne einer *informellen Hierarchie* oder *Heterarchie* eingeräumt wird – wie beispielsweise im Rahmen von selbstorganisierten Projektteams. Allerdings beinhaltet die *formale* Macht in Organisationen letztlich die *asymmetrische* Verteilung der Entscheidungs- und Verfügungsgewalt über Ressourcen wie Personal, Informationen, Zeit, Geld, Material sowie die Möglichkeit der Anerkennung, Beurteilung oder Beförderung anderer (vgl. auch Scholl 2018, S. 36).

Positiv gesehen kann die in der Führungsspitze konzentrierte Macht dazu beitragen, Machtkämpfe zu verhindern und Komplexität zu reduzieren, da zentrale Entscheidungen allein durch die Führung getroffen werden. Formal zugewiesene Macht ermöglicht daher – vor allem in größeren Organisationen – ein effizienteres Handeln, wenn es darum geht, schnelle Entscheidungen zu treffen und wenn sich Personen oder Organisationseinheiten nicht einigen können (vgl. F. B. Simon 2007: S. 93). Macht kann *konstruktiv* und respektvoll im Sinne eines *Good Leadership'* eingesetzt werden. In diesem Fall kann Macht verstanden werden als Verantwortungsübernahme, etwas für die Organisation, die Mitarbeiterschaft oder die Gesellschaft voranzubringen, und als Verpflichtung zu gutem Handeln (vgl. Scholl 2018, S. 38 f).

Andererseits kann die Machtposition aber auch zu verantwortungslosem, eigennützigem Handeln eingesetzt werden. In dieser Variante kann Macht *destruktiv*, manipulativ, aus egoistischen Motiven, ohne jegliche Empathie sowie gegen die Interessen aller und der gesamten Organisation eingesetzt werden im Sinne von *Machtmissbrauch* oder *‚Bad Leadership'*. Diesen Tendenzen kann vorgebeugt werden im Rahmen einer ethisch fundierten *Selbstführung* sowie durch die Etablierung eines *Code of Conduct* oder Verhaltenskodexes, der für Führung und Mitarbeiter bindend sein sollte. Dabei ist zu beachten, dass negative Veränderungen im Führungsverhalten schleichend und (zumindest) anfänglich unbewusst von statten gehen und sowohl Personen mit bestimmten persönlichen Dispositionen betreffen können als auch Menschen, die ursprünglich mit den besten Absichten angetreten waren (vgl. van Ameln 2018, S. 30; Scholl 2018, S. 38 f). In der Führungspraxis ist zumeist ein Mix von konstruktiver und destruktiver Führung festzustellen, wobei es darum gehen sollte, die destruktiven Anteile zu reduzieren.

Max Webers drei Grundtypen von legitimer Machtausübung
Max Weber hatte in seinem 1922 posthum veröffentlichten Werk „Wirtschaft und
Gesellschaft" *drei Grundtypen* der legitimen Macht- und Herrschaftsausübung
dargelegt (vgl. Weber 2009, S. 124–144; Schreyögg/Geiger 2016, S. 440 ff).

Weber nennt zum einen die *traditionale* Herrschaftsform, die auf dem Glauben
an die Unverbrüchlichkeit von Traditionen und entsprechend ausgezeichneten
Personen (wie in der patriarchalen oder feudalen Herrschaft) basiert. Als in der
Neuzeit weit verbreitete, zweite Herrschaftsform führt Weber die *legale* Herrschaft ins Feld, die auf dem Glauben an die Legalität und Legitimität von rational
geschaffenen, verständlichen Gesetzen, Regeln und Verordnungen gründet, denen
auch die Führung selbst unterworfen ist und die ihre reinste Ausprägung in der
bürokratischen Organisation gefunden hat. Letztere ist vor allem bestimmt durch
die Regelgebundenheit der Amtsführung, die Abgrenzung von Kompetenzen und
Zuständigkeiten, durch ein festgelegtes System von Über- und Unterordnung
mit genau beschriebener Befehls- und Entscheidungsgewalt (Hierarchie), durch
eine verschriftlichte, aktenmäßige Verwaltung sowie eine neutrale, unpersönliche
Amtsführung.

Bereits an dieser Stelle muss darauf hingewiesen werden, dass streng bürokratische Systeme mit ihrer starren Regeltreue zur Ineffizienz tendieren und daher
auch als Hemmschuh für Innovation und Wandel betrachtet werden können. Und
als dritten Typus – der an anderer Stelle noch eingehend erläutert werden soll –
nennt Weber die *charismatische* Herrschaft, die auf der irrationalen Hingabe an
eine Persönlichkeit gründet, die scheinbar übermenschliche Qualitäten besitzt
(vgl. Weber 2009, S. 124–144; Schreyögg/Geiger 2016, S. 440 ff).

Machtbasen und Einflusspotenziale
John R. P. French und Bertram Raven haben im Jahr 1959 – auch angelehnt an
Max Webers idealtypische Unterscheidung der drei Herrschaftsformen – fünf
mögliche *Macht- oder Einflussprinzipien* herausgearbeitet, die später um eine
sechste Machtbasis ergänzt wurden (vgl. Schreyögg/Koch 2010, S. 266–271;
Weibler 2016, S. 138 f; Walenta/Kirchler 2011, S. 415 ff). Diese zentralen sechs
Einflussfaktoren innerhalb des Interaktionsprozesses von Führung sollen hier
kurz dargestellt werden.

Zum einen handelt es sich um Machtbasen, die mit der *exponierten Position*
innerhalb einer Hierarchie verbunden sind und die quasi durch die *Organisation*
ermöglicht und vorgegeben werden: So leitet sich das Einflusspotenzial der
Legitimationsmacht aus den besonderen Machtbefugnissen ab. Es gründet auf

dem Hierarchieprinzip, das von den Mitarbeitenden per Stellenbeschreibung und Arbeitsvertrag bei Eintritt in die Organisation formal akzeptiert wird. Im Führungsalltag greift jedoch die alleinige Berufung auf die Positions- oder Legitimationsmacht zu kurz. Daher statten die Organisationen ihre Führungsspitzen mit weiteren Einflusspotenzialen aus wie beispielsweise mit der *Macht durch Belohnung* (wie Beförderung, leistungsgerechte Entlohnung, Sonderurlaub oder Arbeitserleichterungen für die Beschäftigten). Dieses Machtprinzip kann allerdings seine Wirkung nur dann entfalten, wenn die Mitarbeitenden die in Aussicht gestellten Belohnungen als erstrebenswert empfinden. Hinzu kommt als drittes Prinzip die *Macht durch Bestrafung,* die im Wesentlichen auf der Abschreckung und Androhung von Sanktionen basiert. Auch hier ist die Wirkung abhängig von der Mitarbeiterseite und zwar ihrer Einschätzung der Eintrittswahrscheinlichkeit (vgl. auch Schreyögg/Koch 2010. S.266f). Diese ersten drei, eher ‚klassischen‘, durch die Organisation eröffneten, Machtbasen können aufseiten der Mitarbeiter deren Commitment gefährden und Widerstand provozieren (vgl. Jung et al. 2008, S. 48).

Darüber hinaus werden drei weitere Einflusspotenziale genannt, die mit der Führungs*person* als solcher verbunden sind und/oder die von ihr weiter *ausgebaut* werden können: So gründet das Einflussprinzip der sogenannten *Expertenmacht* auf einem Vorsprung durch Wissen, Erfahrung und besondere Fähigkeiten. Auch hier beruht die Wirkung darauf, ob die Geführten diesen Vorsprung durch überlegenen Sachverstand oder besondere Kompetenzen ebenfalls empfinden. Je höher der zuerkannte Vorsprung, desto stärker wirkt dieses Machtprinzip.

Das fünfte Einflusspotenzial beruht auf der Persönlichkeitswirkung des Führenden, auf der sogenannten *Referenten-, Persönlichkeits- oder Identifikationsmacht.* Diese gründet auf der charismatischen Ausstrahlung der Führungsperson und dem Wunsch auf Mitarbeiterseite, von ihr akzeptiert und geschätzt zu werden (vgl. Walenta/Kirchler 2011, S.416). Dieses Machtprinzip basiert zugespitzt auf dem Bild des außergewöhnlichen Helden, der als Leitfigur Orientierung und Identifikation bietet. Es kann vorübergehend höchst wirksam sein, ist aber äußerst fragil und immer auch eine Frage des persönlichen Erlebens, der Sympathie und der Bezugssysteme auf beiden Seiten. Einfluss durch Persönlichkeitswirkung ist nicht angeboren, sondern muss im Rahmen von Interaktion immer neu erworben werden und wird durch die Mitarbeitenden zugeschrieben oder auch nicht. Im Idealfall leben Charismatiker überzeugend und begeisternd vor, wofür es sich lohnt zu arbeiten. Sie können als Vorbilder fungieren, denen man nacheifern kann. Sie wecken in ihren Mitarbeitern Bereitschaft, besondere

Herausforderungen anzunehmen, vertrauen ihnen und vermitteln, dass sie sie wertschätzen. Die Schattenseiten der charismatischen Führung aufseiten der Führenden heißen allerdings Anmaßung, Machtmissbrauch, Willkür, Selbstüberschätzung und Narzissmus im Sinne eines Bad Leadership sowie aufseiten der Geführten Fanatismus, blinder Gehorsam, Abhängigkeit und Selbstaufgabe (vgl. Pinnow 2008, S. 90 f). Das Prinzip der Persönlichkeits- oder Identifikationsmacht steht daher im diametralen Gegensatz zum systemischen Denkmodell, erfreut sich aber immer noch einen gewissen Beliebtheit. Es soll allerdings bereits an dieser Stelle festgehalten werden, dass Charisma keine notwendige und erst recht keine hinreichende Eigenschaft für den Erfolg einer Führungskraft ist (ebd. S. 91).

Und schließlich wäre noch als sechstes Einflusspotenzial, die sogenannte *Informationsmacht,* zu nennen, die darauf beruht, Zugang zu exklusiven Informationen zu haben. Dabei geht es darum, dass die Führenden über beste Kontakte und informelle Netzwerke in und außerhalb der Organisation verfügen, die ihnen wichtige Informationen bereitstellen. Der Besitz oder die Beschaffungsmöglichkeit solcher Informationen stärkt die Machtposition der Führungskraft aus Sicht der Geführten.

Vor dem Hintergrund *systemisch-postheroisch* argumentierender Führungskonzeptionen werden die erstgenannten drei Machtressourcen, die alle der Positionsmacht des Vorgesetzten entspringen, zunehmend infrage gestellt. Neue Organisationsmodelle wie agiles Projektmanagement oder Ansätze zur geteilten Führung drängen formale Autorität und Einflussnahme qua hierarchischer Position in den Hintergrund. Als besonders effektive Machtbasen können hingegen die Informations-, Experten- und Identifikationsmacht betrachtet werden, wobei die beiden letztgenannten Prinzipien als Spielformen der personalen Führungsmacht angesehen werden können (vgl. Weibler 2016, S. 138). Dabei ist allerdings aus systemischer Sicht das Prinzip der charismatisch begründeten *Identifikationsmacht* als *unangemessen* und *überholt* zu betrachten (vgl. von der Oelsnitz 2017, S. 65 ff, 112), denn dieses gründet auf der Phantasie des heldenhaften Heilsbringers und damit auf dem instabilen Konstrukt aus – womöglich nur eingebildeter – personenbezogener Wirkung der Führenden sowie (vorübergehender) Zuschreibung aufseiten der Geführten. Hinzu kommt, dass das Einflusspotenzial der charismatisch wirkenden Identifikationsmacht nicht selten den Nährboden bereitet für alle erdenklichen Formen von unethischem Verhalten und Machtmissbrauch. Aber auch der *Expertenmacht* sind aus systemischer Sicht Grenzen gesetzt, denn Führungskräfte sind eben nicht allseits kompetent und verfügen daher nicht grundsätzlich über mehr Wissen oder Expertise als die Mitarbeiterschaft.

2.1.6 Führung und Menschenbilder

Führung wird auch geprägt durch subjektive Einstellungen und Vorurteile aufseiten der Vorgesetzten gegenüber den Geführten beispielsweise in Form
von *Menschenbildern*. Das heißt, die Führenden konstruieren eine vermeint-
liche soziale Realität mittels stereotyper Annahmen bezüglich der Fähigkeiten,
Interessen, Ziele und Verhaltensweisen auf Mitarbeiterseite, ohne jeweils
den Einzelfall im Hinblick auf individuelle Kompetenzen und Ressourcen
zu würdigen. An dieser Stelle seien einige Grundauffassungen dennoch kurz
erläutert, auch um einen bewussteren und distanzierteren Umgang mit diesen
Klischees zu ermöglichen.

Das Menschenbild kann eher *pessimistisch* geprägt sein wie bei Machiavelli
(‚der Mensch ist undankbar und heuchlerisch‘), bei Hobbes (‚der Mensch ist
prestige- und machtsüchtig‘) oder bei McGregors *X-Theorie*, nach der Mensch
rein extrinsisch motiviert und arbeitsscheu ist, nur Belohnung von außen sucht
und daher streng geführt und kontrolliert werden muss. Das Menschenbild kann
aber auch eher *optimistisch* ausgerichtet sein, wie bei Locke (‚der Mensch ist ver-
nünftig‘), Mayo (‚der Mensch ist ein soziales Wesen, das Zuwendung braucht‘)
oder bei McGregors *Theorie Y:* Danach ist der Mensch intrinsisch motiviert,
betrachtet die Arbeit als eine wichtige Quelle von Zufriedenheit und entwickelt
– wenn er sich mit den Zielen der Organisation identifizieren kann – genug Einfallsreichtum, Eigeninitiative und Selbstkontrolle, denn sein wichtigster Arbeits-
anreiz sind Selbstverwirklichung und eigene Verantwortung (vgl. Weibler 2016.
S. 37 f, von der Oelsnitz 2017, S. 24–32).

Ähnliche Positionen finden sich teilweise auch in der der vierstufigen, chrono-
logisch lesbaren Menschenbild-Typologie nach E. Schein (1980) wieder:

1. Im Menschenbild des *rational-ökonomischen* Menschen (entspricht der
   Theorie X) arbeitet dieser nur, um seine materiellen Grundbedürfnisse zu
   befriedigen. Er ist ein ‚tendenzieller Leistungsverweigerer‘ (D. von der Oelsnitz 2017, S. 25), nur durch materiell-finanzielle Anreize zu motivieren und
   muss vom Vorgesetzten permanent kontrolliert werden.
2. Der *soziale* Mensch hingegen ist in erster Linie durch soziale Bedürfnisse
   motiviert (entspricht dem Mayo-Ansatz). In Folge der Sinnentleerung der
   Arbeit wird in sozialen Beziehungen am Arbeitsplatz Ersatzbefriedigung
   gesucht. Statt durch materielle Anreize kann der soziale Mensch durch
   Zuwendung und Unterstützung motiviert werden, denn gegenüber den
   menschlichen Kontakten sind die anderen Arbeitsmotive zweitrangig. Der

‚social man' wird stärker durch soziale Normen seiner Arbeitsgruppe gelenkt als durch Anreize und Kontrolle des Vorgesetzten. Das Führungsverhalten sollte demnach beziehungsorientiert sein, nämlich auf die Befriedigung der Bedürfnisse nach Anerkennung, Zugehörigkeit und Identität achten. Gruppen-anreizsysteme sollten an die Stelle von individuellen Anreizsystemen treten.

3. Der *sich selbst verwirklichende* Mensch (entspricht der Theorie Y) strebt nach postmateriellen Werten, Autonomie, persönlicher Bestätigung und Selbst-verwirklichung. Er bevorzugt Selbst-Motivation und Selbst-Kontrolle. Statt zur extrinsischen Motivation durch äußere Anreize neigt er zur intrinsischen Motivation durch die Arbeit selbst. Es gibt daher keinen zwangsläufigen Konflikt zwischen Selbstverwirklichung und organisatorischer Zielerreichung. Führungskräfte sollten sich eher als Unterstützer und Förderer begreifen, denn als Kontrolleure. Fach-Autorität wird gegenüber der Amts-Autorität präferiert und Mitbestimmung am Arbeitsplatz ist wesentlich.

4. Schein hat schließlich noch das Menschenbild des sogenannten *komplexen Menschen* hinzugefügt. Dieser werde durch eine oft wechselnde Bedürfnis-lage und eine differenzierte Motivvielfalt angetrieben, nämlich mal durch innere Neigungen und mal durch äußere Anreize. Der komplexe Mensch ist äußerst lern- und wandlungsfähig – auch hinsichtlich der Dringlichkeit seiner Bedürf-nisse. Dieses Menschenbild stellt an Führungskräfte hohe Ansprüche: Sie müssen guter Diagnostiker sein, um herauszufinden, welches Bedürfnis in welcher Situation bei welchem Arbeitnehmer vorherrscht, entsprechende Aufgaben und Ziele konfigurieren und ihr eigenes Führungsverhalten situationsgemäß variieren können. Lösungen können daher nur für bestimmte Situationen und Personen gelten, d. h. generelle Verhaltensregeln können nicht abgeleitet werden (vgl. Weibler 2016, 36–40; Kirchler/Meier-Pesti/Hofmann 2011, S. 28 f, 62 f, 95 ff, 126 ff; von der Oelsnitz 2017, S. 30 ff; Peters 2015, S. 6–11):

Die genannten vier Menschenbilder spiegeln landläufige Grundeinstellungen oder auch typische Vorurteile von Vorgesetzten wider. Allerdings sind sie absolut leitungszentriert und blenden die Beteiligung der Geführten am Führungserfolg völlig aus. Vor allem aber sollte man sich hüten vor Pauschalurteilen über die gesamte Mitarbeiterschaft, eine Mitarbeiter-Generation oder -Gruppe oder auch über einzelne Mitarbeitende. Fredmund Malik konstatierte schon im Jahr 2002 zu Recht: „Wer sich auf Menschenbilder fixiert, läuft nicht nur Gefahr, den Menschen Unrecht zu tun, sondern er vernachlässigt das Wichtigste … nämlich herauszufinden, was der einzelne kann, welche Stärken und Potenziale er hat, und ihn dort einzusetzen, wo er einen Beitrag zu leisten vermag" (Malik 2002, zit. nach: von der Oelsnitz 2017, S. 30)

Douglas McGregor hat darauf hingewiesen, wie sich *Einstellungen* der Führenden sowie das *Verhalten* der Geführten gegenseitig bedingen. So gelte aus McGregors Sicht sowohl bei der Theorie X als auch bei der Theorie Y das Prinzip der sich selbst erfüllenden Prophezeiung. Je nachdem, welcher Theorie oder welcher Einstellung die Führungskraft anhänge, würden die Mitarbeiter die ihnen unterstellte Richtung an den Tag legen. Tendieren Führungskräfte also zur Theorie X und wären sie daher der Ansicht, dass der Durchschnittsmensch träge, arbeitsscheu sowie ohne Ehrgeiz und eigene Motivation ausgestattet sei, würden sie ihre Mitarbeiter stärker kontrollieren und die Eigenverantwortung beschränken. Als Antwort darauf würden sich die Arbeitnehmer eher passiv verhalten, um Sanktionen zu vermeiden, die Übernahme von Eigenverantwortung oder Eigeninitiative scheuen und somit ein Verhalten gemäß der Theorie X zeigen. Tendiere die Führungskraft eher zur Theorie Y, die davon ausgeht, dass Menschen Eigenmotivation, viel Entwicklungspotenzial und Verantwortungsbereitschaft mitbringen, würden sie den Mitarbeitern mehr freie Hand lassen und sie stärker beteiligen, was diese veranlassen würde, das unterstellte positive Verhalten zu zeigen (vgl. Kirchler/Meier-Pesti/Hofmann 2011, S. 109–112).

Auch wenn aus systemischer Sicht McGregors bipolare XY-Typologie verengt erscheint und auch wenn Untergebene dadurch nicht automatisch kreativer oder engagierter werden, wenn Vorgesetzte ihnen mehr zutrauen (hier müsste zumindest noch eine entsprechende Aufgabenstellung hinzukommen), so greift in der Unternehmenspraxis das negative Menschenbild der Theorie Y immer noch viel zu häufig und führt dazu, dass Mitarbeiter rasch und nachhaltig frustriert werden (vgl. von der Oelsnitz 2017, S. 28–30; vgl. auch Weibler 2016, S. 37 f.). Führungskräften ist immer noch viel zu selten bewusst, dass die eigenen Einstellungen eine Mitursache für das Verhalten der Geführten sein können. McGregors Verdienst ist es, die Wirkung dieser Vorurteile aufgezeigt zu haben (vgl. Kirchler/Meier-Pesti/Hofmann 2011, S. 112).

2.1.7   Persönlichkeit, Charisma, Narzissmus und Machiavellismus

Führung wird heutzutage als komplexes, situativ variierendes Geschehen und Prozess der gegenseitigen Einflussnahme aufgefasst. Demnach wird der Führungserfolg nicht nur durch die Merkmale der Organisation, der Abteilung oder des Teams (hierarchische Ordnung, Organisationskultur, Normen, Werte, Regeln), die Rahmenbedingungen der Arbeit und die Art der Aufgabenstellung bestimmt, sondern auch durch die Persönlichkeit, Einstellung, Erfahrung und wechselseitige Einflussnahme von Führenden und Geführten sowie durch ihre Beziehung zueinander (vgl. Schreyögg/Koch 2010, S. 265).

Obwohl sich diese *prozess*orientierte Sicht durchgesetzt hat, erfreuen sich statische Konzepte, die die Komplexität der Führungssituation ausblenden und den Führungserfolg lediglich von der *Persönlichkeit* der Führenden abhängig machen, immer noch einer gewissen Beliebtheit. Sie unterstellen, dass bestimmte menschliche Eigenschaften wie Intelligenz, Selbstvertrauen, Entschlusskraft, Selbstdisziplin oder Dominanz ein Garant für den Führungserfolg in unterschiedlichsten Situationen seien (vgl. Schreyögg/Koch 2010, S. 259 f). Allerdings konnten die zahlreichen empirischen Studien keinen Katalog universell gültiger Eigenschaften zutage fördern, die sich in allen erdenklichen Führungssituationen bewähren. Aufgrund der Uneinheitlichkeit und Widersprüchlichkeit der Ergebnisse muss der Eigenschaftsansatz daher als gescheitert betrachtet werden, was allerdings nicht besagt, dass Persönlichkeitsmerkmale im Führungsgeschehen grundsätzlich irrelevant wären (ebd. 260 f).

Big Five-Modell
Immerhin konnten mit dem Big Five-Modell fünf hervorstechende Persönlichkeitseigenschaften nachgewiesen und ihre Korrelation mit Führungserfolg teilweise bestätigt werden. Die Faktoren *Extraversion* (Energie, Optimismus, Gesprächigkeit, Personenorientierung, Geselligkeit, Herzlichkeit und Heiterkeit), *Gewissenhaftigkeit* (Diszipliniertheit und Zuverlässigkeit) sowie *Offenheit* für neue Erfahrungen (Neugierde, Bevorzugung von Abwechslung und Interesse an öffentlichen Ereignissen) wiesen deutliche Korrelationen mit Führungserfolgen auf. Hinderlich war hingegen *Neurotizismus* (Nervosität, Ängstlichkeit, Unsicherheit oder auch Sorge um eigene Gesundheit), der dazu beiträgt, dass die Betroffenen die eigenen Bedürfnisse nicht artikulieren und in Stresssituationen unangemessen reagieren. Ebenso hinderlich war der fünfte Faktor, die *soziale Verträglichkeit* (Altruismus, Verständnis, Empathie und Wohlwollen), da die Betreffenden zu großer Nachgiebigkeit neigten und ein evidentes Harmoniebedürfnis aufwiesen (vgl. Nerdinger et al. 2008, S. 92 f; Brosi/Spörle 2012, S. 275).

Macht-, Anschluss- und Leistungsmotive
Neben den genannten Eigenschaften sind aber noch weitere persönlichkeitsabhängige Komponenten für Führung relevant, nämlich das Mischungsverhältnis von drei grundlegenden Hauptmotiven, die bei jedem Menschen anders ausgeprägt sind. Die Rede ist vom *Leistungsmotiv, Anschlussmotiv* und *Machtmotiv* (vgl. McClelland 2009; Kirchler/Walenta 2011, S. 331 f).

Menschen mit hohem intrinsischen *Leistungs*motiv erleben es als besonders anziehend, sich beim Lösen herausfordernder Aufgaben als kompetent erleben zu können. Sie zeigen starkes Interesse an der Arbeit selbst, wollen ihre Leistung und Tüchtigkeit stetig verbessern, besitzen die Fähigkeit, sich sehr fordernde, aber erreichbare Ziele zu setzen und streben nach Erfolg, wobei ihnen die persönliche Leistung wichtiger ist als eine externe Belohnung (vgl. Kirchler/Walenta 2011, S. 335). Beim *Leistungs*motiv geht es um Erfolg und Vermeidung von Misserfolg. Personen mit ausgeprägtem Leistungsmotiv bevorzugen Arbeitsweisen mit hoher Eigenverantwortung, persönlichem Einfluss auf das Arbeitsergebnis, zeitnahem Feedback und sie brauchen Vergleichsmöglichkeiten mit anderen. Personen mit hohem fachlichen *Leistungs*motiv werden (auch im Kulturbereich) mitunter gerne für *Führungspositionen* ausgewählt. Dies führt nicht selten zu Friktionen, da sie auch von ihren Mitarbeitern permanent Höchstleistungen erwarten und es ihnen an der nötigen Geduld fehlt (vgl. Kirchler/ Walenta 2011, S. 337). Das heißt: ein ausgeprägtes, fachbezogenes Leistungsmotiv qualifiziert eben noch nicht zur Führung, sondern oft müssen soziale (und manageriale) Skills noch zusätzlich erworben werden. Personen mit ausgeprägter Leistungsmotivation finden sich häufiger bei erfolgreichen, selbstständigen Unternehmern, aber letztlich seltener bei Führungskräften und Managern, denn hier ist das Leistungsmotiv eher mittelmäßig ausgeprägt (vgl. Becker 2020).

Das *Anschluss-* oder *Zugehörigkeits*motiv beinhaltet die Hoffnung auf Zugehörigkeit und die Furcht vor Zurückweisung. Es beinhaltet das Streben, von anderen anerkannt zu werden und zu ihnen zu gehören. Dieses Motiv veranlasst Menschen dazu, positive soziale Beziehungen und langlebige, kooperative Arbeitsbeziehungen aufzubauen und zu einem guten Arbeitsklima beizutragen. *Führungskräfte* zeigen eine eher niedrige soziale Anschlussmotivation – vielleicht weil sie hinderlich für die eigene Karriere sein könnte (vgl. Weibler 2016, S. 178 und Becker 2020)

Machtmotivierte Menschen richten ihr Verhalten auf erwartete Siege und auf die Vermeidung von Niederlagen. Das *Macht*motiv umfasst das Bedürfnis, andere zu beeinflussen, Kontrolle über sie auszuüben sowie innerhalb der Hierarchie eine überlegene Position zu erreichen, um dadurch Stärke und Wirksamkeit zu erleben. Machtmotivation schlägt sich nieder in wettbewerbsorientiertem Verhalten, um Status und Prestige zu erlangen sowie in Überzeugungsfähigkeit und Kampfbereitschaft. Das Machtmotiv ist bei *Führungskräften* in besonderer Weise ausgeprägt – vielleicht da es für den Aufstieg förderlich ist (vgl. Weibler 2016, S. 178; Kirchler/Walenta 2011, S. 333 ff; Becker 2020).

Bezogen auf die *Mitarbeiterschaft* kann bereits hier festgehalten werden: nicht alle Mitarbeitenden, am wenigsten diejenigen mit einem ausgeprägten *Anschluss* motiv, streben nach Autonomie und Eigenverantwortung. Für *Führungskräfte* ist eine Mischung aus mittlerer Leistungsmotivation, schwächerer sozialer Anschluss-motivation sowie starker Machtmotivation charakteristisch. *Macht*motive sind bei Frauen und Männern im Grundsatz ähnlich ausgeprägt, äußern sich aber anders. Bei Männern gibt es Zusammenhänge mit verbaler und physischer Aggression sowie Machtmissbrauch bin hin zur sexuellen Ausnutzung. Übertrieben ausgeprägte Macht-motivation kann sich aber nicht nur gegen die Mitarbeiter wenden, sondern auch gegen die gesamte Organisation. Negative Effekte von Machtmotivation treten nicht auf, wenn die Betreffenden ein hohes Bewusstsein für Verantwortung haben oder zugleich mit der Machtmotivation die soziale Anschlussmotivation stark ausgeprägt ist (vgl. Becker 2020).

Bei der *Auswahl* von Führungskräften sollte auf eine ausgewogene Konstellation zwischen Macht- und Mitarbeiterorientierung geachtet werden. Man sollte vermeiden, Personen in Spitzen- und Führungspositionen zu berufen, bei denen sich ein *übertriebenes Machtmotiv* mit wenig ausgeprägter emotional-sozialer Intelligenz und der Negativvariante des Charismas verbindet. Die Ver-bindung von Machtmotiv und Charisma ergibt in der Summe ein übersteigertes Gefühl der eigenen Wichtigkeit und Einzigartigkeit, Verlangen nach übermäßiger Bewunderung, mangelnder Bereitschaft zur Selbstkritik, eine Tendenz zur Aus-beutung von zwischenmenschlichen Beziehungen (vgl. von der Oelsnitz 2017, S. 66), einen Hang zum Machtmissbrauch, Streben nach Erfüllung egoistischer Bedürfnisse und eine gewisse Skrupellosigkeit – auch gegenüber der eigenen Organisation. Für diese Form des ‚Bad Leadership' lassen sich nicht nur im Wirtschaftsbereich, sondern auch in der Politik- und Kulturlandschaft genügend Beispiele finden. Führung verfügt immer über Macht. Die Frage ist nur, wie sie eingesetzt wird und zu welchem Zweck (weiteres dazu im Kapitel: Führung und Ethik).

Führungskräfte-Typologie
Zu den personenzentrierten Eigenschaftstheorien gehört auch die psycho-analytisch geprägte Typologie von Oswald Neuberger und Ain Kompa, wobei die Autoren betonen, dass die fünf genannten Idealtypen in der Praxis selten in dieser Ausschließlichkeit anzutreffen seien, sondern eher in jeweils individuellen Mischungsverhältnissen (vgl. Rybnikova 2014, S. 46 f.).

Der *narzisstische* Typus ist getrieben von einem lebenslangen Hunger nach Bestätigung für die eigene Größe und Allmacht. Narzisstische Führungskräfte sind darauf bedacht, sich mit bewundernden Ja-Sagern zu umgeben und stets

Ausschau nach neuen Großtaten zu halten. Der *schizoide* Typus lehnt enge Sozialbeziehungen ab und stellt das Sachliche und Objektive in den Vordergrund. Menschliche Schicksale werden den Sachzwängen untergeordnet. Schizoide Führungstypen wirken wie Technokraten, die sich um die übertriebene Steuerung und Kontrolle des Unternehmens bemühen. Der *depressive* Typus neigt zur Abhängigkeit und Verunsicherung. Als Führungskraft fällt er auf durch Überfürsorglichkeit und kooperative Tendenzen, um seine Bedürfnisse nach Zugehörigkeit, Harmonie und Akzeptanz erfüllen zu können (vgl. Rybnikova 2014, S. 46 f).

Der *zwanghafte* Typus legt einen besonderen Wert auf Ordnung und Verlässlichkeit. Für ihn haben Planung, Kontrolle und Disziplin höchste Priorität. Aus diesem Grund entwickelt er detaillierte Vorschriften, standardisierte Programme und Regelwerke. Alles Spontane und Ungeregelte soll möglichst beherrscht werden. Im extremen Fall dominieren Kontrollsucht, Zeitfetischismus und Paragrafenreiterei. Der *hysterische* Typ ist stets auf der Suche nach neuen Ideen. Dynamik, Hektik und Abwechslung haben Vorrang vor Ordnung und Struktur. Hysterische Führungspersonen legen großen Wert auf eigene öffentliche Präsenz, Anerkennung und Ruhm. Sie sind zwar in der Lage, Mitarbeiter zu inspirieren, sind aber zugleich unberechenbar und launisch. Statt Routine dominiert die Improvisation (vgl. ebd.). Diese insgesamt fünf Idealtypen neigen dazu, ihrer Organisation den Stempel aufzudrücken, der ihrer psychischen Disposition entspricht. So umgibt sich die narzisstische Führungsperson mit Untergebenen, die sie bedingungslos bewundern und hysterische Führungskräfte bevorzugen Mitarbeiter, die zu ihrem öffentlichen Glanz beitragen (vgl. ebd.)

Bereits hier wird offenkundig, dass der Narzissmus – als eine mögliche destruktive Seite von Führung – eine wichtige Rolle bei der Beschreibung von Führungspersönlichkeiten spielt. Die dunkle Triade aus Narzissmus, Machiavellismus und Psychopathie wird häufig als Ursache für massives Fehlverhalten und auffällige Entgleisungen im Führungskontext betrachtet (vgl. Weibler 2016, S. 641 ff).

Narzissmus
Narzissmus ist als Konzentration auf das eigene Selbst nicht grundsätzlich verwerflich, sondern im rechten Maß sinnvoll. Zudem scheint er als Karrieretreiber für jeden erforderlich zu sein, der die Hierarchiestufen innerhalb einer Organisation erklimmen will (vgl. Rybnikova 2014, S. 48; Weibler 2016, S. 642). Die Stärke narzisstisch veranlagter Führungskräfte liegt darin, dass sie als Visionäre in der Lage sind, die Mitarbeiterschaft zu begeistern

(vgl. Rybnikova 2014, S. 48). Dieser positiv-produktive Narzissmus ist klar abzu-
grenzen von negativem, destruktivem oder gar pathologischem Narzissmus, der
als eine der drei Triebfedern der dunklen Seite von Führung angesehen werden
muss und der folgende Merkmale umfasst: Arroganz, Minderwertigkeitsgefühle,
übersteigertes Bedürfnis nach Anerkennung, Überempfindlichkeit, fehlende
Empathie, Amoralität, Irrationalität, Inflexibilität und Paranoia (vgl. Weibler
2016, S. 642). Die reaktiv narzisstische Persönlichkeit versucht Verunsicherung
und Deprivation aus der eigenen Kindheit mit persönlicher Großartigkeit und
Brillanz zu kompensieren. Dies geht nicht selten mit der Missachtung von Regeln
einher, die für die eigene Person nicht gelten sollen. Narzisstische Führungskräfte
sind häufig fixiert auf Macht, Status und Prestige. Narzisstisch geprägte Führende
sind aufgrund ihres erhöhten Selbstbezogenheit wenig an den Interessen der Mitarbeitenden interessiert und tendieren dazu, vorschnell riskante Entscheidungen
zu fällen.

Machiavellismus

Der Machiavellismus weist mit dem Narzissmus eine Schnittmenge auf und
muss als zweite negative Triebfeder in Führungskontexten angesehen werden.
Machiavellismus ist ein soziales Verhalten, bei dem eine strikte Maximierung
des eigenen Nutzens verfolgt wird und andere Personen (auch gegen ihr
Interesse) zum eigenen Vorteil manipuliert werden. Der Machiavellist ist bereit,
zur Erreichung seiner egoistischen, oft materiellen oder extrinsischen Ziele (wie
Reichtum, Status, Macht) die Schädigung anderer oder auch der Organisation
billigend in Kauf zu nehmen und dabei alle möglichen, auch unethischen Mittel
einzusetzen (vgl. Belschak/Den Hartog 2015, S. 343; Weibler 2016, S. 643).
Machiavellisten zeichnen sich aus durch den Willen zur Macht, das Misstrauen
gegenüber anderen, das Bedürfnis nach Kontrolle sowie durch manipulatives
Verhalten. Und sie sind in der Lage – mit Blick auf ihr individuelles Nutzen-
kalkül – zwischen kooperativen und manipulativen, direktiven und partizipativen
Führungspraktiken flexibel zu changieren (Weibler 2016, S. 643 f.).

Psychopathie

Als dritte negative Triebfeder gilt die Psychopathie. Wesentliche, antisoziale
Charakteristika des Psychopathen sind Ich-Bezogenheit, Unberechenbarkeit,
Skrupellosigkeit, Emotionslosigkeit, Treulosigkeit, Verantwortungslosigkeit,
hohe Risikofreude sowie kriminelle Energie (vgl. Weibler 2016, S. 643). Dabei
fällt auf, dass Psychopathen sich im Organisationsalltag oft hervorragend ‚ver-
kaufen' können: Mittels charmanten Auftretens, Lügen und Manipulation gelingt

es ihnen, in der Hierarchie schnell aufzusteigen und in hohe Machtpositionen zu gelangen. Und es ist frappant, dass der Anteil von Psychopathen auf der obersten Führungsebene dreifach über dem gesellschaftlichen Durchschnitt liegt (vgl. Weibler 2016, S. 643). Trotz einiger Überschneidungen lassen sich aber auch Unterschiede zwischen den drei Persönlichkeitsneigungen konstatieren: Während der Narzissmus sich aus dem Prinzip der uneingeschränkten Eigenliebe speist, folgt der Machiavellismus dem grenzenlosen Eigennutzen, wohingegen die Psychopathie auf ausgeprägter Gesellschaftsfeindlichkeit gründet (vgl. Weibler 2016, S. 644). Vor diesem Hintergrund wird deutlich, von welch zentraler Bedeutung – auch aufgrund eines oft fehlenden Korrektivs auf Augenhöhe – die Selbstführung in der Führungsspitze ist und hier insbesondere die kritische Selbstreflexion des eigenen Verhaltens. Sollten destruktive Anteile im eigenen Führungsverhalten auffallen oder zunehmen, könnte dem durch die bereits beschriebene Eigenbeobachtung mithilfe eines Führungstagebuchs begegnet werden, sollten sie jedoch Überhand nehmen, wäre der Rückgriff aus eine externe Begleitung und Beratung in Form von Coaching angezeigt (siehe auch die beiden Kapitel zur Selbstführung und zur destruktiven Führung).

Charisma: Ein fragiles Führungsprinzip
Die oben beschriebene Persönlichkeitsfacette des Narzissmus ist vor allem als negative Ausprägung der charismatischen Führung anzutreffen. Auf das Phänomen des Charismas stieß man, als man aus eigenschaftstheoretischer Perspektive versuchte, herauszufinden, wie es Führungskräften gelingt, Mitarbeiter in die gewünschte Richtung zu beeinflussen, nämlich scheinbar durch besondere Ausstrahlung und Anziehungskraft – sprich Charisma (vgl. Walenta/ Kirchler 2011, S. 472). Max Weber definierte Charisma 1921 als „eine als außeralltäglich (…) geltende Qualität einer Persönlichkeit (…) mit übernatürlichen oder übermenschlichen oder mindestens spezifisch außeralltäglichem, nicht jedem anderen zugänglichen Kräften oder Eigenschaften" (zit. nach Weibler 2016, S. 123).

Aus der *leitungszentrierten* Sicht entsteht Charisma, wenn sich die Geführten der als begnadet angesehenen Person emotional hingeben und sich ihr quasi unterwerfen. Diese personalistische Perspektive unterstellt, dass Charisma auf real vorhandenen Persönlichkeitsmerkmalen basiert wie Selbstvertrauen, Dominanz, Entschlossenheit, strikte eigene Überzeugungen und Werte, visionäres Denken und die Fähigkeit zur Sinngebung, Sendungsbewusstsein, kommunikative Begabung, Überzeugungskraft und ausgeprägtes Machtbedürfnis, aber auch auf hohen Erwartungen an bzw. großes Vertrauen in die Geführten.

Dies korrespondiere auf der Mitarbeiterseite mit Ergebenheit, Treue, Loyalität und Teamgeist (vgl. Walenta/Kirchler 2011, S. 472; Blessin/Wick 2014, S. 73; Stock-Homburg 2010, S. 483 f; Lieber 2007, S. 63–65). Auch das Konzept der transformationalen Führung sowie der Leadership-Begriff weisen eine enge geistige Verwandtschaft mit diesem personenzentrierten Charisma-Verständnis auf.

Leitungszentrierte Charisma-Konzepte laufen allerdings Gefahr, die ‚Great Man‘-Führungsideologie wiederzubeleben und die Einflussmöglichkeiten der Führenden über zu betonen oder gar zu glorifizieren. In aktuelleren *interaktionistischen* Ansätzen wird der Fokus von der scheinbar übermenschlichen Führungsperson auf die Beziehung zwischen Führenden und Nachgeordneten verlagert. Die Geführten sind nicht ‚Wachs in den Händen‘ der Führungspersonen, sondern sie gebrauchen umgekehrt die Führenden für ihre Zwecke. Charisma entsteht erst in den *Augen der Geführten* und basiert auf der *Zuschreibung* von Eigenschaften, die sich aus der Wahrnehmung des Verhaltens der Führungskraft ergeben (vgl. Walenta/Kirchler 2011, S. 473 f und Blessin/ Wick 2014, S. 76).

Das heißt, dass Charisma nicht als unabhängiges, konstantes Persönlichkeitsmerkmal existiert, sondern erst durch die Geführten stets neu verliehen wird (oder auch nicht) und daher äußerst *instabil* und *zeitlich begrenzt* ist. Charisma wäre demnach ein reines *Attributionsphänomen,* ein durch die Geführten konzediertes Merkmal, das durch eine unkalkulierbare Beziehungsdynamik zwischen Führungsperson und Geführten geprägt und daher nicht als dauerhafte Grundlage von Führung geeignet ist (vgl. Weibler 2016, S. 123 f und 128). Darin liegt auch die Gefahr für charismatisch Führende: versagen sie, ist es nur „ein kurzer Weg vom ‚Hosianna!‘ zum Kreuziget ihn!‘“ (Blessin/Wick 2014, S. 79).

Charismatische Führung scheint vor allem in *Ausnahme- oder Umbruchsituationen* ein probates Mittel zu sein. Bereits Max Weber hatte darauf hingewiesen, dass charismatische Führungsbeziehungen ermöglicht werden durch die Existenz „psychischer, physischer, ökonomischer, ethischer, religiöser (oder) politischer Not“ (zit. nach Weibler 2016, S. 124). Gerade in Krisensituationen, in denen die eigenen Bewältigungsstrategien der Geführten erlahmt sind, können sie sich in die Etablierung einer ‚gottähnlichen‘ Führungsfigur flüchten, die der jeweiligen Institution ein menschliches Gesicht geben und sie wirksam symbolisieren soll. Dies kann so weit gehen, dass die Geführten ihre Führung charismatisch ‚machen‘, wenn nur der äußere Druck gravierend genug ist. Im Grunde handelt es sich aufseiten der Mitarbeitenden um eine Art infantile Regression nach dem Motto: Was auch immer geschieht: die überlegene Vater-

oder Mutterfigur durchschaut alles und weiß, was zu tun ist (vgl. Blessin/Wick 2014, 73, 76 f, 79). Gerade eine Gemengelage aus Organisationskrise, Geführten mit geringem Selbstbewusstsein, einer Führungsperson mit ausgeprägtem Machtmotiv sowie die Verwendung wirkmächtiger Symbole, Bilder und medialer Diskurse begünstigen charismatische Führungsbeziehungen. Die Führungsspitze kann dann zur Projektionsfläche für Emotionen, Fantasien und Sehnsüchte der Geführten werden (vgl. Weibler 123, 126 ff und Blessin/Wick 2014, S. 76). „Der charismatische Führer ist ein Produkt der Untergebenen eher als ein eigenes. Er dient als Ressource, die man einsetzt, wenn man die Dinge anders nicht mehr bewegen kann. Und er dient als Sündenbock, wenn sie dennoch schief laufen" (Baecker 1994, S. 33).

Charismatisch Führende können zwar idealiter eine sinngebende, emotional bewegende Vision für eine bessere Zukunft formulieren, herausfordernde Ziele generieren, die zugleich auch die Interessen der Mitarbeiter berücksichtigen und auf mitreißende Weise Vorbild sein. Dadurch könnten sie als Modell für ein Wertesystem wirken, dem die Geführten nacheifern können. Charismatiker sind – und zwar so lange wie ihr Charisma als flüchtige Zuschreibung durch die Mitarbeiterschaft wirkt – daher imstande, die Motivation, das Commitment, die Loyalität, den Einsatzwillen und die Leistungsbereitschaft der Geführten zu steigern und die Tatsache, dass die Führung ihnen vertraut, steigert bei den Geführten ihre Selbstachtung und ihr eigenes Selbstvertrauen (vgl. Blessin/Wick 2014, S. 72; Peters 2015, S. 59 f; Walenta/Kirchler 2011, S. 475).

Den positiven Wirkungen charismatischer Führung steht jedoch eine Reihe von *negativen* Effekten gegenüber. So kann auf Mitarbeiterseite der hohe Einsatz in ungewollten, blinden und sektiererischen Eifer ausarten (vgl. Walenta/Kirchler 2011, S. 473). Es besteht die Gefahr der Überidentifikation, der zunehmenden Abhängigkeit und der verminderten Eigeninitiative, da ein kritisches Hinterfragen der Ideen und Visionen unterbleibt. Das Überwältigende im Charisma lähmt auf Mitarbeiterseite das kritische Denken und nährt das Bedürfnis nach Unterwürfigkeit sowie eingebildeter Teilhabe (ebd. Blessin/Wick 2014, S. 72).

Und auch bei den charismatisch Führenden sind negative Begleiterscheinungen häufig anzutreffen, denn diese kreisen oft nur um sich selbst und sind nicht bereit, Kritik anzunehmen. Hinzu kommt ein häufig vorhandener Hang zu Egoismus oder Narzissmus. Dieser kann – gestützt durch die eigene Machtposition – zu einer zunehmenden Konzentration auf die eigenen Bedürfnisse und die eigene Wirkung führen. Das Resultat sind schlechte interpersonelle Beziehungen, impulsives, machtmissbräuchliches Verhalten, Intoleranz gegenüber abweichenden Meinungen, Auswüchse eines Impression Managements, bei dem Leistungen anderer auf das eigene Konto verbucht werden sowie ein überzogenes Selbstvertrauen (vgl. Blessin/Wick 1974, S. 74 f).

Gute Führung hat nach Peter Drucker "überhaupt nichts mit ‚Charisma' zu tun (…). Tatsächlich schadet Charisma einer Führungskraft. Es beraubt sie jeder Flexibilität und der Fähigkeit zur Veränderung. Es weckt in ihr die Illusion der Unfehlbarkeit (…). Charisma ist keine Garantie für die Effektivität einer Führungskraft. John F. Kennedy mag der charismatischste Bewohner des Weißen Hauses gewesen sein. Doch kaum ein Präsident bewerkstelligte so wenig wie er" (Drucker 2010, S. 314 f).

Charismatiker weisen neben den positiven, ‚heroischen' Eigenschaften mitunter ganz andere, negative Charakterzüge auf wie Machtgier, Arroganz, Kälte, Grausamkeit oder auch Wahnideen. Typische Merkmale von narzisstisch veranlagten Charismatikern sind: eine grandiose Überschätzung der eigenen Wichtigkeit, Eingenommenheit von Fantasien des grenzenlosen Erfolgs und der absoluten Macht, Glaube an die eigene Einzigartigkeit (‚alle anderen sind Idioten'), Verlangen nach Bewunderung, Ablehnung jedweder Kritik sowie ein ausbeuterisches Verhalten in menschlichen Beziehungen (vgl. von der Oelsnitz 2017, S. 64).

Aus charismatischer Führung kann nicht nur eine *unkritische* Haltung der Geführten erwachsen, sondern auch *Blindheit* der Führungskräfte dank des extremen Vertrauens der Nachgeordneten. Besondere Gefahren sind die Fokussierung auf riskante, sogenannte ‚großartige' Projekte mit hoher Wahrscheinlichkeit des Scheiterns, impulsives und unglückliches Führungsverhalten, die fehlende Entwicklung von Nachfolgern (wodurch die Gefahr von Führungskrisen entsteht) und die unzureichende Thematisierung von Fehlern, wodurch das Lernen der Organisation verhindert wird (vgl. Lang 2014c, S. 99 f)

Charismatische Führung kann daher als eine besondere *Spielart des heroischen Managements* verstanden werden – mit gegebenenfalls sehr *negativer Zuspitzung*: Wenn Positionsmacht und charismatische Merkmale der Führenden, Projektionen und blinde Gefolgschaft aufseiten der Geführten, Streben der Führungsperson nach einem Maximum an Macht und Einfluss sowie weitere charakterliche Dispositionen zusammentreffen, kann daraus eine destruktive Mischung entstehen, die nicht nur jedwede fruchtbare Zusammenarbeit sondern auch die Organisation im Kern gefährdet.

Die Rehabilitationsversuche des charismatischen Prinzips (z. B. auch im transformationalen Führungskonzept) laufen auf eine *Restitution* der *heroischen* Führung hinaus und sind daher zu hinterfragen. So kritisiert auch Weibler, dass die Gefahren von charismatischer Führung immer noch untergewichtet und die ethisch bedenklichen Aspekte viel zu oft ausgeblendet werden. Er weist zu Recht auf die Risikoakkumulation hin, die in Organisationen durch die Dominanz einer einzigen Person entstehen kann. Organisationen sollten sich daher nicht von einem ‚einsamen Helden' abhängig machen (vgl. Weibler 2016, S. 127 f; Lang 2014c, S. 100 f; von der Oelsnitz 2017, S. 69). Der charismatische, monozentrische Ansatz steht dem hier favorisierten systemischen Denkansatz entgegen, der von einer mobiléartigen Verknüpfung und Wechselwirkung zwischen allen Teilsystemen einer Organisation ausgeht und ein hohes Maß an Beteiligung, Selbstführung und Eigenverantwortung durch möglichst viele intendiert. Von den genannten, möglichen negativen Begleiterscheinungen abgesehen, sollte die Wirkung von charismatischer Führung aber auch nicht überschätzt werden, denn echtes Charisma ist definitionsgemäß eher selten anzutreffen, ist eine äußerst fragile Attribution, deren Werden und Vergehen unkalkulierbar und deren Wirkung zeitlich begrenzt ist. Daher können Organisationen keinesfalls dauerhaft mittels Charisma, das einer Person von anderen temporär zugeschrieben wird, geführt werden.

2.1.8 Führung ‚von unten' und Partizipation

Führung von unten

Die in dieser Untersuchung favorisierte systemische Perspektive will sich nicht allein auf die Führungsebene fokussieren, sondern auch die Unternehmensumwelt, die verschiedenen Stakeholder – und hier insbesondere die Mitarbeiterschaft – sowie ihre Handlungsspielräume und Teilhabemöglichkeiten, in den Blick nehmen.

Zum einen können Mitarbeitende durch *formale* Mitwirkungsrechte Einfluss auf den Führungsprozess nehmen. Diese ergeben sich aus dem Betriebsverfassungsgesetz (Betriebsrat) und dem Personalvertretungsgesetz (Personalrat). Hinzu kommt, dass in der Führungspraxis zentrale Entscheidungen zwar zumeist in der Hierarchiespitze getroffen werden, aber *operative* Entscheidungen, die die konkrete Umsetzung betreffen, von nachgeordneten Personen oder Teams gefällt werden, die über die erforderliche *Expertise* verfügen. Diese Entwicklung hängt zusammen mit der gestiegenen Qualifikation und Spezialisierung der Mitarbeiterschaft, mit der allgemeinen Unübersichtlichkeit der Unternehmensumwelt und der damit verbundenen Überforderung der Leitung sowie mit dem allgemeinen Wertewandel, der mehr Teilhabe einfordert.

Zudem tritt der *formalen* Machtausübung ‚von oben‘ immer eine *informelle* ‚Führung von unten‘ entgegen, die die Geführten im Rahmen von Alltagspraktiken und -taktiken ausleben (vgl. auch Gloger/Rösner 2017, S. 36). ‚Führung von unten‘ bezeichnet das Phänomen, dass die Mitarbeiter ihrerseits versuchen, das Verhalten des Vorgesetzten zu beeinflussen, um eigene Ziele zu erreichen. Während Führungskräfte sich auch auf ihre *formale* Positionsmacht stützen können, wenden Mitarbeiter verschiedene *informelle* Einflusstaktiken an wie: Überzeugung durch logische Argumente und eloquente Wortbeiträge, sachbetonte Diskussionsführung und Untermauerung durch Fakten oder Zahlenmaterial, beeindruckende Präsentationen, Konsultation (wobei der Mitarbeiter gezielt den Rat des Vorgesetzten sucht), innovative und inspirierende Vorschläge, Bildung von Koalitionen in der Kollegenschaft, Einschaltung übergeordneter Instanzen, Ausübung von Druck (Setzen von Fristen), Blockadehaltungen sowie die Frage nach der Legitimation (Verweis auf den eigenen Kompetenzbereich oder auf die Grundsätze und Regeln der Organisation), persönliche Appelle, besondere Zugewandtheit im Auftreten sowie die Beschreitung von selbst gewählten Nebenwegen oder sogenannten ‚kleinen‘ Dienstwegen (vgl. auch Nerdinger et al. 2008, S. 98; Weibler 2016, S. 139 f).

Innerhalb der informell (mit)führenden Mitarbeiter ragen oft Einzelpersonen heraus, die zwar nicht formal qua Stellenbeschreibung legitimiert sind, denen aber aufgrund bestimmter Merkmale wie Berufserfahrung, lange Zugehörigkeit zur Organisation, besondere persönliche Eigenschaften und Fähigkeiten sowie eigene Führungsambitionen mehr Einfluss zugeschrieben wird (vgl. Hausmann 2019a, S. 23). Die Mitarbeiterschaft sowie einzelne exponierte Mitarbeiter sind somit auf vielfache Weise aktiv am Interaktionsgeschehen Führung beteiligt. Niklas Luhmann hat für den Bereich der informellen Führung den Begriff der *„Unterwachung“* geprägt, den er der Überwachung der Vorgesetzten gegenüberstellt (vgl. Kühl 2011, S. 81 ff, 87; Luhmann 2016, S. 90 ff). Es ist also von einer doppelten Machtkonstellation von oben nach unten sowie von unten nach oben auszugehen. Führung ‚von unten‘ findet immer statt – sowohl in vertikalen als auch in weniger vertikal gebauten Organisationen. Informell-hierarchische Arbeitsweisen können den Ideen und Lösungswegen, die im Rahmen der – oft ‚verdeckt‘ operierenden – Führung ‚von unten‘ erdacht und gelebt werden, eine Plattform bieten und der Tendenz nach mehr institutionalisieren.

Partizipation

Führung bewegt sich im Spannungsfeld von organisationsbezogener *Leistungs*orientierung auf der einen und *Mitarbeiter*orientierung auf der anderen Seite. Eine vorrangig leistungsbezogene Führung kann – erst recht wenn sie mit überzogenen Anforderungen, ungünstigen Arbeitsbedingungen und geringen Teilhabemöglichkeiten einhergeht – zu nachlassender Motivation, schwindendem Engagement, steigenden Fehlzeiten, innerer Kündigung sowie Fluktuation führen. Es gibt eine Reihe von Gründen dafür, Mitarbeiter stärker in Entscheidungen einzubinden:

1. Die Aufgabenbereiche und Anforderungen werden immer komplexer, so dass die Führungsspitze nicht in der Lage ist, für alle Fragen passende Lösungen zu entwickeln.
2. Mitbestimmung und Mitgestaltung sind menschliche Grundbedürfnisse, deren Erfüllung in hohem Maße zur Arbeitszufriedenheit beiträgt. Durch Partizipation und damit einhergehende Mitverantwortung können intrinsische Motivation und Involvement auf Mitarbeiterseite gesteigert werden (vgl. Kirchler/Walenta 2011, S. 338).
3. Hinzu kommen ethische Überlegungen vor dem Hintergrund eines demokratischen Wertesystems, das kooperative Arbeitsweisen einfordert.

Partizipation kann als ein entscheidender *Qualitätsfaktor* von Führung betrachtet werden. Unter Partizipation versteht man die Beteiligung von Menschen an Entscheidungen, die (auch) für sie selbst relevant sind. Partizipation fördert die persönliche und fachliche Entwicklung der Mitarbeiter, ihre Identifikation mit den Unternehmenszielen und ihr Commitment, da sie Handlungsspielräume erweitert, mehr Kontrolle über die eigene Arbeit gewährt und eine Beteiligung am Unternehmenserfolg ermöglicht. Partizipation kann entweder formal (offiziell) oder informell, direkt oder indirekt, lang- oder kurzfristig sowie mit mehr oder weniger Einfluss erfolgen (Kirchler/Walenta 2011, S. 338 f.).

Echte Partizipation geht allerdings über die bloße Anwesenheit hinaus und beinhaltet die *aktive* Teilnahme und *Mitwirkung an Entscheidungen* (vgl. auch Renz 2016, S. 35). Mehr Partizipation geschieht, wenn die Mitarbeitenden in die Prozesse der Zieldefinition, Strategieentwicklung und Maßnahmenplanung nicht nur eingebunden werden, sondern de facto mitgestalten und mitentscheiden können (vgl. Salzwedel 2017; Räber 2013, S. 6). Den Beteiligten müssen daher Möglichkeiten zur realen Mitbeteiligung an zentralen Entscheidungen geboten werden, die auf herrschaftsfreien Diskursen, der gemeinsamen Suche nach der besten Lösung und *konsensueller Entscheidung* basieren (vgl. Kup 2019. S. 65–68).

Neben Effizienz- oder Motivationsgründen gibt es aber auch *ethische* und *politische* Gründe für mehr Partizipation, denn diese ist als Grundelement der demokratischen Ordnung zu betrachten. Eine wertebasierte, ethische Führung sollte daher berücksichtigen, dass in demokratischen Gemeinwesen und ihren Subsystemen ein Anrecht auf Partizipation besteht (vgl. Renz 2016, S. 39 f). Die Kehrseite von mehr Partizipation ist der höhere Koordinationsaufwand im Vergleich zur hierarchischen Steuerung und die Gefahr, dass manch ein Mitarbeiter mit einem Zuviel an Partizipation überfordert sein könnte. Nicht alle Organisationsmitglieder sind bereit, sich an dieser Art Wettbewerb um Einfluss, der zugleich immer auch Verantwortung bedeutet, zu beteiligen (vgl. Weibler 2016, S. 361). Daher sollte es nicht um die blinde Unterwerfung unter den sogenannten *Partizipationsimperativ* gehen (vgl. Bröckling 2005 in Kup 2019, S. 53), denn schließlich kann nicht alles mit allen jederzeit diskutiert und entschieden werden.

Daher sollten sich die Mitarbeitenden selbst äußern, in welchem Umfang und zeitlichen Rahmen sie sich Partizipation und Verantwortungsübernahme wünschen. Partizipation kann über ein Stufensystem allmählich gesteigert werden. Auf der ersten Stufe erfolgen Informationen an die Belegschaft über bestimmte Entscheidungen und deren Hintergründe. Auf der zweiten Stufe geschieht eine Konsultation zwischen Leitungsebene und Mitarbeitenden. Auf der dritten Stufe haben Mitarbeiter formale Mitsprache- und Mitbestimmungsrechte. Und auf der vierten Stufe gilt das Prinzip der Selbstbestimmung, da den Mitarbeitern die Entscheidungskompetenz übertragen wird (vgl. Räber 2013, S. 7). Führung, die auch auf Partizipation setzt, sollte daher – im Sinne von Cultural Leadership – der Selbstermächtigung *(Empowerment)* und Selbstertüchtigung der Mitarbeiterschaft genügend Raum bieten, ohne sich selbst abzuschaffen. Dabei sollte immer geprüft werden, ob aufgrund der Aufgabenstellung selbstorganisierte Prozesse angemessen sowie die persönlichen, strukturellen und kulturellen Voraussetzungen gegeben sind.

2.1.9   Vorüberlegungen zur Führung im Theaterbetrieb

Auch im Kontext der öffentlichen Bühnen ist neben *Management*kompetenz *Leadership*-Denken vonnöten, da sich die Rahmenbedingungen rasant verändern und auch die Theater dem Zwang unterliegen, sich weiterzuentwickeln. Sie sind dabei auch in hohem Maße auf die Motivation, das Wissen und die Erfahrungen der Mitarbeiterschaft angewiesen. Die Notwendigkeit permanenter Wandlungsprozesse wird aber durch die tradierten vertikalen Strukturen erschwert (vgl. Hausmann 2017, S. 33; Mohr 2020, S. 6). Daher werden derzeit – auch im Rahmen der aktuellen Stadttheaterdebatte – neue Organisations- und Führungsmodelle diskutiert, die Ansätze zu geteilter Führung, teamorientierten Arbeitsformen und mehr Mitgestaltungsmöglichkeiten enthalten.

Viele Mitarbeiter im Theaterbetrieb sind sehr gut ausgebildet und aufgrund der komplexen, vielgestaltigen Arbeitsprozesse sowie der in der Öffentlichkeit sichtbaren Ergebnisse in hohem Maße *intrinsisch* motiviert. Allerdings besteht die Gefahr, dass die Freude an der Arbeit und die leistungsstimulierende Kraft der *intrinsischen Motivation ausgebremst* wird durch *prekäre Arbeitsbedingungen* (vgl. Schreyögg/Koch 2010, S. 201 f), die sich bei den künstlerischen Mitarbeitern festmacht an üppig überdehnten Arbeitszeiten (oft ohne entsprechenden Ausgleich), unsicheren Arbeitsverhältnissen und einer geringen Einstiegsgage.

Darüber hinaus wurde bereits erläutert, dass die Arbeitsmotivation auch leidet bei geringen Möglichkeiten der Teilhabe. Die von Hackman/Oldham genannten Aufgabenmerkmale der erlebten Bedeutsamkeit, Anforderungsvielfalt und Ganzheitlichkeit mögen auf viele Theaterschaffende zutreffen (vgl. Kirchler/Hölzl 2011, 232 ff). Allerdings dürfte es bei dem Aufgabenmerkmal der *Autonomie und Eigenverantwortung* noch einigen Spielraum für Verbesserungen geben. Herausfordernde Ziele oder Aufgabenstellungen sorgen auch im Theaterbereich für eine hohe intrinsische Motivation, wenn sie keine Überforderung darstellen. Allerdings gilt auch hier, dass nicht in allen Tätigkeitsbereichen Ziele exakt operationalisiert und vereinbart werden können. Hier sollte man eher von *Aufgaben* statt von Zielen sprechen.

Führung im Theaterbetrieb basiert ebenfalls auf den *drei* Führungsdimensionen. Sie umfasst:

- die *Selbstführung,* die alle Leitungsebenen und auch die Mitarbeiterschaft betrifft und die Reflexion der eigenen Ziele und des eigenen Handelns beinhaltet
- die *Mitarbeiterführung,* also die Auswahl geeigneter Künstler und Mitarbeiter (auch ihre Entwicklung und Beurteilung), die Zuweisung möglichst angemessener Aufgaben, die an den Organisationszielen orientiert sind, und die Berücksichtigung der Expertise, Interessen und Bedürfnisse der Mitarbeiter
- sowie die *Organisationsführung:* Diese betrifft vor allem die Arbeit an der Ausrichtung der Bühne, die Analyse des Potenzials des eigenen Hauses, seiner

Umwelt, des Wettbewerbs, seiner Besucher und anderer Stakeholder, die Entwicklung seines Programms und Portfolios, den Bereich der Aufbau- und Ablauforganisation, die Schaffung angemessener Rahmenbedingungen, die Bereitstellung von Ressourcen, das Prinzip der Wirtschaftlichkeit, die Vertretung nach außen sowie den Teilbereich der Mitarbeiterführung.

Führung im Theater findet auf folgenden Ebenen oder in folgenden Subsystemen statt: Auf der Ebene des Aufsichtsgremiums des *Trägers* (Kulturpolitik), der Ebene der *Intendanz* (alleinige Führung, Doppelspitze oder Direktorium), der *mittleren Führungsebene* der Sparten- bzw. Abteilungsleitungen und den ihnen nachgeordneten Abteilungen, der Ebene der *Regieführung* sowie der Ebene des *Ensembles und der Mitarbeiter* (Führung von unten' und Teilhabe) (Abb. 2.7).

Auch im Theaterbetrieb ereignet sich Führung sowohl auf *indirekt-strukturelle* Weise durch Vorgaben, Regeln und Vorschriften als auch auf *direkte* Weise in der konkreten Interaktion zwischen Führung und Geführten. Diese geschieht auf *allen* fünf genannten Führungsebenen bzw. in allen genannten Subsystemen des Theaters wie das folgende Schema zu den drei Führungsmodi zeigt. Im zweiten Teil des Buches wird ausführlich auf das Führungsgeschehen innerhalb dieser fünf Ebenen oder Teilsysteme eingegangen.

Abb. 2.7 Fünf Führungsebenen im öffentlichen Theater. (Quelle: Eigene Darstellung)

Übersicht 2: Fünf Führungsebenen und drei Führungsmodi im Theaterbetrieb:

Ebenen/Teilsysteme	Mitwirkung an der Unternehmensführung (formal/informell)	Indirekte, strukturelle (Mitarbeiter-)Führung	Direkte, interaktive (Mitarbeiter-)Führung
1. Führung durch Kulturpolitik/Träger	Finanzieller Rahmen Vorgaben zur Ausrichtung oder Struktur	Hierarchie Vereinbarungen zu Kennzahlen (Auslastungs- und Einspielquoten etc.) Bewilligung/Verweigerung von Fördersummen	Auswahl Führungsspitze Gremiensitzungen zwecks Aufsicht und Kontrolle ggf. Unterstützung, Beratung, Vermittlung
2. Führung durch Intendanz/Direktorium	Analysen, Ausrichtung, Oberziele, Strategien, Entscheidungen und Vorgaben, den gesamten Betrieb betreffend	Hierarchie/Organigramme Alleinvertretungsanspruch Ausrichtung/Ziele/Aufgaben Betriebsvereinbarungen Stellenbeschreibungen Beurteilung/Anreizsysteme Bereitstellung Ressourcen	Personalauswahl Information/Austausch in Mitarbeiter-/ Ensembleversammlungen Austausch/Vereinbarungen in Teamsitzungen und Mitarbeitergesprächen
3. Führung der mittleren Ebene (Sparten-, Abteilungs- oder Teamleitungen)	Ziele, Strategien, Entscheidungen und Vorgaben in Teilbereich/Abteilung	Hierarchie Stellenbeschreibungen Beurteilungen Zuweisung von Aufgaben/ Ressourcen in Abteilung	Personalauswahl Austausch/Vereinbarungen in Teamsitzungen und Mitarbeitergesprächen
4. Regie-Führung	Einfluss auf Besetzung, Termine, Ressourcen, Aufführungsorte	Hierarchie Position im Haus Inszenierungskonzept	Interaktion im Proben- und Inszenierungsprozess
5. Führung durch Mitarbeiter und Ensemble: Formale und informelle Einflussnahme	Formale Einflussnahme möglich durch Betriebs-/Personalrat und durch weitere Regelungen zur Mitbestimmung Einfluss: Ergebnisse aus teilautonomen Projektgruppen Informelle Führung ‚von unten'	Formale Bestimmungen durch: Betriebsverfassungsgesetz/ Personalvertretungsgesetz	direkte Einflussnahme auf Führung in: - Gremiensitzungen - Teamsitzungen - Projektgruppen - Mitarbeitergesprächen - Stückproben Informeller Einfluss durch Flurfunk, kleine Dienstwege etc.

Mit Blick auf die von Max Weber beschriebenen (an anderer Stelle bereits erläuterten) *Herrschaftsformen* ist am Theater zum einen die *legal-büro-kratische* Herrschaft evident und zwar aufgrund der Größe der Theaterbetriebe, ihres hierarchischen Aufbaus, der Arbeitsteilung in Form von verschiedenen Abteilungen, Unterabteilungen und damit verbundenen Zuständigkeiten sowie der Gültigkeit von Gesetzen, Vorschriften, Tarifordnungen und Richtlinien.

Allerdings tritt im Theater (stärker als in Wirtschaftsunternehmen) der rational-bürokratischen Ordnung eine weitere Herrschaftsform gegenüber, näm-lich das Prinzip der *charismatischen Führung,* das ebenfalls bereits ausführlich erläutert wurde. Dieses basiert auf einer (scheinbar) herausragenden, geniehaften Künstler-Persönlichkeit an der Spitze sowie auf irrationalen Hoffnungen und Projektionen auf der Gegenseite. Damit liegt auf der Hand: Führung am Theater geschieht in einem Spannungsfeld von Rationalität und Irrationalität, sowie von regelgeleiteter Struktur und kreativ-künstlerischem Freiraum (vgl. Balme 2019, S. 53).

Die weite Verbreitung der *charismatischen* Herrschaftsform im Theaterbereich zeigt sich (trotz der bereits beschriebenen Schattenseiten) auch darin, dass von-seiten der Kulturpolitik, des Deutschen Bühnenvereins, des Publikums sowie auch von den Intendanten selbst gerne am sogenannten *Intendantenmodell* fest-gehalten wird (vgl. Nix 2016, S. 133 f; Reese 2016). Vor allem die Politik bevor-zugt einen alleinigen Ansprechpartner, den sie als vermeintlichen Heilsbringer mit umfassender Macht und Verantwortung ausstattet, der aber im Fall von künstlerischen Misserfolgen, sinkender Nachfrage oder politischen Friktionen auch rasch wieder abgelöst werden kann durch eine neue, scheinbar ebenso charismatische Figur. Dieses Prinzip der *künstlerisch-charismatischen* Herrschaft basiert auf der Phantasie der strahlenden, genialen und allseits kompetenten Persönlichkeit, der man aufgrund ihrer künstlerischen Reputation (als Regisseur oder Dramaturg), ihres weitgespannten Netzwerks und ihrer persönlichen Aus-strahlung einerseits zutraut, dem Haus eine besondere künstlerische Prägung zu geben. Andererseits wird ihr aber zugleich die manageriale Kompetenz unter-stellt, einen großen, mittelständischen Theaterbetrieb zu leiten, strategisch sinn-voll auszurichten, all die gesellschaftlichen Herausforderungen, vor die sich das heutige Stadttheater gestellt sieht, mit leichter Hand zu bewältigen und die Mitarbeiterschaft (die mehrere 100 bis zu 1400 Beschäftigte wie am Württem-bergischen Staatstheater Stuttgart umfassen kann) trotz Überproduktion, enormer Arbeitsbelastung, Gagenungerechtigkeit und mangelnder Mitbestimmung permanent zu Höchstleistungen anzuspornen. „Publikum und Gremien wünschen sich nach wie vor charismatische Künstler an den Spitzen ihrer Häuser, die mit weitreichenden Vollmachten angelockt werden sollen. Der Held soll strahlen und dem Theater wie der Stadt zum Ruhm gereichen oder im Versagensfall als Sündenbock in die Wüste geschickt werden – zynisch systemisch gesehen ein Fall der Komplexitätsreduktion" (Heskia 2019, S. 185).

Im Theaterkontext wird die Bekleidung einer Führungsposition also vor allem durch künstlerischen Erfolg legitimiert. Es herrscht ‚das Primat des Künstlerischen' (Schmidt 2019b, S. 127). So wird Führung im Rahmen von Berufungsverfahren durch künstlerische Kompetenz legitimiert, Personalentscheidungen wie die Nichtverlängerung (sprich Kündigung) beim künstlerischen Personal werden künstlerisch begründet und auch das alltägliche Führungsverhalten wird – gegebenenfalls einschließlich seiner destruktiven Anteile – durch künstlerische Gründe gerechtfertigt. Aus dieser einseitig kunstbezogenen Perspektive resultiert auch der oftmalige Verzicht der Träger auf ausgewiesene Management-, Leadership- und Mitarbeiterführungskompetenzen.

Das Prinzip der künstlerisch-charismatischen Herrschaft findet nach Christopher Balme seine stärkste Ausprägung in der Figur des *regieführenden* Intendanten, der über die exklusive Möglichkeit verfügt, das gesamte Leitungsteam samt Schauspielern auszuwechseln zu können und dadurch das Konzept der Jünger- oder Anhängerschaft, das konstitutiv für die charismatische Herrschaft ist, zu institutionalisieren (vgl. Balme 2019, S. 38 f). Zumindest das Modell der regieführenden Intendanz – nicht aber das der alleinigen Intendanz an sich – wird mittlerweile von der Kulturpolitik partiell hinterfragt (vgl. ebd S. 53). So wurden in jüngster Zeit öfter Versuche unternommen, Leitungen einzusetzen, die sich nicht als Regisseure sondern als Dramaturgen oder Kuratoren verstanden, wobei Chris Dercon an der Berliner Volksbühne rasch wieder suspendiert wurde und Matthias Lilienthal an den Münchner Kammerspielen auf halbem Wege entnervt seinen Hut nahm. Dies geschah in beiden Fällen vor allem daher, dass sich die Betreffenden nicht primär dem Produktionsmodell des Sprech-, Regie- und Repertoiretheaters verschrieben hatten, sondern ein hybrides Stadttheater etablieren wollten mit einem hohen Anteil an performativen, diskursiven oder eventartigen Formaten (vgl. auch Balme 2019, S. 51 ff). Allerdings dürfte bei Matthias Lilienthal auch dessen stadtgesellschaftlich-politische Positionierung eine Rolle gespielt haben.

Vor dem Hintergrund der ökonomischen Krise und den damit verbundenen neoliberalen Ansprüchen gegenüber dem Theater wurden jedoch in letzter Zeit auch vereinzelt Persönlichkeiten berufen, die sich nicht mehr als künstlerische Intendanten mit einem Dramaturgie- oder Regie-Background empfahlen, sondern die über einschlägige *Kulturmanagement*-Erfahrungen und einen *juristischen* Background verfügten und die als ‚primus inter pares' einem Leitungsdirektorium vorgeordnet wurden. Gerade dieser Rückgriff auf ‚Kulturangestellte neuen Typs' mit kulturmanagerialer Expertise wird von künstlerisch wirkenden Intendanten

mit Argwohn beobachtet. Sie befürchten, dass der widerständige, gesellschafts-
kritische Charakter des Theaters, der Mut zum Experiment und zum Risiko
erlahmen könnte und das Prinzip des Künstlerischen dem Prinzip des Affirmativen
und Administrativen untergeordnet werde (vgl. auch Nix 2016, S. 133 f).

Vor allem Christoph Nix (2016) zeichnet ein düsteres Bild: „Während die
Künstler sich biografisch auf das Wagnis einlassen, dass ihr Verbleib an einer
Bühne temporär begrenzt ist, ist das Interesse des Angestellten mit unbefristetem
Arbeitsvertrag gerade davon bestimmt, diesen gesicherten Arbeitsplatz nicht zu
verlieren. Die Wahrscheinlichkeit ihn nicht zu verlieren, ist aber größer je stabiler,
angenommener, akzeptierter, möglicherweise auch unauffälliger ein Theater in
einer Stadt wirkt (…) An die Stelle kollektiv-künstlerisch-inhaltlicher Prozesse
tritt das Primat der Verwaltung, die Künstlerische Leitung wird durch den neuen
‚Kulturangestellten' ersetzt" (ebd.115) (…). Das Theater wird administrativ als
politisch-philosophischer Ort vernichtet, wenn die Macht der Geschäftsführer
oder der ‚Kulturangestellten neuen Typs' die Hegemonie erlangt (…) (ebd. 117).
„Der ‚Kulturangestellte neuen Typs' betritt die Bühne. Er steht in der Tradition
einer gesellschaftlichen Gruppe, die nach Glanz, aber weniger nach Inhalt und
Emanzipation strebt" (ebd. 198).

Allerdings greift die Argumentation von Nix aus mehreren Gründen zu kurz:
Zum einen werden *in der Regel* immer noch vorwiegend regie- oder dramaturgie-
erfahrene Kandidaten auf Intendanzen berufen. Zudem werden in den bisher
etablierten, wenigen Direktorien mit geschäftsführender Intendanz bei zentralen
strategischen Fragen wie Ausrichtung, Budgets oder Spielplangestaltung *verschiedene Formen von Kooperation* und *Konsensfindung* erprobt, die umso erfolgreicher funktionieren, je besser die Chemie zwischen den Beteiligten stimmt. Vor
allem aber streift Nix die zentrale Fragestellung in der aktuellen Stadttheaterdebatte nur am Rande (vgl. Nix 2016, 210 f), nämlich die Frage, inwieweit das
von ihm bemühte *künstlerisch-charismatische Intendantenmodell* noch *zeitgemäß*
ist, welche Aufgaben auf die Intendanzen (gleich welcher Zusammensetzung)
in Zukunft zukommen werden, wie viel Machtkonzentration mit der Position
des Intendanten noch verbunden sein soll und auf welche Weise dem Ensemble
und der Mitarbeiterschaft mehr Einfluss eingeräumt werden könnte. Im Gegensatz zum tradierten Intendantenmodell werden in jüngster Zeit *teamorientierte
Leitungskonzepte* in Form von *Doppelspitze* oder *mehrköpfigen Direktorien* in
die Diskussion eingebracht, die auf der Gleichberechtigung der Mitglieder bei
der Klärung zentraler strategischer Fragen basieren und auch als Vorbild für mehr
Teamarbeit auf den nachgeordneten Ebenen fungieren könnten (vgl. Schmidt
2012, S. 119, 143 f; Schmidt 2017, S. 80 f; Schmidt 2019, S. 49 f; Gräve/Zipf
2017; Marcel Klett 2017).

Während Nix sich gegen eine kennzahlenfixierte *Ökonomisierung* des Theaters durch den geschäftsführenden ‚Kulturangestellten neuen Typs' wendet und stattdessen für die *künstlerische* Intendanz plädiert, die weniger auf Management denn auf Experiment, Risiko, Inhalt und Emanzipation setzt (vgl. Nix 2016, S. 115, 117 ff), unterstreicht Thomas Schmidt, dass sich Kunst, Management und Emanzipation nicht ausschließen müssen, vor allem dann, wenn die Emanzipation nicht vor den *eigenen,* internen Strukturen halt macht. Schmidt distanziert sich sowohl von der *reinen Ökonomisierung* als auch von *der Priorisierung des Künstlerischen* um jeden Preis, da bei letzterer der Theaterbetrieb sowie die Mitarbeiterschaft der (charismatisch)-künstlerischen Alleinherrschaft einzelner ausgeliefert seien. Er plädiert stattdessen für eine *ethische* Vernunft: Das Theater solle zwar weiterhin ein Ort der Kunstproduktion sein, der durchaus auch wirtschaftliche Erfolge erzielt, aber der Hauptakzent solle von der – um Effizienz und Erfolgsmaximierung bemühten – ökonomischen Rationalität weg zu einer *ethischen Rationalität* und einem *verantwortungsbewussten* Personalmanagement verlagert werden, dem Wohl und Zufriedenheit der Mitarbeiter, interne Gerechtigkeit, transparente Kommunikation und die Einhaltung von Compliance-Regeln zentrale Anliegen sind (vgl. Schmidt 2019b, S. 95 f, 127 f). Die vorliegende Untersuchung sieht sich hier in einer Nähe zu Schmidts Ansatz unter der Maßgabe, dass Unternehmensorientierung im Sinne von künstlerischem und wirtschaftlichem Erfolg mit der Mitarbeiterorientierung (bessere Arbeitsbedingungen, mehr Gagengerechtigkeit und mehr Teilhabe) in eine ausgewogene Balance gebracht werden muss.

Auch in den komplexen arbeitsteiligen Organisationen der Stadt-, Landes- und Staatstheater ist die Existenz einer *Hierarchie* sowie die damit verknüpfte Ausübung von Macht und Entscheidungsbefugnis einerseits unumgänglich, da nicht alles von allen entschieden werden kann. Allerdings sollte bei zentralen strategischen Fragen wie der Spielplangestaltung oder der Intendantenberufung die Macht mit Ensemble und Mitarbeiterschaft geteilt werden. Für alle Führungs- und Organisationskonstellationen – ganz gleich ob sie eher hierarchisch oder heterarchisch organisiert sind – gilt: Der Missbrauch von Macht beginnt dort, wo diese destruktiv, unkontrolliert oder aus egoistischen Motiven eingesetzt wird und dadurch jemand anders geschädigt wird (vgl. Schmidt 2019b, S. 103). Gerade in steil hierarchischen Systemen wie den öffentlichen Theaterbetrieben mit ihrer spezifischen Machtkonzentration auf die Position des Intendanten besteht bei entsprechender persönlicher Disposition in Form von ausgeprägtem *Egoismus, Machiavellismus, Narzissmus* oder *Psychopathie* die Gefahr, dass die strukturell legitimierte Machtstellung auf besondere Weise ausgenutzt wird und sich Machtausübung in Machtmissbrauch verwandelt.

Die Intendanz kann aufgrund der vertikalen Strukturen auf alle *sechs Macht-oder Einflusspotenziale* (vgl. Schreyögg/Koch 2010, S. 266–271) zurück-greifen. Dies sind nicht nur ihre *Positionsmacht* qua Vorgesetztenrolle, die *Belohnungsmacht* (durch Rollenvergabe, Gewährung von probenfreien Zeiten oder Höherstufung bei der Gage) sowie die *Bestrafungsmacht* (Verweigerung attraktiver Rollen oder Nichtverlängerung des NV-Bühne-Vertrags), sondern auch die *Informationsmacht* qua Wissensvorsprung und Zugang zu exklusiven Informationen, die *Expertenmacht* qua künstlerischer oder auch managerialer Expertise sowie die *Identifikationsmacht* kraft eines zugeschriebenen Charismas. Dabei gilt es, alle genannten Machtpotenziale durch *partizipativere* Führungs-formen, *Selbstführung* sowie durch eine *ethische* Ausrichtung im Rahmen von Compliance-Regeln einzugrenzen, um eine *konstruktive* Führung zu ermög-lichen. Dass auf den verschiedenen Führungsebenen der Theater, nämlich bei den politischen Aufsichtsgremien, der Intendanz und auf der mittleren Führungs-ebene angesichts einer Überfülle an Aufgaben auch die zehn von Mintzberg herausgearbeiteten zentralen *Managementrollen* wahrgenommen werden müssen, wird in einem späteren Kapitel weiter ausgeführt. Bei den *Führungsdilemmata* frappiert als Hauptdilemma der Konflikt zwischen Unternehmens- und Mit-arbeiterorientierung, wie dies die aktuelle Reformdebatte plastisch vor Augen führt. Eine ausgewogene Balance von Erfolgs- und Humanorientierung sollte auf Grundsätzen einer ethisch-konstruktiven Führung basieren, die noch an anderer Stelle ausführlich behandelt werden.

2.2 Führung und Organisation

2.2.1 Zum Begriff Organisation

Führung und Organisation stehen in einem Interdependenzverhältnis. So wie Führung die Organisation und ihre Entwicklung prägen kann, bildet die Organisation umgekehrt den Referenzrahmen für Führungsstrategien, Führungs-ziele und Führungsverhalten. Die Systemtheorie versteht Organisationen als auf ein Ziel ausgerichtete, soziale Systeme, die sie von anderen sozialen Gebilden unterscheiden und die mit anderen Systemen kommunizieren können (vgl. Königswieser/Hillebrand 2011, S. 30 f). Organisationen werden *nicht* als mechanische oder *triviale* Maschinen verstanden, die von einer alleinigen Führungsspitze konsequent gesteuert und kontrolliert werden können, sondern die Steuerungsmöglichkeiten sind aufgrund des menschlichen Faktors (auch in der

Mitarbeiterschaft) sowie aufgrund der komplexen Organisationsumwelt begrenzt. Die Organisation steuert sich im Grundsatz *selbst* und zwar durch ihre interne Ordnung, die auf Werten, Visionen und Ritualen sowie Hierarchien, Rollenzuweisungen und Vereinbarungen beruht (vgl. Königswieser/Hillebrand 2011, S. 35 f; Grossmann et al. 2015, S. 33–36).

Niklas Luhmann beschreibt *drei Merkmale,* die für eine Organisation charakteristisch sind, nämlich: *Zwecke, Mitgliedschaft* und *Hierarchie* (vgl. Luhmann 1972, S. 39 f, 108 f, 210 f; ders. 2018, S. 237; Kühl 2011, S. 17–20):

Der *Zweck* in Form von Werten, Leitbild, Vision und Mission bildet den Daseinsgrund für die Organisation und ein Orientierungsinstrument für ihr Handeln. „Die Definition des Organisationszwecks... macht die Fragen der Umweltanpassung entscheidbar" (Luhmann, 1972, S. 109; vgl. auch ders. 2018, S. 138). *Zwecke* sind Mittel, um Organisationen zu ‚programmieren'. Ausgehend vom Zweck können Mitarbeiter gesucht sowie organisatorische Planungen abgeleitet werden. Die Zwecke der Organisationen müssen dabei keineswegs identisch sein mit den persönlichen Zielen und Zwecken der Organisationsmitglieder (vgl. Kühl 2011 , S. 69; Schreyögg 2008, S. 9). *Zwecke* sind zunächst einmal nichts anderes als Wertekataloge, denn sie lassen offen, welche konkreten Handlungen erfolgen sollen und sie sind genau wegen dieser Abstraktheit relativ leicht *konsensfähig* (vgl. Kühl, 2017, S. 12). Zwecke haben allerdings auch ‚Scheuklappen'-Charakter, da sie den Blick auf die Umwelt vereinfachen. Die Führung hat die Aufgabe, zu definieren, auf welche Weise die Organisation ihre Zwecke erreichen soll sowie festzulegen, welche Mitarbeitenden welche Aufgaben zu erledigen haben (vgl. Kühl 2011, S. 55 ff). Zwecksetzungen laufen auf eine Verengung der Perspektive und eine Vernachlässigung anderer wesentlicher Aspekte hinaus (die aber z. B. aus Mitarbeitersicht als bedeutend wahrgenommen werden), denn die Mitglieder der Organisation verfolgen durchaus auch eigene Zwecke. Hinzu kommt, dass ohnehin in der Praxis nicht immer konsistent von einem Zweck ausgegangen wird, sondern dieser oft erst *im Nachhinein* formuliert wird, nachdem Entscheidungen längst getroffen und Handlungen bereits vollzogen wurden (vgl. Kühl 2011, S. 55 ff, 61 ff).

Die *Mitgliedschaft* in einer Organisation ist an formale Normen, Regeln und Werte gebunden, denen sich die Mitglieder ‚gehorsam' zu unterwerfen haben (vgl. Luhmann 1972, S. 209). Mitglieder können nicht Teil der Organisation sein, wenn sie deren Regeln nicht befolgen, Kommunikationswege missachten oder andere Mitglieder nicht als Kommunikationspartner akzeptieren. Die Mitgliedschaft inkludiert die Unterwerfung unter die Formalstruktur der Organisation (vgl. Luhmann 1972, S. 101) und hängt davon ab, ob die jeweiligen Personen

die von der Organisation bzw. von der Führungsebene formulierten Verhaltenserwartungen erfüllen.

Und schließlich sind Organisationen durch *Hierarchien* gekennzeichnet,
die die Über- und Unterordnungsverhältnisse der Mitglieder zueinander festlegen. „In der Hierarchie achtet daher jeder laufend auf seinen Vorgesetzten, der
die verbindliche Interpretation der Außenwelt gibt und dem man verantwortlich ist (…) (Die) Flaschenhalsfunktion des Vorgesetzten dient dem Prozess der
Unsicherheitsabsorption" (Luhmann 1972, S. 210). Hierarchie ist zwar in der
Regel dauerhaft. Allerdings können auch die hierarchisch Nachgeordneten durch
‚Führung von unten' Einfluss ausüben. Da jedoch die Befolgung hierarchischer
Anweisungen zur Mitgliedschaftsbedingung gemacht wird, kann die Führung
auch unpopuläre Maßnahmen durchsetzen (vgl. Kühl 2011, S. 70 f; Kühl/Muster
2016, S. 9).

Organisationen weisen *drei Dimensionen* auf: eine *formale* Seite, die Regeln
und Strukturen beinhaltet, die für die Mitglieder der Organisation bindend sind,
die *informelle* Seite oder *Organisationskultur,* also die inoffiziellen Verhaltenserwartungen, Lösungswege, Traditionen und Rituale sowie die sogenannte
Schauseite, die die Fassade und die nach außen kommunizierte, oft geschönte
Selbstbeschreibung der Organisation bezeichnet (vgl. Kühl 2011, S. 95 ff, 113 ff,
136 ff) (Abb. 2.8).

Die formale Seite der Organisation beinhaltet die Koordination von
Leistungen durch schriftlich niedergelegte Regeln (vgl. Luhmann 1972, S. 31 f).
Diese *formalen* Regeln benennen spezifizierte Erwartungen an das Verhalten der
Organisationsmitglieder im Hinblick auf Aufgabenteilung, Stellenbeschreibung,
Abgrenzung von Kompetenzen, Richtlinien für die Bearbeitung von Vorgängen,

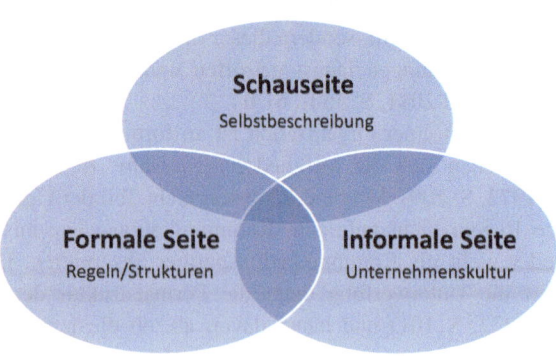

Abb. 2.8 Die drei Seiten der Organisation. (Quelle: Eigene Darstellung)

Weisungsrechte und Unterschriftsbefugnisse. Die Erfüllung dieser Regeln oder Erwartungen ist mit der Mitgliedschaft bzw. deren Nichterfüllung mit Verlust der Mitgliedschaft und Ausschluss verbunden (vgl. Schreyögg 2008, S. 14 f; Kühl 2011, S. 31). Bei der *formalen* Seite der Organisation handelt es sich also um das offizielle Regelwerk, das bindend für die Mitglieder ist. Hier wird festgelegt „von wann bis wann man in den Räumlichkeiten der Organisation anwesend sein muss, was während der Anwesenheit zu tun ist, auf welche anderen Organisationsmitglieder man zu achten hat und welche man ignorieren kann" (Kühl/Muster 2016, S. 18).

Parallel zur formalen Organisation existiert die damit konkurrierende, *informale* Seite der Organisation, die *inoffizielle* Erwartungen, Normen, Sanktionssysteme, Lösungswege und Kommunikationsweisen beinhaltet (vgl. Luhmann 1972, S. 33 f, Kühl 2011, S. 113 ff; Schreyögg 2008, S. 13 f). Unter *Informalität* versteht man das Netzwerk bewährter Kommunikationswege oder ‚Trampelpfade', die jenseits der offiziellen Wege beschritten werden. Diese informale Seite beruht auf eingeschliffenen Praktiken und Denkweisen, regelmäßigen Abweichungen, gepflegten Mythen sowie Dogmen und Fiktionen (vgl. Kühl 2018, S. 13 f und Kühl 2017, S. 13 ff). Informalität schlägt sich auch in der ‚*Führung von unten*' auf Mitarbeiterseite nieder. Die *informale* Seite oder *Organisationskultur,* die unterhalb des Radars der formalen Ordnung Freiräume und Schutzzonen bietet, kann als *Korrektiv* zur formalen Organisation verstanden werden, da die informalen Faktoren mitunter ebenso wichtig für den Systemerfolg sein können. Dadurch kann das ‚Ordnungsmonopol' der formalen Organisation erschüttert und ihre zwangsläufige Einseitigkeit kompensiert werden. Der Begriff der Unternehmens- oder Organisationskultur verweist auf die ausgeprägte Einflussnahme dieser informalen Organisationselemente (vgl. Schreyögg 2008, S. 13).

Schließlich weisen Organisationen noch eine dritte Seite auf und zwar die sogenannte *Schau-* oder *Fassadenseite* (vgl. Kühl 2011, S. 136 ff). Die Schauseite bezeichnet das Bemühen der Organisation, ein idealisiertes, geschöntes Bild von sich zu entwerfen, das zum Ausdruck bringt, wie sie gesehen werden will und ihren ‚Auftritt' so zu vereinheitlichen, dass für Außenstehende ein rasches Wiedererkennen möglich ist. Durch die Schauseite kann die Organisation Außenstehenden den Einblick in mögliche Missstände, Konflikte oder auch Fehler verwehren (vgl. Kühl 2011, S. 138 ff). Kühl beschreibt diesen Prozess als ‚Aufhübschen', bei dem die Organisation durch gefilterte Organigramme, übersichtlich dargestellte Prozessabläufe oder geschliffene Formulierungen ein schlüssiges, überzeugendes Bild von sich zu zeichnen versucht. So entstehe für die Außenwelt eine ‚zweite Realität‘, die mit den Abläufen in der jeweiligen Organisation nur wenig zu tun hat (vgl. Kühl 2011, S. 137).

„Es gehört zum Eindrucks- und Beeindruckungsmanagement vieler Organisationen, ihren hierarchischen Aufbau als flach und durchlässig darzustellen – und zwar unabhängig davon, wie die Kommunikationswege tatsächlich strukturiert sind. Selbst Organisationen, die – aus häufig guten Gründen – bei 5000 Mitarbeitern über bis zu neun Hierarchiestufen verfügen, lassen sich für ihre flachen Hierarchien loben (…). In Unternehmen, in denen die Mitarbeiter es kaum wagen, den obersten Chef anzusprechen, wird proklamiert, dass dessen Türen für alle Mitarbeiter offen stehen" (ebd. 147). *Widersprüche* zwischen Schauseite und formaler Seite sind für die Mitarbeiter auf Dauer nur schwer zu ertragen. Sie können versuchen, dagegen anzukämpfen, sich auf informelle Inseln der Unternehmenskultur flüchten, sich in Zynismus üben oder die Organisation verlassen nach dem Motto ‚love it, change it or leave it‘ (Henry Ford). Daher sollte bei der Selbst- und Fremdevaluation einer Organisation auch die Stimmigkeit zwischen äußerer Schauseite, formaler und informaler Seite untersucht werden.

2.2.2 Führung und Organisation

Wie bereits erwähnt, wird *Mitarbeiterführung* als *eine* von fünf Steuerungsfunktionen innerhalb des Managements betrachtet. Die übrigen vier Steuerungsfunktionen umfassen Planung, Organisation, Personal und Kontrolle. Damit ist die Verzahnung von *Mitarbeiterführung* mit der weiter gefassten *Organisationsführung* ersichtlich, die sich darüber hinaus noch mit Ausrichtung/Strategie, Aufbau- und Ablauforganisation sowie Personalmanagement und Controlling befasst. Führung und Organisation sind eng miteinander verwoben, denn die Führungsebene ist Teil der Organisation. Führung repräsentiert und reproduziert die Ziele und Regeln der Organisation, aber umgekehrt hat die Führungsebene die Aufgabe, auf die Weiterentwicklung der Organisation Einfluss zu nehmen.

Einerseits kann die Führung alle relevanten Bereiche der Organisation mitgestalten wie beispielsweise Selbstverständnis und Ziele, Strukturen und Aufgaben, Verfahren und Techniken sowie die interne und externe Kommunikation (vgl. Vahs 2009, S. 335). Andererseits werden die Zielsetzungen, Aufgabenstellungen und Spielräume auf der Führungsebene durch die Rahmenbedingungen der Organisation determiniert. Führung selbst kann nur wirksam verändert werden durch eine Veränderung der Organisationsstruktur und umgekehrt kann sich die Organisation nur wandeln durch eine Veränderungsbereitschaft der Führung, die die Weiterentwicklung der Organisation angeregt, mitbegleitet und evaluiert.

2.2.3 Führung und Organisationskultur

Wie bereits dargelegt, besitzt jedes Unternehmen neben seiner *formalen* Seite und seiner *Schau*seite eine dritte, *informale* Seite, die auch mit dem Begriff der *Unternehmens- oder Organisationskultur* bezeichnet wird. Die Unternehmenskultur kann als die *DNA* eines Unternehmens betrachtet werden, die durch Grundannahmen, Werte, Traditionen und Regeln die Organisation *informell* mitsteuert und die eine solidarisierende, integrierende und motivierende Wirkung haben kann (vgl. Pinnow 2011, S. 49).

Der Begriff der Organisations- oder Unternehmenskultur bezieht sich – im Gegensatz zu *expliziten, formalen* Vorgaben – auf *implizite Grundannahmen* über die Beziehung zwischen Organisation und Umwelt, über die Wirklichkeit oder auch über die in der Organisation tätigen Menschen. Diese Annahmen schlagen sich nieder in Werten (sozialen Prinzipien, Zielen und Standards) und Normen (Verhaltensregeln), die die Strukturen und Prozesse der Organisation sowie die Denkschemata und Verhaltensweisen der Mitarbeiter beeinflussen (vgl. Kirchler/Meier-Pesti/Hofmann 2011, S. 158 ff; Rowold 2015, S. 52, 54). Diese unverwechselbaren Vorstellungs- und Orientierungsmuster prägen das Verhalten der Organisationsmitglieder nach innen und außen und finden ihren Widerhall in sogenannten Artefakten sprich *beobachtbaren* Zeichen und Symbolen wie dem Firmenlogo, der Raumgestaltung, der Kleidung, Sprache und Jargon, Statussymbolen, Gebräuchen, Traditionen und Zeremonien, Geschichten, Mythen, Belohnungen und Bestrafungen sowie im sonstigen Verhalten der Organisationsmitglieder (vgl. Kirchler/Meier-Pesti/Hofmann 2011, S. 158 f; Steinmann/Schreyögg 2005, S. 710). Dies betrifft beispielsweise das interne und externe Kommunikationsverhalten, Pausenregelungen, inoffizielle Lösungswege, ,unbürokratische' Prozesse, das Onboarding neuer Mitarbeiter, das Feiern von Festen, den Umgang mit interner oder externer Kritik, die Fehlerkultur sowie weitere Praxen, die sich über die Jahre eingeschlichen und offenbar bewährt haben.

Aus systemischer Sicht basiert die Organisationskultur auf einer informellen *Parallelwelt* von Verhaltenserwartungen und Kommunikationsweisen und auf (offiziell) nicht entschiedenen Entscheidungsprämissen (vgl. Kühl 2018, S. 2,

9,11). Der Topos der Organisationskultur rückte mit den Veröffentlichungen von Thomas J. Peters und Robert H. Watermann sowie von Edgar H. Schein verstärkt in den Fokus der Aufmerksamkeit (Peters/Watermann 1986; Schein 1990). So stellten Peters und Watermann heraus, dass eine *starke* Unternehmenskultur ein wesentliches Merkmal *erfolgreicher* Organisationen sei. Diese mache formelle Regeln weitgehend überflüssig, da die kulturellen Werte und Normen der Organisation als impliziter Steuerungsmechanismus fungieren. Dies verringere offenbar auch den Koordinationsaufwand und stelle eine wichtige Ergänzung zur interaktiven Führung durch die Vorgesetzten dar (vgl. Sturm et al. 2011, S. 24 f).

Peters und Watermann fanden bei ihrer Suche nach Spitzenleistungen von Unternehmen die Ursache in einer Unternehmenskultur, die konsistent von *Respekt, Achtung und Teilhabe* geprägt war. „Bei den exzellenten Unternehmen (…) (ist) häufiger nichts zu spüren als die Achtung vor dem einzelnen (…). (Sie) geben ihren Mitarbeitern die Möglichkeit, ihr Geschick selbst zu beeinflussen; sie vermitteln den Menschen einen Sinn (…). Sie lassen es zu, dass Mitarbeiter sich hervortun, ja, sie drängen sogar darauf" (Peters/Watermann zitiert nach Klein 2009, S. 14). Inwieweit eine ausgeprägte Organisationskultur aber auch *innovationshemmend* sein kann, wird weiter unten erörtert.

Die Organisationskultur findet nach Edgar H. Schein ihre Ausprägung auf *drei* Ebenen: der Ebene der unbewussten und *unsichtbaren,* tief im Denken verwurzelten *Grundannahmen* über Menschen, Welt und soziale Beziehungen, der Ebene der nur *teilweise sichtbaren Überzeugungen* und *Werte* wie Maximen, Ideologien, Richtlinien oder auch Verbote der Organisation sowie der symbolischen Ebene der *sichtbaren Artefakte,* Symbole und Zeichen, die aber interpretationsbedürftig sind (Abb. 2.9). Dazu gehören immaterielle Artefakte wie Kommunikation, Umgangsformen, Rituale oder auch Auszeichnungen sowie *materielle* Artefakte wie Architektur oder Bürogestaltung (Schein/Schein 2018, S. 14 ff).

Nach Schein wird die *Organisationskultur maßgeblich* von den *Führungskräften beeinflusst* und gestaltet. Dies geschieht nach Schein vor allem dadurch, dass die Führungsspitze, „ihre persönliche Macht dafür nutzt, neue Verhaltensweisen hinsichtlich eines zu erreichenden Ziels einzufordern" (Schein/Schein 2018, S. 12). Die Führungspersonen formen die Kultur auf der Basis ihrer *eigenen* bewussten und unbewussten *Überzeugungen* sowie durch ihr sichtbares *Verhalten.* Dieses zeigt sich in ihrer Sensibilität für bestimmte Themen, ihren Reaktionsweisen auf kritische Vorfälle und Organisationskrisen, ihren Kriterien für die Zuteilung von Ressourcen, Belohnungen und Status, ihrer Auswahl, Beförderung oder auch Entlassung bestimmter Mitarbeiter, in ihren Umgangsweisen , in ihrer Rolle als Vorbild sowie – als wichtigstem Werkzeug – in einem

Die drei Ebenen von Kultur

1. Artefakte
   • Sicht- und spürbare Strukturen und Prozesse
   • Beobachtetes Verhalten
     – schwer zu lesen/entziffern

2. Gewählte Überzeugungen und Werte
   • Ideale, Ziele, Werte
   • Ideologien
   • Rationalisierungen
     – kann oder kann nicht mit dem Verhalten und anderen Artefakten übereinstimmen

3. Grundlegende Annahmen
   • Unbewusste, als selbstverständlich geltende Überzeugungen und Werte
     – bestimmen Wahrnehmung, Denken und Fühlen

Abb. 2.9 Die drei Ebenen der Kultur nach Schein/Schein (2018). (Quelle: Schein/Schein 2018, S. 15 (Vahlen))

systematischen und konsequenten Verhalten (vgl. Schein/Schein 2018, S. 148 ff; Kirchler/Meier-Pesti/Hofmann 2011, S. 162). Führungspersonen prägen demnach die Unternehmenskultur in entscheidender Weise. Daher sollte die Analyse und Entwicklung der Unternehmenskultur immer auch die Führungskultur mit einbeziehen.

Die Organisationskultur kann mehrere Funktionen erfüllen: Die *Koordinationsfunktion* besteht darin, dass sie verhaltenssteuernd wirkt und implizite Richtlinien für das tägliche Verhalten der Mitarbeiter enthält, in denen Handlungsabläufe festgelegt und Spielräume definiert sind. Die *Motivationsfunktion* beruht darauf, dass die Organisationskultur den Mitarbeitenden Sinn vermittelt und dadurch ihre Leistungsbereitschaft gesteigert wird. Die *Identifikationsfunktion* basiert darauf, dass die Unternehmenskultur das Zugehörigkeitsgefühl der Mitarbeiter zur Organisation steigern kann. Und die *Profilierungsfunktion* erlaubt der Organisation die Abgrenzung zu anderen Organisationen (vgl. Rowold 2015, S. 54 f).

Die *Vorzüge* einer *starken* Unternehmenskultur sind ausgeprägte Handlungsorientierung, reibungslose Kommunikation, rasche Entscheidungsfindung, zügigere Umsetzung, geringerer Kontrollaufwand, Förderung von Motivation und

Teamgeist sowie Kohärenz und Stabilität. Die *Nachteile* bestehen in der Tendenz zur Abschließung und zum Groupthink (Gruppenzwang als Schattenseite der Kohärenz), in der Blockierung neuer Ideen, der Fixierung auf traditionelle Erfolgsmuster, einer kollektiven Vermeidungshaltung und fehlenden Offenheit gegenüber Neuerungen sowie einem Mangel an Flexibilität (vgl. Steinmann/Schreyögg 2005, S. 728–731; Rowold 2015, S. 55 f). So können sich Wahrnehmungsfilter und Verhaltensmuster einschleichen, die Abweichungen vom Gewohnten erschweren.

Innovationen werden eher bei einer *schwachen* Organisationskultur, aufgrund ihrer größeren Offenheit für neue Einflüsse, entwickelt oder aufgegriffen. Daher sollte es darum gehen, eine Organisationskultur zu entwickeln, für die (im Sinne einer lernenden Organisation) Offenheit, Wandlungsbereitschaft und Reflexionsfähigkeit kennzeichnend ist (vgl. Baier 2017, S. 25).

Die Organisationskultur kann am nachhaltigsten verändert werden, wenn neben der Auseinandersetzung mit *informellen* Werten, Traditionen und Denkhaltungen auch die *formale Seite* der Organisation, die auf Strategien, Zielen, Strukturen, Prozessen und Regeln basiert, mit einbezogen wird und wenn sich diese Neuausrichtung auch auf der *Schau-* oder *Fassaden*seite niederschlägt (vgl. Kühl 2018, S. 62 f; ders. 2011, S. 129).

Unternehmenskulturelle Veränderungen können zum einen von außen, z. B. durch einen gesellschaftlichen Wertewandel, angeregt werden. Andererseits kann der Anstoß zum Kulturwandel aber auch von innen kommen: zum Beispiel durch Veränderungen in der Führungsspitze (vgl. Steinmann/Schreyögg 2005, S. 734), durch eine Krise der Organisation oder durch ausdrückliche Impulse aus der Mitarbeiterschaft. Das Bemühen, eine *Transformation* der Organisationskultur herbeizuführen, trifft oft auf *Widerstände,* denn mit der Kulturveränderung geht in der Regel auch eine Umverteilung von Macht und Ressourcen einher. Die Begünstigten der alten Kultur entwickeln häufig Strategien der Gegenwehr und unterminieren das neue Selbstverständnis. Die neue Kultur kann sich daher am ehesten entfalten, wenn deren *Problemlösungspotenzial* von allen anerkannt wird. Die Bereitschaft zur Veränderung ist größer, wenn die Sorge, dass die Organisation nicht überlebt, die Angst vor dem Dazulernen übersteigt. Diese Lernangst kann überwunden werden, indem die *lernende Organisation* zur Gewohnheit wird (s. u.) sowie durch eine überzeugende Vision, die frühzeitige Einbindung der Betroffenen, ein Angebot an Ressourcen, die Schaffung positiver Vorbilder und die Etablierung neuer Belohnungssysteme (vgl. Schein/Schein 2018, S. 267 f).

2.2.4 Führung, Organisationsentwicklung und lernende Organisation

Nichts ist beständiger als der Wandel: Organisationen (und damit auch Kultur- und Theaterbetriebe) sind permanenten Veränderungen ausgesetzt im Hinblick auf ökonomische und soziale Fragen, auf den Wettbewerb, auf Interessen der Kunden/Besucher oder anderer Stakeholder, auf gesetzliche Regelungen oder auf die Veränderung der gesellschaftlichen Werte und Normen. Die *Entwicklungs-fähigkeit* einer Organisation wird daher zum entscheidenden *Wettbewerbsfaktor*. Organisationen können sich den veränderten Umweltbedingungen anpassen, können aber auch selbst Veränderungen auslösen. Um zu überleben, müssen sie stets aufs Neue eine Balance finden zwischen Flexibilität/Offenheit und Stabilität/ Kontinuität.

Im Hinblick auf mögliche Veränderungsprozesse muss unterschieden werden zwischen der Reorganisation einzelner Bereiche (z. B. die Einführung einer neuen Verwaltungssoftware) – also einem überschaubaren *Wandel erster Ordnung,* der die grundlegenden Strukturen unangetastet lässt – und einem *tief greifenden Wandel zweiter Ordnung,* bei dem beispielsweise die Führungsver-antwortung dezentralisiert, eine neue Ausrichtung vorgenommen und die Kern-prozesse grundsätzlich neu justiert werden. In diesem Fall spricht man von Change-Management oder Organisationsentwicklung. Da der *Management-*Begriff eher mit der Sicherstellung von Ordnung und Stabilität in Verbindung gebracht wird, wird hier *nicht von Change Management* gesprochen, sondern stattdessen von *Organisationsentwicklung* (vgl. Grossmann et al. 2015, S. 45; vgl. Dillerup/Stoi 2013, S. 680 f.).

Organisationsentwicklung (OE) zielt auf einen geplanten, umfassenden und langfristig angelegten Veränderungsprozess von Organisationen. Die Einleitung, Gestaltung und Steuerung von Organisationsentwicklung ist zwar eine *zentrale Führungs-* bzw. *Leadership-Aufgabe,* sollte aber immer von der *Mitarbeiter-schaft* mit getragen werden (‚top down' und ‚bottom up'). Außerdem sollten *alle weiteren Stakeholder,* die von den geplanten Veränderungen tangiert wären, frühzeitig mit einbezogen werden (wie beispielsweise Geldgeber, Rechtsträger, Kunden/Besucher oder Kooperationspartner).

Der Veränderungs*bedarf* von Organisationen ergibt sich in den Bereichen von Strategie, Organisation, Technologie und/oder Unternehmenskultur (vgl. Vahs 2009, S. 295 f). *Anlässe* für eine Veränderung können sein: der gesellschaft-liche Wertewandel, eine kritische Situation im Hinblick auf finanzielle oder personelle Ressourcen, Entwicklungen im Wettbewerb, Marktveränderungen mit Blick auf bestimmte Zielgruppen, die Kooperation oder Fusion mit einer anderen Organisation, Veränderungen im Top-Management, die Notwendigkeit einer Veränderung von Organisation und Führung, eine strategische Neuausrichtung, die Implementierung neuer Prozesse oder besondere technologische Herausforderungen (vgl. auch Vahs 2009, S. 2, 310 f, 316).

Bei OE-Prozessen sollten immer alle *drei* Ebenen, die *Individual-*, die *Team-* und die *Organisations*ebene betrachtet werden. Während *Personen* durch Veränderung ihres *Bewusstseins* im Hinblick auf Zielsetzungen, Einsichten oder Einstellungen lernen, lernen Organisationen oder ihre Teilsysteme (wie z. B. Aufsichtsgremien, Führungsteams oder Mitarbeiterschaft) über die Veränderung ihrer *Kommunikation* (vgl. Grossmann et al. 2015, S. 30). OE-Prozesse sollten daher sowohl bei der *Bewusstseinsebene* der Führungskräfte wie der Mitarbeiter ansetzen als auch bei der *Kommunikation* innerhalb der und zwischen den Teilsysteme(n). Sinnvolle OE beruht daher immer auf der doppelten Referenz von Person/Bewusstsein und System/Kommunikation. Dies ist möglich aufgrund der strukturellen Kopplung zwischen dem einzelnen Individuum und der Organisation (Grossmann et al. 2015, S. 30–32).

Ein umfassender Wandel der Organisation kann daher nur geschehen, wenn er zum einen im Rahmen von Weiterbildung, Beratung, Supervision oder Coaching ansetzt beim *Bewusstsein* des einzelnen *Individuums* (Führungskraft oder Mitarbeiter) im Hinblick auf dessen Wissen, Ressourcen, Werte, Ziele, Einstellungen oder Prioritäten. Zum anderen muss aber zusätzlich auf der Ebene der *Kommunikation* innerhalb der *Organisation* interveniert werden. Hier kann inhaltlich angesetzt werden bei Ausrichtung und Strategien, bei der Führungs- und Organisationsstruktur, bei Kernprozessen oder bei Feedbacksystemen (vgl. auch Grossmann et al. 2015, S. 31–32).

Steinmann/Schreyögg nennen vier ‚goldene Regeln‘ für den organisatorischen Wandel:
1. Die Einbeziehung *aller Betroffenen* durch *frühzeitige* Information über den anstehenden Wandel und *Partizipation* an Veränderungsentscheidungen. 2. Die *Gruppe* als wichtiges Wandelmedium: Veränderungsprozesse in Gruppen sind weniger beängstigend und werden im Durchschnitt schneller vollzogen. 3. Gegenseitige *Kooperation* fördert die Wandelbereitschaft. 4. Wandlungsprozesse vollziehen sich *zyklisch,* d. h. sie bedürfen einer Auflockerungsphase, die die Bereitschaft zum Wandel erzeugt sowie einer Beruhigungsphase, die den vollzogenen Wandel stabilisiert (vgl. Steinmann/Schreyögg 2005, S. 496).

Veränderungsprozesse leben von der *Spannung* zwischen hierarchischer *Linie* und der Selbstorganisation in *Projektgruppen.* In letzteren können – in einem zeitlich begrenzten, geschützten Rahmen – komplexe, intersektorale und riskantere Fragestellungen bearbeitet werden, Lösungsvorschläge entwickelt, Ziele konkretisiert sowie Maßnahmen zur ihrer Erreichung, Umsetzung und Evaluierung erdacht werden. Dabei sollte den Projektgruppen *weder zu viel noch zu wenig Autonomie* eingeräumt werden sowie eine Rückkopplung zur Führungsspitze und zur Gesamtorganisation (auch durch entsprechenden Informationsfluss) gewährleistet sein (vgl. Grossmann et al. 2015, S. 46 f, 49; Schiersmann/ Thiel 2018, S. 161 f). Zudem ist es erforderlich, dass den Projektgruppen angemessene zeitliche und materielle *Ressourcen* bereitgestellt werden und dass sie *fach-, abteilungs-* und *hierarchieübergreifend* zusammengestellt werden, um unterschiedliche Interessen und Perspektiven fruchtbar zu machen. Als neuer Ansatz und Ergänzung zum klassischen Projektmanagement bietet sich die *Scrum*-Methode an (vgl. Gloger/Margetich 2018).

Bei OE-Prozessen können folgende *fünf* Phasen unterschieden werden: 1. Erstellung der *Diagnose,* 2. Formulierung von *Zielen,* 3. Entwicklung von *Lösungen,* 4. *Implementierung* der Lösungsideen und Ergebnisse, 5. Sicherung der *Nachhaltigkeit* (vgl. Grossmann et al. 2015, S. 69). Im Rahmen dieser Untersuchung kann nur auf die erste Phase, die der Diagnose, kurz eingegangen werden.

Diagnose als Ausgangspunkt
Vor dem Anstoßen von Veränderungsprozessen sollte zunächst eine Verständigung innerhalb der Organisation über die *Ausrichtung,* den *Auftrag* und dessen konkrete Auslegung in Form von *Leitbild, Vision* und *Mission* erfolgen. Daran anschließen sollte sich eine umfassende, systematische *Analyse und Diagnose* der eigenen Organisation, ihrer Ziele, ihrer Stärken und Schwächen, ihrer Mikro-Umwelt (insbesondere Zielgruppen und Wettbewerb), ihrer Makro-Umwelt (soziodemografische, rechtlich-politische, technologische und makroökonomische Faktoren), ihres Portfolios sowie ihrer Aufbau- und Ablauforganisation. Die Diagnose kann sich stützen auf Dokumente und Statistiken, auf Beobachtungen am Arbeitsplatz und von Teamsitzungen, auf die Analyse von Interaktionen, auf die Befragung von Schlüsselpersonen und externen Experten sowie auf die Befragung von Führungskräften und Mitarbeitern (vgl. von Rosenstiel 2007, S. 395). Dabei ist wesentlich, die nachgeordneten mittleren Führungskräfte, die Mitarbeiterschaft sowie gegebenenfalls weitere Stakeholder an den Diagnoseprozessen, der Datensammlung und der Interpretation der Ergebnisse zu *beteiligen,* damit ein *gemeinsames Bild* der Lage, *gemeinsame Lösungsideen* und ein entsprechendes *Commitment* im Hinblick auf den Veränderungsbedarf ermöglicht werden (vgl. Grossmann et al. 2015, S. 72 f).

Die *Mitarbeiterbefragung* stellt ein besonders wirksames Diagnose-Instrument für Prozesse der Organisationsentwicklung – auch im Sinne einer lernenden Organisation – dar. Die Befragung kann auf den Teilaspekt der Arbeitszufriedenheit fokussieren oder weitergehende Fragen zum Arbeitsklima, zur Ausrichtung, zu Potenzial und Strategie sowie zur Organisation und zur Führung enthalten. Ein *Fragebogen zur Arbeitszufriedenheit* wurde bereits im Kapitel über Motivation vorgestellt.

Die *Diagnose* der Einrichtung kann sich zudem (auch im Rahmen einer Mitarbeiterbefragung) an den acht von Peters/Watermann herausgearbeiteten Faktoren von besonders exzellenten Organisationen orientieren. Die Kriterien sind: Nähe zum Kunden/Besucher, ausgeprägte Experimentierfreude, Bindung an die angestammte Kernaufgabe, Freiraum für Kreativität und Innovation, Bekenntnis zur Mitarbeiterschaft als wertvoller Ressource für Qualitäts- und Produktivitätssteigerung, ein sichtbar gelebtes Wertesystem, eine flexible Organisationsstruktur und eine straff-lockere Führung nach dem Motto: ‚So viel Führung wie nötig, so wenig Kontrolle wie möglich' (vgl. Vahs 2009, S. 7).

Ein bei *Diagnoseprozessen* verwendetes Idealmodell, dessen Kategorien auch in eine Mitarbeiterbefragung Eingang finden könnten, ist das der ‚*Gesunden Organisation*' von Richard Beckhard (1969), das eine gewisse Schnittmenge mit dem oben genannten Modell von Peters/Watermann aufweist, das aber die Gestaltungsmöglichkeiten der Mitarbeiter, den Umgang mit Hierarchie sowie das Arbeitsklima stärker akzentuiert (vgl. Steinmann/Schreyögg Management 2005, S. 502) (Abb. 2.10).

Ein weiteres hilfreiches *Diagnose- und Interventionstool* ist der *Survey-Feedback-Ansatz*. Dieser stellt die gemeinsame Problemdiagnose als Auftaumethode und Motor für Veränderungsprozesse in den Vordergrund. Zunächst werden standardisierte Befragungen von Mitarbeitern und auch Vorgesetzten durchgeführt, mit dem Ziel, Diskrepanzen zwischen der eigenen Organisation und dem möglichen Idealmodell zu identifizieren und als Ansatzpunkt für Veränderungen zu nutzen. Die gewonnenen Daten können direkt an die Befragten rückgemeldet werden, um sie zu motivieren, selbst Verbesserungsvorschläge zu erarbeiten und umzusetzen (vgl. Schreyögg/Koch 2010, S. 380 f). Ein umfassendes Instrument zur *Zieldefinition* wie zur *Erfolgskontrolle* von OE ist die von Kaplan/Norton entwickelte *Balanced Scorecard*. Hier werden in den vier Bereichen Finanzen, Kunden/Besucher, Prozesse sowie Mitarbeiter verschiedene Ziele, Vorgaben, Maßnahmen und Kennzahlen entwickelt, an Hand derer sich der OE Prozess überwachen und steuern lässt (vgl. Vahs 2009, S. 413 f).

Gesunde Organisationen

1. Starkes Vertrauen und hohe Wertschätzung unter den Organisationsmitgliedern.

2. Offenes, problemorientiertes Organisationsklima.

3. Zielerreichung und nicht Machterhalt stehen im Vordergrund.

4. Formale und funktionale (Experten-)Autorität decken sich weitgehend.

5. Organisationsmitglieder verfügen über Handlungsspielräume.

6. Entscheidungen werden dort getroffen, wo die besten Informationen zur Verfügung stehen.

7. Einzelmotivationen und Ideen werden gefördert.

8. Das Entlohnungssystem ist sowohl leistungs- wie auch auf die persönliche Entwicklung der Mitglieder bezogen.

9. Organisationsmitglieder kontrollieren sich in großem Umfange selbst.

10. Organisationsmitglieder interessieren sich für ihre Arbeit und identifizieren sich mit der Aufgabe der Organisation.

11. Konflikte entstehen aus sachlichen Kontroversen über Problemlösungen; sie zielen auf eine Verbesserung der Aufgabenvollzüge.

12. Die Organisation ist proaktiv, d. h., sie versucht, Probleme so früh als möglich zu antizipieren, um rechtzeitig Lösungsmöglichkeiten zu suchen und Maßnahmen in die Wege leiten zu können.

Abb. 2.10 Die ‚gesunde‘ Organisation nach Beckhard (1969). (Quelle: Steinmann/Schreyögg 2005, S. 502 (Gabler))

Einbeziehung aller Stakeholder

Aus dem Abgleich der Selbstdefinition (Ausrichtung) mit den Diagnoseergebnissen ergeben sich Anlässe und Sinnhaftigkeit von Veränderungen. Dabei geht es darum, diesen *Sinn* möglichst allen Betroffenen zu vermitteln, um ein hohes Maß an Akzeptanz und Bereitschaft zur Mitarbeit zu erzielen. Bereits in der Diagnosephase ist es daher erforderlich, alle *relevanten Stakeholder,* die von den möglichen Veränderungen betroffen sein könnten, mit einzubeziehen, damit diese ihre subjektiven Sinn-Konstruktionen mit einbringen können. Als Stakeholder kämen infrage: die Führungskräfte der verschiedenen Ebenen, die Mitarbeiterschaft, Rechtsträger, Geldgeber, Kunden, Mitbewerber, Kooperationspartner und/oder Einrichtungen der Zivilgesellschaft (vgl. Grossmann et al. 2015, S. 45, 71, 108). Dabei muss wohl überlegt werden, welche Gruppen (bzw. Vertretungen) *direkt* in den entsprechenden Arbeitsgruppen mitwirken und welche sich eher *indirekt* einbringen sollten (z. B. im Rahmen eines Online-Forums). Die entscheidendste Stakeholder-Gruppe ist die der *Mitarbeiter*. Diese gilt es, umfassend mit einzubeziehen, um sowohl die Problemlösungsfähigkeit der Organisation als auch die ihrer Mitglieder zu verbessern. Mitarbeiter oder auch weitere Stakeholder könnten Funktionen übernehmen in Projekt-, Entscheidungs-, Entwicklungs- oder Resonanzgruppen, als Teilnehmende an Klausurtagen oder Großveranstaltungen, als Beobachtende sowie als Mitglieder einer Evaluationsgruppe (vgl. Grossmann et al. 2015, S. 44; Jung et al. 2008, S. 514 f; Vahs 2009, S. 369).

Widerstände gegen OE-Prozesse

Das Gelingen von Veränderungsprojekten hängt wesentlich davon ab, inwieweit es gelingt, alle Betroffenen ,mitzunehmen' und eventuelle Vorbehalte und Widerstände abzubauen. OE-Prozesse werden jedoch häufig durch *personelle, organisationsbezogene* oder *externe Widerstände* blockiert und verzögert.

So entstehen zwangsläufig *personelle* Widerstände, da Veränderungen nicht dem menschlichen Bedürfnis nach Stabilität und Kontinuität entsprechen. Die Mitarbeiter lassen sich jedoch umso mehr auf den betreffenden Wandel ein, je mehr aus ihrer Sicht die möglichen Vorteile die denkbaren Risiken und Nachteile überwiegen (vgl. Dillerup/Stoi 2013, S. 692). Aufseiten der *Mitarbeiter* oder auch der *mittleren Führungsebene* steht häufig die Befürchtung im Raum, erworbene Sicherheiten aus dem bisherigen Aufgabenfeld zu verlieren oder auf die vertraute Zusammenarbeit mit Kollegen oder Teams verzichten zu müssen. Hinzu kommt die Sorge, Status und Anerkennung zu verlieren oder am Ende sogar den Arbeitsplatz selbst. Eine wesentliche *Führungsaufgabe* besteht daher darin, die emotionalen Folgen des Wandels mit zu bedenken und den Mitarbeitern Orientierung und Sicherheit zu vermitteln, um so ein Interesse an aktiver Mitwirkung zu wecken (vgl. Dillerup/Stoi 2013, S. 692; Schreyögg/Koch 2010, S. 373).

Nicht nur Individuen, sondern auch *Organisationen* streben nach Kontinuität und legen ähnlich wie Mitarbeiter eine Trägheit gegenüber Veränderungen an den Tag. Dabei sind die mit einem Wandlungsprozess verbundenen, *internen* Widerstände umso größer, je stabiler die Organisation ist, frei nach dem Motto ,Never change a running system'. Vor allem etablierte, scheinbar gut funktionierende

Führungssysteme erweisen sich als besonders *veränderungsresistent* mit dem Resultat, dass der Erfolg von *gestern* eines der größten *Hindernisse* für den Wandel und damit für den Erfolg von morgen sein kann. Weitere Ursachen für interne, organisationsbezogene Widerstände können die *Neuverteilung* von Kompetenzen, der Verlust von *Macht und Entscheidungsbefugnissen,* der Abbau von *Privilegien* (wie z. B. der Verlust des eigenen Büros) sowie eine verfestigte *Unternehmenskultur* sein mit ihren *informellen Regeln und Normen,* deren Überwindung nur langfristig und in einem breiten Mitarbeiterkonsens gelingen kann (vgl. Dillerup Stoi 2013, 697; Schreyögg/Koch 2010, 373).

Externe Widerstände können beispielsweise entstehen aufseiten der Kunden bzw. Besucher, die die neue Programmatik nicht mittragen wollen, auf Seiten von Kooperationspartnern (da von ihnen ebenfalls Veränderungen erwartet werden) oder auch vonseiten der Politik. Um auch hier die Wandlungsbereitschaft zu fördern, sollte die Führung den Blick von den negativ empfundenen Auswirkungen hin zu den *Ursachen* für den Wandel und zu den *positiven Folgen* der Veränderung lenken (vgl. Dillerup/Stoi 698).

Berücksichtigung aller drei Seiten einer Organisation
Organisationsentwicklung kann nur gelingen, wenn sie alle drei Seiten der Organisation erfasst: die *formale* Seite, die sich auf Ausrichtung, Strukturen und Prozesse bezieht, die *informale* Seite der Unternehmenskultur, die auf tradierten Werten, Ritualen und Handlungsweisen jenseits der formalen Regelungen basiert und die *Schauseite* (Verlautbarungen, ‚Lippenbekenntnisse‘, Website, Broschüren oder Postings in sozialen Medien), mittels derer sich die Organisation nach innen und nach außen präsentiert (vgl. auch Kühl, 2018, S. 62–63).

Wenn sich OE auf die Fassaden- oder Schauseite beschränkt, führt dies oft nur zu Achselzucken oder Zynismus der Mitarbeiter. Wenn sie nur die formale Seite bearbeitet, aber nicht die Implikationen für die Seite der Organisationskultur und die Schauseite mitbedenkt, bleibt am Ende nur ein hohles Gerüst übrig. Und Vorhaben, die nicht auch die formale Seite in den Blick nehmen, verpuffen an der Oberfläche (vgl. Kühl 2018, S. 63). „Projekte zur Gestaltung von Organisationen nehmen häufig nur eine Seite der Organisation ins Blickfeld (…). Für die Schauseite werden PR-Agenturen, Werbefirmen oder Marketing-Experten engagiert, die die Fassade der Organisation aufbauen, pflegen und notfalls reparieren sollen. Für die formale Seite werden die klassischen Expertenberatungsfirmen dieser Welt gerufen. Von ihnen wird erwartet, die formalen Prozesse der Organisation zu reengineeren (…). Für das Organisationsklima und die Organisationskultur – also für die informale Seite – werden dann die ‚Kulturspezialisten‘ in Gestalt der systemischen Prozessberater, Trainer oder Coaches von außen geholt, die dafür sorgen sollen, dass die ,Chemie' – die informalen Abstimmungen jenseits der formalen Vorgaben – zwischen den Mitarbeitern stimmt. Dabei haben die Spezialisten für die verschiedenen Seiten der Organisation jeweils ihre blinden Flecken (…). Organisationen tun sich keinen Gefallen damit, wenn sie bei Veränderungsprojekten nur eine Seite der Organisation in den Mittelpunkt stellen (Kühl 2018, S. 58 und 62).

Die Rolle der Führung bei der Organisationsentwicklung

Prozesse der Organisationsentwicklung gehören zu den *zentralen Führungsaufgaben*. Auch wenn die Mitarbeiterschaft frühzeitig und konsequent einbezogen werden muss, ist letztlich immer noch die *Führungsspitze* dafür *verantwortlich,* den Veränderungsbedarf zu identifizieren, rechtzeitig auf einen entsprechenden Wandel hinzuwirken, die Mitarbeiterschaft und weitere Stakeholder frühzeitig über den Anlass und das Vorhaben zu informieren, eine Verständigung über die mögliche Richtung der Veränderung herbeizuführen, gegebenenfalls externe Berater zu verpflichten sowie eine Architektur der OE-Prozesse (Diagnoseformen sowie Installation von Gremien/Arbeitsgruppen) mit zu entwickeln.

Führende haben als oberste ,Change Agents' in OE-Prozessen außerdem die Aufgabe, die Diagnoseergebnisse zu bündeln, entsprechenden Handlungsbedarf zu formulieren, die Rahmenbedingungen zu definieren, Austausch, Beratung und Diskussion zu initiieren, interne und externe Widerstände gegen den Wandel (durch Verweis auf die Ziele und Vorteile des Prozesses) möglichst aufzulösen, eine Verständigung über die Schritte und Maßnahmen zu erzielen, mögliche Prozesse festzulegen, Aufgaben zu verteilen, die Umsetzung zu begleiten und am Ende den Prozess zu evaluieren (vgl. auch Grossmann et al. 2015, S. 43, 70–94).

Führungskräfte haben also nach wie vor eine *zentrale Rolle* in Transformationsprozessen inne, denn sie haben die Macht zur Durchsetzung der Veränderung – allerdings nicht als Ausdruck von hierarchischer Macht, sondern von *Funktions*macht, die der Führung die Aufgabe zuweist, ihre Rolle als Initiator, Auftraggeber, Entscheider und Promotor des Prozesses wahrzunehmen. Führungskräfte entscheiden zwar, wer in welcher Weise aktiv in welchen Phasen und bei welchen Themen in den Veränderungsprozess einbezogen oder durch Repräsentanten vertreten werden soll, aber für die weitere Entwicklung und Umsetzung sind sie auf nachgeordnete Führungskräfte und Mitarbeitergruppen angewiesen (vgl. Grossmann et al. S. 43 f). Allerdings wird eine Transformation oft erst angestoßen, wenn es zu besonders krisenhaften Entwicklungen gekommen ist oder ein besonders hoher Leidensdruck besteht. Dann ist der Gestaltungsspielraum allerdings bereits oft eingeengt. Wesentlich sinnvoller ist ein *proaktiv* vollzogener Wandel, der auf der frühzeitigen Erkennung und der Einleitung der erforderlichen Schritte basiert (vgl. Königswieser /Hillebrand 2011, S. 36). Dieses *proaktive* Handeln gilt als *wesentliches Merkmal erfolgreicher Führung.*

Veränderungen in der *Organisation*sstruktur und *Führungskultur* sollten Hand in Hand gehen. Oft ist aber das Gegenteil der Fall: So werden zwar einige Strukturen verändert, aber die Führungspraxis bleibt unangetastet oder umgekehrt konnten sich neue Führungsmodelle aufgrund der Aufrechterhaltung tradierter Organisationsmuster nicht entfalten (vgl. Pinnow 2011, S. 7). Pinnow bringt es auf den Punkt: „Wer die Organisation der Zukunft will, weil nur sie die (Über-) Lebensfähigkeit des Unternehmens sichert, muss auch systemische Führung praktizieren" (Pinnow, 2011, S. 7).

Die lernende Organisation: Veränderung als Normalfall

Die *lernende* Organisation stellt eine Sonderform organisationaler Entwicklung dar, denn *permanentes Organisationslernen* geht weiter als *temporärer konventioneller* Wandel. Letzterer wird als zeitlich befristeter Sonderfall anlässlich spezieller Probleme betrachtet, zumeist zentral gesteuert sowie durch interne oder externe Experten begleitet. Beim organisationalen Lernen hingegen ist der *Wandel der Normalfall.* Er wird *dezentral* gestaltet und hängt vom Wissen und der Kompetenz aller Organisationsmitglieder ab (vgl. Vahs 2009, S. 435). Angesichts der permanenten Umweltveränderungen werden Organisationen als *unruhig-dynamisch* und keinesfalls als statisch betrachtet. *Veränderung* gilt als *Basismodus* und wird als ein *fortlaufender,* niemals abgeschlossener Prozess betrachtet, der von der gesamten Organisation auf allen Ebenen zu leisten ist und der Garant ist für ihr Funktionieren und ihren Fortbestand. Für die Führung oder Steuerung des Systems bedeutet dies eine unentwegte Folge von Problemen und Problemlösungen (vgl. Schreyögg/Geiger 2016, S. 392).

In diesem Zusammenhang hat das Konzept der *lernenden Organisation* große Beachtung gefunden. Dieses beinhaltet die Fähigkeit der Organisation, Fehler zu entdecken und zu korrigieren sowie die organisationsbezogene Werte- und Wissensbasis so zu verändern, dass neue Problemlösungen und Handlungskompetenzen entstehen können (vgl. Vahs 2009. S. 434). Dabei ist von entscheidender Bedeutung: Die *Vorbedingung* für das Lernen in der *Organisation* sind die *individuelle Lernprozesse* der Organisation*smitglieder.* Die Erkenntnisse und Ergebnisse der individuellen Lernvorgänge werden dann durch hierarchie- und bereichsübergreifende Kommunikation der gesamten Organisation zugänglich gemacht, so dass Unternehmens-und Führungsgrundsätze, Strukturen und

Prozesse oder auch kulturelle Merkmale modifiziert werden können (vgl. ebd. 434 ff). Organisationen können demnach als *Wissenssysteme* betrachtet werden, in denen nach und nach Wissen akquiriert, kultiviert und gespeichert wird. Die stattfindenden Lernprozesse müssen durch solche des ‚Verlernens‘ ergänzt werden, damit die Organisation altes Wissen und überholte Verhaltensweisen ablegen kann (vgl. ebd. 436).

Das Konzept der lernenden Organisation steht in enger Beziehung zum von Karl Edward Weick (1993) eingebrachten Prinzip der Bedeutungs-suche (‚Sensemaking‘) in Organisationen. Bedeutung wird geschaffen, indem individuelle Informationen und Deutungen durch Kommunikation miteinander verschaltet werden (vgl. Kirchler/Meier-Pesti/Hofmann 2011, S. 150 ff) Die bekanntesten Modelle der lernenden Organisation stammen von Chris Argyris und Donald Schön (1978, 1996) sowie Peter Senge (1990).

Argyris und Schön sprechen von einem ‚Imperativ des Lernens‘. „Organisationales Lernen findet statt, wenn einzelne in einer Organisation eine problematische Situation erleben und sie im Namen der Organisation unter-suchen. Sie erleben eine überraschende Nichtübereinstimmung zwischen erwarteten und tatsächlichen Aktionsergebnissen und reagieren darauf mit einem Prozess von Gedanken und weiteren Handlungen" (Argyris/Schön 1999, in: Kirchler/Meier-Pesti/Hofmann 2011, S. 177 f).

Das Lernen von Organisationen vollzieht sich nach Argyris/Schön auf drei unterschiedlichen Lernniveaus (Argyris/Schön 1978, in: Vahs 2009, S. 437 ff):

1. Auf der Ebene des *Einschleifen-Lernens* (Single-Loop-Learning) wird ver-sucht, Fehlerquellen zu identifizieren und die Abweichungen von den Standards zu beseitigen. Diese Lernvorgänge geschehen noch *innerhalb* des vorgegebenen *Bezugsrahmens*. Sie stellen ein reines *Anpassungs*lernen dar, denn die Grundorientierung bleibt unverändert.
2. Wenn sich die auftretenden Störungen durch Lernprozesse auf der ersten Ebene nicht beseitigen lassen, findet *Doppelschleifen-Lernen* (Double-Loop-Learning) statt. Dieses führt zu einer Modifizierung der bisherigen Grund-werte und Überzeugungen. Standards, die als ungeeignet erscheinen, werden hinterfragt und überwunden und im Rahmen einer Re-Orientierung durch neue Standards ersetzt. Das Doppelschleifen-Lernen wird auch als *Veränderungs-lernen* bezeichnet. Voraussetzung hierfür ist die Fähigkeit zum organisationalen *Verlernen*, d. h. die Mitglieder müssen bereit sein, ihre Grundorientierung und die in der Vergangenheit erfolgreich angewandten Handlungsmuster zu revidieren. Dies erfordert ein offenes Organisationsklima, das durch Unvorein-genommenheit und Veränderungswillen gekennzeichnet ist.

3. Die dritte Lernebene betrifft die *Meta*ebene des Lernens, das sogenannte *Deutero-Lernen.* Hier wird die Lernfähigkeit der Organisation selbst zum Gegenstand des Lernprozesses. Bisherige Lernvorgänge werden hinterfragt im Hinblick auf den Lernkontext, das Lernverhalten sowie die Lernerfolge und -misserfolge. Dieses Lernen wird auch als Problemlösungslernen oder Entwicklungslernen bezeichnet (vgl. Vahs 2009, S. 437 ff).

Auch Peter Senge stellte im Jahr 1990 ein Modell der lernenden Organisation vor, für das fünf Merkmale oder Disziplinen konstitutiv sind (vgl. Senge 2008, S. 14–23; Kirchler/Meier-Pesti/Hofmann 2011, S. 180–184):

1. *Personal Mastery* bezeichnet die Disziplin der bereits beschriebenen Selbstführung. Sie bezeichnet das Streben nach persönlicher Meisterschaft und konsequenter Zielverwirklichung. Wenn Abweichungen von den angestrebten Zielen erkannt werden, wird kreative Spannung freigesetzt, um das Ziel zu erreichen (vgl. Senge 2008, S. 173 f; Kirchler/Meier-Pesti/Hofmann 2011, S. 180 f).
2. Die Hinterfragung und aktive Umgestaltung von eingeschliffenen, vereinfachenden *mentalen Modellen* (vgl. Kirchler/Meier-Pesti/Hofmann 2011, S. 181).
3. Die Entwicklung einer *gemeinsamen Vision,* als Antwort auf die Frage, was durch die Organisation geschaffen werden und wohin sie sich entwickeln soll. Die gemeinsame Vision bezieht ihre Macht aus einem tiefen gemeinsamen Interesse und spornt zu Höchstleistungen an, da die hochgesteckten Ambitionen zu neuen Denk- und Handlungsweisen führen (vgl. Senge 2008, S. 252 f, 256).
4. Das *Teamlernen* beschreibt die Fähigkeit, individuelle Intelligenz und Stärken in einem Team zu bündeln. Erfolgreiche Teams zeichnen sich durch zwischenmenschliches Vertrauen aus und durch die Bereitschaft, von anderen Teams zu lernen. Als Basis für gelingendes Teamlernen beschreibt Senge Dialog und Diskussion, wobei das aktive Zuhören eine Grundvoraussetzung des Dialogs ist und die Diskussion dazu beitragen soll, unterschiedliche Meinungen hin und her zu spielen (vgl. Kirchler/Meier-Pesti/Hofmann 2011, S. 182 und Senge 2008, S. 288 ff).
5. Die entscheidende fünfte Disziplin ist nach Senge das *Systemdenken,* also das Denken in Ganzheiten und die Ablehnung von einfachen, partiellen Lösungen sowie angeblichen Kausalitätsbeziehungen. Die wichtigste Konsequenz ist der Blick für das Gesamte und die vernetzte (nicht isolierte) Betrachtung der Problemstellungen (vgl. Erich Kirchler/Meier-Pesti/Hofmann 2011, S. 183 f; Senge 2008, S. 21 f).

Das Modell der Lernenden Organisation erfordert noch mehr als konventionelle Projekte der Organisationsentwicklung eine *Dezentralisierung* von Kompetenzen, Aufgabenstellungen und Verantwortung. Wesentliche Voraussetzungen sind die Möglichkeit, allein oder in Teams Entscheidungen eigenverantwortlich zu treffen, eine offene Kommunikation und eine Unternehmenskultur, die Umwege und Fehler gestattet. Dabei sind kollektive Visionen und Mindsets wesentliche Bindeglieder.

2.2.5 Organisationskultur und Organisationsentwicklung im Theaterbetrieb

Auch im öffentlichen Theater sind Führung und Organisation eng miteinander gekoppelt. So kann die Leitung auf die Entwicklung des Theaters als Organisation Einfluss nehmen, indem sie beispielsweise dessen Neuausrichtung vorantreibt, die Zahl der Neuproduktionen steigert oder senkt, die Einspielquote durch höhere Ticketpreise oder theaternahe Veranstaltungen steigert, in Abstimmung mit dem Rechtsträger, den Gewerkschaften und dem Betriebs-/Personalrat einen Haustarifvertrag einführt oder indem sie die Ensemblesprecher stärker in Beratungsgespräche und Entscheidungsprozesse mit einbezieht. Und umgekehrt begrenzen organisationsbezogene Ziele, Leitlinien oder rechtliche Rahmenbedingungen – wie die Erwartung einer bestimmten Auslastungsquote durch den Träger oder die unterschiedlichen Tarifsysteme – die Handlungsspielräume der Führungsspitze.

Die Organisationskultur am Theater findet ihren Niederschlag ebenfalls in *unbewussten Basisannahmen* über Menschen und soziale Beziehungen (wie z. B. in Menschenbildern), in den nur *teilweise sichtbaren Werten* und *Maximen* (wie beispielsweise der Positionierung zu aktuellen politischen Themen) sowie in *immateriellen Artefakten* wie Kommunikationsweisen („jede Mail wird innerhalb von 24 Stunden beantwortet"), sogenannten ‚kleinen Dienstwegen‘, Umgangsformen (wie z. B. der Umgangston gegenüber Nachgeordneten oder der Umgang mit Besucherbeschwerden), Ritualen (‚kein Pfeifen auf der Bühne'oder Motivationsrituale im Kreis vor der Aufführung), Gepflogenheiten wie Voraufführungen, Generalprobe und Premierenfeier sowie in *materiellen* Artefakten wie der Gestaltung des Theatergebäudes, des Foyers, des Aufführungssaals, der Büros, der Probebühne, der Kantine oder der Gastronomie (vgl. auch Schein/Schein 2018, S. 14 ff).

Für die Theater ist die Entwicklungsfähigkeit nicht nur ein wichtiger Wett-bewerbs- sondern zunehmend ein existenzieller Überlebensfaktor. Anlässe für die Organisationsentwicklung an den Theatern gibt es in Hülle und Fülle: sei es die – weiter unten erläuterte – systembedingte, finanzielle und politische Krise der öffentlichen Bühnen, das Problem der Überproduktion, der Umgang mit personellen Ressourcen (von Stellenbeschreibungen, Zuständigkeiten und Schnittstellen über die Verbesserung von Arbeitsbedingungen bis hin zu Regelungen zur Mitbestimmung), Fragen zu Organisation und Führung, die Gestaltung bestimmter Prozesse (wie das Procedere beim Vorsprechen oder bei Nichtverlängerungen) sowie die Unternehmens- und Führungskultur.

Ausgangspunkte für die Organisationsentwicklung am Theater sollten die Selbstdefinition der Bühne sowie die Analyse/Diagnose von quantitativen Faktoren (Jahresrechnung, Auslastungszahlen, Einspielquote etc.) und qualitativen Faktoren (Publikumsresonanz, Presseresonanz, Mitarbeiterzufrieden-heit etc.) sein. Die *Initiative* zur Transformation sollte dabei im Schulterschluss von den *beiden obersten* Führungsebenen ausgehen, also vom Gesellschafter-gremium (und seinen Vorsitzenden) sowie der Intendanz. Allerdings ist dringend zu empfehlen, die *Mitarbeiterschaft* so früh wie möglich einzubeziehen und einen möglichst breiten Konsens zwischen oberster Führung, mittlerer Führungsebene als wichtiger Scharnierstelle, Ensemble, Betriebs-/Personalrat und Belegschaft zu erreichen, um sowohl eine hohe Qualität als auch eine breite Akzeptanz im Hinblick auf die angestrebte Veränderung zu erzielen. Dabei sollten emotionale Irritationen der Mitarbeitenden ernstgenommen und entsprechende Lösungen gemeinsam entwickelt werden.

Auch im Theaterbereich spielt die Führungsspitze (ganz gleich ob alleinige Intendanz, Doppelspitze oder Direktorium) bei Veränderungsprozessen wie auch bei der Prägung der Unternehmenskultur eine herausragende Rolle. Lediglich top down verordnete Veränderungen sind allerdings mit dem Risiko mangelnder Akzeptanz und Motivation verbunden. Dies betrifft insbesondere Organisationen wie die Theater, bei denen die Angebotsqualität in hohem Maße von der Expertise und dem Leistungswillen der Mitarbeiter abhängig (vgl. Grossmann et al. 2015, S. 11). Bei OE-Prozessen am Theater sollten möglichst alle Beschäftigten – vor allem die-jenigen, die von den Maßnahmen und Schritten betroffen sind – ,mitgenommen' werden. Darüber hinaus ist es ratsam, zumindest bei umfassenderen Trans-formationsprozessen auf externe Unterstützung und Begleitung zurückzugreifen.

Um nachhaltige Erfolge zu erzielen, wären auch im Rahmen von OE-Prozessen am Theater alle drei Dimensionen einzubeziehen und kongruent aufeinander abzustimmen, nämlich die *formale* Seite des Theaters mit ihren offiziellen Strukturen und Vorgaben, die *informelle* Organisations*kultur* mit ihren inoffiziellen Werten, Regeln und Nebengleisen sowie die *Schauseite* der Verlautbarungen, Imagebroschüren, Spielpläne, Websites und sozialen Medien. Wie die drei genannten Dimensionen ohnehin ineinandergreifen lässt sich an folgendem Beispiel erläutern: Die Implementierung und verpflichtende Vereinbarung eines *Verhaltenskodexes* zum Thema Machtmissbrauch gehört zunächst zur Seite der offiziell niedergelegten, *formalen* Regeln eines Theaters. Mit einem solchen Verhaltenskodex kann aber auch versucht werden, auf die *informelle* Organisationskultur des Theaters (z. B. im Hinblick auf den respektvollen Umgang mit Nachgeordneten oder unter Kollegen) einzuwirken. Werden die niedergelegten Regeln jedoch in der Praxis nicht wirklich beherzigt, hat der Kodex nur Makulatur-Charakter und wird dann nur auf der *Schauseite* des Theaters wirksam.

2.3 Führung zwischen Hierarchie und Heterarchie

2.3.1 Hierarchie und Heterarchie

Aus einem Gespräch zwischen Alexander Kluge und Heiner Müller: A. Kluge: „Das ist jetzt also deine Gegenwartslektüre, ,Postheroisches Management' von Dirk Baecker". H. Müller: „Naja, es ist so: Mich hat der Titel interessiert, natürlich auch im Zusammenhang mit der Tätigkeit hier im Theater, wo man immer wieder darauf stößt, dass der eigentliche Störfaktor der Mensch ist. Mit dem Menschen kann man nicht heroisch umgehen. Weil der Mensch ist nicht heroisch, sondern es ist gegen seine Natur, heroisch zu sein" (Alexander Kluge o.J.).

Auf den ersten Blick scheint sich der Gedanke Heiner Müllers zu bestätigen, dass der Mensch nicht zum *Heroischen*, d. h. nicht zur Unterwerfung unter eine (scheinbar) außeralltägliche, allseits kompetente Person und damit auch nicht zum *hierarchischen* Denken neige. So wird in der Managementliteratur seit Jahrzehnten – unter dem Stichwort des postheroischen Managements – eine Debatte um Hierarchie und Heterarchie geführt. Zwar ist nicht vom Ende der Hierarchie die Rede, aber von ihrer *Einhegung* und *Ergänzung* durch kooperative, postheroische, agile, integrale, laterale oder heterarchische Führungskonzepte. Diese rücken das *selbstorganisierte, dezentrale* Handeln, die *Rotation* von Leitungsrollen sowie *Bottom-up*-Entscheidungen in den Vordergrund. Verantwortung und Problemlösung sollen nicht mehr in der Spitze der Organisation monopolisiert, sondern verteilt und geteilt werden (vgl. Baecker 1994, S. 18, 24, 27 ff, 47; ders. 2015, S. 4; Laloux 2015, S. 15, 31 f, 43 ff, 61 ff; Frei 2016, S. 159).

Allerdings möchte ich Heiner Müllers These widersprechen, dass der Mensch – aufseiten der Führenden wie der Geführten – nicht zum Heroentum neige. Die derzeit wieder sehr populäre Theorie der charismatischen Führung unterstreicht genau das Gegenteil. Sie geht davon aus, dass Menschen sich in Stress-, Konflikt- oder Krisensituationen – und das nicht nur am Theater – nach einem Helden und einer entsprechenden Hierarchie sehnen, auf Orientierung durch eine (scheinbar) herausragende Führungspersönlichkeit hoffen und sogar bereit sind, von sich aus jemandem aus ihrer Mitte Charisma zuzuschreiben (vgl. Weibler 2016, S. 24; Baecker 1994, S. 33).

Auch wenn Führung ohne Heldentum möglich ist, ist Führung ohne jedwede Form von Hierarchisierung – zumindest in Organisationen – kaum denkbar. Hierarchie ist laut Nobelpreisträger Herbert Alexander Simon ein nicht hintergehbarer Steuerungs- und Koordinationsmechanismus in sozialen Systemen (vgl. Simon 1962, S. 468 ff). Das heißt, so lange es Organisationen gibt, werden diese immer eine hierarchische Ordnung haben. Auch nach Niklas Luhmann ist die formale Hierarchie ein zentrales Merkmal von Organisationen – neben der Bedingung der Mitgliedschaft und der Zwecksetzung (vgl. Luhmann 2018, S. 237; Luhmann 1972, S. 39 f, 108 f, 210 f; Kühl 2011, S. 10).

Der Begriff Hierarchie bezeichnet eine formale, dauerhaft an eine einzelne Person gebundene Führungskonstellation. Diese basiert auf einer Über- und Unterordnung „mit zeitlich fortdauernder Besetzung, sachlich abgegrenzter Kompetenz und sozial eindeutig zugeordneten Untergebenen" (Luhmann 1972, S. 209; vgl. auch Kühl 2011, S. 69 f. und 73).

Formale Hierarchie in Organisationen im Sinne einer dauerhaften Führung durch einzelne Personen ermöglicht effizientes Handeln, wenn es darum geht, schnelle Entscheidungen zu treffen und wenn sich Personen oder Organisationseinheiten nicht einigen können (vgl. Simon 2007, S. 93). Hierarchie hilft als ‚heilige Ordnung‘, Machtkämpfe zu verhindern und *reduziert Komplexität* dadurch, dass zentrale Entscheidungen in der Spitze getroffen werden. Formale Hierarchie bietet somit einerseits *Stabilität*, Sicherheit und geregelte Abläufe (vgl. Baecker 1994, S. 16, 27 f, 30; Kühl/Matthiesen 2012, S. 531). Andererseits ist sie ein entscheidendes *Hindernis* für *Weiterentwicklung* und *Innovation*. Und sie verhindert die *Teilhabe* der Geführten. Laut Dirk Baecker ist Hierarchie nur so lange hilfreich, wie Aufgaben ‚blind‘ zu realisieren sind. Hierarchie sei allerdings „schädlich, wenn es darum geht, die Augen aufzumachen" (Baecker 1994, S. 24) und offen für Neuerungen zu sein.

Angesichts der sich stets ändernden Umweltbedingungen und der immer komplexer werdenden Herausforderungen ist die *Beschränkung* auf eine *formale, dauerhaft* an eine einzelne Person gebundene Hierarchie in Organisationen kaum sinnvoll, denn sie hat eine Verengung des Denkens sowie eine Vernachlässigung von vorhandenen Ressourcen und Kompetenzen zur Folge. Schon Niklas Luhmann hatte den Mythos der allwissenden Führung demontiert und darauf verwiesen, dass die hierarchische Spitze allein nie über das jeweils nötige Bewusstsein oder Wissen verfügen kann (vgl. Luhmann 2016, S. 93; vgl. auch Simon 2007, S. 94).

Organisationen sind also gut beraten, Erfahrungen, Ressourcen und Ideen der Mitarbeitenden zu berücksichtigen, da die daraufhin gefundenen Lösungen durchdachter sind als die einsame Entscheidung eines Einzelnen (vgl. Simon 2007, S. 93), aber auch, da auf diese Weise dem Bedürfnis der Mitarbeiterschaft nach ,echter' Partizipation Rechnung getragen wird (vgl. Renz 2016, S. 35; Kup 2019, S. 65–68). Daher benötigt die formale Hierarchie ein Komplementär, nämlich eine *informelle, temporäre und rotierende* Hierarchie, in der jeder einzelne eine zeitlich limitierte Führungsrolle übernehmen kann. Solche informell-hierarchischen Arbeitsweisen können nach Felix Frei und Dirk Baecker durch Erfahrung, Können oder Wissen legitimiert werden. In der vagabundierenden oder rotierenden Führung soll das Zepter jeweils an denjenigen weitergereicht werden, der in einer bestimmten Frage die meiste Kompetenz besitzt (vgl. Frei 2016, S. 159 f; Baecker 1994, S. 47). Allerdings muss ergänzt werden, dass Erfahrung – zumindest beim Beharren auf Routine oder gängigen Praktiken – ebenfalls Gefahr läuft, innovatives Denken zu verhindern (vgl. Molitor 2019, S. 60).

Die Idee der *informellen, temporären* Hierarchie ist eng verwandt mit der Organisationsidee der *Heterarchie.* Diese basiert auf einem System von Personen oder Einheiten, die in keinem Über- und Unterordnungsverhältnis stehen, sondern *gleichberechtigt* und miteinander vernetzt agieren. Heterarchie steht für *dezentrale* Entscheidungen und für das Prinzip der *Selbststeuerung* und *Eigenverantwortung.* Hier gibt es kein alleiniges, dauerhaftes Macht- und Koordinationszentrum, sondern viele Entscheidungszentren, von denen jeweils eines für bestimmte Zeit die gesamte Steuerung übernehmen kann (vgl. Pinnow 2011, S. 88 f).

Allerdings hat nach Stefan Kühl die alleinige Beschränkung auf heterarchisch-agile Arbeitsweisen drei Dilemmata zur Folge, die die Organisation an den Rand des Ruins führen können und die er als ,Tücken der flachen Hierarchien' bezeichnet: Zum einen die kaum zu bewältigenden, äußerst komplizierten Abstimmungs- und Entscheidungsprozesse (das sogenannte *Komplexitäts-dilemma*), weiterhin die daraus resultierenden, zermürbenden Machtkämpfe um möglichst viel Einfluss (das *Politisierungsdilemma*) sowie die Diffusion der Zweckbestimmung und der damit einhergehende innere Zerfall, das sogenannte

Identitätsdilemma (vgl. Kühl 2015, S. 82 ff, 94 ff, 110 ff). Daraus folgt: Auch agile Organisationen, die auf mehr Selbstorganisation setzen, benötigen eine Führung, die Akzente setzt, die Rahmenbedingungen definiert, die auf Erarbeitung von Strukturen und Zielsetzungen hinwirkt, die aber auch die Mitarbeitenden immer wieder einlädt, mitzugestalten (vgl. Gloger/Rösner 2017, S. 46).

Heterarchie ist somit als ein notwendiges Komplementär zur Hierarchie zu verstehen und umgekehrt. Hierarchisch-vertikale und heterarchisch-selbstorganisierte Prinzipien schließen sich keineswegs aus, sondern ergänzen sich permanent in einer Art Kontinuum (vgl. Lang/Rybnikova 2014a, S. 153; Werther 2014, S. 2, 26). Ein Plädoyer für mehr Heterarchie bedeutet also keineswegs das Ende der Hierarchie, sondern eine situative Begrenzung der hierarchischen Entscheidungsbefugnis. In der alltäglichen Führungspraxis werden sich – je nach Aufgabenstellung, Situation und Zeitrahmen – immer neue, hybride Mischungen aus heroischen und postheroischen Aspekten, aus Führung und Selbststeuerung bzw. aus hierarchischen und heterarchischen Anteilen ergeben (vgl. von der Oelsnitz 2017, S. 19; Baecker 2015, S. 2; Kühl 2015, S. 153).

2.3.2 Führung, Selbstorganisation und Eigenverantwortung

Es wurde im Zusammenhang mit Führung und Motivation bereits erläutert, dass mehr Partizipation und Selbstverantwortung auf der Seite der Beschäftigten deren intrinsische Motivation und Arbeitszufriedenheit fördern. Auf der Seite der Organisation verspricht das eigenverantwortliche, agile Arbeiten mehr Kreativität, Flexibilität und mitunter auch ein höheres Tempo in der Umsetzung (vgl. auch Domke 2020, S. 26).

Selbstorganisation braucht als *Gegengewicht* allerdings eine *Führung,* die den Rahmen absteckt, Orientierung bietet und durch klare Impulse auf die Entwicklung von gemeinsamen Zielen, Regeln, Erfolgskriterien und möglichen Maßnahmen hinwirkt. Das Vertrauen der Mitarbeitenden in ihr eigenständiges Handeln, ihre Initiativbereitschaft und ihr eigenes Urteilsvermögen kann durch einen Vertrauensvorschuss seitens der Führungskraft gesteigert werden. Dies schließt aber nicht aus, dass die Führungsperson an passender Stelle ihr Fachwissen, ihre Erfahrung und die Rückkopplung zu den eigenen Erfolgskriterien mit einbringt (vgl. Domke 2020, S. 29).

Damit Mitarbeiter ihren Aufgaben selbstverantwortlich und motiviert nachgehen können, ist vonseiten der Führungskraft erforderlich: Schaffung von

Strukturen und Klärung der Zuständigkeiten, Zuweisung von geeigneten Aufgaben und Arbeitsinhalten, Bereitstellung von passenden Ressourcen, dialogische Kommunikation auf Augenhöhe, die Einhaltung von Verabredungen sowie Vertrauen, Unterstützung und Respekt (vgl. Hausmann 2019a, S. 35). Auch bei *selbstorganisierten* Arbeitsweisen kann und soll die Führung *ihre Einflusspotenziale nicht völlig aus der Hand geben,* denn sie ist nicht nur Ermöglicherin und Entwicklerin im Rahmen einer ‚Augenhöhe-Kultur', sondern hat in letzter Konsequenz auch die Arbeitsleistungen und die Erreichung der vereinbarten Ziele zu beurteilen. Ein Leugnen dieser Doppelrolle wäre Augenwischerei (vgl. auch Domke 2020, S. 30).

Führung im Rahmen von Selbstorganisation unterliegt dem Paradox, dass einerseits *weniger Führung* nötig ist, da die Führungskraft sich im täglichen operativen Geschehen entbehrlich macht, es aber andererseits *mehr Führung* braucht, da eine selbst verantwortete Arbeitsweise nicht nur Orientierung, sondern auch psychologische Sicherheit erfordert. Die Führungskraft sollte daher für eine Atmosphäre sorgen, die es den Mitarbeitenden leichter macht, sich einzubringen, offen die eigene Meinung zu äußern, Fragen zu stellen, Risiken abzuwägen sowie nicht nur Fehler zu machen, sondern diese auch zuzugeben. Dazu gehört neben der Etablierung einer Fehlerkultur auch die Stärkung der sozialen Beziehungen (vgl. Domke 2020, S. 31 f).

Selbstorganisation zieht allerdings aufseiten der Mitarbeiter auch *mehr Verantwortung* nach sich und zwar im Hinblick auf ein hohes Maß an Engagement und Durchhaltevermögen, auf eine gewissenhafte Erledigung der vereinbarten Aufgaben sowie auf den Mut zum Risiko einschließlich der Gefahr des Scheiterns. Genau diese Kehrseite der Selbstorganisation kann – je nach Arbeitsgebiet oder Mitarbeitertyp – für manche Mitarbeiter eine Überforderung darstellen, so dass diese Mitarbeiter für klare Vorgaben dankbar zu sein scheinen.

Allerdings kann die Scheu vor mehr Verantwortung auch darauf zurückzuführen sein, dass die Führungskraft (z. B. mangels Erfahrung mit selbstorganisierten Arbeitsweisen) unbewusst falsche Signale sendet oder die Rahmenbedingungen nicht hinreichend gestaltet. Daher sollten Führungskräfte Einladungen zur Mitgestaltung klar kommunizieren. Die Einführung von mehr Mitverantwortung und Selbstorganisation bedeutet nicht selten einen Kulturwandel und kann daher vor allem gelingen, wenn die Führung selbst vom Sinn kollektiver Arbeitsweisen überzeugt ist und gegenüber den Mitarbeitenden unmissverständlich deutlich macht , dass diese ausdrücklich erwünscht sind.

So urteilt dann auch Daniel Pinnow: „Es kann passieren, dass Mitarbeiter Wahlfreiheit und Verantwortung ablehnen, weil sie nicht bereit sind, den Preis (…) des Scheiterns zu zahlen (…). Dann ist es an der Führungskraft, die Entscheidung abzulehnen und dem Mitarbeiter zurückzugeben, denn sonst macht sie dessen Job (…). Eine Führungskraft muss ihre Mitarbeiter auffordern, ihre Abhängigkeit aufzugeben (…). (Ihre) Kernkompetenz ist es, jemanden einzuladen, seine eigenständigen Fähigkeiten zu (re-)aktivieren. Dabei dürfen und müssen dem Mitarbeiter Fehler passieren. Ohne Fehler gibt es keine Entwicklung" (Pinnow 2008, S. 144). Allerdings sollte bei der Etablierung selbstorganisierter Arbeitsweisen je nach Arbeitsbereich, Aufgabenstellung, Bereitschaft und Persönlichkeit der infrage kommenden Mitarbeitenden unterschieden werden. Grundsätzlich muss die Führungsseite bei selbstorganisierten Arbeitsprozessen aber bereit sein, Umwege sowie nicht zufriedenstellende Ergebnisse (zumindest vorübergehend) auszuhalten.

Auch *Selbstorganisation* benötigt *Führung,* die Akzente setzt und auf Zielsetzungen hinwirkt sowie parallel die Mitarbeitenden immer wieder zur Mitwirkung einlädt (vgl. Gloger/Rösner 2017, S. 46). In Organisationen, die mehr Selbststeuerung ermöglichen wollen, muss man sich aber als Führungskraft immer der Gefahr bewusst sein, dass vorschnell nach dem Entscheider gerufen wird oder dieser von sich aus zu früh eingreift. Darum ist es für die Führungsebene unverzichtbar, sich in Zurückhaltung zu üben und verantwortungsvoll mit der eigenen Machtposition und der Asymmetrie der Beziehungen umzugehen (vgl. Gloger/Rösner 2017, S. 38 f). Auch in selbstorganisierten Arbeitsprozessen kommt man also nicht ganz ohne Hierarchie und Führung aus. Daher kann es nur um ein Ineinandergreifen gehen von *heterarchischen* Arbeitsweisen (z. B. in bereichsbezogenen sowie bereichs- oder hierarchieübergreifenden Teams) und formal-*hierarchischen* Entscheidungen (z. B. im Hinblick auf die Bereitstellung von Ressourcen). Diese paradox anmutende Konstellation wird von Stefan Kühl nicht ohne Ironie auch als fremd organisierte Selbstorganisation, geführte Selbststeuerung oder zentralistische Dezentralisierung bezeichnet (vgl. Kühl 2015, S. 153).

2.3.3 Hierarchie und Heterarchie im Theaterbetrieb

In vielen Kulturinstitutionen – und dies gilt in besonderem Maße für den Theaterbetrieb – wird nach wie vor sehr hierarchisch gedacht und gearbeitet. Das heißt, Arbeitsaufträge werden vor allem dann akzeptiert, wenn sie von der nächsthöheren Person im Organigramm stammen (vgl. Schlicht 2020, S. 13).

Theater ist dem Wesen nach eine kollektive Kunstform. Das heißt, dem Theater ist die Hierarchie (sei sie nun *formal*-dauerhaft oder *informell*-temporär) in gewisser Weise inhärent und dies gilt besonders für den Theaterbetrieb. Dies ist vor allem darauf zurückführen, dass Konzeption, Produktion und Postproduktion in einem großen manufakturartigen Betrieb erbracht werden, in dem viele Instanzen, Abteilungen, Gewerke und Beschäftigte (von knapp 100 bis weit über 1000 Personen) an der Erstellung direkt oder indirekt beteiligt sind. Diese hoch komplexen, arbeitsteiligen Produktionsabläufe erfordern häufig bündelnde und entscheidende Instanzen (auf der Ebene der Abteilungsleitungen, der Spartenleitungen, der Intendanz oder auch der Regie). Dies gilt zumindest dann, wenn rasche Entscheidungen getroffen werden müssen oder im Konfliktfall, wenn sich Personen oder Abteilungen nicht einigen können (vgl. F. B. Simon 2007, S. 93) und dies gilt bedingt – zumindest in der Schlussphase – auch für das Kerngeschehen des künstlerischen Proben- und Inszenierungsprozesses.

Auch in Theaterbetrieben ist Hierarchie daher einerseits ein nicht hintergehbarer Steuerungsmechanismus. Andererseits aber kann das *formal*-hierarchische Führungsprinzip durch heterarchische, *informell*-hierarchische Arbeits-, Beratungs- und Entscheidungsprozesse ergänzt werden, nämlich dann, wenn genügend zeitlicher Spielraum vorhanden ist, wenn eine mehrperspektivisch abgewogene Entscheidung Sinn macht oder wenn es schlichtweg darum geht, Mitarbeiter stärker zu beteiligen. Genau deshalb wird aktuell im Rahmen der Stadttheaterdebatte engagiert darum gestritten, ob und inwieweit nicht die Ensemblevertretungen stärker in die Entscheidungsprozesse zu Stückauswahl, Spielplangestaltung, Besetzungslisten, Auswahl von Gästen sowie beim Verfahren zur Intendantenberufung einbezogen werden müssen. Das Theater der Zukunft soll daher aus Sicht des Ensemblenetzwerks – zumindest temporär – mit Teams auf allen Ebenen arbeiten, die gemeinsam beraten und auf Mehrheitsbasis entscheiden (vgl. Schmidt 2018a, S. 3–5). Auch im Theaterbetrieb geht es also darum, das Verhältnis von Hierarchie und Heterarchie neu auszutarieren. Wenn nämlich Leitungsentscheidungen ausschließlich über den Hebel der Hierarchie getroffen werden, würde die hohe intrinsische Motivation der Mitarbeitenden – die es zu aktivieren und lebendig zu halten gilt – stark beeinträchtigt. Daher wird eine Projekt- und Arbeitsorganisation, bei der temporär Führungsaufgaben verteilt werden, als wesentlich geeigneterer Ansatz betrachtet (vgl. Schlicht 2020, S. 13).

Am Rande der Reformdebatte zum bundesdeutschen Theater geht es aber auch um eine Neuvermessung der Schauspielerrolle im Sinne des souveränen, aktiv mitgestaltenden Schauspielers, der nicht mehr nur der bloße Erfüllungsgehilfe einer hierarchisch agierenden Regie sein soll. So mahnte der Pollesch- und Tatortstar Fabian Hinrichs sowie Schauspieler des Jahres 2020 bereits beim Berliner Theatertreffen 2018 in seiner Laudatio auf den Kerr-Preisträger Benny Claessens: Die wichtigste Frage für Schauspieler im 21. Jahrhundert sei: „Bist Du Künstler oder arbeitest Du im Service?" Der künstlerische Schauspieler von heute sei oft nur noch ein bedauernswerter „Dar-Steller (…), Dar-Geher und Dar-Steher (…), (ein) entfremdetes, austauschbares Servicepersonal" (Fabian Hinrichs, Rede über die Schauspielkunst Mai 2018, in: Nachtkritik vom 21.05.2018; Jahrbuch Theater heute 2020, S. 84–87).

Allerdings gilt für alle Bereiche und alle Ebenen des Theaterbetriebs: Mitgestaltung und Eigenverantwortung in (künstlerischen) Teams bedeutet im Gegenzug die Übernahme von *Verantwortung* im Hinblick auf die vereinbarten Ziele, auf eine gewissenhafte Umsetzung der übernommenen Aufgaben und den Mut zum Risiko. Und auch im Theater braucht *Selbstorganisation* als Komplementär immer wieder eine *Führung,* die die Ziele mitdefiniert, die Rahmenbedingungen festlegt, die zeitlichen, personellen und finanziellen Ressourcen bereitstellt und am Ende die Ergebnisse beurteilt.

2.4 Theoriemodelle von Führung

2.4.1 Klassische und neuere Führungstheorien

Führungstheorien befassen sich im Kern mit der Frage, von welchen Faktoren der Erfolg von Führung abhängt. Bei den klassischen Theorieansätzen können vier Strömungen unterschieden werden: die *eigenschaftsorientierte* Perspektive, die *verhaltensorientierte* Perspektive, die *situationsorientierte* Perspektive und die *interaktionsorientierte* Perspektive.

Die *eigenschaftsorientierten* Theorien identifizieren Persönlichkeitsmerkmale der Führungspersonen als zentrale Einflussgröße für den Führungserfolg und fragen danach, welche persönlichen, quasi angeborenen, dauerhaft wirksamen und situationsunabhängigen Eigenschaften eine erfolgreiche Führungsperson charakterisieren. Die *verhaltensorientierten* Ansätze untersuchen, welche (erlernbaren) typischen Verhaltensweisen und Führungsstile eine erfolgreiche Führungsperson auszeichnen. Die *situativen* Ansätze gehen davon aus, dass der Erfolg bestimmter Eigenschaften oder Verhaltensweisen immer von der Situation abhängig ist: Sie untersuchen daher die Frage, wie Führungskräfte ihr Führungsverhalten situationsadäquat ausrichten können. Und die *interaktionsbezogenen* Modelle begreifen Führung als wechselseitiges Interaktionsgeschehen und räumen den Geführten einen größeren Einfluss ein.

Eigenschaftsorientierte Theorien
Die *eigenschaftsorientierten* Theorien unterstellen, dass konstante Persönlichkeitsmerkmale erfolgreiches Führungshandeln garantieren wie beispielsweise

Intelligenz, Eloquenz, Selbstbewusstsein, Charisma, Durchsetzungsvermögen, Extraversion, Offenheit, Empathie, kommunikative Kompetenzen, Konfliktlösungs-, Problemlösungs- und Entscheidungsfähigkeit, Zuverlässigkeit, Gewissenhaftigkeit, Verantwortungsbewusstsein, Belastbarkeit oder Intuition (vgl. Hausmann 2019a, S. 11). Zu den bedeutenden Ansätzen, die davon ausgehen, dass der Führungserfolg von der *Persönlichkeit* der Führungsperson abhängt, gehören das bereits an anderer Stelle vorgestellte Fünf-Faktoren-Modell (die sogenannten ‚Big Five') sowie die Theorien der *charismatischen* und *transformationalen Führung.*

Charismatische Führung
In der bereits ausführlich vorgestellten Theorie der *charismatischen Führung* werden das Charisma der Führungspersonen, also ihre Ausstrahlung sowie ihre außeralltäglichen Eigenschaften als ausschlaggebend für erfolgreiche Führung betrachtet (siehe im Kapitel zur Führungspersönlichkeit). Dabei ist allerdings Voraussetzung, dass die *Geführten* die Führungsperson als herausragend erleben und ihr dieses Charisma tatsächlich auch *zuschreiben* (vgl. Nerdinger et al. 2008, S. 91; Stock-Homburg 2010, S. 483 f). Charismatische Personen üben eine augenfällige Wirkung auf andere aus. Sie besitzen ein ausgeprägtes Motiv, andere zu beeinflussen und zeichnen sich idealiter aus durch strikte eigene Überzeugungen und Werte, eine enthusiasmierende Vision und besondere Vorstellungskraft, starkes Selbstvertrauen sowie ausgeprägtes Vertrauen in und zugleich hohe Erwartungen an die geführten Mitarbeiter. Dem entsprechen auf der Mitarbeiterseite Motivation, Commitment, Bereitschaft zu Extraleistungen und Vertrauen gegenüber der Führungsperson (vgl. auch Stock-Homburg 2010, S. 483 f).

Mit dem nicht dauerhaft, sondern nur temporär zugeschriebenen Charisma sind aber auch große *Risiken* verbunden, die sich aufseiten der *Führenden* äußern können in Selbstüberschätzung, Realitätsverlust, mangelndem Einfühlungsvermögen, ausgeprägtem Egoismus bzw. Narzissmus sowie im Hang zum Machtmissbrauch. Aufseiten der *Geführten* liegen die Risiken in steigender Abhängigkeit, unkritischer Haltung gegenüber der Führungsperson und nachlassender Eigeninitiative. Charismatische Persönlichkeiten können zwar mit dazu beitragen, grundlegende Veränderungen in Organisationen motiviert anzugehen und dabei außergewöhnliche Erfolge erzielen. Andererseits laufen sie aber Gefahr, Misserfolge zu produzieren oder sogar die von ihnen Geführten und die Organisation ins Unglück zu stürzen. All dies unterstreicht die *Grenzen* dieses *personen-* und *leitungsfokussierten* Ansatzes. und macht deutlich, dass Charisma *keine stabile* Grundlage von *Führung* sein kann. Organisationen können nicht dauerhaft mittels Charisma geführt werden. Charismatische Führung geht oft über die Geführten hinweg und muss daher in jedem Fall mit ethischen Prinzipien eingehegt werden (vgl. auch Nerdinger et al. 2008, S. 91 und Stock-Homburg 2010, S. 484).

Transaktionale, transformationale und relationale Führung
Während *transformationale Führung* eine Weiterentwicklung des charismatischen Führungsansatzes darstellt, kann *transaktionale* Führung als Grundlage des täglichen *Management*handelns betrachtet werden. *Transaktionale* Führung basiert auf dem lerntheoretischen Prinzip der bedingten Verstärkung und beinhaltet den *rationalen Austauschprozess* innerhalb eines hierarchischen Verhältnisses. Das Ziel der Verstärkung besteht darin, durch bestimmte Belohnungen erwünschte Mitarbeiterleistungen zu bewirken (vgl. Stock-Homburg 2010, S. 487). Die transaktional Führenden vereinbaren Ziele und kontrollieren einzelne Schritte sowie mögliche Ergebnisse durch aktives oder auch passiv-zurückhaltendes ‚Management by exception'. Die Geführten erhalten im Gegenzug für ihre *Leistung* entsprechende *Gegenleistungen* in materieller oder immaterieller Form (wie mehr Entgelt, Mehrstundenausgleich, Aufstieg, mehr Eigenverantwortung oder Anerkennung) und auch ein gewisses Maß an Stabilität und Sicherheit. Zielerreichung wird belohnt, Zielverfehlung sanktioniert. Dies soll garantieren, dass der Mitarbeiter im Rahmen der Vereinbarungen agiert (vgl. Nerdinger et al. 2008, S. 94). Ein typisches Beispiel für *transaktionale* Führung ist das Modell der Zielvereinbarung im Rahmen des jährlichen Mitarbeitergesprächs (vgl. Walenta/ Kirchler 2011, S. 478 f). Bei der *transaktionalen* Führung liegt die Entscheidungsbefugnis ganz in der Hand der Führungsperson, so dass es kaum Freiräume für Selbstorganisation und Mitgestaltung gibt

Angesichts der sich rasch verändernden Umweltbedingungen und des damit verbundenen Komplexitätsdrucks wird es allerdings zunehmend wichtiger, dass Führungskräfte der Mitarbeiterschaft nicht nur Ziele, Aufgaben und Rahmenbedingungen vorgeben, sondern vor allem einen *Sinn* in ihrer Arbeit vermitteln. Genau hier setzt der *transformationale* Führungsansatz an, der als eine revidierte Neuauflage und Erweiterung des *leitungszentriert-charismatischen* Führungsmodells verstanden werden kann und sich dadurch auch in direkter Nähe zum *Leadership*-Ansatz weiß.

Transformational Führende setzen (im Gegensatz zur transaktionalen Führung) auf *Emotionen*. Sie wollen die Mitarbeiter *verändern,* ihre Werte und Ziele im Kern *beeinflussen,* sie (neu) *motivieren* und sie zu *herausragenden Leistungen* stimulieren. Transformational Führende sind von ihren eigenen Werten, Visionen und Ideen absolut überzeugt. Sie wollen das Bestehende *verändern,* die gewohnten Bahnen verlassen und den Geführten einen neuen *Sinn* geben (vgl. Blessin/Wick 2014, S. 119). Dies korrespondiert auf Mitarbeiterseite idealiter mit ausgeprägter Identifikation, gesteigerter Begeisterung und höheren Leistungen aufgrund von Extra-Anstrengungen.

Transformationale Führung manifestiert sich im Idealfall auf der Seite der Führenden in charismatischer Vorbildfunktion und Wertevermittlung (die aufseiten der Geführten Bewunderung, Vertrauen und Identifikation hervorrufen kann), in Inspiration und Motivation durch Enthusiasmus und Optimismus sowie in einer herausfordernden, sinnstiftenden Vision, die bei den Mitarbeitenden den Willen zur Zielerreichung steigern soll. Letztlich soll transformationales Führen die Mitarbeiter mental verändern und dazu verleiten, durch verstärkte *Identifikation mit der Organisation, deren Erfolg als intrinsische Belohnung* wahrzunehmen und dadurch zu *besonderer* Anstrengung und Leistung bereit zu sein (vgl. Stock-Homburg 2010, S. 487 f; Nerdinger et al. 2008, S. 95; Kanning 2012, S. 253)

Transformationale Führung zielt also auf eine tiefgehende Transformation (um nicht zu sagen *Manipulation*) der Mitarbeitenden, nämlich darauf, sie zu Leistungen jenseits des Erwarteten anzuspornen, ihre Aufmerksamkeit auf die für das Unternehmen wichtigen Belange zu richten und sie zu bestärken, sich über die Verfolgung ihrer individuellen Interessen hinaus für das Wohl der Organisation einzusetzen. An die Stelle kurzfristiger materieller Ziele treten langfristige, übergeordnete Werte und Ideale (vgl. Felfe 2015, S. 39 f; Pundt/ Nerdinger 2012, S. 31 f; Lang 2014c, S. 102). Transformationale Führung beruht auf vier Dimensionen:

a) *Idealisierte Einflussnahme (Charisma)* beinhaltet, dass die Führungskraft sich den Respekt der Mitarbeiter verdient, indem sie sich vorbildlich und glaubwürdig verhält. Die Führenden orientieren sich bei ihren Entscheidungen an moralischen Grundprinzipien, setzen sich für die Werte des Unternehmens ein und stellen die eigenen Interessen zurück, wenn es um die Erreichung der Unternehmensziele geht.

b) Durch *Inspiration* vermitteln die Führungskräfte den Mitarbeitern attraktive Ziele und Visionen, können sie damit von der Sinnhaftigkeit der Arbeit überzeugen sowie ihre Begeisterung und Motivation wecken, zum Wohl der Organisation beizutragen.

c) Mittels *intellektueller Stimulation* regen die Führungskräfte ihre Mitarbeiter zu unabhängigem Denken an und dazu, Problemstellungen neu zu betrachten. Die Führungskräfte ermuntern die Geführten zum Hinterfragen altbewährter Lösungen und tradierter Vorgehensweisen und bestärken sie, neue Wege bei der Arbeitsbewältigung einzuschlagen, ohne sich über mögliche Fehler Gedanken zu machen. Dies bestärkt die Mitarbeiter darin, unbefriedigende

Zustände oder Abläufe nicht einfach hinzunehmen, sondern aktiv zur Verbesserung beizutragen.

d) *Individuelle Berücksichtigung und Wertschätzung:* Jeder Mitarbeiter wird mit seinen persönlichen Bedürfnissen, Stärken und Entwicklungsmöglichkeiten gesehen und entsprechend gefördert. Die Führungskraft agiert als Mentor für die Mitarbeiter, nimmt die individuellen Bedürfnisse nach Selbstverwirklichung und Wachstum ernst und unterstützt sie Geführten durch gezielte Personalentwicklung sowie durch die Delegation von Aufgaben, an denen sie wachsen und ihre Kompetenzen weiter ausbauen können (vgl. Pundt/Nerdinger 2012, S. 32; Hardt-Gawron/Hermann 2015, S. 278; vgl. Schreyögg/Koch 2010, S. 277; Nerdinger et al. 2008, S. 95; Stock-Homburg 2010, S. 487 f).

Das Modell der *transformationalen Führung* erweitert somit den charismatischen Führungsansatz – der sich auf den *Eigenbezug* der Führenden beschränkt – indem er eine stärker *organisationsbezogene* Sicht bei Werten, Visionen und Zielen einnimmt und sich auch den Geführten und der Berücksichtigung ihrer Interessen zuwendet. Damit gelingt der transformationalen Führung bedingt eine ‚Zähmung' charismatischer Modelle (vgl. Lang 2014c, S. 102 ff). Die positiven Wirkungen der transformationalen Führung auf die Leistung von Organisationen sind unbestritten, da sie eine erhöhte Motivation und damit verbundene Goodwill-Leistungen, die über die Erwartung hinausgehen, evozieren (können). Transformationale Führungskräfte können zudem idealiter eine wichtige Symbolfunktion im Rahmen von Veränderungsprozessen übernehmen, da sie diese quasi verkörpern.

Allerdings sind die *personenfokussierte Verengung* auf die Leitung sowie die *ethisch* durchaus *fragwürdigen, manipulativen* Tendenzen dieses Ansatzes nicht zu übersehen. Er läuft Gefahr, der Hybris und Allmachtsfantasien an heim zu fallen und zwar dahin gehend, die Mitarbeiter nach Gutdünken transformieren zu können. Eine weitere Gefahr besteht darin, dass die führungszentrierte Sicht die Positionsmacht stärker untermauert. Dadurch könnten egoistische oder narzisstische Interessen der Führungsperson gegenüber den Zielen der Organisation in den Vordergrund rücken und ein Missbrauch der eigenen Machtposition begünstigt werden.

Im sogenannten *Full Range-Model of Leadership* (vgl. Stock-Homburg 2010, S. 487 f und Nerdinger et al. 2008, S. 95) wird der primär emotional agierende, *transformationale* Führungsstil mit dem klassisch-rationalen, *transaktionalen* Führungsstil kombiniert und so eine *Integration von Management* und *Leadership,* von operativer und normativ-strategischer Führung angestrebt. Dieses transaktional-transformative Full Range-Modell erfreute sich in den beiden letzten Jahrzehnten großer Beliebtheit (Abb. 2.11). Es galt lange als ‚State of the art', bevor es allmählich durch weniger hierarchisch konstruierte, systemisch-postheroische und relationale Führungstheorien abgelöst wurde

Die Ansätze der *charismatischen* Führung, der *transformationalen* Führung sowie der klassische *Leadership*-Ansatz konvergieren darin, dass sie die komplexe Führungssituation *simplifizieren,* indem der Blick einseitig auf die *Führungskraft,* ihre hierarchische Position und auf ihre besonderen persönlichen Fähigkeiten, Einstellungen und Verhaltensweisen *verengt* wird. Die Einflussnahme der Mitarbeitenden, die Führung ,von unten' und auch die situativen Bedingungen werden ausgeblendet. Die *personenenzentrierte, emotionale* Grundierung aller drei Ansätze birgt die Gefahr der *Selbstüberschätzung* der Führungskraft. Sie erfordert zudem ein besonderes Verantwortungsgefühl sowie die Einhaltung hoher *ethischer* Maßstäbe aufseiten der Führenden, damit das Führungsgeschehen nicht in *Manipulation* und *Entmündigung* endet.

Gegenüber dem klassisch-transformationalen Leadership-Ansatz führen *neuere, relationale* Leadership-Modelle *weg* von der *leitungsfokussierten Perspektive.* Sie rücken die *Qualität der Beziehung* zwischen Führung und Geführten ins Zentrum. *Relationales* Leadership zielt auf netzwerkartige, geteilte

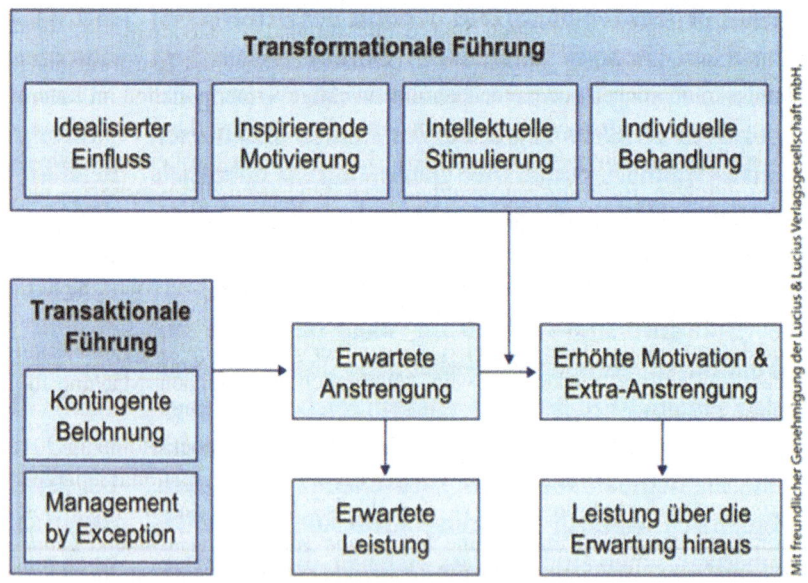

Abb. 2.11 Das Full Range-Model der transaktional-transformationalen Führung. (Quelle: Nerdinger et al. 2008, S. 95 (Springer))

und kollektive Arbeitsweisen (vgl. Weibler 2016, S. 613). Die Arbeitserfolge werden als Resultat eines *Gruppenprozesses* verstanden und nicht als Ergebnis einer einseitigen Gefolgschaft. Auch beziehungsorientierte Führungspersönlichkeiten inspirieren und motivieren, aber falls Charisma eine Rolle spielt, wirkt dieses eher im Hintergrund. Relationales Leadership kann als ‚stille‘ oder ‚dienende‘ Führung *(Servant Leadership)* bezeichnet werden, bei der nicht die Interessen der Führenden, sondern die der Organisation an erster Stelle stehen (vgl. Hewison/Holden 2011, S. 31 f). *Relationale* Führung betont somit die gegenseitige Einflussnahme im Führungsgeschehen, die Qualität der Arbeitsbeziehungen und die Offenheit für Innovation durch die Beteiligung vieler Sichtweisen. Die *Kehrseite* zeigt sich in der mitunter zeitraubenden Konsensfindung, die rasche Entscheidungen verhindert und in der Überbetonung des Zusammenhalts, der zu einer Überkonzentration auf die interne Kooperation und zu einer Abschottung gegenüber der Organisationsumwelt führen kann.

Übersicht 3: Management, Klassisches Leadership und Neues Leadership

	Management	Klassisches Leadership	Neues Leadership (systemische Sicht)
Führungsstil	**transaktional**	**transformational**	**relational**
Modus	rational	emotional	sozial
Struktur	hierarchisch	heroisch-hierarchisch	postheroisch-heterarchisch
Führung	vertikal	vertikal	geteilt
Perspektive	Zentriert auf Führungsperson	Zentriert auf Führungsperson	zentriert auf Arbeitsbeziehung/Team
Vorteile	Stabilität und Sicherheit	Innovation und Veränderung	Qualität der Beziehungen Offenheit für Innovation
Nachteile	Wenig Freiräume Wenig Mitgestaltung	Entmündigung und Abhängigkeit der Geführten	aufwendige Konsensfindung Keine rasche Entscheidung
Gefahren	zu viel Kontrolle Stagnation	Selbstüberschätzung/ Egoismus (Führungsebene) Machtmissbrauch Gefährdung v. Mitarbeitern und Organisation	Überbetonung des Zusammenhalts sowie Abschottung nach außen

Systemisch-postheroische Denkmodelle, die die gegenseitige Einflussnahme von Führenden und Geführten, die *relationale* Dimension und die Teilung von

Führung betonen, stellen daher eine bedeutsame Ergänzung des letztlich immer
noch hierarchisch geprägten, transaktional-transformationalen Führungsmodells
dar. In den neueren, systemischen Ansätzen wird die Entscheidungsbefugnis
innerhalb der Organisation stärker diffundiert und dabei sowohl auf ein Team an
der Spitze als auch (situativ und temporär) auf nachgeordnete Teams übertragen.
In der alltäglichen Führungspraxis sollte es um die jeweils adäquate *Balance* von
transaktionalem, transformationalen und *relationalem Führungsstil* gehen und
somit auch um ein jeweils angemessenes Verhältnis von rationalen, emotionalen
und sozialen Führungsaspekten. Sowohl die Theorie der transformational-
charismatischen Führung als auch das Fünf-Faktoren-Modell verdeutlichen,
dass die Persönlichkeit durchaus moderaten Einfluss auf den Führungserfolg
haben kann. Allerdings ist dieser nicht allein darüber zu erklären, sondern hier
muss zusätzlich das *Verhalten* der Führungsperson, die Führungs*situation* als
solche und vor allem die *Interaktion* zwischen Führenden und Geführten in die
Betrachtung einbezogen werden – wie in den nachfolgenden Kapiteln erläutert
wird.

Verhaltensorientierte Führungstheorien
Verhaltensorientierte Führungstheorien gehen davon aus, dass sich Führungskräfte in verschiedensten Situationen und über einen längeren Zeitraum
hinweg nach einem konstanten Muster verhalten, in dem sich eine bestimmte
Grundhaltung zeigt. Die ersten, sogenannten eindimensionalen Verhaltens-
modelle befassten sich mit dem Gegensatzpaar von *autoritärer* und *demokratischer* Führung. So haben Kurt Lewin, Ronald Lippitt und Ralph K. White
(1939) in ihren klassischen Laborexperimenten die Auswirkungen der verschiedenen Führungsstile auf das Gruppenverhalten untersucht. Danach führte
demokratisches Führungsverhalten nicht nur zu positiveren Einstellungen der
Gruppenmitglieder gegenüber der Führungsperson, sondern auch zu höherer
Beständigkeit, Qualität und Originalität in der Arbeit, während in den autoritär geführten Gruppen nur quantitativ eine etwas höhere Leistung verzeichnet
wurde. Allerdings wurde hier die Tätigkeit abrupt eingestellt, wenn die Leitung
den Gruppenraum verließ (vgl. Steinmann/Schreyögg 2005, S. 653). Schon
diese frühen Studien unterstreichen die Handlungsspielräume der Führungskraft, wenn auch die Differenzierung von demokratischer, autoritärer und laissez
faire-Führung als noch zu grobkörnig erscheint (vgl. auch von der Oelsnitz 2017,
S. 72 ff).
　　Feinere Abstufungen im Verhaltensspektrum enthält das ebenfalls noch ein-
dimensional ausgelegte Führungskontinuum von Robert Tannenbaum und Warren

H. Schmidt (1958) mit insgesamt sieben Varianten des Führungsverhaltens. Sie differenzierten dieses nach dem Grad der Einbeziehung der Mitarbeiter in die Entscheidungsfindung und unterschieden sieben idealtypische Verhaltensweisen, nämlich autoritär, patriarchalisch, informativ, beratend, kooperativ, partizipativ oder demokratisch (vgl. Schreyögg/Koch 2010, S. 275). Bereits Tannenbaum und Schmidt hatten die Komplexität der Führungssituation im Blick. Sie wiesen darauf hin, dass keiner der sieben Führungsstile durchgängig zu bevorzugen sei, sondern jeweils situationsabhängig ausgewählt werden müsse und zwar in Orientierung an Faktoren, die die Leitung, die Mitarbeiter und die Situation berücksichtigen.

Die nachfolgenden *verhaltensorientierten* Theorieansätze mit *zwei-dimensionaler* Ausrichtung überwanden den heute etwas antiquiert erscheinenden Gegensatz von autoritär versus demokratisch. Sie konturierten den heute immer noch aktuellen Dualismus zwischen *Leistungs-, Aufgaben-* oder *Unternehmens-orientierung* auf der einen und der *Mitarbeiterorientierung* auf der anderen Seite. Ausgangspunkt für diese zweidimensionalen Theorieansätze waren die sogenannten Ohio-Studien im Jahr 1957 (vgl. Stock-Homburg 2010, S. 507). Im Rahmen dieser Studien an der Ohio State University wurden zuallererst zwei Hauptdimensionen des Führungsverhaltens identifiziert: Die *Leistungs- oder Aufgabenorientierung* beinhaltete die sachliche Ebene der Führung, die Setzung klarer Ziele sowie die Bewertung des Grades der Zielerreichung. Im Gegensatz dazu umfasste *Mitarbeiterorientierung* die Betonung zwischenmenschlicher Aspekte wie gegenseitiges Vertrauen, Respekt und Wertschätzung, Rücksicht-nahme auf die Belange der Mitarbeiterschaft sowie Pflege guter zwischenmensch-licher Beziehungen (vgl. ebd. S.507 f).

Durch die Kombination dieser beiden Dimensionen wurden vier grundlegende Führungsstile herausgearbeitet:

1. Der *autoritäre* Führungsstil, der beispielsweise in militärischen Organisationen zu finden ist, bei dem die Leistungsorientierung stark, aber die Mitarbeiter-orientierung schwach ausgeprägt ist und bei dem die Ziele weitestgehend ohne Einbindung der Nachgeordneten festgelegt werden.
2. *Der bürokratische* Führungsstil, der vor allem in Behörden und Großunternehmen anzutreffen ist, bei dem sowohl Leistungs- als auch Mit-arbeiterorientierung schwach ausgeprägt sind und der sich auszeichnet durch ein unpersönliches Klima sowie eine ausgeprägte Strukturierung und Reglementierung der Verhaltensweisen.

3. Der *beziehungsorientierte* Führungsstil, der oft in kleineren und mittelständischen Unternehmen praktiziert wird, bei dem die Mitarbeiterorientierung im Sinne des persönlichen Wohlergehens der Mitarbeiterschaft
   zentrale Bedeutung hat und die Erreichung von Leistungszielen tendenziell der
   Wahrung eines guten Arbeitsklimas untergeordnet wird.
4. Der *kooperative* Führungsstil, bei dem sich die Führungsperson auf beide
   Dimensionen gleichermaßen konzentriert und bei dem Zielsetzungen und
   Maßnahmen gemeinsam vereinbart werden. Empirische Studien konnten
   zeigen, dass dieser Führungsstil langfristig der erfolgreichste ist (vgl. Stock
   Homburg 2010, S. 508 f).

Auch andere zweidimensionale und verhaltensorientierte Führungsmodelle
wie das simplifizierende aber im Trainingssektor extrem erfolgreiche Grid-
Verhaltensgitter-Modell nach Blake/Mouton (1979) orientierten sich am Gegensatz zwischen Leistungs-/Produktionsorientierung sowie Mitarbeiterorientierung.
Blake/Mouton kombinierten die beiden Dimensionen zu einem Modell von insgesamt fünf verschiedenen Führungsstilen (vgl. Steinmann/Schreyögg 2005,
S. 662 f). Als erstrebenswerteste (aber zugleich utopische) Variante gilt der
sogenannte 9.9-Führungsstil, bei dem hohes Leistungsstreben gleichzeitig
kombiniert wird mit strikter Berücksichtigung der Mitarbeiterbelange. Dies dürfte
jedoch in der Praxis aufgrund des damit verbundenen Grunddilemmas kaum ein-
lösbar sein. Es werden nicht immer Kompromisse möglich sein, sondern man
wird situativ mal den Unternehmenszielen und mal den Mitarbeiterbelangen mehr
den Vorzug geben. Die verhaltensorientierten Führungstheorien haben immerhin
die *Mitarbeiterorientierung* bereits als eine zentrale Dimension herausgestellt,
diese allerdings noch ganz in die Hand der Führungskraft gelegt. Außerdem wird
die *Führungssituation* als solche hier noch nicht berücksichtigt.

Situationsorientierte Theorien

Die *personenbezogenen* wie die *verhaltensbezogenen* Modelle reduzieren
das komplexe Geflecht der Führungssituation auf die Annahme, dass allein
die Persönlichkeit oder das Verhalten der Führungsperson die entscheidende
Determinante im Führungsgeschehen sei. Erst die *situationsorientierten* Theorien
nehmen die *Komplexität der Führungssituation* in den Blick und beziehen auch
Faktoren wie die Fähigkeiten oder Motive der Mitarbeiter mit ein. Diese Ansätze
gehen davon aus, das je nach Situation eher mitarbeiter- oder mehr aufgaben-
orientiert geführt wird bzw. werden soll (vgl. Dillerup/Stoi 2013, S. 644; 648).
    Bei den *situationsorientierten* Führungstheorien fand das *Reifegrad-
Modell* von Paul Hersey und Ken Blanchard (1969) die meiste Beachtung (vgl.

Schreyögg/Koch 2010, S. 282). Die Autoren rückten dabei das Entwicklungs-
stadium der Geführten ins Zentrum. Hier wurden die beiden Dimensionen
Aufgabenorientierung und *Mitarbeiterorientierung zu* vier verschiedenen
Führungsstilen kombiniert, von denen mal der eine und mal eher der andere in
Abhängigkeit vom Reifegrad der Mitarbeiter zur Anwendung kommen soll. Die
Führungskraft sollte sich dabei an der Funktionsreife der Mitarbeiter (Fähig-
keiten, Wissen und Erfahrung) sowie an ihrer psychologischen Reife (Motivation,
Selbstvertrauen, Leistungsorientierung und Verantwortungsbereitschaft)
orientieren und konnte den vier verschiedenen Reifestadien auf folgende Weise
begegnen:

M1:   (Noch) nicht kompetenter und nicht motivierter Mitarbeiter: direktiv
       (‚Telling‘)

M2:   (Noch) nicht kompetenter, aber motivierter Mitarbeiter: strukturierend
       (‚Selling‘)

M3:   Kompetenter aber nicht (mehr) motivierter Mitarbeiter: partizipativ
       (‚Participating‘)

M4:   Sowohl kompetenter als auch motivierter Mitarbeiter: delegierend
       (‚Delegating‘)

Hersey/Blanchard haben immerhin versucht, eine Differenzierung der Mitarbeiter (nach dem Grad ihrer Kompetenzentwicklung und ihrer Motivation)
vorzunehmen, allerdings unabhängig vom Organisationskontext, von der Aufgabenstellung und von der Beziehung zwischen Führung und Geführten. Zudem
ist der Reifegrad des Mitarbeiters schwer zu ermitteln, denn dieser wird von
Aufgabe zu Aufgabe variieren. Nach diesem Modell müsste der Vorgesetzte sein
Führungsverhalten permanent ändern und zwar je nach Mitarbeiter und Aufgabenstellung alle vier Führungsstile nebeneinander praktizieren, was seine Überzeugungskraft schmälern dürfte (vgl. Schreyögg/Koch 2010, S. 282). Immerhin
unterstreichen die verhaltensorientierten wie die situationsbezogenen Führungsmodelle, dass erfolgreiche Führung nicht von angeborenen Eigenschaften
abhängt, sondern das entsprechende *Fähigkeiten erlernbar* sind. Dies bedeutet,
dass im Rahmen von Personalauswahl zwar Führungskräfte mit möglicherweise passenden Eigenschaften und Kompetenzen ausgewählt werden können,
dass dann aber durch Weiterbildung, Training oder Coaching das Führungsverhalten *weiter entwickelt* werden kann.

    Alle genannten personen-, verhaltens- und situationsorientierten Modelle
zeichnet allerdings aus, dass sie den Blick *verengen* auf den *einzelnen Führenden,*

auf den ‚Great Man‘, auf dessen quasi angeborene Fähigkeiten, konstante Verhaltensweisen oder die Fähigkeit, situationsadäquat zu agieren. Wohl und Wehe
von Organisation und Mitarbeiterschaft hängen nach diesen Modellen somit
allein von der einzelnen Führungsperson ab.

Diese Betrachtungsweise ist allerdings mit einer postheroisch-systemischen
Auffassung, die die gesamte Führungssituation sowie die Organisation und ihre
Umwelt mit einbezieht, nicht vereinbar. Erst neuere, *interaktionistische* Modelle
leiteten die nötige Wende zu einem grundlegenden Paradigmenwechsel ein,
denn sie begreifen Führung nun vor allem als *Interaktionsgeschehen* zwischen
Führenden und Geführten (LMX-Theorie) und rückten damit die Perspektive
der *Geführten* sowie ihre *Einflussmöglichkeiten* in den Vordergrund (Implizites
Führungsmodell).

Die interaktionistische LMX-Theorie
Die Leader-Member-Exchange-Theory (LMX) lenkt den Blick auf die *Qualität
der Arbeitsbeziehung,* das heißt die Qualität des sozialen Austausches zwischen
Führenden und Geführten wird als maßgeblich für den Führungserfolg betrachtet
(vgl. Schyns/Knoll 2015, S. 55; Rybnikova 2014b, S. 122 f). Sie basiert darüber
hinaus auf der Beobachtung, dass Führungskräfte kein beständiges, einheitliches
Führungsverhalten an den Tag legen, sondern ihre Arbeitsbeziehungen unterschiedlich gestalten (vgl. Weibler 2016, S. 151).

Die LMX-Theorie unterstreicht: Je höher die *Beziehungsqualität* ist, desto
intensiver ist der Austausch zwischen Führungskraft und Mitarbeiter und desto
höher ist die Motivation des Mitarbeiters, die Führungskraft bei der Erreichung
ihrer Ziele zu unterstützen oder die an sie gestellten Erwartungen zu übertreffen.
Jede einzelne Beziehung zwischen einem Mitarbeiter und seiner Führungskraft
stellt eine *einmalige,* interpersonale Beziehung oder Dyade dar. Da die Qualität
der Austauschbeziehungen sehr unterschiedlich sein kann, sollte die Führungsperson eine *gute Beziehungsqualität* mit möglichst *vielen* Mitarbeitenden
anstreben (vgl. Schyns/Knoll 2015, S. 60 ff).

Es gibt verschiedene Ansätze, eine gute Beziehungsqualität zu beschreiben: In
einem mehrdimensionalen Modell zeichnen sich Arbeitsbeziehungen von hoher
Qualität aus durch den Beitrag (contribution), also die Arbeit beider Seiten an
einem gemeinsamen Ziel, durch Loyalität (loyality), d. h. die gegenseitige Verbundenheit und Unterstützung sowie durch Anziehung (affect), die darin besteht,
dass sich beide Seiten nicht nur fachlich, sondern auch emotional schätzen. Dies
mündet in gegenseitigem Respekt sowie vertrautem, ehrlichen Umgang miteinander (vgl. Schyns/Knoll 2015, S. 56; Stock-Homburg 2010, S. 535). Andere
Erklärungsversuche betonen die langfristige Perspektive in der Arbeitsbeziehung

und die ‚Zurückzahlung' des eigenen Einsatzes auf lange Sicht (vgl. Schyns/
Knoll 2015, S. 57).

Die LMX-Theorie unterscheidet *In-Group*-Mitarbeiter, die eine besonders
gute Interaktionsbeziehung mit ihrer Führungskraft pflegen und daher einen
speziellen Status genießen, sowie die *Middle-* und *Out*-Group. In-Group-Mit-
arbeiter bekommen von der Führungskraft eher anspruchsvolle, wichtige
Aufgaben übertragen. Bei Outgroup-Mitarbeitern finden oft nur formale Interaktionen statt, die aufgrund der Stellenbeschreibung erforderlich sind (vgl. Stock-
Homburg 2010, S. 535 f).

Die *Qualität* der Beziehung kann sich im Sinne eines Leadership-Making
von der rein formalen Beziehung im Laufe von *drei Phasen* qualitativ weiterentwickeln, indem auf die Phase des Fremdseins (Rollenfindung) mit geringem
Austausch die Phase der Bekanntschaft (Rollengestaltung) folgt, bei der der
Austausch über eine rein formale Interaktion hinausgeht. Daran schließt
sich die Phase der Reife (Rollenimplementierung) an, in der die Interaktion
langfristig orientiert und von Loyalität, Respekt und Vertrauen geprägt ist
(vgl. Stock-Homburg 2010, S. 536 f). Greguras und Ford entwickelten 2006 ein
multidimensionales Messinstrument, das die LMX-Dimensionen der Gefühle,
der Loyalität dem anderen gegenüber, der Anerkennung der Kompetenz und der
Leistung erfasst und das als Führungskräfte- und als Mitarbeiterversion vorliegt
(vgl. Rybnikova 2014b, S. 137 f).

Die Qualität der Arbeitsbeziehung ist demnach nicht statisch zu betrachten,
sondern entwickel- und veränderbar. Daher empfehlen die Vertreter der LMX-
Theorie, dass Führungskräfte sich darum bemühen sollten, zu *möglichst vielen*
Mitarbeitern eine *qualitativ hohe* Beziehung aufzubauen. Dies kann von der
Leitungs- wie von der Mitarbeiterseite aus geschehen durch Verständigung über die
gemeinsamen Ziele, gegenseitige Unterstützung sowie häufigere Interaktionen, die
auf dem Vertrauen beruhen, dass die eine Seite den Einsatz der anderen Seite irgendwann belohnen wird. Die Pflege einer guten Beziehungsqualität wirkt sich nachweis-
lich positiv auf Kooperationsbereitschaft, Arbeitszufriedenheit und Commitment der
Geführten aus, vor allem auch dann, wenn es einen Konsens der Teammitglieder
bezüglich eines ähnlich guten LMX-Wertes zwischen der Führungskraft und den
verschiedenen Geführten im Team gibt (vgl. Schyns/Knoll 2015, S. 60 ff).

Gegen die austauschtheoretische Führungssicht lässt sich nach Irma
Rybnikova allerdings einwenden, dass diese das *funktionalistische* Paradigma
weiterhin bedient, also dem Primat der Erforschung einer scheinbar objektiv
gegebenen Welt folgt, und zwar im Hinblick auf die *Messbarkeit* der Qualität einer Führungsbeziehung. Allerdings legen aktuelle Studien nahe, dass
Führungsbeziehungen nicht objektiv erfasst werden können, da es sich immer

um subjektive Wahrnehmungen der Beteiligten handelt. Die Theorie läuft somit
Gefahr, einem *psychologischen Reduktionismus* zu erliegen, bei dem die Interaktion zwischen Führungskraft und Mitarbeiter in den Vordergrund gestellt wird,
allerdings organisationsbezogene Fragen wie Hierarchieunterschiede (die die
Einflussmöglichkeiten der Geführten beschneiden können) oder Machtkämpfe in
einer Abteilung ausgeblendet werden (vgl. Rybnikova 2014b, S. 143 f).

Die LMX-Theorie bietet sich trotz dieser Einwände vor allem zur *Reflexion
der eigenen Führungspraxis* an, denn aus ihrer Sicht hängt der Abteilungs- oder
Organisationserfolg im hohen Maße von der Beziehungsqualität zwischen Mitarbeitern und Vorgesetzten ab. Die Theorie bietet Ansätze, das eigenen Führungsverhalten gegenüber jedem einzelnen Mitarbeiter oder auch gegenüber dem
eigenen Vorgesetzten zu analysieren, und zwar unter der Fragestellung, wie
dieses zustande kam und wo es Konflikte oder Brüche gab. Darüber hinaus
gelingt mit der LMX-Theorie ein entscheidender Paradigmenwechsel, denn sie
überwindet – ähnlich wie das Denkmodell der geteilten Führung – die Einseitigkeit individualistischer Führungskonzepte und verschiebt den Fokus auf eine
relationale Perspektive, die die *Führungsbeziehung* in den Mittelpunkt stellt.

Die interaktionistisch-implizite Führungstheorie
Die implizite Führungstheorie betrachtet Führung ebenfalls als Interaktionsgeschehen und räumt den Geführten starken Einfluss auf den Führungsprozess
ein. Sie basiert auf der Annahme, dass diese eine Vorstellung von idealer Führung
haben, die sie mit der tatsächlich wahrgenommenen Führung vergleichen. Führung
ist demnach umso erfolgreicher, je mehr sie den Erwartungen der Mitarbeiterschaft entspricht. Führung wird hier als sozial konstruiertes Phänomen verstanden,
das sich im Auge des Betrachters abspielt (vgl. Lang 2014b, S. 57 ff, 59 f). Je
größer die Übereinstimmung zwischen der Idealvorstellung auf Mitarbeiterseite
und der real wahrgenommenen Führung ist, desto größer ist die Akzeptanz der
Führungspersonen durch die Mitarbeitenden und damit deren Arbeitsmotivation
(vgl. Stock-Homburg 2010, S. 529 f; Schyns et al. 2015a, S. 155 f)

Der Führungsanspruch wird also nicht automatisch mit einer Führungsposition verbunden, sondern wird seitens der Geführten der Führungsperson
zugewiesen und zwar aufgrund von Idealen hinsichtlich des als optimal ver-
standenen Führungsstils, der Erwartungen (angenommene Verhaltenswahrschein-
lichkeit der Führungskraft) und der bisherigen Erfahrungen mit Führungskräften.
Wenn Führungskräfte den Kognitionen und Führungsprototypen ihrer Mitarbeiter
entsprechen, sind letztere bereit, sich für Einflüsse der Führungskraft stärker zu
öffnen (vgl. Stock-Homburg 2010, S. 530 f; Graf/Quaquebeke 2012, S. 299 f).
Die implizite Führungstheorie konnte durch zahlreiche empirische Studien

bestätigt werden. So konnte gezeigt werden, dass der Informationsaustausch zwischen Führungspersonen und Mitarbeitern umso intensiver und das Wohlbefinden der Mitarbeiter umso positiver ausgeprägt ist, je stärker die Führungskräfte dem erwarteten Führungsprofil auf Mitarbeiterseite entsprechen (vgl. Stock-Homburg S. 529–531). Die impliziten Führungstheorien haben darauf aufmerksam gemacht, dass Führung ein Ergebnis von wirkmächtigen *Konstruktionen* durch die Geführten ist. So ist die unterdurchschnittliche Repräsentation von Frauen in Führungspositionen auch aufgrund der impliziten, männlichen Konstruktion von Führung ('think manager, think male') zu erklären (vgl. Lang 2014b, S. 60).

Aus der implizitem Führungstheorie ergeben sich aber auch einige Implikationen für das Recruiting: Teams und Mitarbeiter sind in der Regel mit Inhalten und Abläufen ihres Arbeitsalltags sowie mit den unternehmenskulturellen Besonderheiten mindestens so vertraut sind wie die Führungskräfte auf den verschiedenen Ebenen. Sie verfügen daher über die *Expertise,* um zu beurteilen, welche Attribute eine betreffende Führungskraft mitbringen sollte. Da die Führungserwartungen der Geführten erheblichen Einfluss auf die Akzeptanz gegenüber der neuen Führungskraft haben, sollten die Mitarbeitenden im Fall der Neubesetzung von Führungspositionen beim Personalauswahlverfahren indirekt oder direkt mitwirken können, so wie dies in verschiedenen Wirtschaftsunternehmen bereits seit einiger Zeit praktiziert wird (vgl. Graf/Quaquebeke 2012, S. 299 f). Hier muss allerdings eingeschränkt werden, dass es auch umgekehrt Sinn machen kann, Führungskräfte zu besetzen, die den Erwartungen, Führungsprototypen oder auch Stereotypen nicht entsprechen, um der Organisation neue Impulse zu verleihen oder einen grundsätzlichen Wandel zu unterstützen.

Die implizite Führungstheorie rückt die Position der Geführten stärker ins Zentrum, was aber nicht bedeuten kann, dass Führungskräfte ihr Verhalten einseitig an die Geführten anpassen, sich entsprechend 'verbiegen' oder hierarchische Konstellationen völlig aufgelöst werden sollen (vgl. Stock-Homburg 2010, S. 533; Graf/Quaquebeke 2012, S. 303) Vielmehr geht es um ein *reflexives* Führungsverhalten, wie es beispielsweise auch beim *geteilten* Führen praktiziert wird. Dabei kommuniziert die Führungskraft ihre eigenen Erwartungen gegenüber den Mitarbeitenden, ermuntert diese aber auch, ihrerseits ihre Erwartungen offen zu legen. Dazu gehört, gemeinsam Ursachen für Erfolge und Misserfolge zu identifizieren, damit diese nicht implizit den Führungskräften zugeschrieben werden (vgl. Lang 2014b, S. 81 f; Graf/Quaquebeke 2012, S. 301 f). Das Denkmodell der *geteilten Führung* schließt an das Konzept der impliziten Führung an, da es die impliziten Annahmen über Führung aufseiten der mitführenden Gruppenmitglieder thematisiert und reflektiert (vgl. Lang/Rybnikova 2014a, S. 154).

2.4.2 Systemisch-postheroische Führungstheorien

Systemisch-postheroische Führungstheorien gehen über das interaktionistische Verständnis von Führung noch hinaus, da sie die gesamte Organisation, ihre Stakeholder und ihre Umwelt in den Blick nehmen. Der Begriff der systemischen Führung ist ein hybrider Begriff, der zwei entgegengesetzte Dimensionen in sich vereint: Während mit dem Terminus System *Ganzheitlichkeit* und *Selbstorganisation* assoziiert wird, verbindet man mit dem Begriff Führung vertikale *Einflussnahme* der einen und *Fremdbestimmung* der anderen Seite (vgl. Blessin/ Wick 2014, S. 203).

Der systemische Denkansatz vereint Modelle aus Kybernetik, Logik, Soziologie, Psychologie, Biologie, den Neurowissenschaften, der Erkenntnistheorie und der Managementlehre (vgl. von Schlippe/Schweizer 2013, S. 52 ff; von der Oelsnitz 2017, S. 9). Er geht von der *unbewältigten Komplexität* psychischer und sozialer Systeme (wie Organisationen) aus, die er nicht auf eindeutige Ursache-Wirkung-Relationen oder Mittel-Zweck-Beziehungen zu reduzieren versucht (vgl. Neuberger 2002, S. 594).

Die systemische Sicht unterstreicht, dass Organisationen aufgrund ihrer eigenen Komplexität nicht durch *eine exponierte* Person, einen engen Führungskreis oder auch durch Interventionen von außen wie eine triviale Maschine komplett beherrscht und gesteuert werden können. Sie betont, dass Organisationen ein *Eigenleben* führen, sich fortwährend durch Kommunikation *selbst reproduzieren* (autopoiesis) und sich weitestgehend *selbst steuern,* indem sie Impulse aufgrund eigener Gesetzmäßigkeiten bearbeiten. Diese Selbststeuerung geschieht durch geteilte Sinnbilder, Wertehierarchien und Visionen, über Hierarchien, Rollenzuteilungen und Vereinbarungen sowie über Rituale und Traditionen (vgl. Grossmann et al. 2015, S. 34 ff; Königswieser/Hillebrand 2011, S. 32, 35).

Organisationen müssen sich permanent verändern, wenn sie fortbestehen wollen. Eine Veränderung kann *weder von außen* (durch externe Beratung) noch *von innen* (durch die Führung) im Alleingang oktroyiert werden. Führungskräfte können in dieses dynamische, sich selbst generierende System der Organisation nur bedingt eingreifen und daher auch nicht den kompletten Entwicklungsbedarf von Organisationen abdecken (vgl. Grossmann et al. 2015, S. 109 f). Bildlich gesprochen sitzt die Führungsspitze mit in einem Boot, das sie selbst nicht steuern kann. Und die von ihr getroffenen Entscheidungen haben immer auch nicht beabsichtigte Auswirkungen auf andere Bereiche (vgl. Königswieser/Hillebrand 2011, S. 111). Organisationen können auf eine komplexe, sich permanent wandelnde Umwelt nur durch *Komplexitätsreduktion* reagieren. Komplexitätsreduktion ist wiederum nur möglich durch die Schaffung einer *Binnen-struktur* und die Ausbildung von *Subsystemen* (für Stabilisierung, Innovation, Außenbezug, Integration), um die vielfältigen Umweltanforderungen zu bewältigen. Systeme und Umwelt stehen in einer *wechselseitigen* Interaktion, das heißt, die Organisation kann auch umgekehrt auf ihre Umwelt einwirken (vgl. Schreyögg 2008, S. 70 ff).

Im Hinblick auf das menschliche Bewusstsein ist die systemisch-konstruktivistische Perspektive letztlich eine konsequente Fortführung von Schopenhauers Idee der ‚Welt als Wille und Vorstellung‘. Wahrnehmung und Erkenntnis werden als *subjektive Konstrukte* verstanden, da sie jeweils im Kontext unterschiedlicher Erfahrungen, Vor-Annahmen und Wissensvorräte generiert werden. Der Leitsatz ‚Die Karte ist nicht das Gebiet‘ (Alfred Korzybski) impliziert: Es gibt *keine objektive Wirklichkeit* an sich, sondern nur deren subjektive Wahr-nehmung. Scheinbare Gewissheiten sind lediglich selbstreferenzielle Verarbeitungen und Konstruktionen durch individuelle, autopoietische Systeme. Dies impliziert: Es gibt *keine objektive Wahrheit,* sondern *viele Wahrheiten,* kein richtig oder falsch. An die Stelle von *Kausalität* im Sinne simpler Ursache-Wirkung-Mechanismen treten nun *Wechselwirkungen, zirkuläre Kausalität und Multifaktorialität.* In einer immer komplexer werdenden Umwelt werden monokausale Lösungsansätze schnell obsolet und was sich in einem Kontext als störend zeigt, kann in einem anderen äußerst hilfreich sein. Den *Führungskräften* wird daher nur eine *eingeschränkte Wirksamkeit* zugesprochen, da bestehende Ordnungen stärker auf Mitarbeiter ein-wirken können als die Steuerungsversuche durch die Führungskräfte. Interventions-versuche sollten daher mit einer ‚Respekt vor dem System‘ und mit der Akzeptanz dessen einhergehen, dass nicht alles steuerbar ist (vgl. Rybnikova 2014d, S. 263).

Systemisch-postheroische Managementkonzepte konzentrieren sich nicht allein auf einzelne Führungspersonen, sondern nehmen die *gesamte Organisation,* all ihre *Subsysteme* und deren *Wechselwirkungen* sowie alle *Stakeholder* (Eigentümer, Aufsichtsorgane, Geldgeber, Kunden/Besucher, Lieferanten, Kooperationspartner, Gesellschaft, Öffentlichkeit) und dabei insbesondere auch die *Mitarbeiterschaft* in den Blick. Führungskräfte, die darauf setzen, die Entwicklung der Organisations-umwelt und den entsprechenden Veränderungsbedarf der eigenen Organisation sowie die passenden Lösungen und Maßnahmen *allein* antizipieren zu können, überschätzen sich – auch aufgrund der *eigenen blinden* Flecken – aus systemischer Sicht gnadenlos.

„Es sind nicht mehr alle Einflussgrößen auf den Führungs- und Unter-nehmenserfolg auch nur annähernd sichtbar geschweige denn beherrsch-bar (…). Selten werden genau die Dinge – und nur die – erreicht, welche auch beabsichtigt wurden. In der Regel hat jede Führungshandlung zahlreiche weitere, beabsichtigte und nicht beabsichtigte Wirkungen zur Folge. Zudem geschehen viele für den Erfolg einer Unternehmung relevante Ereignisse in und außerhalb der Organisation völlig unabhängig von Führungsentscheiden" (Herzka 2017, S. 38 f, 41). Dies bedeutet für die Führenden, Abschied zu nehmen von der Phantasie der umfassenden Steuerungsmöglichkeit, stattdessen mehr *Selbstorganisation* zuzulassen, sich mit der zentralen Frage *der Sinngebung* zu befassen und sich in einer Art *Bescheidenheit* zu üben (vgl. ebd. 40 f). Nach Dirk Baecker entwickelt systemisch-postheroisches Management vor diesem Hintergrund „einen neuartigen Spürsinn für die sachlichen und sozialen Dimensionen der Organisation von Arbeit und der Verteilung von Verantwortlichkeit … Das geht nur unheroisch, weil grandiose Gesten nicht geeignet sind, andere zur Mitarbeit anzuregen" (Baecker 1994, S. 18).

Die systemisch-postheroische Sicht unterstreicht, dass *Unüberschaubarkeit* und *Unsicherheit* sowie der damit verbundene *Komplexitätsdruck* wesentliche Koordinaten von Führung sind. Sie stellt heraus, dass es angesichts der turbulenten Veränderungen der soziodemografischen, wirtschaftlichen, politisch-rechtlichen, technologischen und ökologischen Umweltbedingungen und ihrer Zuspitzung im Kontext der sogenannten VUCA-Welt erforderlich ist, sich von der Phantasie des heroischen und allseits kompetenten ‚Great –Man‘ zu verabschieden, von dem man glaubte, dass er in der Lage sei, die gesamte Organisation zielgerichtet zu lenken und für alle erdenklichen Problemstellungen die jeweils passende Lösung parat zu haben.

Aus systemischer Sicht generieren sich Individuen (wie einzelne Führungspersonen oder Mitarbeiter) als psychische Systeme über *Bewusstseinszustände*. Soziale Systeme wie Organisationen hingegen operieren über *Kommunikation*. Während Personen durch Veränderung ihres Bewusstseins im Hinblick auf Zielsetzungen, Einsichten, Einstellungen oder Verhaltensweisen dazulernen, lernen Organisationen oder ihre Teilsysteme wie Aufsichtsgremien, Führungsteams oder Mitarbeiterschaft über die Veränderung ihrer Kommunikation. Beide Lernweisen funktionieren nach ihrer eigenen Logik und sind autonom voneinander. Sie können dennoch aufeinander einwirken, denn über die Sprache sind sie *strukturell gekoppelt* (vgl. Grossmann et al., 2015, S. 30). Die individuellen Weltsichten oder kognitiven Schemata sowie die darauf beruhenden Deutungs- und Handlungsmuster werden in der *Interaktion,* also der strukturellen Kopplung mit anderen, einer ständigen Prüfung unterzogen und zeigen sich dann entweder als *viabel* – d. h. passend – oder nicht. Prozesse der Organisationsentwicklung können daher nur gelingen, wenn die Kommunikation innerhalb der Organisation und ihrer Teilsysteme mit den Bewusstseinszuständen, dem Wissen und den Einstellungen der einzelnen Führungspersonen oder Mitarbeiter verknüpft werden.

Die systemische Managementtheorie geht davon aus, dass keine Führungsspitze die internen und externen Gegebenheiten der Organisation umfassend wahrnehmen und beurteilen kann. Jedes Mitglied der Organisation (auch die Führungskraft) ist Teil des Systems und sieht immer nur den eigenen *Ausschnitt* der *konstruierten* Wirklichkeit. Wenn also niemand das Ganze überschauen kann, dann werden die Aufgaben für alle anspruchsvoller, die *Führungsrolle* selbst aber wird *bescheidener*, im Sinne einer *dienenden* Führung, die das Wohl der Organisation und die Unterstützung der Mitarbeiter ins Zentrum rückt (vgl. Herzka 2013, S. 40).

Und damit erhält die normative *Sinngebungsebene* ersichtlich mehr Bedeutung, denn es müssen Fragen nach dem langfristigen Sinn der Unternehmung gestellt werden. Die Aufgabe der Führung ist nicht mehr soziotechnische Steuerung, sondern Strukturierung der Kommunikation. Führung kann und soll Impulse geben für Reflexion, Selbstorganisation und organisationales Lernen (vgl. Herzka 2013, S. 41). Die Führungskraft wird also *nicht überflüssig*, aber sie tauscht die *Instruktoren-Rolle* gegen die *Beobachter-* und *Impulsgeber-Rolle*. Sie hat nun die Aufgabe, eine Vision, Strategien und Oberziele zu formulieren, Rahmenbedingungen zu schaffen, Ressourcen und Informationen bereitzustellen, Mitarbeitende einzuladen und zu coachen, Prozesse zu moderieren und dabei permanent zwischen Beobachtung und Impulsgebung zu fluktuieren (vgl. Pinnow 2011, S. 170; Herzka 2013, S. 41 f). Systemische Führungsansätze *entmystifizieren* die Führung. Sie unterstreichen, dass sich die Organisation weitgehend nach ihrer eigenen Gesetzlichkeit selbst organisieren kann und dass kollektive Schwarm-Intelligenz erfolgreicher bei der Bewältigung komplexer Aufgaben sein kann als die herkömmliche Top-Down-Lösung. Darüber hinaus geht sie davon aus, dass die Fähigkeit zur *guten Führung* nicht angeboren, sondern *lern- und trainierbar* ist (vgl. Achouri 2015, S. 208 f, 213).

Blessin/Wick bringen den systemischen Ansatz wie folgt auf den Punkt: „Statt Hierarchie: Heterarchie. Statt Linie: Netz. Statt Zentralismus: Polyzentrismus. Statt Heteronomie: Autonomie. Statt Allopoiese: Autopoiese. Statt Fremdbestimmung: Selbstorganisation. Statt linearem zirkuläres Denken. Statt Einfachheit, Eindeutigkeit und Transparenz: Komplexität, Kontingenz und Mehrdeutigkeit. Statt Konsens: Dissens/Differenz" (Blessin/Wick 2014, S. 225). Ziel ist, dass die Organisation als Ganzes lernt und dass Lernen nicht auf der ersten Stufe, der Überprüfung und Beseitigung von Soll-Ist-Diskrepanzen, stehen bleibt,

sondern auch das Lernen auf der zweiten Stufe mit einschließt, nämlich die Überprüfung und Änderung vorhandener Soll-Werte und Strategien sowie auch die
dritte Stufe, auf der das Lernen selbst reflektiert wird (vgl. Blessin/Wick 2014,
S. 220).

Im Gegensatz zur einseitig leitungszentrierten, charismatischem oder
transformationalen Führung setzt die systemische Sicht auf *Wechselwirkungen*
im Führungsgeschehen, auf *kreatives Mitdenken, kritische Reflexion, Autonomie*
und *gemeinsame Sinnstiftung.* Sie orientiert sich an den Stärken der Mitarbeiter,
die ihre Ziele größtenteils selbst definieren und ermöglicht durch *Empowerment*
die Aktivierung ihrer Ressourcen. Systemische Führung basiert nicht auf der
personellen Exzellenz eines *einzelnen,* sondern auf der *institutionellen Exzellenz*
der Organisation, in der möglichst alle Mitarbeiter zu hohen Leistungen befähigt
werden (vgl. Achouri 2015, S. 213).

Selbstorganisation ist der Schlüsselbegriff im systemischen Denken. „Die
systemische Führungskraft achtet auf (ihre) Grenzen und mischt sich nicht
persönlich ein. Direkt(iv)e Intervention in Beziehungen und Handlungen anderer
Personen vermeidet sie. Sie gibt Anregungen zur Selbstorganisation; Distanz und
(Selbst-)beobachtung sind für sie sehr wichtig. Sie entlarvt und kritisiert nicht,
weil das nur den ‚Widerstand' erhöhen würde, sondern gibt Beobachtungen in
positiver Konnotation wieder. Sie legt sich und ihre Unterstellten nicht fest, hält
möglichst viele Optionen offen und betont Wandel, Flexibilität, Erneuerung und
Lebendigkeit" (Blessin/Wick 2014, S. 226).

Nach Oswald Neuberger ist das systemische Denken ein *Frontalangriff*
gegen das Heldenverständnis' von Führung. Die dominante Macherperspektive
und das hierarchische Einflussmonopol werden ersetzt durch Netzwerke aus
selbstständigen Einflusszentren (vgl. Neuberger 2002, S. 593). Das Bild von der
Führungsperson als ‚*Steuermann'* wird abgelöst durch die Idee des sich *selbst*
organisierenden Systems. Führung bedeutet nicht mehr Menschenführung im
klassischen Sinn, sondern Gestaltung des Gesamtsystems durch *viele Beteiligte.*
Im systemischen Führungsmodell geht es darum, Wissen, Kompetenzen und
Interessen möglichst vieler Mitarbeitender in Form von *geteilter* Führung, von
sich *selbst organisierenden* Projektteams sowie von Angeboten zur *Mitge-*
staltung einzubeziehen. Systemisch-postheroische Theorien *negieren keinesweg*s
hierarchisch-vertikale Ordnungen, zeigen allerdings deren begrenzte Wirkungs-
und eingeschränkte Interventionsmöglichkeiten auf. Der systemische Denkansatz liegt auch dem Konzept der *geteilten Führung* zugrunde, das im folgenden
Kapitel näher erläutert wird.

2.4.3   Vertikale und geteilte Führung

Organisationen sehen sich vor immer neue und dringliche Aufgaben gestellt. Deren Bewältigung durch eine *einzelne* Person oder eine hierarchische Spitze ist oft weniger zielführend und erfolgreich als durch kooperative Führungsweisen, die auf der Zusammenführung unterschiedlicher personaler Expertise im Rahmen von *Team*strukturen basiert. Aus postheroisch-systemischer Perspektive können Innovation und Transformation besonders unterstützt werden durch heterarchische Konstellationen, bei denen *Führung* auf der obersten wie auf den nachgeordneten Ebene(n) (zumindest temporär) auf mehrere Schultern *verteilt* wird. *Geteilte Führung, Shared Leadership* oder auch *Plural Leadership* stellen daher eine wesentliche *Ergänzung* des heroisch-vertikalen Führungsparadigmas dar und basieren auf einem post-heroischen, *relationalen* und *dialogischen* Führungsverständnis, das Führung als einen gemeinsam geteilten Einflussprozess begreift (vgl. Piecha et al. 2012, S. 558 f und Weibler 2016, S. 590).

Bei *geteilter* Führung handelt es sich um einen interaktiven Beeinflussungsprozess zwischen Individuen in Teams mit dem Ziel, sich gegenseitig zu führen (vgl. Piecha et al. 2012, S. 560). Geteilte Führung bedeutet, dass *mehrere* Personen *gleichzeitig* oder *nacheinander* die Führung *längerfristig* oder *vorübergehend* übernehmen. Dieses Führungsprinzip bietet sich insbesondere dann an, wenn die Organisation wissensgeprägt und/oder künstlerisch-kulturell ausgerichtet ist, wenn es sich um komplexe, neuartige Aufgabenstellungen handelt und wenn es um Wandel, Entwicklung und gemeinsames Lernen geht (vgl. Lang/Rybnikova 2014a, S. 152 f; Endres/Weibler 2019, S. 2.; Weibler 2016, S. 583). Geteilte Führung kommt zudem den Erwartungen der jüngeren Generationen Y und Z entgegen, die mehr Teilhabe und Selbstwirksamkeit einfordern. Darüber hinaus unterstreichen auch die Ergebnisse der Diversitäts- und Inklusionsforschung, dass gerade im Kontext geteilter Führung unterschiedliche Kompetenzen und Charakteristika der Beteiligten am ehesten zum Tragen kommen (vgl. Werther 2014, S. 2).

Die Notwendigkeit der Verteilung von Führung wird mit *individuellem, organisationsbezogenem* und *gesellschaftlichem Nutzen* begründet (vgl. Endres/Weibler 2019, S. 23–27 und Lang/Rybnikova 2014a, S. 156):

1. Geteilte Führung trägt bei den *Führungskräften* zur Verbesserung ihrer eigenen Arbeits- und Lebensqualität bei, da der drohenden Überforderung oder Überlastung durch Verteilung der Führungsaufgaben auf mehrere Schultern begegnet wird und die eigenen Ressourcen geschont werden

können. Der regelmäßige Austausch zwischen den Co-Leadern trägt außerdem zu größerer *Entscheidungssicherheit* bei und verringert den persönlichen Verantwortungsdruck.

2. Für *Organisationen* bietet geteilte Führung großen Nutzen im Hinblick auf Rekrutierung und *Employer Branding*. Weitere Vorteile liegen in der höheren Flexibilität, in der *Wandlungs- und Anpassungsfähigkeit* an rasch wechselnde Umweltanforderungen sowie in der verbesserten Entscheidungsqualität durch die Nutzung des *Potenzials* möglichst vieler Organisationsmitglieder. Ein zusätzlicher Vorteil besteht in der Optimierung gruppeninterner Arbeitsprozesse und der damit verbundenen, vielfach nachgewiesenen *Leistungsverbesserung*. Außerdem begünstigt geteilte Führung im Team den verbesserten Informationsaustausch und steigert die *Motivation* der Mitarbeiter durch erhöhte *kollektive Selbstwirksamkeit*.

3. Auf *gesellschaftlicher* Ebene besteht der Gewinn in der Reduktion an Machtkonzentration und der damit begründeten ethisch moralischen Legitimation von Führung. Aufgrund der unzähligen Vorfälle von Machtmissbrauch im Rahmen der unkontrollierten Machtstellung in hierarchischen Organisationen, drängt sich förmlich auf, Führung auf mehrere Akteure zu verteilen. Die elitäre Abkopplung und die statusbezogene Abgrenzung von hierarchisch legitimierter Führung erhöht die Gefahr *unethischen* Handelns. Dem kann geteilte Führung vorbeugen (vgl. Endres/Weibler 2019, S. 25–27).

Bei den verschiedenen Forschungsansätzen zur geteilten Führung lassen sich einige gemeinsame Charakteristika feststellen: Der Fokus verlagert sich von dyadischen Beziehungen auf die *Gruppe* und den Führungs*prozess* und es wird eine *aktive* Rolle der Geführten angestrebt. Die soziale Seite der Führungs*beziehung* als Interaktion zwischen Gleichberechtigten wird betont und die Bereitschaft zur *Teilung* von Einfluss und Befugnis seitens der Vorgesetzten wird als wesentliche Voraussetzung betrachtet. Es wird aber auch die Gefahr gesehen, dass bei (zu) weitgehender Beschneidung des Führungsmonopols ein Führungsvakuum entstehen kann sowie eine gegenseitige Abhängigkeit zwischen Vorgesetzten und Geführten (vgl. Lang/Rybnikova 2014a, S. 155).

Geteilte Führung ist von verschiedenen Paradoxien und Ambivalenzen bestimmt: Sie stellt ein *Komplementär* zur *vertikalen* Führung dar, auf die sie aber als Rahmen und Referenzpunkt nicht verzichten kann. Vorwiegend hierarchisch sozialisierte Führungskräfte und Mitarbeiter stehen vor der Aufgabe, parallel zu vertikalen Strukturen hierarchiefreie Arbeitsweisen zu entwickeln und einzuüben. Und schließlich bietet geteilte Führung zwar einerseits die Möglichkeit, mithilfe wechselnder Führender Komplexität zu bewältigen, andererseits schafft sie aber durch die kollektiven Abstimmungsprozesse ihrerseits neue Komplexität (vgl. Werther 2014, S. 2; Lang/Rybnikova 2014a, S. 165).

Geteilte Führung bedeutet, dass Führung durch *mehr als eine* Person ausgeübt wird. Dies kann zur gleichen Zeit oder rotierend zu unterschiedlichen Zeitpunkten geschehen (vgl. Werther 2014, S. 10) und kann in verschiedenen Varianten etabliert werden: Geteilte Führung kann geschehen durch *lateral-horizontale* Führung unter Gleichen ohne gegenseitige Weisungsbefugnis – und zwar sowohl im Kontext von Doppelspitze oder mehrköpfigem Führungsteam auf höchster Ebene als auch auf den unterstellten Ebenen im Rahmen von sich selbst organisierenden Projektgruppen (vgl. auch Kühl/Matthiesen 2012, S. 523) oder in Form eines Teams aus Vertretern mehrerer Organisationen, die innerhalb dieser Gruppe gleich gestellt sind und sich gemeinsam führen. Geteilte Führung kann sich aber auch *vertikal* über mehrere Hierarchieebenen hinweg erstrecken wie beispielsweise in entsprechend zusammengesetzten Planungs- oder OE-Teams.

Die *Teilung* von Führung muss nicht die permanente Teilung der gesamten Entscheidungsbefugnis bedeuten, wenn es innerhalb des Führungsteams noch abgegrenzte, eigene Zuständigkeitsbereiche gibt. Falls sich die geteilte Führung nur auf die Führungsspitze beschränkt und die nachgeordneten Ebenen ausgeklammert sind, bleibt die Hierarchie im Grundsatz jedoch weitgehend erhalten.

Die Forschungsbefunde zur geteilten Führung legen nahe, dass es sich dabei nicht um *Ersatz* für hierarchische Führungsformen handelt, sondern um eine notwendige *Ergänzung*. *Vertikale* und *geteilte* Führung schließen sich also keineswegs aus, sondern sind in *Wechselwirkungen* miteinander verschränkt und greifen in einer Art Kontinuum stets ineinander (vgl. Lang/Rybnikova 2014a, S. 153; vgl. Werther 2014, S. 2, 26). Geteilte Führung ist also kein Blankoscheck zur Auflösung jedweder hierarchischen Architektur, sondern dient der Eröffnung gestalterischer Freiräume und gelangt dort an eine natürliche Grenze, wo sie auf den nicht hintergehbaren Geltungsbereich der *vertikalen* Gesamt- und Letztverantwortung trifft (wobei diese allerdings in Form eines Leitungsteams an der Spitze geteilt werden kann).

Das Plädoyer für (mehr) geteilte Führung bedeutet also keineswegs das Ende, sondern eine *situative* Beschränkung der vertikalen Entscheidungsvollmacht, die auf Linie und Position beruht. In der alltäglichen Führungs*praxis* werden sich immer neue, *hybride* Mischungen aus vertikal-zentraler Führung und horizontal-dezentraler Führung ergeben. Aus systemischer Sicht kann ohnehin auf keine der beiden Führungsdimensionen verzichtet werden, denn je nach Aufgabenstellung und Situation werden sich heroische und postheroische Aspekte, hierarchische und heterarchische Anteile, Leadership und Shared Leadership, Führung und Selbstorganisation sowie vertikale und geteilte Führung jeweils neu mischen.

Dirk Baecker bringt es folgendermaßen auf den Punkt: „Eine so eindeutige Unterscheidung zwischen heroischer und postheroische Führung ...ist ihrerseits heroisch. Sie macht die Dinge zu einfach. Stattdessen wird man es immer mit Heroen zu tun haben, die wissen, wann sie auf eine postheroische Intelligenz umstellen müssen, um einen neuen Ansatz zu finden, wenn der alte sich nicht bewährt. Und man wird es immer mit einer postheroischen Führung zu tun haben, die ab und an Helden auszeichnet, wenn es darauf ankommt, an jene heroischen Affekte zu appellieren, die man zuweilen braucht, um eine mögliche Entscheidung zu treffen" (Baecker 2015, S. 2).

Eine große Zahl empirischer Einzelstudien sowie einiger Metastudien haben das *Potenzial* und die *Vorteile* von *geteilter* Führung im Gegensatz zu einer Führung durch einzelne belegt. So werden positive Leistungsergebnisse, Innovations- und Kreativitätsvorteile, bessere Entscheidungsqualität durch vielfältige Expertise sowie eine erhöhte Perspektiven- und Ideenvielfalt genannt, wobei diesen Vorteilen auf der anderen Seite mehr Kommunikations- und Koordinationsaufwand gegenübersteht (vgl. Weibler 2016, S. 583, 589).

Die heute in Organisationen anzutreffenden Formen von geteilter Führung oder ‚pluralem Leadership' (Endres/Weibler 2019) sind sehr unterschiedlich ausgeprägt:

1. So kann geteilte oder plurale Führung zum einen als *duale Führung* von *zwei* Führungskräften ausgeübt werden. Hier können drei unterschiedliche Konstellationen unterschieden werden:
   - *Co-Leadership* zu zweit in Form einer durchgängig gemeinschaftlich führenden, *echten* Doppelspitze. Hier liegt die Führung in den Händen von zwei hierarchisch gleich gestellten Personen (wie Künstlerische Direktion und kaufmännische Direktion), die alle zentralen Entscheidungen gleichberechtigt treffen und gemeinsam verantworten (vgl. Endres/Weibler 2019, S. 6f; Schlicht 2020, S. 11)
   - *Dual-Leadership,* also eine funktionale Doppelspitze mit größtenteils aufgeteilten Kompetenzbereichen (z. B. kaufmännisch vs. künstlerisch) sowie mit wenigen Segmenten, in denen sich die Rollen überlappen und gemeinsam entschieden wird (vgl. Endres/Weibler 2019, S. 6–8 und Weibler 2016, S. 584 ff)
   - Eine *unechte Doppelspitze,* bei der die letztgültige Entscheidungsvollmacht durchgängig immer bei einem der beiden Führenden (z. B. im Theater bei der Intendanz) liegt

Doppelspitzen mit geringer oder größerer Rollenüberschneidung wurden bereits in verschiedenen gesellschaftlichen Bereichen erprobt. Man denke nur an die (frühere) Doppelspitze aus Bürgermeister und Verwaltungsdirektor in vielen Kommunen, an die Organisationsstrukturen in Start Ups sowie in verschiedenen, kleineren und mittleren Organisationen, an die Doppelspitze im Vorsitz verschiedener bundesdeutscher Parteien oder an Führungsduos in großen Konzernen wie etwa die Doppelspitze aus Jennifer Morgan und Christian Klein von 2019 bis 2020 bei SAP – einem Dax-Unternehmen mit knapp 100.000 Mitarbeitern – die allerdings nach einem Jahr wieder beendet wurde. Und auch im Kultur- und Theaterbereich gibt es Erfahrungen mit *echten* und *unechten* Doppelspitzen, wie noch an anderer Stelle gezeigt wird.

2. Plural-geteilte Führung kann aber auch stattfinden in komplexeren Konstellationen mit *mehr als zwei Akteuren* im Rahmen eines *Führungsteams*. Auch hier sind verschiedene Grade möglich (vgl. Endres/Weibler 2019, S. 8–12; Weibler 2016, 586 f):

- *Distributed Leadership (Verteilte Führung)*: Hier steht die funktionale, aufgabenbezogene ‚Teilführerschaft‘ im Vordergrund. Dabei sind die Zuständigkeiten für verschiedene Bereiche, Sparten oder Abteilungen getrennt und ohne Überlappung aufgeteilt. Nur bei wenigen Themen wird von den Mitgliedern des Führungsteams *lateral* (gleichberechtigt) entschieden (vgl. Kühl/Matthiesen 2012, S. 531 f). Führung wird hier demnach *ver*teilt und nicht durchgängig gemeinschaftlich ausgeübt.

- *Shared/Collective Leadership* (Geteilte Führung): Hier wird dauerhaft gemeinschaftlich geführt. Dabei sind *zwei* nach Endres/Weibler (ebd.) verschiedene Varianten denkbar:
  Die *erste* Variante begreift Shared Leadership als *Gruppen*geschehen, bei dem alle oder möglichst viele Teammitglieder Führungsrollen übernehmen und sich gegenseitig führen.
  Die zweite betrachtet Shared Leadership als *Gesamt*geschehen, das über die führende Gruppe hinausreicht und darauf setzt, dass möglichst viele etwas zum Prozess mit beitragen oder zumindest die – in der Gruppe gefällten – Entscheidungen mittragen (im Sinne eines ‚*Shared Followership*‘).
  Auch im Kultur- und Theaterbereich hat man bereits mit drei-, vier- und oder fünfköpfigen Leitungsteams Erfahrungen gesammelt, die in der Regel aber eher im Sinne der *ver*teilten (Distributed Leadership) und weniger der *ge*teilten Führung (Shared Leadership) agier(t)en.

3. Eine konsequente Weiterführung der *ge*teilten Führung ist der *Netzwerkansatz*. Auch hier wird Hierarchie als Grundpfeiler nicht grundsätzlich infrage gestellt, sondern es wird parallel ein System aus sich mehrfach überlappenden

Teams installiert (vgl. Schreyögg 2008, S. 165). Abteilungen und Gruppen sind teilweise verselbstständigt und es sind verschiedene Konstellationen von Teams möglich: hierarchieübergreifende, abteilungsübergreifende oder abteilungsspezifische Gruppen. Dabei sind Doppelmitgliedschaften in unterschiedlichen Teams möglich. Diese werden aufgabenbezogen zusammengestellt und mit jeweils rotierenden, kompetenzbasierten Leitungsrollen ausgestattet (vgl. Steinmann/Schreyögg 2005, S. 470 f; Schreyögg 2008, S. 164; Weibler 2016, S. 599). Wichtige Voraussetzungen für Netzwerkarbeit beruhen darauf, dass Einflussausübung ohne Linienautorität möglich ist, eine Bereitschaft zu kooperativem Verhalten vorhanden ist und eine Organisationskultur existiert, bei der Koordinationsprobleme offen zutage treten und in direkter Kommunikation gelöst werden können (vgl. Steinmann/Schreyögg 2005, S. 471).

Die *Einführung* von geteilter Führung kann in mehrerlei Hinsicht auf *Hemmnisse* stoßen: Seitens der *Führungskräfte* sind dies Faktoren wie die Sorge vor Kontroll- und Machtverlust, die Furcht vor ‚Anarchie' oder die mangelnde Fähigkeit im Umgang mit nicht-direktivem Führungsverhalten. Aufseiten der *Mitarbeiter* können Scheu vor zu viel Macht und Verantwortung oder auch die Angst vor Statusverlust den Prozess erschweren (vgl. Lang/Rybnikova 2014a, 170) Die erfolgreiche Implementierung von situativ geteilter Führung zwischen Vorgesetzten und Mitarbeitenden benötigt daher ein entsprechendes ‚Mindset'. So kann zwar geteilte Führung von den Führenden top down als Möglichkeitsraum eröffnet werden, muss sich aber dann durch beständiges *Einüben* auf beiden Seiten weiterentwickeln.

Für Führungsverantwortliche bedeutet dies, zu geteilter Führung *wirklich bereit* und von ihrem Nutzen *überzeugt* zu sein, nicht nur Kooperationsbereitschaft der Geführten zu erwarten, sondern diese auch selbst zu zeigen, die passende Auswahl der Gruppenmitglieder hinsichtlich der benötigten Kompetenzen zu treffen, die Prozesse umsichtig zu begleiten, Rahmen und Umfeld entsprechend zu gestalten sowie Handlungs- und Entscheidungsspielräume zu gewähren. Dazu gehören weiterhin die Bereitschaft zu einer *Dialogkultur* auf Augenhöhe, ein hohes Maß an eigener Zurückhaltung und Bescheidenheit sowie Vertrauen in die geführten Mitarbeiter (vgl. Endres/Weibler 2019, S. 29–34; Werther 2014, S. 12, 21; Lang/Rybnikova 2014a, S. 166, Piecha et al. 2012, S. 567; Kühl/Matthiesen 2012, S. 533 f). Dreh- und Angelpunkte sind auf Vorgesetztenseite außerdem eine höhere *(Fehler-)Toleranz,* die Bereitschaft zum *Experiment* sowie die *Förderung* der nötigen Führungsfähigkeiten bei den

Geführten durch *Weiterbildungsmaßnahmen* zur Einübung eigenen Führungsverhaltens und durch *Empowerment*.

Innerhalb der Denkmodelle zur geteilten Führung spielen teilhabeorientierte *Empowerment-Konzepte* eine zentrale Rolle, denn sie wollen Gruppen zur Beteiligung an Entscheidungen befähigen. Dabei lassen sich vier unterschiedliche Perspektiven ausmachen: Während beim sogenannten *Rollen*empowerment Zuständigkeiten an Mitarbeiter delegiert werden, fokussiert *organisationales* Empowerment auf direkte oder repräsentative Mitarbeiterbeteiligung. *Psychologisches* Empowerment zielt auf die Bewusstwerdung der persönlichen Selbstwirksamkeit und eigenen Kompetenzen und das sogenannte *eingebettete* Empowerment betont die organisationsbezogene Wirkung von Partizipation im Hinblick auf eine gesteigerte intrinsische Motivation. Allen vier Perspektiven gemeinsam ist das Ziel der Ermächtigung der Mitarbeitenden und die Hinführung zur Selbstführung (vgl. Lang/Rybnikova 2014a, S. 169 f).

Geteilte Führung auf der oberen wie der nachgeordneten Ebene kann an inneren Konflikten und einem erhöhten Kommunikationsbedarf scheitern, so dass *andauernde und ausdauernde Kommunikation* zum *Leitmotto* werden muss. Die gegenseitige Rückkopplung innerhalb der Arbeitsgruppe aber auch zwischen ihr, der Abteilungsleitung oder der Führungsspitze ist Grundvoraussetzung für gelingende geteilte Führung, damit die verschiedenen Systeme nicht an einander vorbei arbeiten. *Chancen* und *Grenzen geteilter Führung* hängen auch ab vom Arbeitskontext und der Art der Aufgabenstellung ab: Geteilte Führung ist bei Routineaufgaben und standardisierten Prozessabläufen sowie in Situationen, in denen rasche Entscheidungen getroffen werden müssen, weniger sinnvoll (vgl. auch Endres/Weibler 2019, S. 26; Kühl/Matthiesen 2012, S. 531 und Fritz B. Simon 2007, S. 93). Außerdem können sich in Gruppen oder Gremien mit geteilter Führung Situationen ergeben, in denen kein Konsens erzielt werden kann. Wenn hier keine Mehrheitsentscheidung möglich ist, müsste die Entscheidung von einer, von der Gruppe temporär legitimierten Leitung oder von der formal-hierarchisch legitimierten Führungsebene getroffen werden.

Unter Berücksichtigung der genannten Voraussetzungen bietet *geteilte* Führung gegenüber der vertikalen Führung einige herausragende *Vorteile:* An der Spitze der Organisation kann sie die Führenden durch die Teilung der Führungsverantwortung *entlasten* sowie die *Entscheidungssicherheit* erhöhen. Geteilte Führung auf den *nachgeordneten* Ebenen kann das Mitarbeiter-*Potenzial* stärker einbeziehen sowie *Motivation* und *Leistungsbereitschaft* auf Mitarbeiterseite fördern. Im Hinblick auf die Organisation als Ganzes kann geteilte Führung deren *Innovationsfreudigkeit* und *Wandlungsfähigkeit* steigern (vgl. Endres/Weibler 2019, S. 23–27).

2.4.4 Führung am Theater im Lichte neuerer Führungstheorien

Schon einige klassische Führungstheorien stellten – beeinflusst von der Human Relations Bewegung – dem Prinzip der *Unternehmens-* oder *Ergebnisorientierung* das Gegenprinzip der *Mitarbeiter*orientierung gegenüber. Die aktuellen Reforminitiativen der – zumeist jüngeren Theaterschaffenden – unterstreichen, dass an vielen Theaterbetrieben Nachholbedarf in puncto Mitarbeiterorientierung besteht. Dies betrifft die Verbesserung der prekären Arbeitskonditionen, eine gerechtere Bezahlung der künstlerischen Mitarbeiter aber auch das Verlangen nach mehr Mitsprache. Die klassischen Führungskonzepte einschließlich des ,Full Range Leadership'-Modells der *transaktional-transformativen* Führung waren noch auf den *Leader,* den charismatisch-heroischen ,Great Man' fixiert, von dem allein Wohl und Wehe der Organisation und ihrer Mitarbeiter abhinge und der alle Probleme mit einer Mischung aus allwissendem Expertentum, genialer künstlerischer Handschrift, überbordendem Enthusiasmus und charismatischem Glanz lösen werde. Diese Sicht ist im Kultur- und Theaterbereich, in der Kulturpolitik, auf der Leitungsebene manch eines Theaters sowie auch in Teilen der (älteren) Theaterbelegschaft sowie des Publikums immer noch verbreitet.

Der Paradigmenwechsel, der diese tradierte Sicht überwand, wurde vorbereitet durch die Organisationssoziologie mit ihrem Blick auf die ,Führung von unten' und die reziproke Interaktionsbeziehung zwischen Führung und Geführten sowie durch die Konzeption einer postheroisch-systemischen Führung, die den Fokus weg von der Strahlkraft eines einzelnen auf das gesamte System, seine Subsysteme, die Umwelt der Organisation und damit auch auf die Mitarbeitenden lenkte. So hat mittlerweile eine Entmystifizierung des alleinherrschenden Intendanten als eines avantgardistischen Schöpfergenies, dem alle Macht zur Umsetzung seiner Visionen und Ideen blind anvertraut wird, eingesetzt (vgl. Heskia 2019, S. 185 f).

Die Schattenseiten des Theaters als einer ,gierigen' Institution, die ihre Mitarbeiter in besonderem Maße vereinnahmt und von ihrer Außenwelt abschneidet, höchste Loyalität und Opferbereitschaft verlangt, deren Steuerungsmechanismen auf einer tradierten, steilen Hierarchie und eiserner Disziplin fußen und deren offiziell auf der Bühne proklamierten Werte der eigenen Unternehmenspolitik diametral entgegenstehen, rückte in den letzten Jahren immer mehr ins Kreuzfeuer der Kritik (vgl. ebd. 185 ff). Und damit stand die dunkle Seite der Intendantenmacht am Pranger, die auf dem Abhängigkeitsverhältnis vor allem der künstlerischen Mitarbeiter und ihren prekären Beschäftigungsverhältnissen basiert, die mit Unterbezahlung, belastenden Arbeitszeiten, befristeten Verträgen, permanenter beruflicher Ungewissheit und immer neuer geografischer Entwurzelung einhergehen (vgl. ebd.193 f).

Vor allem der systemische Ansatz, der sich von der Idee des Helden verabschiedet und stattdessen insbesondere das Wissen, die Kompetenzen aber auch die Bedürfnislagen auf der Mitarbeiterseite sowie die Qualität der Arbeitsbeziehungen stärker in den Bick nimmt, könnte Richtschnur für eine zeitgemäße Führung am Theater sein. Dies zieht die Notwendigkeit von mehr *geteilter* Verantwortung auf der Intendantenebene sowie auch auf den nachgeordneten Ebenen nach sich.

Neue Führungskonzepte für den Theaterbereich setzen daher auf eine Durchdringung von *hierarchisch-transaktionalem* Managementhandeln mit *personenzentriert-transformationalen* Leadership-Akzenten und einem *beziehungsorientiert-relationalem* Führungsstil und damit auf eine Mélange von rationalen, emotionalen und ethisch-sozialen Führungsaspekten. Es geht dabei auch am Theater nicht um die völlige Abschaffung jedweder Hierarchie, sondern um ihre situative Einschränkung und Ergänzung durch Konzepte der *geteilten* Führung.

Der erforderliche Kulturwandel hin zu (mehr) geteilter Führung kann am Theater dann gelingen, wenn er von der breiten Mitarbeiterschaft eingefordert oder zumindest mitgetragen wird und wenn die Führungsspitze bereit ist, Macht abzugeben und zu teilen. Dabei muss sie einerseits Freiräume für Veränderungen (vor allem für die künstlerischen Mitwirkenden) eröffnen, aber zugleich die Bedürfnisse der fest angestellten Mitarbeiter berücksichtigen (vgl. Heskia 2019, S. 194). In einem späteren Kapitel wird aufgezeigt, dass Doppelspitzen- und Direktoriumsmodelle (als Alternative zur allein verantwortlichen Intendanz) erste Schritte zu einer geteilten Führung am Theater sein können. Darüber hinaus wird dargelegt, dass es mit dem Führungs- und Organisationsmodell der Royal Shakespeare Company eine Konzeption für die Teilung von Verantwortung gibt, die noch weiter führt.

2.5 Führung und Diversität

2.5.1 Begriff und Ansätze zum Diversity-Management

In heutigen Organisationen sind Diversität und Heterogenität der Mitarbeiterschaft nicht nur wesentlich stärker ausgeprägt, sondern sie werden im Hinblick auf Diskriminierung oder Ungleichbehandlung auch in weitaus höherem Maße wahrgenommen. Die *Heterogenität* der Mitarbeitenden schlägt sich nieder in psychologischen, demografischen, kulturellen oder verhaltensbezogenen Unterschieden und lässt sich auf mehreren Ebenen konstatieren: Die erste Ebene betrifft die *persönlich-charakterlichen* Merkmale. Die zweite Ebene enthält *nicht oder kaum änderbare* Aspekte wie Alter, Geschlecht, sexuelle Orientierung, geistige und körperliche Fähigkeiten, Nationalität, ethnische Zugehörigkeit sowie soziale Hintergründe. Die dritte Ebene umfasst externe, intensiv prägende, aber *veränderbare* Merkmale wie Ausbildung, Berufserfahrung, Familienstand, Wohnort, Einkommen, Freizeitgewohnheiten oder Religion bzw. Weltsicht. Und die vierte Ebene beschreibt die Art der *Zugehörigkeit zur betreffenden Institution* im Hinblick auf Funktion, Einstufung, Arbeitsinhalte und -interessen, Abteilung, Dauer der Firmenzugehörigkeit oder auch Arbeitsort. In der Summe führen alle genannten Merkmale zu unterschiedlichen Einstellungen und Fähigkeiten, unterschiedlichen Lebens-und Arbeitserfahrungen sowie auch karrierebezogenen Möglichkeiten (vgl. Scholz 2011, S. 256; Gutting 2012, S. 120).

Nicht nur das *Grundgesetz* legt fest, dass Menschen aufgrund von Abstammung, Geschlecht, Rasse, Sprache, Heimat, Herkunft, Glauben sowie religiöser oder politischer Anschauung nicht ungleich behandelt werden dürfen (Grundgesetz Art. 3 Abs. 1–3), sondern mit dem *Allgemeinen Gleichbehandlungsgesetz* (AGG) wurde 2006 zudem eine EU-Richtlinie in Deutschland umgesetzt und die rechtliche Grundlage dafür geschaffen, dass „Benachteiligungen aus Gründen der Rasse oder wegen der ethnischen Herkunft, des Geschlechts, der Religion oder Weltanschauung, einer Behinderung, des Alters oder sexuellen Identität zu verhindern oder zu beseitigen (sind)" (AGG 2006, §1).

Allerdings stellen nicht nur *rechtliche* Rahmenbedingungen einen Bezugspunkt für Führungskräfte dar, die diversitätsgerecht führen wollen. Sie können und sollten sich darüber hinaus auch an *ethischen* Prinzipien orientieren, wenn sie den bisher benachteiligten oder ausgeschlossenen Arbeitnehmergruppen eine bessere Teilhabe am Arbeitsprozess, anspruchsvollere Aufgabenstellungen, fairere Arbeitsbedingungen und bessere Karrierechancen bieten wollen. Hier wird aus der ,*Discrimination and Fairness-Perspektive*' die Berücksichtigung kultureller Vielfalt als Selbstzweck gesehen. Verschiedenheit, Gerechtigkeit und faire Behandlung aller haben dann den Charakter eines *moralischen Imperativs* (vgl. Rowold 2015, S. 234).

Führungskräfte können aber auch – und dies wird nicht selten ein bedeutender Antreiber sein – aus der ,*Integration and Learning-Perspektive*' heraus eine vielfaltorientierte Führung praktizieren, um durch heterogen zusammengesetzte Teams, verstärke Förderung von Frauen oder Anstellung von Zugewanderten

unternehmensbezogene Ziele zu erreichen wie: Ausgleich von Personaleng-
pässen, Gewinnung talentierter Arbeitskräfte mit besonderen Kompetenzen,
Weiterentwicklung des Angebotsportfolios, Optimierung von Strategien und
Geschäftspraktiken, Erhöhung von Kreativität, Flexibilität, Innovativität und
Problemlösungsqualität (vgl. Rowold 2015, S. 234; Gutting 2012, S. 126 f).

Weitere Beweggründe für diversitätsgerechte Führung könnten aus der *,Access
and Legitimacy-Perspektive'* die Eröffnung von Zugängen zu neuen Kunden- oder
Besuchergruppen durch die diverse Zusammensetzung der Belegschaft sein sowie
die Aussicht, durch einen kompetenzorientierten, vorurteilsfreien Ansatz das
Image und die Wettbewerbsfähigkeit der eigenen Organisation – auch im Sinne
von Employer Branding – zu steigern (vgl. Rowold 2015, S. 234; Blessin/Wick
2014, S. 282; 302 ff; Gutting 2012, S. 126 f).

Führung, die der Diversität der Mitarbeiter Rechnung tragen will, sollte
nicht nur versuchen, materielle Ungerechtigkeit abzubauen, sondern auch die
individuellen Besonderheiten, Bedürfnisse und Kompetenzen innerhalb einer
diversen Mitarbeiterschaft einbeziehen. Die Aufgabe von Führungskräften mit
Blick auf Diversität: Sie sollten Vorbild im Umgang mit Vielfalt sein. Sie sollten
das Verständnis für unterschiedliche Anschauungen, Werte und Traditionen
fördern, den Nutzen von vielfältigen Teams für den Unternehmenserfolg heraus-
stellen, allen Mitarbeitenden angemessene Entfaltungsmöglichkeiten bieten,
einen toleranten Umgang fördern sowie (verdeckte) Diskriminierungen nicht
dulden, sondern konsequent ahnden und Abhilfe schaffen (vgl. auch Blessin/Wick
2014, S. 305).

Folgende Fokusgruppen benötigen besondere Aufmerksamkeit im Hinblick
auf den Abbau von Ungerechtigkeit und die Würdigung von Unterschiedlichkeit:
weibliche Mitarbeiterinnen, Personen mit familiären Verpflichtungen, behinderte
Menschen, jüngere und ältere Mitarbeitende, Zugewanderte und Geflüchtete,
Menschen mit sehr individuellen Lebensentwürfen sowie stigmatisierte Personen-
kreise – wobei es zwischen diesen verschiedenen Segmenten auch Überschneidungen geben kann (vgl. Blessin/Wick 2014, S. 306).

Eine aktuelle Herausforderung ist vor allem die Beseitigung der Diskriminierung weiblicher Mitarbeiterinnen im Hinblick auf Entfaltungsmöglichkeiten, Tätigkeitsfelder, Position, Gehalt und Aufstiegschancen. Dabei
geht es um die Überwindung der sogenannten *gläsernen Decke,* die Frauen am
Aufstieg hindert (vgl. Scholz 2011, S. 257; Rybnikova 2014e, S. 407). Eine
weitere Herausforderung besteht darin, mehr Menschen mit Migrationshintergrund bessere Ausbildungschancen und adäquate Arbeitsperspektiven zu bieten.
Eine zusätzliche Aufgabe ist die Einbindung älterer Beschäftigter und jüngerer
Mitarbeiter der Generationen Y und Z. Hier sollten Maßnahmen greifen wie

intergenerative Zusammenarbeit, altersgemischte Tandems, flexible Arbeitszeit-gestaltung und Verankerung von Diversität in den Führungsgrundsätzen (vgl. Scholz 2011, S. 269). Darüber hinaus sollte dem Bedürfnis der jüngeren Mit-arbeiter nach mehr Eigenverantwortung und Mitsprache Rechnung getragen werden.

Man kann sich des Eindrucks nicht erwehren, dass in vielen Organisationen Diversity-Management nicht primär aus ethisch-humanen Überlegungen, sondern vor allem zur Erreichung bestimmter Unternehmenszwecke eingesetzt wird. Es scheint auch beim Thema Diversität – ähnlich wie bei den Themen-komplexen Compliance oder Nachhaltigkeit – außerdem eine Diskrepanz vorzu-herrschen zwischen den offiziellen Bekenntnissen auf der Schauseite in Form von geschliffenen Verlautbarungen, Verhaltenskodizes, Jahresberichten, Hochglanz-broschüren oder Internetauftritten auf der einen und der gelebten Führungspraxis auf der anderen Seite.

Dass sich die gelebte Praxis oft gravierend von den öffentlichen Belobigungen unterscheidet, lässt sich an etlichen Phänomenen aufzeigen. So gelangen beispiels-weise in vielen Wirtschaftsunternehmen aber auch im Bereich der öffentlichen Arbeitgeber und Kultureinrichtungen nach wie vor wenige Frauen in exponiert hohe Führungspositionen. Darüber hinaus besteht immer noch eine eklatante Gender Pay Gap und die Vereinbarkeit von Familie und Beruf ist vielerorts im Ansatz steckengeblieben. Und auch um den Schutz vor Altersdiskriminierung ist es schlecht bestellt: so werden regelmäßig – mit fadenscheinigen Argumenten – ältere Mitarbeiter vor die Tür gesetzt, damit diese Platz machen für wesentlich jüngere, kostengünstigere Nachfolger.

Die Position, die sich mit dem Management von Vielfalt befasst, sollte hierarchisch möglichst hoch angesiedelt sein und über einen direkten Zugang zur Geschäftsführung verfügen. Nur so kann gewährleistet werden, dass Lösungen auch wirklich implementiert werden und dass die Diversitäts-Beauftragten nicht zu ‚Moralaposteln in der dritten Reihe‘ degradiert werden (vgl. Scholz 2011, S. 264). Dreh- und Angelpunkt eines konsequenten Managements der Vielfalt sind ein Leitbild, ein Mission Statement und die damit verbundenen Führungs-grundsätze, auf die sowohl die Führungsspitze als auch die Mitarbeiterschaft Bezug nehmen können. Konsequentes Diversity-Management sollte sich nicht mit der Etablierung von Stellen für Gleichstellungsbeauftragte oder Diversity-Agenten begnügen, sondern der konkrete Bedarf an Veränderungen sollte Aus-gangspunkt für ernsthafte Verbesserungsmaßnahmen sein. Diversity muss in der tagtäglichen Praxis gelebt werden. Dazu gehört auch ein Führungsverständnis, das der Vielfalt an Kompetenzen und Interessen einen Raum gibt und das mehr geteilte Führung zulässt.

2.5.2 Diversität und Führung im Theaterbetrieb

Für Kultureinrichtungen und insbesondere die Theaterbetriebe haben Diversity-Fragen eine hohe Relevanz: Zum einen geht es darum, das Konzept der Vielfalt auf das eigene Publikum anzuwenden, zielgruppenaffine Themen auszuwählen und entsprechende Veranstaltungen zu entwickeln. Vor allem aber sind die Theater selbst von personeller Vielfalt betroffen aufgrund der Heterogenität der eigenen Mitarbeiterschaft im Hinblick auf Ausbildung, Berufsgruppe, Alter, Geschlecht bzw. Gender, Familienstand, kulturelle Hintergründe, Lebenssituation, Einstellungen und Lebensstile.

Eine wesentliche Diversity-Aufgabe am Theater ist beispielsweise die Berücksichtigung des Umstandes, dass die Bundesrepublik ein Einwanderungsland ist (mit mehr als 40 % Migrationsanteil in deutschen Großstädten). Dies kann geschehen durch die Auswahl von Themen, Stoffen oder Regisseuren sowie durch die bewusste Erweiterung von Ensemble und Mitarbeiterschaft, die die gesellschaftliche Realität widerspiegelt. Weitere zentrale Diversity-Themen im Hinblick auf die Überwindung von Diskriminierung sind der Abbau der Gagenungerechtigkeit zwischen den Beschäftigten nach NV Bühne, TVK und TVÖD, die Beseitigung der Benachteiligung von Frauen im Hinblick auf Gehalt, Aufgabe und Position sowie ihre stärkere Berücksichtigung bei der Auswahl von Autoren/innen und Regisseuren/innen. Des Weiteren sollten Maßnahmen zur besseren Vereinbarkeit von Beruf und Familie auf der Agenda stehen sowie die Berücksichtigung der teilweise heterogenen Bedürfnisse der unterschiedlichen Generationen.

Viele Kultur- und Theatereinrichtungen befassen sich bereits mit Diversitätsfragen sei es im Hinblick auf Migrationsfragen, Interkulturalität oder Gender-Fragen. Nach einer Umfrage der Zukunftsakademie NRW (ZAK NRW) im Jahre 2019 wurde im Raum NRW bereits in drei Viertel der Kultureinrichtungen am Thema Diversität aktiv gearbeitet. In 44 Prozent der Organisationen gehörte Diversität laut Eigeneinschätzung zum Kerngeschäft, weitere 30 Prozent realisierten das Thema projektbezogen (vgl. Zukunftsakademie 2019).

Eine der ersten Bühnen, die sich des Themas Diversität – und zwar zugeschnitten auf das Stichwort der (Post-)Migration – explizit annahm, war das Berliner Maxim Gorki-Theater. Die Intendanz von Shermin Langhoff und Jens Hillje hatte sich von Beginn der Spielzeit 2013/2014 an zum Ziel gesetzt, ein interkulturelles, postmigrantisches Stadttheater zu etablieren – also ein Theater, das nicht nur für Migranten aller Generationen, sondern für alle da sein will. Kernziel war und ist, die Stadt in ihrer kulturellen, künstlerischen und ethnischen Vielfalt auf der Bühne zu behandeln. Die postmigrantische Ausrichtung schlug

sich auch in der Auswahl der Autoren/innen, Regisseure/innen und Ensemblemitglieder, der Gründung eines zusätzlichen Exil-Ensembles und der Etablierung
verschiedener diskursiver Formate nieder (vgl. Langhoff 2013; dies. 2019; dies.
2019a).

Auch andere Theater setzen sich proaktiv mit Gender- und Diversitätsfragen
auseinander: So wollen Sonja Anders und Nora Khuon am Schauspiel Hannover
ab der Spielzeit 2019/2020 die Ungleichbezahlung von Frauen und Männern
beenden. Darüber hinaus sollte etwa die Hälfte der Produktionen der ersten
Saison von Frauen verantwortet werden. Und schließlich sollte das Ensemble in
seiner Zusammensetzung die Vielfalt der Gesellschaft abbilden: So gibt es im
Schauspiel-Ensemble People of Color, weitere Akteure mit Migrationshintergrund sowie ein Ensemblemitglied mit einem körperlichen Handicap (vgl. Süddeutsche Zeitung 20.09.2019, S. 13).

Mittlerweile befassen sich etliche weitere Theater mit dem Themenkomplex
Diversität unter interkulturellen Aspekten. So wurden ab 2019 erneut mehrere
Bühnen – neben Museen, Bibliotheken sowie einem Symphonieorchester – durch
das bis 2024 laufende Programm der Bundeskulturstiftung „360° – Fonds für
Kulturen der Stadtgesellschaft" gefördert. Ziele des Programms sind die verbesserte Zusammenarbeit mit migrantischen Organisationen, die Entwicklung
neuer Teilhabekonzepte und Wege einer interkulturellen Organisationsentwicklung (vgl. Kulturstiftung des Bundes 2020).

2.6   Führung und Ethik

2.6.1   Unternehmens- und Führungsethik

Die *Führungs*ethik befasst sich mit der Gestaltung einer respektvollen und
fairen Beziehung zwischen Führenden und Mitarbeitenden. Die *Unternehmensethik* ist umfassender und zielt die Beziehung zwischen der Organisation und
ihren Stakeholdern. Führungsethik und Unternehmensethik sind eng verknüpft
und beeinflussen sich gegenseitig. Auf der einen Seite prägen Führungskräfte
die Leitlinien der Organisation maßgeblich mit und stellen durch ihr Verhalten
gegenüber Mitarbeitern und anderen Anspruchsgruppen ein positives oder auch
negatives Vorbild für die gesamte Organisation dar. Umgekehrt repräsentieren die
Führungspersonen die Werte der Organisation. Ein Fehlverhalten auf ihrer Seite
ist auch ein Symptom für die dahinterliegenden Organisationszwecke, -strukturen
und -kulturen, die dieses Verhalten erst ermöglichen oder gar einfordern.

Diskussionen über Unternehmens- und Führungsethik haben Hochkonjunktur. Ein Grund hierfür ist die Tatsache, dass sich unethische Führung auch in der mangelnden Zufriedenheit der Mitarbeiter niederschlägt. So haben nach einer Gallup-Studie im Jahr 2010 etwa 20 % aller Arbeitnehmer daran gedacht, ihr Unternehmen wegen des direkten Vorgesetzten zu verlassen, nur 13 % hatten noch eine emotionale Bindung an ihr Unternehmen, 66 % der Mitarbeiter machten lediglich Dienst nach Vorschrift und 21 % pflegten bisweilen eine Sabotage-Haltung (vgl. von der Oelsnitz 2017, S. 22; Brosi/Spörle 2012, S. 270).

Nach einer aktuelleren Untersuchung des Gallup-Instituts aus dem Jahr 2018 kosten alleine innere Kündigungen die deutsche Wirtschaft jedes Jahr zwischen 98 und 118 Mrd. EUR. Auch hier ist eine Ursache in unzureichender Führung aufgrund einer defizitorientierten Haltung und einer mangelnden Feedbackkultur zu suchen. Nur 40 % der befragten Mitarbeiter waren der Ansicht, dass das Mitarbeitergespräch geholfen habe, die eigene Arbeitsleistung zu verbessern und 44 Prozent der Befragten hatten in den letzten zwölf Monaten gar kein Gespräch mit ihrem Vorgesetzten (Backovic et al. 2018). Und nach einer Studie der Hans Böckler Stiftung für den Bereich der Darstellenden Künste und der Musik, die im Jahr 2016 in Zusammenarbeit mit der Kulturpolitischen Gesellschaft und Art but fair entstand, sind 30,8 % von 2635 Befragten von der Nichteinhaltung von Vertragsregelungen und 35 % von Machtmissbrauch und Willkür des Vorgesetzten betroffen (vgl. Norz 2016, S. 9 ff).

Führungsethik kann primär vom Individuum aus, also von der einzelnen Führungsperson her, gedacht werden und zwar im Sinne einer charakterlich-moralischen Integrität, die auf der konsequenten Befolgung allgemein verbindlicher Prinzipien basiert (vgl. Petersen 2017a, S. 83). Solche ethischen Prinzipien sind:

- Respekt gegenüber den Mitarbeitenden
- Vermeidung von Diskriminierung, Herabsetzung, Schikane und sexueller Belästigung
- Respekt gegenüber der Privatsphäre
- Gewährung humaner Arbeitsbedingungen (einschließlich angemessener Ruhezeiten und fairer Entlohnung)
- partnerschaftliche Kommunikation auf Augenhöhe sowie offenes und ehrliches Informationsverhalten
- Gewährung von Feedback und Anerkennung guter Leistungen
- konstruktive Kritik
- Zuteilung von sinnvollen, abwechslungsreichen und herausfordernden Aufgaben

- Ermöglichung von Eigenständigkeit und Partizipation an Entscheidungen
- Angebote zur Weiterbildung und Entwicklung (vgl. Franken 2019, S. 231 f).

Die *Unternehmensethik* hingegen betrifft die Organisation insgesamt. Diese hat im Sinne des *Corporate Citizenship* auch eine staatsbürgerliche Verantwortung wahrzunehmen, die darin besteht, einen Beitrag zum Wohl der Gesellschaft zu leisten und gesellschaftlich verhandelte Themen wie Nachhaltigkeit, Ressourcen-Effizienz oder Diversität zu reflektieren und in ihre eigene Governance-Ordnung einfließen zu lassen (vgl. Petersen 2017b, S. 107 und Schmidt/Quandt 2017, S. 4).

Die Orientierung von Organisationen wie von Führungspersonen an ethischen Prinzipien sollte nicht allein aus erfolgsstrategischem Kalkül geschehen, sondern als grundsätzliche *moralische Verpflichtung* verstanden werden. Vor diesem Hintergrund befasst sich die Unternehmens- und Führungsethik mit der Frage, welche ethischen Wertmaßstäbe für die eigene Organisation und ihre Führungskräfte gelten sollen und wie Unternehmensziele mit den Bedürfnissen der verschiedenen Bezugsgruppen sowie zentralen ethischen Prinzipien in Einklang gebracht werden können. „Wenn sie schlecht ist, dient Wirtschaftsethik nur als Legitimationskitsch ratloser Unternehmer. Wenn sie gut ist, macht sie auf Differenzen zwischen der Wirtschaft und dem Rest der Gesellschaft aufmerksam, die mit wirtschaftlichen Mitteln alleine nicht zu bearbeiten sind" (Baecker 1994, S. 148).

Die beiden hier vorgestellten Konzepte zum Entwurf einer Unternehmensethik beziehen die – von möglichen Beschlüssen betroffenen – Bezugsgruppen (wie beispielsweise die Mitarbeiterschaft) mit ein und plädieren für einen *Dialog* auf Augenhöhe. So erweitert beispielsweise der *dialogethische* Ansatz von Horst Steinmann das Handeln der Führenden um die ethische Komponente der gemeinsamen *Verständigung* mit den jeweiligen *Bezugsgruppen* über die zugrunde liegenden Werte, die daraus abgeleiteten Prinzipien (wie Diskriminierungs- oder Korruptionsverbote) oder die Verfahrensvorschriften beim Umgang mit Konflikten (vgl. Steinmann/Schreyögg 2005, S. 112 ff).

Steinmanns diskursethische Konzeption überwindet den *monologisch* ausgerichteten Ansatz der Corporate Social Responsibility. Grundlage ist der sogenannte ‚*ideale Dialog*' (Habermas 1981). Dieser basiert nicht nur auf der Sachverständigkeit aller Beteiligten, sondern vor allem auf der Bereitschaft, Voreingenommenheit zu überwinden sowie auf Macht zur Durchsetzung eigener Interessen und manipulative Überredung zu verzichten (vgl. Steinmann/Schreyögg 2005, S. 117). Es geht also um einen ergebnisoffenen Klärungsprozess ohne Letztentscheidung durch die Führungsseite. Eine derartige Konzeption steht dem traditionellen Top-Down-Verständnis, das selbst noch der transformationalen

Führung aufgrund ihrer Vorgabe von Werten inhärent ist, diametral entgegen (vgl. Weibler 2016, S. 662).

Führung ist demnach dann *ethisch*, wenn sie *legitim* ist und sie ist dann legitim, wenn der Konsens qua argumentativer Rede herbeigeführt wird und Führende ihr Handeln gegenüber den Geführten mit *vernünftigen* Argumenten *begründen* können (vgl. Habermas 1981, S. 28 ff; 34 ff; Weintz 2008, S. 32; Weibler 2016, S. 661). Dabei geht es nicht um eine metaphysische Begründung oder subjektive Gewissensentscheidung, sondern um einen *intersubjektiv* gültigen Konsens, der in einem ergebnisoffenen,' herrschaftsfreien' Diskurs herbeigeführt wird und in dem ein Ausgleich zwischen den Interessen der Organisation, der Führenden und der Bezugsgruppe (z. B. den Geführten) angestrebt wird. Dies kann und sollte bei kritischen Einwänden und triftigen Gegenargumenten die Führung dazu veranlassen, ihre Entscheidung noch einmal zu überdenken (vgl. Weibler 2016, S. 661 f). Nach Steinmann ist zudem wesentlich, dass bei grundlegenden Vereinbarungen der gefundene Konsens im Rahmen eines selbstverpflichtenden Kodexes schriftlich fixiert wird (vgl. Steinmann/Schreyögg 2005, S. 119 f).

Peter Ulrich vertritt einen integrativen, unternehmensethischen Ansatz, der auf die gesamte Organisation bezogen ist. Dabei wird das unternehmerische Erfolgs- und Gewinnstreben der *normativ-ethischen* Legitimation *untergeordnet* (vgl. Ris 2012, S. 25 f). Die Verantwortungskultur soll durch Leistungsanreize, Beurteilungs-, Honorierungs- und Beförderungssysteme gestärkt sowie rücksichtsloses persönliches Erfolgsstreben verhindert werden. Auch Ulrich plädiert dafür, dass neben den Leistungs- und Erfolgszielen ein Ethikkodex formuliert werden muss, der unbedingt einzuhalten sei (ebd. 26).

Dem Führungsgeschehen ist Machtausübung inhärent. Die formale Zuweisung von Macht qua Position kann aber dysfunktionale Auswirkungen auf die Führenden selbst – im Sinne von Selbstüberschätzung und Selbstfixierung – nach sich ziehen (vgl. Brosi/Spörle 2012, S. 270). Der Einsatz von Macht im Kontext von Führung sollte daher ethisch legitimiert sein, das heißt die Führungskraft sollte sich nicht nur daran messen lassen, in welche Richtung sie das Verhalten der Geführten zu steuern versucht (Ziele der Organisation, der Führenden und/ oder der Geführten), sondern auch daran, welche Wirkungen das Führungshandeln auf die Arbeits- und Lebensqualität der Geführten hat (vgl. auch Weibler 625; Dillerup/Stoi 2013, S. 639).

Die Vorbildwirkung der Führenden ist nicht zu unterschätzen. Nach einer Befragung von 13.500 Fach- und Führungskräften Anfang 2018 durch das Kienbaum Institut ISM gemeinsam mit Stepstone orientierten sich die mittleren Führungskräfte bei ihrem eigenen Führungsstil vor allem an ihren Vorgesetzten.

Zwischen dem Stil, der ihnen von den Vorgesetzten vorgelebt wurde und dem, den sie selbst gegenüber ihren Mitarbeitern anwendeten, bestand ein signifikanter Zusammenhang. Das heißt, schlechte Führung findet sehr schnell Nachahmer (vgl. Kontio 2018).

2.6.2 Destruktive Führung: Bad Leadership

Nachdem man sich lange Zeit nur mit den Bedingungen für gute Führung befasst hatte, rückte in den letzten Jahren – auch ausgelöst durch eine Reihe handfester Skandale im Wirtschaftssektor, in der Politik sowie im Non-Profit- und auch im Kulturbereich – die *dunkle* Seite von Führung mehr in den Mittelpunkt. Dabei geht es um die Frage, aufgrund welcher Faktoren Führung misslingen bzw. sich zu *destruktiver, schädigender Führung* entwickeln kann. Es sei aber vorweggeschickt: Führung ist in der Regel nicht durchgängig gut (destruktiv) *oder* durchgängig schlecht (konstruktiv), sondern es finden sich im Führungsverhalten fast immer sowohl destruktive als auch konstruktive Aspekte. Allerdings kommt es auf das Mischungsverhältnis an und das Ziel sollte immer sein, die *destruktiven Anteile* zu *minimieren* und die konstruktiven zu erhöhen (vgl. Weibler 2016, S. 634 f)

Padilla, Hogan und Kaiser nennen *fünf Bestimmungsgrößen für destruktive Führung* oder *Bad Leadership:* Destruktive Führung ist selten ausschließlich destruktiv, beruht auf Dominanz, Zwang und Manipulation, hat eine eigennützige Orientierung, fokussiert eher auf die Interessen der Führenden als auf die Bedürfnisse der Geführten, gefährdet die Lebensqualität der Geführten und/oder ist der Erreichung der Organisationsziele abträglich und ist nicht nur das Resultat von destruktiv Führenden, sondern auch von dafür empfänglichen, beeinflussbaren Geführten sowie einer begünstigenden Umwelt (vgl. Padilla, Hogan und Kaiser 2007, in: Weibler 2016, S. 636). Als destruktive Führung/Bad Leadership kann ein *systematisches* und *wiederholtes* Verhalten einer Führungskraft bezeichnet werden, das die legitimen Interessen der Organisation verletzt und/oder die Motivation, das Wohlbefinden oder die Arbeitszufriedenheit der Nachgeordneten untergräbt (vgl. Lang 2014e, S. 342). Unter destruktiver Führung ist kein einmaliges, sondern ein *regelmäßiges* Verhalten zu verstehen, das sich unbeabsichtigt oder beabsichtigt ereignen kann. Ziel der Reflexion des eigenen Führungsverhaltens im Sinne von *Selbstführung* sollte es daher sein, die möglicherweise vorhandenen Anteile von ‚Bad Leadership' zu reduzieren.

Eine *Quelle* von destruktiver Führung kann das sogenannte *Derailment* sein, also das Scheitern und die Entgleisung des Führenden durch permanente Überforderung. Die Überforderung kann nicht nur autoaggressiv nach innen wirken, sondern sich auch in destruktiv-aggressivem Verhalten gegenüber Mitarbeitenden oder der Organisation äußern (Haag 2016. S. 18 ff). Die Gefahr der Überforderung ist beispielsweise dort gegeben, wo komplexe, hohe oder sich widersprechende Ansprüche – beispielsweise bedingt durch Umstrukturierungen, Überfrachtung des eigenen Aufgabenfeldes oder Aufstieg an die Führungsspitze – an die Führenden gestellt werden, denen diese nicht gerecht werden können. Diese Überforderung der Führungskraft kann zu mangelnder Akzeptanz bei Mitarbeitern, schwindendem Rückhalt bei Kollegen oder Differenzen mit dem Vorgesetzten bzw. dem Arbeitgeber führen. Bei einem *internalen* Derailment ‚implodieren‘ die Betroffenen, entwickeln physische Erkrankungen, verfallen in eine Depression oder zeigen Burnout-Symptome. Bei einem *externalen* Derailment ‚explodieren‘ sie quasi, was sich in Schikane, Mobbing oder Manipulation von Mitarbeitern, in Rache-Aktionen oder schädigendem Verhalten gegenüber der Organisation niederschlagen kann (ebd. 18 f). Eine andere Quelle für destruktive Führung ist, dass die qua Position verliehene *Machtfülle* negative Auswirkungen auf die Führenden haben kann, da diese korrumpiert und zu einem Verhalten einlädt, das dem eigenen Egoismus frönt und weder der Organisation noch der Mitarbeiterschaft dienlich ist. Diese Tendenz kann durch eine individuelle Neigung zu Narzissmus, Machiavellismus oder Psychopathie noch verstärkt werden. Führungspersonen, die durch ehrliche Introspektion bei sich selbst Derailment-Tendenzen in die eine oder andere genannte Richtung feststellen, sollten dieser Entwicklung nicht nur durch kritische Selbstbeobachtung, sondern auch durch rechtzeitige Hinzuziehung fachkundiger Begleitung von außen begegnen.

Einarsen, Aasland und Skogstad unterscheiden an Hand des Führungsgitters von Blake/Mouton (1979) mehrere *Ausprägungen* von destruktivem Führungsverhalten (vgl. Weibler 2016, S. 639):

1. Ein *tyrannisches* Führungsverhalten, das zwar die Organisationsziele akzeptiert, diese aber auf Kosten der Mitarbeiter und gegen deren legitime Interessen durch Demütigung, Schikane, Mobbing oder Bestrafung durchsetzt *(Tyrannical leadership behavior)*.
2. Ein *entgleistes* Verhalten, das sowohl den Mitarbeitenden mittels Drohungen als auch der Organisation (beispielsweise durch Absentismus) Schaden zufügt *(Derailed leadership behavior)*.
3. Ein Verhalten, das Mitarbeiter *unterstützt* aber zugleich *illoyal* der Organisation gegenüber ist, indem ein grobes Fehlverhalten von Mitarbeitenden durch den Vorgesetzten gedeckt wird *(Supportive-disloyal leadership bahavior)*.

4. Ein laissez-faire Verhalten, das sich in der *Verweigerung* und Verschiebung von Führungsentscheidungen, in geringem Interesse an Erfolgszielen sowie in abnehmender Verbundenheit und verringerter Kontakthäufigkeit zu den Geführten äußert

5. Davon abweichend wird als *Ideal* ein Führungsverhalten beschrieben, das sowohl den Mitarbeitenden als auch den Organisationszielen gerecht werden will *(Constructive leadership behavior)*

Destruktive Führung greift in ihrer Einflussnahme eher auf *Zwang* und *Manipulation* zurück denn auf Strategien der *Überzeugung* (vgl. Weibler 2016, S. 636). Destruktive Führung kann nach Padilla, Hogan und Kaiser (2007) jedoch nicht nur seitens der *führenden Person* entstehen, sondern nach dem Modell der *toxischen Triangel* auch durch empfänglich-konforme oder komplizenhaft konspirierende *Geführte* sowie durch *begünstigende Umwelten* wie Instabilität der Organisation, Mangel an Kontrolle oder falsche Leistungsanreize (vgl. Padilla, Hogan und Kaiser in: Weibler 2016, S. 636f) (Abb. 2.12).

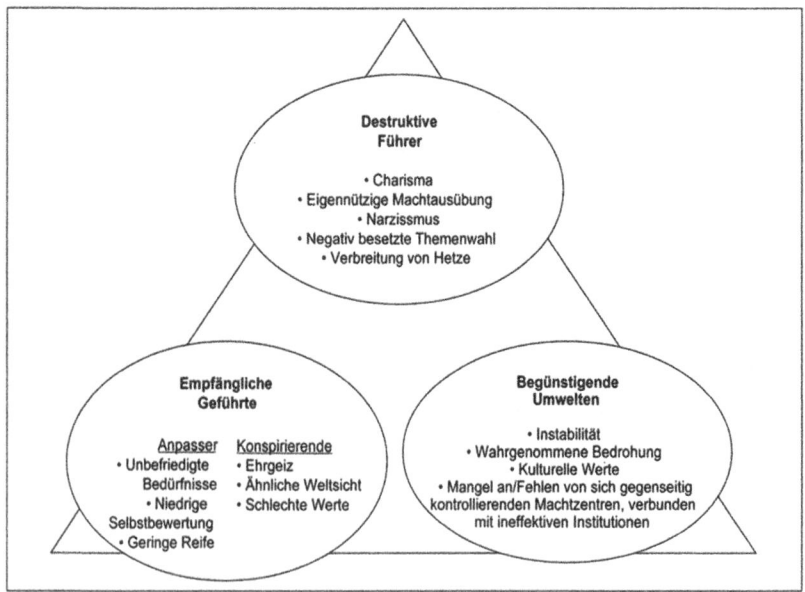

Abb. 2.12 Die toxische Triangel der Führung (Padilla, Hogan, Kaiser 2007). (Quelle: Weibler 2016, S. 637 (Vahlen))

Die Autoren nennen im Hinblick auf die *Führungsperson* folgende kritischen Faktoren: eine Korrelation von charismatischer und destruktiver Führung, ein ausgeprägtes Machtmotiv, Nutzung der Machtbasis für die eigenen Ziele, übersteigerter Narzissmus, der mit Arroganz und Selbstüberschätzung einhergeht, negative Welt- und Menschenbilder oder auch eine Ideologie des Hasses, durch die jeder zum Feind werden kann (vgl. Weibler 2016, S. 636 f).

Destruktive Führung äußert sich gegenüber den *Geführten* in feindseligem, aggressivem Verhalten und zwar insbesondere durch Unhöflichkeiten und Grobheiten, lautes Anschreien, öffentliches Stempeln zum Sündenbock oder Bloßstellen, taktlose und kränkende Bemerkungen, Herabsetzung und Nötigung sowie Deklarierung von Mitarbeiterleistungen als eigene Leistungen (vgl. Weibler 2016, S. 638).

Destruktive Führung kann nicht nur wirtschaftliche *Folgen* für die *Organisation,* sondern auch psychologische Folgen bei der Belegschaft nach sich ziehen wie schwindende Arbeitszufriedenheit, geringeres Commitment, stärkeres Stresserleben, kontraproduktives Arbeitsverhalten und höhere Kündigungsabsicht (vgl. Schilling/May 2015, S. 324). Daher sollten Organisationen entsprechende *Maßnahmen* ergreifen. Dies kann die Ausgestaltung von Regeln zum Recruiting sowie Angebote im Bereich Personalentwicklung (Ethik-Training) betreffen. Vor allem kommt es aber auch darauf an, die Rahmenbedingungen der Organisation so zu gestalten, dass destruktive Führung vermieden wird. Dies kann geschehen durch die Vereinbarung eines Code of Conduct sowie Verabschiedung von Compliance- und Recruiting-Regeln, durch die Einrichtung von Kontrollmechanismen wie Moral-Bilanz und Ethik-Kommission, Etablierung eines Ethik-Audits und Schaffung einer Anlaufstelle für Mitarbeiter (vgl. Schilling/May 2015, S. 327; Lang 2014e, S. 342).

Destruktive Führung kann aber auch durch eine erhöhte *Selbstreflexion* der *Führenden* im Sinne einer *Selbstführung* vermieden oder gemindert werden. Barbara Kellerman (2004) hat einige konkrete Handlungsempfehlungen entwickelt, mit deren Hilfe *schlechte Führung minimiert* und gute Führung maximiert werden kann. Die Empfehlungen für die Führenden lauten: „Begrenze deine Amtszeit! Begrenze deine Macht! Verliere nicht den Kontakt mit der Realität! Widme dich nicht nur deinem Job, sondern auch deiner Familie und deinen Freunden! Kenne und kontrolliere deinen ‚Hunger' nach Macht, Geld, Erfolg und Sex! Glaube nicht an den Hype um deine Person! Stelle dich selber in Frage!" (Kellerman 2004, in: Weibler 2016, S. 635).

Kellerman gibt aber auch den *Geführten* einige Empfehlungen mit auf den Weg: „Ermächtige dich selbst! Sei nicht nur einem Einzelnen, sondern stets dem Ganzen verpflichtet! Sei skeptisch und habe einen Standpunkt! Sei aufmerksam!

Finde Verbündete! Informiere dich unabhängig! Nimm die Führenden in die Verantwortung" (ebd.).

2.6.3 Konstruktive Führung: Good Leadership

Nach Brown/Trevino machen moralisch agierende Führungskräfte ethische Fragen zu einem expliziten Teil ihrer Agenda, indem sie Werte kommunizieren, sichtbar und bewusst als ethisches Vorbild und Role Model handeln sowie auf ein Belohnungssystem zurückgreifen, um die Nachgeordneten ihrerseits zu ethischem Verhalten zu motivieren (vgl. Lang 2014e, S. 323).

Prüfsteine für die Frage nach konstruktivem Führungsverhalten könnten unter anderem folgende Fragen sein: Was sagen die anderen dazu? Wie fühle oder finde ich mich selbst dabei? Worauf gründen die Bewertungen für gut oder schlecht? Welche Alternativen wurden bewusst ausgeschlossen? Sind die Geltungsansprüche der Entscheidungsgründe verallgemeinerbar? (vgl. Blessin/Wick 424)

Kuhn und Weibler postulieren als Grundlage für konstruktive Führung einen Dialog mit den Geführten, der auf ethischen Grundsätzen basiert und Ähnlichkeiten mit dem Konzept des herrschaftsfreien Diskurses nach Habermas (1981) aufweist. Die Autoren nennen folgende *Verfahrens- und Verhaltensbedingungen* für einen idealtypischen *Diskurs:*

1. Die Beteiligung aller Betroffenen zur Beachtung aller Bedürfnisse und Wertungen
2. Diskursive Einigung auf der Basis allgemein akzeptierter Argumente
3. Chancengleichheit aufgrund gleicher Verhandlungsmacht der Akteure
4. Zwanglosigkeit durch Verzicht auf Überredung und Sanktionen
5. Unbeschränkter Zugang aller Beteiligten zu allen Informationen
6. Argumentative Kompetenz aller Beteiligten
7. Motivation zur Erzielung eines allgemein akzeptierten Konsenses (nach Kuhn/Weibler 2012, S. 149: in Lang 2014e, S. 342)

Brown, Trevino und Harrison haben 2005 eine sogenannte ‚Ethical Leadership Scale' entwickelt, die als ELS-D von Rowold, Bergmann und Heinitz für den deutschsprachigen Raum adaptiert wurde. Diese Skala eignet sich als *Verständigungsinstrument* über konstruktive Führung bzw. Good Leadership, als Grundlage für *Führungskräfte-Entwicklung* und -beurteilung sowie als *Instrument der Selbstanalyse* im Rahmen von Selbstführung. Die 10-Punkt-Skala ist folgendermaßen konzipiert.

Eine konstruktiv agierende Führungskraft…

„1. hört auf das, was Mitarbeiter zu sagen haben

2. bestraft Mitarbeiter disziplinarisch, die ethische Standards verletzen

3. führt ihr/sein Leben in einer ethischen Art und Weise

4. denkt an die Interessen der Mitarbeiter

5. trifft faire und ausgewogene Entscheidungen.

6. ihr/ihm kann vertraut werden.

7. diskutiert Geschäftsethiken und -werte mit Mitarbeitern

8. gibt Beispiele, wie Dinge aus ethischer Sicht richtig gemacht werden sollten

9. beurteilt Erfolge nicht nur nach Ergebnissen, sondern auch danach, wie sie erreicht wurden

10. wenn sie/er Entscheidungen fällt, fragt sie/er: „Wie kann ich bei dieser Entscheidung das Richtige tun?" (in: Weibler 2016, S. 655)

2.6.4 Destruktive und ethisch-konstruktive Führung im Theaterbetrieb

Auch die öffentlichen Theater kommen an der konsequenten Beschäftigung mit unternehmens- und führungsethischen Fragen nicht vorbei, denn die von den Bühnen als ,Gewissen der Nation' und kritische Chronisten vertretenen Werte stehen durchaus in einem Gegensatz zur eigenen, hierarchisch verfassten Organisation und der damit oft verknüpften Führungspraxis. Die Theater müssen sich heute die Frage stellen, inwieweit sie glaubhaft die auf der Bühne propagierten Maximen der Partizipation, Solidarität oder Gleichberechtigung als Maßstäbe an das eigene Organisations- und Führungshandeln anlegen (vgl. auch Ris 2012, S. 9–12).

Sybille Berg formuliert diesen Widerspruch in ihrer viel zitierten Rede vor der Intendantengruppe des Deutschen Bühnenvereins im Dezember 2017 in Hofgeismar wie folgt: „Wie sollen wir die Zuschauer*innen mit erfreulichen Utopien anregen, wenn wir als Theaterbetrieb (bewusst oder unbewusst) die neoliberalen Standards der Welt um uns übernommen haben? Mit ihrer Führungskultur, dem Gender Pay Gap? Wenn wir mit der Auswahl der Stücke alte Geschlechter-Stereotype wiederholen? Und Machtstrukturen akzeptieren, die im Kern den Backlash der konservativ-rechten Werte in Europa abbilden? Wie können wir dann behaupten, wir machten politisches Theater" (Berg 09.12.2017).

Unternehmensethisch verbesserungswürdig sind beispielsweise die Arbeitskonditionen, die dadurch gekennzeichnet sind, dass Darsteller und andere künstlerische Mitarbeiter unter oft ausufernden Arbeitszeiten leiden, finanziell schlechter gestellt und ihnen zudem im Gegensatz zu Orchester- bzw. Chormitgliedern, Technikern und einem Teil der Verwaltungsmitarbeiter (die alle zumeist unbefristet angestellt sind) zum Ende jeder Spielzeit und erst recht beim Intendantenwechsel durch das Procedere der Nichtverlängerung ad libitum ohne Angaben von Gründen gekündigt werden kann. Dafür mag es aus Intendantensicht gute Gründe geben, nämlich die Möglichkeit, immer wieder neue künstlerische Konstellationen bilden zu können (vgl. Weber 2020) oder auch der Versuch, dadurch der Gefahr der ‚Überalterung' des Ensembles und der damit verbundenen, verknappten Zugangsmöglichkeit für Nachwuchsschauspieler begegnen zu können (Kommentar zu Weber 2020).

Wenn aber auch während einer laufenden Intendanz regelmäßig davon Gebrauch gemacht wird, unterläuft dies die Idee des Ensembletheaters, da sich innerhalb des Ensembles nur wenig Zusammengehörigkeit, Vertrauen und gemeinsamer Mut zum Risiko herausbilden kann (vgl. Hewison/Holden 2011, S. 40) und auch die identitätsstiftende Außenwirkung geschmälert wird. Hinzu kommt, dass auf der Künstlerseite Abhängigkeiten entstehen und es in der Praxis nicht selten an klarer, fairer Kommunikation bei der Nichtverlängerung mangelt (vgl. Weber 2020). Allein der Begriff der Nichtverlängerung stellt einen meisterhaften Euphemismus für das Wort Kündigung dar.

Darüber hinaus müssen sich die Ensemblemitglieder mit ausgedehnten und ungeregelten Arbeitszeiten sowie niedrigen Gagen arrangieren, die mit 2.000,00 Euro brutto für Berufsanfänger (Stand Mitte 2020) erheblich unter den Gehältern anderer Berufsgruppen mit vergleichbarer Ausbildung liegen. Nach einer Untersuchung von Thomas Schmidt arbeiten 54 % von 1966 befragten Theaterschaffenden (davon 64 % fest am Theater angestellt) mehr als 8 Stunden und 14,5 % mehr als 10 Stunden täglich. Der Frauenanteil liegt bei 65 % in diesen Gruppen. 75 % der befragten Künstler arbeiten jeden Samstag und/oder jedes zweite Wochenende. Und nur 12 % aus dieser Gruppe erhalten nach Schmidt für ihre Mehrarbeit einen angemessenen finanziellen oder zeitlichen Ausgleich (vgl. Schmidt 2019a, S. 358). Auf *Design* und *Methodik* dieser Studie wird später noch eingegangen.

Und schließlich geht es am Theater auch um *Führungsethik im engeren Sinne:* So finden sich im Kontext der deutschsprachigen Bühnen immer wieder einzelne Beispiele für destruktives Führungsverhalten und Bad Leadership – und zwar sowohl in *managerialer* als auch in *zwischenmenschlicher* Hinsicht: Mal geht es um Misswirtschaft wie bei den Finanzdefiziten im Jahr 2013 in vielfacher Millionen-Höhe am Wiener Burgtheater (vgl. ORF 27.02.2014) sowie im gleichen Jahr am Düsseldorfer Schauspielhaus (vgl. Lieb 01.12.2013). Mal geht es um die Vergabe von Stellen bzw. Aufträgen durch die Intendanz an nahestehende Personen oder andere Formen der Begünstigung (Tobler: 06.07.2018; Kümmel 29.05.2018; T. Schmidt 2019a, S. 5).

Eine Untersuchung von Maximilian Norz aus dem Jahr 2016 unter 2635 angestellten und freiberuflichen Mitarbeitenden in den Bereichen Theater und Musik listet diverse Missstände im Hinblick auf die Arbeitsumstände auf (vgl. Norz 2016). Von den Befragten waren ca.1800 künstlerisch tätig und davon 47 % im Theaterbereich (vgl. Norz 2016, S. 92 ff). Auf die Befragung wurde im Vorfeld vielfach hingewiesen. Das Distributionsspektrum der Befragung reichte von Newsletter-Links der Kulturpolitischen Gesellschaft und art but fair über Email-Links von verschiedenen Hochschulen, Berufsverbänden und Gewerkschaften im Bereich Theater und Musik bis hin zum Deutschen Städtetag und zu Links auf diversen Stellenmarkt- und Nachrichtenportalen aus dem Musik- und Theaterbereich. Der *Deutsche Bühnenverein* hat die Umfrage hingegen nicht unterstützt (vgl. Norz 2016, S. 92).

Bei der Studie sind die Bereiche Theater und Musik zwar nicht immer exakt abgegrenzt und auch die Formen von Machtmissbrauch sind nicht weiter ausdifferenziert. Zudem ist die Untersuchung – wie der Verfasser selbst einräumt – letztlich nicht repräsentativ (ebd. 9). Dennoch geben die Ergebnisse zu denken (die Summen von mittlerer bis sehr starker Ausprägung werden hier zusammengezogen): 51 % der Befragten waren nach eigener Einschätzung von schlechten Proben-, Unterkunfts- und Aufführungsbedingungen mittel bis sehr stark betroffen (n = 1770). 69 Prozent (n = 1792) beklagten unbezahlte Leistungserbringung und 80 % (n = 1811) die insgesamt unsichere Arbeitssituation. 47 % (n = 1586) kritisierten die Nichteinhaltung der arbeitsrechtlichen Gesetze und Schutzvorschriften und 31 % der Befragten (n = 1.793) die Nichteinhaltung vertraglicher Regelungen (vgl. Norz 2016, S. 22–30).

Hinzu kommen verschiedene Formen des Machtmissbrauchs. Dieser äußert sich beispielsweise durch psychische Druckmittel wie die Zurückhaltung von Vertragsunterzeichnungen oder Honoraren, die Nichteinhaltung von Verträgen und Verabredungen, die Androhung von Kündigung, Kündigung ohne Begründung oder die Aufforderung zur Denunziation (vgl. Thomas Schmidt 2019b, S. 103 f, 106). In der Untersuchung von Norz kritisierten 45,3 % der Befragten (n = 1.159) unlautere Vorteilsgewährung bei der Auftrags- und Stellenvergabe und 35 % (n = 1.770) beklagten Machmissbrauch und Willkür (vgl. Norz 2016, S. 28). In der Untersuchung von Thomas Schmidt gaben 56,4 % der Befragten an, Machtmissbrauch erlebt zu haben (Schmidt 2019a, S. 359).

Darüber hinaus häufen sich (auch vor dem Hintergrund der „#MeeToo"-Debatte) Klagen über persönliche Verfehlungen wie rassistisches, sexistisches oder auch übergriffiges Verhalten gegenüber Mitarbeitenden durch (ehemalige) Intendanten, Theater- und Opernregisseure, Choreographen, Dirigenten oder auch prominente Sänger im deutschsprachigen Raum. So stand im Juni 2019 das Berliner „Theater in der Parkaue" im Fokus, da einem dort tätigen Regisseur rassistisches Verhalten während der Probe und der damaligen Intendanz in einem Offenen Brief der Mitarbeiterschaft ein unempathischer Umgang mit dem Fall vorgeworfen wurde (vgl. Nachtkritik am 01.07.2019 und Die Deutsche Bühne 09/2019, S. 9). Dass Machtmissbrauch teilweise bis in die Ausbildungs- institutionen reicht, unterstreicht auch der Skandal an der Ballettakademie der Wiener Staatsoper, an der jahrelang Eleven gemobbt und diskriminiert wurden (Der Standard 09.04.2019, Spiegel online 17.12.2019 und Süddeutsche Zeitung, 17.12.2019).

Auch aufgrund der „MeeToo"-Bewegung wehren sich mittlerweile die Betroffenen, da offenbar eine Sensibilisierung dahin gehend stattgefunden hat, die Vorfälle nicht mehr totzuschweigen. Dies zeigen auch die Offenen Briefe von Mitarbeitern Anfang 2018 gegenüber dem ehemaligen Intendanten des Wiener Burgtheaters sowie (mit ungleich schwerwiegenderen Vorwürfen) im Spätsommer 2018 gegenüber einem prominenten belgischen Choreographen. Schließlich noch ein Beispiel: Am 06.09.2019 fanden sich im Berliner Tagesspiegel (also an einem einzigen Tag) im Kulturteil auf S. 21 allein drei Artikel zum möglichen Machtmissbrauch durch prominente Künstler oder Führungspersönlichkeiten im Bereich von Theater und Oper.

Dass es sich hierbei nicht um einige wenige Ausnahmefälle handeln könnte, unterstreicht auch hier die Untersuchung von Maximilian Norz aus dem Jahr 2016: Danach sind 5,4 % der Befragten (n = 1779) von sexueller Belästigung in mittlerem bis sehr starkem Maße betroffen. Weitere 5 % geben an, dass sie sexuelle Belästigung „etwas betrifft" (Norz 2016, S. 28). Die Untersuchung von Thomas Schmidt (2019a) mit 1966 befragten Theaterschaffenden, die in Kooperation mit dem Ensemblenetzwerk durchgeführt wurde, kommt zu noch drastischeren Ergebnissen. Die gewonnenen Daten können allerdings ebenfalls *nur eingeschränkt als repräsentativ* für die Grundgesamtheit von 40.000 Theater- mitarbeitenden betrachtet werden, da die Aussendung der Fragebögen „über Facebook und Email-Verteiler… nach dem Zufallsprinzip" (vgl. Schmidt 2019a, S. 154) und nicht auf eine systematische Weise geschah.

Die Kritik von Detlef Brandenburg sowie von den beiden Intendanten Christoph Nix und Hasko Weber – letzterer ist auch einer der beiden Vorsitzenden der Intendantengruppe im Deutschen Bühnenverein – an der Distributions- weise der Erhebungsbögen (vgl. Nix 2020, S. 33; Weber 2020) sowie von Detlef Brandenburg zusätzlich auch daran, dass weibliche Befragte überproportional vertreten, die Sparten Oper und Tanz unterrepräsentiert und die Kriterien für verbalen Machtmissbrauch nicht eindeutig operationalisierbar formuliert gewesen seien, ist im Grundsatz nachvollziehbar (vgl. Brandenburg 2020, S. 35). Dies gilt auch für den Vorwurf von Hasko Weber, dass die Angaben von freischaffenden und fest angestellten Mitarbeiter/innen ohne Kennzeichnung zusammengefasst wurden, was zu Verzerrungen bei Arbeitszeiten und Einkommen geführt haben könnte (Hasko Weber 2020). Thomas Schmidt macht allerdings im Hinblick auf die Distribution geltend, dass eine alternative Aussendung der Fragebögen über die Theater weniger Mitarbeiter erreicht hätte, da in der Regel nur wenige Bühnen auf Umfrage-Bitten reagieren würden (Kommentar zu Hasko Weber 2020).

Allerdings sind trotz dieser Einschränkungen die Zahlen immer noch so alarmierend, dass sie sowohl die Aufsichtsgremien als auch die Führungskräfte und Mitarbeitenden im Theaterbereich aufrütteln sollten. Denn – und hier sind sich alle einig – „jeder Fall von Machtmissbrauch ist einer zu viel" (vgl. Brandenburg ebd.). Daher sollen an dieser Stelle einige Ergebnisse von Schmidts Untersuchung genannt werden: 33 % der befragten Theaterschaffenden äußern, dass sie während der Arbeit mit Anzüglichkeiten konfrontiert wurden. Bei den künstlerisch Tätigen lag der Anteil bei über 50 %. 184 Teilnehmer/innen, also 9,4 % der Befragten, berichten von sexuellen Übergriffen durch Intendanten oder Leitungsmitglieder. Und 121 Teilnehmer/innen (mehrheitlich Frauen) berichten, für ein/e Rolle, Regiearbeit, Engagement oder Gagenerhöhung eine sexuelle Gefälligkeit geleistet zu haben, die zumeist von Intendanten oder Regisseuren erwartet wurde. Die Zahl der in dieser Hinsicht ausgesprochenen Angebote war mehr als doppelt so hoch und lag bei 284. Dies zeigt zum einen, dass sich eine Reihe von Betroffenen diesen Offerten offenbar widersetzen konnte, aber zum anderen auch, dass eine hohe Quote der Betroffenen dazu nicht imstande war (vgl. Schmidt 2019a, S. 359 f). Eines macht die Studie von Schmidt auf jeden Fall deutlich: Es handelt sich nicht um einige wenige Einzelfälle, sondern um eine Vielzahl von Fällen, die offenbar ein Muster ergeben. Und so urteilt auch Hasko Weber: „Inhalt und Umfang der dabei gesammelten Einzelaussagen zu Machtmissbrauch und sexueller Diskriminierung sind alarmierend und absolut ernst zu nehmen. Da gibt es aus meiner Sicht kein Wenn und Aber… Hier darf es keine Toleranz geben" (Hasko Weber 2020).

Für ein solches machtmissbräuchliches Verhalten gibt es verschiedene Erklärungsweisen: Eine ist die Vermutung einer institutionell bedingten, permanenten *Überforderung* der Führenden, die letztlich zur *Entgleisung (Derailment)* und dadurch zu Willkür und zur Ausnutzung der Machtposition gegenüber Mitarbeitenden führen kann. Eine andere Erklärung ist die Erkenntnis, dass die Führungsrolle ihren *Inhaber korrumpiert* oder bestimmte *persönliche Dispositionen* verstärken kann. Diese Erklärungsversuche können aber nicht darüber hinwegtäuschen, dass ein solches Verhalten durch nichts zu entschuldigen ist und entsprechend gehandelt werden muss, wenn rote Linien im Umgang überschritten werden. Im Falle eines sexuellen Missbrauchs oder eines hinreichend begründeten Tatverdachts sollte auf jeden Fall eine strafrechtliche Verfolgung eingeleitet werden. Dies erfordert zwar auf der Seite der Opfer ein hohes Maß an Mut, aber nur so kann diesen Missständen nachhaltig begegnet werden.

Der Diskurs über Machtmissbrauch kann noch um einen weiteren Aspekt erweitert werden, nämlich um die immer mal wieder extrem reißerischen, den Akteuren kaum zuzumutenden Darstellungen von Sexualität und sexueller Gewalt während des Vorsprechens, der Proben oder im Rahmen einer Inszenierung, die oft mit der künstlerischen Anforderung begründet werden. So nennt die Theaterkritikerin Anke Dürr ihre ärgerlichste Erfahrung des Jahres 2019: „Alle reden von der Quote – und viel zu wenige über die voyeuristische Darstellung von sexueller Gewalt auf der Bühne (Anke Dürr in: Kritiker*innen-Umfrage. Jahrbuch Theater heute 2019, S. 147).

Machtmissbrauch äußert sich also auf vielfache Weise und wird in hohem Maße gefördert durch die hierarchische Architektur (auf allen Führungsebenen und bis in den Bereich Regie-Führung hinein). Dies schafft aufseiten der Theatermitarbeiter Abhängigkeiten, die ein destruktives Verhalten aus der Führungsposition heraus begünstigen können. Die managementbezogene Ethikforschung verweist darauf, dass die *elitäre Abkopplung* von Führenden sowie die damit verbundenen Bestrebungen sich statusbezogen von anderen abzuheben, die Gefahr erhöht, dass Prinzipien moralischen Handelns über Bord geworfen werden. Auch aufgrund der zahllosen Machtmissbrauchsfälle im Kontext von unkontrollierter Machtausübung liegt es nahe, dass die Führung am Theater auf mehrere Akteure *ver*teilt werden sollte (vgl. Endres/Weibler 2019, S. 23–27) und dies nicht nur auf der Intendantenebene.

Vor diesem Hintergrund ist es begrüßenswert, dass der Deutsche Bühnenverein am 08. Juni 2018 einen wertebasierten *„Verhaltenskodex zur Prävention gegen sexuelle Übergriffe und Machtmissbrauch"* verabschiedet hat (Deutscher Bühnenverein 2018) (Abb. 2.13). Der Kodex liegt allen Theatern und Orchestern vor, wobei es den einzelnen Häusern überlassen bleibt, ihn individuell vor Ort umzusetzen. Dies reicht von der direkten Übernahme des Textes in alle Arbeitsverträge über die Formulierung von eigenen Leitlinien bis hin zum Abschluss spezifischer Betriebsvereinbarungen (vgl. Hasko Weber 2020).

Auszug aus dem Verhaltenskodex des Deutschen Bühnenvereins (2018)
„ Ich trenne zwischen dem, was innerhalb und außerhalb der künstlerischen
Arbeit erlaubt ist und missbrauche diese Freiräume der Kunst nicht.
- Ich verhalte mich respektvoll gegenüber allen, unabhängig von Geschlecht,
Alter, Religion, Behinderung, Herkunft und sexueller Orientierung.
- Ich unterlasse jede Form von sexueller Belästigung.
- Ich unterlasse Übergriffe in gestischer, sprachlicher und körperlicher Form.
- Ich gehe verantwortungsvoll mit der mir übertragenen Macht um.
- Ich bin mir bewusst, dass mein Verhalten bei meinem Gegenüber eine
andere Wirkung erzielen kann als beabsichtigt. Ich gehe damit empathisch
und verantwortungsvoll um.
- Ich kommuniziere eindeutig und klar.
- Ich spreche Konflikte offen an und bemühe mich, sie fair zu lösen.
- Ich schreite aktiv ein, wenn ich Zeug*in von Übergriffen, Machtmissbrauch
und unangebrachtem Verhalten jeglicher Art werde und spreche
unangemessenes Verhalten direkt an…"

Abb. 2.13 Auszug aus dem Verhaltenskodex des Deutschen Bühnenvereins (2018).
(Eigene Darstellung)

Darüber hinaus hat sich der Deutsche Bühnenverein neben 16 weiteren
Verbänden und Arbeitgebern im Theater-, Film- und Fernsehbereich an der
Gründung der Vertrauens- und Beratungsstelle „THEMIS gegen sexuelle
Belästigung und Gewalt" im Jahr 2018 beteiligt. Die Aufgaben der Vertrauensstelle sind: die psychologische und juristische Unterstützung von Mitarbeitenden
in den Bereichen Orchester, Theater, Film, Fernsehen und Hörfunk im Rahmen
einer Beschwerde gegenüber dem Arbeitgeber sowie die Moderation zwischen
betroffener Person und Arbeitgeber. Hinzu kommt das übergeordnete Ziel, Beiträge zu einer gewalt- und angstfreien Arbeitskultur zu leisten durch Anstoßen
eines Kulturwandels, Einsatz für Gleichstellung und Eintreten für Aufarbeitung
und Prävention (vgl. Themis Website 2020). Die Tatsache, dass die Vertrauensstelle auch zwei Jahre nach ihrer Gründung immer noch sehr rege angefragt wird,
unterstreicht, wie ausgeprägt das Phänomen des Machtmissbrauchs offenbar ist.
Zwei Mitarbeiterinnen der Vertrauensstelle THEMIS erläuterten in einem
Spiegel-Interview im April 2020, dass die meisten gemeldeten Fälle aus den
Bereichen Film/Fernsehen und Theater stammten. Innerhalb der ersten anderthalb
Jahre hatten sich 255 Personen an die Vertrauensstelle gewandt. Zwei Fünftel

der gemeldeten Vorkommnisse waren körperliche Belästigungen. Innerhalb des ersten Jahres wurden elf Vergewaltigungsvorwürfe am Arbeitsplatz gemeldet. Das Fazit der beiden Mitarbeiterinnen: „Machtmissbrauch kommt wohl überall dort besonders häufig vor, wo es strikte Hierarchien gibt (…). Es geht um ein Ungleichgewicht von Macht, das sich in einer anzüglichen Bemerkung oder einem körperlichen Übergriff ausdrücken kann (…). Manche Theaterfürsten behandeln ihr Personal wie Leibeigene. Je abhängiger du von den Strukturen bist, desto schwieriger ist die Entscheidung, sich zur Wehr zu setzen (…). Alle sind mit allen bekannt. Diese Enge, diese Dichte macht es schwer, frei reden zu können" (Lansink/Fischer 2020, S. 120 ff).

Der oben genannte *Verhaltenskodex* wird zwar im Hinblick auf sexuelle Übergriffe sehr konkret, mit Blick auf weitere Facetten von Machtmissbrauch und unethischem Führungshandeln bleibt er aber überraschend vage (vgl. auch Thomas Heskia 2019, S. 177). Maximilian Norz nennt in seiner Studie *weitere Aspekte,* um die der – vom Deutschen Bühnenverein vorgeschlagene – Verhaltenskodex erweitert werden könnte:

- Angemessene Vergütung der freien und festen Mitarbeiter sowie Vergütung unabhängig von Geschlecht und Herkunft
- Ausstellung eines detaillierten Vertrages zu Leistungen und Gegenleistungen vor Beginn der Zusammenarbeit
- Sicherstellung von angemessenen Probe-, Unterkunfts- und Aufführungsbedingungen
- Klare Verabredungen über einen fairen zwischenmenschlichen Umgang zum Beispiel durch ein Leitbild
- Faire und transparente Kriterien bei der Stellen- und Auftragsvergabe
- Beteiligung der Künstler an betrieblichen Entscheidungen, die sie betreffen
- Gewährung des Rechts auf sanktionsfreie Meinungsäußerung
- Einhaltung des geltenden Tarifvertrages und der gesetzlichen Regelungen
- Anstellung der Künstler im Rahmen einer sozialversicherungspflichtigen Beschäftigung
- Verzicht auf den Abbau fester Stellen zugunsten flexibler Arbeitsverhältnisse soweit wie möglich (vgl. Norz 2016, S. 109 f)

Ob ein Verhaltenskodex, der lediglich eine Art Selbstverpflichtung darstellt, ausreicht, um die Fälle von Machtmissbrauch entscheidend zu reduzieren, wird sich zeigen müssen. Eine solche Ethik-Richtlinie dürfte sich vor allem dann als wirksam erweisen, wenn ihre Einhaltung regelmäßig durch eine *unabhängige externe* Stelle *überprüft* werden würde, die eine Art *Gütesiegel* verleihen könnte. 86 % der von Maximilian Norz befragten Künstler (n = 2160) und 77 % der Nicht-Künstler (n = 475) sprachen sich für ein derartiges *Gütesiegel* aus (vgl. Norz 2016, S. 79 f). Hier würde sich im Hinblick auf die noch festzulegenden Prüfungskriterien eine Kooperation mit THEMIS, dem Deutschen Bühnenverein, den Gewerkschaften, dem Ensemblenetzwerk und einer auf Zertifizierung im Kulturbereich spezialisierten Organisation anbieten. Letztere könnte an Hand dieses Prüfungskatalogs vor Ort ein entsprechendes Audit durchführen. Dieses Audit könnte aber auch Bestandteil eines größeren OE-Prozesses sein, der in der Regel ohnehin extern begleitet und moderiert werden sollte.

Führung und Cultural Leadership im Kulturbereich

3

3.1 Führung in Kulturorganisationen

Die im ersten Teil des Buches dargelegten Erkenntnisse aus der Managementlehre und hier insbesondere aus der Organisationssoziologie und Organisationspsychologie zum Themenkomplex Führung erweisen sich – trotz aller Spezifik des Kunst- und Kulturbereichs – als hilfreich für die Betrachtung von Führung und Organisation im Kulturbetrieb. Auch in den bisherigen kurzen Transferkapiteln zum Theaterbetrieb (jeweils am Ende eines größeren Buchabschnitts) dürfte deutlich geworden sein, dass es vor allem in den neueren Führungsmodellen innerhalb der Managementlehre durchaus Ansätze zu Führungsfragen gibt, die für den Kontext von Kulturorganisationen Gültigkeit beanspruchen können (vgl. auch Mandel 2018, S. 5).

Wirtschaftsunternehmen und Kultureinrichtungen sind trotz ihrer Zugehörigkeit zu unterschiedlichen gesellschaftlichen Funktionssystemen sowie ihrer verschiedenen Zielsetzungen und Aufgabenstellungen in mancherlei Hinsicht vergleichbar. Zum einen gelten die drei von Niklas Luhmann herausgestellten zentralen Merkmale einer Organisation auch für Kulturorganisationen: die Zwecksetzung, die Bedingung der Mitgliedschaft sowie die hierarchische Gliederung (vgl. Niklas Luhmann 1972, S. 39 f, 108 f, 210 f).

Weiterhin sind alle Organisationen (unabhängig vom jeweiligen Funktionssystem) in ähnlicher Weise betroffen von Themen wie Führung und Selbstorganisation, Management und Leadership sowie von persönlichkeitsbezogenen Fragen im Hinblick auf die Führenden wie auf die Geführten. Dies gilt auch für Führungsdilemmata und Machtbasen, das Spannungsverhältnis von Hierarchie und Heterarchie, die Fragen zur Organisationskultur und Organisationsentwicklung sowie die Organisations- und Führungsethik. Und schließlich wirken

© Springer Fachmedien Wiesbaden GmbH, ein Teil von Springer Nature 2020
J. Weintz, *Cultural Leadership – Führung im Theaterbetrieb*,
https://doi.org/10.1007/978-3-658-31731-7_3

sich die eingangs erläuterten Megathemen Digitalisierung, Diversität und Generationenwechsel auf Wirtschaftsunternehmen wie auf Kulturorganisationen ähnlich aus. Und auch die betreffenden Lösungswege dürften der Tendenz nach vergleichbar ausfallen.

Diese strukturellen Übereinstimmungen sollten Anlass genug sein, managementbezogene Erkenntnisse – und dabei vor allem die aus den jüngeren, systemisch-postheroischen Organisations- und Führungsmodellen – nicht vorschnell als bloßen Ausdruck eines kapitalistischen Verwertungsdenkens, das allenfalls für den Wirtschaftsbereich gelten kann, abzutun. Die Skepsis gegenüber der Managementlehre wird auch oft mit der *Spezifik* des öffentlichen Kulturbereichs begründet. Dieses Argument der Spezifik hat – bei aller Berechtigung des Eigenwerts öffentlich geförderter Kunstausübung – mitunter den Charakter einer Schutzbehauptung, um die vertikale Architektur in der eigenen Kulturinstitution und die damit verbundene, eigene hierarchische Position nicht weiter hinterfragen zu müssen.

So lässt sich nach Ulrike Syha für den Theaterbetrieb festhalten: „Die starren, häufig noch sehr hierarchischen Strukturen der oftmals städtischen Betriebe würden so manchen CEO der verhassten Wirtschaft bei näherer Betrachtung wohl ungläubig blinzeln lassen. Von der Bühne aus kritisieren wir die Wirtschaft gerne, auch wenn uns diese in Fragen, die den Umgang mit dem Personal betreffen, um Meilen voraus ist (…). Wer den machistischen Machthaber (auch in seiner weiblichen Ausprägung) auf den Bühnen vermissen sollte, muss nur mal einen Blick auf die Probebühnen und in die Büros werfen" (Syha 2020, S. 57). Es entbehrt also nicht einer gewissen Ironie, dass mitunter diejenigen, die sich an der Spitze eines neofeudalen Gefüges eingerichtet haben, Denkansätze und Strategien aus der jüngeren Managementlehre (die sich keineswegs auf Ökonomisierungstools reduzieren lassen, sondern vor allem Verantwortung und Befugnisse fairer verteilen wollen), als kapitalistisches Teufelszeug brandmarken – offenbar auch, um die eigene Machtposition nicht zu gefährden.

Um einem Missverständnis vorzubeugen: Es geht hier nicht um die neoliberal durchtränkte, kennzahlenfixierte Ökonomisierung von Theaterarbeit, die am Ende die künstlerische Freiheit beschneidet und die Oberhand über kulturpolitische Ziele und Aufgaben gewinnt. Dies ist in aller Entschiedenheit abzulehnen. Vielmehr geht es darum, diejenigen Erkenntnisse aus den Management-Studies fruchtbar zu machen, die einer Weiterentwicklung von Führung und Organisation dienlich sein können – auch im Hinblick auf eine verbesserte Kooperation und Partizipation.

Systemische Führungsmodelle konzentrieren sich nicht allein auf die Führungsspitze, sondern auf die Organisation in ihrer Gesamtheit, ihre Teilsysteme, ihre

Umwelt sowie die Ansprüche der verschiedenen Stakeholder einschließlich der Mitarbeiterschaft. Und dabei steht nicht die Effizienz allein im Zentrum, sondern die Balance von *Exzellenz, Effizienz* und *Ethik,* die auch für den künstlerisch-kulturellen Kontext relevant ist. Manch eine Führungskraft in exponierter Stellung im öffentlich geförderten Kulturbereich mag befürchten, dass der postheroische Blick nicht nur die ‚Great Man'-Ideologie beerdigt, sondern die Frage der *Hierarchie* und damit die *eigene Position* gleich mit. Letzteres wäre allerdings eine fatale Fehleinschätzung. Systemisch-postheroische Denkmodelle lösen sich zwar von personen- und leitungszentrierten Führungskonzeptionen, gehen aber, wie bereits gezeigt wurde, davon aus, dass (auch kulturelle) Organisationen nicht ohne eine dauerhafte oder zumindest temporäre Hierarchie existieren können, sondern dass sich Führung und Selbstorganisation sowie Hierarchie und Heterarchie gegenseitig bedingen und ineinandergreifen.

Die immer noch vorherrschende Skepsis gegenüber der Anwendung von Management-Know-how im Kulturbetrieb erinnert daran, wie zum Ende des vergangenen Jahrhunderts das Marketing als Teildisziplin der Betriebswirtschaftslehre in den Kulturinstitutionen ebenfalls kritisch beäugt wurde. Hier geschah jedoch nach einiger Zeit ein Paradigmenwechsel. Hatte man Marketing zunächst ebenfalls als Werk des Teufels, Angriff auf die künstlerische Freiheit und Ausdruck einer übersteigerten Nachfrageorientierung betrachtet und sich im Stillen oft dem Diktum von Claus Peymann ‚Marketing ist Quatsch' angeschlossen (vgl. Peymann 2003), wurden einige Jahre später Marketingstrategien dankbar aufgegriffen und dies nicht nur, um einer – dem neoliberalen Dispositiv verfallenen – Kulturpolitik entgegenzukommen.

Das steigende marketingbezogene Interesse an Selbstdefinition, Strategieentwicklung und Kulturbranding, an Analyseverfahren zum eigenen Potenzial oder zum Angebotsportfolio sowie vor allem an Fragen der Besucheranalyse und Besucherbindung sind auch als Reaktionen auf den zunehmenden Wettbewerb, den demografischen Wandel und das veränderte Besucherverhalten zu verstehen. Und da sich die Erkenntnis durchgesetzt hat, dass Marketing nicht in den künstlerischen Produktionsprozess eingreifen will, sondern lediglich die Besucher und ihre Motive besser verstehen und eine Brücke zum Publikum sowie anderen Stakeholdern bauen will, beschäftigt mittlerweile jede größere Kultureinrichtung und jedes öffentliche Theater neben PR-Experten auch solche für das Marketing. Es wäre zu wünschen, dass sich nun auch die Erkenntnis durchsetzt, dass heutzutage künstlerische Fachkompetenz, viel Lebens- und Berufserfahrung, eine sehr gute Reputation und ein weit verzweigtes Netzwerk nicht mehr ausreichen, um eine Kulturinstitution mit vielen Abteilungen und Mitarbeitenden zu leiten, sondern dass zusätzliche Kenntnisse aus den Kernbereichen der Managementlehre wie Planung, Organisation, Personalauswahl, Motivation und Führung sowie Controlling auch auf der Seite der künstlerisch Führenden unentbehrlich sind.

Instrumente des (Kultur-)Managements sind demnach unverzichtbar, müssen aber den besonderen kulturellen und sozialen Gegebenheiten und dem besonderen Gegenstand von Kunst und Kultur angepasst werden, denn Führung in öffentlichen Kulturorganisationen stellt in gewisser Weise einen ‚Sonderfall‘ dar: Dies hängt mit dem Gegenstand von Kunst und Kultur, den künstlerischen Arbeits- und Produktionsweisen, dem öffentlichen Auftrag und den speziellen Rahmenbedingungen (Aufsicht und Förderung in öffentlicher Hand) zusammen (vgl. auch Mandel 2018, S. 5, 8 f; Hausmann 2019a, S. 5 ff). Um dieser *Spezifik* des Kultursektors Rechnung zu tragen, aber auch um eine Abgrenzung vom klassischen, *personenzentrierten* Leadership vorzunehmen, wird im nachfolgenden Kapitel auf den Terminus des *Cultural Leadership* zurückgegriffen, der für ein *systemisch-postheroisches* Verständnis von Führungsfragen, eine neue Kultur des Führens und zugleich für eine unvoreingenommene Beschäftigung mit (Kultur-) Managementthemen steht.

Auch wenn man das ‚*Besonderheitsargument*‘ von Kunst und Kultur nicht überstrapazieren sollte (vgl. Hausmann 2019a, S. 6), sind einige *spezifische* Merkmale von Kulturveranstaltungen und Kulturorganisationen nicht zu übersehen: Künstlerische Leistungen und Kulturangebote – und dies gilt erst recht für Aufführungen, Performances oder Konzerte – sind im Gegensatz zu Konsumprodukten nicht standardisierbar. Vor allem kulturelle Live-Darbietungen beruhen auf einmaligen, nicht vollständig repetierbaren Ereignissen oder Prozessen. Der Unterschied zum Wirtschaftssektor liegt außerdem darin begründet, dass es im Bereich von Kunst und Kultur zum einen um ästhetische *Innovation, Kreation* oder Ausbildung von *Geschmack* geht (vgl. Roth 2014, S. 17 f; Luhmann 1995, S. 370, 404) und zum weiteren um *Beobachtungen zweiter Ordnung* und Mobilisierung der *Urteilskraft* (vgl. Baecker 2013, S. 7, 19). Kunst- und Kulturangebote bieten also Impulse zur Wahrnehmungserweiterung, zur Selbstvergewisserung, zum inneren Wachstum, zum Austausch mit anderen, zur Unterhaltung und Zerstreuung und zu einem veränderten Blick auf die Welt. Vor allem öffentliche Kulturinstitute folgen daher in der Regel primär dem Prinzip der *Sinn*orientierung.

Hinzu kommt: Der künstlerische Schaffensprozess unterliegt der Garantie der *künstlerischen* Freiheit (Kunstfreiheitsgarantie GG Art.5.Abs. 3). Die Ergebnisse sind daher nicht vorhersagbar, nur bedingt vermittelbar und auch kaum einklagbar. Vor diesem Hintergrund ist der Besuch auf Publikumsseite immer mit dem *Risiko* verbunden, dass die Erwartungen nicht erfüllt werden, denn eine Vorab-Prüfung ist ebenso ausgeschlossen wie ein nachträglicher Umtausch (vgl. Bekmeier-Feuerhahn 2014, S. 79). Dieses *Qualitätsrisiko* ist nach Andrea Hausmann ein zentrales institutionelles Merkmal, das im Kulturbetrieb beispielsweise durch angemessene Kommunikations- und Marketingmaßnahmen sowie durch gut geschultes Personal minimiert und aufgefangen werden muss (vgl. Hausmann 2019a, S. 15).

Ein weiteres entscheidendes Merkmal ist die *Abhängigkeit* der *öffentlichen* Kulturbetriebe von den Kommunen und/oder Bundesländern. Dies bedeutet, dass sie – im Gegensatz zu privatrechtlich-kommerziellen Kulturbetrieben – im Hinblick auf Ausrichtung, Programmatik und Budget innerhalb der von den Trägern und ihren Aufsichtsgremien abgesteckten Rahmenbedingungen und Vorgaben agieren müssen. Hinzu kommt noch ein weiterer Aspekt: An die öffentlichen, das heißt vom Steuerzahler bezuschussten, Institutionen, wird eine Vielzahl (oft) heterogener Ansprüche der verschiedenen Stakeholder herangetragen. So können die öffentlichen Kultureinrichtungen zwar den von der Politik erteilten Auftrag aufgrund des künstlerischen Freiheitsgebots bis zu einem gewissen Punkt individuell auslegen, aber dennoch sind ihre Programme, Aktionen und Positionierungen immer dem grellen Licht der Öffentlichkeit und der Beobachtung durch Gesellschafter, politische Parteien, Verbände, Publikum, Medienvertreter sowie gesellschaftliche Gruppen ausgesetzt.

Ein zusätzliches Charakteristikum ist die ausgeprägte *Diversität* und *Heterogenität* der Mitarbeiterschaft. Diese schlägt sich nieder in kulturellen Hintergründen und Lebensstilen, gender-, alters- und generationenbezogenen Unterschieden, sprachlichen Differenzen sowie speziellen Bildungshintergründen und berufsspezifischen Perspektiven. Diese *Heterogenitä*t beruht auch auf der Vielfältigkeit der Tätigkeitsbereiche in den verschiedenen künstlerischen, wissenschaftlichen, verwaltungsbezogenen, kaufmännischen, technischen sowie servicebezogenen Arbeitsfeldern. Darüber hinaus äußert sie sich in den unterschiedlichen Arbeitsverhältnissen, nämlich im Gegensatz zwischen kurzen Vertragslaufzeiten bei künstlerisch Beschäftigten, den unbefristeten Anstellungen der Technik- und Verwaltungsmitarbeiter oder den unkündbaren Festanstellungen vieler Orchestermusiker (vgl. Hausmann 2019a, S. 15–19). Und schließlich tritt *Heterogenität* auch in Erscheinung in den unterschiedlichen Zielsetzungen und im spezifischen Selbstverständnis im Hinblick auf das eigene Aufgabenfeld. Man denke nur an die typischen Konflikte zwischen künstlerischem und verwaltungsbezogenem Personal oder zwischen kuratorischen Mitarbeitern und der Marketing-Abteilung (vgl. auch ebd. 20).

Darüber hinaus stellen Kultur- und Theaterbetriebe eine Organisationsform dar, bei der in vielen Tätigkeitsbereichen Aufgaben mit *hohem Komplexitätsgrad* und *geringer Vorstrukturierung* bewältigt werden müssen. Die in diesen Arbeitsfeldern Beschäftigten sind sehr gut ausgebildet und verfügen über eine hohe *intrinsische* Arbeitsmotivation. Daher gelten hier nach Andrea Hausmann *nicht-direktive*

Führungsstile, die den Mitarbeitern Freiräume bei der Aufgabenerfüllung sowie Gelegenheit zur Entscheidungsverantwortung bieten, als besonders erfolgsversprechend. Dies gelte allerdings nicht für stärker vorstrukturierte Arbeitsbereiche, in denen kaum Vorbildung benötigt und eher einfache Arbeit verrichtet werde (vgl. ebd. 21). Daher sollte (zumindest) bei komplexeren Aufgabenstellungen den Mitarbeitenden mehr *Teilhabe* ermöglicht werden: durch mehr Selbststeuerung und Eigenverantwortung sowie durch geteilte Führung im Rahmen von Team- und Projektarbeit.

Auch im Kulturbereich findet Führung in Form von *Selbstführung, Unternehmensführung* und *Mitarbeiterführung* statt. *Selbstführung* im Kulturbetrieb bedeutet, die eigenen Stärken und Schwächen, Werte und Ziele sowie die inneren Antreiber, Menschenbilder und Vorurteile zu kennen, sich der eigenen Affekte bewusst zu werden und zu sich selbst auf Distanz gehen zu können. Und es geht um die Bereitschaft, sein Verhalten kritisch zu reflektieren und die eigene Work-Life-Balance im Auge zu behalten.

Im Kulturbetrieb hat die *Selbstführung* der Führungskräfte einen hohen Stellenwert, denn die Führenden sind, wenn sie Alleinverantwortung tragen, ohne wirkliches Korrektiv auf sich allein gestellt. Zudem sind sie mit einem enormen Bündel an Anforderungen und Aufgaben konfrontiert, die sie (ähnlich wie die Mitarbeiter) bis an die Grenzen der Belastbarkeit führen. Dies sind zum Beispiel divergente Rollenerwartungen seitens der Mitarbeiterschaft, der Kulturpolitik, der Kooperationspartner oder Sponsoren, aufreibende Planungsphasen und -gespräche, häufige Ausschuss-, Gremien- oder Teamsitzungen, Personalauswahlverfahren, Mitarbeitergespräche und Konfliktmoderation, der Zwang zum permanenten Improvisieren und zu raschen Entscheidungen sowie Repräsentationspflichten (vgl. auch Hausmann 2019a, S. 24 f). Hinzu kommen unregelmäßige Arbeitszeiten, die Vermischung von Privat- und Berufsleben sowie die Erreichbarkeit rund um die Uhr. Dies alles ist nach Hausmann dem Beruf immanent und führe daher zu einer permanenten Überbeanspruchung. Führungsverantwortung gegenüber der eigenen Person bedeute daher auch, eine adäquate Balance zu finden zwischen Berufs- und Privatleben (vgl. Hausmann 2019a, S. 25 f). Es gilt also, die Grenzen der physischen und seelischen Belastbarkeit zu akzeptieren und sich Möglichkeiten des Ausgleichs und der Erholung zu schaffen.

Die Führung der Kulturorganisation im Sinne von *Unternehmensführung* umfasst alle Aufgaben und Handlungen zur zielorientierten Gestaltung, Lenkung und Entwicklung der Institution und beinhaltet neben der Mitarbeiterführung die normative und strategische Ausrichtung, die Analyse von Markt, Wettbewerb und Besuchern, den Bereich der Aufbau- und Ablauforganisation sowie das Prinzip der Wirtschaftlichkeit.

Bei der *Mitarbeiterführung* geht es auch im Kulturbereich darum, die Geführten individuell zu beeinflussen, zu motivieren und in die Lage zu versetzen, mit beizutragen zur Erreichung der gemeinsamen Organisationsziele, wobei allerdings die (oft von Unternehmenszielen abweichenden) Mitarbeiterinteressen möglichst mit einzubeziehen sind, da deren Berücksichtigung positive Auswirkungen auf Motivation und Arbeitszufriedenheit hat (vgl. auch Kauffeld 2011, S. 68; Hausmann 2013, S. 41).

Die Heterogenität und *Diversität* der Mitarbeiter im Hinblick auf Status, Tarif- und Arbeitsvertrag, Qualifikation, Aufgabenfeld, Fachsprache, kulturellen Hintergrund, Lebensstil sowie Geschlecht und Alter ist der Ansatzpunkt für *Diversity-Management*. Dieses hat entsprechende Maßnahmen zu implementieren, mit deren Hilfe Ungleichgewichte (z. B. in puncto gendergerechter Bezahlung oder Ausgleich tarifbedingter Ungerechtigkeit) sowie diversitätsbedingte Kommunikationshürden, Kooperationsbarrieren oder Konflikte vermindert werden können (vgl. Süß 2013, S. 14, 20).

Eine weitere Besonderheit der Kultureinrichtungen ist das – aus der chronischen Unterfinanzierung herrührende – *Personaldefizit*. Dieses führt dazu, dass immer weniger Mitarbeiter immer mehr Aufgaben übernehmen müssen (vgl. Süß 2013, S. 14, 19), wie sich besonders eindringlich an den bundesdeutschen Bühnen zeigt. Die Arbeit im Kulturbetrieb ist daher vor allem gekennzeichnet durch den Gegensatz von hohen Leistungsanforderungen einerseits und ungünstigen Rahmenbedingungen andererseits (permanente Arbeitsüberlastung, fehlende Arbeitsplatzsicherheit sowie bescheidene Honorierung). Daher kommt der Führung im Sinne von *Mitarbeiterorientierung* eine besondere *Fürsorgepflicht* zu.

Führungskräfte im Kulturbereich haben zum einen *managementbezogene* Aufgaben zu erfüllen, die eher die Arbeit IN der Organisation und die Sicherung von stabilen Rahmenbedingungen betreffen. Andererseits haben sie aber auch die *leadershipbezogene* Verantwortung, AN der Organisation zu arbeiten, den Status quo immer wieder herauszufordern, Veränderungen anzubahnen, neue bedeutsame Themen zu identifizieren, Innovationen Raum zu geben, Sinnstiftung zu bieten, inspirierende Visionen zu entwerfen und rückzukoppeln sowie – in Abstimmung mit dem Träger und der Mitarbeiterschaft – die Organisation im Hinblick auf ihre *Formal*struktur, *informale* Unternehmenskultur sowie ihre *Schauseite* proaktiv und kongruent weiter zu entwickeln. Führende im Kulturbetrieb haben es mit äußerst komplexen, sich dynamisch wandelnden Ansprüchen und Rahmenbedingungen zu tun, worauf die Einrichtung – als lernende Organisation – reagieren muss.

Auch für Führungskräfte in Kulturorganisationen gelten die komplexen *Rollen* erwartungen, die Henry Mintzberg (1990) im Hinblick auf Management- und Führungsaufgaben beschrieben hat. Hier dürfte bei den interpersonellen Rollen neben der Vorgesetzten- und Koordinationsrolle die Rolle als *Repräsentant* und *Galions*figur herausragen. Bei den informationsbezogenen Rollen haben die des *Informationsverteilers* gegenüber der Mitarbeiterschaft sowie die des *Sprechers* gegenüber der Öffentlichkeit eine besondere Bedeutung. Darüber hinaus müssen auch die zentrale Rolle des *Innovators* sowie des *Krisenmanagers,* des *Ressourcenzuteilers* und des *Verhandlungsführers* erfüllt werden. Birgit Mandel hat darauf verwiesen, dass Labaronne/Müller in Rahmen einer Befragung von Führungskräften im öffentlichen und gemeinnützigen Sektor nachweisen konnten, dass die Befragten sämtliche von Mintzberg identifizierten Führungs-rollen im Rahmen ihrer Selbsteinschätzung wahrnahmen – allerdings ergänzt um Aufgaben des Selbstmanagements (im Sinne der bereits erläuterten Selbst-führung) im Hinblick auf Stressreduktion und Reflexion der eigenen Ressourcen (Labaronne/Müller 2017, in: Birgit Mandel 2018, S. 6).

Führungskräfte im Kulturbereich können auf alle – von French/Raven und anderen herausgearbeiteten *Einflusspotenziale* (vgl. Schreyögg/Koch 2010, S. 266–271) – zurückgreifen: Sie können sich auf die qua Hierarchie definierte *Positionsmacht* und die damit verbundenen Sanktionsmöglichkeiten *(Belohnungsmacht* und *Bestrafungsmacht)* beziehen, von ihrer *Informations-macht* (ihrem Insiderwissen) Gebrauch machen, sich auf ihre künstlerische und/ oder managementbezogene *Expertenmacht* berufen oder auf ihre personen-bezogene *Identifikations-* oder *Referentenmacht.* Allerdings treten sie bei den letztgenannten drei Machtbasen in direkte Konkurrenz zu Mitarbeitern, die eben-falls über Expertise, hohe Motivation, emotionale Intelligenz und (möglicher-weise) charismatische Ausstrahlung verfügen und unter Umständen schon länger der Organisation angehören. Daher sollten der Mitarbeiterschaft verstärkte, echte Partizipationsmöglichkeiten eingeräumt werden, statt die vorhandenen Ressourcen in den Bereich der *informalen Strategien* und der *Führung ‚von unten'* zu ver-bannen.

Auch die öffentlichen Kulturbetriebe sehen sich mit komplexen und dynamischen Veränderungen ihrer *Umwelt* konfrontiert. Ein entscheidender Faktor ist die gestiegene Kern-, Sparten-, Kultur- und Freizeit *konkurrenz.* So müssen die Kulturinstitutionen – vor allem in den größeren Städten und Metropolen – nicht nur mit vielen weiteren öffentlichen oder privaten Bühnen, Museen, Konzert-häusern und -hallen, freien Produktionshäusern, Musicalbetrieben, Kleinkunst-bühnen, soziokulturellen Einrichtungen sowie unzähligen Festivals und Events konkurrieren, sondern auch mit Kino-, Sport- und Fitness-Angeboten, gastronomischen Angeboten und einer Überfülle an medialen Betätigungsmöglichkeiten. Darüber hinaus müssen Führungskräfte in Kultureinrichtungen weitere Einflüsse der Unternehmensumwelt auf der Mikro- wie auf der Makroebene berücksichtigen. So zeichnen sich beispielsweise auf der *Makro*ebene immer neue Veränderungen ab und zwar

- in *soziokultureller* Hinsicht (demografischer Wandel, Ein-Eltern- und Patchwork-Familien, Migration und Postmigration, Generationen- und Mentalitätswechsel, Wertewandel, soziale und politische Polarisierung).
- in *technologischer* Hinsicht (Digitalisierung, Künstliche Intelligenz, Immersion, Home-Office).
- in *wirtschaftlicher* Hinsicht (Folgen der Deregulierung oder aktuell im Gegenzug tief greifende staatliche Interventionen zur Eindämmung der Pandemie-Folgen)
- in *globaler* Hinsicht (Klima- und Nachhaltigkeitsdebatte).
- *in politisch-rechtlicher* Hinsicht (Gesetze und Erlasse im Rahmen der Pandemie-Bekämpfung, Fördermöglichkeiten und Förderrichtlinien, Komplexität der Bestimmungen für Fundraising und Sponsoring, Compliance-Fragen, Sicherheitsauflagen) (vgl. auch Hoffmann 2019, 3 ff).

Und schließlich haben sich die Führungskräfte im Kulturbetrieb wie eingangs bereits angedeutet mit den Ansprüchen der verschiedenen *Stakeholder* auseinanderzusetzen. Diese Anspruchsgruppen lassen sich aufteilen in *Input*-Gruppen wie Lieferanten, die Ressourcen bereitstellen, in *regulierende* Organe (wie die Träger oder Gesellschafter der Einrichtungen auf kommunaler, Landes- oder Bundesebene sowie Verbände wie der Deutsche Bühnenverein oder die Gewerkschaften), *interne* Gruppen wie Leitung bzw. Leitungsteam, Abteilungsleitungen, Künstler und Künstlergruppen, Werkstätten, Verwaltung oder Marketing, *Übermittlergruppen* wie Abonnenten- und Besucherorganisationen und *Abnehmergruppen* wie Besucher und spezielle Zielgruppen sowie Kritiker oder Sponsoren (vgl. Hoffmann 2019, S. 11 und A. Klein, 2001, S. 15 ff). Die Interessen der verschiedenen Anspruchsgruppen können mitunter stark divergieren und in einem *Konflikt*verhältnis stehen. Daher ist immer wieder aufs Neue neu zu klären, wie die Erwartungen des Trägers, die künstlerische Profilbildung des Hauses, kulturpolitische Ziele und die Anforderung kultureller Bildung, die gesellschafts- und stadtpolitische Positionierung, die Ansprüche der verschiedenen Mitarbeitergruppen, Interessen des Stammpublikums und neuer Besucherkreise, die Positionen verschiedener Verbände und gesellschaftlicher Gruppen sowie ökonomische Ziele miteinander ausbalanciert oder jeweils priorisiert werden müssen. Dieser schwierige Balance-Akt beim Umgang mit den Stakeholdern und ihren Interessen wird im Hinblick auf den Theaterbereich noch an einigen Beispielen erläutert.

3.2 Cultural Leadership: Zeitgemäße Führung im Kulturbetrieb

Basierend auf den vorangegangenen Überlegungen zur Führung im Kulturbetrieb und in Abgrenzung zum klassischen, personenzentrierten Leadership-Begriff soll an dieser Stelle der *neue Leitbegriff* im Kulturmanagement, der Terminus des *Cultural Leadership,* in die Diskussion eingebracht werden. Cultural Leadership betrachtet Organisation und Führung von der systemischen Warte aus und betont neben der *Transformation* auch die *Relation,* sprich den Beziehungscharakter von Führung sowie die Einflussmöglichkeiten der Geführten (vgl. auch Mandel 2018, S. 5; Hausmann 2019a, S. 5). Cultural Leadership wird gegenwärtig als Topos einer neuen Kultur des Führens auch im Bereich des deutschsprachigen Kulturmanagements zunehmend rezipiert. Damit wird die Hoffnung verbunden, eine theoretische Grundlage für Innovation und Wandel in Kulturorganisationen sowie im gesellschaftlichen Kontext entwickeln zu können (vgl. Zierold 2017, S. 14).

Nach Martin Zierold ist die Karriere des Begriffs möglicherweise dadurch zu erklären, dass er noch relativ unkonkret und daher offen ist für unterschiedliche Auslegungen. So könne unter Cultural-Leadership zum einen die Führung von und in Kulturorganisationen verstanden werden, wobei das betreffende Führungsverständnis bislang so gut wie nicht definiert worden sei. Dies könne auch darin begründet sein, dass vor allem in den größeren deutschsprachigen Kulturinstitutionen ein traditionell-hierarchisches Führungsverständnis vorherrsche, das dem Prinzip der Ko-Kreation die Basis entziehe. Und zum anderen bezeichne Cultural Leadership die kulturelle Führungsrolle von Personen oder Organisationen in der Gesellschaft oder innerhalb von internationalen Beziehungen und zwar auf der Basis eines Wertekanons wie der UN-Menschenrechts-Charta (vgl. Zierold 2019, S. 8 ff).

Hier wird in Anlehnung an Birgit Mandel und Annick Schramme davon ausgegangen, dass die Verwendung des neuen Begriffs Cultural Leadership sinnvoll ist, obwohl es in (jüngeren) Managementlehre bereits eine Reihe von Führungsmodellen gibt, die auch für Kulturorganisationen gelten können. Nach Mandel ist jedoch davon auszugehen, dass der besondere Gegenstand von Kunst und Kultur, die künstlerisch-kreativen Arbeitsweisen sowie die spezifischen Bedingungen des

Kultursektors sich auf Ausrichtung und Führung der Organisation dergestalt auswirken, dass der Begriff des Cultural Leadership als ein ‚Sonderfall' von Führung mit zum Teil eigenen Regeln gerechtfertigt ist (vgl. Mandel 2018, S. 5; Annick Schramme 2016, S. 3 ff).

Nach Schramme gehe es eben nicht nur um die bloße Übersetzung von Konzepten und Theorien aus der Unternehmenswelt in den kulturellen Bereich, sondern darum, die *künstlerischen* und *sozialen Werte,* die durch Künstler und Organisationen erbracht werden, mit Managementfragen in Einklang zu bringen. Cultural Leadership dürfe die Perspektive des Künstlers nicht unterschätzen, denn dieser nehme auch die Rolle des *Entrepreneurs, des Sozialarbeiters,* des politischen *Denkers* oder auch des gesellschaftlich engagierten *Aktivisten* ein (vgl. Annick Schramme 2016, S. 5 f).

Vor allem aber muss ergänzt werden, dass die Berechtigung des neuen Labels ‚Cultural Leadership' auch darauf gründet, dass die damit verbundenen Denkmodelle *hinausgehen* über die *traditionell-hierarchischen, personenzentrierten* Konzeptionen von Leadership oder transformationaler Führung, denn sie erweitern diese um eine *relationale* Perspektive: das heißt, sie rücken die *reziproke Einflussnahme* von Führenden und Geführten (auch in Form von geteilter Führung) in den Mittelpunkt der Betrachtung. Der Begriffszusatz ‚Cultural' kann darüber hinaus im Kultursektor aufseiten der Führenden wie Geführten dazu beitragen, sich unvoreingenommener mit den Rahmenbedingungen, Aufgaben und Herausforderungen von Leadership auseinanderzusetzen (vgl. Hausmann 2019, S. 5 f; vgl. auch Hewison/Holden 2016, S. 28 ff).

Im deutschsprachigen Raum steht die Diskussion allerdings noch am Anfang und der Begriff des Cultural Leadership müsste – auch im Hinblick auf die Kulturmanagementpraxis – noch mit mehr Leben gefüllt werden. Bisherige Positionsbestimmungen beschränken sich eher auf allgemein gehaltene, konzeptionelle Hinweise und meiden Fragen der konkreten Ausgestaltung (vgl. auch Hausmann 2017, S. 33; dies. 2019, S. 5).

Eine *theoretische Ausdifferenzierung* könnte geschehen durch den Abgleich aktuellerer Ansätze aus der Organisationssoziologie, der Organisationspsychologie und den Management Studies (vom postheroischen Management bis hin zu Entwürfen von integral-agiler Kooperation) mit aktuellen Positionen im Kulturmanagement-Diskurs. Eine *praxisbezogene Konkretisierung* könnte erfolgen mithilfe einer kritischen Überprüfung des Führungsalltags in Kulturinstitutionen vor dem genannten Theoriehorizont sowie einer Auseinandersetzung mit gelungenen Best-Practice-Modellen zur Organisations- und Führungsstruktur von Kultureinrichtungen. Die vorliegende Untersuchung will – am Beispiel der öffentlichen Theater und den damit verbundenen Führungsfragen – dazu einen bescheidenen

Beitrag leisten und zwar primär im Hinblick auf die Innen-Perspektive der Führung (in) der Kulturinstitution des Stadttheaters.

Cultural Leadership beinhaltet in Anlehnung an Annick Schramme und Birgit Mandel drei Dimensionen: die persönlichen *Eigenschaften, Visionen* und *Werkzeuge* des oder der Leader(s), den *relationalen* Umgang mit Team und Stakeholdern mit dem Ziel, möglichst viele zu beteiligen und zu berücksichtigen sowie den *gesellschaftlichen Kontext,* der die Organisation beeinflusst und auf den sie umgekehrt einwirken will (vgl. Mandel 2018, S. 5; Schramme 2016, S. 5). Damit führt der Begriff des Cultural Leadership über das hierarchische Verständnis von Führung im *klassischen Leadership*-Ansatz und im *Full-Range*-Modell der transaktional-transformationalen Führung hinaus. Er lenkt den Blick vom Einfluss- und Entscheidungsmonopol einer einzelnen, (scheinbar) allseits kompetenten Persönlichkeit hin zum *Interaktionsgeschehen* zwischen Führenden und Geführten. Cultural Leadership kann und will weder Hierarchien noch vertikale Führung komplett demontieren. Vielmehr geht es um das *Ineinandergreifen von Hierarchie und Heterarchie* und um die jeweils situationsadäquate Balance von *transaktionalen* Managementanteilen, *transformationalen* Leadership-Akzenten und *relationalem* Führungshandeln.

Um den grundsätzlichen Spirit des Cultural Leadership-Diskurses zu verstehen, empfiehlt sich ein Blick auf dessen Wurzeln, die sich bis nach Großbritannien in der Mitte der 90er zurückverfolgen lassen. Zu dieser Zeit machte sich nach Annick Schramme eine Art Führungskrise in einer Reihe von bedeutenden britischen Kulturorganisationen breit. So hatten beispielsweise das Royal Opera House, die English National Opera, das British Museum und die Royal Shakespeare Company ernsthafte organisatorische sowie Governance-Probleme, da es ihnen (immer noch orientiert am klassischen Leitungsmodell) nicht gelang, starke, künstlerisch profilierte Persönlichkeiten zu finden, die zugleich mit ausreichenden managerialen und relationalen Fähigkeiten ausgestattet waren (vgl. Schramme 2016, S. 3). Daher wurden – unterstützt durch den British Council – Programme aufgesetzt, die darauf zielten, die Qualität von Führung im Kultursektor – auch mithilfe spezieller Trainings – weiter zu entwickeln. Bald ging es aber nicht mehr nur um die Bereitstellung von Know-how sondern auch um die Entwicklung von professionellen Netzwerken, Mentoring-Programmen und Kooperationsprojekten (British Council 2017).

Bereits in jener Zeit bildeten sich die beiden Perspektiven von Cultural Leadership heraus: Bei der nach innen gerichteten Sicht geht es um die Führung in und von Kulturinstitutionen (im Sinne von Management und Leadership) – also darum, die Kulturorganisation kompetent zu führen und sicherzustellen, dass sie mit qualifiziertem Personal, guten Strukturen und finanziell auskömmlich arbeitet. Bei der externen Sicht geht es darum, dass der Kulturbereich durch seine Produktionen und Projekte, die von jeweils unterschiedlichen Denk-, Gefühls- und Erfahrungsweisen geprägt sind, Gesellschaft und Wirtschaft dynamisieren könnte. „Leading the cultural sector is practised in two different ways. First, it concerns competently managing the organisations of the cultural sector, ensuring that they are financially viable, legal and with well-organised staff. Second, it means leading culture itself – making work, productions and projects which show different ways of thinking, feeling and experiencing the world – bringing dynamism to the economy and wider society" (ebd.).

Die interne Perspektive zielt also auf die Entwicklung von Führungs- modellen zur Förderung von Innovation und Wandel und zur besseren Nutzung von Mitarbeiterpotenzialen innerhalb der Organisation. Dabei soll die Gegen- wart vom Standpunkt der Zukunft beleuchtet werden, um sich von alten Wahr- heiten zu lösen und Ansätze für den nötigen Wandel abzuleiten (vgl. Salzwedel 2017). Diese Perspektive rekurriert auch auf aktuelle, systemisch-postheroische Positionen in den Management Studies. Dabei geht es um eine lernfähige, agil- integrale Organisation sowie eine wandlungsfähige Organisationskultur, die das Ergebnis eines kollektiven Lernprozesses von Führung und Mitarbeiterschaft ist und bei dem sich beide Seiten auf gemeinsame Positionen verständigen. Dieses neue Führungsverständnis bezieht sich nicht nur auf die oberste Führungsebene, sondern sollte weitestgehend in der gesamten Organisation gelebt werden (vgl. auch Baier 2017, S. 25 f; Thomsen 2017, S. 19 ff).

Die klassischen Führungsansätze werden somit verworfen zugunsten eines heterarchischen, ‚Shared Leadership' oder ‚Distributed Leadership', bei dem Führung nicht mehr an einzelne Personen mit festen Rollenzuweisungen geknüpft sein muss, sondern Verantwortung auf unterschiedliche Akteure verteilt und auch stets neu konfiguriert werden kann. Leadership wird vor diesem Hinter- grund zur Aufgabe von allen Organisationsmitgliedern (vgl. Zierold 2017, S. 16). Diese Position entspricht der postheroisch-systemischen Sicht Dirk Baeckers vom wandernden Zepter, das sich immer dort befinden sollte, wo die meiste Kompetenz vorhanden ist (vgl. Baecker 1994, S. 47).

Kai Thomsen formuliert dies – in Anlehnung an Frederic Laloux und ganz im Sinne der systemischen Wunderfrage: „Was wäre wenn…"? – in Form eines utopistischen Gedankenspiels wie folgt: „Es gibt keine Vorgesetzten und kein mittleres Management. Die gesamte Entscheidungsfindung, die Programmatik, die das Haus ausmacht, Strategien und Missionen, die Vision, die Art und Weise Projekte zu führen, alles dies basiert auf selbst moderierten Prozessen

(...). Die Planungsworkshops finden direkt mit NutzerInnen statt. Wirtschaftspläne, Budgets, Gehaltsstrukturen, Personalpolitik – alles steht dem gesamten
Haus transparent offen, um die Mitarbeitenden mündig zu machen im Sinne
einer echten Mitarbeit auf Augenhöhe. Es herrscht eine Kultur des Vertrauens,
der Wertschätzung, eine Kultur der Vorannahme von guten Gründen. Alle Mitarbeitenden haben neben ihrer Fachlichkeit ausgewiesene Kompetenzen in
Konfliktfähigkeit, Gesprächsführung, gewaltfreier Kommunikation und im
systemischen Denken" (Thomsen 2017, S. 20). Die noch verbliebenen Aufgaben der Führungskräfte beschränken sich auf die Moderation sowie die Bereitstellung von Ressourcen aus einem dienenden Verständnis heraus gegenüber der
Organisation und der Mitarbeiterschaft (vgl. ebd. S. 20).

Auch ein Cultural Leader wird verstanden als jemand, der (auf
transformationale Weise) Visionen entwickelt, Veränderungen anstrebt, andere
mitreißt und die Mitarbeiter langfristig motiviert. Dies kann aber vor allem dann
gelingen, wenn den Mitarbeitern weitestgehend aufgabenspezifische Eigeninitiative und Eigenverantwortung eingeräumt wird, sie ein differenziertes
Feedback über die Aufgabenerfüllung erhalten und auch ermutigt werden, neue
Dinge zu erproben sowie aus Fehlern zu lernen (vgl. Hausmann 2017, S. 35 f).

Es geht demnach nicht mehr um die Top-Performance der Leitungsfiguren,
sondern darum, dass möglichst viele Mitarbeiter Spielräume erhalten, an ihrer
eigenen Selbstwirksamkeit und Performance zu arbeiten. Ein Cultural Leader
verfügt daher nicht nur über ein breites fachliches Wissen und betriebswirtschaftliche Kenntnisse, sondern auch über ein hohes Maß an Sozialkompetenz wie
Inspirations- und Begeisterungsfähigkeit, Gesprächsführungs- und Konflikt-
lösungskompetenz sowie die Bereitschaft zur Selbstreflexion. Insbesondere
eine Kommunikationskultur, die auf Empathie und ehrlichem Interesse, auf der
Bereitschaft zum Zuhören und einem konstruktiven Feedback basiert, kann zur
Steigerung von Motivation und Commitment auf Mitarbeiterseite führen.

Bei der zweiten, der *externen* Perspektive von Cultural Leadership wird die
Gestaltungs- und Führungsrolle der Kultur in der Gesellschaft und ihre Bedeutung
im Hinblick auf soziale Transformation und politische Kooperation betont (im
Sinne einer Cultural Diplomacy) (vgl. Zierold 2017, S. 14 f; Müller 2017, S. 40).
Hier soll nicht der Kulturbereich von der Wirtschaft lernen, sondern umgekehrt
Wirtschaft, Gesellschaft und internationale Zusammenarbeit sollten fruchtbare
Impulse aus dem Kunst- und Kultursektor erhalten. Die externe Perspektive betont
insbesondere die Kommunikation zwischen der Organisation und der Gesellschaft,
indem die verschiedenen *Stakeholder* (Mitarbeiter, Publikum, Politik, Presse etc.)
stärker einbezogen sowie relevante globale oder auch lokale Themen aufgegriffen

werden. Dadurch kann die Kulturinstitution einerseits beitragen zu gesellschaftlichen Entwicklungsprozessen und sich andererseits selbst mehr in der Gesellschaft verankern (vgl. Kolsteeg/Zierold/2019, S. 7–9).

So wie die erste, interne Bedeutungsebene des Cultural Leadership die relationale Seite von Führung in Organisationen akzentuiert, so haben auf der gesellschaftsbezogenen Bedeutungsebene die *Beziehung* und *Beteiligung* im Rezeptionsgeschehen des Besuchers eine hohe Relevanz, denn hier äußert sich das menschliche Bedürfnis nach Kontakt, Austausch, Eingebundensein und Identitätsfindung (vgl. Müller 2017, S. 39 f). Auf diesen Resonanzen beruht die zweite Lesart des Cultural Leadership, die dem Kulturbereich aufgrund seiner Produktion von Bedeutung und Sinn sowie seiner Einladung zum lebendigen Austausch eine wesentliche Rolle bei der Gestaltung der Gesellschaft zuschreibt.

Der Referenzrahmen sowohl für das nach innen als auch für das nach außen wirkende Cultural Leadership sollte die *Ethik* sein, die im Binnenbereich gegenüber den Mitarbeitern von Vertrauen, Wertschätzung, Dialog auf Augenhöhe, Transparenz, Partizipation und Bereitschaft zur Selbstreflexion geprägt sein sollte (vgl. auch Thomsen 2017, S. 23). In externer Perspektive geht es darum, dass künstlerisch-kulturelle Angebote nicht nur sich selbst genügen, sondern wirkliche Impulse für die gesellschaftliche Weiterentwicklung bieten. Alle unterschiedlichen Ansätze zum Cultural Leadership, ganz gleich, ob sie die intern-organisationsspezifische oder die extern-gesellschaftsspezifische Perspektive betonen, konvergieren in folgendem Punkt: Im Zentrum steht das *relationale* Prinzip im Hinblick auf die Beziehungen zwischen den Akteuren, den Abteilungen, den Produzenten und Rezipienten sowie zwischen Institution, Stakeholdern und Gesellschaft. Und es geht immer um *Transformation,* um Akte der kreativen Überschreitung (vgl. Kolsteeg/Zierold 2019).

Abschließend soll die Cultural Leadership-Konzeption vorgestellt werden, die von Robert Hewison und John Holden entwickelt wurde, zwei Pionieren der britischen Bewegung des Cultural Leadership (Hewison/Holden 2016). Mit ihrem Programm wollen die Autoren Führungskräften in Kulturinstitutionen Wege aufzeigen, wie sie den Sprung vom Kulturadministrator zum Kulturunternehmer schaffen können, um den Fortbestand ihrer Kulturinstitution zu sichern. Die Autoren nehmen eine ausführliche Bestimmung des Begriffs Cultural Leadership vor. Wie schon der Begriff selbst verrät: Auch in netzwerkartigen Kulturorganisationen mit geteilter Führung gibt es nach Hewison/Holden immer noch die Funktion eines Leaders. Dieser befindet sich allerdings nicht mehr an der *Spitze* der Organisation, sondern in ihrem Zentrum. Leadership wird auch hier relational, als Pflege von *Beziehungen,* verstanden und kann nur gelingen, wenn die Mitarbeiter im Sinne einer geteilten Führung Verantwortung mit übernehmen und eigene Ideen beisteuern. „Think of leadership as a relationship. Yes, you have to take the lead, but you can't do that without getting people to follow (…). Your leadership will be more effective if it is shared – responsibility has to be everybody's, and everybody should to be able to contribute creatively (…). Think in terms of networks, not hierarchies. Think yourself at the centre, not the top, of the organization" (ebd. S. 41 f).

Effektives Leadership soll nach Hewison/Holden rhetorische Energie mit innovativen und zugleich zweckmäßigen Impulsen verbinden, um eine nachhaltige, belastbare und gut vernetzte Organisation zu schaffen, die in der Lage ist, ihre Handlungs- und Leistungsfähigkeit zu erweitern und qualifizierte Ergebnisse für Besucher, Belegschaft und Unterstützer zu erzielen (vgl. ebd. S. 24). Der Cultural Leader soll in der Lage sein, zu inspirieren, die Organisation in Bewegung zu versetzen und dabei auch die Richtung mitzubestimmen, zu kommunizieren (innerhalb und außerhalb der Institution), aufkommende Probleme zu lösen, eine Kunst der Zuhörerschaft gegenüber der Organisation und der Außenwelt zu entwickeln, die Mitarbeiterschaft zu unterstützen und sicherzustellen, dass die gemeinsame Mission erfüllt wird (vgl. ebd. S. 27).

Vor diesem Hintergrund erweitern auch Hewison/Holden das bekannte zweidimensionale, transaktional-transformative Leadership-Modell um eine dritte Dimension, nämlich das (bereits weiter oben beschriebene) relationale Leadership. Relationales Leadership bedeutet nach Hewison/Holden, eine von allen geteilte Vision zu kreieren, permanent zu kommunizieren, Macht zu teilen, Mitarbeiter zu fördern, den Wandel voranzutreiben und zugleich Stabilität (wieder) herzustellen, Vertrauen zu schaffen und den gemeinsamen Erfolg angemessen zu belohnen. Die Autoren stellen noch zwei weitere Aspekte besonders heraus: nämlich die unverzichtbare Übereinstimmung zwischen den Werten der Führungskräfte und denen der Organisation sowie die permanente Arbeit an den Außenkontakten und am Aufbau eines weitverzweigten Netzwerks (vgl. ebd. S. 30 f).

Besonders aufschlussreich ist ihre Fallstudie zur britischen Royal Shakespeare Company, die als Beispiel für eine geteilte Führung vorgestellt wird (vgl. ebd. S. 38–40). Hewison/Holden unterstreichen – auch am Beispiel der RSC – dass die Organisationsform der Zukunft *Netzwerkcharakter* haben muss, mit einem Energie- aber keinem Machtzentrum und mit etlichen Knoten, deren vielfältige Verbindungen es zu managen gilt. Sie betonen, dass Führungskräfte in Kulturinstitutionen den Blick verstärkt nach außen und in die Zukunft richten müssen und dass sie angesichts einer unbeherrschbar und unvorhersehbar gewordenen Umwelt verloren sind, wenn sie nur auf sich allein vertrauen. Stattdessen sollten die Führenden Wege finden, das Potenzial ihrer Mitarbeiter aufzuschließen und für die Organisation nutzbar zu machen sowie dafür Sorge tragen, dass sich nach innen wie nach außen Beziehungen entwickeln, die auf Vertrauen und Goodwill basieren (vgl. Hewison/Holden 9 f, 15 f).

Im von Hewison/Holden beschriebenen Organisationsmodell der *Royal Shakespeare Company* wurde neben dem *Leitungsdirektorium* aus drei Personen ein regelmäßig tagender *Lenkungsausschuss* aus 14 Abteilungsleitungen und Leitungen aus dem mittleren Management installiert. Zentrale strategische Entscheidungen wurden gemeinsam von Direktorium und Lenkungsausschuss getroffen. Das Leading Team war nicht mehr Position, sondern *Funktion* und *inmitten* einer Netzwerkkonstellation angesiedelt. Und auch die Leader-Rolle hatte sich grundlegend geändert: Der Leader war nicht mehr Kommandeur oder Administrator, sondern stattdessen Inspirator, Motivator, Influencer, vorangehender Entrepreneur, Kommunikator, Moderator, Zuhörer und Unterstützer.

Das einzige Manko des Ansatzes von Hewison/Holden und auch des Organisationsmodells der Royal Shakespeare Company besteht darin, dass zwar das Wissen der Mitarbeiter genutzt werden soll, diese aber nicht expressis verbis an den zentralen Entscheidungen beteiligt sind, denn alle entscheidenden Gremiensitzungen finden ohne Beteiligung einer Mitarbeiter- oder Ensemble-Vertretung statt. Von dieser Einschränkung abgesehen bleibt das Führungsmodell der Royal Shakespeare Company jedoch ein wichtiger Referenzpunkt für geteilte Führung im Rahmen dieser Untersuchung. An anderer Stelle wird darauf noch ausführlicher eingegangen.

3.3   Die Stakeholder des Theaters

Auch im Kontext der öffentlichen Theater steht die Leitung vor der Herausforderung, einen Ausgleich zwischen den oft heterogenen Ansprüchen der verschiedenen *Stakeholder* zu erzielen bzw. mal der einen und mal der anderen Seite mehr gerecht zu werden (Abb. 3.1). Dies sind auf der *Angebotsseite* die Künstler, die Mitarbeiter in Vermittlung, Marketing, Verwaltung und Technik, die Träger und die entsprechenden Gremien, der Deutsche Bühnenverein und die verschiedenen Gewerkschaften sowie die kulturpolitisch wirkenden Verbände wie die Kulturpolitische Gesellschaft und der Deutsche Kulturrat. Auf der *Nachfrage-seite* sind dies vor allem die Besucher, die Presse oder auch mögliche Sponsoren (vgl. Hausmann 2019, S. 16 f).

Ein Beispiel für den schwierigen Balanceakt zwischen den teilweise divergierenden Stakeholder-Interessen sind die gegenwärtig oft geführten Debatten um die Frage *von Umbau* oder *Neubau* von etlichen renovierungsbedürftigen

Abb. 3.1 Die Stakeholder des Theaters. (Quelle: Eigene Darstellung)

Theatern. Am auffälligsten war dabei die – in den Jahren 2019/2020 geführte – Diskussion um die Sanierung der Stuttgarter Oper für etwa eine Milliarde Euro. Hier waren als Stakeholder neben der Intendanz insbesondere involviert: der Verwaltungsrat, der Oberbürgermeister, der Gemeinderat, die politischen Parteien, der Landtag und das zuständige Ministerium des Landes Baden-Württemberg, die politischen Parteien, der Steuerzahlerbund, die Presse, das Publikum, ein Bürgerforum aus 40 zufällig ausgewählten Bürgern und die Bürgerinitiative „Aufbruch Stuttgart" (vgl. Süddeutsche Zeitung 05.11.2019; Schwäbisches Tagblatt 30.12.2019). Auf die Diskussion um dieses Sanierungsvorhaben wird noch an anderer Stelle näher eingegangen.

Aber es geht beim Stakeholder-Management nicht nur um ökonomische, sondern auch um künstlerische und politische Fragen. Ein Beispiel für einen solchen Stakeholder-Balance-Akt ist der sogenannte ‚Tannhäuser-Skandal‘ im Jahr 2013 an der Deutschen Oper am Rhein in Düsseldorf/Duisburg. Die Opernleitung hatte im Mai 2013 nach Zuschauerprotesten und einem sehr kritischen Echo in Teilen der Stadtgesellschaft sowie im lokalen Feuilleton die „Tannhäuser"-Inszenierung vom Spielplan genommen. Der Regisseur hatte die

Wagner-Oper mit Nazi- und Holocaust-Szenen durchsetzt. Die Premiere hatte wegen der eindringlichen Darstellung von Erschießungen und dem Tod in der Gaskammer Empörung bei etlichen Zuschauern ausgelöst. Einige Premieren-besucher mussten ärztliche Behandlung in Anspruch nehmen.

Der Intendant der Oper hatte nun abzuwägen zwischen dem Auftrag der Oper, „das künstlerische Niveau des Hauses beständig weiterzuentwickeln, seine große Musiktradition fortzuführen und neue künstlerische Perspektiven zu eröffnen" (Website Oper am Rhein 2020) und den möglichen Interessen der verschiedenen Anspruchsgruppen wie der des Regisseurs Burkhard C. Kosminski (Schutz der künstlerischen Freiheit), der Kulturpolitik (Imageschaden vermeiden), der Jüdischen Gemeinde (Kritik an geschmackloser Inszenierung, aber ohne die Absetzung zu verlangen), des israelischen Botschafters (Kritik wegen der unan-gebrachten Verwendung von Nazisymbolen in einem solchen Rahmen), der Oper als Institution (Einnahmen- und Imageverlust bei Absetzung versus noch größerer Imageschaden beim Weiterspielen) und den Interessen des Publikums: Einige Zuschauer forderten die Absetzung der psychisch und physisch belastenden Inszenierung; andere hingegen erwarteten das unveränderte Weiterspielen, um sich eine eigene Meinung bilden zu können. Der Intendant entschied sich nach reiflicher Überlegung – und auch nach Rücksprache mit dem Regisseur, der seine Inszenierung nicht entschärfen wollte – dafür, die Inszenierung abzu-setzen und die Oper ab der 2. Vorstellung nur noch konzertant aufzuführen (vgl. Goertz 05.05.2013, RP Online 06.05.2013, Goertz 07.05.2013). Der Regisseur zeigte sich nach der Absetzung „vollkommen geschockt – vor allen Dingen über die Begründung. Es kann doch nicht sein, dass diese Art von Zensur stattfindet" (Kosminski 10.05.2013). Die jüdische Gemeinde und Kulturpolitiker äußerten hingegen Verständnis für die Entscheidung. Egal wie die Intendanz am Ende ent-schieden hätte: ein Kompromiss, der allen Seiten entgegengekommen wäre, war offenbar nicht möglich.

Ein weiteres Beispiel für den Einfluss der verschiedenen Stakeholder ist die öffentliche Debatte um die Einladung, Ausladung und erneute Einladung der schottischen Hip-Hop-Band „Young Fathers" zur Ruhrtriennale im Jahr 2018. Die Band distanziert sich zwar offiziell vom Antisemitismus, unterstützt aber die transnationale, antiisraelische BDS-Kampagne (,Boycott, Divestment and Sanctions'), die zum umfassenden Boykott und zur Isolierung Israels aufruft. So beklagte sich die Intendantin des Festivals darüber, dass ihre Entscheidung für, gegen und dann erneut für die Band neben differenzierteren Sichtweisen zwei kontroversen Kampagnen ausgesetzt gewesen sei, die verkürzt-polarisierend argumentierten: Die eine behaupte, Israel-Kritik sei automatisch antisemitisch. Die andere erkläre automatisch alle Künstler zu Rassisten und Gegner der

Palästinenser, die Israel nicht boykottieren (vgl. Der Tagesspiegel 22.06.2018; Rapp 25.04.2020, S. 110). Auch wenn sie zu Recht beide Positionen in ihrer Radikalität ablehnte, musste die Intendanz davon ausgehen, dass nicht nur ihr Zickzack-Kurs Fragen aufwerfen, sondern eine erneute Einladung als Parteinahme für die antiisraelische Position (miss)verstanden werden könnte und das Festival damit endgültig in die bereits aufgeheizte Debatte hineingezogen werden würde.

Umso frappierender ist, dass die Intendanz im Jahr 2020 ähnlich agierte und dem Festival eine erneute Antisemitismus- versus Rassismus-Debatte bescherte. Nun wurde der mit vielfachen Auszeichnungen bedachte afrikanische Philosoph und Theoretiker des Postkolonialismus Achille Mbembe als Redner zum Eröffnungstag eingeladen. Da es in Deutschland eine Debatte um das postkoloniale Erbe und die Verbrechen der Kolonialzeit bereits vor der weltweiten ‚Black Lives Matter'-Bewegung, die durch den Tod von George Floyd ausgelöst worden war (vgl. Doerry, et al. 20.06.2020, S. 105), gab, hatte die ausgesprochene Einladung einerseits Aktualitäts- und Relevanzcharakter. Allerdings hatte sich Mbembe im Jahr 2015 im Vorwort des Buches „Apartheid Israel: The Politics of an Analogy" zwar für den Schutz des Staates Israel ausgesprochen, aber die Besetzung Palästinas als schlimmsten moralischen Skandal unserer Zeit bezeichnet (zu dieser Zeit war beispielsweise der Krieg in Syrien bereits voll entbrannt), sich durch die Verwendung des Reizwortes ‚Apartheid' zumindest in die Nähe zum Wording des BDS gerückt (vgl. auch Rapp 25.04.2020, S. 111) und darüber hinaus die globale Isolierung Israels gefordert.

Vor diesem Hintergrund entwickelte sich ab Mitte März 2020 eine ähnlich aufgeheizte, polarisierende Debatte, bei der sich verschiedene Stakeholder zu Wort meldeten, die energisch gegen oder für die Einladung Mbembes plädierten: Politiker verschiedener Parteien, der Antisemitismusbeauftragte der Bundesregierung, der Zentralrat der Juden, Medienvertreter, Künstler sowie Wissenschaftler im In- und Ausland. Anstatt nun darüber zu entscheiden, ob Mbembe auf dem Festival sprechen darf und wenn, in welchem Kontext, zog der Aufsichtsrat der Kultur Ruhr GmbH – offiziell aufgrund der Corona-Epidemie – sehr früh die Notbremse und beschloss die Absage der gesamten Ruhrtriennale (vgl. Hoffmanns 27.04.2020; Häntzschel 01.05.2020).

Selbst aus der Sicht des TAZ-Kommentators Stephan Grigat wäre es allerdings an den Verteidigern von Mbembe gewesen, zu erklären, inwieweit es sich bei dessen Äußerungen im genannten Vorwort nicht um eine – von den wahren Gegebenheiten im Nahen Osten abstrahierende – Dämonisierung und Delegitimierung Israels handelt (vgl. Grigat 10.05.2020).

Hier die zentrale Passage aus dem betreffenden Vorwort Mbembes (Übersetzung und kursive Hervorhebungen durch den Verfasser): „Sicherlich handelt es sich nicht um eine *Apartheid* im südafrikanischen Stil. Sie ist *weitaus tödlicher* (…). Die Verweigerung der Staatsbürgerschaft für diejenigen, die nicht sind wie wir. Umzingelung. Nie genug Land bekommen können (…). Kein Wunder, dass selbst *die* Europäer Israel jetzt mit Sanktionen drohen. *Israel hat das Recht, in Frieden zu leben.* Aber Israel wird nur durch Frieden in einer konföderalen Vereinbarung geschützt werden, die gegenseitig das Aufenthaltsrecht, wenn nicht gar die Staatsbürgerschaft anerkennt. Die Besetzung Palästinas ist der *größte moralische Skandal unserer Zeit,* eine der *entmenschlichendsten Torturen des Jahrhunderts,* in das wir gerade erst eingetreten sind, und der *größte Akt der Feigheit des letzten halben Jahrhunderts.* Und da alles, was sie zu bieten bereit sind, ein Kampf bis zum Ende ist, da sie bereit sind, den ganzen Weg zu gehen – *Gemetzel, Zerstörung, fortschreitende Vernichtung* – ist die Zeit für eine *globale Isolation* gekommen" (Jacobs et al. 2015, VIII).

Der aggressive, anti-israelische Duktus dieses Vorwort-Textes nährt erhebliche Zweifel daran, ob man dem Autor die programmatische Eröffnungsrede zu einem Festival wie der Ruhrtriennale hätte anvertrauen sollen. Allenfalls hätte seine Sicht eine Stimme von vielen auf einem plural zusammengesetzten Diskussionspodium sein können. Jedoch stellt sich die Frage, warum die Antisemitismus-Vorwürfe gegen Mbembe erst im März 2020 erhoben wurden und nicht schon im Jahr 2015, als der betreffende Text erschienen war. Stattdessen wurde Mbembe in Deutschland mit Preisen überhäuft: mit dem Geschwister-Scholl-Preis im Jahr 2015 sowie mit dem Ernst-Bloch-Preis und dem Gerda Henkel Preis im Jahr 2018. Eine Erklärung ist, dass sich die Debatte um den BDS in den letzten beiden Jahren so zugespitzt hat, dass sich sogar der Deutsche Bundestag veranlasst sah, in einem Beschluss vom 17.Mai 2019 die BDS-Kampagne und den Aufruf zum Boykott Israels zu verurteilen (vgl. Deutscher Bundestag 17.05.2019). Ein anderer Erklärungsversuch für diesen Widerspruch ist der von Achille Mbembe genährte Eindruck, dass mithilfe des Antisemitismus-Vorwurfes möglicherweise verhindert werden sollte, dass im exponierten Rahmen einer Ruhrtriennale-Eröffnung die koloniale Vergangenheit Deutschlands, die Streitfrage um die Rückgabe von Kulturgütern oder auch die gegenwärtige europäische Migrationspolitik durch ihn hätten thematisiert werden können (vgl. Mbembe 11.05.2020). Diese Erklärung Mbembes unterstreicht aber auch, dass er die Tragweite seiner Äußerungen zu Israel offenbar nicht einsehen will.

Die Debatte um die Young Fathers und um Achille Mbembe verdeutlichen beispielhaft die Heterogenität der verschiedenen Stakeholder-Interessen. Es ist eine der vornehmsten Aufgaben der Bühnen und ihrer Leitungen, zu aktuellen, auch kontrovers diskutierten Themen Position zu beziehen. Allerdings wäre zu fragen, ob dies auch bei äußerst komplexen, kaum zu entwirrenden Themenfeldern sinnvoll ist, die im künstlerischen Kontext kaum angemessen aufgearbeitet werden können, bei denen man sich in ein von vielen Seiten vermintes Gelände begibt, ein klassisches Gut/Böse-Schema zudem nicht greift und man daher um Ausgewogenheit bemüht sein sollte. Falls sich die Führungsspitze zu einem solchen Schritt entschließt, sollte sie sich von keiner Stakeholder-Seite unter Druck setzen lassen, sondern gründlich recherchieren, eine gut abgewogene, eigene Positionierung finden und gegebenenfalls (nach dem Erhalt einschlägiger Erkenntnisse, die Zweifel an der eigenen Sicht nähren könnten) auch den Mut aufbringen, eine Entscheidung rückgängig zu machen und dann auch dazu zu stehen.

3.4   Cultural Leadership im Theaterbetrieb

Auch vor diesem Hintergrund wird deutlich, dass das Theater mithilfe der auf der Bühne verhandelten Themen, Konflikte und Positionen die Funktion eines Seismografen und kritischen Kommentators übernehmen kann und auf diesem Wege auf das Bewusstsein des Publikums ein- und in die Gesellschaft hineinwirken kann. So beteiligten sich nach einer von Christoph Nix im Jahr 2013 durchgeführten Umfrage unter den bundesdeutschen Theaterintendanten 84 % der Befragten (n = 38) nach eigener Einschätzung an politischen Diskussionen in ihrer Stadt und zwar zu den Themen Kulturpolitik, Rassismus/Nationale Frage, Großprojekte wie Klimawandel sowie Außenpolitik. 69 % der befragten Intendanten waren der Ansicht, dass sie in ihrer Rolle als Intendant politischen Einfluss haben (vgl. Nix 2016, S. 154–156).

Allerdings verspielt das Theater seine Glaubwürdigkeit, wenn es auf der Bühne zwar demokratische Grundwerte verhandelt und sich aller erdenklichen (stadt)gesellschaftlichen und politischen Themen annimmt, es aber hinter den eigenen Kulissen mitunter immer noch zugeht wie zum Ende des 19.Jahrhunderts. *Cultural Leadership* erwartet von den Kulturinstitutionen – und damit auch von den Theatern – eine *neue Führungskultur* im eigenen Haus, von der Impulse zur gesellschaftlichen Transformation ausgehen können. Genau deshalb sollten die Bühnen als ‚moralische Anstalt‘ nicht die eigene Transformation vergessen, und zwar nicht nur, um den Fortbestand des eigenen Hauses zu sichern, sondern um beim Eintreten für *Demokratie, Diversität* und *Teilhabe* glaubwürdig zu sein und um einer hervorragend ausgebildeten, hoch motivierten Mitarbeiterschaft Möglichkeiten der Entfaltung und der echten Beteiligung zu bieten.

Als Paradebeispiel für ein neues Verständnis von Führung gilt den englischen Pionieren des Cultural Leadership Robert Hewison und John Holden (2016) das Organisations- und Führungsmodell der englischen Royal Shakespeare Company. Dieses sowie das des Orpheus Chamber Orchestra aus New York werden an anderer Stelle noch ausführlich dargestellt. Es gibt mittlerweile aber auch im *deutschsprachigen* Raum Bestrebungen, *neue Führungs- und Organisationsmodelle* an den Bühnen zu erproben. Die Idee einer gleichberechtigten Doppelspitze und eines echten, gleichberechtigten Direktoriums sowie erste Versuche mit geteilter Führung in Form von hierarchieübergreifenden Teams lassen hoffen, dass von den Bühnen der Stadt-, Landes- und Staatstheater in der Tat fruchtbare Impulse für Wirtschaft und Gesellschaft – im Hinblick auf ein neues Verständnis von Führung und auf gelebte Teilhabe – ausgehen könnten. Auf einige gegenwärtige Modelle im bundesdeutschen Raum, bei denen im Gegensatz zum klassischen Intendantenmodell Führung im Sinne von Cultural Leadership stärker geteilt oder zumindest anders verteilt wird, wird später noch eingegangen.

Der Gedanke der Teilhabe kann darüber hinaus aber auch auf die Stadtgesellschaft erweitert werden. Hier sei als Beispiel das Schauspiel Dortmund erwähnt, das seit der Intendanz von Julia Wissert im Rahmen einer sogenannten ‚Stadt-Intendanz‘ eine Gruppe von Bürgern bei der Spielplan-Entwicklung mitbeteiligt (vgl. Westphal 16. Mai 2020).

Die Krise(n) des öffentlichen Theaters und mögliche Auswege

4

4.1 Die deutsche Theaterlandschaft: Rahmenbedingungen, Akteure und Zahlen

Die deutsche Theaterlandschaft mit ihren – über das ganze Land verteilten, imposanten und oft mitten im Stadtzentrum gelegenen – Theaterbauten, ist einmalig in ihrer Dichte und genießt Weltruf. Sie wird deutlich geprägt durch die rund 140 öffentlich getragenen Stadttheater, Staatstheater und Landestheater. Hinzu kommen 220 Privattheater, 130 Opern-, Sinfonie- und Kammerorchester und etwa 70 Festspiele, rund 150 Theater- und Spielstätten ohne festes Ensemble und ca. 100 Tournee- und Gastspielbühnen ohne eigenes Haus (vgl. Deutscher Bühnenverein 2020).

Einen weiteren wichtigen Faktor stellt die freie Theaterszene dar, die sich vom früheren Konkurrenten zu einem ernst zu nehmenden Kooperationspartner entwickelt hat. Diese setzt sich zusammen aus freien Theater- und Performance-kollektiven mit oft internationaler Ausstrahlung wie And Company, Constanza Macras, Forced Entertainment, Gob Squad, Rimini-Protokoll, She She Pop, Showcase Beat le Mot oder Signa sowie aus den öffentlich geförderten Zentren für freie Theaterproduktionen wie Kampnagel in Hamburg, dem FFT in Düsseldorf, dem HAU in Berlin oder dem Theater Mousonturm in Frankfurt/M. Dazu kommen Festivals der freien Theater wie „Impulse" oder „Favoriten" sowie zahlreiche überregional, regional oder lokal agierende, freie Theater- Performancegruppen. Für diese Untersuchung nicht relevant aber dennoch erwähnenswert ist der Bereich der Amateur- und Freilichttheater mit insgesamt etwa 2500 Vereinen und Gruppen (vgl. Schneider 2012, S. 23).

Hier soll es primär um die 142 öffentlichen Bühnen gehen, die sich aufteilen in die *städtischen* Theater, die von einer oder mehreren Kommune/n getragen

© Springer Fachmedien Wiesbaden GmbH, ein Teil von Springer Nature 2020
J. Weintz, *Cultural Leadership – Führung im Theaterbetrieb*,
https://doi.org/10.1007/978-3-658-31731-7_4

werden, die *Landesbühnen,* die von mehreren Städten finanziert werden sowie die *Staatstheater,* bei denen die Bundesländer als Hauptgesellschafter agieren. Die Rechtsformen der Theater reichen von 29 Regiebetrieben, die völlig in die Kommunalstruktur integriert sind, 32 Eigenbetrieben mit der Möglichkeit der eigenständigen Wirtschaftsführung, 56 Gesellschaften mit begrenzter Haftung, 5 eingetragene Vereine, 4 Zweckverbandinstitutionen, 8 Anstalten öffentlichen Rechts und 8 Stiftungen (vgl. Deutscher Bühnenverein 2019, S. 253). Die genannten 142 Theater sind auch öffentlich in dem Sinne, dass der weitaus größere Teil des jährlichen Etats von der öffentlichen Hand übernommen wird, da sich die Einspielquoten durch Ticketverkäufe je nach Bundesland zwischen 11,9 und 26,6 % des Gesamtetats bewegen. Das durchschnittliche prozentuale Einspielergebnis lag in der Spielzeit 2017/2018 wie im Vorjahr bei 17,8 % (vgl. Deutscher Bühnenverein 2019, S. 259). Die Kehrseite des hohen Förderungsbedarfs der Stadt-, Landes- und Staatstheater ist ihre Abhängigkeit von der Kulturpolitik, genauer vom Rechtsträger und seinen Aufsichtsgremien.

Die öffentlichen Bühnen sind eng verbunden mit regelmäßig stattfindenden Festivals wie z. B. dem Berliner Theatertreffen, der Ruhrtriennale, den Ruhrfestspielen, dem Mülheimer Stückwettbewerb oder dem Festival Spielzeit Europa. Die Stadt-, Landes- und Stadttheater sind als Häuser mit festem Ensemble und umfangreichen Repertoire entweder als Einzelspartenhäuser (Schauspiel, Oper oder Konzert) organisiert oder als Mehrspartenbetrieb mit je einer Sparte für Schauspiel und/oder Oper/Operette/Musical und/oder Tanz/Ballett und/oder Konzert und/oder Kinder- und Jugendtheater und/oder Puppentheater.

Die Mitarbeiterschaft an den öffentlichen Bühnen reicht von 70 (Hessisches Landestheater Marburg) bis zu 1400 Personen (Staatstheater Stuttgart als größtem Dreispartenhaus Europas). So hat beispielsweise das D'Haus in Düsseldorf, das aus dem Schauspielhaus Düsseldorf, dem Jungen Schauspielhaus und der Bürgerbühne besteht, 350 Mitarbeiter, wohingegen an der Deutschen Oper am Rhein mit den beiden Standorten Düsseldorf und Duisburg 580 Mitarbeiter aus 35 Nationen in über 50 Berufen tätig sind (vgl. Website Düsseldorfer Schauspielhaus; Website Deutsche Oper am Rhein; Stuttgarter Nachrichten 28.11.2019).

Die Theater zeigen im sogenannten *Repertoirebetrieb* eine hohe Frequenz verschiedener Produktionen (quasi jeden Abend eine andere) während einer Saison, wobei das bereits vorhandene Repertoire durch jeweils neue Inszenierungen in der Folge-Spielzeit ergänzt wird. Dies ergibt an großen Häusern zwischen zwanzig und über vierzig Inszenierungen pro Spielzeit. Das Repertoireprinzip ist an den bundesdeutschen Theatern immer noch weit verbreitet, wobei allerdings einige Theater (z. B. die Schaubühne Berlin und das Thalia-Theater Hamburg) mit einer Mischung aus Repertoire- und Ensuite-Betrieb arbeiten, bei der sich nach einem mehrtägigen Block mit der gleichen Inszenierung verschiedene Veranstaltungen im alternierenden Rhythmus anschließen. Viele Privattheater sowie die Musicalbühnen zeigen hingegen über längere Zeiträume hinweg jeweils eine Produktion nach dem Ensuite-Prinzip.

Derzeit wird der Repertoire-Betrieb aufgrund seiner Personal- und Kostenintensität kritisch hinterfragt (vgl. auch Schmidt 2017, S. 383 ff). Er ist auf ein fest am Theater engagiertes *Kern-Ensemble* aus Schauspielern, Sängern und Tänzern angewiesen, um den permanenten, abendlichen Wechsel bei den gezeigten Produktionen sicherzustellen. Ein festes Ensemble wird auch deshalb als unverzichtbar erachtet, da es die Identität sowie das Profil der jeweiligen Bühne prägt und zur Bindung des Publikums an sein Theater beiträgt. Allerdings wurden etliche Ensembles aus fest vertraglich verpflichteten Künstlern in den letzten Jahren aus Kostengründen ausgedünnt und viele Festverträge durch Gastverträge ersetzt.

Öffentliche Förderung
Zur Förderung der deutschsprachigen Bühnen: Die öffentlichen Haushalte von Bund, Ländern und Gemeinden stellten 2015 für die *gesamte* Kulturförderung 10,4 Mrd. EUR zur Verfügung. Speziell für den *Bereich Theater und Musik* waren dies 3,7 Mrd. EUR, also *35,4 %*. Zum Vergleich: 18,3 % der *gesamten* öffentlichen Kulturausgaben flossen in die Finanzierung von Museen, Sammlungen und Ausstellungen sowie 14,4 % in die Förderung der Bibliotheken. Für die sonstige Kulturpflege wurden 14,3 % sowie für Denkmalschutz und Denkmalpflege 5,2 % aufgewendet. Die *Kommunen* bestritten mit 4,7 Mrd. EUR (44,8 %) den größten Teil der *gesamten* öffentlichen Kulturausgaben im Jahr 2015. Die *Länder* finanzierten den Kulturbereich hingegen nur mit 4,2 Mrd. EUR (40,3 %) und der *Bund* mit 1,5 Mrd. EUR, also 14,8 % (vgl. Statistische Ämter des Bundes und der Länder 2018, S. 19). Die Summe aller öffentlichen Zuweisungen von Bund, Ländern und Gemeinden betrug allein für den Bereich der *öffentlichen Theater* 2,66 Mrd. EUR. Zum Vergleich: im Jahr 1991 lag die Zuschuss-Summe bei 1,5 Mrd. EUR und im Jahr 2008 bei 2,1 Mrd. (vgl. Deutscher Bühnenverein 2019, S. 257; Vorwerk 2012, S. 13).

Aufgrund der föderalen Verfasstheit der Bundesrepublik Deutschland und der damit nach dem Grundgesetz verbundenen Kompetenzregelung (Artikel 30 GG) liegt die Kulturhoheit in Gesetzgebung und Verwaltung (also auch im Bereich der öffentlichen Theater) bei den einzelnen Bundesländern. Allerdings fällt auf, dass der Bund seine Ausgaben für Kultur im Jahr 2015 um 5,9 % erhöht hat, wohingegen die Ausgaben bei den Flächenländern um 1,6 % und bei den Stadtstaaten um 3,0 % gesunden sind (Statistische Ämter des Bundes und der Länder

2018, S. 19, 23). Vor allem aber frappiert, dass die Kulturausgaben der Länder trotz der Kulturhoheit bei den *allgemeinen* Kulturausgaben geringer ausfallen (40,3 %) als der Anteil der Kommunen mit 44,8 % (ebd.). Dieses Ungleichgewicht fällt noch stärker auf im Bereich der *Theaterförderung*: So wurden im Jahr 2015 die Ausgaben für *Theater und Musik* mit 2,0 Mrd und damit *54,4 %*. *überwiegend* von den *Kommunen getragen*. Nur weitere 1,6 Mrd. EUR bzw. *44,6 %* steuerten die *Länder* und 33,7 Mio. EUR bzw. *0,9 %* gab der *Bund* hinzu (vgl. Statistische Ämter des Bundes und der Länder 2018, S. 32). Diese Schieflage sollte bald beendet werden, indem die Länder zur Entlastung der Kommunen ihr Engagement sukzessive erhöhen, statt es – wie beispielsweise im Zeitraum 2019/2020 in Niedersachsen lange diskutiert – sogar noch zu reduzieren .

Auch wenn die Länder verfassungsrechtlich auf ihre Kulturhoheit verweisen können, hat sich der *Bund* seit Ende der 90er Jahre in idealeller und materieller Hinsicht kulturpolitisch zunehmend engagiert. Hinzu kommt, dass er aufgrund seiner Gesetzgebungskompetenz im Rahmen der kulturellen Ordnungspolitik Zuständigkeiten wahrnimmt. So gibt es eine Reihe rechtlicher Regelungen, die die Entwicklung von Kunst und Kultur maßgeblich beeinflussen wie zum Beispiel: das Zuwendungsrecht, Steuerrecht, Gemeinnützigkeitsrecht, Vereinsrecht, Stiftungsrecht, Wettbewerbs-und Vergaberecht, Arbeitsrecht, Künstlersozialversicherung, Kinder-und Jugendhilferecht, Medien- und Presserecht etc.

In den letzten Jahren wurde das Föderalismusprinzip aber auch dadurch aufgeweicht, dass der *Bund* über die Bundeskulturstiftung und die Hauptstadtkulturförderung in zunehmendem Maße an der allgemeinen Kulturförderung und auch speziell an der Theaterförderung beteiligte. Diese grundsätzlich zu begrüßende Tendenz betrifft im Theaterbereich große Projekte im internationalen Rahmen sowie spezielle Schwerpunktförderung: Mit dem Programm ‚Doppelpass' wurde die gezielte Kooperation von freien Gruppen und festen Tanz- und Theaterhäusern gefördert (so wurden im Jahr 2019 erneut 15 Theaterkooperationen unterstützt) und im Rahmen des Programms ‚Tanzland' längerfristige Kooperationen zwischen Tanzensembles und Gastspielhäusern. Als weiterer Leuchtturm im Bereich Tanz richtet die Kulturstiftung des Bundes zudem alle drei Jahre den Tanzkongress aus und mit dem Berliner Theatertreffen fördert sie die jährliche Leistungsschau des deutschsprachigen Theaters (vgl. Kulturstiftung des Bundes 2020a). Grundsätzlich wäre ein neues Austarieren der Förderanteile zwischen Kommunen, Ländern und Bund einschließlich eines höheren Engagements der beiden letztgenannten Akteure wünschenswert, um die Kommunen stärker zu entlasten.

Im Hinblick auf die öffentliche finanzielle Absicherung und die damit verbundene zukünftige *Überlebensfähigkeit* ist ein ausgeprägtes *Gefälle* zwischen den (derzeit noch üppiger bezuschussten) großen Theaterkomplexen in den Metropolen und Landeshauptstädten einerseits sowie den mittleren und kleinen Bühnen in kleineren Städten bzw. ländlichen Regionen andererseits zu verzeichnen. Dem steht entgegen, dass gerade die kleinen Landestheater, die mit einem vergleichsweise geringen Budget auskommen müssen, zumindest bezogen auf die harten Kennzahlen wie Auslastung, Einspielquote, Effizienz (Mitarbeiter/ Zuschauer-Relation) und Ressourcenverbrauch sehr gute Ratings erzielen (vgl. Schmidt 2019, S. 42 f). Auch wenn damit noch nichts gesagt ist zur Qualität, zum Innovationsgrad, zum Engagement gegenüber der Stadtgesellschaft sowie zur (über-)regionalen Strahlkraft, sollten die genannten, hervorragenden Ergebnisse vieler kleinerer Häuser in der Förderpolitik stärkere Berücksichtigung finden.

Weitere Eckdaten
Die *Besucherzahl* bezogen auf die öffentlichen Theater und Orchester hat sich seit Jahren auf Werte zwischen 19 und 19,8 Mio. Zuschauer eingependelt: 19 Mio. in der Spielzeit 2007/2008, 19,8 Mio. in den Spielzeiten 2014/2015 und 2016/2017 sowie 19,6 Mio. in der Spielzeit 2017/2018 (vgl. Deutscher Bühnenverein 2019, S. 255; Theaterstatistik 2007/2008, in: Deutsches Musikinformationszentrum 01.10.2009 und Schmidt 2017, S. 40). Diese relative Konstanz der Besucherzahlen konnte allerdings nur erreicht werden durch die stetig zunehmende Ausdehnung des theaternahen Rahmenprogramms und der sonstigen Veranstaltungen (wie Lesungen, Publikumsgespräche, Vorträge etc.). Die Zahl der reinen Schauspielbesuche ging hingegen von 10,03 Mio. (1957/1958) auf 5,25 Mio. (2010/2011) und schließlich auf 5,09 Mio. (2017/2018) zurück, ein *Rückgang von über 50 %* in 60 Jahren (vgl. U. Schmidt 2014 und Deutscher Bühnenverein 2019, S. 255). Dies ist auch dem Überangebot an Kultur- und Freizeitmöglichkeiten sowie dem veränderten Besucherverhalten geschuldet.

Das Verhältnis von *fest angestellten* Theatermitarbeiter/innen – befristet und unbefristet – zu nicht durchgängig beschäftigten Mitarbeitern hat sich innerhalb von 26 Jahren drastisch gewandelt: In der Spielzeit 1991/1992 waren noch 45.000 Mitarbeiter/innen fest an den deutschen Theatern angestellt und die Zahl der Gastverträge betrug etwa 7000. Bis zur Spielzeit 2017/2018 ist die Zahl der Festangestellten um gut 10 % auf 40.101 gefallen. Die Gast-, Werk- und Dienstverträge sind hingegen bis 2017/2018 um den *4,5- fachen* Wert nach oben geschnellt, nämlich auf 32.495 (vgl. Vorwerk 2012, S. 12; Deutscher Bühnenverein 2019, S. 256). Diese Zahlen verdeutlichen, wie die Theater versuchen, den – durch die stagnierenden Zuschüsse und zugleich stetig steigenden Personalkosten entstandenen – finanziellen Engpässen durch eine Umstellung der Arbeitsverhältnisse zu begegnen.

Die durchschnittliche *Auslastungsquote* aller Theater und aller Sparten lag 2012/2013 bei 78,2 %, wobei das Kinder- und Jugendtheater mit 84,3 % die beste Auslastung von allen Sparten verzeichnete (Nachtkritik 29.08.2014). Diesen Gesamtwert von 78 % erreichten etliche Theater in der Sparte Schauspiel auch in der jüngeren Vergangenheit: Im Jahr 2016 hatten das Berliner Ensemble, das Deutsche Theater und die Volksbühne jeweils eine Auslastung von 78 %, das Maxim Gorki Theater 79 % und die Schaubühne 90 % (Kirschner 01.04.2017). Das Düsseldorfer Schauspielhaus hatte in der Spielzeit 2017/2018 eine Durchschnittsauslastung von 85,2 und in der Spielzeit 2018/2019 von 82,4 % (Kouschkerian 11.07.2019).

Den größten Anteil im Gesamtbudget machen aufgrund der hohen Personalintensität die *Personalkosten* aus, die in der Spielzeit 2017/2018 bei 72,6 % und in der Spielzeit 2016/2017 bei 72,8 % lagen (vgl. Deutscher Bühnenverein 2019, S. 259), was den Spielraum für Betriebskosten sowie aufwendigere künstlerische Projekte massiv einschränkt. Die Stadttheater sind aufgrund ihrer Beschäftigtenzahl mit einem mittelständischen Unternehmen oder mit einer kommunalen Verwaltung zu vergleichen. Die Vielzahl der Mitarbeiter und Abteilungen ist eine Erklärung für die arbeitsteilige Organisation und Produktion am Theater. Sie wird auch gerne zur Begründung für den hierarchischen Aufbau des Apparats herangezogen, wobei genau an diesem Punkt die aktuelle Reformdebatte ansetzt.

Struktur der öffentlichen Theater
Die Theater sind komplexe Organisationen: um das Ensemble aus Schauspielern, Musikern, Tänzern und Sängern gruppieren sich die Intendanz, die Spartenleitungen sowie verschiedene Abteilungsleitungen. Hinzu kommen Regisseure, Choreographen, Dramaturgen sowie Disposition und künstlerisches Betriebsbüro, Kommunikation, Marketing sowie der Bereich der kulturellen Bildung und der Theaterpädagogik. Weitere Bereiche sind die technischen Abteilungen mit dem technischen Betriebsbüro, mit der Bühnentechnik, der Beleuchtung, den Werkstätten (Malersaal, Tischlerei, Schlosserei, Dekorateure) und den Abteilungen Kostüm und Maske sowie der Bereich der Verwaltung (mit Prokurist, Rechnungswesen, Buchhaltung, Personalabteilung sowie Besucherservice).

Die *Gesellschafter* der öffentlichen Theater sind die Kommune/n und/oder das jeweilige Bundesland. Die Gesellschafter werden seitens des Landes durch den Kultusminister oder dessen Beamte und seitens der Kommune durch den (Ober-) Bürgermeister oder den (Kultur-) Dezernenten in der *Gesellschafterversammlung* vertreten. Diese stehen auch dem *Aufsichts-, Verwaltungs- oder Stiftungsrat* des Theaters vor, der dessen Arbeit überwacht sowie die Leitung bestellt oder abberuft und dessen Mitglieder ebenfalls von den Gesellschaftern bestellt werden (vgl.

auch Schmidt 2012, S. 157 und 2017, S. 427 und 434). Die Aufsichtsräte und ihre Vorsitzenden stellen die *oberste Führungsebene* des Theaters dar. Hier ist wohl gemerkt bewusst nicht nur von Aufsicht und Kontrolle (im Hinblick auf die Kennzahlen etc.), sondern auch von *Führung* im Sinne von Impulsgebung und Mitgestaltung die Rede, wie im Kapitel zur Kulturpolitik noch ausführlich erläutert wird. Bei der Prüfung der eingereichten Zwischen- oder Lageberichte, Jahresabschlüsse sowie Wirtschaftspläne geht es allerdings vorrangig um harte Fakten wie die Auslastungsquoten (im Durchschnitt zwischen 75 und 80 % der zur Verfügung stehenden Plätze), die Einspielquoten (Eigeneinnahmen durch Ticketverkäufe – im Schnitt 17,8% vom Gesamtetat) sowie die zukünftige Planung im Hinblick auf Finanzen, Investitionen, erwartete Erfolge und Stellengefüge.

Unterhalb dieser Aufsichtsebene, in der direkten *Führungsspitze* des Theaters, agiert an den meisten bundesdeutschen Bühnen die Einzel-Intendanz mit Alleinvertretungsanspruch und Letztentscheidungsrecht in allen künstlerischen, organisatorischen und (kultur-)politischen Fragen, wobei sie in betriebswirtschaftlichen Fragen von einem kaufmännischen Direktor oder Verwaltungsleiter unterstützt wird, der in der Regel aber der Intendanz unterstellt ist. Im Wesentlichen entscheidet die Intendanz über die Auswahl der Stücke, den Spielplan, das Engagement sowie den Einsatz des künstlerischen Personals und ist verantwortlich für den ungestörten Ablauf des Betriebs. Begrenzt werden die Handlungsspielräume allerdings durch den vorgegebenen Etat, durch Rechts- und Verwaltungsvorschriften, Tarifverträge sowie durch die mit dem Träger getroffenen Vereinbarungen (vgl. Scheytt 2005, S. 189).

Einige Häuser werden von einer *Doppelspitze* aus zwei gleichberechtigten Intendanten oder durch ein mehrköpfiges *Direktorium* (in der Regel mit einem geschäftsführenden Intendanten an der Spitze und einzelnen Spartenintendanten) geleitet. So gibt es am Nationaltheater Mannheim neben dem geschäftsführenden Intendanten vier Spartenintendanten für Schauspiel, Oper, Tanz sowie für das Junge Nationaltheater und an den Staatstheatern Stuttgart neben dem geschäftsführenden Intendanten drei Spartenintendanten für Schauspiel, Oper und Ballett mit umfassender künstlerischer und budgetbezogener Verantwortung. Ob der geschäftsführende Intendant in einer solchen Teamkonstruktion als ‚primus inter pares' agiert und viele Fragen alleine entscheidet oder ob zentrale Entscheidungen gemeinsam im Direktionsteam getroffen werden, hängt auch von den jeweiligen Geschäftsordnungen, von den mit den Direktoren geschlossenen Intendantenverträgen sowie von den Charakteren und der ‚Chemie' zwischen den betreffenden Personen ab. Im Hinblick auf die Führungsstruktur besteht für die Gesellschafter des Theaters die Herausforderung darin, für eindeutige Regelungen in der *Satzung,* dem *Gesellschaftervertrag* und der *Geschäftsordnung* zu sorgen und die *Intendantenverträge* damit in Einklang zu bringen. Auf die verschiedenen Leitungsmodelle an der Führungsspitze des Theaters wird noch an anderer Stelle ausführlich eingegangen.

Unter der Intendantenebene ist die *mittlere Führungsebene* angesiedelt: Dies sind beispielsweise die Spartenleitungen für Schauspiel, Oper, Ballett/Tanz, Konzert und/oder Kinder-und Jugendtheater und/oder Abteilungsleitungen wie Künstlerische Produktionsleitung, Technische Direktion sowie Verwaltungsdirektion. Diesen Abteilungen sind wiederum verschiedene Unterabteilungen unterstellt wie die Bereiche Dramaturgie, Kommunikation/PR, das künstlerische Betriebsbüro, das technische Betriebsbüro, die Werkstättenleitung und Kostümabteilung sowie die Personalabteilung und das Rechnungswesen.

In der Regel ist an den öffentlichen Theatern eine *Personal* oder *Mitarbeitervertretung* verankert. Dabei muss unterschieden werden zwischen Theaterbetrieben in privater Rechtsform (wie einer GmbH), an denen ein Betriebsrat im Rahmen des Betriebsverfassungsgesetzes agiert und den Bühnen in öffentlicher Rechtsform, deren Personalrat sich am Personalvertretungsgesetz orientiert. Der Umfang der Mitbestimmungsrechte bei Betriebsrat und Personalrat ist jedoch vergleichbar. Er betrifft vor allem Fragen wie Personaleinstellung, Dienstpläne, Arbeitsschutz und Arbeitssicherheit (vgl. Schmidt 2012, S. 158, 167), die Teilnahme an den Sitzungen des Aufsichtsgremiums sowie die Schließung spezieller betrieblicher Vereinbarungen.

Die *Tarifpartner* der deutschen Stadttheater sind aufseiten der Arbeitgeber der *Deutsche Bühnenverein* und auf der Seite der Beschäftigten mehrere *Künstlergewerkschaften:* nämlich die Genossenschaft der deutschen Bühnenangehörigen *(GDBA)* für den Bereich der künstlerisch Beschäftigten (Schauspieler und andere Solisten etc.), die Vereinigung deutscher Opernchöre und Bühnentänzer *(VdO)* und die Deutsche Orchestervereinigung *(DOV)* für die Orchestermusiker. Hinzu kommt die Gewerkschaft Verdi für den Bereich des öffentlichen Dienstes, die zuständig ist für die nach *TVÖD* bezahlten Mitarbeitenden in der Verwaltung sowie – teilweise auch – im Technikbereich.

Der Deutsche Bühnenverein

Der *Deutsche Bühnenverein* ist einerseits der *Interessensverband* der Theater und Orchester sowie andererseits der *Arbeitgeberverband,* in dem die Kommunen und Länder als Träger der Bühnen vertreten sind und der den Künstler-Gewerkschaften als Verhandlungspartner gegenübertritt. Er ist eine Art Zwitterorganisation aus Kultur und Politik und kann daher bei brisanten kulturpolitischen Themen wie Friktionen zwischen Intendanz und Kulturpolitik, Zuschusskürzungen, Fusionen, Auflösung von Sparten oder auch

Hausschließungen nicht ohne Weiteres Partei nehmen für die Seite der Theater/ der Intendanten oder für die Seite der Politik, da beide Perspektiven unter seinem Dach vertreten sind.

Dem Deutschen Bühnenverein gehörten im Jahr 2019 insgesamt 465 Mitglieder an. Diese setzen sich zusammen aus den Stadt- und Staatstheatern einschließlich der Opernhäuser, der Landesbühnen sowie der Privattheater und Orchester. Hinzu kommen die öffentlich-rechtlichen Rundfunkanstalten und andere Institutionen als außerordentliche Mitglieder sowie die Intendanten als persönliche Mitglieder. Zum 01.01.2019 gehörten dem Deutschen Bühnenverein insgesamt 210 Theater an, die sich aus 142 öffentlichen Bühnen (35 Staatstheater, 83 Stadttheater und 24 Landesbühnen) sowie 68 Privattheatern zusammensetzten. Weitere Mitglieder waren 31 selbstständige Sinfonieorchester (7 Staatsorchester, 23 Städtische Orchester, 1 Landesorchester), weitere 187 aktive oder inaktive persönliche Mitglieder (z. B. die Intendanten) sowie 22 außerordentliche und 14 fördernde Mitglieder (vgl. Deutscher Bühnenverein 2020: Mitgliedschaft).

Der Deutsche Bühnenverein behandelt laut eigener Darstellung „alle künstlerischen, organisatorischen und kulturpolitischen Fragen, die die Theater und Orchester in irgendeiner Weise betreffen. Dazu gehören Themen wie die Bedeutung der Theater und Orchester für die Städte, die Entwicklung des Publikums sowie die Gestaltung juristischer Rahmenbedingungen bis hin zur sozialen Lage der Künstler. Weitere Inhalte sind die Ausbildung für die künstlerischen und künstlerisch-handwerklichen Berufe, die Finanzsituation der Theater und Orchester sowie die sich daraus ergebenden Möglichkeiten und Grenzen des künstlerischen Schaffens. Auch die Optimierung von Organisationsstrukturen sowie das Verhältnis zwischen Rechtsträger und Theaterleitung sind wichtige Aufgabegebiete. Darüber hinaus ist der Bühnenverein beratend an den Gesetzgebungsverfahren von Bund und Ländern beteiligt..." (Deutscher Bühnenverein 2020: Ziele und Aufgaben).

Die zentralen Organe sind die Hauptversammlung, der Verwaltungsrat, das Präsidium, der Tarifausschuss sowie der Vorstand. In der *Jahreshauptversammlung*, die jedes Jahr in einer anderen Stadt tagt, kommen die Intendant/innen und Direktor/innen der deutschen Theater und Orchester sowie Kulturpolitiker/innen zusammen, um gemeinsam über die aktuelle und zukünftige Lage von Schauspiel, Oper, Tanz und Konzert zu beraten. In der *Hauptversammlung* sind sechs *Untergruppen* vertreten: die Staatstheatergruppe, die Stadttheatergruppe, die Landesbühnengruppe, die Privattheatergruppe, die Intendantengruppe sowie die Gruppe der Außerordentlichen Mitglieder. Diese Gruppen beschäftigen sich mit den politischen, strukturellen und künstlerischen Fragen ihrer jeweiligen Mitglieder.

Die *Staats*theater-Gruppe setzt sich vor allem aus Kulturabteilungsleitern und Theaterreferenten der Bundesländer zusammen. In der *Stadt*theatergruppe beraten vor allem die Kulturdezernenten der Städte und Gemeinden über die Belange ihrer Theater und Orchester. In der Gruppe *der Landesbühnen,* die ein größeres regionales Gebiet bedienen und von mehreren Trägern finanziert werden, sind neben Kulturpolitikern auch Intendanten/innen und Verwaltungsdirektoren der Theater organisiert. In der *Intendanten*gruppe sind die künstlerischen Leiter der Theater und Orchester vertreten, die persönliche Mitglieder des Bühnenvereins sind. In der Gruppe der *Privattheater* beraten die Vertretungen der Theater und Orchester in privater Trägerschaft. Und in der Gruppe der *Ausserordentlichen Mitglieder* sind beispielsweise Rundfunk-/Fernsehanstalten sowie Festivals Mitglied.

Die *Hauptversammlung* wählt *den/die Präsidenten/in* und die *weiteren Präsidiumsmitglieder,* die dadurch bestimmt werden, dass die Gruppen jeweils ihre/n Vorsitzende/n und eine Stellvertretung wählen. *Der Verwaltungsrat* besteht aus den Präsidiumsmitgliedern, 25 gewählten Mitgliedern der Hauptversammlung sowie den Vorsitzenden der acht *Landesverbände.* Der Verwaltungsrat fasst die erforderlichen Beschlüsse, sofern kein anderes Organ zuständig ist. Der *Vorstand* setzt gemeinsam mit dem Präsidium die kulturpolitischen Schwerpunkte des Bühnenvereins, führt die Verbandsgeschäfte und leitet die Hauptgeschäftsstelle. Der Vorstand setzt sich zusammen aus dem Geschäftsführenden Direktor und seinem Stellvertreter.

Darüber hinaus existieren verschiedene *Ausschüsse* wie der Ausschuss für *künstlerische* Fragen, der sich mit ästhetischen, dramaturgischen, politischen und auch strukturellen Fragen befasst. Der Ausschuss für *Orchesterfragen* beschäftigt sich mit Themen, die die Orchesterarbeit tangieren. Der Ausschuss für *Verleger- und Rundfunkfragen* besteht vor allem aus Verwaltungsdirektoren/innen und Geschäftsführern/innen der Theater und Orchester. Er verhandelt mit den Bühnen- und Medienverlagen und befasst sich mit der GEMA, dem Urheber- und Verwertungsrecht sowie Lizenzierungsfragen. Darüber hinaus gibt es eine Arbeitsgruppe für *betriebswirtschaftliche* Fragen. Der *Tarifausschuss* entwickelt Eckdaten für die Tarifpolitik des Bühnenvereins und verhandelt mit den Künstlergewerkschaften. In diesem Ausschuss sind unter anderem 16 von der Hauptversammlung gewählte Personen sowie acht Intendanten/innen (letztere mit beratender Stimme) Mitglied (vgl. Deutscher Bühnenverein 2020: Organisation). Darüber hinaus wirkt der Deutsche Bühnenverein beratend bei Besetzungsverfahren für neue Intendanzen mit.

Nicht alle Intendanten konnten sich in der Vergangenheit mit den Positionen oder Handlungen des Deutschen Bühnenvereins anfreunden. Nach einer bereits länger zurückliegenden Umfrage von Christoph Nix aus dem Jahr 2013 unten den bundesdeutschen Intendanten waren 45 % der Befragten unzufrieden mit dem Deutschen Bühnenverein als ihrer Interessensvertretung und warfen ihm beispielsweise die Bevorzugung großer Häuser und mangelnde Transparenz vor (vgl. Nix 2016, S. 165, 199).

Naturgemäß hat der Deutsche Bühnenverein ein Interesse daran, die Weiterexistenz der öffentlichen Theater und Orchester zu sichern. Dabei stand bisher zwar eher die Absicherung des Status quo und weniger eine grundsätzliche Systemreform im Vordergrund. Allerdings zeigt sich der Verband grundsätzlich interessiert am Austausch mit den in der letzten Zeit entstandenen Zusammenschlüssen von Theaterschaffenden (wie dem Ensemblenetzwerk). Darüber hinaus hat der Deutsche Bühnenverein mit den beiden Gewerkschaften GDBA und VdO im Oktober 2017 einige Verbesserungen hinsichtlich der Arbeitskonditionen der künstlerisch Beschäftigten vereinbart, nämlich eine Anhebung der Mindestgage auf 2.000,00 EUR und zum anderen einen Schutz vor Nichtverlängerung für schwangere Künstlerinnen (Deutscher Bühnenverein 20.10.2017). Besonders tatkräftig hat sich der Deutsche Bühnenverein der Bekämpfung von Machtmissbrauch an deutschen Bühnen angenommen. So wurde auf der Jahreshauptversammlung im Juni 2018 in Lübeck ein „wertebasierter Verhaltenskodex zur Prävention von sexuellen Übergriffen und Machtmissbrauch" verabschiedet, den die Mitgliedstheater und -orchester in ihren Häusern kommunizieren und individuell im Sinne einer Selbstverpflichtung weiterentwickeln sollen. Dies war ein wichtiger erster Schritt. Es bleibt abzuwarten, ob in der Praxis eine Selbstverpflichtung genügt oder ob es nicht eines zusätzlichen Gütesiegels (mit externer Auditierung) bedarf. Darüber hinaus wurde mit Unterstützung des Deutschen Bühnenvereins am 01.10.2018 die Vertrauensstelle ‚Themis' gegen sexuelle Belästigung und Gewalt gegründet, die Betroffene beraten soll.

Und bei einer grundsätzlichen Systemfrage hat sich der Bühnenverein klar positioniert, nämlich bei der Frage der internen Geschlechtergerechtigkeit. So wurde bei der Jahreshauptversammlung des Deutschen Bühnenvereins in Nürnberg im Juni 2019 der Beschluss des Vorjahres, in den nächsten zwei Wahlperioden eine geschlechterparitätische Besetzung der Gremien anzustreben, bereits bei der Wahl der Vorsitzenden und stellvertretenden Vorsitzenden der einzelnen Untergruppen umgesetzt. Darüber hinaus haben die Gewählten angekündigt, dass sie jeweils als gleichrangige Doppelspitze agieren wollen – ein wichtiges Signal an die Theater als Mitgliedsorganisationen (vgl. Deutscher Bühnenverein 2019a).

Gewerkschaften und weitere Stakeholder

Dem Deutschen Bühnenverein auf Arbeitgeberseite stehen die drei *Künstler-gewerkschaften* Genossenschaft Deutscher Bühnen-Angehöriger (GDBA), Vereinigung deutscher Opernchöre und Bühnentänzer (VdO) sowie die Deutsche Orchestervereinigung (DOV) gegenüber, die mit dem Deutschen Bühnenverein die Tarifverhandlungen führen sowie die Gewerkschaft Ver.di, die die Tarifabschlüsse für die Mitarbeiter des öffentlichen Dienstes flächendeckend aushandelt und im Bereich der öffentlichen Theater zuständig ist für viele Mitarbeiter in Technik und Verwaltung.

Die *Deutsche Orchestervereinigung e. V. (DOV)* ist Berufsverband und Gewerkschaft für Musikerinnen und Musiker in kommunalen, Staats- und Landesorchestern, Rundfunkorchestern, Bigbands und für Rundfunkchorsänger, freiberufliche Musiker sowie Lehrbeauftragte und Studierende an Musikhochschulen. Die *Vereinigung deutscher Opernchöre und Bühnentänzer e. V. (VdO)* ist Berufsverband und Gewerkschaft der Mitglieder von Opernchören und Tanzgruppen an deutschen Bühnen.

Die *Genossenschaft Deutscher Bühnen-Angehöriger (GDBA)* ist die gewerkschaftliche Organisation der künstlerischen und künstlerisch-technischen Bühnenangehörigen. Zusammen mit dem Arbeitgeberverband, dem Deutschen Bühnenverein, trägt sie die Bühnenschiedsgerichtsbarkeit, d. h. die Fachgerichte der Bühnen. Die GDBA ist zweifellos ein starker Verhandlungspartner in den Tarifgesprächen und meldet sich auch regelmäßig bei Kürzungen oder finanziellen Notlagen der Theater zu Wort. Sie verfolgt die Reformdebatte aber eher mit Zurückhaltung und beschränkt sich auf einzelne Statements gegen Machtmissbrauch, für mehr Geschlechtergerechtigkeit und auf die Mitwirkung bei der Initiative ,40.000 Theatermitarbeiter/innen treffen ihre Abgeordneten'. Sie setzt sich allerdings regelmäßig gegen den finanziellen Kahlschlag an den Bühnen zur Wehr, tritt seit Jahren dafür ein, die Stadttheaterförderung als Pflichtaufgabe festzuschreiben, engagierte sich während der Corona-Krise auch für die Freischaffenden Künstler sowie Freien Bühnen und plädiert mittlerweile auch für mehr Mitsprache von Ensemble und Mitarbeiterschaft bei der Intendantenfindung (vgl. GDBA Website und Löwer 2020, S. 25).

Ein weiterer Player ist die *Dramaturgische Gesellschaft,* der Theatermacher aus allen Genres und allen Organisationsformen des Theaters aus dem deutschsprachigen Raum angehören. Sie versteht sich als offene Plattform für den Austausch über die künstlerische Arbeit, über die Weiterentwicklung von Ästhetiken, Produktionsweisen und auch über die gesellschaftliche Funktion des Theaters (vgl. Dramaturgische Gesellschaft 2020). Auch die Dramaturgische Gesellschaft beteiligt sich nicht unbedingt in vorderster Linie an der Reformdebatte. Allerdings hat ihr Vorsitzender Harald Wolff gemeinsam mit Gregor Sturm vom Bund der

Szenografen sowie der Konferenz Konkret und dem Ensemblenetzwerk die sehr erfolgreiche Lobby-Aktion mit dem Titel „40.000 Theatermitarbeiter/innen treffen ihre Abgeordneten" ins Leben gerufen, die darüber hinaus mittlerweile auch von der Genossenschaft Deutscher Bühnenangehöriger, dem Deutschen Bühnenverein, der Theatertechnischen Gesellschaft sowie dem Regie-Netzwerk unterstützt wird und bei der die Theatermitarbeiter/innen aufgerufen sind, ihre politischen Repräsentanten (Ratsmitglieder, Landtags- oder Bundestagsabgeordnete) zu treffen, um sich mit ihnen über die Bedeutung, Arbeitsweisen und Rahmenbedingungen der Darstellenden Künste auszutauschen (vgl. Nachtkritik 12.10.2016).

Die *Mitbestimmungsmöglichkeiten* an den öffentlichen Bühnen sind eingeschränkt, denn Theater gehören zu den *Tendenzbetrieben*. Sie unterliegen daher wegen des Schutzes der Kunstfreiheit nicht in vollem Umfang der betrieblichen und personalvertretungsrechtlichen Mitbestimmung (vgl. Scheytt 2005, S. 192 f; Brandenburg 2020, S. 35). Aus diesem Grund müssen die Mitarbeiter auch nicht über die wirtschaftliche Lage und Entwicklung informiert werden und beim künstlerischen Personal ist die Beteiligung der Personal- oder Betriebsräte quasi ausgeschlossen. Immerhin muss aber nach einer Nichtverlängerungsmitteilung (NVM), sprich der Ankündigung einer Kündigung zum Ende der laufenden Spielzeit, dem betreffenden Künstler eine Anhörung gewährt werden, bei der ein Ensemblesprecher oder ein Gewerkschaftsmitglied auf Wunsch des Künstlers hinzugezogen und angehört werden muss.

Da sich ein großer Teil der Theaterschaffenden angesichts notwendiger Reformen nur noch bedingt von den Gewerkschaften vertreten fühlt (und vielleicht auch wenig Sinn für die langsamer mahlenden Mühlen gewerkschaftlicher Betätigung hat), sind seit 2013 verschiedene Initiativen und *Netzwerke* von Theaterschaffenden entstanden, die sich als notwendige Ergänzung verstehen wie z. B.: *Art but fair, Ensemblenetzwerk, Pro Quote Bühne, Regienetzwerk, Dramaturgienetzwerk* oder auch das *Junge Ensemblenetzwerk,* dem Zusammenschluss von Schauspiel-/Theaterstudierenden im deutschsprachigen Raum. Diese Reformbewegung war unter anderem ausgelöst worden durch wissenschaftliche Veröffentlichungen (wie die von Thomas Schmidt 2011 und 2012 sowie Wolfgang Schneider 2013) sowie zahlreiche Beiträge auf dem Theater-Blog Nachtkritik. So geht es dem im Jahr 2016 gegründeten *Ensemblenetzwerk* darum, auf eine konstruktive Weise einen Bewusstseinswandel zu bewirken und lösungsorientierte Vorschläge zu unterbreiten z. B. im Hinblick auf eine Verbesserung der Arbeitsgegebenheiten, auf mehr Gagen- und Geschlechtergerechtigkeit sowie auf mehr Mitbestimmung (vgl. Jopt/Kölzow 2016a). Auf die beiden Netzwerke *Art but fair* sowie *Ensemblenetzwerk* (letzteres hat allein über 800 Mitglieder) wird an anderer Stelle noch ausführlicher eingegangen.

4.1.1   Exkurs: Der NV Bühne

An den Theatern in öffentlicher Trägerschaft herrscht ein Tarifwirrwarr und damit verbunden eine ausgeprägte Gagenungerechtigkeit, da sehr unterschiedliche Tarifverträge zur Anwendung kommen. Für das künstlerische Personal – also beispielsweise für Schauspieler, Tänzer, Sänger, Dramaturgen, Inspizienten, Bühnentechniker mit überwiegend künstlerischen Aufgaben sowie Verwaltungsmitarbeiter (z. B. im Bereich Marketing oder Assistenz), die auch aus Gründen der Kostenersparnis zum künstlerischen Mitarbeiter umgelabelt wurden – gilt der Normalvertrag (NV) Bühne. Der NV Bühne hat sowohl Gültigkeit für die Genossenschaft Deutscher Bühnenangehöriger GDBA als auch für Vereinigung deutscher Opernchöre und Bühnentänzer (VdO). Für die Orchestermusiker gilt hingegen der Tarifvertrag für die Musiker in Kulturorchestern (TVK). Hinzu kommt der Tarifvertrag für den öffentlichen Dienst (TVÖD) für die nichtkünstlerischen Mitarbeiter in Technik und Verwaltung.

Der NV Bühne, der für die meisten künstlerischen Mitarbeiter gilt, ist vielen Theaterschaffenden ein Dorn im Auge, denn er stellt die betreffenden Künstler weitaus schlechter als die Orchestermusiker, die nach dem TVK bezahlt werden oder als die nach dem TVÖD bezahlten, nicht-künstlerischen Mitarbeiter. Diese gravierende Ungleichbehandlung, die auf der Einreihung der Mitarbeiter in Kunst und Nicht-Kunst basiert (vgl. Heskia 2019, S. 178), ist ein zentraler Bezugspunkt in der aktuellen Reformdebatte.

Der 2002 in Kraft getretene NV Bühne vereint den ehemaligen NV Solo (für Solokünstler), den NV Chor/Tanz (für Opernchöre und Tanzgruppen), den Bühnentechnikertarifvertrag BTT (für technische Angestellte mit künstlerischer oder überwiegend künstlerischer Tätigkeit) und den Bühnentechnikertarifvertrag Landesbühne BTTL (für technische Angestellte mit künstlerischer oder überwiegend künstlerischer Tätigkeit an Landesbühnen). Aus der Sicht des Deutschen Bühnenvereins ermöglichte die Zusammenführung der unterschiedlichen künstlerischen Bereiche im Vertragswerk des NV Bühne Flexibilisierungen im Bereich der Arbeits- und Probenzeit und die Erhöhung der Mindestgage (vgl. Deutscher Bühnenverein 2020: Allgemeine Tipps und Informationen).

Der NV Bühne legt die Sparte, die künstlerische Tätigkeit und das Kunstfach fest, den Umfang der zu erbringenden Leistungen, deren Vergütung einschließlich der Frage von Tariferhöhungen sowie Vereinbarungen zu Krankheitsschutz, Urlaub, Nebentätigkeiten oder auch zur Übertragung der Leistungsschutzrechte. Hinzu kommen Regelungen zu Probe- und Ruhezeiten sowie zu freien Tagen, der Anspruch auf eine angemessene Beschäftigung, die Regelung zu

‚Fach- bzw. ‚Ansehrollen' für Bewerbungen, die Festlegung von Höchst-
zahlen der zu spielenden Vorstellungen, Regelungen für den Fall der Kündigung
bzw. Nichtverlängerung sowie zur Bestellung von Gruppenvorständen und
zur Bühnenschiedsbarkeit (vgl. auch Nix 2016, S. 60–74 und Schmidt 2017,
S. 441 f).

Der NV Bühne gilt beispielsweise für Solokünstler (Schauspieler, Sänger,
Tänzer) und andere Einzeldarsteller sowie für Kabarettisten und Puppentheater-
spieler, Dirigenten, Kapellmeister, Studienleiter, Repetitoren, Orchestergeschäfts-
führer, Direktoren des künstlerischen Betriebs (insbesondere Operndirektor,
Schauspieldirektor, Ballettdirektor, Leiter des Kinder- und Jugendtheaters),
Spielleiter (Regisseure), Chordirektoren, Choreografen, Tanz-/Ballettmeister,
Trainingsleiter, Dramaturgen, Leiter des künstlerischen Betriebsbüros, Dis-
ponenten, Ausstattungsleiter, Bühnenbildner, Kostümbildner und Lichtdesigner,
Inspizienten, Theaterpädagogen, Schauspielmusiker, Referenten und Assistenten
von Intendanten sowie des künstlerischen Betriebs, Souffleure, Theaterfoto-
grafen und Grafiker, Pressereferenten und Referenten der Öffentlichkeitsarbeit
sowie Personen in ähnlicher Stellung. Bühnentechniker, Bühnenplastiker und
Maskenbildner mit überwiegend künstlerischer Ausrichtung fallen ebenfalls unter
den NV Bühne (vgl. Deutscher Bühnenverein 2020). Mit Musikalischen Ober-
leitern, Direktoren des künstlerischen Betriebs, Oberspielleitern, Ausstattungs-
leitern, Technischen Direktoren und technischen Leitern sowie den Leitern des
Beleuchtungswesens können vom NV Bühne abweichende Regelungen vereinbart werden (vgl. ebd.).

Künstlerisch nach NV Bühne Beschäftigte arbeiten – mit Ausnahme der
Orchestermusiker – zumeist auf der Grundlage von befristeten Arbeitsverträgen.
Um ein solches Arbeitsverhältnis zu beenden, werden sogenannte Nicht-
verlängerungsmitteilungen (NVM) ausgesprochen, die rechtlich nur schwer
anfechtbar sind. Wenn bis zum 31.10. der Spielzeit von beiden Seiten keine
Nichtverlängerung ausgesprochen wurde, verlängert sich der Vertrag automatisch
um ein Jahr. Da die Nichtverlängerung offiziell keine Kündigung darstellt, greifen
die Regelungen des Kündigungsschutzes nicht. Die monatliche Mindestgage nach
NV Bühne beträgt für Berufsanfänger seit dem April 2018 nun 2000,00 EUR,
wobei mittlerweile etliche Theater davon nach oben abweichen – wie z. B. das
Theater Dortmund, das seit Oktober 2018 als Einstiegsgehalt 2400,00 EUR bietet
oder auch das Konstanzer Theater, das bereits seit 2016/2017 an Schauspieler/
innen mit Kindern eine Gage von 2600,00 EUR zahlt (vgl. GDBA-Mitteilung
vom 15.10.2018 und Nix 2016, S. 83). Das Ensemblenetzwerk fordert allerdings
seit dem Jahr 2019 eine Mindestgage von 3000,00 EUR.

Der NV Bühne führte zu einer Zementierung der strukturellen Ungleichheit zwischen den flexiblen Künstlerverträgen auf der einen Seite und den nach TVÖD und TVK besser bezahlten, unbefristet angestellten Mitarbeitern in den Bereichen Technik, Verwaltung und Orchester mit fest geregelten Arbeitszeiten. Die Orchestermusiker sind nach einem Jahr der Bewährung sogar in der Regel unkündbar, während dies für die künstlerisch Beschäftigten erst nach 15 Jahren andauernder Beschäftigung am gleichen Theater gilt. Die Vertragslaufzeiten der künstlerischen Mitarbeiter sind hingegen zumeist auf ein bis zwei Jahre befristet. Hinzu kommen die ungeregelten, äußerst rigiden Arbeitszeiten währen der Proben und Aufführungen, die sich vor allem an den Erfordernissen des Spielbetriebes orientieren.

Der NV Bühne-Vertrag stellt die künstlerisch Beschäftigten also wesentlich schlechter als alle anderen Mitarbeitergruppen und ist ein zentrales Macht- und Hebelinstrument der Intendanz, denn in ihm sind nicht nur Gehalt und Laufzeit, sondern auch weitere Regelungen zu den Arbeitskonditionen festgelegt. Die Einstiegsgage nach NV-Bühne ist mit 2000,00 EUR brutto äußerst knapp bemessen und bietet sich quasi als Kompensationsinstrument an für die wesentlich üppigeren Gehälter bei den Musikern (nach TVK) und den nicht-künstlerischen Mitarbeitern (nach TVÖD). Da die mit dem NV Bühne verquickten künstlerischen Vertragsverhältnisse für die Theater finanziell kostengünstiger sind, sind diese schon seit geraumer Zeit dazu übergegangen, etliche nicht-künstlerische Dienstverhältnisse (wie z. B. im Verwaltungsbereich, im Bereich Kommunikation/Marketing oder auch in der Technik) in geringer dotierte, künstlerische Arbeitsverhältnisse umzuwandeln, wodurch die Kündbarkeit erleichtert und eine arbeitgeberfreundlichere Flexibilisierung der Arbeitszeit ermöglich wurde (vgl. auch Heskia 2019, S. 178).

Die oft geforderte und konsequenteste Lösung im Hinblick auf mehr *Gagengerechtigkeit* wäre der Ausstieg aus dem TVÖD, TVK und NV Bühne und die Etablierung einer einheitlichen Tarifordnung, die für alle Theatermitarbeiter gleichermaßen gilt (vgl. Schmidt 2017, S. 382 f.). So wird seit einigen Jahren ein theaterspezifischer Einheitstarifvertrag gefordert, der zwischen dem Ensemblenetzwerk, den Künstlergewerkschaften und Deutschem Bühnenverein ausgehandelt werden müsste. Allerdings dürfte eine solche umfassende Regelung am Widerstand der Gewerkschaften scheitern, da diese auch die Besitzstände der besser bezahlten Mitarbeitergruppen im Blick behalten wollen.

Die zweitbeste Lösung wäre die schrittweise Anpassung der künstlerischen Gagen an den TVÖD oder auch an den TVK, die gegebenenfalls kombiniert werden könnte mit einem vorübergehenden Verzicht auf Tariferhöhungen in den besser verdienenden TVÖD- und TVK-Gruppen. Auch hier dürften sich vor allem die Gewerkschaften als Besitzstandwahrer der Besserverdienenden sperren. Allerdings führt mittelfristig kein Weg an einer grundsätzlichen Lösung vorbei.

Die Anpassung der Künstlergagen nach oben an die TVÖD-Sätze der Verwaltungs- und Technikmitarbeiter, ist auch eine Forderung des Ensemblenetz-werks. Dabei könnten Untergrenzen je nach Alter und Berufserfahrung festgelegt werden und es könnte gegebenenfalls differenziert werden nach Region, Größe der Häuser und Berufserfahrung. Darüber hinaus sollte ausgeschlossen werden, dass Frauen schlechter bezahlt werden. Diesen Forderungen hält Ulrich Khuon, der Präsident des Deutschen Bühnenvereins entgegen, dass eine Gagentabelle in Kombination mit der aus Intendantensicht weiterhin unverzichtbaren Steigerungs-möglichkeit nach oben – für erfahrene, herausragende, prominente oder beliebte Künstler, die man halten oder neu verpflichten will – zu viel Geld kosten würde (vgl. Khuon et al. 2018).

Allerdings wird es ohne ein gewisses Maß an Solidarität seitens der erfaheneren, mehr verdienenden künstlerischen wie auch der besser dotierten nichtkünstlerischen Mitarbeiter keine spürbare Erhöhung der Gagen für künst-lerische Berufseinsteiger geben. Auf einzelne Häuser beschränkte Haustarifver-träge kommen nur als Übergangsvariante in Betracht, da sie die Konkurrenz der Theater untereinander unnötig anheizen und zu Verzerrungen beim Wettbewerb um prominentere Künstler oder gute Fachkräfte führen würden. Letztlich ebenso wenig sinnvoll, aber von symbolträchtiger Tragweite ist der Ansatz, alle anderen Berufsgruppen zu schonen und stattdessen das Intendantengehalt zu kürzen, um mithilfe dieser Einsparung die Einstiegsgagen leicht zu erhöhen – so geschehen durch den Intendanten Florian Fiedler am Theater Oberhausen ab der Spielzeit 2017/2018 (vgl. Ruhr Nachrichten 09.06.2017).

Wenn also ein Einheitstarifvertrag und der damit verbundene Ausstieg aus den TVÖD- und TVK-Tarifen am Widerstand der Gewerkschaften scheitern würde und eine 100 %tige Angleichung der Künstler an die besser verdienenden Gruppen die Etats der Theater derzeit überfordert, sollten sich Deutscher Bühnen-verein und Gewerkschaften nicht auf dieser Quadratur des Kreises ausruhen. Im Gegenteil: sie sollten alles daran setzen, eine nach oben zumindest ansatzweise an den TVÖD angepasste Gagentabelle für die künstlerischen Mitarbeiter zu ent-wickeln und auf dieser Basis die Politik und die Träger überzeugen, dass diese Finanzierungslücke über Budgeterhöhungen von Trägerseite ausgeglichen werden muss und darüber hinaus die Intendanzen darin bestärken, in der Übergangszeit eine interne Anpassung der Künstlergagen nach oben anzugehen.

So urteilt denn auch Hasko Weber, einer der beiden Vorsitzenden der Intendantengruppe im Deutschen Bühnenverein: „Die Verschiedenheit der Tarif-verträge ergibt zugleich eine kritische Schnittmenge, weil sich die einzelnen

Regelungen gravierend unterscheiden. Und hier liegt der springende Punkt: Es geht um die Verringerung dieser Gefälle. Die Gewerkschaften sind dabei genauso gefordert wie der Bühnenverein" (Hasko Weber 2020). Und im Hinblick auf die Anhebung der Mindestgage: "Da ist in nächster Zeit mit weiteren Entwicklungen zu rechnen" (ebd.).

Es stimmt optimistisch, dass sich nun auch die Politik (vereinzelt) dieser sozialen Schieflage an den Theatern annehmen will. So hat die hessische Landesregierung Mitte November 2019 beschlossen, die Mindestgage für Künstlerinnen und Künstler an den Theatern des Landes auf 2300,00 EUR erhöhen (Süddeutsche Zeitung 30.12.2019 und Neue Musikzeitung 30.12.2019). Dies können aber gemessen an der Forderung des Ensemblenetzwerks nur erste Schritte sein. Auf jeden Fall muss die toxische Gemengelage, in der sich die Akteure wechselseitig den schwarzen Peter zuschieben, überwunden werden.

4.2   Die strukturelle Krise

4.2.1   Krisensymptome

Auch wenn nach Heiner Müller die Krise das konstituierende Moment des Theaters ist, dieses quasi nur als Krise und in der Krise funktionieren kann und nur so einen Bezug zur Gesellschaft außerhalb des Theaters hat (vgl. Heiner Müller 2014, S. 242), stehen die Stadttheater im frühen 21. Jahrhundert vor gewaltigen Herausforderungen, die sich kaum noch mit der Krisenmetapher angemessen beschreiben lassen. Die tief greifende *Strukturkrise* der öffentlichen Bühnen, die mit einer finanziellen, (kultur)politischen und führungsbezogenen Krise einhergeht, lässt sich wie folgt skizzieren:

1. Hohe Personalkosten
Der Personalkostenanteil am bundesdeutschen Stadttheater umfasst mittlerweile durchschnittlich 72 % der Budgets und davon wiederum 70 % im tarifgebundenen Bereich (vgl. Deutscher Bühnenverein 2019, S. 259; Weber in: Behrendt et al. 2017, S. 82). Den Theatern bleiben demnach durchschnittlich nur 20 % bis 30 % des jährlichen Etats für Unterhaltungskosten sowie für die künstlerische Arbeit, was den Spielraum für experimentelle, materiell und zeitlich aufwendigere Produktionen stark einengt. Die Theater (vor allem die mittleren und kleineren Bühnen) stehen daher unter enormem ökonomischen Druck und die Verführung ist groß, den kaum noch reduzierbaren Personalstock weiter zu

kürzen, die Schlagzahl an Inszenierungen pro Spielzeit noch mehr in die Höhe zu schrauben oder bei der Spielplangestaltung den Anteil an Publikumslieblingen bis zum Anschlag auszureizen.

2. Stagnierende öffentliche Förderung
Selbst in Zeiten übersprudelnder Steuereinnahmen – also in den Jahren vor der Corona-Krise – hat es die Politik vermieden, die öffentlichen Theater grund- sätzlich besser abzusichern. Vielmehr hatte sich die Kulturpolitik in den letzten beiden Jahrzehnten mehr und mehr der Perspektive der Marktlogik und der Kenn- zahlenorientierung verschrieben (vgl. Rosa 2017, S. 25 f). Das Ergebnis war die Einfrierung oder sogar Kürzung der Theaterbudgets. Die dadurch eingesparten Gelder wurden zudem (im günstigsten Fall) in Projektfördertöpfe verschoben, um deren Gelder die städtischen Theater dann mit den freien Gruppen konkurrieren mussten (vgl. Oberender 2013, S. 70 f, 73). Darüber hinaus zog und zieht man sich auf die Position der Freiwilligkeit der Kulturausgaben zurück.

„Man hat (...) gesehen, dass dort wo Theater weiter staatlich gefördert und sub- ventioniert werden, die Wettbewerbslogik, also das was wir Neoliberalismus nennen, ziemlich unvermittelt und unverblümt durchgeschlagen hat. Das Effizienz- denken zieht dort ein, das ganz stark auf Wettbewerb setzt, und sobald der Wett- bewerb da ist, geht's um Kennziffern und Steigerungszahlen und damit um Verfügbarkeit. Damit macht man genau das kaputt, was wir eigentlich für unser Gemeinwesen erhalten wollen" (vgl. Rosa 2017, S. 26).

Die ‚staatsbürgerliche Perspektive‘ (ebd. 25 f), die das Stadttheater als dringend zu bewahrendes, meritorisches Gut und pulsierendes Zentrum der Stadt begreift, das von der gesamten Gesellschaft getragen wird, gerät dabei in den Hintergrund.

3. Markt: Wettbewerb und Publikum
Auslöser für eine stärker marktbasierte Betrachtung der Kultur- und Theaterland- schaft war zum einen das gestiegene Kulturangebot und der damit verbundene verstärkte Wettbewerb zwischen den Kultureinrichtungen sowie das stagnierende und nicht mehr verlässliche Besucherverhalten. Diese Stagnation wurde und wird zudem begleitet durch die erschwerte Erreichbarkeit jüngerer Besucher sowie die Herausforderung, neue Zielgruppen in einer (post-)migrantischen Gesellschaft zu erreichen. Viele Theater bemühen sich daher, ein besonderes Profil zu entwickeln, sich für die Stadtgesellschaft und ihre Themen sowie für jüngere Zielgruppen zu öffnen und ihre Angebote der Vermittlung und der kulturellen Bildung auszubauen.

Einen konträren Weg schlug dagegen vor einigen Jahren die Streitschrift „Der Kulturinfarkt" ein, die dafür votierte, die Zahl der Kultureinrichtungen zu halbieren, die Förderung zu reduzieren und die Kulturangebote völlig den Gesetzen des Marktes zu unterwerfen. Hier wurde beispielsweise behauptet, es gäbe an den Theatern „von allem zu viel" und „überall das Gleiche" und es wurde dafür plädiert, dass der Markt eine klare Priorität gegenüber der öffentlichen Förderung haben müsse. „Die letzte Entscheidung, wo sie ihr Geld ausgeben wollen, treffen Konsumenten auf dem Markt. Kulturförderung ist – auch wenn viele das nicht hören wollen – ein Eingriff in den Markt, sie bestimmt den Umfang eines Angebots, dessen Preis und wie es sich zum Konkurrenzangebot verhält" (Dieter Haselbach et al. 2012, S. 193). Die Vorschläge: Drastische Reduzierung der öffentlichen Mittel, Halbierung der kulturellen Infrastruktur, Abschaffung der Ensembles und stattdessen Übergang zu Koproduktionen auf europäischer Ebene – und dies alles zugunsten der angemessenen Förderung der überlebenden Hälfte der Kultureinrichtungen, der besseren Ausstattung der sogenannten ‚Laienkultur` und der kulturellen Bildung sowie der Unterstützung von Start Ups in der Kulturindustrie.

Die Verfasser nannten allen Ernstes folgende Bedingungen für eine öffentliche Förderung: „Ist das geförderte Gut kulturpolitisch relevant? Werden mit der Förderung nachvollziehbare kulturpolitische Ziele verfolgt? Waren die Verfahren zur Zielformulierung belastbar? Liegt im Bereich der konkreten Förderentscheidung ein Marktversagen vor? Sind auf dem Markt gebildete Preise kulturpolitisch zu hoch oder Angebote zu klein? Rechtfertigen die Förderziele einen Eingriff in den Markt, der die Chancen privater Anbieter verschlechtert" (ebd. 217)? Dieser, ganz im neoliberalen Geist verfasste, Beitrag hat bei Kulturschaffenden wie auch in der Kulturpolitik scharfe Gegenreaktionen hervorgerufen. Man kann den Autoren zu Gute halten, dass ihre Schrift, zu einer neuen Aufmerksamkeit für kulturpolitisches Denken und Handeln geführt hat (vgl. Scheytt/Sievers 2012). Letztlich aber haben die Verfasser mit ihrem Beitrag nicht nur den Kulturinstitutionen sondern auch dem Ansehen des Kulturmanagements als Disziplin einen Bärendienst erwiesen (vgl. auch C. Nix, 44 f; Matuschka 2013, S. 37). Diese Kahlschlag-Fantasie wurde von Dieter Haselbach – als einem der Autoren – noch einmal variiert, indem die Ablösung der stationären Ensembletheater durch tourende Wanderbühnen gefordert und den wichtigsten Stakeholdern des Theaters, also den Trägern, der Belegschaft, dem Publikum und den Feuilletons teilweise komplizenhafte Beharrungstendenzen zugunsten des tradierten Theaterbetriebs mit fester Produktionsstätte unterstellt wurde. Auch hier ließ der entschiedene Einspruch nicht lange auf sich warten (vgl. Haselbach 2017; Rakow 2017).

4. Legitimationsdruck und Zusatzaufgaben

Angesichts der hohen Kosten der personalintensiven Produktionsweise, der notorisch knappen Mittel der öffentlichen Kassen, der Verteilungskämpfe zwischen den Ressorts Soziales und Kultur, der stagnierenden Besucherzahlen und auch angesichts solcher Gedankenspiele wie von Haselbach et al. (siehe 3.) sind die Theater einem zunehmenden Legitimationsdruck ausgesetzt, der sich in der Überhäufung mit zusätzlichen kulturellen, sozialen oder bildungspolitischen Aufgaben äußert wie z. B. der Öffnung für diskursive und performative Formate, der stärkeren Öffnung in den städtischen Raum, der Etablierung von Bürgerbühnen und von Angeboten zur kulturellen Bildung, der Kooperation mit der freien Szene und mit überregional erfolgreichen Performance-Kollektiven, der Auseinandersetzung mit aktuellen politischen Themen sowie der Abbildung von Diversität, Inklusion und Geschlechtergerechtigkeit bei der Auswahl von Stücken und Gastkünstlern sowie bei der Zusammensetzung von Ensemble und Mitarbeiterschaft.

5. Sparmaßnahmen, Spartenschließung oder Fusion

Da die künstlerischen Budgets kaum noch reduzierbar sind, kann das Theater – wenn eine Erhöhung der Fördersumme ausbleibt – die Tarif- und Preiserhöhungen nur noch durch Sparmaßnahmen im Personalbereich kompensieren (vgl. Schmidt 2013, S. 197). Dies führt zum Schwund in der Mitarbeiterschaft und vor allem zur Ausdünnung der Ensembles. Trotz vermehrter Eigeneinnahmen sowie einiger Einsparungseffekte beim Personal konnte in der jüngsten Vergangenheit die Insolvenz einzelner Häuser nur noch durch Haustarifverträge, Schließung einzelner Sparten oder die Fusion mit anderen Bühnen vermieden werden.

6. Überproduktion und Repertoire-Betrieb

Die Theater versuchen die beengten finanziellen Spielräume zudem durch Beharren auf dem Repertoirebetrieb und durch gleichzeitige Überproduktion aufzufangen (vgl. Rosa 2017, S. 25 ff; Schmidt 2013, S. 195, 207; Reese in: Behrendt et al. 2017, S. 74). Dies führt zu einer enormen Beanspruchung der verbliebenen Ensembles und der gesamten Mitarbeiterschaft. Es wird – bei bis zu 30 oder sogar über 40 Inszenierungen pro Spielzeit – immer mehr mit immer weniger Mitarbeitern und Ensemblemitgliedern produziert (vgl. Weber in: Behrendt et al. 2017, S. 80; vgl. auch Vorwerk, S. 18). So haben sich das *theaternahe Rahmenprogramm* sowie die *Sonderveranstaltungen* – also Lesungen, Publikumsgespräche, Vorträge oder Workshops – zwischen 1994 und 2014 quasi verdreifacht (vgl. U. Schmidt, 2014). Dies führt wegen der reduzierten Belegschaften zu einer enormen Dauerbelastung und zu überhitzten Betriebsabläufen.

Der Regisseur Falk Richter beschreibt diesen Zustand wie folgt:"Die Ensembles werden immer kleiner, der Spardruck größer, ihre Wettbewerbssituation immer schlechter. Was ich heute eher mitbekomme, etwa am Gorki Theater, dass die Schauspieler über Erschöpfung klagen. Weil der Spielplan so voll ist und zu viele Diskurse im Nebenprogramm bedient werden, die alle super spannend sind, aber eben auch anstrengend. Viele Schauspieler/innen sind in einem Zustand, wo sie es gerade noch schaffen, aber nicht mehr so richtig aus dem Vollen schöpfen: Da sollte die Leitung eines Hauses den Output auch wieder etwas zurückfahren und einfach weniger machen" (Richter in: Burckhardt/Wille 2018, S. 126).

Und Wiebke Puls ergänzt: „Mehr Zeit, Sorgfalt, Atem geben. Diesen Wunsch formulieren gerade diverse Theaterkünstler im ganzen Land. Ich möchte, dass eine Arbeit die Chance hat, im Probenprozess zu reifen. Ich könnte mir vorstellen, dass man mit 20 Produktionen pro Spielzeit, die sehr sorgfältig erarbeitet wurden- Qualität, die sich hoffentlich herumspricht -mehr Menschen erreichen kann als mit 40 schnellen Würfen, die kaum noch einen Platz im Spielplan finden und nach zwanzig Vorstellungen durch sind (Puls in: Burckhardt 2018, S. 111)

Ähnlich urteilt auch der Regisseur Ersan Mondtag: „Im Theater arbeitet man mit den letzten möglichen Mitteln. Die Häuser wollen von den Künstlern ganz viel Leistung für ganz wenig Aufwand. Dieter Dorn hat früher vier Monate geprobt, heute hast du sechs Wochen. Es gibt kaum noch Bühnenproben, weil die Häuser zugepflastert sind mit Repertoirevorstellungen. Wenn abends eine Aufführung ist, muss dein Bühnenbild spätestens um 13 Uhr abgebaut werden, damit sie das andere aufbauen können. Das erzeugt einen enormen Arbeitsdruck auf dich als Regisseur, weil bei dir alles zusammenläuft und du das, was du vorhast, in immer kürzerer Zeit realisieren musst" (Mondtag 30.04.2019).

Die Folge: Immer mehr Produktionen einschließlich der zahllosen Sonderveranstaltungen in immer kürzerer Probenzeit und kürzerer Folge mit immer weniger Beteiligten. Viele Theaterleitungen wollen jedoch von einer denkbaren *Reduzierung der Schlagzahl* wenig wissen. „Die Tendenz zur Überproduktion hält nicht nur an, sie beschleunigt sich immer weiter (…). Offenbar wird befürchtet, dass die einzelne Produktion nicht mehr genügend Zuschauer hat, um mit einer gleichbleibenden Zahl von Premieren jeweils die Zuschauerzahlen des Vorjahres zu erreichen. Es muss also mehr angeboten werden, um das schwindende Interesse einer einzelnen Aufführung zu kompensieren. Nach dem Prinzip der Schrotflinte steigt die Wahrscheinlichkeit, dass auch Treffer erzielt werden, zugleich sinkt der Relevanzdruck auf die einzelne Produktion (…). Wer einmal mit einer Theaterleitung über die Frage der Überproduktion gesprochen hat, stößt in eine schlecht verheilte, aber gut versteckte Wunde. Der Abwehrreflex gegen ein Weniger ist existenziell. Wer ein Weniger fordert, fordert immer zuerst seinen eigenen Kopf" (Bernd Stegemann 2013, S. 232 ff).

7. Gagenungerechtigkeit

Es besteht in mehrerlei Hinsicht ein Ungleichgewicht bei den Gagen und Gehältern und zwar zwischen den Intendantengehältern (gegebenenfalls zuzüglich weiterer Honorare bei regieführenden Intendanzen für Inszenierungen am eigenen Theater oder an fremden Häusern) oder auch Gagen für prominentere Regisseure und Bühnenbildner auf der einen Seite sowie den teilweise unterdurchschnittlichen Gehältern und Gagen der *künstlerisch Tätigen* auf der anderen Seite. Eine weitere Gagenungerechtigkeit lässt sich konstatieren beim Vergleich zwischen den nach TVK unkündbaren, großzügiger bezahlten Orchestermusikern bzw. den nach TVÖD eingestuften Mitarbeitern im Technik- und Verwaltungsbereich einerseits und andererseits den immer noch recht niedrigen Einstiegsgehältern für das künstlerische Personal. Die ein- oder zweijährige *Laufzeit* der Verträge bedeutet eine zusätzliche Unsicherheit. Ebenso gravierend ist die ungleiche Bezahlung zwischen *weiblichen* und *männlichen* Mitarbeitenden im Theaterbereich. Hier betrugen die Unterschiede im Jahr 2014 immer noch 30 % und mehr bei vergleichbaren Tätigkeiten. Freie Regisseurinnen erhielten 36 % weniger Gage als ihre männlichen Kollegen und nicht fest engagierte Schauspielerinnen 46 % weniger (vgl. Schulz et al. 2016, S. 82 ff. und S. 400 ff; Peter/ Philipp 2019, S. 19).

8. Gender Gap

Der immer noch exorbitante Gender Gap zwischen Männern und Frauen betrifft nicht nur die ungleiche Bezahlung. Die strukturelle Diskriminierung von Frauen reicht weiter: So werden Schlüssel-, Leitungs- und Regiepositionen immer noch zu einem weitaus größeren Anteil mit Männern besetzt. Die von Kulturstaatsministerin Monika Grütters in Auftrag gegebene Studie „Frauen in Kultur und Medien" deckte auf: Im Jahr 2014 wurden 78 % der Theater männlichen Direktoren und Intendanten geleitet, etwa 70 % aller Inszenierungen wurden von männlichen Regisseuren erarbeitet und das gesprochene Wort auf der Bühne stammte zu 76 % aus Männerhand. Nur 22 % der Theaterleitungen waren weiblich (drei Prozent mehr als 20 Jahre zuvor). Hinzu kommt: Nur 22 % der Produktionen auf großen Bühnen stammen von Frauen, die zudem besonders häufig im Bereich des Kinder- und Jugendtheaters inszenieren (vgl. G. Schulz et al. 2016, S. 82 ff. und S. 400 ff; Peter 2018). Laut der Werkstatistik des Deutschen Bühnenvereins für 2018/2019 betrug die Quote der weiblichen Regisseure/Choreographen im Ballett/Tanz 29,5 %, im Schauspiel 27 % und im

Musiktheater 23 %, im Bereich der Kinder- und Jugendtheater hingegen 46,5 % (vgl. Die Deutsche Bühne 07/2020, S. 77). Vor allem im Bereich des Musiktheaters sind die Zahlen frappant: So wurde Ende 2019 an der Wiener Staatsoper zum ersten Mal in ihrer 150-jährigen Geschichte das abendfüllende Werk einer Frau uraufgeführt: Die Oper „Orlando" von Olga Neuwirth (vgl. Wolfgang Höbel 2019b, S. 132 f).

Vor diesem Hintergrund fordert der Verein Pro Quote Bühne eine *verbindliche 50 % Frauenquote* in allen künstlerischen Theaterressorts (Pro Quote Bühne 2017). Auch Anne Peter unterstreicht, dass nur durch eine verbindliche Quote die beschriebene Gerechtigkeitslücke überwinden kann und verweist dabei auf die gesetzliche Quotenregelung bei der Neubesetzung von Aufsichtsratsposten für Unternehmen. Die verbindliche Frauenquote von 30 % sei bereits nach zwei Jahren erreicht worden, wohingegen der Frauenanteil innerhalb der Vorstände bei den gleichen Unternehmen (hier galt eine freiwillige Selbstverpflichtung) nur bei 6 % liege (vgl. Peter/Philipp 2019, S. 20).

Und so verlangt auch Barbara Burckhardt:" Es muss etwas passieren, um der strukturell bedingten männlichen Dominanz, die den Sexismus begünstigt, die Stirn zu bieten. Zum Beispiel so etwas wie die 50-Prozent-Quote in künstlerischen Führungspositionen, die der frisch gegründete Verein Pro Quote Bühne fordert: 50 % Intendantinnen, 50 % Inszenierungen von Frauen, 50 % Hausregisseurinnen. Für Letzteres müssen die männlichen Bühnengewaltigen freiwillig ihren Horizont erweitern, für ersteres sind Länder und Kommunen in der Pflicht. Sie treffen die Entscheidungen bei Neubesetzungen, für die das Motto in den nächsten Jahren lauten sollte: Ladies first!" (Burckhardt 2018a, S. 1).

Im Mai 2019 hat daher das Aktionsbündnis Darstellende Künste aus art but fair, dem Bund der Szenografen, dem Bundesverband Freie Darstellende Künste, der Dramaturgischen Gesellschaft, dem Ensemble-Netzwerk, der GDBA, Pro Quote Bühne, dem Regie-Netzwerk, der Ständigen Konferenz Schauspielausbildung und dem Netzwerk flausen+einen Forderungskatalog zu mehr Geschlechtergerechtigkeit und Familienfreundlichkeit erstellt, woraus die zentralen Forderungen zitiert werden sollen:

„Handlungsempfehlungen aus dem Runden Tisch ‚Frauen in Kultur und Medien' (Auswahl): Nicht nur bedarf es eines höheren Frauenanteils in den leitenden und technischen Abteilungen, sondern auch eines höheren Männeranteils in der Administration sowie den Abteilungen Maske oder Kostüm. Auch in der Programmentwicklung soll Parität in allen künstlerischen Positionen angestrebt werden. Die Programme sind auf Diversität hin zu überprüfen. Dabei sollte auch die Generationengerechtigkeit in den Blick genommen werden:

Frauen ab 40 sollten in den Ensembles im gleichen Maße vertreten sein wie Männer diesen Alters.
Das Aktionsbündnis fordert

- die Umsetzung der Ergebnisse des Runden Tisches „Frauen in Kultur und Medien"
- Ausschüsse und Gremien in den darstellenden Künsten paritätisch zu besetzen und hier die Vielfalt der Gesellschaft und der Perspektiven widerzuspiegeln
- Leitungspositionen an festen Häusern paritätisch zu besetzen und plurale Perspektiven zu berücksichtigen
- Frauen und Männer in den darstellenden Künsten für gleiche Arbeit gleich zu bezahlen
- die Überwindung der tariflichen Ungleichheiten an Theatern zwischen Sänger*innen, Schauspieler*innen, Musiker*innen und Tänzer*innen und die Sicherstellung einer geschlechterneutralen Behandlung auch der nicht-künstlerischen Beschäftigten sowie derjenigen, die außerhalb des Tarifgefüges honoriert werden
- das Thema Geschlechtergerechtigkeit im gesamtgesellschaftlichen Kontext zu verankern und für den Bereich der Darstellenden Künste spezifische Ansätze zu entwickeln, die dieser Wechselbeziehung Rechnung tragen
- die Berücksichtigung von Aspekten familienfreundlicher Arbeitszusammen-hänge.

Die Beauftragte der Bundesregierung für Kultur und Medien wird aufgerufen, direkte und indirekte Zuwendungen des Bundes für Kunst und Kultur an das Kriterium der Geschlechtergerechtigkeit zu knüpfen und die Landesregierungen aufzufordern, ihr darin zu folgen. Jurys, Gremien und die Leitungen öffentlicher Institutionen müssen paritätisch besetzt werden. Besetzung und Verfahren in Findungskommissionen müssen transparent sein. Die Landes- und Bundes-politik ist gefordert, Theater finanziell in die Lage zu versetzen, die Maßnahmen umzusetzen, ohne in anderen Bereichen finanzielle Mittel einsparen zu müssen" (Aktionsbündnis Darstellende Kunst 2019)

Die von Anne Peter vertretene These, dass die beschriebene Gerechtigkeits-lücke nur durch eine *Quotenregelung* überwunden kann, ist absolut nachvollzieh-bar. Darüber hinaus wäre allerdings empirisch zu überprüfen, ob patriarchalische Herrschaftsformen am Theater ein rein genderspezifisches Phänomen sind, sprich ob sich durch die Besetzung exponierter Führungspositionen mit Frauen substanziell auch die Umgangsformen, Arbeitskonditionen und Teilhabemöglich-keiten am Theater zum Besseren wenden bzw. bereits gewendet haben oder ob die spätfeudalen Strukturen der Bühnen auch durch weibliche Beschäftigte unverändert perpetuiert werden.

Erst dann würde sich erweisen, ob das Diktum von Dirk Baecker Bestand hat:"Ich bin ein Anhänger der Idee von Tom Peters, dass man nur dafür sorgen solle, dass 50 % der Belegschaft eines Unternehmens, einer Behörde, eines Krankenhaus oder eines Orchesters aus Frauen bestehen – dann brauche man sich um die Veränderung und die passende Gestaltung einer neuen Organisationskultur keine Sorgen mehr zu machen" (Baecker in Pinnow 2011, S. 66). Hierzu merkt die Schauspieldirektorin des Badischen Staatstheaters Karlsruhe Anna Bergmann selbstkritisch an: „Diese Strukturen sitzen uns allen so tief in den Knochen, dass man auch selbst nicht davor gefeit ist, diese zu reproduzieren – egal ob man ein Mann oder eine Frau ist" (in: Slevogt 2020).

9. Hierarchische Architektur und wenig Partizipation
An vielen Theatern sind vertikale Strukturen stark verbreitet. Diese reichen vom übergeordneten Kontrollgremium der Rechtsträger über die Intendantenspitze mit Alleinvertretungsanspruch bis hin zum Abteilungsleiter und zur Regie. Das heißt: es gibt auf Ensemble- und Mitarbeiterseite oft nur geringe Möglichkeiten der echten Mitgestaltung und Mitentscheidung. In den zentralen Fragen von der Intendantenwahl (die mitunter intransparent und ohne ein klar kommuniziertes Anforderungsprofil erfolgt), über die Stückauswahl und Spielplangestaltung sowie die Auswahl von neuen Schauspielern, Regisseuren oder Bühnenbildnern bis hin zum Kerngeschehen der Inszenierung, in die die Schauspieler oft ‚hineininszeniert' werden, hat das Ensemble in der Regel so gut wie keine Mitspracherechte. Außerdem wird die Machtfülle der Intendanten mit der Möglichkeit der sogenannten Nichtverlängerung aus rein künstlerischen Gründen noch gesteigert. Hinzu kommt, dass sich Führungsverhalten und Umgangsformen durch mangelnde Führungskenntnisse, verliehene Positionsmacht und/oder persönliche Disposition aufseiten der Führenden in eine destruktive Richtung entwickeln können.

In diesem Zusammenhang sind auch die Bewertungen von Theaterschaffenden gegenüber ihren ehemaligen oder derzeitigen Theater-Arbeitgebern auf der Online-Bewertungsplattform *Kununu* aufschlussreich. Andere Plattformen wie Jobvoting, Companize oder Glassdoor werden im Theaterbereich weniger genutzt oder sind weniger aussagekräftig. Man muss allerdings konzedieren, dass es sich – wie bei Onlinebewertungen üblich – auch bei den Statements auf Kununu um subjektive Eindrücke handelt, die Hintergründe für die Bewertung nicht transparent gemacht werden (vgl. auch Hausmann 2019a, S. 1) und sich der Wahrheitsgehalt nicht überprüfen lässt. Dennoch geben diese Eindrücke zu denken.

Im Untersuchungszeitraum Januar bis Juli 2020 fanden sich neben zahl-reichen positiven Bewertungen auf *Kununu* auch etliche negative Kommentare zu Organisation und Führung an öffentlichen Bühnen (https://www.kununu.com). Aus einigen kritischen Kommentaren, die zehn verschiedene öffentliche Theater betrafen, soll hier auszugsweise zitiert werden.

Zu den *Strukturen:* „Verkrustete Hierarchie-Strukturen, Klüngelei und Mobbing wird geduldet...". Oder an anderer Stelle heißt es: „Steile Hierarchie, wenig Mitarbeiterbeteiligung, wenig Transparenz, kein Führungsverhalten, Arbeitnehmer wird allein gelassen, mangelnde Einarbeitung, Druck statt konstruktives Feedback". Oder auch: „Verstaubte Hierarchien und Kontrollzwang machen die Kommunikation unmöglich.

Zum *Vorgesetztenverhalten:* „Mangelnde Transparenz wichtiger Personal-entscheidungen" oder „Bitte alle Mitarbeiter in Führungspositionen auf motivationsfördernde Schulungen schicken. Umgang mit Mitarbeitern nach Guts-herrenmanier ist passé!". Oder an anderer Stelle: „Egoistisch – machthaberisch – unklug – zickig – kindisch – narzisstisch". Oder: „Beratungsresistent, keine Führungsqualifikation (wird auch nicht angestrebt). Man leitet eine Abteilung, weil man's irgendwann mal angefangen hat. Jetzt zuzugeben, dass man noch was lernen könnte, käme einem Zugeständnis der eigenen Schwäche gleich." Oder: „Führungskräfte haben die Aufgabe zu führen, nicht zu drangsalieren". Oder auch: „Wirkliches Vertrauen kann sich nicht bilden, man muss stets auf der Hut sein".

Zur *Kommunikation:* „Unethisch! Jeder gegen Jeden! Wichtigtuerei und Scheinheiligkeit! Von oben herab! – Einschüchterung, intolerant, schuld-zuweisend und besserwisserisch." Oder: „Katastrophal. Keine einheitliche Kommunikation, viele Gerüchte." Oder auch: „Leute, die es betrifft, erfahren es als letzte. Kommunikation nach außen wichtiger als nach innen, leider oftmals Blenderei". Oder an anderer Stelle: „Viele unnütze Besprechungen, die ergebnis-los bleiben. Die Kommunikation besteht aus der Aufforderung/dem Befehl, eine Aufgabe auszuführen".

Hier wäre noch zu ergänzen, dass im Rahmen der Studie „Macht und Struktur" von Thomas Schmidt 85,6 % der Befragten der Ansicht sind, dass das hierarchische System Abhängigkeiten schaffe, 59,8 % denken, dass Strukturen und Organisationskultur Ungerechtigkeit und Machtmissbrauch befördern und 59,6 % konstatieren, dass die Machtfülle der Intendanten zu groß und zu unkontrolliert sei (vgl. Schmidt 2019a, S. 362).

Es besteht die Gefahr, dass die durch die Corona-Krise verursachten wirtschaftlichen Folgen für die Theater und die damit verbundene *Arbeitsplatz-unsicherheit* die Mitarbeiter (zumindest vorübergehend) stärker in die *Defensive*

treibt. Dadurch könnte ein autokratisches oder auch destruktives Führungshandeln begünstigt werden, das dann unwidersprochen hingenommen wird.
Daher ist jede einzelne Führungskraft im Hinblick auf ihr *Verantwortungsbewusstsein,* ihre *Führungsethik* und ihre Bereitschaft zur *Selbstführung* und
Selbstreflexion umso mehr gefordert.

10. Machtmissbrauch, respektlose Umgangsweisen und Übergriffigkeit
Die exponierte Machtstellung von Führungspersonen im Theater auf der Ebene
der Intendanz oder Geschäftsführung, der Abteilungsleitung, Regie oder Choreographie kann – bei entsprechender Charakterschwäche der betreffenden Person –
zu egoistischem Handeln zum eigenen Vorteil, zu eklatantem Machtmissbrauch,
respektlosem Umgang, psychischer Repression oder auch sexistischer Übergriffigkeit führen. „Bei etwa 15 Namen in Deutschland hebe sich keine Augen-
braue im Kontext sexueller Übergriffigkeit, bemerkte die Schauspielerin Pauline
Knof im Berliner Tagesspiegel, und etliche Kolleginnen bestätigten die Normali-
tät sexistischer Übergriffe, ohne konkret zu werden" (Burckhardt 2018a, S. 1).
Weitere Ausführungen zum Thema Machtmissbrauch finden sich im Kapitel
‚Destruktive und konstruktive Führung am Theater'.

11. Generationenwechsel
Auch für die Theater stellt der anstehende Generationenwechsel eine gravierende
Herausforderung dar: Zum einen werden die Babyboomer (1955 bis 1965) nach
und nach aus dem Arbeitsleben ausscheiden und die ‚schwerer zu führenden'
Generationen Y und Z, die die althergebrachte, hierarchische Ordnung infrage
stellen, werden nachrücken. Im Gegensatz zu den Babyboomern sind die
Angehörigen der beiden jüngeren Generationen zahlenmäßig wenige. Und
da sie in der Regel über eine sehr gute Ausbildung verfügen, sind sie als Fachkräfte so begehrt, dass sie sich ihren Arbeitgeber aussuchen können. Im Gegenzug erwarten sie eine flexible Arbeitsumgebung, mehr Teamarbeit, mehr
Transparenz und Partizipation an maßgeblichen Entscheidungen, Sichtbarkeit
der eigenen Performance, angemessene Kommunikationsformen sowie respektvolle Umgangsweisen (vgl. auch Pinnow 2011, S. 73). Vor diesem Hintergrund ist nachvollziehbar, warum die Vertreter der Generationen Y und Z, die
nun ans Theater kommen, mehr Mitsprache, ein Ende des Machtmissbrauchs,
neue Arbeitszeitmodelle sowie eine bessere Vergütung und Gagengerechtigkeit fordern, wie auch die Ziele 3000 des Ensemblenetzwerks unterstreichen
(Ensemblenetzwerk 2019). Diese Erwartungshaltung dürfte aufgrund der

Auswirkungen der Corona-Krise gerade auf die jüngeren Mitarbeiter (durch Kündigungen, Kurzarbeit und vorübergehend unklarere Zukunftsaussichten) nur einen temporären Dämpfer erhalten.

12. Arbeitsbedingungen

Die Unzufriedenheit vieler Ensemblemitglieder sowie weiterer Theaterschaffender mit den derzeitigen Arbeitsgegebenheiten, den Arbeitszeiten und der Bezahlung ist enorm. Für viele Theaterschaffende stellen die eigene prekäre Lage sowie die mangelnde Planbarkeit und fehlende Sicherheit des Berufslebens eine hohe Belastung dar. Nach einer von der Hans Böckler Stiftung in Zusammenarbeit mit der Kulturpolitischen Gesellschaft und der Vereinigung Art but fair herausgegebenen und durch Maximilian Norz im Jahr 2016 vorgenommen Untersuchung gaben jeweils rund 80 % der befragten Künstler an, dass ihre Vergütung zu gering (n = 1809), die Beschäftigungssituation zu unsicher (n = 1811) und sie von Altersarmut (n = 1672) bedroht seien (vgl. Norz 2016, S. 21–25).

Laut der Studie von Thomas Schmidt (2019a) arbeiteten 54 % der befragten Theaterschaffenden bis zu 10 Stunden täglich sowie 14,5 % mehr als 10 Stunden täglich. 75 % der künstlerisch Tätigen arbeiteten regelmäßig an jedem Samstag und/oder an jedem zweiten Wochenende. 71,3 % erhielten keinen oder keinen ausreichenden Ausgleich für die am Wochenende geleistete Mehrarbeit. Und 51 % der Teilnehmenden konnten nicht, kaum oder gerade von ihrem Einkommen leben (vgl. Schmidt 2019a, S. 358 ff).

Selbstkritische Stimmen auf Intendantenebene
Vor dem Hintergrund der genannten Krisenphänomene sind durchaus auch vereinzelte selbstkritische Intendantenstimmen zu hören, wie das Statement von Barbara Mundel (der damaligen Intendantin des Theaters Freiburg und jetzigen Intendantin der Münchner Kammerspiele) und Josef Mackert (dem damaligen Chefdramaturgen am Freiburger Theater) aus dem Jahr 2011 unterstreicht: „Die destruktive Wirkung unterschiedlicher Vertragssysteme, überlebter Hierarchien, demotivierender Arbeitsstrukturen, veralteter Abteilungsgewohnheiten – das alles ist hinreichend bekannt... Unter dem politischen Druck prekärer Haushaltsverhältnisse haben wir uns... darauf konzentriert, die schiere Existenz unserer Häuser abzusichern. Wir haben uns darin perfektioniert, Einsparpotenziale zu finden und auszuschöpfen... Selbstverständlich muss das Infragestellen von Grenzen und Hierarchien auch die Theaterleitung selbst betreffen ... Theaterleitungen müssen sich insgesamt mit Changemanagement beschäftigen und dieses

auch auf sich selbst beziehen. Sonst werden sie die anderen Abteilungen nicht für neues Denken gewinnen können." (Mundel/Mackert 2011, S. 129 f, 135).

4.2.2 Reformvorschläge

Die Anfänge der Stadttheaterdebatte
Bereits in den kulturpolitischen Empfehlungen der Enquetekommission des Deutschen Bundestages von 2007 sind einige Vorschläge zur Neugestaltung der bundesdeutschen Theaterlandschaft enthalten wie zum Beispiel der Erhalt von Ensemble und Repertoire, die Stärkung von Kooperationen und Netzwerken, die rechtliche Verselbstständigung oder auch eine umfassende Tarifzuständigkeit durch einen einzigen Arbeitgeberverband. Außerdem werden Länder und Kommunen aufgefordert, regionale Theaterentwicklungspläne aufzustellen, mittelfristig umzusetzen und die Förderung langfristig darauf auszurichten. Allerdings lässt sich bis heute keine grundsätzliche, konsistente Theaterentwicklungsplanung in Deutschland ausmachen, sondern es herrschen Partikularinteressen aufseiten der Politik, der Theaterleitungen und auch der Verbände vor. Das bundesdeutsche Theatersystem ist im Grundsatz quasi unverändert geblieben (vgl. Deutscher Bundestag 2007; Schneider 2017, S. 42, 44).

Allerdings setzte ab dem Jahr 2011 eine vertiefte Reformdebatte ein, die bis heute anhält und die zu ersten, vereinzelten Verbesserungsschritten geführt hat. Die Diskussion kreist um Themen wie die Funktion und Aufgaben des Stadttheaters, sein Verhältnis zum freien Theater, die Idee des Ensembletheaters, neue Produktionsformen und ästhetische Formate, Hierarchie, Macht und Machtwillkür, Aufgabe und Verantwortung der Kulturpolitik, die Rolle der Intendanz und der Regie, neue Leitungsmodelle, die Frage der Finanzierung, die Beendigung der Überproduktion, die Verbesserung der Arbeitsmodalitäten sowie Formen aktiver Mitsprache für Ensemble und Mitarbeiterschaft.

Die Reformdebatte wurde ausgelöst durch mehrere Beiträge im Jahr 2011 und zwar von Matthias von Hartz (2011), von Thomas Schmidt (2011) sowie von Ulf Schmidt (2011). Fortgeführt wurde sie im Arbeitsbuch mit dem Titel ‚Heart of the City – Recherchen zum Stadttheater der Zukunft', das von Josef Mackert, Heiner Goebbels und Barbara Mundel herausgegeben wurde (Mackert et al. 2011).

Eine Vertiefung der Diskussion geschah durch Thomas Schmidt (2012 und 2013) und durch die von Wolfgang Schneider im Wintersemester 2012/2013 am Institut für Kulturpolitik der Universität Hildesheim initiierte Ringvorlesung, in der eine Reihe von Wissenschaftlern und Theaterexperten ihre Thesen und Standortbestimmungen präsentierten (u. a. mit Beiträgen von Wolfgang Schneider,

Heiner Goebbels, Christopher Balme, Armin Klein, Thomas Schmidt, Jens Roselt und Günther Heeg). Diese wurden später in Buchform (Wolfgang Schneider 2013) sowie teilweise auch auf dem Blog Nachtkritik publiziert.

Parallel erschien eine, eher quer zu den genannten Ansätzen liegende, Untersuchung von Christopher Vorwerk, die Ansätze des Qualitätsmanagements für das Stadttheater nutzbar zu machen suchte (Vorwerk 2012). In den Jahren 2013 bis 2017 nahm die Stadttheaterdebatte weiter an Fahrt auf durch zahlreiche weitere Beiträge auf dem Theaterblog Nachtkritik. Auf einige dieser Beiträge wird später noch eingegangen. Hinzu kam im Jahr 2016 die Studie des damaligen Konstanzer Theaterintendanten Christoph Nix (Nix 2016).

Ausgelöst durch die beschriebenen Missstände an den bundesdeutschen Bühnen, aber auch stimuliert durch die begonnene Reformdebatte entstanden im März 2013 die Vereinigung Art but fair und dann in der Folgezeit weitere Zusammenschlüsse von Theaterschaffenden, die ihre Anliegen durch die Künstlergewerkschaften nicht ausreichend vertreten sahen und ihre Kritik an der Organisations- und Führungsstruktur der Theater pointiert formulierten: wie beispielsweise im Jahr 2015 im Rahmen der Konferenz Konkret und ab 2016 durch neu entstehende Netzwerke und Verbünde wie Ensemblenetzwerk, Pro Quote Bühne, Regie-Netzwerk und Junges Ensemblenetzwerk. Da sich die Positionen der genannten Verbünde in vielen Punkten überschneiden sollen hier stellvertretend einige Ziele und Forderungen von Art but fair sowie der „Konferenz konkret" (einer geistigen Miturheberin des Ensemblenetzwerks) kurz umrissen werden. Auf Positionen des Ensemblenetzwerks wird an anderer Stelle noch eingegangen.

„Art but fair" ist der Name einer internationalen Bewegung aus drei mit einander kooperierenden, gemeinnützigen Vereinen in Deutschland, Österreich und in der Schweiz. Die Ziele von ‚art but fair' sind unter anderem, die Künstler untereinander zu solidarisieren, für faire Arbeitskonditionen zu werben, Politik und die Öffentlichkeit auf Missstände im Arbeitsfeld der Darstellenden Kunst und der Musik hinzuweisen sowie auf die Entwicklung eines ‚Gütesiegels' für Kulturinstitutionen hinzuwirken (art but fair Website). Die Vereinigung art but fair war auch gemeinsam mit der Kulturpolitischen Gesellschaft an der Maximilian Norz vorgenommen und von der Hans Böckler Stiftung herausgegebenen Studie zu den Arbeitsbedingungen in den Darstellenden Künsten und der Musik beteiligt (Norz 2016).

Fast zeitgleich zur Untersuchung von Maximilian Norz wurden auf der ersten ‚Konferenz konkret" – ein Zusammenschluss von Theaterschaffenden – im Jahr 2015 im Hinblick auf die Situation der bundesdeutschen Theater unter anderem folgende Gedankenanstöße formuliert: „Viele Kollegen/innen in den Stadt-, Staats- und Landestheatern fühlen sich im Apparat wie Ausführungsgehilfen, nicht wie mündige Kunstschaffende. Auslastung- und Vorstellungszahlen sind das Maß, wer noch mehr Premieren aus den knapper werdenden Ressourcen herausquetscht, ist King. Daher wird – grob gesagt – zu viel produziert, in zu kurzer Zeit mit zu wenig Geld, mit zu wenig Leuten, aus zu wenig künstlerischen Beweggründen (…). (Es geht) um Lohntransparenz und -gerechtigkeit (Gagentabelle? Warum nicht! Männer und Frauen müssen gleich bezahlt werden), neue Leitungsmodelle (mehr Kollektive, Teams und Bands statt eines Sonnenkönigs), die Einführung einer Hospitantenvergütung (…). Tariferhöhungen dürfen nicht den künstlerischen Etat schrumpfen, eine bundesweite Lobbyveranstaltung für das Theater soll die Notwendigkeit der öffentlich geförderten Künste demonstrieren (…). Außerdem: mehr künstlerisches Mitspracherecht für das Ensemble, Minimierung der Samstagsproben u. v. a. m." (Jopt/Kölzow 2016, S. 45). Die aktuellen Positionen des – auch darauf rekurrierenden – Ensemblenetzwerks werden später ausführlicher dargestellt.

Bestandsaufnahme und Reformvorschläge von Thomas Schmidt
Anfang 2017 legte Thomas Schmidt seine Studie: „Theater, Krise und Reform" vor (Schmidt 2017), die nicht nur eine umfassende, kritische Bestandaufnahme des heutigen Theaters darstellte, sondern auch eine Reihe von Bausteinen für eine Transformation beinhaltete. Seitdem hat der Autor seinen Reformansatz in nachfolgenden Veröffentlichungen immer weiter ausdifferenziert und präzisiert (vgl. Schmidt: 2017b, 2017c, 2017d, 2018, 2019, 2019a, 2019b). Der umfassende Reformkatalog von Schmidt kann auch als eine mögliche Konkretisierung des Cultural Leaderships im Sinne einer neuen Kultur des Führens im Theaterbereich gelesen werden. Daher soll an dieser Stelle – stellvertretend für viele andere Positionierungen – auf die Reformvorschläge von Schmidt ausführlich Bezug genommen werden.

Die von Schmidt (2017) genannten acht Reform-Parameter enthalten für das *Verständnis* und die *Neudefinition von Führung* sowohl auf der kulturpolitischen Ebene als auch innerhalb der verschiedenen Führungsebenen im Theaterbetrieb eine Reihe von Anregungen. Sie bieten allerdings im Hinblick auf die konkrete Umsetzung sowie mit Blick auf den einen oder anderen Teilaspekt noch Anlass für Anmerkungen (Wiedergabe der Positionen von Schmidt kursiv).

1. Kulturpolitik
Schmidts erster Reformparameter betrifft die Aufwertung der Kulturpolitik als wertvollem Segment innerhalb der Politik. Dabei unterstreicht er die Bedeutung

eines grundsätzlichen Bekenntnisses der (Kultur-)Politik zur Kultur und zum Theater als eines schützenswerten und förderungswürdigen Bereichs der Gesellschaft und die Bereitschaft, die Förderung von Kunst und Kultur auf Länder- und Bundesebene als Pflichtaufgabe zu verankern. Darüber hinaus regt Schmidt an, dass die Kulturarbeit in den verwaltenden Institutionen der Ämter und Ministerien sowie die Aufsicht in den Gesellschaftergremien möglichst durch erfahrene Fachleute wahrgenommen werden sollte, denn aufgrund der gewaltigen Herausforderungen, vor denen die Theater stehen, seien neben Aufsicht und Kontrolle zunehmend auch Beratung und strategische Begleitung der Theaterleitungen vonnöten (vgl. Schmidt 2017, S. 377).

Kommentar: Schmidts Forderung hinsichtlich eines höheren ideellen und materiellen Engagements der Landes- und Bundespolitik dürfte vielen Kultur- und Theaterschaffenden aber auch den Kulturpolitikern in den Kommunen aus der Seele sprechen, denn wie kann es sein, dass die Kulturhoheit zwar bei den Ländern liegt, aber der Löwenanteil der öffentlichen Kulturförderung von den Gemeinden und nicht von den Bundesländern erbracht wird. Der Bund ist bereits auf dem besten Wege, sich mehr zu engagieren, Sein finanzielles Engagement für den Bereich von Theater und Musik stieg allein im Jahr 2015 um 7,2 %, während die Bundesländer ihre Zuschüsse im gleichen Zeitraum um 2,1 % reduzierten (vgl. Statistische Ämter des Bundes und der Länder 2018, S. 32). Über das finanzielle Engagement hinaus ist aber auch eine *aktive Kulturpolitik* vonnöten, die ihre Führungsverantwortung in höherem Maße als bisher wahrnimmt und *aktiv* mitwirkt bei der Weiterentwicklung der Theater. Dies wird an anderer Stelle noch ausführlich thematisiert.

Die Steigerung des politischen Engagements hängt auch von überzeugender Lobbyarbeit ab. In diesem Zusammenhang muss auf eine gelungene Aktion mit dem Namen „40.000 Theatermitarbeiter*innen treffen ihre Abgeordneten" hingewiesen werden, die ursprünglich von Harald Wolff, dem Vorstandsvorsitzenden der Dramaturgischen Gesellschaft und von Gregor Sturm (Bund der Szenografen) erdacht und zum ersten Mal im Oktober 2016 durchgeführt wurde (vgl. Nachtkritik 12.10.2016). Diese saisonale Aktion läuft jeweils über einige Monate und wurde inzwischen etliche Male wiederholt. Theaterschaffende sind während dieser Zeit aufgerufen, ihre Stadträte, Landtags- und Bundestagsabgeordneten zu Gesprächen und Führungen ans Theater einzuladen, um ihnen einen konkreten Einblick in ihr Theater und dessen Arbeitsweisen zu vermitteln. An dieser Initiative sind mittlerweile beispielsweise auch das Ensemble-Netzwerk, die Genossenschaft Deutscher Bühnen-Angehöriger (GDBA), der Deutsche Bühnenverein und die Deutsche Theatertechnische Gesellschaft (DTHG) beteiligt.

2. Leitbild

Von wesentlicher Bedeutung ist für Schmidt die Erarbeitung eines nach innen und außen wirkenden Leitbildes, in dem das Theater sein Selbstverständnis und seine Ziele skizziert (vgl. Schmidt 2017, S. 357- 363, 378 f, 393). Dabei sollte die Leitung in einem gemeinsamen Meinungsbildungsprozess mit Mitarbeitern und Stakeholdern (insbesondere Gesellschafter- und Zuschauervertretern) Leitaussagen formulieren über die Ausrichtung und das Betätigungsfeld des Theaters, seinen Qualitätsbegriff, die zugrunde liegenden Werte und Regeln im Hinblick auf Umgangs- und Arbeitsweisen, seinen Blick auf die Besucher und Nichtbesucher, sein Verständnis von Wirtschaftlichkeit sowie die damit verbundenen Indikatoren (wie Einspielquote oder Reichweite) sowie Regeln für die Zusammenarbeit wie offene Kommunikation, Transparenz und Regeltreue (Compliance). Der Compliance gilt dabei ein besonderes Augenmerk, wobei für folgende Bereiche Regelungen getroffen werden sollten: ein Verhaltenskodex für Aufsichtsräte, Leitung und Mitarbeiter, die Unterbindung von Korruption und Mittelverschwendung, die Einhaltung von Ausschreibungs- und Vergaberegelungen, Abzeichnungspflichten bei Verträgen, Vermeidung von Doppelvergütung durch Regiearbeiten im Haus und Nichtbeauftragung von Familienmitgliedern sowie Vier-Augen-Prinzip bei der Zahlungsfreigabe. Ein Leitbild hat nach Schmidt eine Wirkung nach innen auf Motivation und Verhalten der Mitarbeiter und zugleich eine orientierende Wirkung nach außen. Ein schriftlich niedergelegtes, klar kommuniziertes Leitbild könne zudem der Ausgangspunkt sein für alle strategischen Entscheidungen und für alle Veränderungsprozesse. Das Leitbild kann ergänzt werden um eine Mission, in der der Kernauftrag des Theaters knapp formuliert ist (vgl. ebd. S. 319.)

Kommentar: Das *Leitbild*, aber auch das *Mission*(-Statement) als dessen Destillat sowie die in die Zukunft gerichtete *Vision* stellen eine Fixierung des Selbstverständnisses einer Organisation dar und sind daher zentrale, sinnstiftende Führungsinstrumente im Hinblick auf Orientierung, Identifikation und Motivation der Mitarbeitenden. Sie sind aber auch Komponenten eines symbolischen Führungsverhaltens (vgl. Abfalter et al. 2012, S. 588) und Teil der *Schau*seite des Theaters, da formuliert wird, wie es gesehen werden möchte, und sie beschreiben somit einen Idealzustand. Aufgrund ihres hohen Abstraktionsgrades bleibt offen, wie und durch welche konkreten Handlungen die genannten Ziele erreicht werden. Genau dadurch haben diese Leitlinien einen hohen Konsenscharakter (vgl. Kühl 2017, S. 13). Der Konsenscharakter wird noch verstärkt, wenn die Leitlinien *nicht von oben* verordnet, sondern mit Beteiligung der Mitarbeiterschaft entwickelt werden. Letztlich kommt es aber darauf an, wie diese ‚Bekenntnisse' auf der Schauseite konkret innerhalb der Formalstruktur des

Hauses (z. B. bei Arbeitsverträgen und Betriebsvereinbarungen) sowie im Bereich der informalen Unternehmenskultur umgesetzt und gelebt werden, sonst hätten sie lediglich Schau- oder Makulatur-Charakter.

Das *Leitbild* sollte unbedingt ergänzt werden durch dessen Kurzfassung in Form einer prägnanten, verständlichen *Mission.* Diese sollte folgende Fragen knapp beantworten: Wer sind wir? Wo sind wir tätig? Was tun/bieten wir für wen? Die Mission sollte den Daseinsgrund, das Selbstverständnis und das Tätigkeitsfeld des Theaters in *zwei bis drei knappen Sätzen als Kernbotschaft* auf den Punkt bringen. Nach Peter Drucker soll eine Mission „auf ein T-Shirt passen" (Drucker 2009, S. 41). Die Mission sollte durch eine *klare, anschauliche* Sprache leicht zu *verinnerlichen* sein und ebenfalls gemeinsam mit der Belegschaft entwickelt und mit dem Träger rückgekoppelt werden. Sie bietet nicht nur den Mitarbeitern, sondern auch Besuchern, dem Träger, den Medienvertretern und anderen Stakeholdern eine Orientierung. Der gemeinsame Klärungs- und Verständigungsprozess mit der Mitarbeiterschaft bei der Entwicklung von Leitbild und Mission ist mindestens so wichtig wie das Endergebnis selbst (vgl. Kühl 2017, S. 68).

Das Nationaltheater Mannheim fasst seine Mission bzw. sein Selbstverständnis wie folgt zusammen: „Das Nationaltheater Mannheim ist eines der größten und ältesten kommunalen Repertoiretheater Deutschlands. Insbesondere das Wirken Schillers und die Verbindung zu Mozart prägen bis heute die Arbeit am NTM. Zahlreiche Uraufführungen und Deutsche Erstaufführungen in den vier Sparten Oper, Schauspiel, Tanz und Junges Nationaltheater sowie die 2012 gegründete Mannheimer Bürgerbühne, heute Mannheimer Stadtensemble, belegen beispielhaft die innovative und zeitgemäße Fortführung der Tradition. Hervorragende künstlerische Leistungen machen das NTM zum Flaggschiff der Stadt Mannheim und überregional zu einer der bedeutendsten Bühnen Deutschlands" (Nationaltheater Mannheim Website 2020).

Von ebenso zentraler Bedeutung bei der Selbstdefinition wäre aber noch eine dritte Komponente der Selbstbeschreibung, nämlich eine – vorrangig nach innen wirkende – emotional mitreißende, inspirierende *Vision,* die von Führungsspitze und Mitarbeiterschaft gemeinsam entwickelt und mit dem Rechtsträger rückgekoppelt werden sollte. Hier sollte in einem Satz niedergelegt sein sollte, wohin sich die betreffende Bühne in den nächsten fünf Jahren entwickeln will. Die Vision bezieht ihre Wirkung aus einem tiefen gemeinsamen Interesse und spornt aufgrund der ambitionierten Zielsetzung zu neuen Denk- und Handlungsweisen an (vgl. Senge 2008, S. 252 f, 256). Peter Senge richtet sich ausdrücklich gegen eine (transformational) suggerierte, rein subjektive und top down-verordnete Vision von höchster Ebene. Sie solle vielmehr *im Dialog mit möglichst vielen Mitarbeitern* als Summe vieler einzelner, persönlicher Visionen entwickelt werden, um nicht nur eine widerstrebende oder formelle Einwilligung zu erzielen, sondern ein persönliches *Engagement* für die gemeinsame Sache (vgl. Senge 2008, S. 270). Der Vision kommt innerhalb der Zweckbestimmungen eine besondere Rolle zu, denn sie kann zentraler Ausgangspunkt in OE-Prozessen sein, um eine Veränderungsbereitschaft zu erzeugen und Energie für die Veränderung freizusetzen (vgl. Jung et al. 2008, S. 522).

3. Matrixorganisation

Schmidt schlägt darüber hinaus die Umstellung der Organisationsstruktur von der Linien- auf eine Matrixorganisation entlang des Produktionsprozesses vor. Diese würde folgende Bereiche umfassen: die künstlerische Direktion, die Managementdirektion (Strategie, Leitbild, Organisation, Verwaltung, Postproduktion/Qualitätsmanagement, Besucherdienst und Marketing) die Programmdirektion (Konzeption, Spielplanung und Besetzung), die Produktionsdirektion und die Technikdirektion. Diesen Funktionen könnten auf der anderen Achse die Direktionen für die einzelnen Sparten oder Abteilungsleitungen gegenübertreten. Die verschiedenen Teilensembles und Teilbelegschaften aus den Sparten wären jeweils zu einer Gesamtheit vereint (vgl. Schmidt 2017, S. 331 f, 379 und 440; vgl. auch Schmidt 2012, S. 145).

Kommentar: Die Matrixorganisation entstand aus dem Versuch heraus, das Prinzip der Produkt-/Sparten-Organisation mit den Funktional-Ressorts (wie Materialwirtschaft, Produktion, Marketing, Vertrieb) zu kombinieren. Auf diese Weise sollen immer beide Perspektiven berücksichtigt werden. Ein Ziel war es, Konflikte zwischen diesen Positionen aktiv herbeizuführen und offen in die Organisation zu tragen, um so zu innovativen Lösungen zu gelangen (vgl. Vahs 2009, S. 171 f). Die Spezifik der Matrixorganisation liegt nun darin, dass man in der Regel nicht auf die Dominanzlösung zugunsten der einen oder anderen Achse setzt, sondern auf Kooperation und Argumentation (vgl. Schreyögg 2008, S. 155).

Dabei sind zum einen produktive Konflikte möglich, die beispielsweise eine neue Balance zwischen Qualität und Kosten ermöglichen sowie Prozess- oder Leistungsinnovationen fördern können. Es sind aber auch vor allem kontraproduktive Konflikte denkbar, die Entscheidungsprozesse blockieren, so dass die zunächst erreichte höhere Flexibilität durch den hohen Korrelationsaufwand bei der Entscheidungsfindung wieder neutralisiert wird (vgl. Pinnow 2011, S. 39 f). Eine hohe Anforderung stellt die Matrixorganisation insbesondere an die Führungskräfte oder Organisationsmitglieder, die an zwei Vorgesetzte zu berichten haben und die dadurch in Identifikations- und Loyalitätskonflikte geraten können (vgl. Schreyögg 2008, S. 156). Im Grundsatz gilt hier immer

noch das Aperçu von Dirk Baecker über die Mehrfachunterstellung in Matrixorganisationen, dass nämlich das Organisations- und Führungsprinzip ‚one man
two bosses' die Mitarbeitenden verwirre und es zudem erschwere, sie zur Verantwortung zu ziehen, da sie auf die Widersprüche zwischen der einen und der
anderen vorgesetzten Stelle verweisen könnten (vgl. Baecker 1994, S. 39).

Eine Lösung der Integrations- und Koordinationsprobleme könnte die Bildung
von *Matrixteams* an den Schnittpunkten sein, an denen zwei Linien aufeinander-
treffen. Diese Teams könnten sich aus den Vertretern der betreffenden Linien
zusammensetzen, gleichberechtigt und hierarchiefrei operieren, das jeweilige
Expertenwissen nutzen und zu gemeinsamen Lösungen jenseits von Ressortego-
ismen gelangen (vgl. Vahs 2009, S. 172).

Mit der Matrixorganisation sind einerseits *Vorteile* verbunden wie die Entlastung der obersten Spitze durch spezialisierte Leitungsfunktionen, die
Zusammenführung zweier Perspektiven und die dadurch bedingte Entwicklung
von durchdachten Lösungen, ein System gegenseitiger Kontrolle und die
Anregung von Innovationen. Mit ihr sind aber auch einige erhebliche *Nachteile* verknüpft, nämlich ein hoher zeitlicher Aufwand für Kommunikation und
Planung, die damit verbundene Verzögerung von Entscheidungen, die Gefahr von
schlechten Kompromissen, Bürokratisierungstendenzen durch viele Kompetenz-
regelungen, Zuständigkeitskonflikte und damit verbundene Machtkämpfe auf
der Vorgesetztenebene, persönliche Belastung durch eine hohe Konfliktdichte,
hohe Koordinationskosten, aufwendige Dokumentation sowie Konfusion auf
der Mitarbeiterebene. Das zentrale Problem der Matrixorganisation ist also die
Kompetenzabgrenzung zwischen den beiden Linien und die Konfliktanfälligkeit
(vgl. Vahs 2009, S. 172 f, 175; Schreyögg 2008, S. 156 f, Dillerup/Stoi 2013,
S. 458).

Die Beurteilung der *symmetrischen* Matrixorganisationen mit zwei *gleichberechtigten* Linien ist daher aufgrund der genannten Schwachstellen eher
negativ. Diese Matrixform ist auch nur in wenigen Unternehmen zu finden.
Häufiger – und letztlich auch für den Theaterbereich denkbarer – wäre eine *asymmetrische, nicht gleichberechtigte* Matrix, bei der eine Dimension über die andere
dominiert, wodurch Weisungskonflikte reduziert werden (vgl. Vahs 2009, S. 174;
Dillerup/Stoi 2013, S. 459 f).

Eine Matrixorganisation im Theater, bei der beispielsweise neu geschaffene
Leitungen entlang des Produktionsprozesses mit den vorhandenen Sparten- oder
Bereichsleitungen kombiniert werden würden, hätte zwar den Charme, dass
sie – insbesondere bei den Mehrsparten-Häusern – die Versäulung der Sparten/
Abteilungen aufbrechen und mittelfristig zu einer Verschlankung und zu ent-
sprechenden Einsparungen durch eine gemeinsame Dramaturgie, Administration

oder auch Technik beitragen könnte. Allerdings würde sie die Organisations- und Führungsarchitektur des Theaters tief greifend verändern. Sie hätte auch hier zur Konsequenz, dass in den Abteilungen Weisungsbefugnisse von zwei Führungslinien umgesetzt werden müssten und die betreffenden Führungskräfte auf der mittleren Ebene damit mehrfach unterstellt und häufigen Konflikten ausgesetzt wären.

Die Umstellung auf eine Matrixorganisation wird nicht nur von Intendantenseite allgemein, sondern auch von Direktoriumsintendanten skeptisch betrachtet, da sie tief in die DNA eines Theaters eingreifen würde. Ein solch fundamentaler Wandel könnte kaum evolutionär und übergangsweise entwickelt werden, sondern müsste eher disruptiv auf einen Schlag (z. B. im Rahmen einer Intendantenneubesetzung) und dann im engen Schulterschluss mit der Politik sowie mit der Mitarbeiterschaft implementiert werden. Da es im Übergang von der einen zur anderen Organisationsform zu Konfusionen und Friktionen kommen dürfte, bedürfte ein solcher Umbau einer kompetenten externen Begleitung.

Aufgrund der genannten Vorbehalte soll an dieser Stelle alternativ der *systemische Netzwerkansatz* eingebracht werden, der bereits im Kapitel zur geteilten Führung vorgestellt wurde. Er basiert auf der Idee der *geteilten* Führung und zwar auf allen Führungsebenen des Theaters. Er ließe sich leichter implementieren sowie schrittweise weiterentwickeln. Viele der alten Funktionen blieben erhalten, allerdings wäre die *Kommunikations- und Entscheidungsstruktur* eine völlig andere. Die Führung wäre nicht mehr an der Spitze, sondern *inmitten der Organisation* angesiedelt. Dem Führungsteam aus zwei oder mehr Personen stünde als weiteres bedeutendes Organ ein mitentscheidender *Lenkungsausschuss* aus allen Sparten- und/oder Abteilungsleitungen inklusive Ensemble- und Mitarbeitervertretung (insgesamt 7 bis 15 Personen) gegenüber. Darüber hinaus könnten sich temporäre (auch abteilungs- oder hierarchieübergreifende) Arbeits- und Projektgruppen ergeben, die der Führung und dem Lenkungsausschuss zuarbeiten und in denen Führung kompetenzbasiert wechselseitig ausgeübt werden kann (vgl. Steinmann/Schreyögg 2005, S. 470; Schreyögg 2008, S. 164).

Ein solches Netzwerkmodell wurde zumindest im Ansatz bei der Royal Shakespeare Company in der Zeit von Michael Boyd erprobt, indem dem dreiköpfigen Leitungsteam ein Lenkungsausschuss aus 14 Abteilungsleitern an die Seite gestellt wurde, der einmal pro Monat tagte. Zentrale strategische Entscheidungen wurden im Benehmen zwischen beiden Gremien getroffen. Ziel war es, die Kommunikation zwischen den beiden oberen Hierarchie-Ebenen zu verbessern sowie gut abgewogene, breit abgestimmte Entscheidungen treffen zu können. Bei seltener stattfindenden, begleitenden Workshops wurden auch Ensemble und Mitarbeiterschaft mit einbezogen. Diese netzwerkartige Konstruktion der RSC kommt der Idee der geteilten Führung recht nahe (vgl. Hewison/Holden 2016, S. 38 ff). Die neue Leitungsstruktur des Berliner Maxim Gorki-Theaters, an dem parallel zur Alleinintendanz ein beratender, achtköpfiger künstlerischer Beirat (Artistic Advisory Board) aus Abteilungsleitungen und weiteren Schlüsselpositionen ab der Spielzeit 2019/2020 eingerichtet wurde (vgl. Nachtkritik vom 17.12.2019), könnte ein erster Schritt in Richtung dieses netzwerkartigen Organisationsprinzips sein.

4. Direktorium als neues Leitungsmodell
Ergänzend zur Matrixorganisation plädiert Schmidt für die Ablösung des klassischen Intendantenmodells durch ein mehrköpfiges Direktorium mit gemeinsam geteilter Gesamtverantwortung, mit rotierender Sprecherfunktion und Rückbindung an die Mitarbeiterschaft aufgrund der Wahl des künstlerischen Direktors durch das Ensemble. Das Direktorium soll sich als Team verstehen. Neben den gemeinsam zu bewältigenden Leitungsaufgaben haben die Direktoren noch einen eigenen Verantwortungsbereich in ihrem jeweiligen Fachgebiet. Beim Ausscheiden von Direktoriumsmitgliedern sind die verbliebenen Mitglieder maßgeblich an der Neuauswahl des nachfolgenden Mitglieds beteiligt, so dass die Kontinuität der Arbeit gewahrt bleibt (vgl. Schmidt 2017, S. 379–381)

Das Führungsmodell des Direktoriums scheint – neben der Konstruktion der Doppelspitze – aus mehreren Gründen eine adäquate Antwort des Theaters auf die aktuellen Herausforderungen zu sein, denn es ermöglicht künstlerische und manageriale Pluralität, Absicherung in Entscheidungsprozessen, Überwindung von Abteilungsgrenzen, Anregung zu interdisziplinären Zugängen/Produktionen sowie das Vorleben des Teamgedankens auf der obersten höchsten Hierarchieebene. Aufseiten des Deutschen Bühnenvereins sowie der Intendanten wird das Direktoriumsmodell teilweise skeptisch betrachtet. So ist der Intendant des Berliner Ensembles Oliver Reese der Ansicht, dass ein solches Modell unnötig sei, da geteilte Führung und geteilte Verantwortung längst praktiziert werden würde und von Alleinherrschaft keine Rede mehr sein könne. Die Wahrheit sei, dass die Verantwortung bereits jetzt „sehr sauber auf viele Köpfe verteilt ist" (in: Pauly 2017)". Reese ist daher der Ansicht, es gebe "kein anderes strukturiertes Konzept (…), das als echte Alternative zum im Team arbeitenden, am Ende aber allein verantwortlichen Intendanten als Modell tauglich erscheint" (Reese 2016). Dagegen ist einzuwenden, dass die Verteilung auf mehrere Köpfe nach diesem

Verständnis allein vom Goodwill der Intendanz abhängt und dadurch keine kontinuierliche Arbeit im Team ermöglicht wird.

Ein teamorientiertes Führungsmodell in Form des Direktoriums wäre eine sinnvolle, allerdings nicht aus dem Stand umsetzbare Konstellation. Sie könnte am schnellsten top down durch eine mutige Kulturpolitik implementiert werden, wenn die Aufsichtsgremien die Stellen für das Direktorium einzeln (für Nachrückkandidaten) oder auch als Gesamtpaket ausschreiben würden. Die Bereitschaft hierzu aufseiten der Politik könnte zudem durch häufige Team-Bewerbungen auf Intendanzen zusätzlich stimuliert werden. Der andere, evolutionäre Weg dorthin wäre eine allmähliche Veränderung von innen, indem (von der Kulturpolitik gewollt) die noch amtierende Intendanz nach und nach Aufgaben auf vorhandene oder noch einzustellende Abteilungsleitungen über-trägt, woraus sich dann ein Leitungsteam entwickeln könnte. Bereits in der Übergangszeit wäre zur Einübung eines partizipatorischen Führungsstils und zur Anbahnung des neuen Leitungsmodells, zu empfehlen, Abteilungsleiter und Ensemblesprecher bei zentralen Fragen regelmäßig mit einzubeziehen.

Allerdings muss eingeschränkt werden: Das von Schmidt vorgestellte Direktoriumsprinzip inkludiert keineswegs automatisch die Einbeziehung der unterstellten mittleren Führungsebenen (wie der Abteilungsleitungen) in die zentralen Entscheidungsprozesse im Sinne einer geteilten Führung. Hier gehen andere Modelle wie das der Royal Shakespeare-Company wesentlich weiter. Vor allem aber garantiert das Direktoriumsmodell an sich noch keine fest ver-brieften Mitbestimmungs- und Mitentscheidungsrechte auf Mitarbeiterseite in den Gremien. Und schließlich besteht die Gefahr, dass bei einem lediglich aus Spartenintendanten und Geschäftsführung bestehenden Direktorium die Versäulung der betreffenden Sparten nicht aufgehoben wird und die wesentlichen Entscheidungen weiterhin allein durch die geschäftsführende Intendanz getroffen werden. So ist auch Schmidt der Ansicht, dass die bisher in Mannheim, Stuttgart oder Dresden installierten Leitungsteams keine echten Direktorien seien, sondern allenfalls Zwischenstufen, die bisher nicht weiterentwickelt worden seien (vgl. Schmidt 2019a, S. 375). Auf die beiden Organisationsformen des Direktoriums sowie der Doppelspitze wird an anderer Stelle noch ausführlicher eingegangen.

5. Mitsprache der Mitarbeiter

Schmidt plädiert zudem für eine stärkere Mitsprache der Ensemblemitglieder und zwar bezogen auf operative wie auf strategische Fragen. So sollten Ensemblever-tretungen in zentralen Bereichen mitwirken, um die Motivation der Mitarbeiter und auch die Qualität der Inszenierungen zu steigern. Das Ensemble solle so früh wie möglich in die Beratungen zum Spielplan einbezogen werden und dessen

Publizierung widersprechen können. Weiterhin soll das Ensemble oder seine Vertretung auch an der Entscheidung bei Besetzungsfragen, bei Fragen der Nichtverlängerung sowie an der Entscheidung für Gäste oder neue Ensemblemitglieder beteiligt werden. Und schließlich fordert Schmidt, dass das Ensemble bei zentralen personellen Entscheidungen (bis hin zur Wahl von Intendanten und Direktoren) sowie Grundsatzfragen (möglicher Wegfall einer Sparte, Kompensationsformen bei knappen Budgets, Einleitung von Reformen etc.) einbezogen wird und zwar in Form einer ebenbürtigen Mitgliedschaft mit eigener Stimme innerhalb des Aufsichtsgremiums (vgl. Schmidt 2017, S. 250–256 und 381).

Kommentar: Hier fällt auf, dass Schmidts Forderungen zur Mitbestimmung strikter und durchschlagender formuliert sind als die Positionen des Ensemblenetzwerks von Mai 2019 zur Teilhabe. Das Ensemblenetzwerk spricht von Information, Diskussion oder Beratung, Schmidt hingegen von Mitentscheidung, vom Vetorecht beim Spielplan und von ebenbürtiger Mitgliedschaft in den Gremien. Schmidt geht in späteren Veröffentlichungen noch weiter. Hier ist sogar vom Vetorecht bei der Intendantenwahl die Rede, wobei Schmidt in diesem Zusammenhang als konsequenteste Form der Mitbestimmung die Intendantenwahl der Berliner Philharmoniker ins Feld führt, die bereits seit 1882 in einer geheimen Wahl den Chefdirigenten bestimmen. Auf diese Weise könnten nach Schmidt Verwerfungen zwischen einer top down eingesetzten Direktion und dem Ensemble wie jüngst bei der Berufung von Chris Dercon auf die Intendanz der Volksbühne und von Sasha Waltz auf die Co-Intendanz beim Berliner Staatsballett vermieden werden (vgl. Schmidt 2017c, S. 42). Im übrigen bleibt die Frage der Mitsprache seitens der übrigen Mitarbeiterschaft (jenseits von Betriebs- oder Personalrat) bei Schmidt weitestgehend ausgespart. Auf den Themenkomplex der Mitbestimmung wird noch anderer Stelle ausführlicher eingegangen.

6. Gagengerechtigkeit
Weiterhin nennt Schmidt als zentralen Eckpunkt: mehr Gagengerechtigkeit zwischen den einzelnen Mitarbeitergruppen und die Beseitigung des Mehrklassensystems von NV Bühne, TVK und TVÖD durch Austritt aus dem Tarifsystem des öffentlichen Dienstes und durch Implementierung eines Einheitstarifvertrages unter Mitwirkung des Deutschen Bühnenvereins, des Ensemblenetzwerks und der Gewerkschaften (vgl. Schmidt 2017, S. 382 f).

Kommentar: Zweifellos wäre ein neues, vom öffentlichen Dienst entkoppeltes und für alle Theater verbindliches Einheitstarifsystem, bei dem alle künstlerischen Mitarbeiter (inkl. Orchester- und Chor-Mitglieder) sowie alle technischen und verwaltenden Mitarbeiter nach einem gleichen Tarif entlohnt werden würden, die konsequenteste und fairste Lösung. Ein solches neues

Tarifsystem könnte theoretisch zwischen dem Deutschen Bühnenverein, den Gewerkschaften und dem Ensemblemetzwerk ausgehandelt werden. Dabei muss allerdings im Blick behalten werden, dass die Gewerkschaften auch Statthalter der Besitzstände der besser bezahlten Verdienstgruppen sind, was eine Aufkündigung der bisherigen Tarifsysteme enorm erschwert.

Eine andere Lösung könnte ein flächendeckend ausgehandelter, freiwilliger Verzicht der besser verdienenden Gruppen auf eine oder mehrere Tariferhöhungen sein, wodurch Spielräume für die Anpassung der Gagen der weniger verdienenden künstlerischen Mitarbeiter (vor allem im Bereich der Berufsanfänger) nach oben gewonnen werden könnten. Eine entscheidende Verbesserung im Hinblick auf mehr Gagengerechtigkeit inklusive der Überwindung des Gender Pay Gap ist nur erreichbar durch mehr Solidarität der besser verdienenden Mitarbeitenden gegenüber den schlechter gestellten Gruppen und durch eine konzertierte Aktion zwischen Deutschem Bühnenverein, Gewerkschaften, Ensemblenetzwerk und Kulturpolitik, die auf eine Angleichung der verschiedenen Tarifsysteme zielt. In der Übergangszeit könnte aufseiten der Intendanz vor Ort eine schrittweise Anhebung der künstlerischen Mindestgagen angestrebt werden. Die Ressourcen hierzu könnten durch eine Erhöhung der Fördersumme durch die Träger vor Ort oder zur Not im Rahmen eines Haustarifvertrages bereitgestellt werden. Auch bei solchen Übergangsregelungen sollte die Überwindung des Gender Pay Gap gleich mit bedacht werden.

7. Mixed Stagione-Prinzip statt Repertoirebetrieb

Gerade in Verbindung mit der Überproduktion ist der Repertoirebetrieb (bei dem jeden Abend eine andere Inszenierung gezeigt wird) besonders kräftezehrend und kostenintensiv. Schmidt schlägt daher die Aufgabe des klassischen Repertoirebetriebs zugunsten eine Semi- oder Mixed Stagione-Betriebs vor, der eine Kombination von wechselnden Aufführungen (Repertoirebetrieb) bei Produktionen mit punktuellerer Nachfrage und von Aufführungsblöcken über mehrere Tage (Ensuitebetrieb) bei Produktionen mit kontinuierlicherer Nachfrage vorsieht. Grundsätzlich plädiert er in diesem Zusammenhang für einen Perspektivwechsel hin zu einer stärkeren Zuschauerorientierung, ohne allerdings dabei den Spielplan völlig dem Publikumsgeschmack unterzuordnen (vgl. Schmidt 2017, S. 98 ff, 383–385, 440). Schmidt räumt jedoch an anderer Stelle ein, dass gerade die kleineren und mittleren Bühnen wohl eher am Repertoirebetrieb festhalten müssen, da sie voraussichtlich nicht genügend Zuschauer für längere Aufführungsserien generieren können (vgl. Schmidt 2019b, S. 24).

Kommentar: Unabdingbare Voraussetzung für den Repertoirebetrieb ist das Vorhandensein eines ausreichenden Konvoluts spielbarer Inszenierungen sowie eines festen Ensembles. Dabei muss allerdings das Repertoire durch Neuproduktionen ständig aktualisiert werden, da der Rückgriff auf ältere Produktionen über mehrere Spielzeiten hinweg nur in seltenen Fällen vom Publikum goutiert wird. Für den Deutschen Bühnenverein besteht der wesentliche Vorteil des Repertoireprinzips darin, dass dem Publikum eine große Bandbreite der Theaterliteratur in abwechslungsreicher Vielfalt geboten wird (vgl. Deutscher Bühnenverein 2020: Theater- und Orchesterlandschaft). Allerdings sprechen einige Gründe *gegen* das ausschließliche Repertoireprinzip und *für* das Semi-/ Mixed-Stagione oder Ensuite-Prinzip: Der allabendliche Wechsel des Programms führt durch die permanenten Umbauten zu einer enormen Beanspruchung von Mitarbeitern und Apparat und ist besonders kostenintensiv. Außerdem können die Kontinuität des Programms bewahrt und die Identifikation mit dem Haus auch dann forciert werden, wenn sich Repertoire- und Ensuite-Anteile mischen.

Ein solcher Mix würde personelle und zeitliche Ressourcen schonen, zur Senkung der Kosten beitragen und wäre zumindest an größeren Bühnen mit einem entsprechenden Einzugsgebiet sinnvoll. Bühnenbild, Beleuchtung sowie weitere technische Einrichtungen blieben während des Blocks unverändert. Dadurch würden Mitarbeiter und Akteure entlastet, da sie sich für einen längeren Zeitraum nur auf eine Produktion und die damit verbundenen Aufgaben einstellen könnten. An einigen größeren Häusern wird schon jetzt ein Mix aus Repertoire- und Ensuite-Strategie erprobt.

Bei einer zu einseitigen Betonung der Ensuite-Strategie wäre die Versuchung allerdings groß, längere Aufführungsblöcke vorrangig mit besonders beliebten ‚Blockbustern' zu bestreiten. Dies käme aber einer Art von künstlerischer Kapitulation gleich: „Dies wäre der Tod jedes Wagnisses, der Tod von Produktionen, die ästhetisch Neuland suchen, der Tod von verstörenden Inhalten, der Tod von ungekannten Titeln, von unbekannten Autoren" (Reese in: Behrendt et al. 2017, S. 82). Mit einer Überbetonung des Ensuite-Prinzips wäre zudem die Gefahr verbunden, dass der von Schmidt so betonte Ensemblegedanke gefährdet wird, da das Ensemble (selbst bei Doppel- oder Mehrfachbesetzungen) möglicherweise nicht mehr im gewohnten Umfang ausgelastet wäre und daher ausgedünnt sowie durch Gäste temporär ergänzt werden würde.

Vor diesem Hintergrund wäre eine Mischung von Ensuite (auch bei beliebten Produktionen) und Repertoire (bei experimentelleren Produktionen) – zumindest an den großen Bühnen – ein gangbarer Weg. Um Stadtgespräch zu bleiben, dürften die Blöcke allerdings nicht zu lang sein, sondern sollten immer wieder durch andere Inszenierungen aufgebrochen werden. Bei den kleineren und

mittleren Bühnen wäre die einfachste Lösung gegen das Hamsterrad der Überproduktion nicht der Mixed Stagione Betrieb, sondern schlicht und ergreifend
der Rückbau der Überproduktion durch Senkung der Schlagzahl an Neu-
Inszenierungen pro Spielzeit.

8. Zusammenarbeit zwischen Stadttheater und freier Szene

Als letzten Parameter nennt Schmidt – bei Würdigung der grundsätzlichen Unter-
schiede – die verstärkte Zusammenarbeit zwischen öffentlichen Theatern und
freier Theaterszene durch inhaltlichen Austausch und gegenseitige Unterstützung
sowie stärkere Förderung der freien Szene und entsprechender Theaterhäuser.
Letzteres soll mittels eines neuen Verteilungsschlüssels ermöglicht werden: Die
durch Reduktion der Fördermittel für große Opernhäuser und Leuchtturmtheater
eingesparten Mittel sollen hierfür eingesetzt werden. Darüber hinaus soll in den
Bundesländern, in denen keine Theaterhäuser existieren, Spielorte von freien
Gruppen und öffentlichen Theatern gemeinsam bespielt werden (vgl. Schmidt
2017, S. 385 f)

Kommentar: Die Zusammenarbeit zwischen freiem Theater und
institutionalisiertem Ensembletheater kann (aufgrund der unterschiedlichen
Arbeitsweisen und künstlerischen Ausrichtung) dann am besten funktionieren,
wenn beide Strömungen – bei aller Annäherung und allem Interesse an einer
Hybridisierung der Spielformen – ihren Eigensinn nicht ganz verlieren, beide
in der Programmpolitik angemessen berücksichtigt werden und diese Mischung
überzeugend nach außen vertreten wird, wenn die konkrete Umsetzung im Haus
von den leitenden Kräften gut begleitet wird und wenn dieses Experiment eine
hohe Akzeptanz bei Politik, Publikum und Theaterkritik findet. Letzteres wird
auch unterstrichen durch das Scheitern des – von Matthias Lilienthal an den
Münchner Kammerspielen ab 2015 begonnenen – Versuchs einer engen Ver-
flechtung von städtischem Ensembletheater und freien Performance-Kollektiven.
Dieser Modellversuch scheiterte letztlich nicht an der einen oder anderen Friktion
im Haus, als einige Schauspieler kündigten, als eine Premiere platzte (vgl. Höbel
2020) oder als sich freie Gruppen wie Gob Squad oder She She Pop wieder
zurückzogen (vgl. Lilienthal in Jahrbuch Theater heute 2020, S. 74), sondern vor
allem aufgrund der Interventionen einiger Münchner Kulturpolitiker, die Flanken-
schutz durch Teile des Feuilletons erhielten.

Schließlich wären noch zwei Eckpunkte zu ergänzen, die indirekt immer bei
den hier acht genannten Reformparametern durchscheinen und eine gedank-
liche Klammer darstellen, nämlich die Aufrechterhaltung des *Ensembles* sowie
das *Zurückfahren der Überproduktion* als besondere Aufgabenstellungen für die
Führung im Theater.

Ensembletheater

Das Ensemble ist nach Schmidt das kulturelle Gedächtnis und Archiv eines Theaters, in dem kollektive Erinnerungen an Erfolge und Misserfolge gesammelt sind (vgl. Schmidt 2017, S. 186 ff, 287 f, 252). Erst eine neue Ensemblekultur „mit längeren Verweildauern der Künstler, strengeren Nichtverlängerungs-regelungen und Mitwirkung des Ensembles an allen künstlerischen Produktions-entscheidungen... (könne) zu einem Erstarken des Ensembles als Träger künstlerischer Qualität führen" (Schmidt 2017, 432). Schmidt fordert, dass sich das Intendantentheater in ein Ensembletheater verwandelt, in dem mit Hilfe von Fünf- oder gar Zehnjahres-Verträgen ein Kern aus längerfristig miteinander arbeitenden Schauspielern aufgebaut wird, der nicht durch die Unsitte der wechselbedingten Kündigungen oder Nichtverlängerungen wieder auseinander-gerissen wird. Nicht die Intendanz, sondern die Schauspieler sollen zu einem Gesicht des Theaters werden. Diese sollen sich weiterentwickeln und zu einem wirklichen Ensemble zusammenwachsen können, da dies einen positiven Ein-fluss auf das künstlerische Potenzial und die darstellerische Qualität hätte und die Arbeit von Vertrauen und Spielenergie bestimmt wäre. Durch die wachsende Bindung der Ensemblemitglieder an die betreffende Bühne und die damit ver-bundenen Einblicke in strukturelle und organisatorische Fragen könnte sich nicht nur entsprechende Kompetenz ausbilden, sondern auch ein manifestes Interesse an Mitsprache entwickeln (vgl. Schmidt 2017, S. 254 ff).

Kommentar: Ein Ensemble bietet dem Publikum und anderen Anspruchs-gruppen in der Tat Möglichkeiten der Anknüpfung und Identifikation. Nach dem Kasseler Intendanten Thomas Bockelmann ist das Ensemble besonders in den mittleren und kleinen Städten mitentscheidend dafür, dass eine Stadt von ihrem Theater sprechen kann, hier werde Identifikation durch Wiedererkennen ermög-licht (vgl. Bockelmann 2015).

Die Nichtverlängerungspraxis beim Intendantenwechsel (oft werden bei-nahe das gesamte Ensemble sowie weitere zentrale Positionen in der Mit-arbeiterschaft ausgetauscht) steht der Bildung eines wirklichen Ensembles im Weg, das Garant für Kontinuität und Identität sein kann. Allerdings muss man auch umgekehrt Bindungen der Künstler und anderer Mitarbeiter an bestimmte Regisseure oder regieführende Intendanten (die neu kommen und gerne einige Künstler/Mitarbeiter ‚mitbringen' würden oder die, die das Haus verlassen und gerne betreffende Künstler/Mitarbeiter ‚mitnehmen' würden) konzedieren. Daher gilt es, beim Wechsel von Leitungspersonen an ein anderes Haus im Blick zu behalten, dass manch ein Künstler aufgrund einer bewährten, ver-trauten Zusammenarbeit selbst gerne mit weiterziehen würde, wenn es denn freie Kapazitäten an der betreffenden Bühne gäbe. Ein möglicher Kompromiss wäre die Beschränkung auf eine Maximalquote an Nichtverlängerungen oder Kündigungen (z. B. von 30 bis max. 50 %). Auf diese Weise könnte man sowohl den neu berufenen als auch den weiter wandernden Intendanten noch Gestaltungsspielräume gewähren, aber auch umgekehrt einem größeren Teil der am Theater verbleibenden Künstler mehr Sicherheit bieten. Dies könnte flankiert werden durch längere Übergangszeiten im Falle einer Nichtverlängerung und längere Vertragslaufzeiten bei Neuverträgen. Allerdings muss noch ergänzt werden, dass Schmidts Idee eines ausgeprägten Mixed-Stagione-Betriebs dem Ensemblegedanken der Tendenz nach widerspricht, denn es wären möglicherweise nicht alle Ensemblemitglieder fortwährend ausgelastet und es könnte dadurch zu Stellenabbau und Umwidmung in Gastverträge kommen.

Beendigung der Überproduktion

Ein weiterer grundsätzlicher Eckpunkt ist die von Schmidt zu Recht dringlich gemachte Beendigung der Überproduktion. Wurden in der Spielzeit 1995/1996 von ca. 42.000 Mitarbeitern 57.000 Vorstellungen gezeigt, waren es in der Spielzeit 2013/2014 nun 74.000 Veranstaltungen bei nur noch 39.000 Mitarbeitern. Die Belastung der Belegschaft habe sich in diesem Zeitraum um 40 % gesteigert. Schmidt regt daher an, die Zahl der Produktionen zu reduzieren. Dadurch könne der Gefahr des Qualitätsverlusts sowie der schwindenden Besucherzahlen begegnet werden und der Phase der Probe (Produktion) sowie der Postproduktion (Aufführung, Vermittlung, Vermarktung) mehr Aufmerksamkeit gewidmet werden. Entschlackung könnte nach Schmidt auch bedeuten, das Theaterprogramm von Programmbeiträgen zu befreien, die nur wenige Zuschauer anziehen (vgl. Schmidt 2017, S. 95–98).

Kommentar: Bis zu 40 neue Produktionen oder mehr pro Saison sind in der Tat zu viel. Die Beendigung der Überproduktion in Kombination mit einem Mix von Repertoire und Ensuite wäre eine zentrale Führungsaufgabe, die sehr rasch zur dringend erforderlichen Arbeitsentlastung bei Ensemble und Mitarbeiterschaft sowie zur Einsparung bei materiellen und menschlichen Ressourcen beitragen könnte. Die Entschlackung des Programms sollte sich auf alle Formate beziehen und nicht nur auf Sonderformate wie Matineen oder szenische Lesungen, um eine spürbare Erleichterung zu erreichen. Allerdings beißt sich Schmidts Empfehlung, schlechter besuchte Veranstaltungen kurzerhand abzusetzen, möglicherweise mit dem künstlerischen und bildungsbezogenen Auftrag des Theaters.

40-Punkte Matrix

Vor dem Hintergrund der soeben vorgestellten acht Reformparameter hat Schmidt eine umfassende *40-Punkte-Matrix* entwickelt, die für alle Teilbereiche des öffentlichen Theaters Reformschritte enthält, die ebenfalls wesentliche Anregungen für Veränderungsprozesse bieten (vgl. ebd. S. 386–418). Die Matrix ist in fünf Reformgruppen *Organisationsstruktur, Management, Personal, Finanzierung* und *System* gegliedert, die wiederum jeweils acht Teilaspekte enthalten. In diesem Rahmen kann und soll nicht auf alle Aspekte eingegangen werden, aber es sollen zumindest einige Reformansätze angesprochen werden, die die Fragestellung der *Führung* im Theaterbetrieb tangieren und die bisher noch nicht thematisiert worden sind.

Change Management oder Organisationsentwicklung
In der zweiten Reformgruppe (Management) wird unter anderem das Change Management genannt, das ausgehend von den im Leitbild vorgegebenen Zielen an Reformen im Rahmen von Organisationsentwicklungsprozessen arbeitet. Dabei stellt Schmidt die Notwendigkeit heraus, die Mitarbeiter für den Umgang mit managementbezogenen Prozesse zu sensibilisieren, die existenziellen Einschnitte in ihre Arbeitswelt ernst zu nehmen und alle Bereiche des Theaters mit speziellen Change Agents auszustatten (vgl. Schmidt 2017, S. 393).

Kommentar: Change Management oder Organisationsentwicklung am Theater würde bedeuten, tief greifende Änderungen an allen drei Seiten der eigenen Organisation (formale Seite, informale Seite und Schauseite) einzuleiten. Wie bereits im allgemeinen Teil im Kapitel Organisationsentwicklung erläutert, wird hier der Terminus der Organisationsentwicklung (OE) bevorzugt, weil sie eine zentrale Leadership-Aufgabe darstellt und damit im gewissen Gegensatz zu den Beharrungstendenzen steht, der dem Begriff des Managements eigen ist. In einem OE-Prozess hätten die Führungsspitze (Kulturpolitik und Theaterleitung) sozusagen als oberste ‚change agents‘ – gegebenenfalls unterstützt durch ein externes Beratungsteam – die Schlüsselrolle inne, orientiert an der Ausrichtung der Bühne den möglichen Veränderungsbedarf zu analysieren, Ziele zu formulieren und rückzukoppeln sowie die erforderlichen Prozesse zu initiieren, zu moderieren, zu implementieren und zu evaluieren. Dabei sollten allerdings Ensemble und Mitarbeiterschaft von Beginn an über die Gründe der Veränderungen informiert und bei der Diskussion über damit verbundene Zielsetzungen, mögliche Schritte und Maßnahmen (einschließlich der Abwägung von Alternativen) eingebunden werden.

Es wurde bereits darauf hingewiesen, dass organisations- und personenbezogene Widerstände gegen OE-Projekte ernstgenommen und aufgegriffen werden müssen. Mitarbeiterwiderstände können sich auf die Veränderung des Aufgabenbereichs sowie der entsprechenden Arbeitsinhalte, eine neue Zusammensetzung des Teams, einen neuen Einsatzort oder auch auf eine neue Bürosituation beziehen. Hier gilt es, eine adäquate Balance zwischen den Zielen des OE-Prozesses und den Mitarbeiterinteressen zu finden. Im Grunde ist jede Neubesetzung einer Intendanz mit (aus Zeitgründen zumeist oberflächlichen) OE-Prozessen verbunden. Dabei wird die Ausrichtung des Theaters neu justiert und – was zu hinterfragen wäre – auch ein großer Teil des Ensembles und der Mitarbeiterschaft ausgetauscht. Es sollte aber darum gehen, den OE-Gedanken grundsätzlicher zu verstehen und beispielsweise den Übergang zu einer neuen Intendanz nicht nur für kosmetische, sondern für tief greifende strukturelle Veränderungen zu nutzen. Veränderungen in der Selbstdarstellung auf der Schau- oder Fassadenseite im Rahmen von Website- oder Social-Media-Auftritten, offiziellen Statements, Reports oder Imagebroschüren sollten immer korrespondieren mit realen Veränderungen auf der formalen Seite (neuer Zuschnitt von Kompetenzen, Betriebsvereinbarungen, Stellenbeschreibungen, Arbeitsverträge etc.) sowie auf der Seite der informellen Unternehmenskultur wie beispielsweise im Hinblick auf neue Rituale (vgl. Kühl/Muster 2016, S. 17–27; Kühl 2018, S. 62–64, Kühl 2011, S. 129).

Leitungskultur und Leitungsstil

Schließlich nennt Schmidt im Bereich Management unter anderem den Themenkomplex Leitungskultur und Leitungsstil (ebd .S.393-394). Dabei geht es um die Kultur und den Umgang zwischen Leitung und Mitarbeitern, zwischen den Direktoren selbst und auch um die Kommunikation mit den Aufsichtsgremien. Diese neue Kultur soll bestimmt sein von Offenheit, Transparenz, Kollegialität und Einfühlungsvermögen. Darüber hinaus sollten nach Schmidt folgende Regeln beachtet werden: das Mehrheitsprinzip, mittels dessen alle zukünftigen Entscheidungen unter der Beteiligung des Teams getroffen werden sowie der Teamgedanke, der beinhaltet, dass grundsätzlich mehr oder ausschließlich im Team gearbeitet, entschieden, geplant und produziert wird und so das Prinzip der individuellen Entscheidung abgelöst wird. Hinzu kommt der vernunftgeleitete Umgang, der dem fachlichen Argument gegenüber dem hierarchischen oder Seriositätsargument in allen Phasen des Produktions-Zyklus Vorrang einräumt.

Kommentar: Der von Schmidt beschriebene Führungsstil weist eine große Schnittmenge auf mit dem Modell der geteilten Führung, das bereits ausführlich erörtert wurde sowie mit dem (ebenfalls bereits beschriebenen) Prinzip des ‚herrschaftsfreien' Dialogs (Habermas 1981). Die völlige Umstellung auf Mehrheitsprinzip und Teamarbeit könnte allerdings in der Praxis schwer durchzuhalten sein, denn es wird – wie schon gezeigt – immer durch Zeitdruck oder Konflikte geprägte Konstellationen oder Situationen geben, in denen auf formalem oder informell-hierarchischem Wege eine rasche Entscheidung gefällt werden muss.

Das heißt, in der Praxis werden – wie bereits an anderer Stelle erläutert – heterarchische und formal hierarchische Entscheidungsprozesse ineinandergreifen müssen. Dennoch gäbe es genügend Spielräume für eine verstärkte Ensemble- und Mitarbeiterbeteiligung, die allerdings im Rahmen von Betriebsvereinbarungen und/oder Arbeitsverträgen garantiert werden müsste.

Arbeitsbedingungen
Viele der von Schmidt in der Reformgruppe Personal genannten Vorschläge sind ebenfalls plausibel und bieten der Theaterleitung eine Reihe von Reformanregungen (vgl. Schmidt 2017, S. 399 ff). Dies gilt zum Beispiel für die Themen Personalentwicklung, Gagengerechtigkeit zwischen männlichen und weiblichen Mitwirkenden, verbindliche Gagensysteme und Kappung von Höchstgagen in Verbindung mit einer Selbstverpflichtung der Intendanz sowie Verbesserungen bei der Nichtverlängerungspraxis (vgl. ebd. S.401 f). Die zum Reizthema Nichtverlängerung von Schmidt gemachten, detaillierten Vorschläge sind in jedem Fall bedenkenswert, da sie die – in der Vergangenheit oftmals praktizierte – Willkür beschneiden. Er schlägt unter anderem vor: Kündigungsschutz beim Erstengagement junger Künstler von drei Jahren, Kündigungsschutz für Ensemblevertreter von zwei Jahren nach Ausscheiden aus dem Amt sowie grundsätzlicher Verbleib von mindestens 50 % des Ensembles beim Intendantenwechsel. Weitere Maßnahmen wären ein kontinuierlicher Dialog zwischen Ensemblemitgliedern und Intendanz/künstlerischem Direktor, um Nichtverlängerungen zu vermeiden und wenn diese doch ausgesprochen werden, sollten sie durch vorher geschehene, erfolglos gebliebene, zweimalige Abmahnungen legitimiert sein (vgl. ebd. S. 403).

In einer ebenfalls 2017 erschienenen Veröffentlichung (Schmidt 2017d) listet Schmidt weitere Bausteine für eine Verbesserung der *Arbeitsbedingungen* der Künstler am Theater auf: So nennt er beispielhaft die Verkürzung und die Bezahlung von Bereitschaftszeiten, einen fairen Ausgleich bei 7-Tage-Wochen, Überspielhonorare wie bei den Sängern (wenn die Akteure beinahe jeden Tag oder auch zweimal am Tag auf der Bühne stehen), die Anerkennung von Vorbereitungszeiten (wie z. B. beim Textlernen) und die Zeit für Regeneration (zum Beispiel freie Probensamstage). Dabei unterstreicht Schmidt auch an dieser Stelle zu Recht, dass es in der Hand der Intendanzen liegt ad hoc – und zwar bevor tief greifende Reformen in der Fläche eingeleitet werden – in ihrem Haus die Arbeitskonditionen zu verbessern.

Schmidts Reformparameter zeigen den Theatern, die sich in einen Transformationsprozess begeben wollen oder müssen, zentrale Reformbereiche und hilfreiche Wegmarken auf. Von manch einer Intendanz wurden nicht alle Vorschläge mit Begeisterung aufgenommen, sondern teilweise auch mit polemischer

Abwehr kommentiert nach dem Motto „da steht viel hanebüchener, wirklichkeits-
fremder Quatsch drin" (Reese in: Behrendt et al. 2017, 78). Dem wäre entgegen-
zuhalten, dass Schmidt seine Vorschläge auf der Basis seiner Leitungserfahrung
als Geschäftsführender Direktor und später Interimsintendant am Weimarer
Theater, an Hand von statistischen Daten sowie auf der Basis von Gesprächen mit
Theaterschaffenden unterschiedlicher Couleur entwickelt hat. Auch wenn man –
wie eben gezeigt – über die eine oder andere Empfehlung oder über die Art und
Weise der vorgeschlagenen Umsetzung im Detail diskutieren kann, sind viele der
von Schmidt im Jahr 2017 gemachten Vorschläge wirklichkeitsnah und praxis-
tauglich genug, wenn man denn grundlegende Reformen angehen will.

Positionen des Ensemblenetzwerks
In den letzten Jahren hat sich das Ensemblenetzwerk (dem unter anderem auch
Thomas Schmidt als Vorstandsmitglied angehört) als ein wichtiger Player in der
Reformdebatte und als einer der zentralen Ansprechpartner für die Politik, den
Deutschen Bühnenverein, die Gewerkschaften und die Öffentlichkeit etablieren
können. Dieser Zusammenschluss von 850 Theaterschaffenden (Stand Mitte
2020) macht nicht nur durch fantasievolle, öffentlichkeitswirksame Aktionen,
sondern auch als Ausrichter der bundesweiten Ensembleversammlungen auf die
zentralen Forderungen der Reformbewegung aufmerksam, die in vielen Punkten
mit den von Thomas Schmidt sowie von etlichen Autoren auf dem Theater-
blog Nachtkritik geäußerten Positionen übereinstimmen. Hier sollen einige
Forderungen aus dem Jahr 2019 – die sogenannten „Ziele 3000"– kurz vorgestellt
und kommentiert werden, die ebenfalls zentrale Bereiche von Führung im Theater
betreffen (vgl. Ensemble-Netzwerk Website 2019):

*„Mehr Geld: 3.000 EUR Mindestgage. Theaterkünstler*innen arbeiten länger als
die meisten anderen Arbeitnehmer*innen, zu ungewöhnlichen Zeiten und haben
fast immer Zeitverträge. Die meisten von uns haben einen Hochschulabschluss. Die
Träger der Theater sind meist Kommunen, Städte und Länder. Das bedeutet, wir
arbeiten im Bereich des öffentlichen Dienstes. Dort erhalten Berufsanfänger*innen
mit Hochschulabschluss Entgeltstufe 9. Wenn wir einen Aufschlag für unsere
Sonn- und Feiertagsarbeit, den zwei geteilten Tagesdienst und die Anerkennung
der Unsicherheit unserer Zeitverträge einkalkulieren, halten wir eine Mindestgage
von 3.000 EUR für angemessen. Dieser Aufschlag ist ähnlich der Theaterbetriebs-
zulage (TBZ), die die meisten Mitarbeiter*innen mit nicht- künstlerischen Verträgen erhalten. Zusätzlich sollte ein auf Lebensalter und Berufsjahren basierendes
Mindestgagen-Stufensystem für soziale Gerechtigkeit sorgen. Wir wollen damit
die Flexibilität des momentanen Systems erhalten – es steht der Theaterleitung
frei, höhere Gagen zu zahlen. Dies alles muss auch für Gast-und Honorarverträge
gelten".*

Kommentar: Hier wird die Frage der Gagengerechtigkeit beantwortet durch die Bezifferung einer Mindestgage und durch Bezugnahme auf eine vergleichbare TVÖD-Stufe. Die Nennung der Entgeltstufe TVÖD 9 und der Summe von 3.000,00 EUR ist mit Verweis auf den Hochschulabschluss keineswegs überzogen. So werden beispielsweise Bachelor-Absolventen/innen der Sozialen Arbeit als Berufsanfänger sogar oft in S 11 eingestuft. Dies waren im Jahr 2020 bei Berufsanfängern entweder 3.115.85 (in S11a) oder 3.181,18 (in S11b) (vgl. Öffentlicher Dienst. Info 2020). Auch gemessen an den Vergütungen für Musiker, einen Teil der Techniker sowie der meisten Verwaltungsmitarbeiter im Theaterbereich sind die Forderungen des Ensemblenetzwerks absolut nachvollziehbar.

„Mehr Zeit: Wir wollen eine Begrenzung der Arbeitszeit auf max. 40 Stunden pro Woche, denn wir möchten auch dann noch kraftvoll Kunst machen, wenn wir keine kinderlosen Mittzwanziger mehr sind. Überschreitungen der Arbeitszeit aus künstlerischen Gründen sind selbstverständlich möglich, müssen jedoch durch Freizeit ausgeglichen oder bezahlt werden. Wir wünschen uns berufsspezifische Pauschalen für unsere Vor- und Nacharbeiten. Es ist nicht länger vermittelbar, dass zum Beispiel ‚Text lernen‘ nicht als Arbeitszeit gilt. Das Ensemble soll darüber abstimmen können, ob es am Samstag oder am Montag probenfrei haben möchte, damit es sich einmal in der Woche erholen kann. Jede Premiere ist ein Kraftakt für alle Beteiligten. Fünf probenfreie Tage im Anschluss helfen Körper und Geist wieder zu regenerieren, den liegengebliebenen sozialen Verantwortungen nachzukommen und die Endproben-Wohnung wieder in einen lebens- und liebenswerten Zustand zu bringen.“

Kommentar: Die Forderungen nach der Begrenzung der Arbeitszeit sind verständlich angesichts der teilweise exzessiven Arbeitszeiten, da laut Thomas Schmidt 54 % von 1966 befragten Theaterschaffenden (davon 64 % fest am Theater angestellt) mehr als 8 Stunden und 14,5 % mehr als 10 Stunden täglich am Theater arbeiten (vgl. Schmidt 2019a, S. 358). Für den Theaterbereich – wo gerne alle Möglichkeiten ausgereizt werden – wäre eine 40 Stunden-Wochenstunde als Richtschnur zweifellos notwendig einschließlich einer Kompensationsregelung bei Überschreitung. Darüber hinaus ist diese Wunschliste des Ensemblenetzwerks ebenfalls eine Fundgrube sowohl für die Gewerkschaften als auch für den Deutschen Bühnenverein im Hinblick auf flächendeckende Regelungen (z. B. durch eine noch zu konfigurierende Angleichung der Tarifsysteme) oder auch für Intendanten, die ihren künstlerischen Mitarbeitern innerhalb der vertraglichen Regelungen im NV-Bühne mit verbesserten Arbeitskonditionen entgegenkommen wollen.

„Mehr Teilhabe: Die künstlerischen Solisten/innen sind Theater-Experten/innen. Ihre Meinungen und Erfahrungen müssen zukünftig eine wichtige Rolle in der Theaterarbeit spielen. Daher schlagen wir vor, die Bildung von Ensemblevertretungen und deren Rechte dauerhaft und rechtlich verlässlich zu verankern. Ensemblesprecher/innen sollten ein Informationsrecht in allen Fragen der künstlerischen und sozialen Planung haben sowie ein Diskussions-und Beratungsrecht in allen organisatorischen Belangen. Sie sollten während ihrer Sprecher/innen-Tätigkeit und bis zu zwei Jahre danach vor Nicht Verlängerungen geschützt werden. Ensembleversammlungen sollten in der Kernarbeitszeit stattfinden, damit auch Eltern daran teilnehmen können. Wir wünschen uns, dass sich die Themen Diversität, Inklusion und Geschlechtergerechtigkeit auf und hinter der Bühne widerspiegeln".

Kommentar: Der entscheidende Passus ist das Verlangen nach Dauerhaftigkeit und rechtlicher Verlässlichkeit von Mitspracherechten, denn derzeit hängt alles vom Goodwill der Intendanz ab. Darüber hinaus sind die Vorschläge zurückhaltend formuliert, da sie nur Informations-, Diskussions- und Beratungsrechte betonen (letztere auch nur in organisatorischen Belangen). Von aktiver Mitentscheidung ist zumindest explizit keine Rede, auch wenn diese vielleicht gedanklich inkludiert ist. Gemessen an den Reformansätzen von Thomas Schmidt sind die Formen der aktiven Beteiligung und Mitentscheidung von der Spielplangestaltung bis zur Intendantenwahl (letztere wird gar nicht explizit erwähnt) weniger konkret gefasst. Dass man sich nicht für strikt-einfordernde, sondern für moderatere Formulierungen entschieden hat, unterstreicht, dass das Ensemblenetzwerk niemanden brüskieren, sondern sich als ernst zu nehmender Gesprächspartner empfehlen will.

„Mehr Respekt. Wir lieben unsere Berufe. Wir wollen Kunst machen. Wir bringen Flexibilität, Motivation und Leistungsbereitschaft mit. Wir gehen durch harte Auswahlverfahren, um arbeiten zu dürfen. Wir nehmen für unseren Beruf Abstriche in unserem Privatleben und in unserer Zukunftsplanung in Kauf. Wir sind für die Freiheit der Kunst, sie darf jedoch nicht als Absolution für schlechte Organisation dienen und nicht zur Missachtung von sozialen Standards zweckentfremdet werden.
Wir möchten nur zur Arbeit bestellt werden, wenn wir auch arbeiten dürfen. Deshalb wollen wir ein Ende der „Proben nach Ansage". Wir sind ausdrücklich für die Beibehaltung der Zeitverträge. Aber wir wollen eine Begrenzung der Willkür in diesem Bereich. Der Nicht-Verlängerungsgrund „Intendantenwechsel" muss abgeschafft werden. Wenn es neuen Trainern in der Fußball-Bundesliga zugemutet werden kann, mit der bestehenden Mannschaft zu arbeiten, dann gilt das wohl auch für neue Intendant*innen. Es ist verständlich, dass Leitende das künstlerische Personal hin und wieder wechseln wollen. Die sozialen Belange der Kolleg*innen müssen dabei jedoch auch berücksichtigt werden.

Daher schlagen wir eine Erhöhung der Abfindungen bei Nicht-Verlängerungen wegen Intendantenwechsel auf mindestens eine Jahresgage vor. Auch Theaterkünstler*innen sollten Kinder haben können. Im zweigeteilten Tagesdienst (häufig 10–14 Uhr und 18–22 Uhr, oft sogar bis 23 Uhr oder 24 Uhr) benötigen wir dafür einen Ausgleich der Kosten für die Kinderbetreuung nach 18 Uhr sowie an Sonn- und Feiertagen. Ein Schutz vor Nicht-Verlängerungen bis ein Jahr nach Ablauf der Elternzeit würde Mütter und Väter dabei unterstützen, auch im Theater Familie und Beruf vereinbaren zu können.

Die öffentlich geförderte deutsche Theaterlandschaft ist weltweit einmalig. Wir sind mit vielen anderen Gruppen Teil der Reformdebatte um ihre Zukunft. Denn wir sind die, die das Theater machen, fühlen und lieben. Die Theaterreform hat begonnen".

Kommentar: Auch dieser Absatz enthält – ähnlich wie die Wünsche zum Thema Zeit – viele konkrete Ansatzpunkte, um die Arbeitsbedingungen der künstlerischen Mitarbeiter zu optimieren und ist eine weitere Inspirationsquelle für die Intendanten, die Gewerkschaften und den Deutschen Bühnenverein, um entscheidende Verbesserungen einzuleiten.

4.2.3 Erste Reformschritte

Auch wenn es keine Anzeichen für eine grundlegende, flächendeckende Reform der bundesdeutschen Theaterlandschaft gibt, so sind doch einige strukturelle Verbesserungen sowie erste Reformschritte an einzelnen Theatern oder auch in einzelnen Bundesländern zu konstatieren.

4.2.3.1 Strukturelle Verbesserungen

Gagenerhöhung und Schutz für schwangere Künstlerinnen: Ab 1. April 2018 wurde der Schutz für *schwangere* Künstlerinnen deutlich gestärkt und die *Mindestgage auf 2.000 EUR* erhöht. Darauf einigten sich die Künstlergewerkschaften der Genossenschaft Deutscher Bühnen-Angehöriger (GDBA) und der Vereinigung deutscher Opernchöre und Bühnentänzer e. V. (VdO) mit dem Deutschen Bühnenverein als Arbeitgeberverband (vgl. Website Deutscher Bühnenverein, Pressemeldung 20.10.2017). Allerdings müssten bei der künstlerischen Einstiegsgage in baldiger Zukunft weitere Schritte erfolgen.

Verhaltenskodex und Vertrauensstelle ‚Themis': Der Deutsche Bühnenverein hat auf seiner Jahreshauptversammlung im Juni 2018 in Lübeck einen „wertebasierten *Verhaltenskodex* zur Prävention von sexuellen Übergriffen und Machtmissbrauch" verabschiedet, der bereits an anderer Stelle vorgestellt worden ist und den die Mitgliedstheater und -orchester in ihren Häusern kommunizieren und individuell im Sinne einer Selbstverpflichtung weiterentwickeln sollen. Darüber hinaus hat der Deutsche Bühnenverein zum 01.10.2018 die *Vertrauensstelle Themis* ‚gegen sexuelle Belästigung und Gewalt' gegründet, die Betroffene beraten soll (vgl. Deutscher Bühnenverein. Pressemeldung 09.06.2018).

Der Weg zur Parität: Die Leitung des Berliner Theatertreffens entschied im Jahr 2019, dass ab 2020 insgesamt 50 % der eingeladenen Produktionen von Frauen inszeniert sein sollten. Und in der Tat wurde bei der Auswahl der zum Theatertreffen 2020 eingeladenen Inszenierungen die Quote mit 6:4 (weibliche: männliche Inszenierungen) mehr als erfüllt. Und auch der Deutsche Bühnenverein zog mit: Bei der Jahreshauptversammlung des Deutschen Bühnenvereins im Juni 2019 in Nürnberg wurde der Beschluss des Vorjahres, in den nächsten zwei Wahlperioden eine geschlechterparitätische Besetzung der Gremien anzustreben, bei der Wahl der Gruppensprecher-Tandems (die zudem als gleichberechtigte Doppelspitzen arbeiten wollen) konsequent in die Tat umgesetzt.

Gendergerechtigkeit: Im Hinblick auf mehr Geschlechtergerechtigkeit gibt es bei den Spitzenpositionen am öffentlichen Theater einen leichten Hoffnungsschimmer. Laut der Statistik des Deutschen Bühnenvereins werden mittlerweile 47 Mitgliedstheater und -orchester von Intendantinnen geleitet: davon allerdings nur 19 an öffentlich getragenen Häusern, 21 an privat getragenen Bühnen, zwei an Orchestern, zwei an Rundfunkorchestern und drei an Festspielen (vgl. Die Deutsche Bühne 09/2019, S. 75).

Damit ist ein Anfang gemacht, allerdings bei weitem noch keine Parität hergestellt. So meint denn auch Shermin Langhoff, die Intendantin des Berliner Maxim Gorki-Theaters: „Im Theater sind wir bei alten hierarchischen Strukturen stehen geblieben, im 19. Jahrhundert. Wir haben zwar 70 % Zuschauerinnen, aber im Theater arbeiten über 70 % Männer, vor allem in den leitenden Funktionen wie Regie … Ich habe zwar in den vergangenen Monaten in Deutschland so viele Besetzungen mit Intendantinnen erlebt wie noch nie. Dennoch ist die Berliner Realität eine andere: Von den fünf großen Theaterhäusern in der Stadt wird das kleinste und jenes mit dem kleinsten Budget von einer Frau geleitet …" (Shermin Langhoff 2018).

(Post-)Migration und Diversität: Ab 2019 wurden erneut mehrere Bühnen (neben Museen, Bibliotheken sowie einem Symphonieorchester) durch das bis 2024 laufende Programm der Bundeskulturstiftung „360° – Fonds für Kulturen der Stadtgesellschaft" gefördert. Ziele des Programms sind die verbesserte Zusammenarbeit mit migrantischen Organisationen, die Entwicklung neuer Teilhabekonzepte und Wege einer interkulturellen Organisationsentwicklung (vgl. Kulturstiftung des Bundes 2020).

4.2.3.2 Reformschritte vor Ort

Neue Leitungsmodelle mit verteilter bzw. geteilter Führung: Während unter anderem am Nationaltheater Mannheim und an den Stuttgarter Staatstheatern mit *Direktoriums*modellen gearbeitet und am Hessischen Landestheater in Marburg eine *echte Doppelspitze* in der Praxis erprobt wird, startete das Berliner Maxim Gorki-Theater ab Herbst 2019 einen neuartigen Versuch mit geteilter Führung: Hier wurde parallel zur Allein-Intendanz ein sogenanntes *Advisory-Board* aus sieben Schlüsselpositionen eingerichtet. Auf neue Leitungsmodelle an bundesdeutschen Theaters wird noch an anderer Stelle eingegangen.

(Post-)Migration: Als erste Bühne hatte sich das Berliner *Maxim Gorki Theater* unter der Intendanz von Shermin Langhoff und Co-Intendanz von Jens Hillje ab der Spielzeit 2013/2014 zum Ziel gesetzt, interkulturelles, (post-) migrantisches Stadttheater machen. Diese Ausrichtung schlug sich auch in der Auswahl der Autoren/innen, Regisseure/innen und Akteure, der Gründung eines Exil-Ensembles und der Etablierung verschiedener diskursiver Formate nieder (vgl. Shermin Langhoff in: Berliner Tagesspiegel vom 05.09.2013; in: Zeit Online 22.05.2019 und Edition F 27.10.2019a). In der Zeit von Matthias Lilienthal an den Münchner Kammerspielen hatten 40 % des Ensembles migrantischen Hintergrund. Dabei wurde auch mit internationalen Regisseuren/innen aus dem Iran, Libanon, Japan und Argentinien gearbeitet (vgl. Lilienthal 2019).

Gendergerechtigkeit und Diversität: Sonja Anders und Nora Khuon wollten am *Schauspiel Hannover* ab der Spielzeit 2019/2020 der Ungleichbezahlung von Frauen und Männern ein Ende setzen. Darüber hinaus sollte etwa die Hälfte der Produktionen in der ersten Saison von Frauen verantwortet werden. Und schließlich sollte das Ensemble in seiner Zusammensetzung die Vielfalt der Gesellschaft abbilden: So gibt es im Ensemble auch People of Color, weitere Akteure mit Migrationshintergrund sowie ein Ensemblemitglied mit einem körperlichen Handicap (vgl. Süddeutsche Zeitung 20.09.2019, S. 13).

Anna Bergmann, Schauspieldirektorin am *Staatstheater Karlsruhe* hat in der Spielzeit 2018/2019 ausschließlich Frauen inszenieren lassen und einen Spielplan gestaltet, bei dem mehr weibliche Perspektiven Berücksichtigung finden sollten. Darüber hinaus wurde der Frauenanteil im Ensemble erhöht und der probenfreie Montagvormittag eingeführt, um den Schauspielern und Schauspielerinnen mehr Raum für private Erledigungen und Termine bieten zu können (vgl. Peter 2019a, S. 24 f).

Rollen-Identität und Besetzungspolitik: Auch die Besetzungspolitik ist dabei sich zu verändern, da vor dem Hintergrund des gesellschaftlichen Wertewandels eine traditionelle Sicht der Geschlechterverhältnisse obsolet geworden und eine traditionelle Begrenzung von Rollen-Identitäten fraglich geworden ist. So waren auch im Jahr 2019 öfter Frauen in Männer(titel)-Rollen zu sehen: Am Bochumer Schauspielhaus Sandra Hüller sowie am Berliner Maxim Gorki Theater Svenja Liesau jeweils als Hamlet, bei der Baal-Inszenierung am Berliner Ensemble übernahm Stefanie Reinspergers die Titelfigur und daneben spielten Judith Engel und Kate Strong mit Johannes und Eckart weitere zentrale Männerrollen. Vernon Subutex wurde an den Münchner Kammerspielen mit Jelena Kuljić besetzt, ebenso wie „Woyzeck" mit Hannah Ehrlichmann in Schwerin. Bei Platonowa in Hannover verwandelte sich Tschechows Titelfigur, die mit Viktoria Miknevich besetzt war, ebenfalls in eine Frau (vgl. Kasch 2020).

Mitarbeiterorientierung und Teilhabe am Theater Freiburg: Als Pionierprojekt auf dem Gebiet stärkerer Mitarbeiterorientierung kann das sogenannte Mitarbeiter*innen Projekt des Theaters Freiburg gemeinsam mit dem Theaterkollektiv „Turbo Pascal" von März bis September 2013 betrachtet werden. Das Projekt befasste sich mit der Frage, wie Strukturen verflüssigt werden können, wie Mitarbeiter mehr Teil der künstlerischen Prozesse werden können und wie die gegenseitige Wertschätzung gesteigert werden kann (vgl. Jelden, Malte et al. 2017, S. 70).

Mittels künstlerischer Formate und spielerisch-gruppendynamischer Methoden sollte sich die Mitarbeiterschaft mit den verschiedenen Abteilungen, mit Missständen im Haus (z. B. im Bereich der Kommunikation) sowie mit den zwischenmenschlichen Beziehungen auseinandersetzen und Verbesserungsvorschläge entwickeln. Beim sogenannten *„betriebsinternen Praktikum"* absolvierte ein Drittel der Mitarbeiterschaft kurze Praktika in verschiedenen Abteilungen. Im *„Hörraum"* wurden Stimmen und Thesen der Mitarbeiterinnen zu Themen wie Überproduktion oder Umgang mit dem Faktor Zeit präsentiert. Im *„Büro für Komplimente"* waren alle Mitarbeitenden eingeladen, ganzen Abteilungen oder einzelnen Kollegen Rückmeldungen zu geben. Diese Aktion dauerte auf Wunsch der Mitarbeiterschaft mehrere Wochen. Beim *„gemischten Doppel"* bestand die Aufgabe darin, dass sich zwei einander unbekannte Personen gegenseitig ihren Arbeitsplatz zeigten und ihr Tätigkeitsfeld beschrieben.

Beim Format *„100 % Theater Freiburg"* (orientiert an der Performance 100 % Berlin der Gruppe Rimini Protokoll) positionierten sich 140 Mitarbeiter*innen zu brennenden Fragen, die die Gegenwart und Zukunft des Hauses betrafen. Bei den *„Orchestergeschichten"* wurden Biografien, Perspektiven und Wünsche der Orchestermusiker in einer Ausstellung präsentiert. Und beim sogenannten *„Theatergericht"* wurden Kritikpunkte von Mitarbeitern*innen, Theaterleitung, Besucher*innen und auch aus der Kulturpolitik zu Themen wie innerbetriebliche Kommunikation, Überproduktion, Betriebsklima, Spielplangestaltung sowie

Unternehmensethik vorgestellt. Am Ende der Verhandlung wurden in Form von ‚Urteilen' Verbesserungsvorschläge unterbreitet (vgl. Theaterkollektiv Turbo Pascal und Theater Freiburg 2014. S. 4–24).

Allerdings muss einschränkend ergänzt werden, dass aus Sicht der externen Prozessbegleitung (Turbo Pascal) nach der Abschlusspräsentation die gemachten Vorschläge kaum im Alltag adaptiert und weder vonseiten der Theaterleitung noch seitens der Mitarbeiterschaft verstetigt wurden. Die erforderlichen Veränderungen (z. B. durch die Institutionalisierung von Formaten und Bereitstellung von räumlichen oder zeitlichen Ressourcen) wären am Ende unterblieben, so dass das Theatersystem schnell wieder zu seiner ursprünglichen Form zurückkehrte (vgl. Turbo Pascal 2014a, S. 22 f).

Teilhabe des Ensembles bei der Intendanten-Findung am Berliner Staatsballett: Nach dem Scheitern der Doppelintendanz von Johannes Öhman und Sasha Waltz am Berliner Staatsballett im Jahr 2020 sollen bei der Neuwahl der Leitung der 90-köpfigen Compagnie diesmal die Tänzer mit einbezogen werden (vgl. Die Deutsche Bühne 05/2020, S. 9).

Teilhabe von Ensemble und Mitarbeiterschaft am Thalia-Theater Hamburg: Auch am Hamburger Thalia-Theater wurden im Jahr 2018 durch den Intendanten Joachim Lux einige Schritte zur Steigerung der Teilhabe der Mitarbeiterschaft unternommen, indem zwei Planungsgruppen eingerichtet wurden: eine eher strukturell agierende Gruppe aus künstlerischer Betriebsdirektion, KBB, Schauspielern und anderen Mitarbeitern zur Planung des Betriebsablaufs sowie eine inhaltlich agierende Gruppe aus Mitarbeitenden aus dem künstlerischen Bereich, der Dramaturgie und dem Ensemble, die sich mit Projekten und Spielplanentwicklung befasste und abwechselnd je nach Bedarf weitere Personen dazu lud (vgl. Kasch 2018). Joachim Lux: „Die Mitwirkung bezieht sich für mich auf zwei Bereiche: Der eine ist das genuin künstlerische gemeinsame Herumspinnen, Entwickeln, Nachdenken über Projekte und Leitlinien. Der andere betrifft die Arbeitnehmerrechte der Künstler: Wie gestalten wir die Arbeitszeit? Wie regeln wir Wünsche nach Drehtagen? Wie gliedern wir die zahlreichen Gastspiele in den Probenbetrieb ein? Wie schützen wir die Assistenten wirksam vor der Gefahr permanenter Überbelastung? Wie gehen wir mit Umbesetzungen um? Und übergeordnet: Wie können wir den ökonomischen Notwendigkeiten entsprechen, ohne die künstlerische Freiheit zu sehr zu beschneiden?" (Lux in: Kasch 2018). Allerdings muss ergänzt werden, dass der Partizipationsgrad für Ensemblemitglieder und Mitarbeiter letztlich davon abhängt, ob die beiden Gremien eine reale Mitentscheidungsfunktion haben oder ob sich die Intendanz jeweils das letzte Wort vorbehält.

Teilhabe der Stadtgesellschaft am Schauspiel Dortmund: Am *Schauspiel Dortmund* hat die neue Intendantin Julia Wissert gemeinsam mit der stellvertretenden Intendantin und Dramaturgin Sabine Reich mit Mitteln aus dem Fonds "Neue Wege" des NRW Kultursekretariats und des Ministeriums für Kultur und Wissenschaft des Landes Nordrhein-Westfalen eine sogenannte "Stadt-Intendanz" eingerichtet. Das Theater soll auf eine neuartige Weise zur Stadt hin geöffnet werden, indem eine Gruppe von Bürgern die Spielplan-Entwicklung mitgestaltet und auch eigene Veranstaltungen organisiert (vgl. Westphal 2020).

Annäherung von Stadttheater und freier Szene: Matthias Lilienthal hatte beispielsweise ab der Spielzeit 2015/2016 über zweieinhalb Jahre lang versucht, ein neues Stadttheatermodell zu erproben, indem die beiden Bereiche Ensemble-/ Repertoire-Betrieb und freie Produktionen gleichberechtigt miteinander verschaltet werden sollten. Es ging um die Integration von freien Gruppen aber auch um die Durchdringung der Stadttheater-Ästhetik mit performativen Einflüssen mit dem Ziel der Entwicklung von neuen, hybriden Spielformen. Auch bei Festivals finden sich zunehmend Mischmodelle, wie sich auch bei der Auswahl des Theatertreffens 2019 und des Impulse Theater Festivals 2019 zeigte. Während das freie Produktionshaus Kampnagel beim Theatertreffen 2019 das Theater mit den meisten Einladungen war, waren die Münchner Kammerspiele Spitzenreiter beim Best-of-Showcase der freien Szene.

Anhebung der Gagen: In den letzten drei Jahren ist an vielen bundesdeutschen Theatern auch im Hinblick auf die gezahlten Gagen einiges in Bewegung geraten. An dieser Stelle sollen einige Beispiele – *ohne den Anspruch auf Vollständigkei*t – kurz genannt werden:

Das **Theater Konstanz** war mit am schnellsten: Bereits ab der Spielzeit 2016/2017 wurde eine übertarifliche Mindestgage von 2.000,00 EUR und für Schauspieler und Schauspielerinnen mit Kindern eine Mindestgage von 2.600,00 EUR festgesetzt (vgl. Nix 2016, S. 83). Das **Theater Heilbronn** erhöhte am 01.06.2017, als die tariflich festgesetzte Mindestgage noch nicht auf 2.000 EUR angehoben war, die Einstiegsgage für künstlerisch Beschäftigte nach NV Bühne auf 2.300 EUR pro Monat (vgl. Nachtkritik 26. Mai 2017). Der Intendant am Theater **Oberhausen** Florian Fiedler verzichtete zu Beginn der Spielzeit 2017/2018 bei insgesamt gleichbleibendem Theateretat auf einen Teil seines Gehalts, um die Einstiegsgagen auf 2.300 EUR zu erhöhen (vgl. Ruhr Nachrichten 09.06.2017; Bochumer Stadt- und Studierendenzeitung 22.10.2018). Auch das **Schauspiel Köln** erhöhte zum 01. Juni 2017 die Einstiegsgage auf 2.300 EUR pro Monat (vgl. Website Schauspiel Köln). Und das Theater **Dortmund** legte ab der Spielzeit 2017/2018 die Mindestgage auf monatlich 2.400 EUR brutto fest (vgl. Nachtkritik 15.10.2018). Und schließlich hat das Land **Hessen** 2019 für die künstlerisch Beschäftigten an den drei hessischen Staatstheatern, am Stadttheater Gießen und am Landestheater Marburg eine Erhöhung der Mindestgage auf 2.300 EUR beschlossen (vgl. Süddeutsche Zeitung 30.12.2019). Dies sind im Hinblick auf die Mindestgage recht erfreuliche Entwicklungen, dennoch bleibt noch viel zu tun, bis die vom **Ensemblenetzwerk** zu Recht geforderte Einstiegsgage von *3.000 EUR* erreicht ist.

Weitergehende Verbesserungen der Arbeitsbedingungen: Einzelne Theater haben eine Reihe von Verbesserungen bei den Arbeitskonditionen vorgenommen: Seit dem Beginn der Spielzeit 2018/2019 gibt es am **Schauspiel Kiel** sowie im **Jungen Theater im Werftpark** den *probenfreien* Samstag. Die Einstiegsgage wurde auf *2.200 €* erhöht und der *Gender Pay Gap* bei den Gagen wurde innerhalb der Spielzeit 2019/2020 komplett *geschlossen.* Sowohl im Schauspielhaus als auch im Studio und im Jungen Theater im Werftpark arbeiten Regisseurinnen und Regisseure *paritätisch* und auch die Ensembles im Schauspiel sowie im Jungen Theater im Werftpark wurden *jeweils zu 50 %* mit Männern und Frauen besetzt. Darüber hinaus gibt es bereits seit mehr als 17 Jahren keine Nichtverlängerungen bei Schwangerschaften oder Elternzeiten kombiniert mit einer Re-Integration der betreffenden Eltern in das Ensemble. Bei den *Arbeitszeiten* wird auf Kitazeiten Rücksicht genommen, die *Ruhezeiten* zwischen Proben und Vorstellungen werden eingehalten, Anproben und ähnliches finden nur während der Probenzeiten statt (vgl. Theater Kiel: News-Archiv 18.12.2019). „Dieses Engagement in der Umsetzung von Forderungen des Ensemblenetzwerkes zeigt, dass ein Theaterbetrieb mit vollem Spielplan auch unter familienfreundlichen Umständen gelingen kann, wenn alle Beteiligten an einem Strang ziehen" (Facebook-Post des Ensemblenetzwerks vom 15.12.2019).

Abschließend noch ein Blick nach Österreich: Stephanie Gräve hat bei ihrem Antritt am **Landestheater Bregenz** in der Spielzeit 2018/2019 das Ensemble des Vorgängers *nicht gekündigt,* sondern übernommen und vergrößert. Die Anfängergage beträgt *2200 EUR.* Dafür wurde am Budget für Bühnenbilder gespart. Während an den meisten Theatern die Probenzeit etwa sechs Wochen beträgt, lässt Gräve *sieben Wochen* proben. Und die Schauspieler erarbeiten pro Person nicht mehr als *vier* Stücke im Jahr. In anderen Häusern sind es sechs bis oder sieben. Außerdem hat sie ihr Ensemble gebeten, Wünsche zu einer *Selbstverpflichtung* im Hinblick auf ein gutes Miteinander zusammenzutragen (vgl. St. Galler Tagblatt 16.11.2018).

4.3 Die finanzielle Krise

4.3.1 Krisensymptome

Die Ausgangslage

Mit der beschriebenen strukturellen Krise geht die Finanzkrise an den öffentlichen Bühnen Hand in Hand. Die Theaterbetriebe sind aufgrund der Träger- und Fördersituation im hohen Maße von öffentlichen Geldern abhängig: Die Eigeneinnahmen konnten zwar seit 1991 durchschnittlich von 12,3 % auf 17,8 % in 2017/2018 gesteigert werden (vgl. Deutscher Bühnenverein 2019, S. 259 und Vorwerk 2012, S. 12) und vereinzelt wird sogar eine Einspielquote von über 20 % erreicht. Dies bedeutet aber auch: 80 bis 85 % des *Gesamtetats* eines Theaters müssen im Schnitt durch die öffentliche Hand aufgebracht werden.

Die größte Haushaltsposition sind die *Personalkosten,* die in der Spielzeit 2017/2018 im Schnitt bei etwa 72,6 % des Jahresetats lagen (vgl. Deutscher Bühnenverein 2019, S. 259). Einige Theater – vorwiegend in den neuen Bundesländern – kommen sogar auf eine Quote von 80 % (vgl. Schmidt 2017, S. 42 f). Den Theatern verbleiben also für alle Betriebs- und künstlerischen Produktionskosten nur 20 bis 27 % ihres Etats.

Da sich die Betriebskosten kaum reduzieren lassen, die öffentlichen Zuschüsse der Tendenz nach stagnieren und eine Steigerung der Eigeneinnnahmen aufgrund der hohen Preiselastizität auf der Nachfrageseite (höhere Preise würden zu einem Besucherschwund führen) kaum noch möglich ist, sind die Theater gezwungen, Einsparungen vorzunehmen. Dies geschieht bei den Personalkosten durch Umstellung der Festverträge auf Gast- oder Werkverträge, durch Umwidmung von weiteren Stellen in vorwiegend künstlerische, sprich kostengünstigere und leichter kündbare NV-Bühne-Stellen sowie durch Abbau des vorhandenen Stellengefüges.

Auf diese Weise gelang es den Bühnen, die Personalkosten halbwegs im Zaum zu halten.

Dadurch sank im Zehnjahres-Vergleich der Durchschnittswert sogar von 74,1 % (Spielzeit 2007/2008) auf 72,6 % in der Spielzeit 2017/2018 (vgl. Statista 2019).

Da ein Rückbau der Überproduktion, die neben personellen auch finanzielle Ressourcen schonen würde, für viele Häuser bisher kaum in Frage kam, wären als Alternative – neben Personaleinsparungen – nur noch Kürzungen denkbar bei den künstlerischen Budgets bzw. bei den Honoraren für Bühnenbild, Regie oder besondere Solisten. Dies wäre den Betreffenden kaum zuzumuten und würde zudem den Konkurrenzkampf zwischen den Bühnen unnötig anheizen. Somit haben die Theater bereits alle Mittel und Wege für mögliche Kosteneinsparungen nahezu ausgeschöpft.

Sanierungs- und Neubaukosten als Belastung für die öffentlichen Zuschussgeber

Bei der Frage nach den Spielräumen der öffentlichen Zuschussgeber muss man berücksichtigen, dass Kommunen und Länder nicht nur den Löwenanteil für die Bespielung der Häuser übernehmen, sondern sie sich zudem vielerorts mit einem hohen *Sanierungsbedarf* der Theaterbauten konfrontiert sehen. Hier seien einige Beispiele zu Sanierungs- bzw. Neubaumaßnahmen – ohne den Anspruch auf Vollständigkeit – genannt (*Stand Juli 2020*):

1. *Staatsoper und Komische Oper Berlin:* Die Sanierung der Staatsoper Unter den Linden dauerte doppelt so lange und wurde doppelt so teuer wie geplant. Am 03.10.2017 wurde das Haus nach 7-jähriger Bauzeit kurz wieder eröffnet, um dann für restliche Baumaßnahmen erneut geschlossen zu werden. Statt der geplanten 239 Mio. EUR kostete die Sanierung 439,5 Mio. EUR zuzüglich abschließender Restarbeiten. Ursache für die Verzögerungen und Kostensteigerungen waren Firmeninsolvenzen sowie Schwierigkeiten mit der Bausubstanz und dem Baugrund. Als nächstes Berliner Bauvorhaben ist die Generalsanierung der Komischen Oper in Berlin-Mitte für die Zeit von 2023 bis 2027 geplant. Dazu meint der CDU- Haushaltsexperte Christian Goiny „Jetzt kommt es darauf an, solche Großbauvorhaben besser vorzuplanen, die Kosten gleich zu Baubeginn ehrlich zu ermitteln und kostensteigernde Planungsänderungen im Bauablauf zu unterbinden". Die Sanierung soll 237 Mio. EUR kosten (vgl. Die Deutsche Bühne 5/2020, S. 77; Berliner Morgenpost 11.06.2018; Berliner Morgenpost 05.03.2020).

2. *Schauspielhaus Düsseldorf:* In Düsseldorf beliefen sich die endgültigen Kosten für die Sanierung der Fassade, des Foyers sowie der Sicherheits- und Haustechnik des denkmalgeschützten Gebäudes nach der Berechnung Anfang 2019 auf 56,3 Mio. EUR und lagen somit knapp 50 % über dem ursprünglich geplanten Rahmen. Die vom Oberbürgermeister Geisel angedachte Aufgabe des Theatergebäudes in bester, grüner City-Lage zugunsten einer endgültigen Verlagerung des Theaterstandorts an eine Ausweichspielstätte neben dem Düsseldorfer Hauptbahnhof wurde nicht nur durch kritische Stimmen aus der Lokalpolitik, sondern vor allem auch durch den unüberhörbaren Protest aus der Bürgerschaft und deren eigenes finanzielles Engagement verhindert. Denn zu den städtischen Zuschüssen, den Bundeszuschüssen von 3,6 Mio. EUR, den Geldern aus dem Denkmalpflegeprogramm des Bundes von 1,4 Mio., dem NRW-Landeszuschuss von 6,3 Mio. EUR sowie dem

Eigenanteil von 2,9 Mio. kamen noch Spenden aus der Bürgerschaft in der Höhe von immerhin 5,7 Mio. EUR hinzu (vgl. Westdeutsche Zeitung 09.11.2018).

Hier wird augenfällig, dass die Politik vor allem dann bereit ist, in einen Theaterbau zu investieren, wenn sich auch die Stadtgesellschaft in hohem Maße für ihr Theater engagiert. Dies war in Düsseldorf der Fall, obwohl bereits die nächste Sanierungs- oder sogar Neubaumaßnahme ins Haus steht, nämlich bei der Deutschen Oper am Rhein und ihrem Düsseldorfer Standort. Hier werden jedoch ganz anderen Summen aufgerufen: 100 Mio. EUR bei einer Sanierung im Bestand oder bis zu 500 Mio. EUR bei einem Neubau. Angesichts dieser Zahlen drängt sich die Frage auf, ob die Oper in der Politik einen besseren Stand hat als der Schauspiel- und Sprechtheaterbereich.

3. Städtische Bühnen Frankfurt/M.: Um ganz andere Summen geht es in Frankfurt/M: Hier sind Schauspiel und Oper in einem Gebäude untergebracht. Auch hier ist die aus dem Jahr 1963 stammende Theaterdoppelanlage vor allem wegen veralteter Haustechnik, marodem Dach, mangelndem Brandschutz und nicht mehr zeitgemäßem Foyer renovierungsbedürftig. Da eine Sanierung der bestehenden Doppelanlage teurer als ein Neubau geworden wäre (die Kosten einer Sanierung hätten bei mindestens einer Milliarde Euro gelegen), entschied sich Ende Januar 2020 die Rats-Koalition aus CDU, Grünen und SPD für den Abriss des Doppelgebäudes und für einen Neubau. Auch hier engagierten sich einflussreiche Frankfurter Bürger aus der Industrie, dem Bankensektor, von Kultureinrichtungen sowie ehemalige Kultur- und Stadtplanungspolitiker für einen Neubau und für die Gründung einer Opernstiftung – auch um die Diskussion in Richtung Neubau und die politische Entscheidung darüber zu beflügeln. 50 Mio. EUR will die Stiftung bei der Frankfurter Bürgerschaft einsammeln, den Rest des auf 240 Mio. EUR taxierten Neubaus will sie mit Darlehen bezahlen. Der Neubau der Oper soll nun doch nicht im Osthafen, sondern mitten im Bankenviertel anstelle der alten Sparkassen-Zentrale errichtet werden. Die Doppelanlage würde abgerissen und an ihre Stelle träte das neue Schauspielhaus (vgl. Stephan Loichinger 10.06.2020; Hessenschau 31.01.2020; Deutschlandfunk 17.12.2018; Frankfurter Neue Presse 29.12.2018).

4. Nationaltheater Mannheim: Das denkmalgeschützte 60 Jahre alte Nationaltheater ist das größte städtisch geführte Vier-Sparten-Haus in Europa. Aufgrund von Brandschutzmängeln läuft die Betriebserlaubnis Ende 2022 aus. Alle haus- und bühnentechnischen Anlagen müssen auf den Stand der Zeit gebracht werden. Die ab 2022/2023 geplante Sanierung des Nationaltheaters Mannheim wird ca. 247 Mio. EUR kosten. Die voraussichtlichen Kosten erhöhten sich somit um 47 Mio. EUR wegen gestiegener Baupreise, einer Umplanung des Orchesterprobesaals und detaillierterer Planung. Der Stadtrat hatte im Dezember 2018 mit großer Mehrheit die Sanierungsmaßnahmen und die Finanzierung der

Ersatzspielstätten genehmigt. Dies ist umso bemerkenswerter, da sich der *Bund* zwar mit 80 Millionen, aber das *Land* nur mit 40 Mio. EUR beteiligen will und daher die Stadt die Hälfte der gesamten Sanierungskosten in der Höhe von 120 Mio. EUR selbst aufbringen muss (vgl. Die Stimme 08.07.2020; Mannheim[2] 18.12.2018; Mannheimer Morgen 10.12.2018 und 18.12.2018).

5. *Köln:* Im Sommer 2019 wurde bekannt, dass die Sanierung von Oper und Schauspiel in Köln aufgrund mehrerer Baustopps, wechselnder Verantwortlichkeiten und verschiedener Planungsänderungen mindestens noch bis 2023 dauern wird. Dies wären dann seit Baubeginn insgesamt mehr als 10 Jahre Bauzeit. Vor allem beziffert eine Rechnung von September 2019 das Kostenvolumen inklusive der Ausgaben für Kredite nun auf 841 Mio. EUR (statt der ursprünglich geplanten 253 bzw. 360 Mio. EUR). Das heißt, die Stadt Köln wird 40 Jahre lang für die Sanierung der beiden Gebäude 20 Mio. EUR pro Jahr ‚abstottern‘. Für ihren Spielbetrieb erhalten die beiden Bühnen einen jährlichen Zuschuss in Höhe von annähernd 60 Mio. EUR (vgl. Kölner Stadtanzeiger vom 09.09.2019; Der Spiegel Nr. 47 vom 16.11.2019, S. 44–49).

6. *Stuttgart:* Viele Jahre wurde über die Sanierung des Opernhauses Stuttgart und die Erweiterung des Staatstheater-Areals diskutiert. Im Jahr 2019 zeichnete sich ab, dass das Land Baden-Württemberg und die Stadt Stuttgart dieses Mammutprojekt angehen und je zur Hälfte finanzieren wollen. Die Kosten wurden einschließlich der 100 bis 200 Mio. für die Interimsspielstätte auf etwa *eine Milliarde* Euro kalkuliert. Die Gründe für dieses Jahrhundert-Vorhaben: Zum einen ist der Gebäudekomplex zu klein für die 1400 Beschäftigten. Es müssen daher (auch wegen der Brandschutz- und Arbeitsschutzvorschriften) 10 000 Quadratmeter neu angebaut werden. Zudem müssen die veraltete Technik komplett ausgetauscht sowie eine Kreuzbühne eingebaut werden. Außerdem wird mehr Platz für Proberäume benötigt, das Dach aus dem Jahr 1911 ist marode und auch die Gastronomie ist nicht mehr zeitgemäß. Hinzu kommen Abriss und Neubau des sogenannten Kulissengebäudes, das die Oper mit dem benachbarten Schauspielhaus verbindet. Und schließlich sind Umbauten am Verwaltungsgebäude sowie am Schauspielhaus vorgesehen.

Die Bürgerinitiative „Aufbruch Stuttgart" hatte angesichts dieser Kosten eine weniger umfangreiche Sanierung gefordert. Außerdem verlangte sie – ähnlich wie der Steuerzahlerbund – eine Bürgerbefragung bzw. einen Bürgerentscheid. Die Politik hat sich allerdings (statt für die *direktdemokratische* Form der Bürgerbefragung) für eine *begrenzte dialogische* Bürgerbeteiligung entschieden. Es wurde eine *Online-Forum* eingerichtet, auf dem nicht nur mittels Gutachten und Präsentationen informiert wurde, sondern auch bis Mitte Januar 2020 Anregungen und Kommentare aus der Bürgerschaft veröffentlicht werden konnten, die Eingang in die politischen Beratungen finden sollten. Darüber hinaus wurde ein Bürgerforum aus 40 zufällig ausgewählten Personen ins Leben gerufen, das den Entscheidungsgremien eine Stellungnahme zum Sanierungsplan vorlegen sollte.

Die Bürgerinitiative kritisierte allerdings, dass das Bürgerforum wissenschaftlich nicht seriös und eine Stichprobe von 40 Bürgern zu klein sei. Außerdem sei die Frage, wie weit Stadt und Land überhaupt bereit seien, auf Alternativvorschläge, die keine bindende Wirkung haben, einzugehen. Der Grundsatzbeschluss zur geplanten Sanierungsmaßnahme soll erst im Jahr 2021 Jahr fallen, da vorher noch Oberbürgermeisterwahlen stattfinden und wegen der Corona-Situation sowohl ein weiterer städtebaulicher Wettbewerb als auch das genannte Bürgerforum terminlich verschoben werden müssen (vgl. Die Deutsche Bühne 06/2020, S. 77 und 01/2020, S. 8 f; SWR 04.03.2020; Süddeutsche Zeitung 05.11.2019; Schwäbisches Tagblatt 30.12.2019).

7. Badisches Staatstheater Karlsruhe: Die Sanierung des Badischen Staatstheaters Karlsruhe soll im Jahr 2022 beginnen. Der erste Bauabschnitt soll fünf Jahre dauern, im zweiten Abschnitt wird dann der nordwestliche Teil des Staatstheaters saniert. Der dritte Bauabschnitt soll voraussichtlich 2030 beginnen, bei dem der mittlere Teil des Gebäudes, in dem sich die Hauptbühne befindet, saniert wird. Ab dann muss eine Ausweich-Spielstätte für Oper, Ballett und Schauspiel gefunden werden. Ursprünglich im Jahr 2014 mit 125 Mio. EUR kalkuliert sollte die Sanierung zunächst etwa 325 Mio. EUR und dann 389 Mio. kosten (Stand Anfang 2020). Mitte 2020 wurden die voraussichtlichen Kosten auf etwa 500 Mio. EUR taxiert. Die Summe soll je hälftig von der Stadt und vom Land finanziert werden (vgl. Süddeutsche Zeitung 21. Januar 2020; Nachtkritik vom 17.07.2020)

8. Ulm: Das Theater Ulm soll bis zum Jahr 2025 einen Erweiterungsbau erhalten, der ca. 27 Mio.€ kosten wird. Die Investitionskosten waren auch angesichts des städtischen Sanierungsstaus an Schulen heftig kritisiert worden. Mit dem Bau soll ab 2022 begonnen werden (vgl. Die Deutsche Bühne 9/2019, S. 9).

9. Augsburg: Die Modernisierung des Staatstheaters Augsburg (Sanierung und Neubau) wird statt der ursprünglich veranschlagten 186 Mio. EUR mit gut 320 Mio. EUR zu Buche schlagen. Die Sanierung des Großen Hauses soll bis Ende 2023 abgeschlossen sein. Saniert werden Theatertechnik, Heizung, Lüftung, sanitäre Anlagen, Wandoberflächen und Böden. Neben dem Modernisierungsprojekt kommt noch ein Neubau hinzu mit einer zweiten Bühne, Büros, Werkstätten und Proberäumen. Das Bundesland Bayern übernimmt 75 % der förderfähigen Kosten. Die Sanierung des denkmalgeschützten Hauses sowie die Errichtung eines Neubaus sollen 2028 abgeschlossen werden (vgl. Süddeutsche

Zeitung 01.07.2020 und 31.12.2019; BR 24 vom 29.11.2019; Nachtkritik vom 24.07.2020).

Sanierung/Neubau versus Sicherung des Spielbetriebs?
Es steht außer Frage, dass an vielen Theatergebäuden der Zahn der Zeit genagt hat und dass eine entscheidende *Grundlage* für den *Erhalt* der bundesdeutschen Theaterlandschaft darin besteht, die Gebäude im Hinblick auf Brandschutz- und Sicherheitsvorschriften, Lüftungs- oder Klimatechnik, besondere bühnentechnische Erfordernisse, angemessene Probenräume, Künstlergarderoben und Büros, zeitgemäße Innenarchitektur und auch hinsichtlich der Publikumserwartungen (künstlerische Qualität, gute Akustik, freundliches Foyer, funktionierende Gastronomie, komfortable Bestuhlung und angenehmer Sanitärbereich) zu sanieren oder auch im Zweifelsfall neu zu bauen. Auf diesem Wege können die Theater als *identitätsstiftende Orte* inmitten der Städte erhalten bleiben. Und es besteht zweifellos ein direkter Zusammenhang zwischen einem funktionsfähigen, zeitgemäßen und einladenden Theatergebäude auf der einen Seite sowie angemessenen Arbeitsbedingungen, guten künstlerischen Leistungen und evidentem Publikumszuspruch auf der anderen Seite.

Gerade bei solch umfangreichen Bauvorhaben sollte die Kulturpolitik allerdings aus Legitimationsgründen responsiv-dialogisch agieren und zwar über den Kostenrahmen transparent und kontinuierlich informieren, die Diskussion frühzeitig in die Stadtgesellschaft tragen, gegebenenfalls eine Entscheidung über einen Bürgerentscheid herbeiführen oder zumindest Meinungen und Anregungen aus der Bürgerschaft definitiv in die Planung mit einfließen lassen. In Stuttgart wurden erste Ansätze einer stärkeren Bürgerbeteiligung erprobt, allerdings ging die gewählte Form vielen Bürgern noch nicht weit genug.

Bei etlichen Bauprojekten fällt auf, dass spätestens nach Beginn der Baumaßnahmen die Kosten exorbitant in die Höhe schießen. Dies könnte zum einen am Prinzip des baubegleitenden Planens liegen. Vielleicht schreckt aber die Politik auch davor zurück, den Steuerzahler von Anbeginn an mit endgültigen Summen zu konfrontieren, sondern tendiert dazu, den tatsächlichen Aufwand in niedrigeren Dosierungen zu vermitteln, um Bedenken oder größere Widerstände gar nicht erst aufkommen zu lassen (vgl. Die Deutsche Bühne 01/2020, S. 8 f).

Es ist erfreulich, dass sich bei großen Bauvorhaben nicht selten auch Teile der *Bürgerschaft* in Form von Fördervereinen oder Stiftungen in hohem Maße finanziell für ihr Theater engagieren. Es fällt aber auch auf, dass die enormen Kosten aufseiten der Politik eher achselzuckend (oder in Teilen der Stadtgesellschaft mit Blick auf die geschlossenen Schwimmbäder, maroden Schulgebäude oder fehlenden Kindertagesstätten eher zähneknirschend) hingenommen werden, dass aber dann bei den Kosten für die *Bespielung* der Häuser einschließlich einer angemessenen Entlohnung der künstlerischen Mitarbeitenden eher geknausert wird. Hier wäre der Politik eine ähnliche Entschlusskraft wie bei der Sanierung der betreffenden Häuser zu wünschen.

Am Beispiel der Stadt Frankfurt lässt sich exemplifizieren, wie angesichts der gewaltigen Summen für Sanierung oder Neubau die Tendenz vorherrscht, dass Kommunen und Länder zwar den Erhalt der Theaterbauten üppig mitfinanzieren, jedoch dann bei der *Absicherung des Spielbetriebs* eher eisern *gespart* wird. So verlangte der Frankfurter Magistrat von seinen städtischen Bühnen für die Saison 2019/2020 wie bereits auch schon in der Spielzeit 2018/2019 eine Einsparung von zwei Prozent, nämlich jeweils etwa 1,56 Mio. EUR. Davon entfielen auf die Oper 800.000 EUR, auf das Schauspiel 400.000 EUR und auf den Bereich des Bühnenservices 316.000 EUR. Dies versuchten Theater und Oper durch drastische Kürzungen im künstlerischen Bereich, durch den Verzicht auf aufwendige Bühnenbilder sowie durch Verkleinerung der künstlerischen Teams aufzufangen. Hinzu kam allerdings eine weitere Kürzungsmaßnahme. So wurde von Oper und Schauspiel zusätzlich erwartet, dass sie ab der Saison 2019/2020 zehn Prozent der Kosten (also eine Summe von 74.000 EUR) übernehmen, die sich durch den neuen Tarifabschluss für den öffentlichen Dienst ergaben. All diese Sparmaßnahmen wurden trotz oder (wegen?) der hervorragenden Auslastungszahlen verordnet, die im Schauspiel bei 91 % und bei der Oper bei 83 % lagen (vgl. Frankfurter Rundschau 20.05.2019 und 02.10.2018). Man kann sich des Eindrucks nicht erwehren, dass eine besondere gute Auslastung durch die Politik mitunter bestraft wird, da Fantasien im Hinblick auf Einsparpotenziale geweckt werden. Die Förderung von Engagement und Exzellenz müsste anders aussehen. Möglicherweise ging es in Frankfurt/M angesichts der gewaltigen, ins Haus stehenden Neubaukosten aber auch darum, von den Bühnen ein (symbolisches) Opfer zu verlangen, das für diese allerdings einschneidende Folgen hatte.

Sanierung oder Neubau der Häuser im oft dreistelligen Millionenbereich macht dann Sinn, wenn es einen kulturpolitischen wie gesamtgesellschaftlichen *Konsens* dahin gehend gibt, dass die Theater *als ästhetische und identitätsstiftende Kraftzentren* der Städte unverzichtbar sind, dass diese daher – wenn denn unbedingt neu gebaut werden muss – *nicht außerhalb des Zentrums* in städtischer Randlage, sondern mitten in der Stadt errichtet werden sollten und dass auch die *Bespielung* der Bühnen durch eine angemessene öffentliche Förderung sichergestellt ist. Die Sinnhaftigkeit kann von Theaterseite zusätzlich dadurch unterstrichen werden, dass sich die Bühnen im Gegenzug als Forum für die Stadt und ihre Bürger in der *Gesamtheit* begreifen.

Allerdings kann man sich durchaus fragen, ob die geplante Maximallösung für den Umbau der Oper in Stuttgart oder für den Neubau von Oper und Schauspiel in Frankfurt für etwa eine Milliarde Euro (bei allem Respekt für dieses kulturpolitische Bekenntnis) das passende Signal ist, ob die offenbar vorhandenen finanziellen Ressourcen aus der Nachhaltigkeitsperspektive richtig eingesetzt werden (vgl. Schulz et al. 2020, S. 22) und ob statt eines solch umfassenden Sanierungs- oder Neubauvorhabens nicht zunächst nur drängende Renovierungen vorgenommen werden könnten oder zumindest eine schlankere, weniger repräsentative Lösung entwickelt werden könnte.

Finanzielle Folgen der Corona-Krise
Die Zeichen stehen seit dem Ausbruch der Corona-Krise zudem recht ungünstig für ambitionierte Sanierungs- oder Neubauprojekte, auch wenn durch die monatelange, verordnete Kulturabstinenz die ‚*Systemrelevanz*‘ der Theater evident geworden sein dürfte. Allerdings führte und führt der coronabedingte Ausfall von Veranstaltungen bei öffentlichen wie privaten Theatern, Opernhäusern, Festspielen, Rundfunkorchestern, Museen und soziokulturellen Zentren voraussichtlich zu einer Finanzierungslücke von 1,3 bis 2,1 Milliarden Euro für Bund, Länder und Kommunen bis zum Ende der Spielzeit 2021/22 (vgl. Actori. Auswirkungen der Coronakrise auf Theater, Opernhäuser, Museen und Soziokulturelle Zentren. Update 10/2020, S.5). Aber bereits Ende Februar 2020 – also kurz *bevor* die Pandemie auch Deutschland fest in den Griff bekam – wurden bis zum Jahr 2060 massiv zurückgehende Steuereinnahmen, nämlich eine *Tragfähigkeitslücke* zwischen 50 und 140 Mrd. EUR und somit ein Ende des Wachstums prognostiziert (vgl. Reiermann 28.02.2020). Zum Vergleich: Die gesamten Kulturausgaben von Bund, Ländern und Kommunen lagen im Jahr 2015 bei 10,4 Mrd. EUR.

Die genannte Lücke hat sich jedoch wegen der tief greifenden sozialen und wirtschaftlichen Folgen der *Corona-Pandemie* gewaltig vergrößert. So betrugen die 2020 von Bund, Ländern, Gemeinden und Sozialversicherungen veranschlagten Hilfspakete und Ausgleichszahlungen wegen der Corona-Krise Anfang April 2020 bereits weit über eine Billion Euro: Allein die von der Bundesregierung beschlossenen Hilfspakete lagen bei mehr als 350 Mrd. EUR. Hinzu kamen Garantien in Höhe von 800 Mrd. EUR. Diese knapp *1,2 Billionen EUR* verteilten sich auf direkte Zahlungen an Bedürftige, Kreditgarantien sowie erwartete Mindereinnahmen (z. B. auch bei den Kultureinrichtungen). Im Sommer 2020 summierten sich die geplanten Corona-Hilfen schließlich auf *1,9 Billionen* EUR. Zum Vergleich: Der gesamte Bundeshaushalt 2020 umfasste *363 Mrd.* EUR. Außerdem werden sich wegen des vorübergehend stillgelegten wirtschaftlichen und gesellschaftlichen Lebens die Steuerausfälle allein im

Jahr 2020 auf ca. 82,5 Mrd. EUR summieren. Nach Schätzungen im Frühjahr 2020 müssen Bund, Länder und Gemeinden bis zum Jahr 2024 auf mindestens 316 Mrd. Steuereinnahmen verzichten. Die Schere zwischen Ausgaben und Einnahmen in den öffentlichen Kassen wird sich also noch gewaltig vergrößern (vgl. Bartz et al. 04.07.2020, S. 65; Auer et al. 05.04.2020; Hage et al. 04.04.2020, S. 13; Mahler 30.05.2020, S. 66).

Gerade aufgrund der tief greifenden wirtschaftlichen Folgen der Corona-Epidemie und der damit verbundenen, enormen öffentlichen Aufwendungen wäre ein Aufschub von ehrgeizigen Theaterbauprojekten um einige Jahre eine durchaus erwägenswerte Option – auch um die dadurch gewonnenen Ressourcen zumindest partiell für die Aufrechterhaltung des Spielbetriebs und die Verbesserung der Arbeitsbedingungen einsetzen zu können. Auch wenn Bausubstanz und ‚Humankapital' nicht gegeneinander ausgespielt werden sollen, wird sich eine vorübergehende Prioritätensetzung vielleicht nicht vermeiden lassen. So sprach Norbert Sievers vom Institut für Kulturpolitik der Kulturpoltischen Gesellschaft schon im Januar 2020 sogar von einem „Dekadenmoratorium … Zehn Jahre keine neuen Kultureinrichtungen bauen" (Sievers in: Schulz 2020, S. 22).

Eine andere Option wäre es, die Sanierungs- oder Neubauprojekte etwas kleiner dimensioniert, nachhaltiger und weniger repräsentativ zu denken. Hier wird als Beispiel gerne das Staatstheater Darmstadt angeführt, das vor wenigen Jahren für (nur) 70 Mio. EUR saniert wurde und doch auf lange Sicht bespielbar sein dürfte (vgl. Die deutsche Bühne 04/2020, S. 11). Es wäre aber unter Nachhaltigkeitsaspekten auch noch eine *andere Priorisierung* denkbar: Nämlich zunächst einmal langfristig die *Bespielung* der Häuser zu angemessenen Bedingungen abzusichern und *erst danach* über *Um- oder Neubau* – gegebenenfalls in einer schlankeren Variante – nachzudenken. Es ist nur schwer vermittelbar, dass bei Investitionen in Theaterbauten mit relativ leichter Hand Summen von Hunderten Millionen Euro bewegt werden, aber offenbar das Geld nicht reicht, um die Gagen der künstlerischen Mitarbeiter den übrigen Gehältern am Theater tendenziell anzupassen.

Begrenzter Handlungsspielraum für die Theater
Es ist derzeit nicht abzusehen, welche finanziellen Spielräume die öffentlichen Träger nach dem Abklingen der Covid 19-Epidemie haben werden. Allerdings bleibt vielen Theatern bereits jetzt – angesichts der seit Jahren stagnierenden Förderung oder sogar drohenden Kürzungen – nichts anderes übrig, als an den wenigen Stellschrauben, die ihnen selbst noch verblieben sind, bis zum Anschlag weiterzudrehen, wenn sie überleben wollen. Die möglichen Maßnahmen auf der *Einnahmen- oder Ausgabenseite* sind allerdings größtenteils so gut wie ausgereizt und führen daher oft nur zu bescheidenen Ergebnissen.

1. Im Hinblick auf die Erhöhung der **Eigeneinnahmen** sind alle Varianten bereits quasi ausgeschöpft: sei es die Erhöhung der *Schlagzahl* an *Produktionen* (mit dem Resultat der grassierenden Überproduktion), die Steigerung der auswärtigen *Gastspiele* oder eine Zunahme an *Vermietungen*. Auch die Möglichkeit, die Eigeneinnahmen durch eine weitere Steigerung der *Ticketpreise* zu erhöhen, ist begrenzt. Schon seit Jahren machen die Bühnen von der zielgruppenbezogenen Preisdifferenzierung Gebrauch. Möglicherweise ist bei den Premierentickets oder den Premierenabonnements noch ein wenig Spielraum, ansonsten ist aber das Preisniveau bei den übrigen Vorstellungstagen sowie bei den gewöhnlichen Abonnements an den meisten Bühnen bereits am Limit. Bei einer weiteren Preiserhöhung würden die Theater im Wettbewerb gegen die übrige Kultur- und Freizeitkonkurrenz spürbar den Kürzeren ziehen. Und eine Zusammenstreichung der besonderen Ermäßigungen oder Flatrates für Schüler, Studenten oder andere Zielgruppen würde gerade die Besuchergruppen, die man aus kulturpolitischer Sicht verstärkt erreichen will und muss, eher wieder ausgrenzen.

2. Steigerung der Einnahmen durch **Steigerung der Besucherzahlen:** Den Theatern macht seit vielen Jahren der Rückgang der Abonnements aufgrund der gestiegenen Kultur- und Freizeitkonkurrenz sowie wegen des veränderten Besucherverhaltens zu schaffen. Betrug die Quote der Einnahmen durch Abonnements/Platzmieten sowie Besucherorganisationen in der Spielzeit 1968/1969 noch 55 %, lag sie bereits 2011/2012 nur noch bei 17 % (vgl. Keuchel 2016, S. 614). In der Spielzeit 2017/2018 lag die durchschnittliche Quote der Tickets über Abonnements/Platzmieten und Besucherorganisationen bei 21,2 % (vgl. Deutscher Bühnenverein 2019, S. 255). Allerdings differieren die Zahlen je nach Region: im ländlichen Raum liegen die Abonnentenzahlen oft weiter über, in den Metropolen weit unter dem Durchschnitt. Die Theater versuchen die Lücke, die mit dem Rückgang der Abonnements entstand, durch den erhöhten Verkauf von Tageskarten, durch das Festhalten am Repertoireprinzip mit allabendlichem Vorstellungswechsel und durch enorme Anstrengungen auf der Marketing- Schiene zu schließen. Immerhin ist es den Theatern – und dies ist ein wirklicher Achtungserfolg – trotz immer weiter *reduzierten* Personals gelungen, die Besucherzahlen innerhalb der Schwankungsbreite von 19,0 bis 19,8 Mio. Besuchern zu *halten*. Dies war 2016/2017 allerdings nur möglich durch eine Steigerung der Besucherzahlen bei den „sonstigen Veranstaltungen" (plus 7,9 %) und beim „theaternahen Rahmenprogramm" (plus 5,2 %), also bei Vermittlungsveranstaltungen, Lesungen, Podiumsdiskussionen etc. Bei den klassischen Sparten waren

hingegen leichte Rückgänge zu verzeichnen: Oper um 2,2 %, Tanz um 3,3 %, Operette um 6,4 %, Musical um 6,3 %, Schauspiel um 2,9 %, Konzert um 1,6 % und beim Kinder- und Jugendtheater um 3,7 % (vgl. Deutscher Bühnenverein Pressemeldung vom 17.09.2018).

Marketing-Exkurs: Eine Möglichkeit der Einnahmensteigerung durch mehr Besucher, die aber ebenfalls nahezu ausgereizt sein dürfte und bei der am Ende die Gefahr einer konzeptionellen Selbstbeschränkung bestünde, wäre eine noch stärkere Nachfrage- bzw. Publikumsorientierung. Eine Variante könnte das häufigere ‚Abspielen' beliebter ‚Blockbuster'-Inszenierungen (auch im Rahmen von Wiederaufnahmen in der Folgespielzeit) sein. So erbrachten beispielsweise in der Spielzeit 2018/2019 am Düsseldorfer Schauspielhaus die Publikumslieblinge „Der Sandmann" (Regie: Robert Wilson) und „Hamlet" (Regie: Roger Vontobel) eine Auslastung von 99,8 % bzw. 99,5 %, wohingegen die Durchschnittsauslastung bei 82,4 % lag (vgl. Kouschkerian, in: Rheinische Post vom 12.07.2019). Eine Programmpolitik, die zunehmend die Blockbuster-Frequenz bis zum Anschlag erhöht (würde möglicherweise dem Autorenteam vom ‚Kulturinfarkt' gefallen), wäre aber mit der Gefahr eines schleichenden künstlerischen Gesichtsverlusts verbunden. Statt einer marktbezogenen Fixierung auf Publikumsfavoriten könnte aber auch das Portfolio im Hinblick auf bestimmte *Alterssegmente* und damit verbundenes Interesse oder Besucherverhalten diversifiziert werden. So wurde bei einer Umfrage des Autors gemeinsam mit Masterstudierenden im Jahr 2015 (vgl. Weintz/Bartsch et al. 2016) unter Besuchern und Nichtbesuchern in Mönchengladbach deutlich, dass die *Altersgruppe* der *50- bis 65*-Jährigen besonders häufig Kulturveranstaltungen besuchte, nämlich 68 % *mindestens* drei bis vier Mal im Jahr. Bei den *18- bis 25*-Jährigen hingegen waren es nur 42 % und bei den *36- bis 49*-Jährigen nur 30 % (Abb. 4.1).

Hier könnte man nun versuchen, die jüngeren Gelegenheitsbesucher mit entsprechenden Programmen zu Mehr- oder Vielbesuchern zu entwickeln oder umgekehrt die älteren, kulturaffineren Publikumsgruppen verstärkt mit passenden Produktionen anzusprechen. Dies wird aber bereits von vielen Theatern mit Hilfe ihres Portfoliomix ohnehin praktiziert.

Ein weiteres zentrales Ergebnis der Besucherforschung ist die Erkenntnis, dass neben dem Elternhaus auch *Bildungshintergrund* und *Schule* einen starken Einfluss auf das Kulturnutzungsverhalten haben (vgl. Keuchel/Larue, 2012, S. 63, 70; Mandel 2011, S. 203). Dies wurde durch die eigene Untersuchung im Jahr 2015 *bestätigt:* Aus der Korrelation des Schulabschlusses mit der Zahl an Kulturbesuchen ergab sich, dass nur 25 % der Befragten ohne Schulabschluss, 40 % der Befragten mit Hauptabschluss, aber 58 % mit

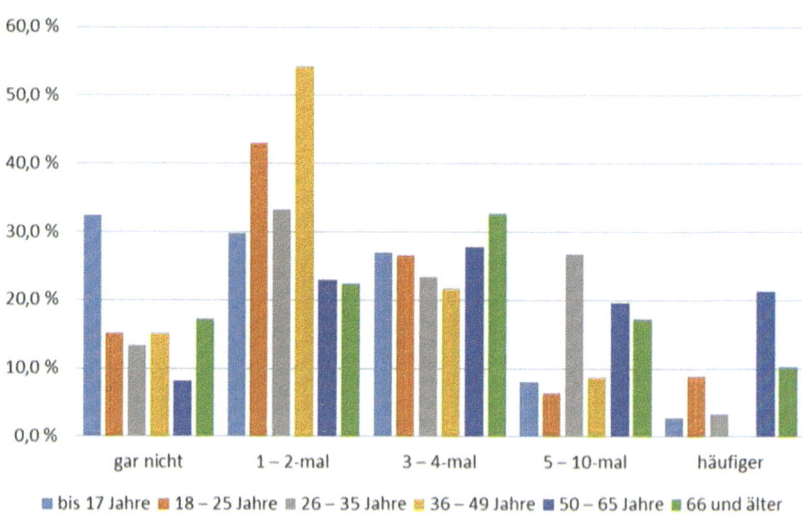

Abb. 4.1 Kulturbesuche nach Altersgruppen. (Quelle: Bartsch/Weintz et al. 2016, S. 4)

Fachhochschulreife und 60 % mit Abitur mindestens 3–4 Mal pro Jahr Kulturveranstaltungen besuchten (vgl. Weintz/Bartsch et al. 2016) (Abb. 4.2).
Damit wird zum einen erneut bestätigt, wie sinnvoll es ist, *alle Schultypen* bei
Vermittlungsprogrammen einzubeziehen. Darüber hinaus wäre es denkbar,
den Spielplan den jeweiligen, nach Bildungsweg unterschiedlichen, Interessen
anzupassen und zwar sowohl gegenüber den kulturaffineren wie gegenüber
den weniger kulturaffinen Gruppen. Auch dies wird allerdings bereits von
vielen Theatern praktiziert.
Eine weitere Befragung von knapp 2000 Zuschauern am Theater Krefeld/
Mönchengladbach an beiden Standorten von Dezember 2012 bis März
2013 durch den Autor und ein Team von Masterstudierenden (vgl. Weintz
10.9.2013; Böhling 16.07.2013) ergab: *Differenziert* nach *Bildungsabschluss*
präferierten 78,5 % der Zuschauer mit Hauptschulabschluss *Musicals* (57,4 %
bei Zuschauern mit Studienabschluss), aber nur 48,8 % den Schauspielbereich (75 % bei Zuschauern mit Studienabschluss). Nun scheint es nahe-
liegend zu sein, den Blockbuster-Gedanken wieder aufzugreifen und einfach
mehr Musicals zu produzieren oder häufiger aufzuführen. Allerdings würde
man damit relativ rasch an eine Grenze stoßen: denn zum einen sollten
sich die öffentlich geförderten Theater hüten, das Angebot kommerzieller

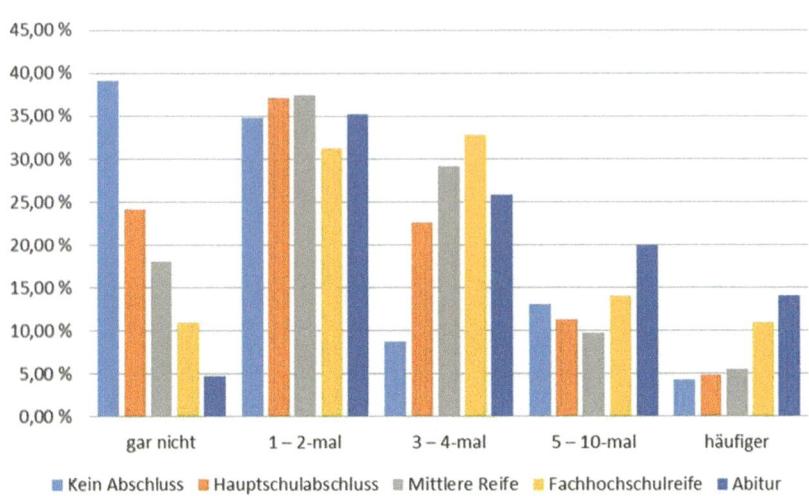

Abb. 4.2 Bildungsabschluss und Kulturbesuch. (Quelle: Bartsch/Weintz et al. 2016, S. 5)

Musicalhäuser zu imitieren (ihr Auftrag ist anders gelagert), zudem sind Musicalproduktionen in der Regel personalintensiver und teurer als Sprechtheater-Produktionen und dann wäre da noch die große, oben genannte Gruppe der Zuschauer mit Studienabschluss, die statt Musicals eher Schauspielproduktionen präferiert.

So mag es vielleicht sinnvoll erscheinen, aus der Nachfrage-, Marketingoder Audience Development-Perspektive das Publikum nach z. B. Alter, Geschlecht, sozialer Lage, Bildungshintergrund oder Lebenswelt in Relation zu seinen künstlerischen Vorlieben zu clustern und bei der Spielplangestaltung hier und da entsprechende Differenzierungen durch zielgruppenaffinere Angebote vorzunehmen. Aber dies ist ohnehin an vielen Theatern längst gängige Praxis und daher als zusätzlicher Einnahmehebel eher marginal.

Vor allem darf eine derartige Nachfrageorientierung nicht dazu führen, sich den Publikumswünschen in Gänze auszuliefern. Eine derartig auf die Spitze getriebene Programmpolitik würde sich dem Imperativ der permanenten Anschlussfähigkeit zu Interessen oder Belangen des Publikums unterwerfen und eine völlige Funktionalisierung von Kunst bedeuten (vgl. Höhne 2019, S. 30 f). Der künstlerische und bildungsbezogene Auftrag der öffentlich geförderten Theater schließt aber (im Gegensatz zu den privatrechtlichkommerziellen Musicalbühnen, die auf mainstreamige Unterhaltung setzen müssen) die Präsentation von sperrigeren Stoffen, neuen Inszenierungsformen sowie innovativen künstlerischen Formaten ein. Heiner Müller bringt es folgendermaßen auf den Punkt: „Theater muss nicht gefallen, sondern stören (Heiner Müller 2013, S. 103)."

Nachfrageorientierung kann nicht die völlige Anpassung an die Präferenzen des Publikums bedeuten, denn dies käme einer künstlerisch-konzeptionellen Bankrotterklärung gleich – wie auch die ironische Sentenz des früheren Intendanten des Dortmunder Theaters Kay Voges betont: „Wo kommen wir hin, wenn wir Inszenierungen absetzen, weil die Zuschauerzahlen niedrig sind? Wenn man Auslastung haben will, setzt man Justin Bieber auf den Spielplan oder lädt Helene Fischer in die Volksbühne" (in: Stephan 2019)

Markus Hinterhäuser, der Intendant der Salzburger Festspiele, bringt das Festhalten am eigentlichen Auftrag so auf den Punkt: „Ich muss beim Programm eine (…) Statik finden, muss versuchen, das Publikum zu verführen – auch zu Veranstaltungen, zu denen es sonst nicht gehen würde (Hinterhäuser 2019, S. 12)". In der Sache ähnlich – jedoch im gewohnt provozierendem Tenor – formuliert Frank Castorf, der ehemalige Intendant der Berliner Volksbühne im Juni 2017: „Wichtig für die Volksbühne war, dass man den Zuschauer nicht nur mag, sondern auch hasst. Es braucht eine gesunde Feindschaft zwischen der Bühne und dem Publikum. Man braucht Konflikte, um sich verständigen zu können (…). Wenn wir an der Volksbühne etwas hassen, ist es der Konsens. Gegen diese Gier nach Übereinstimmung kann sich auch der Konflikt mit dem Zuschauer richten, den man mit dem uralten Medium des Theaters manchmal verstören kann" (Castorf 2017a, S. 116 f). Die ‚Hassliebe' zum Zuschauer dürfte von Theater zu Theater sicherlich unterschiedlich ausgeprägt sein, aber hinterherlaufen um jeden Preis sollte man ihm auf keinen Fall – auch wenn spätestens seit der Corona-Krise deutlich geworden sein dürfte, wie sich Theater im Live-Stream ohne Live-Publikum anfühlt.

Wenn also auf der Seite der Einnahmensteigerung keine großen Sprünge zu erwarten sind, blieben noch die Stellschrauben der **Kosteneinsparung:**

3. In der Tat könnte ein **Abbau der Überproduktion,** also eine **Reduktion der jährlichen Neuproduktionen** und **Sonderveranstaltungen** – verbunden mit einer Kombination aus Repertoire- und Ensuite-Prinzip – nicht nur die Belastung von Ensemble und Mitarbeiterschaft reduzieren, sondern auch zu Spareffekten führen, da Produktions-, Personal- und Umbaukosten reduziert werden und weniger fest angestellte Akteure und Mitarbeiter (aber dafür gegebenenfalls mehr Gäste) vonnöten wären. Eine zu massive Ausweitung des Ensuite-Prinzips würde allerdings die Preisgabe des Ensemblegedankens bedeuten. Immerhin wäre die Senkung der Produktionsfrequenz die einzige

Maßnahme, durch die das Theater noch nennenswerte Einsparungen erzielen könnte. Darauf wurde bereits an anderer Stelle ausführlich eingegangen.

4. **Personalkosten:** Die Bühnen haben sich in den letzten Jahren immer wieder durch Umschichtung im Stellengefüge oder Stellenabbau beholfen. So wurde das Personal beim Mecklenburgischen Staatstheater Schwerin allein zwischen 1991 bis 2012 von 640 auf 320 Mitarbeiter halbiert (vgl. Neue Musikzeitung 21.03.2012).

Allerdings ist Theaterarbeit extrem *personalintensiv* und hat – um die Qualität halten zu können – einen gleichbleibend hohen Personalbedarf, so dass eine Personalreduktion irgendwann an ein Limit kommt oder an die künstlerische Substanz geht. Nach dem *Kostenkrankheitsgesetz* von William J. Baumol und William G. Owen ist im Theater keine Produktivitätssteigerung durch Technisierungs- und Rationalisierungsmöglichkeiten möglich. Da der Personalbedarf letztlich gleich bleibt, die Personalkosten aber allein aufgrund der tariflichen Abschlüsse regelmäßig weiter ansteigen sowie die Steigerung der Einnahmen und die Reduzierung der Ausgaben bereits eine Grenze erreicht haben, sind die Bühnen letztlich auf eine stetig mitwachsende öffentliche Förderung angewiesen (vgl. Baumol/Bowen 1966; Vorwerk 2012, S. 12; Schmidt 2012, S. 31,63, 83).

Die Steigerung der Personalkosten wird zum einen durch die Musiker verursacht, deren gut dotierte Stellen dem TVK-Tarif zugeordnet sind sowie durch die Mitarbeitenden in den Bereichen Technik und Verwaltung, die oft nach TVÖD bezahlt werden. So standen in der Spielzeit 2017/2018 bundesweit den abhängig beschäftigten 1.844 Schauspielern, 1.206 Sängern und 1.337 Tänzern, die schlechter dotierte NV Bühne-Verträge haben, allein 5.184 Orchestermitglieder (TVK) und 8886 technische Mitarbeiter (zum Teil TVÖD) gegenüber (vgl. Deutscher Bühnenverein 2019, S. 256). Die hohe Anzahl an Technikern erklärt sich auch daraus, dass die Gewerkschaften in der Vergangenheit erfolgreich bessere Arbeitszeitmodelle für die Techniker erstritten haben und auch bei Sparmaßnahmen die Technikstellen besser absichern konnten (vgl. Schmidt 2017, S. 268).

Im Hinblick auf die Personalpolitik haben die Theater in den letzten 25 Jahren ihre Ensembles und die Mitarbeiterschaft bereits extrem ausgedünnt. Die Zahl der *festen* Arbeitsverhältnisse reduzierte sich um 11,5 %, während sich die *Zahl* der *nicht ständig Beschäftigten vervierfachte*: Waren in der Spielzeit 1992/1993 an den Stadttheatern, Staatstheatern und Landesbühnen noch 45.288 Mitarbeiter und Mitarbeiterinnen ständig beschäftigt und 7.967 im Rahmen von Werk- und Dienstverträgen tätig, waren es in der Spielzeit 2017/2018 nur noch 40.101 ständig Beschäftigte, denen nun 32.495 *nicht ständig* Beschäftigte gegenüberstanden (vgl. Website Deutscher Bühnenverein: FAQs; Deutscher Bühnenverein 2019, S. 256). Im Gegensatz dazu ist die Zahl der Veranstaltungen – vor allem aufgrund der theaternahen Sonderveranstaltungen – gestiegen, so dass mit reduziertem festem Personal ein noch größerer Output gestemmt werden muss. Ein weiterer *Stellenabbau* hätte zunächst eine weitergehende Aushöhlung des Ensembleprinzips und mittelfristig die Gefährdung eines geregelten Spielbetriebs zur Folge, da er die Substanz der Bühnen zerstören würde.

5. Kürzungen bei den **künstlerischen Budgets:** Der Verzicht auf aufwendigere Bühnenbilder, die größere Zurückhaltung bei der Verpflichtung von prominentem künstlerischem Personal oder die Zusammenstreichung der künstlerischen Produktionsteams hätte über kurz oder lang einen spürbaren künstlerischen Qualitätsverlust und damit einen Schaden für das Profil und das Image des Theaters zur Folge.

6. Wenn aber Kürzungen beim Personal oder bei den künstlerischen Budgets nicht weiter in Frage kommen, bleibt nur noch als letzte Alternative: die Umstellung auf einen *eigenen* **Haustarif,** so wie dies in der Vergangenheit etliche Theater (vor allem) in den neuen Bundesländern exerziert haben: So wurden am Theater Chemnitz – bis zur Spielzeit 2019/2020 – immer wieder *Haustarifverträge* abgeschlossen, um betriebsbedingte Kündigungen zu vermeiden (vgl. Tag 24 vom 15.10.2018). Und auch am Nationaltheater Weimar wurde – nach der abgewendeten Fusion der Erfurter Oper mit dem Weimarer Theater – im Rahmen des sogenannten Weimarer Modells zum einen eine Umwandlung vom städtisch verwalteten Eigenbetrieb in eine selbstständig agierende, weitgehend unabhängige GmbH vollzogen. Zum anderen wurde zwischen 2003 und 2008 mit allen Mitarbeitergruppen ein Haustarifvertrag vereinbart, bei dem diese auf eine Gehaltanpassung an die Tarifabschlüsse sowie auf einen Teil des 13.Monatsgehalts verzichteten. Auf diese Weise konnten das Theater und seine Sparten sowie Ensemble und Mitarbeiterstellen erhalten werden (vgl. Die Welt 14.10.2005 sowie Schmidt 2017, S. 138, 220–228). Thomas Schmidt hat darauf hingewiesen, dass allein zwischen 1993 und 2013 (primär in den neuen Bundesländern) an 40 Bühnen Haustarifverträge geschlossen worden sind, davon einige über fünf oder noch mehr Spielzeiten hinweg (vgl. Schmidt 2017, S. 30; Schmidt 2019, S. 27).

7. Wenn alle diese Rettungsversuche nicht den erwarteten Erfolg zeitigen und auch die Gesellschafter nicht gewillt sind, Defizite auszugleichen oder Budgets zu erhöhen, kann nur noch zu **drastischeren „Lösungen"** gegriffen werden wie einer **Fusion,** der **Aufgabe ganzer Sparten** (z. B. Tanz) oder gar der **Schließung** des Theaters:

Hier seien – neben der Schließung des Wuppertaler Schauspielhaus im Jahr 2013 (vgl. Spiegel Online vom 01.07.2013) – nur beispielhaft die *Abwicklung der Tanzsparte* (Johann Kresnik) an der Volksbühne am Rosa-Luxemburg-Platz zum Ende der Spielzeit in 2001/2002 erwähnt (vgl. Der Tagesspiegel 13.09.2001). Ähnliches geschah unter dem Dach der Städtischen Bühnen in Frankfurt (William Forsythe) in der Spielzeit 2003/2004 (vgl. FAZ 10.12.2003) sowie am Theater Bonn im Jahr 2008 (Deutschlandfunk 28.08.2006).

Die radikalste, flächendeckende Lösung wurde vor einige Jahren vom Autorenteam des Buches „Der Kulturinfarkt" propagiert: Nicht die Schließung einiger weniger, sondern die **Schließung der Hälfte aller Bühnen** zugunsten eines höheren Etats für freie Gruppen und für kulturelle Bildung (vgl. Dieter Haselbach et al. 2012, S. 202 f, 209 f, 216, 232 f, 245). Die – an Auslastung und Besucherzahlen gemessen – erfolgreichsten Bühnen dürften demnach weiter bestehen, die quantitativ weniger erfolgreichen würden dicht gemacht. In einem solchen Brutal-Szenario zählt vor allem Marktgängigkeit und nicht die künstlerisch-inhaltliche Relevanz oder die Bedeutung der Theater als zentrale ästhetische Orte städtischen Lebens. Dies mag in den Ohren manch eines Kulturpolitikers verlockend geklungen haben, denn mit einem solch radikalen Schnitt könnten nicht nur Millionen für die Aufrechterhaltung des Spielbetriebs eingespart werden, sondern damit würden auf einen Schlag auch die vielerorts in den nächsten Jahren anstehenden Sanierungskosten für die Theaterbauten entfallen. Allerdings wird diese rein ökonomische, kennzahlen- und marktorientierte Sicht hier strikt abgelehnt und – da sie ein verkürztes und ethisch fragwürdiges Selbstverständnis des Kulturmanagements (auch als Disziplin) bedient – nicht weiterverfolgt.

8. Den Theatern bleiben also so gut wie *keine eigenen Kompensationsmöglichkeiten,* um die finanziellen Engpässe zu überwinden, zumal alle diese Maßnahmen nur eine beschränkte, punktuelle Wirkung erzielen genauso wie eine temporäre Unterstützung durch Fördervereine oder Sponsoren. Da sowohl die Einnahme-Möglichkeiten wie die Einsparpotenziale durch effizientere Mittelbewirtschaftung weitestgehend ausgeschöpft sind, wird als letzter **Rettungsanker** nur noch die **Erhöhung der öffentlichen Förderung** bleiben, wenn man nicht zum allerletzten Mittel der Kooperation, Fusion, Sparten- oder sogar Standortschließung greifen will (vgl. auch Vorwerk 2012, 14–16.)

Allerdings konnten sich bisher nur wenige Träger – auch angesichts der überbordenden Aufgaben in anderen Bereichen – zu größeren finanziellen Investitionen durchringen. Oft waren und sind es die *Kommunen,* die angesichts der gestiegenen Aufgaben (auch im sozialen Bereich) Kürzungen bei den freiwilligen Ausgaben für die Theater vornehmen. Wenn dann auch noch auf **Landesebene** – trotz der viel beschworenen Kulturhoheit der Länder – die Finanzierungslücke nicht geschlossen wird oder auch hier sogar zusätzliche Einsparungen drohen, geraten die Theater – allein schon durch Tariferhöhungen – in eine Schieflage, die durch die endliche Steigerung von Eigeneinnahmen mittels Mehrproduktion sowie die Erhöhung der Ticketpreise nicht mehr ausgeglichen werden kann.

Auch in jüngster Zeit spielten sich gerade auf **Landesebene** einige **bedrohliche Szenarien** ab im Hinblick auf massive Etatkürzungen, angedachte bzw. vollzogene Fusionen oder gar Schließung. Hier seien einige Beispiele genannt (ohne Anspruch auf Vollständigkeit):

1. **Mecklenburg-Vorpommern:** Bereits im Jahr 1994 wurde durch den Zusammenschluss des Stralsunder Theaters mit dem Theater in Greifswald das Theater Vorpommern gebildet. Im Januar 2006 wurde auch das Theater Putbus eingegliedert. Im Jahr 2000 schlossen sich das Landestheater Mecklenburg, das Kammertheater Neubrandenburg und die Neubrandenburger Philharmonie zum Theater und Orchester Neubrandenburg/Neustrelitz zusammen. In Westmecklenburg vereinten sich im Sommer 2016 das Mecklenburgisches Staatstheater Schwerin und das Mecklenburgische Landestheater Parchim zum Mecklenburgischen Staatstheater. Die jahrelang diskutierte Fusion der Standorte Greifswald, Neubrandenburg, Neustrelitz, Stralsund und Puttbus zum Staatstheater Nordost wurden allerdings im Mai 2018 von der Landesregierung und den Theatergesellschaften endgültig abgesagt (vgl. NDR 25.05.2018).
2. **Sachsen:** Im Jahr 2013 wurden die Dresdener Semper-Oper und das Staatsschauspiel Dresden zum Sächsischen Staatstheater verschmolzen. Hier sind die nicht-künstlerischen Bereiche (Werkstätten, Verwaltung, Logistik) fusioniert. Beide Häuser sind allerdings mit ihren Sparten, Intendanten und Ensembles weiterhin künstlerisch selbstständig (vgl. NMZ 20.02.2012).
3. **Nordrhein-Westfalen:** Ende Juni 2013 wurde das Wuppertaler Schauspielhaus wegen unbezahlbarer Sanierungs- und Unterhaltskosten geschlossen. Dieses soll aber – auch mit Hilfe der Unterstützung des Bundes – zum Pina Bausch Zentrum umgebaut werden. Die Eröffnung soll 2025 erfolgen (vgl. WZ 12.11.2015 und FAZ 17.12.2018).
4. **Niedersachsen:** Hatten die sechs kommunalen Theater in Lüneburg, Celle, Göttingen, Hildesheim, Wilhelmshaven und Osnabrück im Herbst 2018 – auch durch den öffentlichen Druck vieler Theaterschaffender (#rettedeintheater) – noch einer Etatsteigerung um drei Millionen Euro erkämpft, drohten ab Juni

2019 vorübergehend weitere Kürzungen, da in Zukunft keinerlei Mittel für die Tarifsteigerungen in 2020 bereitgestellt werden sollten (vgl. Landeszeitung 28.06.2019). Erst nach erneutem massivem Druck wurde dies allerdings wieder verworfen. So sagte die CDU-/SPD-Regierung Ende November 2019 eine Übernahme der Tarifsteigerungen in 2020 für alle kommunalen Theater Niedersachsens und das Göttinger Symphonie Orchester zu (vgl. Nachtkritik 29.11.2019).

4.3.2   Echte Verbesserungen oder Symbolpolitik?

Da die Kommunen kaum noch finanzielle Spielräume haben, liegt es – auch aufgrund ihrer Kulturhoheit – in der Hand der *Bundesländer*, Auswege aus der finanziellen Krise zu finden. Offenbar hat mittlerweile doch so mancher Landespolitiker erkannt, dass ein verstärktes finanzielles Engagement vonnöten ist, wenn man die bundesdeutschen Theater in ihrer gegenwärtigen Verfasstheit erhalten und ihren Spielbetrieb angemessen fördern will.

So haben einige Bundesländer, deren Theaterförderung in den letzten Jahrzehnten nicht gerade großzügig war, einige Verbesserungsmaßnahmen in Angriff genommen. Allerdings erscheinen viele der Maßnahmen bei genauerem Hinsehen in einem anderen Licht, wie die Stellungnahme der Genossenschaft Deutscher Bühnenangehöriger (GDBA) vom 14.06.2018 unterstreicht (vgl. Löwer 14.04.2018).

1. **Nordrhein-Westfalen:** Bereits Ende 2014 hatte das Land NRW (unter der Regierung von SPD und Grünen) ein Kulturfördergesetz verabschiedet mit dem Ziel, durch einen Kulturförderplan, einen Landeskulturbericht und eine Gemeindegrenzen übergreifende Kulturentwicklungsplanung die kulturpolitische Zusammenarbeit zwischen Land und Gemeinden zu fördern. Das Gesetz sichert die Förderung von Produktion und Präsentation der Künste in ihrer Breite und Vielfalt, den Erhalt des kulturellen Erbes und definiert kulturelle Bildung zur gesetzlichen *Pflichtaufgabe* für alle *landes* eigenen Kultureinrichtungen (vgl. Kulturfördergesetz NRW, § 1–9). Die nachfolgende NRW-Regierung (CDU/Grüne) ließ dann 2018 in finanzieller Hinsicht Taten folgen: So wurden die Landeszuschüsse für die 18 kommunalen Theater- und Orchesterbetriebe in NRW im Jahr 2018 um sechs Millionen Euro erhöht. Zusätzlich wurde eine jährliche Steigerung um die jeweils gleiche Summe bis 2022 angekündigt. Damit wurde die Förderung des Landes für kommunale

Bühnen im Laufe der Legislaturperiode von bisher 20 auf 50 Mio. EUR erhöht. Die zusätzlichen Gelder sollen auf zwei Wegen verteilt werden: 20 Mio. EUR gehen an alle Theater- und Orchesterbetriebe als Basisförderung. Die übrigen 10 Mio. EUR werden in einem Wettbewerbsverfahren für künstlerische Konzepte an einzelne Häuser vergeben (vgl. Nachtkritik und WDR 08.03.2018).

Allerdings kritisiert die GDBA: „Der Landesanteil an der Theaterförderung betrüge auch mit den ambitionierten Steigerungen nach vier Jahren gerade 11 % – viel weniger als in allen anderen Bundesländern. Die GDBA fordert deshalb weiterhin 20 %. Und nicht vergessen werden darf: Viele Kommunen in NRW stehen als Träger der Hauptlast der Theaterfinanzierung nach wie vor unter Finanzaufsicht und Gelder für wichtige Aufgaben fehlen an allen Ecken und Enden" (Löwer 2018)

2. **Sachsen:** Das Sächsische Kulturraumgesetz vom 04.12.2018 geht in einigen Punkten weiter, da es die Kulturausgaben für Land *und* Kommunen als *Pflichtaufgabe* definiert, die gemeinsame Finanzierung regional bedeutsamer Einrichtungen und Maßnahmen durch die Gemeinde, den Kulturraum und den Freistaat Sachsen gesetzlich verankert und die partizipative Beteiligung der Fachöffentlichkeit an den kulturpolitischen Förderentscheidungen im Rahmen von Kulturbeiräten garantiert. Bisher einmalig in der bundesdeutschen Kulturpolitik ist die Garantie der Pflichtaufgabe in § 2, Abs.1 (Sachsen.de/ Revosax vom 04.12.2018). Allerdings unterbleibt eine Festlegung in puncto Leistungen, Einrichtungen oder Fördersummen. Die Kommunen werden nicht verpflichtet, bestimmte Einrichtungen zu finanzieren oder Haushaltsmittel in einer bestimmten Höhe bereitzustellen. Auch wenn die Kulturfördermittel vor Einsparung, Kürzungsauflagen oder Haushaltssperren geschützt sind, hat das Gesetz letztlich vor allem symbolisch-deklaratorischen Charakter (vgl. Hausmann 2019, S. 93).

Darüber hinaus erhöhte der Freistaat Sachsen ab der Spielzeit 2018/2019 seine Förderung für die kommunalen Theater und Orchester um jeweils 10 Mio. EUR für die vier darauffolgenden Jahre. Außerdem sollten die Kulturraumzuweisungen um jährlich drei Millionen steigen. Diese Steigerung soll für eine bessere Bezahlung der Beschäftigten an den kommunalen Theatern und Orchestern genutzt werden. Allerdings wendete die GDBA ein: „Der Freistaat will damit lediglich die bisherige Unterfinanzierung beenden. Ungerechtigkeiten für die Beschäftigten durch die zahlreichen im Land bestehenden Haustarifverträge sollen durch eine Annäherung an den Flächentarifvertrag beseitigt werden" (vgl. Löwer 2018).

3. **Mecklenburg-Vorpommern:** In Mecklenburg-Vorpommern beschloss die Landesregierung im Jahr 2018 nach 24 Jahren (sic!)(vgl. Löwer 2018), die Landesmittel für die Theaterförderung erhöhen. Der Betrag sollte von knapp 36 Mio. EUR auf zunächst mindestens 40 Mio. steigen und der Gesamtzuschuss von Land und Kommunen soll dann mit 2,5 % jährlich dynamisiert werden (vgl. Nachtkritik 13.06.2018). Dazu wandte die GDBA ein, dass diesen guten Nachrichten ein weiterer Stellenabbau im Nordosten des Landes gegenüberstehe (vgl. Löwer 2018).

Fazit: Die hier genannten Reformschritte auf Länderebene stellen zumeist keine grundlegende Verbesserung dar, sondern haben eher symbolpolitischen Charakter.

Cultural Leadership: Führung im Theater

5.1 Führungsaufgaben von Trägern und Kulturpolitik

5.1.1 Kulturpolitik: Mehr als Aufsicht und Kontrolle

Theater und Kulturpolitik

Die öffentlichen Theater sind in hohem Maße abhängig von der Förderung durch die Gesellschafter (Städte und Länder), denn der durchschnittliche *Anteil der öffentlichen Mittel* am jährlichen Theaterhaushalt lag beispielsweise in der Spielzeit 2017/2018 bei 82,2 % (vgl. Deutscher Bühnenverein 2019, S. 259). Wichtige Ansprechpartner auf der Landesebene sind in legislativer Hinsicht die Fraktionschefs der Parteien, die kultur- und haushaltspolitischen Sprecher, Haushalts-, Finanz- oder Kulturausschussmitglieder bzw. die Vorsitzenden der betreffenden Ausschüsse sowie in exekutiver Hinsicht die Kultus- und Finanzminister sowie deren Dezernenten und Ministerialbeamte. Auf städtischer Ebene sind dies in legislativer Hinsicht ebenfalls die Fraktionschefs der Parteien, die kultur- und haushaltspolitischen Sprecher der Fraktionen sowie die Vorsitzenden der Kultur-, Haushalts- und Hauptausschüsse. In exekutiver Hinsicht sind dies insbesondere (Ober-)Bürgermeister, Beigeordnete oder Dezernenten (einschließlich der Kämmerei), Stabsreferate sowie Leitungen des Kulturamts oder Personalamts (vgl. auch Schmidt 2012, S. 49, 12; Nix 2016, S. 119 f).

Theater(-Kunst) und Politik gehören unterschiedlichen gesellschaftlichen Funktionssystemen an und stehen daher in einem Spannungsverhältnis. Heiner Müller bringt es wie folgt auf den Punkt: „Politik ist das Machbare, Kunst das Unmögliche. Das ständige Insistieren auf dem Unmöglichen erweitert die Grenzen des Machbaren. Kunst kann nur auf Politik wirken, indem sie Politik stört" (Heiner Müller 2013, 237). Die Theaterleitungen sollten sich daher ebenso wie die Interessensverbände der Theater wie der Theaterschaffenden auch weiterhin nicht scheuen, sich immer wieder öffentlich zu Wort zu melden sowie aktiv Lobby- und Netzwerkarbeit zu betreiben.

Die Kernaufgabe der Kulturpolitik ist die Steuerung des Gemeinwesens im Hinblick auf künstlerische und kulturelle Angelegenheiten. Dies geschieht im Rahmen einer Verantwortungsgemeinschaft aus Bund, Ländern und Kommunen (vgl. Fuchs 2007, S. 12; Scheytt 2018, S. 38, 41). Aufgrund der öffentlichen Trägerstruktur der Stadt, Landes- und Staatstheater ist die Kulturpolitik wesentlicher *Ansprechpartner, Mitgestalter und Mitentscheider.* Angesichts der Finanzschwäche der Kommunen, der fortlaufend steigenden Kosten der Theater und der Reformdebatte zu Organisation und Führung wird die *konzeptionelle Mitsteuerung* der Kulturpolitik – vor allem durch ihre Vertreter in den Aufsichtsgremien und deren Vorsitzende – immer wesentlicher. Oliver Scheytt forderte schon während der ‚Blütezeit' der neoliberalen Ökonomisierung von Kultur, dass es einer *integralen* Sicht von Kulturpolitik und Kulturbetrieb, von Aufsichtsgremien und Theaterleitung bedürfe, um die Gesamtheit der Steuerung und Leitung abzubilden, ohne dass die künstlerischen und kulturpolitischen Aufgaben ökonomischen Zielen untergeordnet werden (vgl. Scheytt 2008, S. 45 f).

Kulturpolitik hat nicht nur eine Aufsichts- und Kontrollfunktion wahrzunehmen, sondern auch eine weit gefasste *Führungsaufgabe.* Diese sollte auch darin bestehen – im *Dialog* mit den Theaterleitungen, Theaterschaffenden und relevanten gesellschaftlichen Gruppen – an der Weiterentwicklung der Theater mitzuwirken. „Als KulturpolitikerIn muss man wissen, welches Theater oder Orchester man für die eigene Stadt möchte und dazu Haltung zeigen. Politische oder gesellschaftliche Relevanz mit dem Theater zu erlangen…, ist ein Weg, den die Kulturpolitik gemeinsam mit den Häusern gehen muss" (Grandmontagne 2018, S. 11). Nach der Staatsministerin für Kultur und Medien Monika Grütters sollte es das vordringliche Ziel jeder verantwortlichen (Kultur-)Politik sein, „Kunst und Kultur aufs Beste zu bewahren, sie adäquat zu fördern und ihren Raum zur freien Entfaltung zu schützen (Grütters 2018, S. 43).

Dass Kulturpolitiker nolens volens Management- und Führungsaufgaben wahrnehmen müssen, lässt sich auch am *Rollenmodell von Henry Mintzberg* aufzeigen. So haben sie als *Galionsfiguren* Repräsentationsaufgaben zu erfüllen, als *Vorgesetzte* bei der Besetzung exponierter Stellen mitzuwirken und als Koordinatoren oder *Netzwerker* beispielsweise Kontakte zwischen der Theaterleitung, möglichen Sponsoren oder politischen Instanzen (auch auf der Landes- und Bundesebene) zu vermitteln. Als *Radarschirm* und *Informationssammler* sollten sie sich Expertenwissen über das Theater, seine Struktur und seine

Umwelt aneignen, als *Sender* wichtige Informationen an die Leitung weitergeben oder auch in besonderen Phasen z. B. am Ende einer Intendanz oder nach Bestellung einer neuen Intendanz als *Sprecher* an die Öffentlichkeit treten. Außerdem haben sie als *Entrepreneur* die Aufgabe, Chancen für Innovationen und Veränderungen zu identifizieren sowie die entsprechenden Schritte zu begleiten. Darüber hinaus kennen sie die Rolle des *Krisenmanagers,* wenn sie z. B. bei Konflikten zwischen Intendanz und Geschäftsführung vermitteln müssen, die Rolle des *Ressourcenzuteilers* im Hinblick auf die Etatverhandlung sowie die des *Verhandlungsführers* bei Gesprächen und Verhandlungen innerhalb der eigenen Partei, mit anderen politischen Parteien oder anderen politischen Ebenen im Bereich der Länder oder des Bundes.

Aktive Kulturpolitik, Political Leadership und Politische Führung
An dieser Stelle wird für einen *Paradigmenwechsel* plädiert: Kultureinrichtungen wie Theater oder auch künstlerisch Tätige brauchen keine Impulse durch eine aktivierende Kulturpolitik, denn ihre Aktivitäten generieren sie durch Selbstermächtigung und hohe intrinsische Motivation ohnehin selbst. Der aktivierende Staat im Sinne von Aufgabenstellungen, Forderungen oder auch Sanktionen ist nicht mehr zeitgemäß und weniger Dirigismus ermöglicht mehr Innovation (vgl. auch Zimmermann 2017, S. 41). Kultureinrichtungen wie Theater benötigen vielmehr einen ermöglichenden Staat und eine engagierte, visionäre, mitgestaltende sowie unterstützende Kulturpolitik, die *selbst aktiv* wird, die ihre Aufsichts- und Kontrollfunktion zu einer *Führungsaufgabe* erweitert und die sich nicht auf bloße Erfolgskontrolle im Sinne von ‚Zählen, Messen und Wiegen' beschränkt (vgl. ebd.). Dies stellt insbesondere für die Vorsitzenden der Trägergremien oder Aufsichtsräte eine wirkliche Herausforderung dar.

Der Kulturpolitik kommt – ähnlich wie der Intendanz – eine *Schlüsselrolle* bei der *Transformation* der Kultureinrichtungen zu. Da der *Status quo* der kulturellen Infrastrukturen auch durch das hierarchische Machtgefälle innerhalb der Institutionen selbst *zementiert* wird, sind laut Hennig Mohr *grundlegende Rahmensetzungen* durch die Kulturpolitik in Bezug auf eine stärkere *Innovationsorientierung* mehr denn je notwendig. Das heißt Kulturpolitik, die sich als Gesellschaftspolitik versteht, sollte öffentlich geförderte Einrichtungen und deren (Theater-)Leitungen stärker in die Pflicht nehmen (vgl. Mohr 2020, S. 6 f). Henning Mohr nennt unter anderem zwei Bereiche, die die *Steigerung der Innovationsfähigkeit* unterstützen können, nämlich *Agilität* und *Diversität,* da hiermit die wesentlichen Fragen zu Steuerungsformen sowie nach dem Umgang mit Machtfragen und vorhandenen Expertisen thematisiert werden (vgl. ebd).

Diese Idee einer *aktiven* Kulturpolitik, die sich als engagierte Impulsgeberin und innovationsfreudige Mitgestalterin von Kulturorganisationen versteht, steht in einer gewissen Verwandtschaft zu den Begriffen des *Political Leadership* oder der *Politischen Führung* (vgl. Jankowitsch/Zimmer 2008; Eckert 2019). Mit dem Begriff des *Political Leadership* ist keine Verengung auf ein einseitig personenzentriertes Leadership-Konzept intendiert, sondern Politik wird hier im Spannungsverhältnis von transaktionalem Management (mit einer intensiven Bindung an Gesellschaft und Wähler) und transformationalem Leadership (mit Betonung des Einflusses der unverwechselbaren Persönlichkeit) verortet, wobei allerdings nach Anton Pelinka für ‚Heroes' in demokratischen Gesellschaften wenig Platz ist (vgl. Pelinka 2008, S. 38 f).

Aufschlussreich für unsere Überlegungen ist jedoch vor allem der Umstand, dass im *Political Leadership*-Ansatz mit Blick auf die Mandatsträger die *Bereitschaft zu Innovationen,* der *Mut zu Visionen* sowie eine gewisse *Entscheidungsfreudigkeit* betont werden. Politische Entscheidungsträger sollten Probleme rechtzeitig identifizieren und *Lösungsoptionen* formulieren, *Ziele* benennen und entsprechende *Mittel* bereitstellen. Kern von Political Leadership ist das Vorhandensein eines politischen *Projekts,* das den *Möglichkeitsraum* erweitert und utopisch erscheinende Konstellationen real werden lässt (vgl. Rosenberger 2008, S. 60).

Aufgrund der eingangs erläuterten Skepsis gegenüber dem klassischen Leadership-Begriff wird hier der Terminus der *Politischen Führung* favorisiert. Diese erweitert das Konzept des Political Leadership, indem sie neben programmatischen *Visionen* (ähnlich wie im Cultural Leadership) die *relationale* Dimension, nämlich die *gegenseitige Einfluss-Beziehung* zwischen politischer Führung und Geführten – seien es nun Bürger oder unterstellte Organisationen – betont, die auf Interaktion, *Dialog* und *Kongruenz* basieren sollte (vgl. Eckert 2019, S. 87 f, 90 f, 137 f). Politische Führung umfasst – ähnlich wie idealiter Führung im Allgemeinen – *Konzipieren, Koordinieren* und *Kommunizieren* sowie den Mut, ein *visionäres,* gemeinwohlfähiges Angebot zu unterbreiten, dass andere annehmen können oder eben auch nicht (vgl. Eckert 2019, S. 7, 27 f). Entgegen dem launigen Diktum von Helmut Schmidt, dass Menschen mit Visionen zum Arzt gehen mögen, sind Politik und Kulturpolitik auf *Visionen* geradezu *angewiesen.* (Kultur-) Politik ohne Visionen wäre quasi ‚pathologisch' (vgl. ebd. 27).

Politische Führung ist nicht nur ein erlernbares, anspruchsvolles Handwerk, sondern agiert immer zwischen ‚Wirklichkeitssinn' und ‚Möglichkeitssinn', also der Fähigkeit, „alles was ebenso gut sein könnte, zu denken und das, was ist, nicht weniger wichtig zu nehmen als das, was nicht ist" (Robert Musil, in: Eckert 2019, S. 27). Dabei sollte Politische Führung von *Responsivität* im Hinblick auf Themen, Anliegen und Stimmungen der Geführten geleitet sein, ohne in wahltaktischen Populismus zu verfallen (vgl. Eckert 2019, S. 92 f, 137). Dieses Prinzip der Responsivität und des Dialogs ist auch Ausdruck eines (bereits eingangs erläuterten) *führungsethischen Selbstverständnisses.*

Realität der Kulturpolitik
Idealbild und Realbild von Kulturpolitik klaffen weit auseinander. So hat auch die Kulturpolitik (ähnlich wie der Deutsche Bühnenverein, die Bühnengewerkschaften oder auch manch eine Theaterleitung) in der Vergangenheit nicht konsequent genug versucht, eine konzertierte Verständigung darüber herzustellen, welche Rolle das Stadttheater in der Gesellschaft spielen soll, welche Strukturen nachhaltige Wirkungen erzielen und welche Maßnahmen ergriffen werden sollten, um eine breite Partizipation der Bevölkerung zu erzielen (vgl. Schneider 2013, S. 21 f). Wolfgang Schneiders Urteil: „Die künstlerischen und politischen Träger sind mitschuldig an der Misere, weil sie allzu gerne nur auf der Perpetuierung ihres Systems beharren" (ebd. 22).

Die *Erwartungen* an die Kulturpolitik sind hoch. So erwarten die verschiedenen internen und externen Anspruchsgruppen des Theaters von Kulturpolitikern – wie aus einer Untersuchung von Christopher Vorwerk hervorgeht – dass sie das Theater, seine Akteure und ihre Arbeit wertschätzen, ein hohes Verständnis für die internen Abläufe mitbringen und dauerhaft den Kontakt zur Theaterleitung und zur Mitarbeiterschaft halten. Kulturpolitiker sollten sich engagiert, selbstbewusst und durchsetzungsstark für ihr Theater einsetzen. Dass Ergebnis kulturpolitischen Engagements sollte die Förderung und Stärkung des Theaters sein verbunden mit einer ausreichenden, sicheren Finanzierung (vgl. Vorwerk 2012, S. 152 f).

Die *Realität* der Kulturpolitik wird jedoch anders wahrgenommen. Kulturpolitiker gelten nach Vorwerk nicht selten als uninteressiert, durchsetzungsschwach oder sogar als Qualitätsverhinderer. Daher werden von den verschiedenen Anspruchsgruppen statt Sonntagsreden mehr echte Akzeptanz sowie eine entsprechende finanzielle und moralische Unterstützung gefordert. Auch die *Kulturpolitiker selbst* fordern von ihrer eigenen Zunft mehr Selbstbewusstsein und das Bemühen, das Theater nicht als Dauer-Sparbüchse zu betrachten, sondern als wichtige gesellschaftliche Institution zu *verteidigen* (vgl. ebd. 178).

5.1.2 Der Wandel der Kulturpolitik

Die kulturpolitische Landschaft hat sich in den letzten 25 Jahren enorm gewandelt: In etlichen Kommunen wurden die Kulturämter oder Kulturdezernate aufgelöst und die verbliebenen Amtsinhaber mit zusätzlichen Aufgaben überhäuft. Angesichts der finanziellen Kraftanstrengungen, die den Gemeinden (beispielsweise im Bereich der Sozialpolitik) abverlangt werden, wird die Kulturpolitik nicht selten in die Defensive gedrängt.

Die Überlastung, die Resignation oder auch das fehlende Interesse vieler Kulturpolitiker äußert sich beispielsweise auch darin, dass bei den Versammlungen des Deutschen Bühnenvereins immer weniger Mandatsträger teilnehmen und sich diese stattdessen von den Geschäftsführern oder Verwaltungsleitern der Theater vertreten lassen. Dadurch besteht allerdings die Gefahr, dass die Kulturpolitik von den derzeit geführten, theaterpolitischen Debatten vollends abgeschnitten wird und die Bereitschaft zu aktiver Mitgestaltung noch weiter sinkt.

Marc Grandmontagne, der Geschäftsführer des Deutschen Bühnenvereins, beschreibt die Lage wie folgt: „Oft gibt es schlicht keine KulturdezernentInnen mehr, und die, die es noch gibt, haben so viele Aufgabengebiete, dass sie schlicht keine Zeit mehr haben, um an den (im Bühnenverein) (…) geführten, wichtigen Debatten teilzunehmen (…) wir haben viele Kommunen, Städte sowie die Landespolitik mit am Tisch sitzen. Aber in den letzten Jahren sind diese Plätze vielfach leer geblieben" (Grandmontagne 2018, S. 11).

Die Passivität und der Rückzug der Politik aus den kulturpolitischen Diskursen (vgl. Nix 2016, 119 f) korrespondiert mit der Transformation des Wohlfahrtsstaates zu einem neoliberal agierenden Staat, der – wohlgemerkt vor der Corona-Krise – im Rahmen der Deregulierung öffentliche Aufgaben an gemeinnützige oder gewinnorientierte Organisationen übertragen hat, die eigenen Strukturen durch New Public Management und Dezentralisierung auf mehr Effizienz getrimmt hat (vgl. Zulauf 2012, S. 21 f) und den einzelnen Bürger zu aktivieren versuchte, für das eigene Wohlergehen selbst zu sorgen. Man muss allerdings relativieren, dass sich der bundesdeutsche Staat angesichts der Corona-Epidemie fast gänzlich vom neoliberalen Paradigma verabschiedet und in der jüngsten Zeit intensiv damit befasst hat, die Folgen der Corona-Epidemie für Unternehmen, Selbstständige und Arbeitnehmer abzufedern, so dass sich dabei über Nacht quasi eine Art Staatswirtschaft entwickelt hat. Die Politik hat Milliarden Euro in Unternehmen gepumpt, sich beteiligt, zinslose Kredite bereitgestellt, Arbeitsplätze aus Steuergeldern finanziert, Schutzschirme über ganze Industrien gespannt, Konjunkturprogramme aufgelegt und einen Berg von Schulden gemacht (vgl. Hage 2020, S. 10).

Aber noch einmal der Blick zurück in die Zeit *vor* der Corona-Krise: Dem aktivierenden Staat der Nuller- und Zehner-Jahre entsprach die aktivierende Kulturpolitik im Sinne einer Cultural Governance. Diese entließ nicht nur viele

Kultureinrichtungen aus dem Korsett der Kameralistik und gewährte ihnen die oft begrüßte, flexible Mittelverwendung, sondern setzte auch verstärkt auf private, kommerzielle Anbieter (was zu einer zunehmenden Popularisierung und Eventisierung führte), auf Organisationen der Zivilgesellschaft und auf individuelles bürgerschaftliches Engagement, da sich auf diese Weise Kosten reduzieren ließen (vgl. Zulauf 2012, S. 20 f; Nix 2016, S. 57).

Auch die öffentliche Theaterförderung wurde dem marktlogischen Dispositiv angepasst. Es wurde vor allem das gefördert, was an Hand vorgegebener Kriterien evaluierbar und mittels Kennzahlen messbar war. Das Theater wurde auf die Marktperspektive reduziert und die staatsbürgerliche, bildungsbezogene, soziale und politische Perspektive ausgeblendet (vgl. Rosa 2017, S. 25 f; Zimmermann 2017, S. 40 f). Dabei sollte doch gerade die öffentliche Förderung das Theater als meritorisches Gut vor den Marktmechanismen schützen und sicherstellen, dass es die Aufgabe der kulturellen Versorgung der theaterinteressierten wie der weniger theateraffinen Bevölkerung erfüllen kann. „Die Idee vom ‚Stadt-theater als Möglichkeitsraum' kämpft dabei aber seit Jahren gegen die Effizienz-forderung der Kulturpolitik und einer Öffentlichkeit, die Sinn und Nutzen der Institution Stadttheater nur durch möglichst hohe Auslastungszahlen bewiesen sieht" (Volkland 2018, S. 9).

Theater soll die Stadtgesellschaft bereichern und mitgestalten. Aber die Theater haben ihre wichtigste Lobby nicht nur aufgrund der geschwundenen Durchsetzungskraft der Kulturpolitik gegenüber der Finanzpolitik verloren, sondern auch mangels durchschlagender kulturpolitischer Konzepte (vgl. Schmidt 2013, S. 196). Nach Christoph Nix fehlt aufseiten der Kulturpolitik oft die Bereitschaft, das Theater als philosophischen und zugleich wider-ständigen Ort zu akzeptieren und zu propagieren. Dies korrespondiere damit, dass der Typus des Ministers, Bürgermeisters oder Kulturdezernenten, der eine Vision, programmatische Leitlinien oder ein grundlegendes Konzept für das Theater formuliert, weitestgehend verschwunden sei (vgl. Nix 2016, S. 13, 20, 43, 120). So wünscht sich auch Hortenia Völckers, die Leiterin der Kultur-stiftung des Bundes, mehr politische Rückendeckung für die Theater als hoch-filigrane Gebilde – und keine kräftezehrenden Debatten um Kürzungen oder gar Schließung – damit diese eine Art Magnetismus entwickeln können, der sie zum Zentrum der urbanen Kultur macht (vgl. Völckers 2011, S. 86).

Kulturpolitik muss also mehr sein als Kulturwirtschaftspolitik und Förderung eines Standortfaktors zur Attraktivitätssteigerung einer Stadt (vgl. Zulauf 2016, S. 20 f). Daher wird hier dafür plädiert, dass die frühere *aktivierende* Kultur-politik abgelöst wird durch eine neue, *aktive* Kulturpolitik, die ihren Führungs-auftrag ernst nimmt, sich wieder mehr einmischt, Visionen und Strategien für

‚ihr' Theater dialogisch mit entwickelt, eine Reform von Organisation und Führung mit vorantreibt und sich für eine Verbesserung der Arbeitsgegebenheiten sowie eine angemessene, ideelle und finanzielle Unterstützung einsetzt.

5.1.3 Politische Führung: Aufgaben einer aktiven Kulturpolitik

Kulturpolitik hat eine Führungs- und Gestaltungsaufgabe. Sie steht vor der Herausforderung, die gesellschaftlichen Entwicklungen und die sich daraus ergebenden kulturpolitischen Aufgaben zu reflektieren, zu diskutieren und (mit) zu definieren. Die kulturpolitische Willensbildung sollte sich dabei im *Dialog* mit den verschiedenen gesellschaftlichen Anspruchsgruppen vollziehen, denn sie lebt – im Sinne der ‚Politischen Führung' – vom *Diskurs* und der *Teilhabe* zahlreicher Akteure aus der kulturellen Szene und der Bürgergesellschaft (vgl. Scheytt 2008, S. 29).

Kulturpolitik hat auch im Hinblick auf die Theater eine *Führungsfunktion*. Allerdings wird diese viel zu selten konsequent wahrgenommen. Dies äußert sich nicht nur in fehlenden Visionen und Konzepten oder in geringem Beharrungsvermögen gegenüber der Finanzpolitik. Hinzu kommen häufig – trotz hoher Kulturaffinität – fehlende fachliche Expertise, Unkenntnis über die Spezifik des Theaters als Ort der Kunstproduktion, unzureichende Informationen über die Arbeitsgegebenheiten vor Ort sowie ein gebremstes, eigenes Informationsbedürfnis und fehlender Gestaltungswille (vgl. auch Schmidt 2012, S. 52, 54, 63 und Schmidt 2019a, S. 422 f.).).

Politiker stehen vor der Aufgabe, sich mit der Besonderheit der Kunstform Theater und ihren aktuellen Ausprägungen vor Ort genauso zu befassen wie mit einschlägigen Erkenntnissen aus dem Managementbereich. Mit grundsätzlichen Reformen und einem qualifizierten Management könnten nach Oliver Scheytt Kulturpolitiker und Theaterleitung gemeinsam ihre ‚Hausarbeiten' erledigen, um „Finanzpolitiker und die Öffentlichkeit davon zu überzeugen, dass das Geld im Theater richtig angelegt ist" (Scheytt 2008, S. 161). Die Aufsichtsräte sollten daher mit Persönlichkeiten besetzt sein, die neben ausgeprägtem künstlerischen Interesse auch wirtschaftliche Kompetenz (vgl. ebd.) besitzen, allerdings nicht mit der Ziel, weitere Einsparpotenziale zu identifizieren und das Theater zu verschlanken, bis nichts mehr davon übrig ist, sondern um den nötigen Wandel begleiten zu können.

Die Aufsichts- und Führungsaufgabe der Kulturpolitik sollte sich also nicht darauf beschränken, das Theater nach *Effizienzkriterien* auszurichten, sondern sie besteht auch darin, die Intendanz in Form von Anregungen, Feedback und

Beratung bei Transformationsprozessen zu unterstützen und dabei auch *ethische* Maßstäbe zu berücksichtigen (im Hinblick auf bessere Arbeitskonditionen, geringeren Output, geteilte Führung und stärkere Partizipation des Ensembles). Dabei ist ein Aspekt entscheidend: Es geht nicht um die Restitution eines hierarchisch agierenden Kulturstaates, der den Entscheidungs- und Gestaltungs-spielraum der Intendanz, der durch das Kunstfreiheitsgesetz geschützt ist, ein-zuschränken soll. Vielmehr geht es um Anregung, Austausch und Dialog auf Augenhöhe. Oliver Scheytt sprach schon 2008 von einer Verantwortungspartner-schaft, bei der Steuerung nicht nur moderieren heißt, sondern auch mit eigener Position motivieren und anstoßen (vgl. Scheytt 2008, S. 148).

Je mehr die Kulturpolitik ihr *Führungs- und Beratungsmandat* wahrnimmt, je mehr sie im Hinblick auf das betreffende Theater (auch unterstützt durch externe Berater) Expertenwissen erwirbt und an selbstdefinitorischen, strategischen und strukturellen Fragen mitwirkt, desto mehr werden ihr Involvement und ihr Engagement für das betreffende Haus steigen. Und vor allem bekommt die oft sich selbst überlassene, sich zwangsläufig permanent selbstführende Theater-leitung einen kompetenten Ansprechpartner. Die Aufsichtsgremien der Theater sind der Idee nach zwar angelehnt an die Aufsichtsräte größerer Unternehmen, die ebenfalls eine Überwachungs- und Beratungsfunktion gegenüber der Unter-nehmungsleitung ausüben (sollten). Für die Konkretisierung dieses Doppel-mandats von Aufsicht/Überwachung und normativ-strategischer Beratung bietet sich jedoch eher ein Benchmarking-Blick in den Bereich der *Hochschulen* und *Universitäten* an. Die Hochschulleitung (sprich Präsidium oder Rektorat analog zur Intendanz) wird durch zwei Organe gewählt, überwacht und beraten, nämlich durch den Hochschul- oder Universitätsrat sowie durch den Senat. Beide Organe über jeweils eine beratende Funktion in Form von Empfehlungen und Stellung-nahmen aus (vgl. Ministerium für Kultur und Wissenschaft des Landes Nord-rhein-Westfalen: Hochschulgesetz 2019, § 21 und 22).

Zwar kann sich die Intendanz auf die Kunstfreiheit nach Artikels 5 Abs. 3 des Grundgesetzes berufen. Allerdings steht dem die Aufsichtspflicht der Kultur-politik gegenüber, d. h. sie kann ihren Einfluss auf den Theater- und Orchester-betrieb sichern, indem sie der Leitung im Anstellungsvertrag besondere Bindungen auferlegt, sich selbst wichtige Entscheidungen vorbehält oder ein Weisungsrecht ausbedingt (vgl. Scheytt 2005, S. 186). Dabei ist zu beachten, dass die Führungs- und Organisationsstruktur des Theaters durch entsprechende Regelungen in Satzung und Gesellschaftsvertrag klar definiert ist und dass diese Regelungen mit dem Intendantenvertrag und den Verträgen mit dem weiterem Führungspersonal in Einklang gebracht werden, denn sonst sind (wie noch gezeigt wird) Konflikte vorprogrammiert.

Kulturpolitiker sollten sich auch an *ethischen Maximen* orientieren. Maximilian Norz nennt bezogen auf die Führungsebene von Politik und Verwaltung unter anderem folgende Prinzipien: Gleichbehandlung bei Bewerbungsprozessen unabhängig von Geschlecht und Herkunft, Einsatz für den Erhalt und die Förderung der Künstlersozialkasse, Einsatz für die Einhaltung bestehender gesetzlicher Regelungen im Kulturbereich, Achtung auf Transparenz bei der Fördermittelvergabe für künstlerische Projekte oder auch Einsatz für die Einführung von Mindestgagen in der Musik und der darstellenden Kunst (vgl. Norz 2016, S. 113 f).

Engagierte Kulturpolitik denkt nicht nur bis zum Ende der Legislaturperiode, sondern darüber hinaus. Um ihrem umfassenden Führungsauftrag von Aufsicht, Begleitung und Beratung gerecht werden zu können, sollten folgende *Führungsaufgaben* im Sinne einer *aktiven* Kulturpolitik vom Träger und insbesondere von den Aufsichtsratsvorsitzenden und ihren Stellvertretungen wahrgenommen werden:

- sich mit der Spezifik des Theaterbetriebes vor Ort sowie damit verbundenen Problemstellungen vertraut machen
- in den Gremien klare konzeptionelle Akzente setzen,
- mit Fachkenntnis und Engagement in die Verteilungskämpfe ums Geld gehen und sich dabei als Lobbyist und Fürsprecher des Theaters verstehen
- einen Intendanz-Wechsel als Chance für einen Systemwechsel oder grundsätzliche. Veränderungen nutzen (und dabei auch Bewerbungen von Leitungsteams berücksichtigen)
- bei Auswahl und Findung von Führungspersonal auf mehr Mitbestimmung des Ensembles sowie externe Expertise setzen
- das Findungsverfahren mit Hilfe eines transparenten, klaren Anforderungsprofils und Kriterienkatalogs (der auch Management- und Führungskompetenzen umfasst) professionalisieren
- den Gesellschaftervertrag, die Satzung, die Geschäftsordnung und den Intendantenvertrag friktionsfrei aufeinander abstimmen und transparent kommunizieren
- konzeptionell und beratend mitwirken bei der Weiterentwicklung des Hauses
- der neuen Intendanz genügend Zeit zubilligen sowie Spielräume lassen für künstlerische Experimente und stadt- bzw. gesellschaftsbezogene Positionierungen
- sich mit dem Führungsstil auf Intendantenebene einschließlich der Machtfrage befassen und sich gegebenenfalls bei gravierenden hausinternen Konflikten vermittelnd einschalten

- einen kontinuierlichen Dialog zwischen Aufsichtsgremium, Intendanz, Ensemble und Mitarbeiterschaft ('Runder Tisch') fördern
- mehr Spielräume für die Optimierung der Arbeitsbedingungen und für mehr Teilhabe eröffnen
- die durch coronabedingte Schließungen in eine Schieflage geratene Bühne ideell und materiell unterstützen
- in höheren Gremien und Ausschüssen wie dem Deutschen Bühnenverein mitwirken
- und insgesamt Kultur- bzw. Theaterpolitik als eine echte Herzensangelegenheit verstehen.

Es gibt nach Marc Grandmontagne, dem Geschäftsführenden Direktor des Deutschen Bühnenvereins, immerhin einen Hoffnungsstreif am Horizont: So mache er in der jüngsten Zeit eine neue und wachsende Generation von Kulturpolitikern und Kulturpolitikerinnen aus, die sich an der Debatte um das Theater beteiligt und die auch in der übrigen Politik stärker als in den letzten Jahren Gehör findet (vgl. Grandmontagne 2017, S. 56 und 2018).

5.1.4 Beispiele für Führungskrisen in der Kulturpolitik

Es fällt auf, dass – trotz der seit Jahren geführten Reformdebatte – Intendanzen seitens der Kulturpolitik teilweise immer noch an der Stadtgesellschaft, an Theaterfachleuten und auch am betreffenden Ensemble vorbei in einer Art *‚Nacht- und Nebel'-Aktion besetzt* werden.

Hier seien beispielhaft zwei Berufungen in der jüngsten Vergangenheit erwähnt:

1. Hier wäre zunächst die Anfang 2015 getroffene Entscheidung des neu berufenen Berliner Kulturstaatssekretärs Tim Renner sowie des Regierenden Bürgermeisters und Kultursenators von Berlin Michael Müller zu nennen, die ‚Republik Castorf' (Raddatz 2016) an der Berliner Volksbühne nach 25 Jahren zu beenden und die Leitung in die Hände des damaligen Leiters der Londoner Tate Gallery Chris Dercon zu legen (vgl. Berliner Zeitung 26.03.2015; Tagesspiegel 21.06.2016). Unter Castorfs Intendanz war die Volksbühne – trotz einer künstlerischen Krise zum Ende der Nuller Jahre – innerhalb von zweieinhalb Jahrzehnten zum innovativsten deutschsprachigen Sprech-und Künstlertheater avanciert. Sie war nicht nur ein Hort der ostdeutschen Kultur und Identität gewesen, sondern auch ein Ort für experimentelles Sprech-

theater, neue Ansätze wie Kresniks Tanztheater, Marthalers Musiktheater, Schlingensiefs Agitprop-Theater, Polleschs Diskurstheater sowie Performances von Müller/Vinge sowie von freien Theaterkollektiven wie Gob Squad oder Rimini Protokoll. Castorfs Intendanz wurde schließlich noch bis zum Ende der Spielzeit 2016/2017 verlängert, bevor Chris Dercon die Intendanz übernahm, die aber ihrerseits bereits im April 2018 wieder beendet wurde (vgl. Höbel 13.04.2018).

Nach Dercons Vision sollte die Neue Volksbühne ursprünglich neben dem Stammhaus auch zwei Hangars am stillgelegten Flughafen Berlin Tempelhof bespielen. Die Idee war eine Expansion der ‚Dachmarke' Volksbühne, die Teil eines Gesamtkonzepts werden sollte, mit dem Berlin sich als Standort für Kunst neu positionieren sollte. Internationale Künstler sollten Werke zwischen Bildender Kunst, Theater, Installation, Medienkunst und Tanz produzieren und aufführen. Auf dem Areal des Flughafens Tempelhof sollte sich zudem ein neues urbanes Zentrum für die Kreativwirtschaft etablieren. Allerdings konnte weder die Kulturverwaltung noch der Bürgermeister finanzielle Unterstützung für das Tempelhof-Projekt zusagen, so dass Dercon hierfür ganz auf Sponsorengelder angewiesen war. Vor allem aber beinhaltete das Konzept von Dercon und Piekenbrock eine Neuausrichtung der Volksbühne von der Ensemble- zu einer Plattformstruktur für wechselnde Künstler unterschiedlicher Genres mit den Schwerpunkten Tanz, Schauspiel und Film. Spätestens als René Pollesch Mitte März 2016 Tim Renner eine Absage bezüglich des ihm angetragenen Schauspielchef-Amtes unter der Intendanz von Chris Dercon erteilte, wäre es angebracht gewesen, das gesamte Konzept zu überdenken (vgl. Goetz/Laudenbach 2018).

Die Berufung des Museumleiters und Kurators Dercon wurde in der Theaterszene sogleich harsch kommentiert: Claus Peymann machte mit einem Offenen Brief an den Bürgermeister Michael Müller den Anfang, indem er sich dagegen verwahrte, dass die „einst so ruhmreiche Volksbühne zum soundsovielten Eventschuppen der Stadt gemacht werden (sollte)" (Peymann 2015). Und es folgte kurz darauf ein (letztlich vergeblicher) Offener Brief von Ensemble und Mitarbeiterschaft, in dem der drohende Abstieg des profiliertesten bundesdeutschen Sprechtheaters, die Schleifung von Identität, die Verdrängung künstlerisch bearbeiteter gesellschaftlicher Konflikte durch eine Konsenskultur mit einheitlichen Darstellungs- und Verkaufsmustern sowie die drohende Zerschlagung von Ensemble und Mitarbeiterschaft kritisiert wurde (vgl. Mitarbeiter der Volksbühne 20.06.2016).

Das Recherche-Team der Süddeutschen Zeitung kommentiert die Entwicklung an der Volksbühne in dieser Zeit folgendermaßen: „In der Zeit zwischen Januar 2015 und Dezember 2016, also in knapp zwei Jahren, geriet Dercons

Vision der Volksbühne als Dachmarke für die Stadt in einen Abwärtsstrudel. Viele an der alten Volksbühne verlangten seinen Rücktritt. Wichtige Volksbühnen-Regisseure wie Pollesch und Fritsch weigerten sich, mit ihm zu arbeiten. Dercon würde nicht auf das Repertoire der alten Volksbühne zurückgreifen können. Die Stadt konnte die nötigen Mittel für Tempelhof nicht zur Verfügung stellen, und Dercons Pläne zur Geldbeschaffung gingen nicht auf (…). Der finanzielle Spielraum des Berliner Theaters mit den zweithöchsten Subventionen aller Sprechtheater der Stadt ist erschöpft. Der Versuch, in der Struktur eines auf Eigenproduktionen und Repertoirebetrieb ausgelegten Stadttheaters mit personalintensiven Gewerken im Wesentlichen einen teuren Gastspielbetrieb zu errichten, hat das Budget des Hauses überfordert. Die Produktionskosten sind exorbitant. Ein Beispiel: Allein die an vier Tagen gezeigte Produktion ‚A dancers day – 10.000 gestes' im September 2017 kostete laut Angaben von Programmdirektorin Piekenbrock 433.910,73 EUR. Einnahmen, laut der von Piekenbrock dem Rechercheteam zur Verfügung gestellten Budgetaufstellung: Keine (…). Die Auslastung der Theatervorstellungen auf der großen Bühne liegt bei unter 50 Prozent. Viele Vorstellungen in dem Haus mit 824 Plätzen, dem größten Theater Berlins, haben weniger als 200 Zuschauer. Das Budget reicht kaum noch für größere Repertoire-Neuproduktionen. Prominente Künstler sagen vereinbarte Auftritte ab, renommierte Regisseure beenden die Zusammenarbeit mit dem Theater schon vor ihrer ersten Premiere (…). Am Donnerstag, 12. April 2018, hat Chris Dercon einen Termin, der sein Leben verändern wird (…). Ihm werden zwei Briefe übergeben: eine Kündigung, gültig ab September, und die sofortige Freistellung von seinen Aufgaben als Intendant." (vgl. Goetz/Laudenbach 2018).

Nun kann man sich fragen, warum die Kulturpolitik die sehr eigenwillige Richtung eingeschlagen hatte, dass die Volksbühne als Haus für Avantgarde-Sprechtheater nun dem HAU oder den Sophiensälen Konkurrenz machen sollte und diese neue Ausrichtung durch einen Kurator verantwortet werden sollte, warum es so wenig finanzielle Unterstützung seitens der Politik für das Tempelhof-Projekt gab (obwohl dies eine zentrale Voraussetzung für Dercon Zusage gewesen war) und wieso das Tandem aus Regierendem Bürgermeister und Kulturstaatssekretär auch dann noch unbeirrbar an Dercon festhielt, nachdem René Pollesch das ihm angetragene Amt des Schauspielleiters am 19.03.2015 abgelehnt hatte (vgl. Goetz/Laudenbach 2016 und Behrendt 2018a, S. 1).

Als alternatives Procedere hätte im Vorfeld der Berufung zunächst eine Debatte um die zukünftige Ausrichtung der Volksbühne mit Vertretern aus Politik, Stadtgesellschaft, Ensemble/Mitarbeiterschaft, Deutschem Bühnenverein, Gewerkschaften und Feuilleton stattfinden können. Dies wäre vielleicht zeitraubender gewesen als eine aus dem Hut gezauberte Top-Down-Entscheidung, hätte aber zu einer demokratisch verankerten und nachhaltigeren Lösung geführt. Seit dem 01.01.2019 ist Chris Dercon nun in sein altes Wirkungsfeld zurückgekehrt und hat die Leitung der französischen Staatsmuseen im Grand Palais auf den Champs-Elysées in Paris übernommen (vgl. Knöfel 2019, 118 f). Die Ironie der Geschichte: Die Entscheidung seines Vorgängers Renner gegen die Volksbühnentradition wurde von Kultursenator Klaus Lederer im Nachhinein kassiert, da der langjährige Volksbühnen-Hausregisseur René Pollesch ab der Spielzeit 2021/2022 nun sogar zum Intendanten der Volksbühne berufen wurde (vgl. Schaper 12.06.2019). Vielleicht gelingt es René Pollesch, beide Strömungen miteinander zu versöhnen, nämlich innovatives Ensemble- und Sprechtheater mit interdisziplinären Kunstformen und Performances unter einem Dach zu vereinen.

2. Ähnlich hermetisch und nach Top-Down-Manier wurde die Entscheidung der Kölner Kulturpolitik – durch ein Mini-Gremium aus Kulturdezernentin, Oberbürgermeisterin und dem *ehemaligen* geschäftsführenden Direktor des Deutschen Bühnenvereins – gefällt, den Intendanten des Salzburger Landestheaters, Carl Philip von Maldeghem, ans Schauspiel Köln zu berufen. Dies führte zu Protestnoten seitens der Kölner Kulturszene wie beispielsweise von Narvid Kermani (vgl. Marcus 2019). Auch hier wurde der Alleingang einer dreiköpfigen Kommission kritisiert, die ihre Entscheidung ohne Rückkopplung zur Stadtgesellschaft, ohne weiteren Expertenrat (beispielsweise durch Theaterkritiker, andere Intendanten/innen oder Ensemblemitglieder), ohne transparente Kriterien und ohne die Kommunikation eines Anforderungsprofils ,im Hinterzimmer' gefällt hatte. So bemängelte auch der geschäftsführende Direktor des Deutschen Bühnenvereins Marc Grandmontagne die Art und Weise, wie die Kölner Entscheidung zustande kam und dass man „hätte überhaupt mal in die Stadt hineinhören müssen" (Marc Grandmontagne 2019). Die revidierte Intendantenberufung am Schauspiel Köln wurde von den bundesdeutschen Theaterkritikern zu einem der Top-Ärgernisse des Jahres 2019 gekürt (vgl. Die Deutsche Bühne 10/19, S. 11).

Die beiden Fälle in Berlin und Köln verdeutlichen wie aus einer fehlenden kulturpolitischen Perspektive, aus unzureichender Kenntnis und aus mangelnder Bereitschaft, das Expertenwissen von Kulturschaffenden, Theaterexperten/innen und Theaterleiter/innen sowie auch von Ensemblevertretungen einzubeziehen, Lösungen erwachsen, die kaum tragfähig sind. Wie oft müssen sich beispielsweise Bewerber/innen auf Stellen in der Stadtverwaltung einem komplexen Bewerbungsverfahren einschließlich eines Assessment-Centers unterziehen, aber bei der Spitzenposition einer Intendanz wird dann eine gewisse Sorglosigkeit an den Tag gelegt. Neben diesen unverkennbaren Fehlentscheidungen bei der Intendanten*aus-wahl* sind aber auch immer wieder Versäumnisse der Kulturpolitik im *Umgang* mit bereits berufenen Intendanten und Intendantinnen zu konstatieren. Dabei frappiert, wie schnell sich die Kulturpolitik angesichts von politischen Positionierungen oder künstlerischen Experimenten der Theaterleitung, von Kommentaren im Feuilleton sowie von der im Theaterbereich durchaus üblichen, gelegentlich lärmenden oder dramatisierenden Rhetorik auf Intendantenseite dazu verleiten lässt, ihre vormals getroffene Berufungsentscheidung wieder zu kassieren und sich strikt auf eine *hierarchische* Position zurückzuziehen. Da wird eine rechtzeitige (und gegebenenfalls extern moderierte) Aussprache verweigert, ein sorgfältiges Abwägen und Suchen nach einem machbaren Kompromiss unterlassen, stattdessen dem betreffenden Intendanten/innen die Unterstützung versagt und auch gerne zum letzten Mittel gegriffen, nämlich der fristlosen Entlassung oder der Androhung, gegen eine Vertragsverlängerung zu stimmen. Eine *konstruktive, dialogische* Auffassung von Politischer Führung könnte anders aussehen.

An dieser Stelle sollte drei Beispiele für Führungskrisen an bundesdeutschen Theatern erwähnt werden, die vor allem Ausdruck einer *Krise in der Politischen Führung* sind:

1. Da ist zum einen die dreimalige Kündigung des Intendanten des Rostocker Volkstheaters Sewan Latchinian. Bereits vor seinem Amtsantritt im Jahr 2014 gab es Irritationen durch das Land Mecklenburg-Vorpommern aufgrund von Fusionsplänen und veränderten Förderungsregelungen sowie städtischerseits durch Einsparungen, die zur Schließung des Theaters am Stadthafen führten. Latchinian beharrte allerdings nach Dienstantritt darauf, nicht nur alle vier Sparten zu erhalten, sondern mit einer Bürger- und einer Puppenbühne noch zwei weitere Sparten zu etablieren. Nach monatelangen Auseinandersetzungen fand sich (scheinbar) ein willkommener Anlass, sich von Latchinian zu trennen: Als dieser Anfang März 2015 die Sparpläne des Landes mit den Kulturzerstörungen durch die IS-Terrormiliz verglich, erfolgte – statt einer Rüge oder Abmahnung – die sofortige, fristlose Entlassung (vgl. Wojach/Kleindienst, in: Märkische Allgemeine vom 07.04.2015).
   Allerdings sprach die Bürgerschaft (also der Rat der Stadt Rostock) Latchinian das Vertrauen aus, sorgte am Ende dafür, dass er wieder auf die Intendanz zurückberufen wurde und fasste zudem einen Beschluss über den Neubau des

Volkstheaters. Ein neuer schwerwiegender Konflikt entzündete sich daran, dass der Oberbürgermeister zwar den geplanten Theater-Neubau unterstützte, aber – quasi als Kompensation – zugleich die Absicht verfolgte, die Zuschüsse für die Bespielung einzufrieren, die Schauspiel- und Tanzsparte aufzulösen und das Theater in eine Opern- und Konzertbühne zu verwandeln (vgl. Nacht-kritik 19.04.2016; Tagesspiegel 06.06.2016). Latchinian legte stattdessen ein alternatives Konzept vor, nach dem die Schauspielsparte noch bis zum Sommer 2018 erhalten bleiben sollte, konnte sich damit aber nicht durch-setzen.

Schließlich wurde Latchinian im Juni 2016 wegen eines Verstoßes gegen die Verschwiegenheitspflicht durch eine Entscheidung im Hauptausschuss erneut fristlos entlassen. Den daraufhin angestrengten Prozess vor dem Landgericht Rostock im Dezember 2016 konnte Latchinian jedoch für sich entscheiden. Ihm wurde allerdings dann am 20.02.2017 ein drittes Mal gekündigt – dies-mal wegen polemischer Äußerungen über Rostock und seine Bewohner. Latchinian gewann auch den Prozess vor dem Oberlandesgericht Rostock im Dezember 2017. Und schließlich wies der Bundesgerichtshof im November 2018 eine Nichtzulassungsbeschwerde gegen die vorinstanzlichen Urteile zurück, wodurch die Rechtswidrigkeit der Entlassung endgültig bestätigt wurde. Am Ende gab es einen enormen Imageschaden für beide Seiten sowie hohe Abfindungskosten für den entlassenen Intendanten (vgl. Ostsee-Zeitung 21.02.2017 und 03.12.2018).

Das Drama um das Volkstheater Rostock und seinen Intendanten führt vor Augen, was geschieht, wenn die Politik einen *Zickzack-Kurs* fährt (vom *Vier-* zum *Zwei-Spartenbetrieb*), wenn durch angedrohte hohe Kürzungen auf Landes- und/oder Gemeindeebene ein enormer *Druck* entsteht, die Theaterleitung zwischen die *Mühlsteine* der Politik-Interessen (Land, Stadt-rat, Oberbürgermeister) gerät, sich mit ihren eigenen Konzepten nicht durch-setzen kann und dann – mit dem Rücken zur Wand – ihren Unmut offen und undiplomatisch äußert. Der Präsident der Genossenschaft der Deutschen Bühnen-Angehörigen (GDBA) Jörg Löwer äußerte am 05.04.2016 gegenüber der Schweriner Volkszeitung, dass das Rostocker Volkstheater mittlerweile als ‚größter Chaosherd‘ der bundesweiten Theaterlandschaft angesehen werde und es nur noch um machtpolitische Ränkespiele gehe. Löwer kritisierte damals auch die Landesregierung, der es weder um Kunst, Theater oder Stadt-gesellschaft, sondern nur noch ‚ums Sparen‘ gehe (Schweriner Volkszeitung 05.04.2016). Pikanterweise wurde im Jahr 2019 durch den sogenannten ‚Theaterpakt‘ zwischen der Landesregierung von Mecklenburg-Vorpommern

und der theatertragenden Kommune der Status des Rostocker Volkstheaters als
Viersparten-Theater für zehn Jahre gesichert (Ostseezeitung 09.05.2019).
2. Ebenfalls übereilt wirkte die von einigen Münchener Kulturpolitikern
angestrebte Nichtverlängerung des Vertrags mit Matthias Lilienthal an den
Münchener Kammerspielen – dem Theater des Jahres 2019 – im März 2018,
der den Crossover Ansatz des Berliner HAU auf eine der renommiertesten
bundesdeutschen Schauspielbühnen zu übertragen versuchte.
Dabei ging es Lilienthal in München um eine Synthese von Schauspiel/
Ensembletheater und Performance/Freiem Theater und um eine damit verbundene Hybridisierung der Arbeitsweisen, die zu neuartigen Bühnen-
vorgängen führen sollte. „Sodass es sowohl normales Stadttheater geben
wird als auch reine Freie-Gruppen-Produktionen – und Mischungen (…).
Implementiert man diese Arbeitsweise, verbunden mit ihrer ästhetischen
Live-Art-Tradition in so ein Stadttheater-Ensemble, dann hoffe ich, dass sich
neue Sachen ergeben" (Matthias Lilienthal in: Dössel 2015). In der Spielzeit
2017/2018 betrug der Anteil des Schauspiels an der Gesamtzahl von 757 Veranstaltungen im Haus 52,7 %. Die theaternahen Veranstaltungen schlugen mit
21,1 %, die Sonderveranstaltungen mit 16,3 % und die Gastspiele fremder
Ensembles mit 7,9 % zu Buche (vgl. Deutscher Bühnenverein 2019, S. 56;
vgl. auch Balme 2020, S. 47).
Lilienthals Konzept stieß jedoch bei der mitregierenden CSU, bei Teilen des
Stammpublikums und auch teilweise im Feuilleton der Süddeutschen Zeitung
binnen eines Jahres nur noch auf wenig Gegenliebe. Dies schlug sich beispielsweise auch in einem SZ-Artikel von Christine Dössel im November
2016 nieder, in dem die Kammerspiele bezeichnet wurden als „Jammerspiele",
„Pipifaxtheater" und „Sozialtheaterverein" (Dössel 2016).
Lilienthals Experiment wurde schließlich vorzeitig beendet, nachdem Vertreter der Münchner CSU ankündigten, einer Vertragsverlängerung Lilienthals die Zustimmung zu verweigern und dieser daraufhin aufgab. Dabei wird
wohl nicht nur die von der SZ monierte Qualität der Aufführungen und die
„von vorne herein schief an der Sache vorbeigeführte Grundsatzdebatte über
Schauspieler vs. Performancetheater" (Stammen 2019, S. 129) Wirkung
gezeigt haben. Vermutlich war dies auch eine Reaktion auf Lilienthals gesell-
schaftspolitische Positionierungen und Projekte: vom Eröffnungsprojekt zum
überhitzten Münchener Wohnungsmarkt unter dem Titel „Shabbyshabby
Apartments" (bei dem die Besucher in improvisierten Wohnbehausungen an
öffentlichen Plätzen mitten in der Stadt ,logieren' konnten) bis hin zu Anta
Helena Reckes Neu-Inszenierung von Anna-Sophie Mahlers Stück „Mittel-
reich" mit ausschließlich schwarzen Akteuren. „Lilienthal hat sein Haus nicht

nur mit schönen Sprech-Theater-Worten, sondern auch mit Taten für Flücht-
linge geöffnet. Er hat sich auf Podien zur Münchner Stadtentwicklung gesetzt,
er hat mitdemonstriert, er hat mitdiskutiert" (Hermanski 2018). Hinzu kamen
geplatzte Projekte und die Kündigung von einigen prominenten Darstellern.
Offiziell aber wurden vor allem die geringen Auslastungszahlen von 63 %
sowie die Abo-Rückgänge ins Feld geführt (vgl. Leucht 2018).
3. Ein weiteres Beispiel für die mitunter glücklose Hand der Kulturpolitik und
der Aufsicht führenden Gremien ist die fristlose Entlassung der Intendantin
des Tanztheaters Wuppertal Adolphe Binder am 13. Juli 2018 nach heftigen
Vorwürfen der Geschäftsführung (die von einem angeblich unzureichenden
Spielplan bis hin zum Führungsstil gegenüber der Belegschaft – aber nicht
gegenüber dem Ensemble – reichten). Die Geschäftsführung war der Auffassung, der künstlerischen Leitung vorgesetzt zu sein und man konnte den
Eindruck gewinnen, dass erstere alles daran setzte, die künstlerische Leitung
zu zügeln (vgl. Heskia 2019, S. 182 f; Kolter 2018, S. 12; Weickmann 2018,
S. 16–21).
An der ‚Causa' Adolphe Binder lassen sich mehrere Aspekte veranschaulichen: Es stellt sich zum einen die Frage, warum vor Beginn des damaligen
Auswahlverfahrens die Zuständigkeiten von Intendanz und Geschäftsführung
im Hinblick auf die künstlerische Entscheidungsgewalt (der Intendantenvertrag sah die künstlerische Hoheit – innerhalb der Etatvorgaben – ausdrücklich bei der Intendantin) nicht zusätzlich in einer Geschäftsordnung
eindeutig festgelegt worden war. Dies war auch aus Sicht des Arbeitsgerichts
in 2.Instanz ein Kardinalfehler (vgl. Rüth 2019). Außerdem hätte der Konflikt
mittels eines externen Moderators womöglich früher angegangen und gelöst
werden müssen. Zweifellos aber hätte es in puncto Kommunikation – vor
allem gegenüber dem Ensemble – einer größeren Transparenz bedurft. Ausgerechnet beim Gastspiel in Paris erfuhr das Ensemble von der Entscheidung
des Tanztheaterbeirats, der dem vorangegangenen Antrag des Geschäftsführers
entsprach, die Intendantin fristlos zu entlassen.

Adolphe Binder „hatte in Wuppertal (…) von Beginn an mit einer strukturellen
Barriere zu kämpfen: Formal war der Geschäftsführer (…) ihr Vorgesetzter,
ihre künstlerische Intendanz rangierte in Fragen von Besetzung bis Spielplangestaltung entsprechend unterhalb (vom Geschäftsführer), der selbst seit neun
Jahren die Compagnie mit Interimsintendanten geleitet hatte" (Kolter 2018,
S. 12). Zurück blieben am Ende nur Verlierer: die entlassene Intendantin, die
allerdings in allen Instanzen vor dem Arbeitsgericht obsiegte, der Geschäftsführer
(der notabene kurz nach Binders Entlassung seinen Posten räumte), die Kultur-

politik und Kulturverwaltung sowie das weltweit einmalige Tanztheater und sein Ruf. Am 20.08.2019 stellte das Landesarbeitsgericht in zweiter Instanz fest, dass die fristlose Kündigung vom Juli 2018 unwirksam sei, da die angeführten Gründe in puncto Spielplangestaltung und Führungsstil nicht für eine Kündigung ausreichten und wies damit die Berufung des Tanztheaters gegen das Urteil des Arbeitsgerichts zurück (vgl. Rüth 2019, Die Deutsche Bühne 10/2019, S. 9). Und schließlich bestätigte auch das Bundesarbeitsgericht am 21.01.2020 in Erfurt, dass die fristlose Kündigung der Intendantin nicht rechtmäßig war. Außerdem wurde keine Revision zugelassen. Aufgrund dieses Urteils war Adolphe Binder weiterhin als Intendantin des Tanztheaters zu betrachten, das nun mit einem Schlag zwei Intendantinnen hatte, denn bereits im November 2018 war die Tanzmanagerin und Kuratorin Bettina Wagner-Bergelt zur Interimsleiterin des Tanztheaters ernannt worden (vgl. Nachtkritik 22.01.2020).

Am 29.01.2020 schließlich einigten sich Adolphe Binder und die Stadt Wuppertal außergerichtlich im Hinblick auf noch ausstehende Gehaltszahlungen sowie darauf, künstlerisch getrennte Wege zu gehen (vgl. Nachtkritik 29.01.2020). In einer Presseerklärung vom 30.01.2020 gab das Tanztheater Wuppertal Pina Bausch die Trennung von Tanztheater und Intendantin aufgrund unterschiedlicher Auffassungen hinsichtlich der künstlerischen Aufgaben bekannt. „Trotz der in allen Instanzen gerichtlich verworfenen Kündigung sind die Parteien übereingekommen, die Zukunft des Tanztheaters nicht weiter mit juristischen Auseinandersetzungen zu belasten (…) (Die Geschäftsführung des Tanztheaters und seine Organe bestätigen) ausdrücklich, dass sie den Einschätzungen und Begründungen aller arbeitsgerichtlicher Instanzen folgen und an den zu Unrecht erhobenen Abmahnungen und Kündigungsgründen nicht mehr festhalten" (in: Nachtkritik 30.01.2020).

Am gleichen Tag erklärte Adolphe Binder in einer persönlichen Stellungnahme: „Trotz der großen Unterstützung, die ich besonders in den letzten 19 Monaten aus der Öffentlichkeit und aus den Reihen des Tanztheaters erfahren durfte und trotz der in allen drei Instanzen gewonnenen arbeitsgerichtlichen Auseinandersetzung habe ich mich schweren Herzens entschlossen, zukünftig auf die Intendanz des Tanztheaters Wuppertal Pina Bausch zu verzichten und einen gerichtlichen Vergleich zu schließen. Meine Berufung habe ich als einen bedeutenden Auftrag verstanden, mit diesem einmaligen Ensemble die Brücke ins 21. Jahrhundert zu schlagen und somit Erbe und Neuerung ex aequo als gepaarte Kräfte des Tanztheaters miteinander zu verknüpfen. Künstlerische Arbeit, wie ich sie verstehe, braucht die Auseinandersetzung, braucht Offenheit und Transparenz. Nur ein Theater, das auf Intrigen und Machtspiele verzichtet, kann die Form von Konflikt- und Streitkultur entwickeln, ohne die keine wirklich neue Kunst entstehen kann. Wenn, wie es beim Tanztheater nun einmal der Fall ist, Traditionen und Gewohnheiten die Arbeit über längere Zeit bestimmt haben, ist dies sicherlich eine Herausforderung. Sie kann auf Dauer nur erfolgreich umgesetzt werden, wenn alle Mitarbeiterinnen und Mitarbeiter bereit sind, den damit verbundenen Umgestaltungsprozess mitzutragen (…). Diese Offenheit und den Mut im Hinblick auf die Zukunft Neues zu wagen und die Kunstfreiheit in den Mittelpunkt zu stellen, habe ich leider bei der damaligen Geschäftsführung, dem Beirat und den Vertretern der Stadt Wuppertal, die mich 2016 zur Intendantin berufen – und mit der Aufgabe einen künstlerischen Weiterentwicklungsprozess einzuleiten betraut haben – in künstlerischer Hinsicht, aber auch bezüglich der notwendigen organisatorischen Neuausrichtung des Tanztheaters, vermisst. Das Tanztheater ist weder eine Behörde noch ein profitorientiertes Tourneetheater, sondern eine national und international bedeutende kulturelle Institution, die die Verpflichtung hat, der Kunstfreiheit zu dienen. Das Erbe von Pina Bausch kann nur in einer Atmosphäre von Achtung und gegenseitigem Respekt weiter gepflegt und in eine lebendige Zukunft überführt werden. Macht über Menschlichkeit zu stellen und Dialoge auf Augenhöhe zu vermeiden, mögen in der Politik gebräuchliche Mittel sein, im Zusammenhang mit den Namen Pina Bausch dürfen sie keinen Platz haben" (Binder 2020).

Dieser Fall zeigt: Wenn nach dem Prinzip der ‚unechten' Doppelspitze im Sinne einer verteilten Führung (Distributed Leadership) verfahren werden soll, ist es unabdingbar, dass ein *Gesellschaftsvertrag* vorliegt, in dem die Verfasstheit der Organisation inklusive der Zuständigkeitsbereiche und der Entscheidungsbefugnisse *eindeutig* geregelt ist. Diese Eindeutigkeit muss auch für die Geschäftsordnung und für die mit Intendanz und Geschäftsführung geschlossenen Verträge gelten. Hier sollte unmissverständlich niedergelegt sein, wer wem gegenüber in welchen Fragen vorgesetzt ist und welche Belange alleinverantwortlich, gemeinsam oder durch Vorgaben der einen gegenüber der anderen Seite entschieden werden sollen. An anderer Stelle wird daher noch ausführlich auf alternative Führungsmodelle, nämlich auf die echte Doppelspitze sowie die Direktoriumskonstruktion eingegangen.

Zu Beginn hegt die Kulturpolitik oft übersteigerte Hoffnungen bei der Berufung des/der neuen charismatischen Helden/Heldin mit dem unverwechselbaren künstlerischen Profil, der oder die verspricht, der Stadt einen eigenen Stempel aufzudrücken. Wird aber der Frieden durch einige ungeschminkte Statements, irritierende Interventionen oder polemische Nadelstiche gestört, wird ohne Zögern – nach dem Motto „Wasch mir den Pelz, aber mach mich nicht nass" – das Tischtuch zerschnitten.

Die Ursachen für solche Eskalationen sind mannigfaltig und oft miteinander verwoben. Mitunter reicht auch nur ein geringfügiger Anlass, um der gerade frisch gekürten Intendanz schon wieder das Vertrauen zu entziehen. Mal ist es ein wenig schmeichelnder Kommentar eines einzelnen Kritikers, mal eine gewagte künstlerische Aktion im Stadtraum und mal eine Äußerung zu kultur- oder stadtpolitischen Themen. Denkbar sind aber auch Intrigen aus dem eigenen Führungsteam oder der Theaterbelegschaft sowie Initiativen einiger Politiker. Meist dienen dann Etatüberziehungen oder zurückgegangene Auslastungszahlen dazu, die Trennung einzuleiten (vgl. auch Nix 2016, S. 133). An diesen Sollbruchstellen wird das von Abhängigkeit und Fragilität bestimmte Verhältnis zwischen dem Träger und der Führungsspitze des Theaters augenfällig. An den genannten drei Beispielen wird deutlich: viel zu rasch wird bei Verstimmungen oder Konflikten seitens der Kulturpolitik eine Entscheidung im Hinblick auf Nichtverlängerung oder Kündigung gefällt (auch um den Preis hoher Abfindungszahlungen und eines hohen Imageschadens für beide Seiten), statt frühzeitig nach einer gemeinsamen Win-Win-Lösung zu suchen.

5.1.5 Die Intendantenwahl als Lackmustest

Ein zentraler Bereich kulturpolitischen Wirkens im Bereich der Stadt-, Landes- und Staatstheater ist das Findungsverfahren für die neue Intendanz. Dabei sind drei verschiedene Verfahrensweisen üblich: Die direkte Vergabe des Amtes durch den Kulturdezernenten oder den Kultursenator, die Wahl unter Zuhilfenahme einer Beraterkommission (der auch andere Intendanten oder Vertretungen des Deutschen Bühnenvereins angehören) oder eine öffentliche Ausschreibung. Mitunter wird bereits während der noch laufenden Intendanz-Zeit diskret und verdeckt nach einem Nachfolger gesucht, ohne dass der aktuelle Amtsinhaber davon weiß (vgl. Schmidt 2017, S. 340, 342).

In der jüngsten Vergangenheit wurde die Entscheidung für die neue Intendanz mehrfach auf der Basis von Verhandlungen einiger weniger Beteiligter ,im Hinterzimmer' getroffen. Das Wahlverfahren gilt es allerdings im Sinne einer *dialogischen* Kulturpolitik zu *demokratisieren,* indem verschiedene Stakeholder (inklusive Vertretungen aus der Stadtgesellschaft, dem Ensemble und der Mitarbeiterschaft) mit beteiligt werden.

Folgende Schritte bieten sich an:

1. Zu Beginn sollte in einer *Findungskommission* ein Austausch zwischen Politik, Vertretern der Stadtgesellschaft, Funktionsträgern im Theater, Ensemblevertretung, Betriebs- oder Personalrat sowie gegebenenfalls auch externen Experten darüber erfolgen, welches Theater man in Zukunft in der Stadt verankern möchte und wie die entsprechenden Prüfsteine im anstehenden Besetzungsverfahren aussehen könnten. Dabei wäre es von Vorteil, wenn alle Beteiligten – im Besonderen auch die beteiligte politische Vertretung – eine zukunftsorientierte *Vision* zu ‚ihrer' Bühne entwickeln würden, auf deren Basis dann eine gemeinsame Zielrichtung entwickelt werden könnte. Allerdings wäre eine zu detaillierte konzeptionelle Festlegung zu vermeiden, um eine Offenheit gegenüber den Bewerber-Konzeptionen zu bewahren.

2. Orientiert an dieser gemeinsamen Vision sollten entsprechende künstlerische, manageriale und personenbezogenen *Auswahlkriterien* (s. u.) entwickelt, kommuniziert sowie in der Stellenausschreibung publiziert werden. Falls neben der klassischen Einzelbewerbung prinzipiell eine Bewerbung von *Zweier-* oder *Dreier-Teams* auf eine Doppelspitze oder Team-Intendanz als sinnvoll betrachtet wird, sollte dies in der Stellenausschreibung explizit erwähnt werden.

3. Eine wesentliche *Vorentscheidung* zur Wahl sollte dann im Auswahlverfahren durch die *Findungskommission* getroffen werden. Das Ergebnis dieses Verfahrens sollte dann dem letztlich entscheidenden Kulturausschuss, Stadtrat oder Ministerium in Form einer gut begründeten Vorschlags- oder Berufungsliste vorgelegt werden.

4. Entweder auf Veranlassung der Findungskommission oder des Aufsichtsgremiums sollte nach der Ernennung der neuen Intendanz eine Art *Runder Tisch* ins Leben gerufen werden, der gemeinsam vom jeweiligen Theater und der lokalen Kulturpolitik getragen wird, der ergänzend zu den Sitzungen des Aufsichtsgremiums ein bis zweimal im Jahr stattfindet und bei dem ein inhaltlich-konzeptioneller Austausch (jenseits der üblichen Kennzahlen) im Vordergrund steht. Teilnehmen könnten Mitglieder aus der Findungskommission, Vorsitzende und Mandatsträger aus dem Aussichtsgremium, die Theaterleitung, Abteilungsleitungen, die Ensemblevertretung sowie der Betriebs-/Personalrat.

5. Neigt sich die Amtsphase der Intendanz dem Ende zu, sollte das Aufsichtsgremium bei der Beratung und Entscheidung über die Frage der *Verlängerung* oder *Nichtverlängerung* der Intendanz die Ensemblevertretung sowie den Betriebs-/Personalrat einbeziehen.

Die *Auswahlkriterien* bei der Intendanten*findung* könnten folgende Teilaspekte beinhalten, die je nach den spezifischen Anforderungen vor Ort zu gewichten wären: Die Frage nach einer Vision und Konzeption für das betreffende Haus einschließlich der damit verbundenen Budgetfragen, die Frage nach Ideen/ Positionen zu brisanten, stadtbezogenen, gesellschaftlich-politischen und künstlerischen Themen, den Umfang der künstlerischen und administrativen Expertise, bei regieführenden Bewerbern zusätzlich die künstlerische Handschrift, die überregionale oder auch internationale Reputation und Vernetzung, die Frage von Auftreten und Ausstrahlung (wobei Charisma vor dem Hintergrund eines dialogischen Führungsverständnisses keine derart zentrale Rolle mehr spielen sollte), die Frage nach management- und leadershipbezogener Expertise einschließlich der Mitwirkung bei Veränderungs- oder Qualitätsmanagement-Prozessen sowie Erfahrungen in Marketing/PR und bei der Einwerbung von Drittmitteln.

Vor dem Hintergrund eines intendierten, dialogischen Führungsansatzes sollten darüber hinaus auch die folgenden Bereiche behandelt und ebenfalls gewichtet werden: das eigene Führungsverständnis und die Bereitschaft, situativ angemessene, geteilte Führung zu ermöglichen, die eventuelle Bereitschaft zur Arbeit in einem Direktorenteam oder einer echten Doppelspitze, Ideen zur Zusammenarbeit mit der kaufmännischen Geschäftsführung, den Abteilungsleitungen und nachgeordneten Ebenen sowie Vorstellungen zur Weiterentwicklung des Theaters und dabei insbesondere zu seiner Führungs- und Organisationsstruktur (auch im Hinblick auf Mitsprachemöglichkeiten von Ensemble und Mitarbeiterschaft). Darüber hinaus sollte das Auswahlgremium auch versuchen, einen Eindruck zu gewinnen von den sozialen und personalen Kompetenzen der Bewerber im Hinblick auf Extravertiertheit, Offenheit, Empathie, Kommunikations-, Team- und Konfliktlösungsfähigkeit, Belastbarkeit und Durchhaltevermögen, Fähigkeit zur Selbstreflexion und Selbstkritik sowie visionäre Phantasie, Überzeugungsvermögen und Begeisterungsfähigkeit.

Das Gespräch mit den Bewerbern sollte möglichst objektive, valide und vergleichbare Ergebnisse erbringen. Daher ist ein klar gegliederter Gesprächsverlauf notwendig, bei dem die Gesprächsphasen und die Schlüsselfragen für alle Bewerber gleich sind. Die Fragen sollten auf die genannten Kriterien Bezug nehmen und fachbezogen-künstlerisches sowie manageriales Wissen, berufliche Vorerfahrungen, berufsbiografische Aspekte einschließlich herausfordernder Situationen, erfolgskritische, stellenspezifische Situationen (und das mögliche Verhalten des Bewerbers) sowie persönliche und soziale Kompetenzen fokussieren (vgl. auch Weinert 2004. S. 344 f).

Als bewährtes Verfahren wird hier das *strukturierte, multimodale Interview* nach Schuler empfohlen (vgl. Schuler/Höft 2004, S. 315 f; von Rosenstiel 2007, S. 158 f). Hier werden nach der *Selbstvorstellung* des Bewerbers und einem daran anknüpfenden, *freien Gesprächsteil* zunächst *biografische* Fragen gestellt, die die Vorerfahrung mit Führung und Leadership sowie den Umgang mit herausfordernden Situationen in bisherigen beruflichen Kontexten beleuchten. Zum anderen werden auch erfolgskritische, *situative* Fragen behandelt, die mögliche Lösungsideen der Bewerber bei typischen Konflikt- oder Krisensituationen im betreffenden Theater thematisieren. Dies könnten Fragen sein nach den Auswahl- bzw. Integrationsstrategien im Hinblick auf das vorhandene und das ‚mitgebrachte' Personal, nach den Umgangsweisen mit dem heiklen Thema der Nicht-Verlängerung, nach Vorstellungen zu möglichen Betriebsvereinbarungen (z. B. im Hinblick auf Arbeitszeit- und Ruhezeitregelungen) sowie nach Lösungsideen bei Konfliktsituationen mit nachgeordneten Abteilungen oder Mitarbeitenden sowie bei Friktionen innerhalb der Mitarbeiterschaft oder zwischen den Abteilungen.

Aufseiten der Gesellschafter sollte eine Bereitschaft ‚zum offenen Visier' und zu absoluter Transparenz bestehen – auch dahin gehend, dass in folgenden Bereichen möglichst schon *vor* der Ernennung Eckpunkte im Hinblick auf die zukünftigen Rahmenbedingungen kommuniziert werden. Diese Eckpunkte könnten beispielsweise betreffen:

- Wünsche oder Erwartungen im Hinblick auf die künstlerische Ausrichtung und Profilbildung, die Spielplangestaltung, Maßnahmen der Vermittlung und der kulturellen Bildung sowie der Öffnung zur Stadtgesellschaft und zu ihren Themen
- Kommunikation der (idealerweise) eindeutig formulierten Geschäftsordnung sowie der wichtigsten Eckdaten des darauf bezugnehmenden Intendantenvertrages
- Aussagen zu formalen Regelungen wie Kompetenzaufteilung zwischen Intendanz und Geschäftsführung, Fragen zu Eintrittsdatum, Laufzeit und Vergütung, Kündigungs- und Aufhebungskonditionen, Regelungen in puncto Urlaub und Abwesenheit, Vereinbarungen zu Regie- oder Dramaturgie-Arbeiten am Haus und außer Haus sowie zu weiteren Nebentätigkeiten, die Mindestzahl an jährlichen Neuproduktionen sowie Erwartungen zu Auslastungs- und Einspielquoten oder anderen Kennzahlen etc. (vgl. auch Schmidt 2017, S. 343).
- Erläuterungen zur künftigen Finanzierung der Bühne inklusive der kommenden Tarifsteigerungen sowie (falls angedacht) zu geplanten Kürzungen

- Bei Mehrspartenhäusern: Aussagen zu den jeweiligen Sparten
- Transparenz im Hinblick auf angedachte Sanierungs- oder Neubaupläne
- Angedachte Reformschritte im Hinblick auf Organisation und Führung

5.1.6 Erfolgskriterien jenseits der üblichen Kennzahlen

Nach der Intendantenwahl sollten ein regelmäßiger Austausch und eine konstruktive Zusammenarbeit in künstlerischer und struktureller Hinsicht (beispielsweise in Form des bereits erwähnten Runden Tisches) intensiviert werden, statt lediglich regelmäßig die üblichen wirtschaftlichen Eckdaten abzufragen. Um die Leistung einer Bühne angemessen beurteilen, ihre Führung entsprechend begleiten sowie die Förderpolitik überprüfen zu können, sollte der Rechtsträger auf ein umfassendes Instrumentarium zurückgreifen, das neben einigen *quantitativen* Kriterien auch etliche *qualitative* Kriterien enthält.

Quantitative Kriterien
Alternativ zum klassischen Zweiklang aus *Auslastungszahl* (die durch Aufführungen in kleineren Räumen leicht nach oben gepusht werden kann) und *Einspielquote* schlägt Thomas Schmidt ein Modell aus *vier* quantitativen Indikatoren vor, die sich zur Prüfung des Theaters eignen (vgl. Schmidt 2017, S. 61–69). Die vier Kriterien, die zu einem Performance-Index kombiniert werden, sind:

1. Die *Mitarbeitereffizienz,* die gemessen wird an der Zuschauerzahl pro festem Mitarbeiter (im Durchschnitt 630). Hier sind acht Landestheater unter den besten 15 Bühnen (so z. B. das Landestheater Dinkelbühl mit 1556 oder auch die Landesbühne Niedersachsen in Wilhelmshaven mit 1075 Besuchern pro Mitarbeiter), wobei etliche Großtheater ungünstigere Werte weit unter dem Durchschnitt erreichen wie das Hamburger Schauspiel mit 330, das Staatstheater Stuttgart mit 362, die Oper Leipzig mit 365 und das Kölner Schauspiel mit 369 Zuschauern pro Mitarbeiter (vgl. ebd., S. 62 und Schmidt 2019, S. 42 ff).
2. Der *Ressourcen-/Kostenaufwand* pro Aufführung. Auch hier liegen 8 Landestheater unter den besten 15 Bühnen (mit im Durchschnitt 20.000 EUR pro Vorstellung) während die sogenannten Leuchttürme wie die großen Opernhäuser (mit 210.000 bis 300.000 EUR pro Vorstellung) am schlechtesten abschneiden (vgl. Schmidt 2017, S. 63 f. und Schmidt 2019, S. 42 ff).

3. Die *Reichweite* in Form der Zuschauerzahl je eingesetzter Steuermillion (Mittelwert: 10.400). Auch hier finden sich erneut 8 Landestheater unter den besten 15, die teilweise Zahlen im mehrfach *sechs* stelligen Bereich aufweisen können (z. B. Anklam mit 37.000), während etliche große Bühnen wesentlich schlechter abschneiden wie z. B. die Städtischen Bühnen Frankfurt mit 5900 und das Staatstheater Stuttgart mit 5500, die Kölner Bühnen mit 4500, das Hamburger Schauspiel mit 2500 und das Staatstheater am Gärtnerplatz mit 2200 Zuschauern pro Steuermillion (vgl. Schmidt 2017, 65 f). Schmidt bringt die Ergebnisse wie folgt auf den Punkt: „Wenn man mit einer Million eingesetzter Steuermittel nur noch 2200 bzw. 2500 Zuschauer erreicht, muss die Frage nach der Verantwortlichkeit gegenüber den Steuerzahlern gestellt werden. Es spricht nichts gegen luxuriöse Opernabende, wenn diejenigen, die sich die Besuche leisten können, deutlich höhere Anteile am tatsächlichen Preis der Karten zahlen, um das Theater, die Kommune und die Niedrigverdiener zu entlasten, die weiterhin zu subventionierten Preisen ins Theater gehen sollen" (Schmidt 2017, S. 66).

4. Die *Einspielquote,* also der Anteil der Eigeneinnahmen, insbesondere durch den Ticketverkauf, am Gesamthaushalt: Hier unterscheidet Schmidt 4 Kategorien: 20 Best Performer-Theater erreichen Werte von (weit) über 20 % Einspielquote, 40 Theater erzielen Quoten zwischen 15 und 20 %, eine weitere Gruppe von 40 Theatern erreicht Werte zwischen 11,5 und 15 % und die weit abgeschlagene Schlussgruppe besteht aus Theatern mit Werten zwischen 11,5 und 6 %.

Mit Hilfe dieses Performance-Indexes hat Schmidt folgende Ergebnisse herausgearbeitet (vgl. Schmidt 2017, S. 69–72):

1. Die *kleineren* Theater arbeiten höchst effizient, denn sie erreichen mit hohem Einsatz bei geringstem Ressourcenverbrauch überdurchschnittlich viele Zuschauer. Hier ist allerdings von Nachteil, dass die Effizienz zulasten der künstlerisch Beschäftigten geht, deren Gagen weit unter dem Durchschnitt liegen mit dafür überdurchschnittlich langen Arbeitszeiten.

2. Bei der Gruppe der *mittelgroßen* Stadttheater frappiert, dass diese, um künstlerisch wahrgenommen zu werden, sich besonders über die Schlagzahl an Neuproduktionen definieren.

3. Die Gruppe der *großen* Staatstheater und Opern produziert im Vergleich zu den kleinen Häusern im Schnitt mit einem zehnfachen Wert an Mitteln und einem mehrfachen Personalaufwand, um nur ein Zehntel der Effizienz zu

erreichen, ohne dass die Arbeit infrage gestellt wird, denn sie gehören zum unantastbaren Inventar der Landeshauptstädte.

Die oben genannten vier Indikatoren ergänzt Schmidt um weitere Kriterien, um krisenhafte Entwicklungen der Bühne frühzeitig erkennen bzw. vermeiden zu können, nämlich Marker für die maximale Unterschreitung an Besucherzahlen und Eigeneinnahmen sowie für eine Begrenzung der Höchstzahl an Produktionen, des Repertoires und der gespielten Vorstellungen (vgl. Schmidt 2017, S. 74).

Zusätzliche qualitative Kriterien
Es liegt auf der Hand, dass mithilfe der obigen Merkmale zwar Aussagen über die wirtschaftliche *Effizienz* getroffen werden können, aber keine Aussagen *zur künstlerischen, strukturell-managerialen, führungsbezogenen, (kultur)politischen* oder *sozialen Qualität* eines Theaters. Genau diese Dimensionen gilt es aber mit zu berücksichtigen, wenn man zu einer umfassenden Beurteilung gelangen will. Diese könnte einmal im Jahr stattfinden. Dabei sollten neben den oben genannten Effizienzkriterien *zusätzlich* die im Folgenden genannten *qualitativen* Kriterien berücksichtigt werden, die sich *fünf* verschiedenen *Segmenten* zuordnen lassen.

1) *Segment Organisations- und Führungsstruktur* (8 Items)
   - Qualifikation und Kompetenz der Führungsspitze
   - Klare Ausrichtung (Leitbild, Mission, Vision)
   - Kommunikation mit Träger, Mitarbeiterschaft und anderen Stakeholdern
   - Organisationsklima (Offenheit, Umgangsformen, Wertschätzung)
   - Etablierung und Einhaltung eines Ethik-Kodexes
   - Weiterentwicklung des Theaters (Pläne/erste Schritte)
   - Rückbau der Überproduktion
   - Zuverlässiges Finanzmanagement (z. B. Einhaltung von Budget/Etat)
2) *Segment Ensemble und Mitarbeiterschaft* (7 Items)
   - Motivation, Identifikation und Commitment
   - Situativ geteilte Führung und Selbstorganisation bei Mitarbeitern und Ensemble
   - Verbriefte Mitbestimmung von Ensemble und Mitarbeiterschaft
   - Verbesserung der Arbeitsbedingungen (insbesondere bei NV Bühne-Verträgen)
   - Gendergerechtigkeit
   - Maßnahmen zur Team- und Personalentwicklung
   - Förderung von Innovation durch Mitarbeiterschaft

3) *Segment Künstlerischer Bereich* (5 Items)
  • Künstlerisch anspruchsvolle Inszenierungen
  • Erprobung neuer diskursiver, performativer, medialer oder interdisziplinärer Formate
  • Resonanz der Aufführungen bei der Fachpresse und anderen Stakeholden
  • Auszeichnungen, Wettbewerbserfolge sowie Gastspieleinladungen
  • Mitwirkung von anerkannten, prominenten Künstlern
4) *Segment Politik, Publikum und Zielgruppenarbeit* (6 Items)
  • Aufgreifen brisanter gesellschaftlicher Themen
  • Nähe zum Publikum
  • Öffnung zur Stadt und Aufgreifen von lokalen und gesellschaftlichen Themen
  • Erfolgreiche Ansprache neuer (nur schwer erreichbarer) Zielgruppen
  • Etablierung einer Bürgerbühne
  • Angebote der kulturellen Bildung
5) *Segment Kooperationen und Drittmittel* (3 Items)

  • Kooperation mit anderen Einrichtungen der Stadt
  • Kooperation oder Koproduktion mit anderen Theatern oder freien Gruppen
  • Akquise privatwirtschaftlicher Mittel (Spenden und Sponsoring)

Diese Segmente können je nach Ausrichtung des Theaters oder nach eingeschätzter Relevanz durch das Bewerter-Team gewichtet werden. Bewertet wird mittels eines Punktesystems (mit umgekehrten Schulnoten: 5 für exzellent und 1 für schlecht). Das gewichtete Mittel pro Segment ergibt sich aus dem Durchschnittswert aller Bewertungen für den jeweiligen Bereich.

Die *Gewichtung* der Segmente kann verändert werden. Die hier vorgenommene *Gewichtung* hat aber *Empfehlungscharakter*.

Zum Punktesystem:

4,5 bis 5,0 = exzellent

4,0 bis 4,49 = weit über den Anforderungen

3,5 bis 3,99 = voll den Anforderungen entsprechend

3,0 bis 3,49 = weitgehend den Anforderungen entsprechend

2,0 bis 3,0 = nur teilweise den Anforderungen entsprechend

0,1 bis 1,99 = in vielen Bereichen nicht den Anforderungen entsprechend

Übersicht 4: Beurteilung der Qualität von Theater und Führung

(Die Zahlen sind Beispielwerte)

Segment	Item/Teilbereich	Note für einzelnes Item	Durchschnittliche Note aller Items pro Segment	Gewichtung Segment: z.B. 0,3 = 30% der Gesamtnote	Gewichtetes Mittel
Organisation/ Führung			4,5	**0,3**	1,35
	Qualifikation/Kompetenz der Intendanz	5			
	Klare Ausrichtung (Leitbild, Mission, Vision)	4			
	Kommunikation mit Träger und anderen Stakeholdern	4			
	Organisationsklima (Offenheit, Wertschätzung)	5			
	Etablierung/Einhaltung eines Verhaltenskodexes	4			
	Pläne zur Weiterentwicklung der Organisation	4			
	Rückbau der Überproduktion	5			
	Zuverlässiges Finanzmanagement	5			
Ensemble/ Mitarbeiter			4,0	**0,2**	0,80
	Motivation, Identifikation, Leistungsbereitschaft	4			
	Förderung von Innovation	4			
	Situativ geteilte Führung und Selbstorganisation für Mitarbeiter	4			
	Verbriefte Mitbestimmung Ensemble/Mitarbeiterschaft	4			
	Verbesserung Arbeitsbeding. (NV-Bühne)	4			

	Gendergerechtigkeit	5			
	Maßnahmen zur Team- und Personalentwicklung	3			
Künstlerischer Bereich			4,2	**0,2**	0,84
	Künstlerisch anspruchsvolle Inszenierungen	4			
	Mitwirkung v.prominenten anerkannten Künstlern	5			
	Erprobung neuer diskursiver, performativer Formate	5			
	Resonanz bei Fachpresse und anderen Stakeholdern	4			
	Auszeichnungen, Wettbewerbe, Gastspieleinladungen	3			
Politik und Publikum			4,5	**0,2**	0,9
	Aufgreifen brisanter gesellschaftlicher Themen	5			
	Nähe zum Publikum	4			
	Öffnung zur Stadt und für lokale Themen	5			
	Erfolgreiche Ansprache neuer Zielgruppen	4			
	Etablierung Bürgerbühne	5			
	Kulturelle Bildung	4			
Kooperationen und Drittmittel			3,0	**0,1**	0,3
	Kooperation mit anderen Einrichtungen der Stadt	3			
	Kooperation mit anderen Theatern o. freien Gruppen	3			
	Akquise von Spenden und Sponsoring	3			
Summe der gewichteten Werte = **Note**				Beispiel-Wert =	**4,19**

Dieses *qualitative* Bewertungsraster kann in Kombination mit der Bewertung einiger *quantitativer* Kennzahlen (siehe oben) auch dann eingesetzt werden, wenn das Theater *noch keinen* grundlegenden Veränderungsprozess eingeleitet hat. Es könnte im Übrigen nicht nur durch die Politik zur Formulierung ihrer Außensicht, sondern auch vom Theater selbst für die Formulierung seiner Innensicht (im Sinne einer Selbstbeurteilung) genutzt werden. Die anschließende Korrelation von Fremd- und Selbstbewertung könnte erhellende Diskussionen in den entsprechenden Gremien (beispielsweise auch im Rahmen des bereits erwähnten *Runden Tisches*) initiieren.

Alternativ zum genannten Bewertungsraster können auch *andere* Diagnose- und Beurteilungs-Instrumente eingesetzt werden wie Befragungen der Führungskräfte und der Mitarbeiter zur Arbeitszufriedenheit, zum Arbeitsklima oder zu organisationsbezogenen Fragen sowie das OE-Bewertungsraster zur ‚Gesunden Organisation' von Beckhard, wobei diese Instrumente aber nur Ausschnitte des Theaters erfassen (siehe in den Kapiteln zur Motivation und zur Organisationsentwicklung).

Darüber hinaus hat Thomas Schmidt sein oben vorgestelltes – vier Indikatoren umfassendes – Raster ergänzt um ein komplexes strukturanalytisches und qualitatives Untersuchungsmodell, mittels dessen Aussagen zur organisationsbezogenen und künstlerischen Performance getroffen werden können. Dieses Modell kann seine Wirkung aber erst dann richtig entfalten, wenn an dem betreffenden Theater bereits ein Reformprozess (z. B. in Richtung Direktorenmodell, Matrixorganisation, Demokratisierung der Intendantenwahl etc.). eingeleitet bzw. umgesetzt worden ist (vgl. Schmidt 2017b, S. 93 ff).

Fazit: Kulturpolitiker auf kommunaler und Landesebene sollten sich selbst nicht auf die rein hierarchische Rolle als Aufseher und Kontrolleur reduzieren, sondern sich auch als (zukünftige) Experten, Weichensteller, Mitgestalter und Berater begreifen. Dabei können sie sich bei der Beurteilung des Theaters nicht nur auf die üblichen wenigen Kennzahlen stützen, sondern zusätzlich die oben genannten Instrumente nutzen. Über den Aufsichts- und Prüfauftrag hinaus haben sie vielfältige Möglichkeiten – im Schulterschluss mit der Führungsspitze – die Organisations- und Führungsstruktur sowie die Arbeitsbedingungen des Theaters im Sinne einer *aktiven* und *dialogischen* Kulturpolitik mitzugestalten.

5.2 Vertikale und geteilte Führung auf der Intendantenebene

5.2.1 Aufgaben von Intendanz und Geschäftsführung

Intendanz und Geschäftsführung

Neben der *künstlerisch-programmatischen* Leitung hat die Intendanz in der Regel auch die letztverantwortliche *Geschäftsführung* und damit quasi ungeteilte Entscheidungsbefugnisse am Theater inne. In ihrer hierarchisch abgesicherten Alleinstellung definiert und verantwortet die Intendanz vor allem die Leitlinien des Hauses, den Spielplan sowie die Auswahl des künstlerischen Personals. In administrativer Hinsicht verantwortet sie – oft unterstützt durch die Verwaltungsdirektion oder die kaufmännische Geschäftsführung, die ihr zumeist unterstellt ist – auch das Gesamtbudget und die Einhaltung des jährlichen Wirtschaftsplans.

Intendanten werden durch die Gesellschafter in der Regel für fünf oder im Zuge einer Verlängerung für zehn Jahre (in Ausnahmefällen auch noch länger) bestellt und dann oft für einen Zeitraum, der erst ein bis zwei Jahre nach der Ernennung einsetzt, damit genügend Zeit für die Vorbereitung und einen geordneten Übergang bleibt. Aufgrund der Komplexität der Anforderungen sollten von Intendanten und Intendantinnen neben profunden künstlerischen Erfahrungen, einer fachlichen Reputation, gegebenenfalls einer eigenen Regie- oder Dramaturgie-Handschrift sowie einem umfangreichen Netzwerk zunehmend auch Management- und Leadership-Fähigkeiten erwartet werden.

Die Position der *Geschäftsführung, Verwaltungsdirektion* oder *kaufmännischen Leitung* ist in der Regel der Intendanz unterstellt. Wirklich gleich gestellt ist sie nur bei einer *echten* Doppelspitze. Die Geschäftsführung/ Verwaltungsdirektion ist formal zuständig für alle betriebswirtschaftlichen, administrativen und juristischen Fragen einschließlich des Personalmanagements, der Budgetüberwachung und des Controllings, des Marketings und des Sponsorings. Weiterhin ist sie mitverantwortlich für das Gebäudemanagement und Bauvorhaben, die Arbeits- und Veranstaltungssicherheit, für IT und Datenschutz sowie gegebenenfalls auch für Compliance-Fragen. Folgende Qualifikationen gelten als unabdingbar: Kenntnisse in der Betriebswirtschaft, Erfahrungen im kaufmännischen und administrativen Bereich, Kenntnisse im Bühnenarbeits- und Bühnentarifrecht sowie Führungskompetenz, Erfahrungen in der Gremienarbeit, hohe kommunikative und soziale Kompetenz sowie Verhandlungssicherheit (vgl. Rheinisches Landestheater 2019; Bayreuther Festspiele GmbH 2020).

Geschäftsführung und Intendanz mögen formal gleich gestellt sein, aber letztlich ist der Intendant die Galionsfigur, die das Theater nach innen und außen vertritt: „Er ist der heroische Protagonist in der Schlacht um den Publikumserfolg, die Kritikergunst und im politischen Ränkespiel" (Heskia 2019, S. 183). Oft besteht eine ausgeprägte Asymmetrie zuungunsten der kaufmännischen Leitung oder Geschäftsführung, so dass sie kein Mitspracherecht bei künstlerischen Fragen hat und vom etwaigen wirtschaftlichen Vetorecht nur selten Gebrauch macht, um einem künstlerischen und womöglich auch wirtschaftlichem Erfolg nicht im Weg zu stehen (vgl. ebd). Aufgrund dieser asymmetrischen Machtverteilung wird das Potenzial der auf Geschäftsführungsseite vorhandenen managerialen Kompetenz nicht immer ausgeschöpft, da man ihr aus künstlerischer Sicht eher skeptisch gegenübersteht (vgl. ebd; vgl. auch Nix 2016, 115 ff, 118 f, 198). Nicht selten kommt es jedoch zu Kompetenzstreitigkeiten zwischen Intendanz und Geschäftsführung wie beispielsweise im Fall des Wuppertaler Tanztheaters (vgl. Kolter 2018, S. 12). Der Gefahr solcher Friktionen kann am ehesten durch eine eindeutige Geschäftsordnung und entsprechende Intendantenverträge, in denen die Zuständigkeiten klar benannt sind, begegnet werden.

Grundsätzlich wird hier für die *geteilte* Leitungsverantwortung an der Spitze der Theater plädiert, damit die künstlerische Expertise der Intendanz sowie der Sparten- bzw. Abteilungsleitungen sowie die manageriale Expertise der Geschäftsführung umfänglich in die Meinungsbildungsprozesse einfließen, die Tragfähigkeit von Entscheidungen künstlerisch wie administrativ geprüft und grobe Fehler vermieden werden können. Dies sollte jedoch die Intendanz wie die Sparten- und Abteilungsleitungen nicht davon entbinden, ihre Management- und Führungskompetenzen durch Fortbildung, Beratung oder Coaching zu erweitern.

Alleinverantwortliche Intendanten – wie beispielsweise der Intendant des Berliner Ensembles Oliver Reese – versuchen ihre exponierte Stellung zu relativieren, indem sie darauf hinweisen, dass sie sich als Teamplayer verstehen und die ihnen direkt nachgeordnete Ebene bei Fragen zum Spielplan, zu Personalia oder zu Organisatorischem einbinden (vgl. Reese 2016; Pauly 2017). Allerdings wird Teamarbeit von Reese vor allem auf die oberste Führungsebene bezogen. Zum anderen hängen der Grad und der Zeitpunkt der Einbeziehung anderer Sichtweisen sowie deren Berücksichtigung bei der Entscheidungsfindung allein vom Goodwill der Intendanz ab. Und zudem besteht das asymmetrische Verhältnis auch dann weiter fort, denn die Intendanz kann sich jederzeit von dem betreffenden Mitarbeiter trennen (vgl. auch Heskia 2019, S. 182).

Dreifache Führungsaufgabe

Auch Intendanz und Geschäftsführung stehen vor einer dreifachen Führungsaufgabe im Hinblick auf *Mitarbeiterführung, Unternehmensführung* sowie *Selbstführung*. Die *Selbstführung* im Sinne von Selbststeuerung und Selbstreflexion spielt auf der Ebene der Intendanz eine besondere Rolle, da diese oft auf sich allein gestellt ist und kaum ein kritisches Korrektiv an ihrer Seite hat. Dieser ‚Einsamkeit der Leitung' kann sie vorbeugen, indem sie sich – je nach Problemstellung – für einen Gedankenaustausch öffnet und zwar beispielsweise zur Kulturpolitik, zur Geschäftsführung, zu Sparten- oder Abteilungsleitungen, zum Betriebs- oder Personalrat oder zum Ensemblesprecher oder zumindest für Beratung bzw. Coaching, um dadurch Überlegungen und Entscheidungen rückkoppeln zu können. Auf diese Weise könnte manch eine ‚*lonely tragic decision'* (vgl. Königswieser/Hillebrand 2011, S. 115) vermieden oder abgemildert werden. Die genannte *Einsamkeit* der Leitung kann aber insbesondere durch eine *geteilte* Führung an der Spitze überwunden werden.

Im Hinblick auf die *Mitarbeiterführung* hat die Führungsspitze um Intendanz und Geschäftsführung durch die Setzung von Werten, passende Zielvereinbarungen oder Aufgabenstellungen, angemessene Rahmenbedingungen sowie Personalentwicklung dafür Sorge zu tragen, dass Künstler und Belegschaft die gesteckten Ziele des Theaters erreichen, wobei deren Interessen möglichst einbezogen werden sollten. Auf dem Gebiet der *Unternehmens- oder Organisationsführung* ist sie verantwortlich für eine klare Profilierung und strategische Ausrichtung des Theaters (die durch künstlerisch überzeugende Produktionen, neue ästhetische Formate und das Aufgreifen relevanter gesellschaftspolitischer Themen zu untermauern ist), für ein passendes Stellengefüge und die Synchronisierung der Aufbau- und Ablauforganisation. Weiterhin muss sie den Wettbewerb sowie die verschiedenen Besucher- und Zielgruppen im Blick behalten, die Interessen weiterer Anspruchsgruppen berücksichtigen, auf Wirtschaftlichkeit und finanzielle Absicherung des Theaters achten, Lobby- und Öffentlichkeitsarbeit betreiben, mit dem Träger Verhandlungen führen und im Benehmen mit der Politik Ausrichtung und Struktur des Theaters so weiterentwickeln, dass es zukunftsfähig wird und sein Fortbestand gesichert bleibt.

Grundsätzlich ist die Intendanz mit einer großen Machtfülle ausgestattet. Sie wacht nicht nur über das Budget, sondern ist bei allen zentralen organisatorischen und künstlerischen Entscheidungen eingebunden. Dies betrifft auch die Stückauswahl, die Spielplangestaltung, die Verpflichtung von Regisseuren, Choreographen, Bühnenbildnern etc., die Einladung von Gastspielen sowie beispielsweise auch die Möglichkeit der Nichtverlängerung von Verträgen mit

Schauspielern, Tänzern oder Sängern aus sogenannten künstlerischen Gründen. Gerade am letztgenannten Instrument entzündet sich derzeit die Debatte um die Intendantenrolle, denn hier kann der Intendant sanktionieren, wie kaum eine andere Führungskraft. Die Praxis der Nichtverlängerung folgt subjektiven Kriterien und ist kaum überprüfbar oder anfechtbar.

Die Intendanz agiert allerdings nicht im luftleeren Raum, sondern ist eingespannt in ein komplexes Zusammenspiel von Geschäftsordnung, Intendantenvertrag, gesetzlichen Vorschriften, Betriebsvereinbarungen, tariflichen Regelungen sowie unterschiedlichsten Stakeholder-Ansprüchen. Diese reichen vom regelmäßig tagenden Aufsichts- und Kontrollgremium der Gesellschafter (Prüfung der Monats- oder Quartalsberichte, des Wirtschaftsplans und des Jahresabschlusses sowie Personalfragen) über die Geschäftsführung, die Ensemblemitglieder und weiteren Mitarbeiter bis hin zu Publikum, Fachpresse oder Sponsoren. Angesichts der vielen Aufgaben und divergierenden Interessen ist es nach Ulrich Khuon, dem Präsidenten des Deutschen Bühnenvereins, „Quatsch zu behaupten, dass die Intendanten autokratisch alles selbst entscheiden". Der regelmäßige Austausch mit dem Ensemble über die Ausrichtung und den aktuellen Spielplan des Hauses sei für ihn „eine Selbstverständlichkeit, ohne die ich Theater überhaupt nicht für machbar halte." (Khuon 2017). Allerdings entscheidet die Intendanz in der Regel allein und ohne gegenüber jemandem verpflichtet zu sein, in welchen Fällen sie Austausch und Rat sucht.

Intendanz und organisatorischer Wandel
Wie bereits im allgemeinen Teil ausgeführt, kommt der obersten Führungsspitze bei Prozessen der *Organisationsentwicklung* eine *Schlüsselrolle* zu. Dies gilt auch für den Theaterbereich und zwar hier – neben dem Aufsichtsgremium des Trägers – insbesondere für den Intendanten. Die Intendanz (ganz gleich ob alleinige Intendanz, Doppelspitze oder Direktorium) ist als *oberster Change Agent* auch weiterhin dafür verantwortlich, rechtzeitig Veränderungsbedarf zu identifizieren und frühzeitig einen Austausch mit dem Träger und der Mitarbeiterschaft über den *Anlass* und die mögliche *Richtung* eines Wandels herbeizuführen. Außerdem hat sie die Aufgabe, sich mit internen und externen *Widerständen* – durch Verweis auf die Ursachen, Zielsetzungen und Vorteile des Wandlungsprozesses und durch Berücksichtigung von Mitarbeiterinteressen – auseinanderzusetzen, den *Austausch* und die Diskussion mit möglichst vielen Mitarbeitern über die Zielrichtung zu initiieren, eine *Verständigung* über die Lösungswege zu erzielen, die *Umsetzungsschritte* zu begleiten und am Ende die Ergebnisse zu *evaluieren*. Insbesondere die Intendanten können und sollen eine zentrale Funktion bei einer

Transformation wahrnehmen, denn sie haben – neben den Gesellschaftern –
nicht nur die *positionelle* Macht zur Durchsetzung der Veränderung, sondern
auch die *Funktionsmacht* aufgrund derer sie die Rolle als Initiator, Auftraggeber,
Entscheider und Promotor des Prozesses wahrnehmen können (vgl. Grossmann
2015, S. 43).

Es wurde an anderer Stelle bereits darauf hingewiesen, dass Maßnahmen zur
Organisationsentwicklung – und dies betrifft auch das Theater – unter Feder-
führung der Führungsspitze umso erfolgreicher sind, je mehr sie alle *drei Seiten*
der Organisation bearbeiten. Wenn sie sich nur auf die *Fassaden- oder Schauseite*
beschränken (Verlautbarungen, Lippenbekenntnisse, Hochglanzbroschüren, Web-
site- und Social-Media-Auftritte etc.) ohne Veränderungen auf der strukturellen
oder unternehmenskulturellen Ebene führt dies nur zu Spott und Zynismus der
Mitarbeiter. Wenn sie nur die formale Seite der offiziellen Regelungen und Vereinbarungen in den Blick nehmen, aber nicht die Implikationen für die Seite der
Organisationskultur und die Schauseite mitbedenken, bleibt am Ende nur ein
unbewohnbarer Rohbau übrig. Und Vorhaben zur Unternehmenskultur, die nicht
auch die formalen Regelungen sowie die Schauseite in den Blick nehmen, verpuffen an der Oberfläche (vgl. Kühl 2018, S. 63).

Veränderung der Intendantenposition
Christoph Nix hat nachgezeichnet, wie sich die Intendantenposition verändert hat:
Sie entwickelte sich von einer reinen Sachverwaltung hin zur relativ autonomen
Leitung eines Kulturbetriebes, die gegenüber Einmischungen aus der Politik
idealiter geschützt ist durch das Kunstfreiheitsgesetz (Art. 5 Abs. 3 GG) (vgl. Nix
2016, S. 128 f). Nach der Wiedervereinigung wurde den Intendanten nach Nix
nicht selten die undankbare Rolle des Vollstreckers politischer Entscheidungen
zugewiesen – so wie bei den zahlreichen Fusionen im Osten der Republik. In den
letzten beiden Jahrzehnten hätten viele Intendanzen die Aufgabe, einen eigen-
willigen Ort für eine ästhetisch-politische Reflexion zu bieten und das ‚künstlerische Gewissen' der Stadt zu sein, sehr ernst genommen, was nicht selten zu
Reibungen mit der Politik und den Trägergremien geführt habe (vgl. ebd. 128 f).
Seit einigen Jahren würden die Bühnen allerdings im Zuge der neoliberalen Öko-
nomisierungsbestrebungen von einem Trend zur Entpolitisierung erfasst. Dies
schlage sich nach Nix vor allem darin nieder, dass der bislang ambitioniert künstlerisch und politisch agierende (General-)Intendant vonseiten der Kulturpolitik
zunehmend durch einen scheinbar leichter einzupassenden, geschäftsführenden
Intendanten ersetzt werde, der bei Direktoriumsmodellen gegenüber den Spartendirektoren in seiner Machtfülle übergeordnet sei. Von diesem ‚Kulturangestellten
neuen Typs' erhoffe man sich mehr Glanz und weniger Inhalt und statt künst-

lerischer Provokationen oder politischer Widerständigkeit vor allem eingehaltene Etats, ausgeglichene Jahresabschlüsse sowie zufriedenstellende Auslastungszahlen (vgl. ebd. 118 f, 131, 134 f, 198).

Diese von Nix vorgenommene Pauschalisierung ist allerdings so nicht haltbar, denn die meisten amtierenden Intendanten haben immer noch einen schauspiel-, regie- und/oder dramaturgiebezogenen Hintergrund und selbst wenn nicht: Was wäre gegen ein Direktorium aus geschäftsführendem Intendanten und weiteren Co-Intendanten wie beispielsweise Spartendirektoren einzuwenden, solange dabei die Kunst nicht der Ökonomie untergeordnet wird und solange zentrale strategische und künstlerische Fragen gemeinsam und gleichberechtigt im Direktionsteam entschieden werden? Während Nix sich vor allem gegen eine kennzahlenfixierte Ökonomisierung wendet und stattdessen für die künstlerische (General-)Intendanz plädiert, die auf Risiko, Inhalt, Politik und Emanzipation setzt (vgl. Nix 115, 117 ff), stellt Thomas Schmidt heraus, dass sich Kunst, Management und Emanzipation nicht ausschließen müssen, vor allem dann, wenn die Emanzipation nicht vor den *eigenen, internen* Strukturen halt macht (vgl. Schmidt 2019b, S. 95 f, 127 f). Schmidt distanziert sich sowohl von der reinen Ökonomisierung als auch von der Priorisierung des Künstlerischen um jeden Preis, da bei letzterer Theater und Mitarbeiterschaft der (charismatisch)-künstlerischen Alleinherrschaft einzelner ausgeliefert sind. Er plädiert stattdessen für ethische Vernunft und eine verantwortungsbewusste Führung (vgl. Schmidt 2019b, S. 95 f, 127 f).

5.2.1.1 Rollen und Einflusspotenziale

Auch das Wirken der Intendantenspitze vollzieht sich – wie im Führungskontext unvermeidlich – innerhalb verschiedener Spannungsfelder und Dilemmata, wobei die Diskrepanz zwischen Unternehmens-/Leistungsorientierung und Mitarbeiterorientierung besonders herausragt. So stehen der gegenwärtig immer noch stark leistungsorientierten Tendenz zu immer mehr Produktionen und zur damit verbundenen Überbeanspruchung von Ensemble und Mitarbeiterschaft die teilweise prekären Arbeitskonditionen und ein hohes Maß an Gagenungerechtigkeit gegenüber.

Rollen von Intendanz und Geschäftsführung

Auch für Intendanz und Geschäftsführung gilt das bereits vorgestellte, komplexe *Rollenmodell,* das Henry Mintzberg (1990) im Hinblick auf Management- und Führungsaufgaben vorgelegt hat – wenn auch mit unterschiedlichen Schwerpunkten. Hier ragen bei den interpersonellen Rollen die *Koordinationsrolle* sowie die des Repräsentanten bzw. der *Galionsfigur* heraus. Die Rolle der Galionsfigur speist sich auch aus den – an die Intendanz herangetragenen – Erwartungen in puncto Kompetenz, Reputation, Prominenz und Charisma.

Im Hinblick auf die *Koordinationsrolle* haben Intendanz oder Geschäftsführung (in größeren Häusern gemeinsam mit den Sparten- und Abteilungsleitungen) sicherzustellen, dass die Kommunikation auf und zwischen allen Ebenen – horizontal und vertikal – funktioniert. So ist es beispielsweise sinnvoll, die technischen Abteilungen so früh wie möglich in die künstlerischen Abläufe einzubeziehen, damit diese ihre Kompetenzen einbringen und nicht unter ihren Möglichkeiten arbeiten. Kommunikationslücken ließen sich vermeiden, wenn zu Beginn einer Produktion eine Gesamtsitzung aus künstlerischem Team und allen relevanten Abteilungen stattfinden würde (vgl. von Matuschka 2013, S. 44).

Bei den informationsbezogenen Rollen stechen – aus den eben genannten Gründen – vor allem die Rolle des *Informationsverteilers* gegenüber Ensemble und Mitarbeiterschaft sowie die des *Sprechers* gegenüber externen Adressaten hervor. Bei den vier Entscheidungsrollen springt eine förmlich ins Auge, nämlich die *Rolle des Innovators*. Damit ist die Leadership-Aufgabe der Intendanz wie auch der Geschäftsführung umschrieben, frühzeitig Anlässe für Veränderungsprojekte zu erkennen, (gemeinsam mit dem Gesellschafter und der Mitarbeiterschaft) eine sinnvermittelnde Vision zu entwickeln, die entsprechenden Umsetzungsschritte zu begleiten sowie die Ergebnisse zu überprüfen. Weitere Rollen wären die des (internen) *Krisenmanagers,* des *Ressourcenzuteilers* und die des – für das Theater eminent wichtigen – kompetenten und geschickten *Verhandlungsführers*.

Macht und Einflusspotenziale

Es besteht durchaus die Gefahr, dass die *Machtkonzentration* in der Intendantenposition die betreffende Führungsperson mit der Zeit korrumpiert und diese dann nicht mehr ausschließlich das Wohl des Theaters, der Mitarbeiterschaft und anderer Stakeholder im Blick hat, sondern mehr von persönlichen Karriereplänen und eigenen Interessen geleitet wird. Peter Kimmel formuliert recht pointiert; "Intendanten sind späte Fürsten. Die meisten machen von ihrer Macht weidlich Gebrauch, und zwar mit erkennbarer Lust. Es liegt eine gewisse institutionelle Grausamkeit in ihrem Amt, dessen Wesen es ja ist, immer wieder das Bessere, den Neuanfang zu verheißen. Die Spuren des Vorgängers zu verwischen, das alte Ensemble aufzumischen oder aufzulösen, Schauspielern zu kündigen, ehe sie unkündbar werden, ‚frische Luft reinzulassen' – das gehört zur Hauptfreude vieler neuer Chefs" (Peter Kümmel 2018a).

Der Weg vom (scheinbar) charismatischen Führer zum narzisstischen Usurpator ist nicht weit und nicht jeder hat die Charakterstärke, der Versuchung des Machtmissbrauchs zu widerstehen. Der Intendant kann theoretisch auf der gesamten Klaviatur der von French/Raven herausgearbeiteten *Macht-* bzw. *Einflusspotenziale* (vgl. Schreyögg/Koch 2010, S. 266–271) spielen: er kann sich auf seine *Positionsmacht* und die damit verbundenen Sanktionsmöglichkeiten berufen. Zusätzlich kann er von seiner *Informationsmacht* Gebrauch machen, die sich beispielsweise durch seine speziellen Kontakte zur Politik, zu den Mitgliedern im Aufsichtsgremium, zu weiteren Stakeholdern wie Sponsorenvertretern sowie durch seine Verbindung zu Künstlern, Intendantenkollegen und zum Deutschen Bühnenverein als Arbeitgeberverband ergibt. Und er kann seine – durch jahrelange Regie- und/oder Leitungserfahrung gewonnene – künstlerische oder auch (eher in Ausnahmefällen vorhandene) manageriale *Expertenmacht* ins Feld führen.

Und schließlich kann er versuchen, sich im Sinne charismatisch-transformationaler Führung auf seine *Identifikationsmacht* zu stützen. Diese würde sich – im Idealfall – äußern durch eine inspirierende Vision und weitere Impulse zur Sinngebung, durch besondere Wertschätzung für die Mitarbeiter, die eigene, überbordende Identifikation mit dem Betrieb und damit verbundenen vorbildhaften Einsatz sowie durch seine persönliche Ausstrahlung. Die negativen Seiten eines solchen charismatisch-transformationalen Führungsprinzips wurden bereits eingangs ausführlich erörtert.

Vor diesem Hintergrund ergeben sich zwei mögliche Konfliktlinien:

1. Auf das (mitunter nur eingebildete) Charisma kann man nicht bauen, da es einer Zuschreibung von außen bedarf. Und die nicht selten anzutreffende Mélange aus Positions-, Sanktions- und Identifikationsmacht, einer Überdosis Narzissmus und Egoismus sowie einem pessimistischen Menschenbild kann eine Spirale in Gang setzen, die sich am Ende in purem Machiavellismus gegenüber der Belegschaft und der Organisation niederschlägt. Dem gilt es vorzubeugen durch *Selbstführung* und Selbstreflexion, die sich an ethischen Maßstäben orientiert.
2. Außerdem tritt der Intendant auf dem Gebiet der Informationsmacht und der Expertenmacht (und möglicherweise auch auf dem Gebiet der Identifikationsmacht) in eine direkte Konkurrenz zu Abteilungsdirektoren, Ensemblemitgliedern oder anderen Mitarbeitern, die ebenfalls sehr gut ausgebildet sind, eine Expertise auf künstlerischem, organisatorischem oder handwerklich-technischem Gebiet mitbringen, über hohe Motivation verfügen, ein Interesse

an Mitsprache und Eigenverantwortung hegen und ihrerseits eine persönliche Ausstrahlung haben. Hier gilt es, Konkurrenz und Machtkämpfe zu vermeiden, die Expertise oder auch das bessere Argument auf Mitarbeiterseite anzuerkennen, sie in die zu treffenden Entscheidungen einzubeziehen sowie Angebote zur Mitarbeit und zur Übernahme von Verantwortung zu machen.

Da sich die Intendanz möglicherweise nicht auf alle Machtbasen verlassen kann, kann sie rückwärtsgewandt oder zukunftsorientiert agieren. Bei der ersten Variante würde sie sich auf ihre formale Positionsmacht zurückziehen und vorwiegend hierarchisch handeln, was allerdings die informellen Führungstendenzen ,von unten' seitens der Mitarbeiterschaft umso mehr stimulieren dürfte. Oder sie wählt die mutigere, ethisch angemessenere Variante: Dann würde sie angesichts der vielen zu bewältigenden Aufgaben und Anforderungen die vielfachen Kompetenzen in der Belegschaft würdigen und Möglichkeiten zur tatkräftigen Mitarbeit bieten. Dabei würde das Führungsverhalten situationsbezogen pendeln zwischen zentraler Steuerung und dezentraler, eigenverantwortlicher (Team-) Arbeit.

Regieführende Intendanz
Einen immer noch weit verbreiteten Sonderfall stellt die *regieführende* Intendanz dar, denn diese ist mit einer besonderen Machtfülle ausgestattet. Da diese nicht nur ,regiert', sondern auch selbst inszeniert, läuft sie Gefahr, den eigenen Interessen (bestes Personal und beste Rahmenbedingungen für die eigenen Projekte) zu sehr auf den Leim zu gehen, in Interessenskonflikte mit regieführenden Kollegen zu geraten sowie den Blick auf die gesamte Organisation zu verlieren. „Es tut einem Haus immer gut, wenn die Intendanz nicht regieführend ist und sich auf die Leitung des Hauses konzentriert (...) (sie kann) eine gesunde Distanz zu den jeweiligen Arbeiten der Regisseure wahren; eine Vermischung von Interessen wird vermieden" (von Matuschka 2013, S. 41).

Falk Richter sieht die Problematik noch zugespitzter: „Die Macht ist schon sehr konzentriert auf den Intendanten, und wenn es auch noch ein Regie führender Intendant ist, dann hängt es im Grunde von seiner charakterlichen Integrität ab, ob er den Möglichkeiten zum Machtmissbrauch nachgibt oder nicht. Das zeigt sich schon darin, dass Regie führende Intendanten immer die besten Probenbedingungen haben, dass sie letztlich entscheiden, welche Schauspieler sie haben, dass sie auch mal Schauspieler rausreißen können aus einer schon bestehenden Besetzung eines anderen Gastregisseurs und das ist noch der völlig legitime Bereich (...). Regieführende Intendanten geben ja auch viel Arbeitskraft und -zeit in die Leitungsarbeit, davon wollen sie dann auch profitieren. Sie passen also nach meiner Erfahrung schon auf, dass sie öffentlichkeitswirksam vorkommen, die wichtigsten Premierenslots bekommen, die prominenten Schauspieler bei ihnen landen, dass sie die besten Arbeitsbedingungen haben" (Richter in: Burckhardt/Wille 2018, S. 125 f).

5.2.2 Das Intendantenmodell in der Diskussion

Vor dem Hintergrund der bisherigen Erkenntnisse kann das etablierte Modell der Allein-Intendanz als Kristallisationspunkt der derzeit geführten Theaterreformdebatte betrachtet werden. Diese Konstruktion soll als Garant für künstlerische Qualität und ökonomischen Erfolg fungieren und ist für die ebenso hierarchisch gebaute Kulturpolitik und -verwaltung vielleicht die bequemste Lösung, denn so hat sie einen kontinuierlichen, exponierten Ansprechpartner, mit dem sie sich nicht nur schmücken, sondern von dem sie sich im Zweifelsfall auch schnell wieder trennen kann. Letztlich aber ist die „feudale Intendantenmacht ein untaugliches Mittel, komplexe künstlerische Prozesse zu organisieren. Die Sehnsucht nach dem guten König und strengen Vater ist reaktionär. Sie dient allein dem Untertanen in uns und befriedet die Angst der Politiker, den Unruheort Theater in einer Adresse kontrollieren zu können. Wenn ein Betrieb eine autoritäre Führung benötigt, um konstruktiv arbeiten zu können, dann stimmt etwas Grundlegendes nicht" (vgl. Stegemann 2014).

Erwartungen und Anforderungen
Seitens der Stakeholder werden unterschiedlichste *Erwartungen* an das Theater und seine Leitung herangetragen: Garantie von künstlerischer Exzellenz durch anspruchsvolle Inszenierungen und verpflichtete Künstler, Offenheit für neue künstlerische Ansätze und Formate, Erhalt des Ensemble- und Repertoiretheaters, Pflege des Bildungskanons, Öffnung in den städtischen Raum und Gewinnung neuer Zielgruppen, Erreichung von Nicht- oder Wenig-Besuchern, Etablierung von Bürgerbühnen und Angebote zur kulturellen Bildung für Menschen jeden Alters, Öffnung hin zu freien Szene und zu überregional erfolgreichen Performance-Kollektiven, Abbildung von Diversität, Inklusion und Geschlechtergerechtigkeit in möglichst allen Bereichen des Theaters (Leitungspositionen, Ensemble, Mitarbeiterschaft, Stückauswahl, Regie etc.), Verbesserung der Arbeitsgegebenheiten für die künstlerisch Tätigen sowie Einräumung von echten Beteiligungsmöglichkeiten für die Mitarbeiterschaft. Hinzu kommen die Herausforderungen durch eine sich rasant verändernde Umwelt und damit verbundene Problemfelder wie zunehmende Sparten-, Kultur- und Freizeitkonkurrenz,

Änderungen im Besucherverhalten, finanzielle Engpässe, erforderliche Generierung von Zusatzeinnahmen sowie die großen Themen Digitalisierung, (Post-)Migration, Fachkräftemangel und Generationenwechsel.

Christopher Vorwerk hat in seiner Stadttheaterbefragung die Fülle der ein- und ausgehenden *internen* Erwartungen oder Anforderungen herausgearbeitet, die gegenüber der Intendanz formuliert werden (vgl. Vorwerk 2012, S. 120 ff). So erwarten beispielswiese die Kollegen *innerhalb der Intendanz-Ebene* (bei einer Doppelspitze oder einem Direktorium) Kompetenz, Zuverlässigkeit, gegenseitige Unterstützung, Vertrauen und Integrität. Hinzu kommen Einfallsreichtum im Hinblick auf die Spielplangestaltung sowie eine gute Kommunikation hinsichtlich der Erreichbarkeit und in puncto Weitergabe von Informationen oder Anweisungen. Die künstlerischen *Spartenleitungen* erwarten von der ihnen zumeist vorgesetzten General- oder geschäftsführenden Intendanz Teamgeist, Interesse für die Vorgänge und Belange der einzelnen Sparten sowie die Balance zwischen künstlerischem Anspruch und publikumsorientiertem Denken.

Ein ganzes Bündel an Anforderungen wird von *Solisten* und *weiteren künstlerischen Mitarbeitern* gegenüber der Theaterleitung formuliert: die Erfüllung von Fürsorgepflicht, das Angebot von Kontakt-und Ansprechmöglichkeiten sowie Einfühlungsvermögen, Ehrlichkeit, Diskretion, Kollegialität, Fairness und Freundlichkeit. Das ‚Auspressen' der Anfänger wird ebenso abgelehnt wie das zu häufige Engagement von externen Gästen auf Kosten des eigenen Ensembles. Darüber hinaus wird eine faire Verteilung von Beschäftigung erwartet, Verzicht auf ‚Personenkult', Respekt vor der künstlerischen Leistung, Einbeziehung der Solisten bei Entscheidungen sowie Sorgfalt dem Betrieb und seinen Beschäftigten gegenüber.

Mitarbeiter aus dem Bereich der *Öffentlichkeitsarbeit* erwarten von der Theaterleitung Flexibilität, Vertrauen, Fairness, Freude sowie eine spürbare Wertschätzung und Rückendeckung für die geleistete Arbeit. Darüber hinaus wünschen sie sich eine verantwortungsvolle, vorausschauende Planung der Arbeit, einen guten Spielplanmix, bei dem die Abteilung Öffentlichkeitsarbeit mitbeteiligt ist, eine optimale Terminbelegung und einen umfassenden Informationsfluss. Auch die *Verwaltungsmitarbeiter* erwarten den rechtzeitigen Erhalt von Informationen sowie klar formulierte Arbeitsaufträge und Anweisungen, die konsequente Einhaltung einmal gefasste Beschlüsse sowie die zeitnahe Anhörung bei Problemen (vgl. Vorwerk 2012, S. 122–123).

Dieses gewaltige Konvolut an Erwartungen und Aufgaben kann kaum durch eine einzige Person an der Führungsspitze bewältigt werden. Die Fokussierung der gesamten Verantwortung und Entscheidungsbefugnis auf eine Person stellt daher für die betreffende Führungsspitze eine permanente Herausforderung dar, die im Extremfall zum Derailment, also zur absoluten Überforderung und zum Burn-Out führen kann wie bei den früheren Intendanzen am Nationaltheater Mannheim und am Düsseldorfer Schauspielhaus (vgl. Saarbrücker Zeitung 18.05.2012 und RP Online 29.11.2012), Das Leitungsmodell eines (scheinbar) allseits kompetenten, allein entscheidenden, heroischen Intendanten, der zugleich alleiniger Repräsentant für die Kulturpolitik ist, ist daher dringend zu hinterfragen, obwohl es von verschiedenen Seiten apologetisch verteidigt wird.

Lösungsansätze

Der beschriebene Komplexitätsdruck kann am ehesten bewältigt werden, wenn die Verantwortung von mehreren gleichgestellten Akteuren innerhalb eines Führungsteams gemeinsam getragen wird: Entweder in Form einer *verteilten* Führung, bei der Zuständigkeit und Entscheidungsbefugnis auf mehrere abgegrenzte Aufgabenbereiche verteilt werden und bei der es ein überschaubares Segment gibt, in dem gemeinsam entschieden wird *(Distributed Leadership)* oder in Form einer echten, *geteilten* Führung *(Shared Leadership)*, bei der die Verantwortung für alle Organisationsbereiche vom Führungsteam gemeinschaftlich getragen wird (vgl. Endres/Weibler 2019, S. 8–12).

Darüber hinaus könnten auch der *mittleren Leitungsebene,* also beispielsweise der künstlerischen Betriebsdirektion, der technischen Direktion, der Dramaturgie-Abteilung oder der Abteilung Kommunikation mehr Autonomie und Selbstverantwortung gewährt werden, damit auch hier mit Hilfe situativ geteilter Führung eigene und tragfähige Bottom-Up-Lösungsvorschläge erdacht werden können und zwar im Rahmen von hierarchieübergreifend, abteilungsübergreifend oder abteilungsbezogen agierenden Teams. Es wurde bereits an anderer Stelle ausgeführt, dass auch die Arbeitszufriedenheitsforschung unterstreicht, wie bedeutsam herausfordernd-vielfältige Aufgabenstellungen sowie selbstorganisiertes Handeln für die eigene Motivation, für Goodwill und Commitment sowie für besondere Extraleistungen sind.

Die althergebrachte vertikale Organisationsstruktur und mit ihr das Intendantenmodell kann aus zweifache Weise aufgebrochen werden, nämlich zum einen durch die Teilung der Führungsverantwortung in Form einer echten *Doppelspitze* oder eines *Direktoriums* auf Intendantenebene sowie auch auf den *nachgeordneten* Ebenen und zum anderen durch mehr *Mitsprache* möglichkeiten für Mitarbeiterschaft und das Ensemble.

Ein Blick über den Tellerrand zeigt, dass in anderen Bereichen bereits seit längerem erfolgreich mit verteilter oder geteilter Führung gearbeitet wird. So

arbeiten viele Start Ups, kleine sowie mittlere Unternehmen sowie Kreativ-
unternehmen wie Werbeagenturen mit Führungsteams. Vor allem aber hat
man im Hochschul- und Universitätsbereich jahrzehntelange Erfahrungen mit
geteilter Führung im Rahmen des *Direktoriumsmodells* machen können, denn
hier ist die Macht an der Spitze nicht auf eine Position (Rektor oder Präsident)
konzentriert. Vielmehr bestehen Präsidium oder Rektorat aus einem mehrköpfigen Direktorium. Dieses setzt sich zusammen aus dem Präsidenten/Rektor,
dem Kanzler (oder Vizepräsidenten für Wirtschafts- und Personalverwaltung)
sowie weiteren Vizepräsidenten oder Prorektoren für Studium und Lehre, für
Forschung und Transfer sowie für Wissenschaftskommunikation und internationale Beziehungen. Aber auch im Kultur- und Theaterbereich existieren
Modelle für geteilte Führung in Form von Doppelspitzen oder Direktorien wie
in Marburg und Zürich sowie Stuttgart und Mannheim. Darüber hinaus wurden
alternative Leitungsmodelle auch am Orpheus Chamber Orchestra sowie an der
Royal Shakespeare Company erprobt. Alle diese Modelle werden noch ausführlicher vorgestellt.

5.2.3 Neue Leitungsmodelle: Geteilte Führung bei Doppelspitze und Direktorium

Wie bereits gezeigt, werden im Kontext der gegenwärtigen Diskurse zum Cultural
Leadership kooperative Arbeitsweisen im Sinne der geteilten Führung favorisiert
und zwar nicht nur auf der Ebene der Führungsspitze, sondern auch auf der Ebene
von nachgeordneten Projektteams, um den Teamgedanken konsequent zu verankern.

Echte Doppelspitze
Eine Form der geteilten Führung ist die sogenannte *echte* Doppelspitze, bei der
zwei Personen auf der höchsten hierarchischen Ebene teilweise oder in der Gänze
gleichberechtigt agieren – im Gegensatz zur unechten Doppelspitze, die an den
meisten Theaterbetrieben immer noch praktiziert wird und bei der eine Spitze der
anderen vorgeordnet ist.

Man spricht von einer *echten* Doppelspitze, wenn Führung mit weitgehender
Rollenüberlappung, durchgängig und auf *allen* Gebieten gemeinsam ausgeübt
wird *(Co-Leadership)*. Bei der *funktionalen* Doppelspitze *(Dual Leadership)*
hingegen sind einige zentrale Kompetenz- und Entscheidungsbereiche aufgeteilt
(z. B. kaufmännische und künstlerische Zuständigkeit), wobei daneben noch
Bereiche existieren, bei denen gemeinsam entschieden wird (vgl. Endres/Weibler

2019, S. 6–8). Ob es sich jeweils um eine ‚echte' oder ‚unechte' Doppelspitze handelt, ist aufgrund von Titeln und Funktionsbezeichnungen nicht immer klar ersichtlich, sondern vor allem durch die gelebte Praxis (vgl. Schlicht 2020, S. 11).

Bei einer Entscheidung für eine Doppelspitze müssen die gemeinsam getragenen wie die aufgeteilten Verantwortungsbereiche und die damit verbundenen Zeichnungsbefugnisse qua Geschäftsordnung von Trägerseite aus klar definiert sein (vgl. Schlicht 2020, S. 12). Hier muss auch verankert sein, ob Spielplan und Wirtschaftsplan gemeinsam verantwortet werden, wie die Zuständigkeiten bei den Querschnittsaufgaben wie Vermarktung, Vertrieb oder Fundraising geregelt sind und welche Form des Konfliktmanagements (ggf. mit externem Coaching oder ohne) im Krisenfall eingehalten werden soll. Darüber hinaus sollten für beide Führungskräfte möglichst vergleichbare Rahmenbedingungen, Vertragslaufzeiten und Vergütungsmodelle gelten – um Konflikte durch Ungleichbehandlung von vornherein zu vermeiden (vgl. ebd.).

Die Vorteile der *echten* Doppelspitze gelten auch für das Theater: Die *Wahrnehmung* von Umweltveränderungen und von damit verbundenen Herausforderungen ist komplexer. Das *Spektrum* der möglichen Lösungswege wird größer. Und Entscheidungen werden nicht mehr einsam, sondern nach *gemeinsamer Konsultation* mit Bedacht gefällt und sind dadurch oft *belastbarer.* Allerdings birgt diese Konstellation auch Risiken und zwar dann, wenn ein *Ungleichgewicht* zwischen den Partnern besteht, die *Kompetenz- und Aufgabengebiete nicht klar* abgegrenzt sind oder wenn Werte, Ansichten und Einschätzungen weit auseinander klaffen und sich die Beteiligten mit Kompromissen schwer tun. Dies erhöht die Gefahr von Rivalitäten und Richtungskämpfen.

Echte geteilte Führung in einer Doppelspitze kann vor allem dann funktionieren, wenn sich beide Partner gegenseitig vertrauen, sich in einer Art kongenialen Einheit *ergänzen,* in ihren Zielen und Sichtweisen weitestgehend *übereinstimmen* und wenn die *gemeinsame Verantwortung Vorrang* genießt gegenüber den Interessen und Machtansprüchen des einzelnen (vgl. auch Waltz 2020, S. 31). Weitere Voraussetzungen sind, dass beide auf ihren jeweiligen Gebieten ein ähnliches Maß an *Expertise* besitzen und diese einander zugestehen, bei unterschiedlichen Interessen ein *Wille zu tragfähigen Kompromissen* vorhanden ist, ein von *Sympathie* bestimmter Umgang auf Augenhöhe vorherrscht und die Bereitschaft zu permanenter, transparenter *Kommunikation* besteht. Nur so kann die Doppelspitze innen und außen als Einheit wahrgenommen zu werden. Anderenfalls besteht die Gefahr, dass die beiden Amtsinhaber von Mitgliedern der Aufsichtsgremien, von Mitarbeitern oder anderen Stakeholdern gegeneinander ausgespielt werden. Im Fall von tiefergehenden Friktionen zwischen beiden Führungsspitzen sollte daher von beiden Seiten rechtzeitig eine externe Mediation oder Beratung angestrebt werden (vgl. Schreyögg 2020, S. 18 f).

Im Bereich der Stadttheater wurde bereits in wenigen Fällen die alleinige Intendanz durch eine *echte* Doppelspitze ersetzt (z. B. beim Hessischen Landestheater in Marburg, worauf an anderer Stelle noch eingegangen wird). Dabei werden die künstlerische und die geschäftsführende Leitung gemeinsam durch zwei gleichberechtigte Funktionsträger ausgeübt, die sich nach innen und außen wechselseitig vertreten könnten.

Die Chancen einer Doppelspitze bestehen darin, dass zwei Perspektiven berücksichtigt werden. Probleme mit der Doppelspitze können sich nach Andrea Hausmann ergeben bei Pseudogleichberechtigung, bei Rivalität und Platzhirschgehabe, bei unzureichender Kompetenzklärung sowie bei hohem Abstimmungsbedarf und unterschiedlichen Zielvorstellungen. Für die Mitarbeiterseite besteht das Risiko in widersprüchlichen Arbeitsaufträgen und einem konfliktgeladenen Arbeitsklima (vgl. Hausmann 2019a, S. 17 f).

Direktorenteam

Eine Alternative zur Doppelspitze wäre die Einrichtung eines aus drei oder mehr Köpfen bestehenden *Direktoriums* im Sinne einer *geteilten, pluralen Führung,* bei der gleichberechtigt und ohne Weisungsberechtigung untereinander geführt wird. Solche Modelle wurden erstmals zu Beginn der 70er Jahre (wenn auch unter anderen Vorzeichen) sowie zu Beginn der 90er Jahre erprobt. Das Direktoriumsmodell wurde vor allem von Thomas Schmidt und einigen Nachtkritik-Autoren in die aktuelle Reformdebatte eingebracht (vgl. Schmidt 2012, S. 119,143 f; Schmidt 2017, S. 79 ff; Schmidt 2019, S. 49 f; Gräve/Zipf 2017; Klett 2017).

Ein solches Direktorium könnte nach Schmidt beispielsweise besetzt werden durch eine Management-Direktion (Geschäftsführung), eine künstlerische Direktion, eine Programmdirektion (Dramaturgie), eine Produktionsdirektion (künstlerische Betriebsdirektion) und eine technische Direktion sowie gegebenenfalls noch ergänzt werden durch die Direktion für Kommunikation sowie eine Ensemblevertretung (vgl. Schmidt 2012, S. 144; Schmidt 2017, S. 81, 323, Schmidt 2019, S. 50).

In einem Mehrspartenhaus könnten nach Schmidt alle Sparten mit einer eigenen Direktion vertreten sein und mit den oben genannten Direktionen aus den Bereichen Management, Dramaturgie, Produktion oder Technik in Form einer *Matrixorganisation* kombiniert werden (vgl. Schmidt 2017, S. 331 f. und 440). Alternativ zur Matrix-Organisation, die sich (wie bereits erläutert) in der konkreten Umsetzung unter Umständen als sperrig erweisen könnte, wird hier eine *netzwerkartige* Doppelkonstruktion aus einem häufig tagenden *Kerndirektorium* auf der ersten Führungsebene und einem weniger häufig tagenden, mitsteuernden *Beratung- oder Lenkungsgremium* empfohlen, das sich aus allen Leitungspositionen der 2.Ebene zusammensetzt. Dieses Modell wurde – wie noch gezeigt wird – über Jahre mit Erfolg bei der britischen Royal Shakespeare Company erprobt.

Ein Direktoriumsmodell an der Spitze des Theaters würde die *Eigenverantwortung* für den eigenen Teilbereich (Sparte oder Abteilung) mit der *gemeinsamen Verantwortung* für zentrale strategische oder auch zentrale operative Entscheidungen kombinieren. Dadurch könnte zweierlei erreicht werden: dass ein (General-)Intendant nicht mehr in alle Sparten bzw. Abteilungen hineinregiert und selbst über Petitessen die Kontrolle behält und dass zentrale, das gesamte Theater betreffende, Entscheidungen immer im Führungsteam an der Spitze gefällt werden. Das Direktorium könnte über einen Sprecher verfügen, der für einen längeren Zeitraum gewählt wird oder jährlich rotiert. Beim Ausscheiden von Direktoriumsmitgliedern sollten die verbliebenen Mitglieder maßgeblich an der Neuwahl des nachfolgenden Mitglieds beteiligt sein, so dass eine Kontinuität der Arbeit garantiert ist.

Der Intendant des Berliner Ensembles Oliver Reese gehört zu den Kritikern des Direktoriumsmodells und zu den Befürwortern der Allein-Intendanz. Seiner Ansicht nach gäbe es "kein anderes strukturiertes Konzept (…), das als echte Alternative zum im Team arbeitenden, am Ende aber allein verantwortlichen Intendanten als Modell tauglich erscheint". Er gibt den Schwarzen Peter weiter an die Kulturpolitik, indem er darauf hinweist: "Die Intendantenverträge werden doch von den Städten und Gemeinden angeboten, die Intendanten schaffen die Strukturen ja keineswegs selbst!" Diese wiederum hätten kein Interesse an geänderten Verhältnissen: "Wer fragt denn die Kultursenatoren und -dezernenten, ob sie bereit wären, Verantwortung etwa auch einem Leitungskollektiv zu übertragen? Sie würden sich damit natürlich der Gefahr aussetzen, im Zweifelsfall deren internen Streit schlichten zu müssen" (Reese 28.10.2016). Dass das Direktoriumsmodell der Politik mehr abverlangen würde, da sie bei einer mehrköpfigen Leitung mit länger dauernden Abstimmungsprozessen rechnen oder sich bei divergierenden Positionen innerhalb des Direktoriums unter Umständen auch moderierend einschalten müsste, ist kein Argument gegen das Direktorium an sich, denn von der Kulturpolitik wird sowohl bei tradierten als auch bei veränderten Theaterstrukturen angesichts der vielen Herausforderungen in Zukunft viel erwartet. Außerdem könnte eine solche Moderation oder Mediation durch eine externe Stelle erfolgen. Vielmehr sollte bei Kulturpolitik und Gesellschaftern offensiv für ein Doppelspitzen- oder Direktoriumsmodell geworben werden. Interessierte Kulturpolitiker sollten sich daher ermuntert sehen, sich einmal mit den Aufsichtsratsvorsitzenden von direktoriums- oder doppelspitzengeführten Häusern über die gelebte Praxis dieser Organisationsformen näher auszutauschen.

Auch Peter Carp betrachtet das Direktoriumsmodell mit einer gewissen Skepsis und findet es „bedenklich, wenn alle künstlerischen Entscheidungen im Kollektiv getroffen werden, weil dann die Gefahr besteht, dass es eine ziemliche Weichspülveranstaltung wird (Carp in: Behrendt et al. 2017, S. 78)". Allerdings wäre in der Praxis erst einmal zu überprüfen, ob nicht auch ein Direktorium eine eigene künstlerische Handschrift entwickeln kann. Statt eines auf Einheitlichkeit getrimmten Programms wäre auch ein konzeptionell durchdachter, diversifizierter Spielplan denkbar – eine sogenannte ‚Einheit in der Vielfalt', die mit Hilfe eines Leitbegriffs gebündelt werden könnte.

Hasko Weber (einer der beiden Vorsitzenden der Intendantengruppe im Deutschen Bühnenverein) betont die *Spielräume der Träger* im Hinblick auf Teambesetzung oder Einzelleitung. Er sieht zwar auch die Gefahr für ein erhöhtes Konfliktpotenzial bei geteilter Führung, bewertet aber die verstärkte Bewerbung von Teams auf Leitungspositionen relativ unvoreingenommen: „Das ist eine interessante Tendenz und ich bin gespannt, wie sich diese Konstellationen behaupten. Absolut positiv" (Hasko Weber 2020). Als Role model für ein erfolgreich arbeitendes Direktorium werden häufig das Staatstheater Stuttgart, das Nationaltheater Mannheim sowie die beiden Zürcher Theater Neumarkt und Gessnerallee genannt, worauf an anderer Stelle noch eingegangen wird.

Im Grundsatz sind zwei Varianten der *echten geteilten* Führung im Direktoriumsrahmen im Sinne eines echten *Shared* oder *Collective Leadership* denkbar (vgl. Endres/Weibler 2019, S. 8–12, 41): Zum einen die *Kerngruppen*-Variante, bei der alle Mitglieder in der Führungsspitze des Direktoriums sich gegenseitig führen und alle Fragen, die das Theater als Ganzes betreffen, gemeinsam entscheiden allerdings ohne, dass es ein weiteres Korrektiv gibt. Die zweite, zu bevorzugende Variante würde ein solches *Korrektiv* beinhalten: Parallel zur Direktoriumsspitze würde daher ein *Beirat* oder *Lenkungsausschuss* installiert, in dem alle Abteilungen und auch das Direktorium selbst vertreten sind. In diesem Gremium würden alle wesentlichen strategischen und operativen Entscheidungen gemeinsam getroffen, während das Direktorium sich um das Alltagsgeschäft kümmert. Als Benchmark für diese Variante kann die Royal Shakespeare-Company in der Zeit von Michael Boyd gelten.

Schließlich ist aber auch noch eine dritte Variante von Teamführung in einem mehrköpfigen Direktorium denkbar, die in der aktuellen Führungspraxis der derzeit existierenden Theaterdirektorien *häufiger* anzutreffen sein dürfte: nämlich eine *vert*eilte Führung *(Distributed Leadership)* mit klar zugeschnittenen Kompetenzbereichen und einem verbleibenden Bereich, bei dem die Entscheidung gemeinsam im Team getroffen wird. Dies wäre aber eher ein *Zwischenschritt* auf dem Weg zu einer *echten ge*teilten Führung im Sinne eines Shared Leadership.

Der Weg zum Direktorium

Bei der Umstellung auf ein Direktoriumsmodell sind einige Aspekte zu beachten:

1. Es müsste im Rahmen einer *Geschäftsordnung* festgelegt werden, wer bei welchen Fragestellungen in Patt- oder Konfliktsituationen oder bei rasch zu treffenden Ad Hoc-Entscheidungen innerhalb des Direktoriums die letztendliche Entscheidungsbefugnis hat – der Direktoriumssprecher, der geschäftsführende Direktor oder wer sonst?

2. Weiterhin müsste im Detail ausgearbeitet werden, in welchen *Zwischenschritten* der Weg zu einem Direktorium vollzogen werden soll, wenn dieses nicht top down durch die Gesellschafter ‚verordnet‘ und eingesetzt wird.

3. Selbst bei einer Offenheit aufseiten der Kulturpolitiker gegenüber einer Direktoriumskonstellation muss gegebenenfalls auf der Intendantenseite mit *Beharrungstendenzen* gerechnet werden, denn wer will schon gerne seine Macht teilen und beispielsweise den von ihm bisher alleinig verantworteten Gesamtetat in Einzeletats aufsplitten (vgl. Reese in Behrendt et al. 2017, S. 78).

4. Der Transformationsprozess hin zu einem Direktorium erfordert neben der rückkaltlosen Unterstützung durch Gesellschafter und Aufsichtsgremium auch die mehrheitliche Zustimmung der Mitarbeiter, sich darauf einzulassen.

5. Der gesamte Reorganisationsprozess könnte durch eine externe Unternehmensberatung begleitet werden.

Zwischenfazit

Doppelspitze und Direktorium scheinen wichtige Zwischenschritte zu einer geteilten Führung im Sinne des Cultural Leadership zu sein. Die klar überwiegenden *Vorteile* sind: Bewahrung von Kontinuität und Identität sowie des ‚institutionellen Gedächtnisses‘ des Hauses für Ensemble, Mitarbeiter und Publikum (selbst wenn ein Doppelspitzen- oder Direktoriumsmitglied ausscheidet), künstlerische Diversifizierung, mehrperspektivische Lösungen und gegenseitige Absicherung in Entscheidungsprozessen, Verkürzung der Kommunikationswege, bessere Zusammenarbeit zwischen künstlerischen und nicht-künstlerischen Bereichen, Überwindung des Spartenegoismus, Ermöglichung spartenübergreifender, interdisziplinärer Zugänge und Produktionen sowie Vorleben von Teamarbeit auf der höchsten Hierarchieebene, die die nachgeordneten Ebenen inspirieren kann.

Doppelspitzen- wie Direktoriumskonstruktionen bergen einige *Risiken,* denen aber in Form einer hausinternen *Etikette* vorgebeugt werden könnte: das Problem, dass im Alltag nicht immer alle Fragen und entsprechenden Entscheidungen gemeinsam abgewogen und getroffen werden können, dass dieses zwangsläufige Hinwegagieren über den Kopf des oder der anderen zu Unmut und Enttäuschung führen kann, dass einzelne Arbeitsgebiete doch mehr und mehr voneinander abgegrenzt und damit intransparenter werden und sich daraus am Ende Konflikte ergeben können, zu deren Schlichtung – zumindest bei der Doppelspitze – ein ausgleichender Dritter fehlt. Nachteile könnten in Anlehnung an Stefan Kühl zudem in den mitunter *zeitraubenden* Diskussionen und den damit verbundenen, bereits an anderer Stelle beschriebenen Komplexitäts- und Politisierungs-dilemmata sowie den daraus eventuell erwachsenden *Machtkämpfen* liegen, die dazu dienen könnten, angesichts der Zeitnot rasche Entscheidungen herbei-zuführen (vgl. Kühl 2015, S. 82 ff). Daher ist in den Gesprächen eine Haltung erforderlich, die auf Geduld, Neugierde und Wertschätzung basiert. Spätestens wenn aus punktuellen Friktionen größere Konfliktlagen erwachsen, sollte man auf moderierende Interventionen durch externe Berater oder durch einen vom Auf-sichtsgremium delegierten Vermittler zurückgreifen.

Daher gilt: Die Kooperation in einer Zweierspitze wie in einem mehr-köpfigen Leitungsteam kann umso besser funktionieren, je mehr die Zusammen-arbeit von guter Kommunikation, Transparenz, Fairness, gegenseitigem Respekt und wachsendem Vertrauen begleitet wird und man durch steten Austausch die Kompetenzen, den Charakter und auch die Eigenarten des Gegenübers kennen und schätzen lernt. An dieser Stelle soll daher ausdrücklich dazu ermuntert werden, sich im Rahmen von zukünftigen Intendantenwahlverfahren als gemeinsames Doppelspitzen- oder Direktoriumteam zu bewerben.

Allerdings muss festgehalten werden: Doppelspitzen- und Direktoriums-modell mögen ein inspirierendes Vorbild für Teamarbeit sein. Damit ist aber noch keine geteilte Führung auf der *zweiten* Führungsebene sowie den *nachgeordneten* Ebenen garantiert. Andere Modelle, wie das der Royal Shakespeare-Company, gehen hier weiter. Außerdem garantieren weder Doppelspitze noch Direktorium per se fest verbriefte Mitsprache- und Mitentscheidungsrechte für die Belegschaft bzw. ihre Vertretungen in den Gremien. Die betreffenden Regelungen müssten zusätzlich verankert werden.

5.2.4 Beispiele für Doppelspitze und Direktorium

An dieser Stelle sollen – ohne den Anspruch auf Vollständigkeit – einige Bei-spiele von geteilter Führung in Form von *Doppelspitze* und *Direktorium* vor-gestellt werden.

Echte Doppelspitze in Marburg: Als Beispiel für eine *echte* Doppelspitze muss hier zuallererst das Führungsduo aus Carola Unser und Eva Lange genannt werden, die beide seit der Spielzeit 2018/2019 das Hessische Landestheater in Marburg *gleichberechtigt* leiten. Das hier praktizierte Leitungsmodell stellt eine Mischung von *Dual-Leadership* mit abgegrenzten Kompetenzbereichen und *Co-Leadership* mit einem großen überlappenden, gemeinsamen Entscheidungs-bereich dar.

Beide Intendantinnen teilen sich das Büro und haben auch nur eine gemeinsame E-Mail-Adresse. Anfragen werden immer auch im Namen der anderen mit beantwortet. Wenn eine der beiden Intendantin inszeniert, ist die andere Ansprechpartnerin für die rund 70 Mitarbeiter und erledigt die anstehenden Verwaltungs- und Managementaufgaben (vgl. Fischer 2018, S. 34–39). Eva Lange beschreibt die Arbeitsweise wie folgt: „Alles wird gemeinsam durchdacht, doppelt auf Fehlerquellen geprüft und aus zweifacher Überzeugung beschlossen. Bei Uneinigkeit... habe ich das letzte Wort beim Abendspielplan und meine Kollegin hat es für das Kinder- und Jugendtheater (ebd. 36)". Es bleibt abzuwarten, ob sich am Ende das Prinzip des Dual Leader-ship mit mehr abgegrenzten Bereichen oder das des *Co-Leadership* mit einem hohen gemeinsamen Entscheidungsanteil am Landestheater durchsetzen wird. Vertreter von nachgeordneten Abteilungen, aus dem Ensemble sowie aus der Mit-arbeiterschaft sind bei diesem Führungsmodell nicht direkt beteiligt.

Doppelspitze in Zürich: Auch am *Zürcher Schauspielhaus* wurde ab der Spielzeit 2019/2020 in der Nachfolge von Barbara Frey eine *gleichberechtigte* Doppelspitze implementiert. Das Duo aus Benjamin von Blomberg und Nicolas Stemann will nach der Abwanderung von den Münchner Kammerspielen hierarchiefreie Räume und Formen von kollektiver Leitung einführen, die auch außerhalb des Theaters Vorbild sein und im Sinne eines Cultural Leadership in die Gesellschaft hineinwirken sollen. Das Intendantenduo plant zum einen erweiterte Direktoriumssitzungen, an denen auch die Hausregisseure/innen teil-nehmen. Darüber hinaus wurde den 35 Ensemblemitgliedern zugesichert, dass sie maximal drei neue Produktionen pro Spielzeit einstudieren müssen. Zudem wurden sieben Haus-Regisseurinnen und -Regisseure fest ans Haus und in puncto Wohnsitz auch an die Stadt Zürich gebunden, um den Zusammenhalt und die Teambildung zu fördern (vgl. Leibold 2020, S. 33; Höbel 2019a, S. 124; Klaeui 2019). Die Leitfrage von Nicolas Stemann ist, ob sich ein Theater aus dem-selben kollektiven, nicht-autoritären Geist leiten lässt wie eine Inszenierung (vgl. Stemann in: Eva Behrendt/Franz Wille: Agenten für Diversität. Jahrbuch Theater heute 2019, S. 64 und 66). Auch hier wird sich zeigen, ob sich die Doppelspitze mehr zu einem Co-Leadership entwickelt, in der (fast) alle zentralen Fragen gemeinsam entschieden werden oder eher zu einem Dual-Leadership mit weniger Rollenüberlappung und mit voneinander abgegrenzten Arbeitsbereichen.

Ältere Beispiele für Direktorien: In der jüngeren Vergangenheit hat es immer mal wieder vereinzelte Ansätze gegeben, die komplexen Aufgaben, vor die die Intendanz gestellt ist innerhalb eines mehrköpfigen Direktoriums zu verteilen: So wurde nach den frühen Versuchen in den 70er an der *Berliner Schaubühne* oder auch an den *Frankfurter Bühnen* das *Berliner Ensemble* in den Jahren 1992 bis 1995 durch ein Fünfer-Direktorium aus Peter Palitzsch, Fritz Marquardt, Heiner Müller, Peter Zadek und Matthias Langhoff geleitet (vgl. FAZ.net vom 07.08.2006). Ihre Zusammenarbeit war allerdings durch Querelen zwischen einem „machtbewussten Hedonisten" und einer „fröhlichen Primadonna" (Detje 2002, S. 229) begleitet. Zadek trat schließlich 1995 zurück und Heiner Müller wurde alleiniger künstlerischer Leiter des Berliner Ensembles. Nach dessen Tod Ende 1995 trat vorübergehend Martin Wuttke seine Nachfolge an und nach diversen Interimsleitungen übernahm schließlich Claus Peymann ab der Spielzeit 1999/2000 als *alleiniger* künstlerischer Leiter. Auf diesem Wege wurde das traditionelle Intendantenmodell wieder hergestellt. Am Beispiel des Berliner Ensembles zu Anfang der 90er Jahre wird deutlich, dass ein Direktoriumsmodell nur funktionieren kann, wenn die jeweiligen Köpfe zueinander passen, wenn das Team in der Lage ist, eine gemeinsame Vision für das Haus zu entwickeln und wenn die Zusammenarbeit von Sympathie, Respekt und Vertrauen bestimmt wird.

Aktuellere Beispiele für Direktorien: Einige aktuellere Beispiele für die Leitung durch ein Dreier-, Vierer- bzw. Fünfer-Direktorium seien hier (ohne den Anspruch auf Vollständigkeit) genannt.

Jena

Im Theaterhaus Jena existiert seit 1993 eine Teamleitung, die satzungsgemäß mindestens aus zwei Personen aus den Bereichen Kostüm, Bühnenbild, Regie oder Musik bestehen muss (vgl. Boldt 2015). Seit der Spielzeit 2011/2012 wurde das Theater durch ein gleichberechtigtes Führungsteam geleitet aus Moritz Schönecker (Regie und künstlerische Geschäftsführung), Benjamin Schönecker (Bühnenbild/Ausstattung), Veronika Bleffert (Bühnenbild/Ausstattung), Jonas Zipf (Dramaturgie) und Felix Lange (Musik). In der Spielzeit 2013/2014 schied Jonas Zipf wieder aus und stattdessen wurden Friederike Weidner (Dramaturgie) und Marcel Klett (Geschäftsführer) in die künstlerische Leitung aufgenommen. Auch wenn das Leitungsteam mittlerweile komplett ausgetauscht ist, wurde die Direktoriumsstruktur als solche weiter aufrechterhalten.

In einem Interview mit Esther Boldt (vgl. ebd.) erläuterte das Team in der letztgenannten Zusammensetzung im Juni 2015 seine Arbeitsweise: Grundidee

sei es, das künstlerische Team einer Produktion auf das gesamte Haus zu übertragen. Viele Entscheidungen würden gemeinsam gefällt, wobei es parallel
auch eine Aufgabenteilung nach Ressorts gäbe. Auf dem Papier gäbe es zwar
eine funktionale Hierarchie: wenn es zu keiner künstlerischen Entscheidung
kommen sollte, könnte die Geschäftsführung im Notfall allein entscheiden, was
aber bis dato noch nicht in Anspruch genommen worden sei. Das Team stelle ein
wichtiges Korrektiv dar. „Man kann nicht einfach nur seine Interessen durch-
setzen, man muss argumentieren (…). Jeder kann dem anderen in seinem Kern-
bereich beistehen, und das wird auch gern angenommen". Ein weiterer Vorteil:
„Weil wir die Leitung auf fünf Köpfe verteilen, haben wir es natürlich leichter als
eine (alleinige) Person, denn wir sind einfach da und ansprechbar. Wir erfahren
rasch von Problemen und können so schnell Lösungen finden" (ebd). Esther
Boldt fasst ihren Eindruck wie folgt zusammen: „Organisations- und damit
Führungsstrukturen üben einen großen Einfluss aus: Temperatur und Tonart, die
auf Leitungsebene gepflegt werden, sind auch auf der Bühne, auch im Foyer spürbar (…) die Notwendigkeit, Entscheidungen auf Augenhöhe argumentieren und
vertreten zu müssen, setzt Übersprünge und angebliche Selbstverständlichkeiten
aus, sie fordert die Reflexion der eigenen Position ein (ebd.)".

Bremen

Auch am *Theater Bremen* wurden im Rahmen einer zweijährigen Interimsphase
von 2010 bis 2012 vorrangig positive Erfahrungen mit einer Leitung im Team
gesammelt (vgl. Klett 2017). Das Direktorium bestand aus den Spartenleitern
Hans-Georg Wegner (Musiktheater), Marcel Klett (Schauspiel), Patricia Stöcke-
mann (Tanz), Rebecca Hohmann (MoKS), dem künstlerischen Betriebsdirektor
Martin Wiebcke sowie dem technischen Direktor.

Eine wichtige Erkenntnis aus diesem zweijährigen Experiment: Die
Implementierung eines Direktoriums kann besonders dann gelingen, wenn sie
nicht nur durch die Kulturpolitik angeregt und unterstützt wird, sondern auch
von der *Belegschaft* und dem *Betriebsrat* mitgetragen sowie von den *Medien* und
anderen *Anspruchsgruppen* ernst genommen und wohlwollend begleitet wird.
Die Erfolge der zweijährigen Amtszeit können sich sehen lassen: Die Zuschauerzahlen wurden gehalten, die Arbeitsatmosphäre konnte verbessert sowie die
Überstunden und Krankenstände in allen Abteilungen konnten reduziert werden.
Am Ende wurden auf der Basis realistischer Wirtschaftspläne und Budgets sogar
schwarze Zahlen geschrieben (vgl. ebd). Marcel Klett nennt noch ein – auch für
die gegenwärtige Reformdebatte – zentrales Argument für geteilte Leitung eines
Mehrspartentheaters. Dadurch könne dieses seine eigene Identität erhalten, da
es nicht alle paar Jahre von Grund auf neu erfunden werden muss. So könnte

der Wechsel einer Spartenleitung vollzogen werden, ohne einen ‚Abbruch der Kontinuität' für das gesamte Haus auszulösen (vgl. ebd.).

Stuttgart

Die *Württembergischen Staatstheater in Stuttgart* – ein Drei-Sparten-Haus – verzichteten bereits Anfang der 90er Jahre auf einen übergeordneten General-intendanten. Sie werden von einem vierköpfigen Intendantenteam mit je eigenen Verantwortungsbereichen geleitet. Die künstlerische (Teil-)Verantwortung liegt bei den Intendanten der drei Sparten Oper, Schauspiel und Ballett und die der Geschäftsführung beim Geschäftsführenden Intendanten (vgl. auch Moghimi 2017). Das von 2013 bis 2018 agierende Leitungsquartett aus dem Geschäfts-führenden Intendanten Marc-Oliver Hendriks, dem Ballett-Intendanten Reid Anderson, dem Opernintendanten Jossi Wieler und dem Schauspielintendanten Armin Petras (sein Vorgänger war Hasko Weber) wurde ab der Spielzeit 2018/2019 abgelöst durch ein neues vierköpfiges Leitungsteam, bei dem der Geschäftsführende Intendant verblieb, aber die drei künstlerischen Intendanzen neu besetzt wurden durch Tamas Detrich (Ballett), Viktor Schoner (Oper) und Burkhard C. Kosminski (Schauspiel) (vgl. Stuttgarter Nachrichten vom 21.09.2019).

Mannheim

Auch das *Nationaltheater Mannheim* – ein Viersparten haus – wird seit einigen Jahren durch ein Direktorium geleitet und ist damit ebenfalls zu einem aktuellen Role Model für eine geteilte bzw. verteilte Führung am Theater geworden. Auf das Nationaltheater Mannheim und sein Leitungsmodell soll an dieser Stelle etwas ausführlicher eingegangen werden. Dieses bestand in einer ersten Phase ab 2013/2014 aus Ralf Klöter (Geschäftsführender Intendant), Klaus-Peter Kehr (Opernintendant), Burkhard C. Kosminski (Schauspielintendant), Kevin O'Day (Ballettintendant) und Andrea Gronemeyer (Intendantin des Kinder- und Jugend-theaters Schnawwl/Junges NTM) (Rhein-Neckar-Zeitung 16.05.2015). In einer zweiten Phase ab 2017/2018 wurden die Intendanzen nach und nach neu besetzt. Ab 2017/2018 übernahm Marc Stefan Sickel das Amt des Geschäftsführenden Intendanten und Ersten Betriebsleiters. Dazu kamen als Sparten-Intendanten Albrecht Puhlmann (Oper), Christian Holtzhauer (Schaupiel), Stephan Thoss (Tanz) und Ulrike Stöck (Junges NTM) (Rhein-Neckar-Zeitung 16.05.2018). Am NTM sind 690 Mitarbeitende fest angestellt. Hinzu kommen 150 nicht ständig Beschäftigte. Pro Spielzeit werden insgesamt etwa 45 Neuinszenierungen produziert.

Am NTM liegt die Hauptverantwortung für die einzelnen künstlerischen Bereiche inklusive der Verantwortung für das spartenbezogene Teilbudget bei den jeweiligen Spartenintendanten. Grundsätzliche konzeptionelle und strategische Fragen werden innerhalb des Intendantenkollegiums – auch im Rahmen von Klausurtagen – diskutiert und gemeinsam entschieden. Laut Marc Stefan Sickel wird das Gesamtbudget durch die Geschäftsführung den einzelnen Sparten zunächst grob zugeordnet, danach in bilateralen und abschließend in multilateralen Etatgesprächen gemeinsam abgestimmt. Auch operative Fragen wie beispielsweise die Entscheidung für Ausweichspielstätten, die Zahl an Neuproduktionen pro Sparte oder die Vergabe von attraktiven und weniger attraktiven Premieren- und Aufführungsterminen würden im Intendantenkollegium entschieden. Etliche zentrale Aufgaben lägen (weiterhin) bei der Geschäftsführenden Intendanz wie die Gesamtverantwortung für Budget und Personal, die Kommunikation mit der Kulturpolitik und den Verwaltungsspitzen der Stadt sowie der gesamte Bereich der anstehenden Generalsanierung (die im Jahr 2022 beginnen wird). Hinzu kämen Aufgaben wie die Einrichtung von neuen Stellen, die Nichtverlängerung von Verträgen oder auch die Dotierung von NV-Bühne-Verträgen.

Die Leitidee im Intendantenteam beruht nach Marc Stefan Sickel auf der von allen getragenen und konsequent gelebten Mission, das Nationaltheater Mannheim mit seinen vier Sparten als *ein* Theater zu verstehen. Dieser Kerngedanke solle dazu führen, eventuelle Spartenegoismen gar nicht erst aufkommen zu lassen, nach innen und außen Geschlossenheit zu zeigen und mit einer gemeinsamen Stimme zu sprechen. Eine Grundvoraussetzung für die erfolgreiche Arbeit nach dem Mehr-Intendanten-Modell sei vor allem gegenseitiger Respekt und Vertrauen. Zentrale Führungsgrundsätze gegenüber den nachgeordneten Stellen seien Verlässlichkeit, Verbindlichkeit, klare Kommunikation und eine maximale Ergebnisorientierung. In der Kommunikation innerhalb der einzelnen Sparte wie beispielsweise im Schauspielbereich seien Ideen und Anregungen aus dem Ensemble zur thematisch-inhaltlichen Ausrichtung willkommen und würden dort an einem Schwarzen Brett zusammengetragen.

Leitbild und Mission   des Hauses seien innerhalb des Intendantenteams erarbeitet worden und auch angelehnt an die Leitlinien der Stadt Mannheim. Das Nationaltheater Mannheim will sich nach Marc Stefan Sickel   vor allem folgenden Aufgaben widmen: dem Erhalt des Ensemble- und Repertoiretheaters, der Produktion künstlerisch anspruchsvoller Inszenierungen und der Präsentation neuer künstlerischer Ansätze, der Öffnung für diskursive und performative Formate und der Öffnung in den städtischen Raum. Ein besonderes Augenmerk gelte der Auseinandersetzung mit dem Thema Diversität. So wird das Nationaltheater Mannheim bei der Einrichtung einer Diversitätsbeauftragten-Stelle für vier Jahr durch Mittel aus dem Fonds der Bundeskulturstiftung „360° – Fonds für Kulturen der Stadtgesellschaft" (vgl. Kulturstiftung des Bundes 2020) unterstützt. Das Projekt zielt unter anderem darauf, den Theaterbetrieb für neue Besuchergruppen zu öffnen und kulturell vielfältiger aufzustellen.

Eine Übersicht über die Organisation des Nationaltheaters Mannheim bieten die Abb. 5.1a–c.

Das Mannheimer Modell dürfte für die Kulturpolitik auch deshalb interessant sein: Zum einen gibt es für alle zentralen Fragen weiterhin einen klaren Ansprechpartner in der Person des Geschäftsführenden Intendanten und der auch außen sichtbare Leistungsoutput scheint (trotz mitunter zeitraubender, interner Abstimmungsprozesse innerhalb des Leitungsteam) am Ende noch größer zu sein als unter einer alleinigen Generalintendanz.

Bei beiden großen Theaterbetrieben in Stuttgart und Mannheim wird als Modell der geteilten Führung das sogenannte *Distributed Leadership* praktiziert mit klar abgesteckten Zuständigkeitsbereichen und einem verbleibenden Segment, in dem gemeinsam entschieden wird. Dieses Modell könnte eine Vorstufe sein zu einem echten Shared *Leadership,* bei dem *alle zentralen* strategischen, künstlerischen und *operativen* Fragen gemeinsam entschieden werden.

Zürich

An dieser Stelle ein nochmaliger Blick in die Schweiz: Am Zürcher *Theater Neumarkt* übernahm ab der Spielzeit 2019/2020 ein gleichberechtigtes Direktoriumstrio aus Julia Reichert, Hayat Erdoğan und Tine Milz die Führung im Kollektiv. Die drei Dramaturginnen wollen aus dem Theater Neumarkt einen Hybrid aus Stadttheater und Freier Szene machen – auch mit Residenzen und Theorieformaten. Dabei soll es nicht vorrangig um Einigkeit und Konsens gehen. „Eine Sache, die wir uns schon von Anfang an geschworen haben, fast schon eidmäßig, war, dass wir uns gesagt haben: Konsens wollen wir nicht" (Erdoğan in: T.Müller 2019; vgl. auch Spirgi 2020, S. 36–38). Das Direktorium will eine Verflachung der Hierarchien aktiv vorleben. Dies könnte auch dadurch gelingen, dass keine der drei Direktorinnen Regie führt und dadurch der Spagat zwischen künstlerischer Selbstverwirklichung und Leitungsaufgaben vermieden wird (vgl. Stephan 2019). Und schließlich wird auch das Theaterhaus Gessnerallee in Zürich ab der Spielzeit 2020/2021 durch ein gleichberechtigtes Direktorium aus Michelle Akanji, Rabea Grand und Juliane Hahn geleitet.

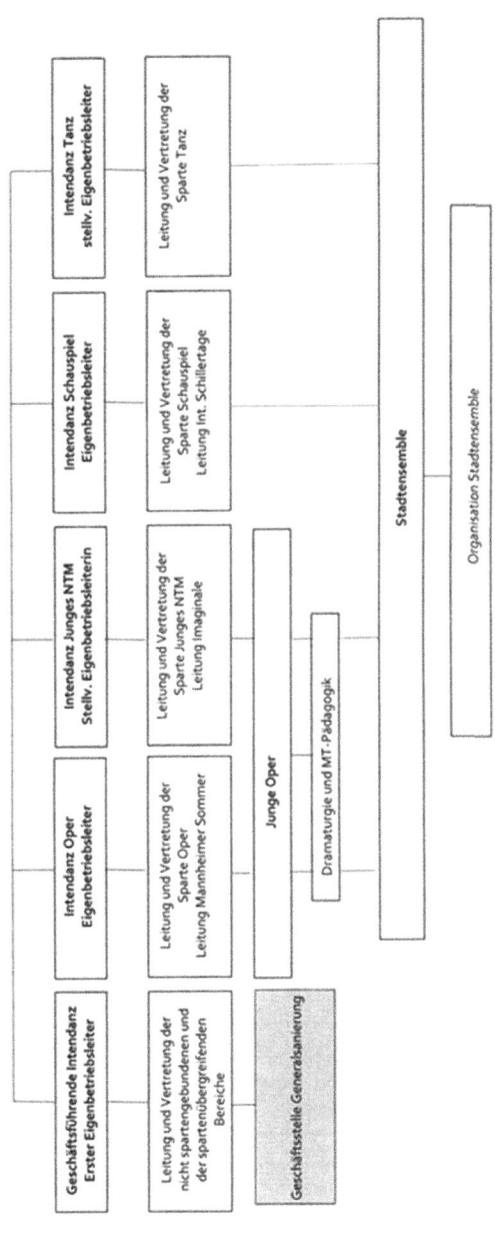

Abb. 5.1 a Organigramm des Nationaltheaters Mannheim: Theaterleitung. **b** Organigramm des Nationaltheaters Mannheim: Sparten. **c** Organigramm des Nationaltheaters Mannheim: Geschäftsführung. (Quelle: © Nationaltheater Mannheim 2020)

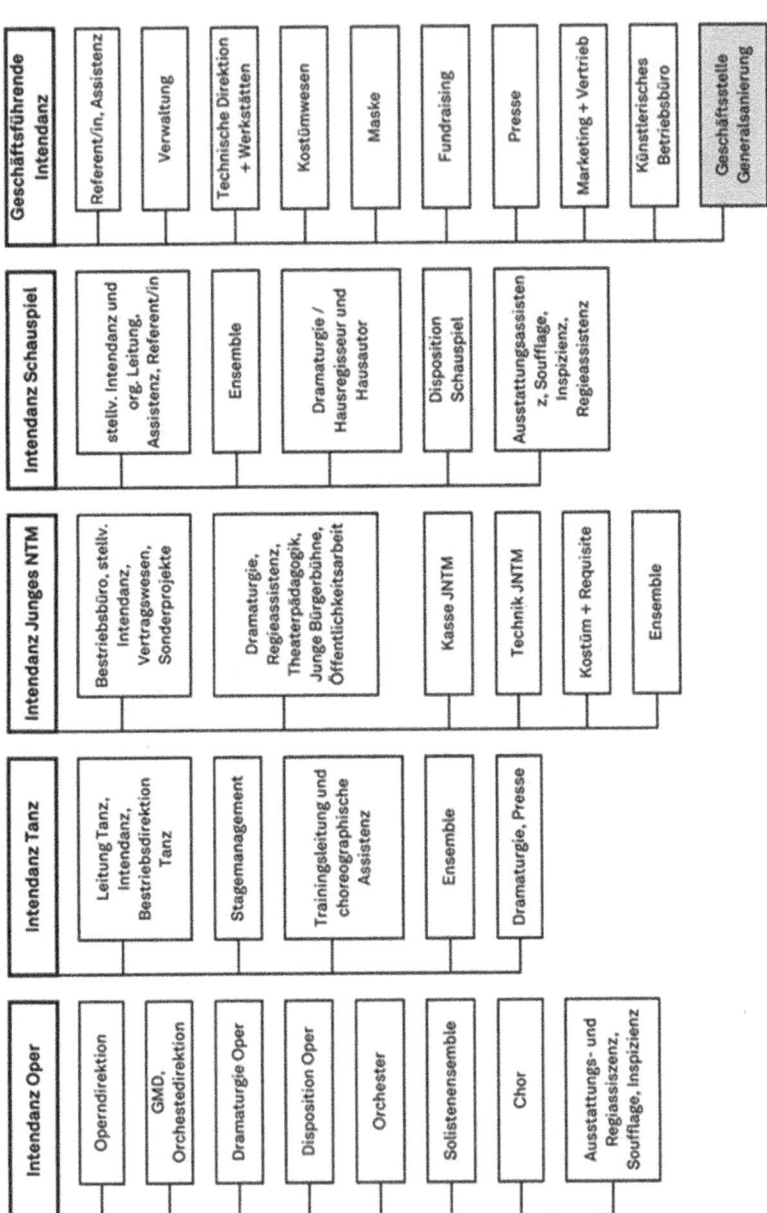

Abb. 5.1 (Fortsetzung)

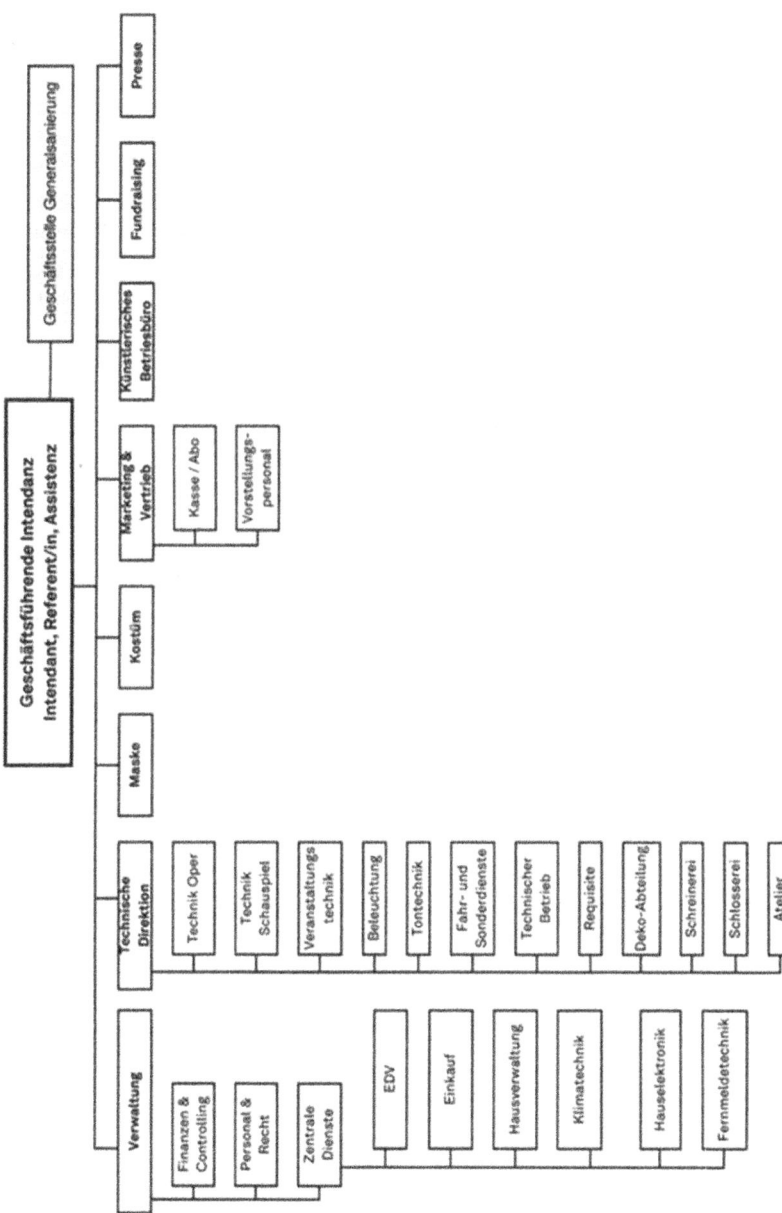

Abb. 5.1 (Fortsetzung)

Berlin

Auch das Maxim *Gorki Theater* experimentiert seit der Spielzeit 2019/2020 mit einem neuen Führungsmodell, das einen Hybrid aus Allein-Intendanz und geteilter Führung darstellt und das die bis dahin geltende Doppelspitze aus Shermin Langhoff und Jens Hillje ablöste. Diese wurde nun durch ein sogenanntes Artistic Advisory Board ersetzt, also durch einen künstlerischen Beirat, dem auch der Dramaturg Jens Hillje angehört und der in regelmäßigen Abständen tagen und die Intendantin Shermin Langhoff beraten soll. Weitere Mitglieder waren ab der Spielzeit 2019/2020 Nurkan Erpulat (Regisseur), Oliver Frljić (Regisseur), Sebastian Nübling (Regisseur), Yael Ronen (Regisseurin) sowie Johannes Kirsten (geschäftsführender Dramaturg), Marcel Klett (geschäfts-führender Direktor) und Christine Leyerle (künstlerische Betriebsdirektorin) (vgl. Nachtkritik 17.12.2019). Diese Konstruktion beruht zwar auf dem Beratungs-prinzip, so dass die letztendliche Entscheidung bei der Intendanz liegt. Allerdings sind in diesem netzwerkartigen Gremium viele maßgebliche Abteilungen ver-treten. Daher könnte dieses Führungsmodell ein interessanter Zwischenschritt sein und einen Raum bieten zur Erprobung von echter, geteilter Führungspraxis im Sinne eines Shared Leadership, bei dem fast alle zentralen Entscheidungen gemeinsam getroffen werden – vor allem dann, wenn auch noch die Ensemble-vertretung sowie die Mitarbeitervertretung in Form des Betriebs- oder Personal-rats einbezogen würden. Das Gorki-Modell weist eine Nähe zum weiter unten vorgestellten Best Practice-Modell der Royal Shakespeare Company in der Zeit von Michael Boyd auf.

Zwischenfazit II

Das Doppelspitzen- wie das Direktoriumsprinzip stellen eine ernsthafte Alter-native zum Allein-Intendantenmodell und einen entscheidenden Schritt auf dem Weg zu einer geteilten Führung dar. In Einsparten-Häusern und Theatern mit überschaubaren Strukturen wie beim Hessischen Landestheater, beim Zürcher Schauspiel oder dem Zürcher Theater am Neumarkt erscheinen sowohl das Prinzip der echten Doppelspitze als auch das des Dreier-Direktoriums sinnvolle Lösungen im Sinne einer geteilten Führung zu sein. Dies kann vor allem dann gelingen, wenn möglichst viele Abstimmungsprozesse auf der obersten Ebene gemeinsam geschehen und wenn auch die nachgeordneten Abteilungen (wie z. B. am Schauspielhaus Zürich die Hausregisseure oder an anderen Häusern die

Dramaturgie-Leitung, die Technische Leitung und/oder die Verwaltungsleitung) in Form eines *Beratungsgremiums* oder *Lenkungsausschusses* einbezogen werden und die betreffenden Mitglieder dann ihrerseits den Gedanken der Teamarbeit in ihre Abteilungen tragen.

An größeren Bühnen sowie an Mehrsparten-Häusern wie in Mannheim und Stuttgart ist statt der Doppelspitze das Direktoriumsmodell vorzuziehen. In dieser Konstellation kann eine Teilautonomie der einzelnen Sparten kombiniert werden mit einer gemeinsam geteilten Führung bei zentralen Fragen, die das ganze Theater betreffen. So meint denn auch die Schauspieldirektorin des Badischen Staatstheaters Karlsruhe Anna Bergmann im Hinblick auf die Teilautonomie der Sparten: „Ein so großes System kann nur funktionieren, wenn die Macht gleich verteilt ist. Das macht die Struktur für die Politik vielleicht komplizierter, weil mit mehr Menschen gesprochen werden muss. Aber im Einzelnen ist diese Aufteilung von Macht und Verantwortung für die Kunst und auch für die Freiheit, die man dann hat, viel besser" (in: Slevogt 2020).

Allerdings kann man nicht von konsequent geteilter Führung sprechen, wenn grundlegende Fragen wie die Ausrichtung des Hauses, die Budgetverteilung oder die Gewichtung und Verteilung im Spielplan alleinig vom geschäftsführenden Direktor getroffen werden. Dann läge der Akzent eher auf einer *ver*teilten statt einer *ge*teilten Führung *(Distributed* statt *Shared Leadership).*

Beide Konstellationen, die Doppelspitze wie das Direktorium, sind wichtige Etappen hin zu einer demokratischeren, geteilten Führungskultur. Allerdings garantieren beide Modelle *keine geteilte Führung* in den *nachgeordneten* Abteilungen und auch keine *verbrieften Beratungs- und Mitentscheidungsrechte* für Ensemble und Mitarbeiterschaft. Daher könnte (noch weitgehender als beim Maxim Gorki Theater in Berlin in Form des dortigen Artistic Advisory Boards) parallel zur Doppelspitze oder zum Direktorium ein zusätzlicher *Beirat* oder auch *Lenkungsausschuss* implementiert werden, dem neben der Führungsspitze weitere Abteilungsleitungen aus dem mittleren Management und auch Sprecher aus Ensemble und Mitarbeiterschaft angehören sollten. Dies könnte zu einem vertieften Austausch zwischen den verschiedenen Ebenen und Abteilungen sowie zu einer höheren Bereitschaft der Mitarbeiter beitragen, im Sinne eines *„Shared Followerhip"* mit eigenen Vorschlägen die Sitzungen von Direktorium und Lenkungsausschuss zu bereichern und umgekehrt deren Impulse und Aufträge entsprechend umzusetzen (vgl. Endres/Weibler 2019, S. 11 f).

5.2.5   Alternative Modelle von geteilter Führung

5.2.5.1 Royal Shakespeare Company (London)

Eine interessante Benchmark für einen Wandlungsprozess an öffentlichen Theatern ist die britische Royal Shakespeare Company, die ihren Sitz in London, Stratford-upon-Avon und Newcastle hat und die unter der künstlerischen Direktion von Michael Boyd in den Jahren 2003 bis 2012 einen Umbau ihrer bis dato hierarchisch gebauten Organisation zu einer Konstruktion mit geteilter Führung vollzog.

Das Führungsmodell der RSC basierte nicht auf dem diachronen Prinzip der regelmäßig rotierenden Besetzung der Spitze wie beim Orpheus Chamber Orchestra (siehe nächstes Kapitel), sondern auf der synchronen Kombination von Entscheidungszentrum und mitentscheidendem Netzwerk. Dabei wurde zunächst ein direktoriales *Kernteam* aus künstlerischem Direktor (Michael Boyd), einem Finanz- und Verwaltungsdirektor sowie der Geschäftsführung (Vikki Heywood) installiert, bei dem künstlerische Leitung und Geschäftsführung mit abgegrenzten Kompetenzbereichen formal gleichberechtigt agierten.

Neben diesem – ein Mal pro Woche tagenden – dreiköpfigen *Direktorium* wurde ein netzwerkartiger *Lenkungsausschuss* aus vierzehn Abteilungsleitungen und Leitungen der mittleren Führungsebene etabliert, der einmal pro Monat tagte und der für die Planung des künstlerischen Programms mit verantwortlich zeichnete. Die Mitglieder dieses Lenkungsausschusses waren: die dem künstlerischen Direktor unterstellten Abteilungsleitungen wie beispielsweise Produktionsleitung, technische Direktion oder auch Vermittlungsabteilung, die dem Geschäftsführer nachgeordneten Abteilungsleitungen wie Projektdirektion, Leitung für kommerzielle Dienstleistungen oder auch Marketing und Verkauf sowie die dem Verwaltungsdirektor unterstellte Personalabteilung (vgl. Hewison/ Holden 2016, S. 38 ff). Ziel war es, die Kommunikation zwischen den beiden oberen Hierarchie-Ebenen zu verbessern und dadurch mehrdimensionale, gut abgewogene und im Haus rückgekoppelte Entscheidungen treffen zu können („Communication was the name of the game" (ebd. 39). *Ensemble- und Mitarbeiterschaft* wurden bei Vollversammlungen und Workshops zwar mit einbezogen, aber ihre Vertreter gehörten den beiden oben genannten, entscheidenden Gremien nicht an.

Eine der ersten Maßnahmen unter Boyds Führung war, dass alle Abteilungen ihr eigenes Budget zugeteilt bekamen, was zu mehr Verantwortungsbewusstsein und Involvement führen sollte. In der Tat reduzierten sich die angehäuften

Budgetdefizite aus den Vorjahren im raschen Tempo. Ungewöhnlich für die damalige Zeit war wohl auch die Beteiligung der Personalabteilung an den Planungssitzungen des Lenkungsausschusses. Darüber hinaus gab es drei große Meetings im Jahr für die gesamte Mitarbeiterschaft sowie eine Reihe von Workshops, um die Belegschaft mit der neuen Struktur vertraut zu machen. Grundprinzip bei Meetings und Workshops war weniger das Verkünden als das Zuhören, so dass Mitarbeiterimpulse in den Veränderungsprozess mit einfließen konnten. Ein weiterer Grundsatz war der der offenen Tür bei den Büros von Geschäftsführung und künstlerischer Direktion. Der gesamte Prozess wurde im Übrigen durch einen externen Experten für Organisationsentwicklung begleitet (vgl. ebd., 39 f).

Leitprinzip war der Gedanke des Ensembletheaters, also das Bemühen, die Darsteller für länger als eine Produktion zusammenzuhalten und sie durch langfristige Verträge zu binden, was zu einer, auch außen erkennbaren, Kontinuität und zur Weiterentwicklung der künstlerischen Reputation der Company führte. Darüber hinaus sollte der Ensemblegedanke in die gesamte Organisation (bis hin zum IT- und Finanzbereich) getragen werden, um Abteilungsgrenzen zu überwinden.

Entscheidend war, dass die Leitungsfunktionen nicht abgegeben wurden, sondern Führung im klassisch-hierarchischen Sinne abgelöst wurde durch ein dreiköpfiges Leitungsteam, das sich dem Selbstverständnis nach nicht über allen ansiedelte, sondern inmitten in der Organisation, umgeben von vielen Mitentscheidern (Abb. 5.2). „The key figures are still there, working closely together and giving leadership, but now they are at the centre, not hovering above. Information and decision-taking are shared, and because they are shared, so is leadership" (Hewison/Holden 2016, S. 40). Die dunkelgrauen Felder in der Abbildung zeigen die Führungsspitze aus drei Personen, die hellgrauen Felder die Mitglieder des Lenkungsausschusses.

Die Stärke dieses Modells der geteilten Führung war die Einbeziehung der obersten und mittleren Führungsebene in alle zentralen Debatten und Entscheidungen. Die neue Leitungsstruktur des Maxim Gorki-Theaters mit seinem Artistic Advisory Board, das in der Spielzeit 2019/2020 eingerichtet wurde, kommt dieser Konstellation recht nahe. Die Schwäche des RSC-Ansatzes beruhte auf der geringen Mitbeteiligung von Ensemble und Mitarbeiterschaft innerhalb der Gremien, in denen die wichtigen Debatten geführt und die zentralen Entscheidungen getroffen wurden.

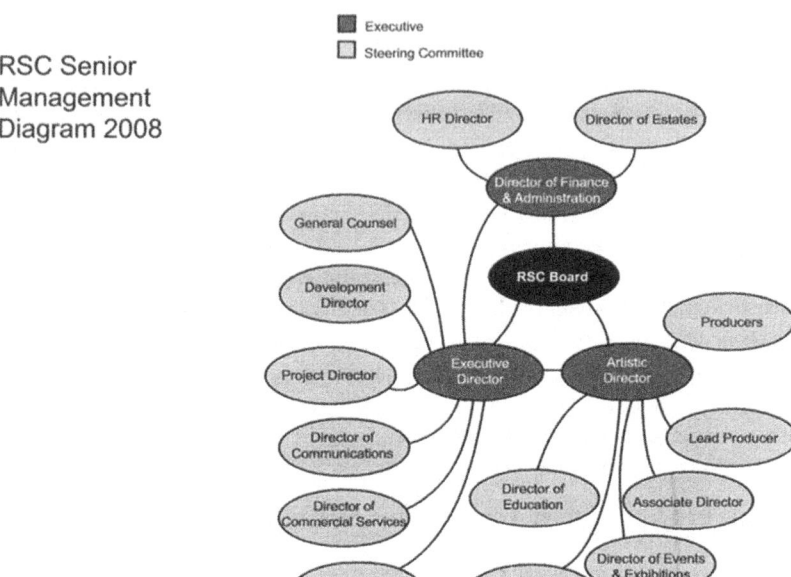

RSC Senior
Management
Diagram 2008

Abb. 5.2 Management-Diagramm der Royal Shakespeare Company (2008). (Quelle: Hewison/Holden 2016, S. 41 (Routledge))

5.2.5.2 Orpheus Chamber Orchester (New York)

Einen völlig anderen Leitungsansatz verfolgt bereits seit vielen Jahren das New Yorker Orpheus Chamber Orchestra, das 1972 durch den Cellisten Julian Fifer gegründet wurde. Dieses veranstaltet weltweit Konzerte und wurde vielfach ausgezeichnet. Das Orpheus-Leitungsmodell wird seit Jahren in der Management- und Kulturmanagementliteratur immer wieder als Benchmark für geteilte Führung genannt. Das herausragende Merkmal dieses Orchesters aus 27 Musikern: Die *Position* des *Dirigenten* wurde *abgeschafft*. Dessen Rolle kann von Produktion zu Produktion ein anderes Orchestermitglied übernehmen. Die Musiker wechseln sich ab sowohl bei den Führungsrollen in Proben und Konzert als auch bei den organisatorischen Aufgaben wie der Programmplanung. Während der Proben kann jedes Mitglied eingreifen und Vorschläge einbringen.

„Die Musiker haben eine rotierende Sitzordnung, damit jeder die Möglichkeit bekommt, eine Instrumentengruppe zu leiten. Zusammen treffen sie die künstlerischen Entscheidungen, was normalerweise Aufgabe des Dirigenten ist und wirken bei der Auswahl der Stücke und der Gestaltung der Musikprogramme mit. Dadurch wird Orpheus zu einem lebendigen, atmenden Prüffeld für einen neuen kollektiven Führungsstil (…). Zwar hat Orpheus keinen Dirigenten, aber es ist mitnichten eine führungslose Organisation (…). Orpheus hat viele Führer. Einzelne Musiker übernehmen formale Führungsrollen nach dem Prinzip der ständigen Rotation, während andere spontan die Führung ad hoc übernehmen, um organisatorische Aufgaben zu erfüllen und auf die besonderen Anforderungen des einzelnen Musikstücks einzugehen" (Seifter/Economy 2001, S. 20; 29 f).

In diesem Kammerorchester mischen sich zentrierende Fremd- und dezentrale Selbstkoordination. Es gibt nur noch temporäre, informelle Hierarchien, da alle Orchestermitglieder in gleicher Weise an den Entscheidungsprozessen beteiligt sind. "Tatsächlich wird von jedem Mitglied des Orchesters erwartet, dass er oder sie irgendwann eine Führungsrolle übernimmt, damit sichergestellt ist, dass wir eine einmalige Gruppe mit vielen Führern bleiben, in der die kreativen Fähigkeiten und die Energie eines jeden Mitglieds voll in Anspruch genommen und flexibel eingesetzt werden (…). Diese außergewöhnliche organisatorische Ressource ist der Motor der 30-jährigen Erfolgsgeschichte von Orpheus" (ebd. 30).

Für die Zusammenarbeit gelten zwei Kernprinzipien:

1. *Core Group (Kerngruppe)* mit geteilter Führungsverantwortung: Die einzelnen Musikergruppen wie Streicher oder Holzbläser wählen für jede neue Produktion einen Stimmführer. Alle Stimmführer wählen einen Konzertmeister, der dann die Proben und die Aufführung leitet. Die Stimmführer erarbeiten gemeinsam die künstlerische Interpretation des neuen Stückes. Während der Proben finden Diskussionen mit allen Musikern über die Interpretation statt – mit dem Ziel, eine Entscheidung per Konsens oder Abstimmung herbeizuführen.
2. *Rotating Leadership:* Die Core Group entsteht für jede Produktion neu, sodass prinzipiell jeder Musiker immer mal wieder die Rolle des Stimmführers oder Konzertmeisters einnehmen kann und sich dadurch mal in der Rolle des Führenden und mal des Ausführenden erlebt (vgl. Welge/Peschke 2003; Scholz 2011, 440 f).

Die Arbeitsweise von Orpheus basiert auf fünf Phasen:

1. Die Wahl der *Führung:* Für jedes Musikwerk wählen die Mitglieder eine Führungsmannschaft von 5–7 Musikern, die aus Stimmführern besteht und als *Kerngruppe* bezeichnet wird. Ein von allen Mitgliedern gewählter Musikerausschuss wählt dann einen Konzertmeister. Dieser fungiert als Anker der Kerngruppe, leitet die Aufführung und arbeitet eng mit allen Musikern zusammen, um eine einheitliche Vision der Musik zu entwickeln.

2. Die Entwicklung von *Strategien:* die Kerngruppe entscheidet, wie ein bestimmtes Musikstück zu spielen ist. Sie entwickelt eine Interpretation des Stücks, die dem gesamten Orchester vorgestellt wird.

3. Die *Weiterentwicklung* des Musikstücks: Im Anschluss an jede Probe bringen Musiker aus allen Abteilungen ihre Vorschläge ein oder üben Kritik am Spiel ihrer Kollegen. Nicht selten kommt es dann zu Debatten über Stil, Tempo, Ausgewogenheit oder andere musikalische Details. Bei Meinungsverschiedenheiten versuchen die Betreffenden einen Konsens zu erzielen, indem sie sich von Angesicht zu Angesicht aussprechen. Wird auf diese Weise keine Einigung erreicht, wird abgestimmt.

4. Die *Vollendung:* Vor jedem Konzert wird eine kleine Anzahl Musiker abgeordnet, die sich in den Saal begibt, um von dort aus auf der Grundlage des tatsächlichen Klangs letzte Verbesserungen vorzuschlagen.

5. *Die Aufführung:* Nach jedem Konzert diskutieren die Orchestermitglieder Vorschläge zur weiteren Verbesserung ihrer Interpretation (vgl. Seifter/Economy 2001, 30 f).

Die Beteiligung und Mitentscheidung der Musiker beschränkt sich allerdings nicht allein auf die Erarbeitung der Stücke. Vielmehr entscheiden diese auch bei der Festlegung der strategischen Ausrichtung, der Auswahl der Projekte sowie der Mittelverteilung mit und sie wirken mit in der Verwaltung sowie im Kuratorium. Die Orpheus-Methode beruht auf acht Kernprinzipien: 1. Denen die Macht geben, die die Arbeit erledigen. 2. Ermutigung zu persönlicher Verantwortlichkeit. 3.Klare Definition von Rollen. 4.Aufteilung und rotierende Zuordnung von Führungsbefugnissen. 5.Förderung der Zusammenarbeit auf allen Ebenen. 6. Zuhören und reden lernen. 7. Konsens suchen. 8. Leidenschaftliche Hingabe an die Arbeit (vgl. Seifter/Economy 2001, S. 34 f). Das Orpheus Leadership Institute führt auch Managementschulungen nach dem Orpheus-Prozess® durch: Dabei gewährt das Orchester Einblick in seine Probenarbeit, die im Anschluss mit den Besuchern diskutiert und auf leadershipbezogene Fragen hin untersucht wird.

Das Modell der geteilten Führung im Hinblick auf die 1. und 2. Führungsebene ist beim Orpheus Chamber Orchestra mit dem der Royal Shakespeare Company in gewisser Weise vergleichbar (siehe Abb.). Allerdings führt das Orpheus-Prinzip der rotierenden Führung wesentlich weiter als bei der RSC, da grundsätzlich jedes Mitglied als Stimmführer oder Konzertmeister eine Führungsaufgabe übernehmen kann. Nun stellt sich die Frage, inwieweit das Prinzip der rotierenden Führung innerhalb eines überschaubaren Kammerorchesters auf die Strukturen eines städtischen Theaters mit mehreren hundert Beschäftigten (und einer Hierarchie, die nicht völlig aufgelöst, sondern nur beschränkt werden kann) oder auf Probenprozesse am Theater mit jeweils stückbezogen, immer neu zusammengesetzten Ensembles und immer neuen Regisseuren übertragen werden kann.

Es kann und soll hier nicht um eine 1:1 Übertragung des rotierenden Führungsprinzip gehen, sondern entscheidend ist:

- Das Orpheus-Führungsprinzip zielt auf Mitsprache und Mitentscheidung im Sinne einer *echten Partizipation*. Dieses Prinzip lässt sich grundsätzlich in jedem Theaterbetrieb und auch in jeder Theaterprobe verankern, ohne dass die Führungsrolle zusätzlich rotieren muss.
- Die Orpheus-Idee der *geteilten,* gemeinsamen Führung in der Kerngruppe (Core-Group) kann im Direktoriumsmodell aufgegriffen werden.
- Und das Prinzip der *rotierenden* Führung ist zumindest temporär in sich selbst organisierenden Arbeits- oder Projektgruppen möglich, indem die Führung zeitweilig von demjenigen übernommen werden kann, der auf dem jeweiligen Gebiet die meiste Expertise besitzt.

Abschließend nun ein Vergleich der vier vorgestellten Führungsmodelle.

Übersicht 5: Vergleich der Führungsmodelle

Führungsmodell	Erhalt von Leadership	Teamarbeit auf oberster Ebene	Geteilte Führung 1. und 2.Ebene (Netzwerkstruktur)	Rotierende Führung	Verbriefte Mitarbeiter-beteiligung in allen Gremien
Echte Doppelspitze	X	X	-----	----	-----
Direktorium (z.B. NT Mannheim)	X	X	-----	----	-----
Royal Shakespeare C.	X	X	X	----	------
Orpheus Chamber O.	X	-----	X	X	X

Im direkten Vergleich wird klar: Das Direktoriumsprinzip inkludiert keineswegs die automatische Einbeziehung der zweiten Führungsebene (der Abteilungsleitungen) in die zentralen Entscheidungsprozesse. Hier geht das Modell der Royal Shakespeare-Company in der Zeit von Michael Boyd weiter, da es geteilte Führung zwischen erster und zweiter Ebene im Rahmen einer Netzwerkstruktur praktiziert. Keines der drei erstgenannten Modelle garantiert allerdings fest verbriefte Mitentscheidungsrechte von Ensemble und Mitarbeiterschaft in den Gremien. Lediglich das vierte Führungsmodell, das des Orpheus Chamber Orchestra hat hier klare Regelungen geschaffen. Vor diesem Hintergrund wird hier für ein Führungs- und Organisationsmodell plädiert, das neben der Team- und Netzwerkarbeit auf den beiden höchsten Führungsebenen auch geteilte Führung auf den übrigen Ebenen sowie eine fest installierte Mitwirkung für Sprecher aus Ensemble und Mitarbeiterschaft ermöglicht.

5.2.6 Führungsprinzipien und Führungsinstrumente auf der Intendantenebene

Auch im Theaterbetrieb sollte Führung, ganz gleich welche Leitungsmodelle zugrunde liegen, einen wesentlichen Bezugspunkt in einem *ethisch-konstruktiven* Verständnis von Führung haben. Es wurde bereits im Abschnitt zur *konstruktiven* und *destruktiven Führung im* Theaterbetrieb erläutert, dass der *wertebasierte Verhaltenskodex* des Deutschen Bühnenvereins wichtige Anknüpfungspunkte für einen eigenen Ethikkodex des Theaters bietet, dass er aber über das machtmissbräuchliche Verhalten im engeren Sinne (Rassismus, Sexismus, Beleidigung oder Belästigung) hinaus, um weitere, *grundlegende Prinzipien* ethischer Mitarbeiter- und Unternehmensführung *ergänzt* werden sollte. Mögliche Grundsätze wurden bereits in Anlehnung an Maximilian Norz im Kapitel zur konstruktiven Führung am Theater vorgestellt (vgl. Norz 2016, S. 109 f).

Auch Thomas Schmidt nennt eine Reihe *führungsethischer Prinzipien,* die denen von Norz in einigen Punkten ähneln. Schmidt skizziert unter anderem: den sparsamen Umgang mit materiellen und personalen Ressourcen, ein hohes Maß an Transparenz bei allen Geschäfts- und Arbeitsprozessen, die Vermeidung von Korruption bei der Erteilung von Aufträgen, den Verzicht auf Begünstigung nahestehender Personen, die Deckelung der Höchstgagen, die Reduzierung der ungleichen Gagen, die verantwortungsvolle Einarbeitung neuer Mitarbeiter und Ensemblemitglieder sowie den Verzicht auf Sponsoring durch Unternehmen, die gegen die ethischen Grundsätze des Theaters verstoßen (vgl. Schmidt 2017, S. 298). Intendanten, Geschäftsführer und Direktoren sollten daher (auch unter ethischen Aspekten) einen kritischen Blick auf das eigene Führungsverhalten wie auf das Verhalten der Mitarbeiter werfen, Machtmissbrauch im eigenen Handeln und im Handeln anderer nicht zulassen, selbst Initiative für die Weiterentwicklung der Organisations- und Führungsstruktur ergreifen, temporäre Modelle der geteilten Führung auf allen Ebenen ermöglichen, für bessere Arbeitsbedingungen und gerechtere Bezahlung Sorge tragen, sich als Cultural Leader neu erfinden sowie entsprechende *Führungsinstrumente* professionell nutzen:

Wesentliche *Führungsinstrumente* – sowohl in den derzeitigen Strukturen als auch im Rahmen von Transformationsprozessen – auf der Ebene der Intendanz könnten sein: die Implementierung einer inspirierenden *Vision,* einer einprägsamen *Mission* (die nach innen bündeln und nach außen eindeutig wirken sollte) sowie einer Selbstdefinition des Theaters in Form eines *Leitbildes,* dessen Werte sowohl in der formalen Organisationsarchitektur als auch in der informellen Unternehmenskultur umgesetzt und gelebt werden sollten. Alle drei Komponenten der Selbstbeschreibung sollten gemeinsam mit der Belegschaft entwickelt werden. Dies gilt auch für die *Führungs-* und *Ethik-Grundsätze,* die sich an der genannten Selbstdefinition orientieren und in einem Verhaltenskodex niedergelegt werden sollten.

Weitere Instrumente wären die Erstellung aussagekräftiger *Stellenbeschreibungen* für die Abteilungsleitungsstellen, die mittlere Führungsebene sowie für alle weiteren Mitarbeiter, eine angemessene und verantwortungsbewusste *Einarbeitung* von *neuen* Kollegen und Kolleginnen sowie die Festlegung von nachvollziehbaren *Kriterien* zur *Beurteilung* von Mitarbeitern und Ensemblemitgliedern.

Zentrale Instrumente wären zudem *Mitarbeiter-, Team- oder Ensemble-Befragungen* zur Arbeitszufriedenheit, zum Arbeitsklima oder zu möglichen Umstrukturierungen. Derartige Mitarbeiterbefragungen können eine Eisbrecherfunktion auf dem Weg zu einem offenen Dialog und zu einer Lernenden Organisation haben (vgl. Bungard 2018, S. 178). Sie können außerdem folgenden Zwecken dienlich sein: der Diagnose des eigenen Theaterbetriebs oder der Erfolgskontrolle von eingeleiteten Maßnahmen, der Verbesserung der Zusammenarbeit, dem Aufspüren von Anregungen im Hinblick auf Fragen der Personal- oder Organisationsentwicklung, der stärkeren Aktivierung und Einbindung von Mitarbeiterschaft und Ensemble, der Überprüfung des eigenen Führungsverhaltens sowie der getroffenen/zu treffenden Entscheidungen.

Hinzukommen sollten regelmäßige, von beiden Seiten gut vorbereitete, *Mitarbeiter- oder Zielvereinbarungsgespräche* zwischen Führungsspitze und Abteilungsleitungen auf Augenhöhe. Außerdem müsste die Intendanz dafür Sorge tragen, dass auch auf den nachgeordneten Ebenen Mitarbeitergespräche stattfinden. Und schließlich wären als zusätzliche Instrumente zu nennen: Abteilungsbezogene oder hierarchieübergreifende *Projektgruppen* mit geteilter Führung, Maßnahmen zur *Personal- und Teamentwicklung,* internes oder externes *Coaching* sowie als grundlegende Maßnahme: Anstoßen von Prozessen der *Organisationsdiagnose* und *Organisationsentwicklung* sowie des *Qualitätsmanagements.*

5.3   Vertikale und geteilte Führung auf der mittleren Ebene

Neue Modelle für die *höchste* Führungsebene wie die der Doppelspitze oder des Direktoriums sind grundlegende Weichenstellungen auf dem Weg zu mehr geteilter Führung. Sie allein werden jedoch nicht zu einem umfassenden Organisations- und Kulturwandel, zu neuen Kooperationsformen auf möglichst vielen Ebenen und zu mehr Partizipation und Motivation der Mitarbeiterschaft beitragen. Daher sollte auch auf den *mittleren* Führungsebenen (mit diesem Begriff ist auch die untere Führungsebene inkludiert), also den Ebenen, die der Intendanz oder der Spartenleitung nachgeordnet sind, vorbildhaft und situationsadäquat Team- und Projektarbeit angeregt werden, die das Prinzip der geteilten Führung aufgreift und den Mitarbeitenden mehr Selbstorganisation ermöglicht.

Mittlerweile hat sich die Erkenntnis durchgesetzt, dass auf der *mittleren* Managementebene ähnliche *Führungskompetenzen* erforderlich sind wie an der Leitungsspitze (vgl. Steinmann/Schreyögg, 25 f). Auch hier werden *fachliche, konzeptionelle. methodische* und *soziale* Kompetenzen erwartet, auch wenn vielleicht die Tragweite der getroffenen Entscheidungen oder der kommunizierten Verlautbarungen auf der ranghöchsten Ebene größer ist.

Dennoch gelten viele der an die Führungsspitze gestellten Anforderungen auch für die unterstellten Abteilungen. Dies betrifft beispielsweise die Vereinbarung von Zielen oder passenden Aufgaben, die Verständigung über Maßnahmen, Arbeitsschritte und Erfolgskriterien, die Erteilung von Feedback, die Bereitstellung von Ressourcen, ein angemessenes Kommunikationsverhalten, zufriedenstellende Arbeitsbeziehungen sowie die Fürsorgepflicht. Und auch auf der mittleren Ebene wird es immer wieder mögliche Anlässe für Teamarbeit im Sinne einer geteilten Führung geben, bei der nicht nur Ideen und Alternativen diskutiert, sondern auch Lösungen und Wege dorthin *gemeinsam entschieden* werden.

Bei mittleren Führungskräften im Theaterbetrieb wie der Künstlerischen Produktionsleitung, der Technischen Leitung, der Verwaltungsleitung oder

Personalleitung sowie in den wiederum unterstellten Positionen wie der Drama-turgie(leitung), dem Künstlerischen Betriebsbüro, dem Technischen Betriebs-büro, der Werkstättenleitung oder auch der Leitung im Bereich Kommunikation bzw. Öffentlichkeitsarbeit ergibt sich eine besondere Schwierigkeit: Alle diese Führungskräfte befinden sich in einer *Sandwich*-Position zwischen dem Top-Management und dem operativem Geschehen: Sie sie sind einerseits *abhängig* von den *Vorgaben* und Zielsetzungen ihrer Vorgesetzten, können diesen gegen-über aber auch ,*Führung von unten*' ausüben. Andererseits haben sie *selbst* eine *Führungsrolle* inne, da sie für die konkrete Umsetzung in ihren Abteilungen ver-antwortlich sind.

Mittlere Führungskräfte unterliegen einem mehrfachen *Erwartungsdruck:* Einerseits sind sie dafür verantwortlich, dass die mit der Intendanz oder der Spartenleitung vereinbarten Aufgaben ausgeführt werden und auf der anderen Seite müssen sie die Interessen und Bedürfnisse der Mitarbeiter berücksichtigen sowie die Einhaltung gesetzlicher und unternehmensinterner Richtlinien beachten. Aufgrund ihrer Sandwich-Position tragen sie zwar Verantwortung, können aber vieles nicht entscheiden, sondern müssen sich häufig an höherer Stelle rückversichern (vgl. auch Hockling 2012).

Christopher Vorwerk hat unter anderem am Beispiel der *Technischen Leitung* herausgearbeitet, mit wie viel gleich gestellten und nachgeordneten Abteilungen diese mittlere Leitungsebene kommunizieren muss (vgl. Vorwerk 2012, S. 128 ff) und welche gegenseitigen Erwartungen im Spiel sind. Wichtige interne Ansprech-partner der Technischen Leitung sind beispielsweise die direkt unterstellten Bereiche der Bühnentechnik, der Beleuchtungstechnik, der Ton-und Video-technik oder der Werkstättenleitung, die nicht unterstellten Bereiche von Regie, Bühnen- und Kostümbild sowie während der Vorstellungsphase die betreffenden Assistenten und Inspizienten.

Auf der einen Seite erwarte die Technische Leitung von den nachgeordneten Mitarbeitenden Zuverlässigkeit und hohe Qualität sowie eine kreative und kollegiale Zusammenarbeit, die auf Respekt, Unvoreingenommenheit, Rück-sichtnahme sowie Menschlichkeit im Umgang basiere. Umgekehrt wünsche sich die unterstellte Haustechnik von der Technischen Leitung, dass diese sich für die Mitarbeiter und ihre Interessen einsetzt und die Koordinierung zwischen den Abteilungen und Gewerken bestmöglich gestaltet. Darüber hinaus sei die Technische Leitung auch für ein gutes Arbeitsklima verantwortlich, das sich niederschlagen sollte in einer verbesserten Kollegialität in und zwischen den Abteilungen sowie in einem fairen Umgang der Mitarbeiter miteinander. Zudem werde von der Technischen Leitung ein guter Informationsfluss erwartet, die rechtzeitige Erstellung des Dienstplans und die Einhaltung von Terminen (vgl. Vorwerk 128 ff).

Auch das *Künstlerische Betriebsbüro (KBB)* agiert als mittlere Führungs-ebene in einem dichten Anforderungsgeflecht. Ansprechpartner sind vor allem die Theaterleitung, die künstlerische Spartenleitung, die technische Leitung, der Personal- oder Betriebsrat, die Regie, Solisten und weitere künstlerische Mit-wirkende, die Öffentlichkeitsarbeit, die statistische Leitung sowie die Regie-assistenten (vgl. Vorwerk 2012, 133 f). So wünscht sich das KBB nach Vorwerk von der Theaterleitung raschen Informationsfluss, Wertschätzung und die Umsetzung der Spielplanentscheidungen in Form realisierbarer Spielfassungen. Ein wichtiger Partner des KBB sind die Regieassistenten, von denen das KBB engen Kontakt zu einzelnen Produktionen, gute Informationsübermittlung und die Einschätzung von (auch emotionalen) Situationen erwartet. Umgekehrt erwarten die Regieassistenten vom KBB eine gute Koordination aller Abteilungen und Absprachen, um einen reibungslosen Ablauf zu gewährleisten.

Die Solisten suchen im KBB einen freundlichen, menschlichen und offenen Ansprechpartner, der sie in ihrer künstlerischen Entwicklung und Karriere-planung unterstützt. Darüber hinaus werde von den Solisten in puncto KBB ein durchorganisiertes Büro erwartet, das einen perfekten Ablauf garantiert und eine rasche Informationspolitik walten lässt. Die vorgenommene Planung solle sowohl ensembleorientiert sein als auch individuellen Wünschen entgegen-kommen. Darüber hinaus wünsche man sich weniger Willkür bei Besetzungen bzw. Proben-und Vorstellungseinteilungen sowie die Zurückstellung von persön-lichen Vorlieben. Umgekehrt erwarte das KBB von den Solisten alle wichtigen Informationen, die die tägliche Proben- und Arbeitsplanung betreffen (vgl. Vor-werk 2012, 133–135).

Die genannten Beispiele unterstreichen: Für die Führungstätigkeit der mittleren Ebene gilt, dass auch sie einem dichten Geflecht von Anforderungen von vorgesetzten, gleichgestellten oder nachgeordneten Stellen ausgesetzt ist und dass – neben Professionalität und gutem Informationsfluss – Kollegialität, Fairness, Wertschätzung und Zusammenhalt zentral für die Motivation der Mit-arbeiter und für den Erfolg sind. Hinzu kommen klare Ziele, Aufgabenstellungen und Erfolgskriterien. „Wer es als Führungskraft versteht, seine Mitarbeiter zusammenzuschweißen und auf ein gemeinsames Ziel einzuschwören, sorgt nicht nur für die richtige Atmosphäre im Team. Er sorgt letztlich auch für gute Ergebnisse" (Manager Magazin 05.02.2015). Wichtig für die Orientierung der Führungskräfte der mittleren Ebene ist die Möglichkeit, an der *Ausrichtung* des Hauses und an den daraus abgeleiteten Teilzielen, Strategien und Aufgaben, mit-wirken zu können (vgl. Walter 2015, S. 14).

Die Theaterleitung sollte sich bewusst sein, dass das mittlere Management nicht nur im operativen, sondern auch im strategischen Bereich und damit auch im Rahmen von Veränderungsprozessen eine wichtige Rolle spielt, denn hier wird letztlich über die Schritte der Umsetzung und damit über den Erfolg entschieden. Die Führungskräfte sowie die Mitarbeiter dieser Subzentren sind viel stärker in der *Praxis* verhaftet. Sie sind *Prozess-Spezialisten* und erkennen rasch mögliche *Ansatzpunkte* für Optimierungen (vgl. Räber 2013, S. 6 f; Hockling 2012).

Auch auf der mittleren Führungsebene im Theater ist das Prinzip der geteilten Führung in abteilungsbezogenen, bereichsübergreifenden sowie hierarchieübergreifenden Teams motivationsfördernd, denn auch hier sind gut ausgebildete Mitarbeiter tätig, die komplexe Aufgaben bewältigen können. Die Forderung des Ensemblenetzwerks „Teams *auf* allen Ebenen" (Ensemblenetzwerk 2018) könnte noch um das Prinzip der vertikalen Teams *„zwischen* den Ebenen" ergänzt werden. In all diesen Teams kann situationsabhängig mit geteilter Führung und Selbstorganisation gearbeitet werden, wobei mal dem einen und mal dem anderen Teammitglied (je nach Aufgabe und Erfahrung) temporär die Führung übergeben werden kann.

Bereits jetzt wird an manch einem Theater nicht nur *horizontal* strukturierte, sondern auch *hierarchieübergreifende* Teamarbeit praktiziert und zwar in Form von themen- oder projektbezogenen Teams, in denen Vertreter der Intendanz oder des Direktoriums, Mitarbeitende der zweiten Führungsebene wie Oberspielleitung, Dramaturgie, Verwaltungsleitung oder auch Technische Leitung sowie auch Mitarbeiter nachgeordneter Ebenen (wie ein Spezialist für digitale Fragen oder Social Media) zusammenarbeiten. Auch in dieser Konstellation könnte ein Mitglied einer nachgeordneten Hierarchiestufe eine temporäre, kompetenzbasierte Projektleitung übernehmen. Ein Beispiel für Teamarbeit über Hierarchie-Ebenen hinweg ist die Bildung eines Teams am Thalia-Theater, das sich mit der Stückauswahl und der Spielplangestaltung befasst (vgl. Kasch 2018).

Je größer das Theater ist, desto eher sind die mittleren Führungskräfte in die Lage zu versetzen, Verantwortung zu übernehmen. Auch wenn die ranghöchste Ebene die letztendliche Verantwortung trägt, sollte diese bereit sein, eigene Ideen zu verwerfen und offen für Vorschläge der nachgeordneten Abteilungen zu sein. Dabei geht es auch um eine gewisse Fehlertoleranz in beiden Richtungen.

Führungskräfte der mittleren Ebene im Theater können auf folgende *Führungsinstrumente* zurückgreifen: Aktuelle *Stellenbeschreibungen* mit klarem Anforderungsprofil, angemessenes *Onboarding* für neu hinzukommende Mitarbeitende durch sie selbst oder erfahrene Kollegen, optimale *Arbeitsgestaltung* (durch angemessene Aufgaben, Vereinbarung von Erfolgskriterien und Gewährung von Autonomie), *Feedback* zu den Ergebnissen, Entwicklung *adäquater Kriterien* zur Beurteilung von Mitarbeitern sowie *Mitarbeitergespräche* auf Augenhöhe (1 mal pro Jahr).

Die mittlere Führungsebene wurde lange Zeit als Hemmschuh von *Ver-änderungsprozessen* betrachtet. Mittlerweile aber hat sich die Erkenntnis durchgesetzt, dass sie eine *wesentliche Rolle* beim organisatorischen Wandel spielte. Sie sollte daher auch bei Veränderungsvorhaben im Theater systematisch einbezogen werden (vgl. Walter 2016, S. 162 f). Ihr besonderes Einflusspotenzial ergibt sich aus ihrer speziellen Position, die es ermöglicht, Initiativen zur Veränderung zu unterstützen oder zu verzögern, Informationen weiterzugeben oder auch zu manipulieren. Eine *aktive* Beteiligung wird die mittlere Ebene vor allem dann gerne übernehmen, wenn sie bezogen auf ihren Arbeitsbereich offen diskutieren, selbstständig handeln, Aktivitäten und Ideen einbringen sowie als Vorbild und Feedbackgeber in ihrem Team den Wandlungsprozess unterstützen kann (vgl. Nieswandt 2016).

Auch die Führung auf der mittleren Ebene im Theater unterliegt dem *Paradox,* dass einerseits die Führungskraft im täglichen operativen Geschehen immer öfter entbehrlich ist, aber andererseits mehr Führung vonnöten ist, die sich äußert in einer klaren Orientierungshilfe, in der Schaffung von Rahmenbedingungen, der Bereitstellung von Ressourcen und in dem Bemühen, eine sichere, vertraute Arbeitsatmosphäre zu schaffen. Diese sollte die Mitarbeitenden ermutigen, eigene Meinungen zu äußern, Fragen zu stellen, Risiken abzuwägen, (vereinzelt) ‚Fehler' zu machen und diese im Fall des Falles auch transparent zu machen, damit Abläufe verbessert werden können (vgl. Domke 2020, S. 31 f).

Die mittlere Führungsebene erfüllt nach Martina Nieswandt mehrere Rollen gleichzeitig: „Als Implementer verbreiten Mittelmanager die Strategie von oben weiter an die Mitarbeiter (…). Als Syntheziser interpretieren sie Informationen und transportieren diese nach oben zum Top-Management, denn das Top-Management benötigt realistische Informationen, wie wahrscheinlich es ist, dass die definierten Ziele auch erreicht werden. Als Champion hingegen entwickeln Mittelmanager mit ihren Mitarbeitern eigene Aktivitäten und Ideen, die sie nach oben promoten (…) Als Facilitator ermutigen sie zudem andere Unternehmensmitglieder, sich an der Entwicklung solcher Ideen zu beteiligen und neue Aktivitäten auszuprobieren" (Nieswandt 2016).

Die zentrale Voraussetzung für die aktive Mitarbeit der mittleren Führungsebene im Theater ist, dass sie in Form von geteilter Führung an den grundlegenden normativen und strategischen Entscheidungen beteiligt ist (beispielsweise im Rahmen eines mit steuernden Lenkungsgremiums) und dass ihr die ranghöchste Leitungsebene Entscheidungsbefugnisse überträgt, damit sie ihrerseits situativ geteilte Führung durch Teamarbeit ermöglichen kann. Zu diesem Zweck müssen aber die Leitungskompetenzen der Führungskräfte auf der mittleren Ebene durch Fortbildung, Beratung oder Coaching weiter entwickelt werden.

5.4   Führung von unten und Mitbestimmung auf der Mitarbeiterebene

5.4.1   Führung ‚von unten‘ und Partizipation

Es wurde bereits dargelegt, dass Führung – auch am Theater – keine Einbahnstraße ist, sondern als eine sozial konstruierte Interaktionsbeziehung verstanden werden muss, bei der sich Vorgesetzte und Mitarbeiter wechselseitig beeinflussen. Ob die Einflussnahme durch die Führungsseite erfolgreich ist, hängt auch davon ab, ob die Ziele von Leitung und Mitarbeitenden miteinander vereinbar sind, auf welche Formen der Einflussnahme zurückgegriffen wird und wie die Mitarbeiter auf diese Einflussversuche reagieren.

Die Belegschaft hat zum einen die Möglichkeit, *formal* Einfluss auf die Entscheidungen der Führungsspitze mithilfe des *Personal- oder Betriebsrats* zu nehmen. Dessen Rechte sind aber in Tendenzbetrieben wie dem Theater relativ eingeschränkt. Darüber hinaus üben die Mitarbeitenden aber auch immer *informelle* Führung ‚*von unten*‘ aus und dies nicht nur dann, wenn sie auf bestimmten Gebieten über mehr Informationen, Erfahrungen und Kompetenzen verfügen. Wie bereits ausführlich erläutert, hat Niklas Luhmann hierfür den Begriff der „*Unterwachung*“ geprägt, den er der ‚Überwachung‘ und Einflussnahme der Vorgesetzten gegenüberstellt (vgl. Luhmann 2016, S. 90 ff; Kühl 2011, S. 81 ff). Bei der Führung ‚von unten‘ können die Mitarbeiter ihren Einfluss beispielsweise geltend machen durch ein Gespräch mit ihrem Vorgesetzten, durch konkrete Vorschläge in einer Versammlung oder Sitzung, durch Auswahl, Weitergabe oder auch Zurückhaltung bestimmter Informationen, durch Beschwerden an anderer Stelle, durch Bildung von Allianzen innerhalb der Mitarbeiterschaft oder auch durch Widerstand gegen Vorgaben ‚von oben‘ und Beschreitung selbst gewählter Lösungswege (vgl. auch von der Oelsnitz 2017, S. 17 f; Weibler 2016, S. 139 f).

Informelle Führung ‚von unten‘ findet immer statt, sowohl in hierarchischen als auch in weniger hierarchischen Organisationen. Allerdings geht die Forderung nach *Partizipation* und *Teilhabe* wesentlich weiter: Diese kann durch *grundsätzlich* und *dauerhaft* garantierte *Mitsprache* in den verschiedenen Gremien *offiziell* verankert oder durch temporär *geteilte* Führung im Rahmen von Teamarbeit gelebt werden. Auf diesem Wege können sich *formal-offizielle* Führung und *informelle* Führung ‚von unten‘ einander annähern, wobei dieser Gegensatz letztlich nie gänzlich aufgehoben werden kann, da sich auch nach Veränderungen wieder neue informelle Strukturen bilden.

Im Theater sind Partizipation und Mitbestimmung entscheidende Gütekriterien von Führung. Und auch hier muss zwischen *unechter* Partizipation unterschieden werden, die auf bloßer Teil*nahme* und Mitmach-Aktionismus basiert, und *echter* Teil*habe*, die Beteiligung an zentralen Entscheidungen ermöglicht und die auf einem Dialog, auf der gemeinsamen Suche nach der besten Lösung und auf konsensueller Entscheidung beruht (vgl. Kup 2019, S. 66–68). Es geht also nicht um möglichst viel Teil*nahme,* sondern um möglichst viel echte Teil*habe.*

5.4.2 Ein Blick zurück: Mitbestimmungsmodelle in den frühen 70er Jahren

Am 10.November 1969 erschien im Spiegel ein Bericht über die zunehmend lauter werdenden Forderungen nach Mitbestimmung an den deutschen Bühnen. Der Zorn richtete sich auch damals gegen die Machtstellung der Intendanz. Diese wurde als „Symptom für die Strukturkrise einer überlebten Bühnen-Hierarchie angegriffen, die Schauspieler und Regisseure in ihrer Entfaltung (behindere) und zeitgemäße Darbietungs- und Arbeitsformen nur in Glücksfällen" erlaube (vgl. Der Spiegel 46/1969). Etliche der damals formulierten Forderungen gleichen den heutigen Reformvorschlägen teilweise bis auf Haar: „Kompetenz-Minderung der Theaterleiter zugunsten einer Mitbestimmung des gesamten Personals... Offenlegung der Gagenlisten, Mitsprache bei Intendantenwahlen, Engagements sowie Geldausgaben, längere Probezeiten, die Mitwirkung der Schauspieler am Regie-Konzept und Vollversammlungen, in denen alle an allen Entscheidungen demokratisch mitwirken" (Der Spiegel 46/1969).

Nach Dorothea Kraus war der Auslöser der damaligen Debatte über Organisationsformen und Arbeitsweisen, an die sich bald konkrete Reformversuche in Berlin und Frankfurt/M anschlossen, ein Artikel, der von den Schauspielern Barbara Sichtermann und Jens Johler im Aprilheft des Jahres 1968 von ‚Theater heute' veröffentlich worden war (vgl. Kraus 2006, S. 126 ff).

Eingebettet in diesen Artikel erschien zudem das berüchtigte, anonym verfasste Gedicht mit dem Titel Intendantenbeschimpfung, in dem gegen die Theaterleitungen als pars pro toto für die damaligen Verhältnisse polemisiert wurde: „Oh Intendant, Raubritter im Tempel der Musen, Zuhälter im Hausvaterrock, Verächter des Publikums, Speichellecker der Kritiker..." (in: Kraus 2006 , S. 125).

Abgesehen vom polemisch-verächtlichen Duktus des sogenannten Gedichts haben etliche, der im Rahmenartikel von Sichtermann und Johler angesprochenen, Aspekte auch heute nichts von ihrer Aktualität eingebüßt: „Wie kann das Theater Diskussionspartner der Gesellschaft sein, wenn die Diskussion innerhalb jener Gesellschaft, die das Theater selbst ist, nicht stattfindet (…)? Wir kommen zu dem Schluss, dass die Theater falsch organisiert sind" (in: Kraus 2006, S. 127). Die Verfasser schlugen daher eine Demokratisierung der Bühnen mittels folgender Maßnahmen vor: *Kollektive Leitung* sowie Einrichtung einer *regelmäßigen Versammlung* des künstlerischen Personals, die die *Leitung wählt* sowie bei Neueinstellungen, Entlassungen, bei der Spielplangestaltung und auch bei der Rollenbesetzung *mitbestimmt*. Darüber hinaus wurde ein *kollektiver Proben- und Inszenierungsprozess* eingefordert (vgl. ebd. 127 f).

Kurze Zeit später, ab der Spielzeit 1970/1971, wurde durch ein Team um den Regisseur Peter Stein an der Berliner Schaubühne am Halleschen Ufer ein Mitbestimmungsmodell eingeführt. Damit wurde ausgerechnet ein nach privatwirtschaftlichen Grundsätzen geführtes Haus zum Vorreiter einer weitreichenden Mitbestimmungspraxis (vgl. Kraus 2006, S. 144), die auch Spielpläne, Besetzungsfragen und Gagen betraf. Das Modell basierte auf folgenden Prinzipien: Die *Vollversammlung* wurde zum wichtigsten Organ. Sie trat einmal im Monat zusammen und bestand aus der gesamten Belegschaft des künstlerischen, technischen und administrativen Personals. Sie *wählte* drei der fünf Direktoriumsmitglieder und konnte mit einfacher Mehrheit gegenüber allen Entscheidungen ein *Vetorecht* ausüben. Das *Direktorium* wiederum war ihr gegenüber zur Offenlegung aller Vorhaben und Geschäftsvorgänge verpflichtet. Dieses wurde unterstützt durch den ‚*Engagement-Ausschuss'* (dem zwei Direktoren und mehrere Schauspieler angehörten) und der bei Einstellungsfragen beratend tätig war sowie durch das sogenannte ‚*Gremium'*. Diesem gehörten zwei Schauspieler, zwei Techniker sowie je ein Mitglied des künstlerischen Stabes und der Verwaltung an, die von der Vollversammlung gewählt worden waren. Das Gremium war dafür zuständig, alle Informationen aus den Direktoriumssitzungen an die Belegschaft weiterzugeben.

Das Mitbestimmungskonzept der Schaubühne scheiterte allerdings nach kurzer Zeit aus mehreren Gründen: zum einen boten die Sitzungsprotokolle regelmäßig Anlässe für Auseinandersetzungen zwischen Bühne und Senat. Außerdem wurden die sogenannten Zielgruppenprojekte oft als ästhetisch unbefriedigend wahrgenommen wurden. Vor allem aber erreichte die zeitliche Beanspruchung von Schauspielern und Produktionsstab unzumutbare Ausmaße: Bis zu 15 oder 16 Stunden täglich mussten für Vorstellungen, Proben, Rollenlernen, Arbeitsgruppen, Debatten und Protokollerstellung eingeplant werden (vgl. ebd. 143–147).

Knapp zwei Jahre später (am 14.08.1972) trat – angeregt und gefördert durch den damals frisch ernannten Kulturdezernenten Hilmar Hoffmann (SPD) – eine

Mitbestimmungsvereinbarung an den Städtischen Bühnen Frankfurt in Kraft. Die wichtigsten Organe dieses Mitbestimmungsmodells waren zum einen das *Dreierdirektorium,* dem der Regisseur Peter Palitzsch, der Bühnenbildner Klaus Gelhaar (beide wurden nach Zustimmung des Ensembles vom Magistrat berufen) sowie der – durch die Ensemble-Vollversammlung gewählte Schauspieler – Peter Danzeisen angehörte. Des Weiteren wurde ein *Künstlerischer Beirat* eingerichtet, der ein Mitspracherecht bei der *Spielplangestaltung, der Änderung der Theaterstruktur* und der *Intendantenwahl* haben sollte und sich zusammensetzte aus dem Personalrat, den lokalen Gewerkschaftsvorständen und dem Orchestervorstand. Der dritte, entscheidende Baustein war die *Vollversammlung* aller per Jahresvertrag angestellten Schauspieler, wobei das Personal von Technik und Verwaltung unberücksichtigt blieb (vgl. ebd. 148 f.). In der Praxis konnten Beirat und Vollversammlung ihr Mitspracherecht weniger in künstlerischen Belangen nutzen, als bei Fragen zu Engagements, Arbeitszeiten, Urlaubsregelungen, sozialen Problemen sowie zur Gagenhöhe, wobei (vergleichbar zur Schaubühne) die Spitzen- und die Mindestgagen einander angenähert wurden.

In Frankfurt waren die Schwierigkeiten der praktizierten Mitbestimmung mit denen an der Schaubühne vergleichbar, denn auch hier war das Ensemble durch den hohen Aufwand an Arbeitsenergie und Zeit irgendwann überfordert. Hinzu kam, dass eine Konsensfindung zwischen fast 70 Vollversammlungsteilnehmern nahezu unmöglich war (vgl. ebd. 149 f). Die Schauspielerin Elisabeth Schwarz, die in jener Zeit Ensemblemitglied war, beschreibt diese Zeit wie folgt: „Wir hatten viel mehr Rechte, aber auch viel mehr Arbeit, waren von den Sitzungen manchmal kaputter als vom Theaterspielen" (in: Pauly 2017).

Die Lehren aus diesen beiden letztlich fehlgeschlagenen Versuchen, die Strukturen im Theater zu verändern und mehr Mitsprache zu verankern, sollten indes nicht Anlass zur Resignation sein. Im Gegenteil: Diese frühen Versuche bieten Anschauungsmaterial, um Fehler von damals zu vermeiden wie zum Beispiel:

- die Mitbestimmungs- oder Mitspracheformen nicht top down zu verordnen, sondern in Rückkopplung mit der Belegschaft einzuführen
- neben dem Ensemble auch dem verwaltenden und technischen Personal Teilhabe zu ermöglichen
- mehr Teamarbeit auf der mittleren und unteren Ebene – da wo möglich und sinnvoll – einzuführen
- die anstehenden Beratungen nicht mit allen zu führen, sondern immer mit delegierten Stellvertretungen
- einen provozierend-konfrontativen Tenor in den Kommunikation nach außen zu vermeiden.

1969 und 2019 markieren die Eckpunkte von nunmehr 50 Jahre währenden Bemühungen, Reformen in den bundesdeutschen Theaterbetrieben in Gang zu setzen. Damals stand man auf der Intendanten- wie der Gewerkschaftsseite den Reformbestrebungen skeptisch gegenüber: So bezeichnete Ende der 60er Jahre der Frankfurter Intendant Ulrich Erfurth die frühen Mitbestimmungsmodelle als „idealistische Utopie", August Everding berief sich als damaliger Sprecher der Intendantengruppe im Deutschen Bühnenverein auf den Tendenzparagrafen des Betriebsverfassungsgesetzes und die Genossenschaft Deutscher Bühnenangehöriger kritisierte die damaligen Vorschläge als "sachlich nicht überzeugend" (Spiegel 1969). Und 50 Jahre später ist der Intendant des Berliner Ensembles Oliver Reese der Ansicht, dass heutzutage ohnehin die „Mitbestimmung sehr sauber auf viele Köpfe verteilt" sei (in: Pauly 2017), was allerdings ernsthaft in Zweifel zu ziehen ist.

Die aktuelle Reformbewegung lässt sich im Hinblick auf ihren Ursprung, ihren Hintergrund und ihre Struktur nicht mit der Protestbewegung zum Ende der sechziger Jahre vergleichen. Auch wenn die Forderungen teilweise ähnlich gelagert sind, gibt es einige signifikante Unterschiede:

1. Die heutige Debatte wurde ausgelöst durch Anregungen aus den Wissenschaften und hier insbesondere durch Wolfgang Schneider (Institut für Kulturpolitik der Universität Hildesheim) und Thomas Schmidt (Lehrstuhl für Theatermanagement an der Universität Frankfurt). Und sie wurde weiter stimuliert durch Statements und Debatten unter Theaterexperten wie auf dem Blog Nachtkritik.
2. Seit einiger Zeit liegen gründliche Analysen und konsistente Reformkonzepte mit Vorschlägen für lokale sowie übergreifende Veränderungsschritte vor.
3. Parallel ist eine über das ganze Land verstreute, flächendeckende Bewegung ‚von unten' entstanden, die von zahlreichen Netzwerken aus Theaterschaffenden vorangetrieben wird (wie art but fair, Ensemblenetzwerk, Pro Quote Bühne etc.).
4. Diese Netzwerke versuchen eine provozierende Rhetorik zu vermeiden, suchen den Dialog mit der Politik, den Gewerkschaften und dem Deutschen Bühnenverein und machen als Mitveranstalter mit sehr wirksamen, konstruktiven Aktionen auf sich aufmerksam wie mit der Aktion „40.000 Theatermitarbeiter/innen treffen ihren Abgeordneten".
5. Dies alles führt dazu, dass auch der Deutsche Bühnenverein – statt wie in den späten 60er Jahren abzuwiegeln – heute bemüht ist, einen Dialog auf Augenhöhe zu führen, die verschiedenen Vorschläge zu prüfen und sich einiger brennender Themen angenommen hat.

5.4.3   Ein Blick zur Seite: Mitwirkung an Universitäten und Hochschulen

Mitunter ist ja ein Blick über den Tellerrand hilfreich: Während an den öffentlich geförderten Theatern Ensemble und Mitarbeiter über wenig Mitsprachemöglichkeiten verfügen, räumen beispielsweise die deutschsprachigen Hochschulen den Mitarbeitenden in Wissenschaft, Technik und Verwaltung sowie den Studierenden umfassende Mitbestimmungsrechte ein.

So werden die Präsidiumsmitglieder nicht top down eingesetzt, sondern durch Hochschul-/Stiftungsrat sowie den *Senat* – und damit *auch durch die Professoren-, Mitarbeiter- und Studierendenschaft* – gewählt. Nach der Wahl wird das Präsidium in seiner Tätigkeit nicht allein vom *Hochschul-* oder *Stiftungsrat* (einer Art Aufsichtsrat) kontrolliert, sondern auch vom *Senat,* dem Mitarbeitende und Studierende angehören (vgl. Ministerium für Kultur und Wissenschaft des Landes Nordrhein-Westfalen: Hochschulgesetz NRW 2019, § 21 und 22).

Darüber hinaus sind die Lehrenden, Mitarbeitenden und Studierenden zugleich im *Fachbereichsrat,* dem höchsten Entscheidungsgremium der jeweiligen Fachbereiche vertreten. Der Fachbereichsrat trifft Entscheidungen in allen Fragen von Forschung und Lehre, die nicht in den Zuständigkeitsbereich des Dekanats fallen. Und schließlich wird in Nordrhein-Westfalen das Dekanat (die Leitung des jeweiligen Fachbereichs) durch den sogenannten *Studienbeirat* beraten, der je zur Hälfte aus Lehrenden und Studierenden besteht. Dieser berät in Fragen der Lehre und des Studiums, in Angelegenheiten der Studienreform, der Evaluation von Studium und Lehre sowie hinsichtlich des Erlasses oder der Änderung von Prüfungsordnungen (vgl. ebd. § 28).

Solche umfassenden, garantierten Mitwirkungsrechte sind der Mitarbeiterschaft an den bundesdeutschen, öffentlichen Theatern bislang verwehrt. Sie sind vielmehr auf den Goodwill der einzelnen Intendanz angewiesen, die sie bei bestimmten Überlegungen oder Entscheidungen mit einbezieht oder eben auch nicht. Hier sollte bald Abhilfe geschaffen werden.

5.4.4   Aktuelle Forderungen zur Mitsprache am Theater

Die Forderung nach einem höheren Grad an Mitarbeiterbeteiligung entspricht dem Selbstverständnis des Cultural Leadership und der damit verbundenen Idee der geteilten Führung und geht sogar noch darüber hinaus. Während *geteilte* Führung auf den nachgeordneten Ebenen oft *temporär,* nämlich anlass-, aufgaben- und situationsbezogen eingesetzt wird, beinhaltet die Idee der Mitbestimmung oder Mitsprache die *offizielle, formal zugesicherte* und *dauerhafte Mitwirkung* in den Gremien, die mit Entscheidungsbefugnis ausgestattet sind. Bei der Forderung nach mehr Teilhabe geht es also um geteilte Führung UND Mitbestimmung. Es handelt sich um zwei Dimensionen, die ineinandergreifen und sich gegenseitig stärken.

Ein halbes Jahrhundert nach den Reformversuchen der frühen 70er Jahre tritt das Ensemblenetzwerk – ein bundesweiter Zusammenschluss von Theaterschaffenden – und mit ihm ein ganzer Kranz weiterer Netzwerke mit zum Teil ähnlichen Forderungen an die Öffentlichkeit. Diese Forderungen werden allerdings im Gegensatz zu den früheren Mitbestimmungsversuchen (die eher von oben verordnet wurden) von einer sehr *breiten Basis* getragen werden.

Auf einem Symposium der Akademie der Künste im Januar 2017 wurde im Hinblick auf mehr Mitsprache vonseiten des Ensemblenetzwerks gefordert: „Mitbestimmung bei der Auswahl der Stoffe, der Regisseure, der neuen Kollegen und ein verbriefter Schutz für die Ensemblevertreter in den Leitungsgremien" (Pauly 2017). Und beim dritten bundesweiten Treffen des Ensemblenetzwerks im Mai 2018 in Bochum galt die Kritik den „Strukturen von 1900" und der hierarchischen Spitze des Intendanten, von dem allein man nicht erwarten könne, „dass er in der Lage ist, seine eigenen Interessen denen des Theaters unterzuordnen. Genau deshalb braucht es Teams auf allen Ebenen, die gemeinsam beraten und auf Mehrheitsbasis entscheiden" (vgl. Schmidt 2018a, S. 5).

In einer Standortbestimmung des *Ensemblenetzwerks* aus dem Jahr 2019 sind die zentralen Forderungen zur Mitbestimmung und *Teilhabe* zusammengefasst: „Die künstlerischen Solist*innen sind Theater- Expert*innen. Ihre Meinungen und Erfahrungen müssen zukünftig eine wichtige Rolle in der Theaterarbeit spielen. Daher schlagen wir vor, die Bildung von Ensemblevertretungen und deren Rechte dauerhaft und rechtlich verlässlich zu verankern. Ensemblesprecher*innen sollten ein Informationsrecht in allen Fragen der künstlerischen und sozialen Planung haben, sowie ein Diskussions- und Beratungsrecht in allen organisatorischen Belangen. Sie sollten während ihrer Sprecher*innen-Tätigkeit und bis zu zwei Jahre danach vor Nichtverlängerungen geschützt werden. Ensemble Versammlungen sollten in der Kernarbeitszeit stattfinden, damit auch Eltern daran teilnehmen können. Wir wünschen uns, dass sich die Themen Diversität, Inklusion und Geschlechtergerechtigkeit auf und hinter der Bühne widerspiegeln" (Ensemblenetzwerk 2019). Der wesentlichste Passus ist die Forderung nach *Dauerhaftigkeit* und *rechtlicher Verlässlichkeit* von Mitspracherechten. Ein Paradigmenwechsel, denn derzeit hängt alles vom Goodwill der Intendanz ab.

Ausgangspunkt für die aktuellen Teilhabe-Forderungen des Ensemblenetz-werks waren auch die Empfehlungen von Thomas Schmidt. Für Schmidt ist die Mitsprache der Ensemblemitglieder (weniger der übrigen Theatermitarbeiter) eine tragende Säule innerhalb seines Reformmodells und er geht in seinen Forderungen weiter als das Ensemblenetzwerk. Die Mitsprache sollte sich nach Schmidt nicht auf Teamarbeit im operativen Bereich beschränken, sondern auch die *strategischen* Fragen miteinbeziehen. Das Ensemble solle so früh wie möglich in die Beratungen zum *Spielplan* einbezogen werden und dessen *Publizierung widersprechen* können. Weiterhin sollen Ensemblevertretungen mitentscheiden bei *Besetzungsfragen*, bei Fragen der *Nichtverlängerung* sowie bei der Ver-pflichtung von *Gästen*. Und schließlich fordert Schmidt, dass das Ensemble auch bei zentralen personellen Entscheidungen wie der *Wahl von Intendanten* und *Direktoren* sowie bei Grundsatzfragen (möglicher Wegfall einer Sparte, Kompensationsformen bei Kürzungen, Einleitung von Reformen etc.) einbezogen wird und zwar in Form einer ebenbürtigen Mitgliedschaft innerhalb des Auf-sichtsgremiums (vgl. Schmidt 2017, S. 250–256; Schmidt 2017d).

Schmidts Forderungskatalog ist zugespitzter formuliert als die Positionen des Ensemblenetzwerks von Mai 2019 zur Teilhabe. Während letzteres von Information, Diskussion oder Beratung spricht, ist bei Schmidt die Rede von Mitentscheidung, vom *Vetorecht* beim Spielplan und von *ebenbürtiger Mitgliedschaft* in den Gremien. In späteren Veröffentlichungen ist sogar vom *Vetorecht bei der Intendantenwahl* die Rede. Durch letzteres könnten Verwerfungen durch – am Ensemble vorbei vorgenommene – Top Down- Berufungen wie im Fall von Chris Dercon auf die Intendanz der Volksbühne und von Sasha Waltz auf die Intendanz beim Berliner Staatsballett vermieden werden (vgl. Schmidt 2017c, Schmidt 2017d).

Im Hinblick auf die Teilhabe- und Mitbestimmungsfrage wird hier in vielen Punkten eine ähnliche Sicht wie die von Schmidt vertreten. Einige Aspekte werden jedoch unterschiedlich beurteilt:

1. Das von Schmidt vorgeschlagene *Vetorecht* der Ensemblevertretung bei *Spiel-planentscheidungen* sowie bei *Intendantenberufungen* wird eher skeptisch betrachtet. Ein einseitiges Vetorecht würde einer einzelnen Stimme innerhalb der betreffenden Gremien zu viel Einfluss einräumen und den Prinzipien des *Dialogs* und der *Mehrheitsentscheidung* entgegenstehen.
2. Des Weiteren sollte *neben dem Ensemble* auch die *gesamte Mitarbeiterschaft* durch ihre Vertretung stärker in Beratungs- und Entscheidungsfindungs-prozesse mit einbezogen werden. Dies ist bislang nur zu spezifischen, ein-gegrenzten Themen möglich über den *Betriebs- oder Personalrat*, dem sowohl künstlerische als auch nicht-künstlerische Mitarbeiter angehören.

Die Mitspracherechte von Betriebs- und Personalrat sind zwar aufgrund der rechtlichen Bestimmungen zu *Tendenzbetrieben* (zu denen auch die Theater gehören) bislang eingeschränkt. Seine Mitwirkungsmöglichkeiten könnten jedoch von der Leitungsseite auf *freiwilliger* Basis – ähnlich wie dies gegenüber der Ensemblevertretung geschehen sollte – *erweitert* werden. Grundsätzlich muss unterschieden werden zwischen Theaterbetrieben in privater Rechtsform (wie einer GmbH), die einen *Betriebsrat* nach dem Betriebsverfassungsgesetz haben, und solchen in öffentlich-rechtlicher Rechtsform, deren *Personalrat* sich am Personalvertretungsgesetz orientiert. Allerdings ist der Umfang der Mitbestimmungsrechte bei Betriebsrat und Personalrat vergleichbar. Er betrifft vor allem Fragen wie Personaleinstellung, Dienstpläne, Arbeitsschutz und Arbeitssicherheit (vgl. Schmidt 2012, S. 158, 167), die Teilnahme an den Sitzungen des Aufsichtsgremiums sowie die Schließung spezieller Vereinbarungen im Rahmen eines Verhaltenskodexes oder zur Kurzarbeit anlässlich der Corona-Epidemie, da der Vorstellungs- und Probenbetrieb an vielen Häuser vorübergehend eingestellt werden musste.

Hier soll beispielhaft auf die Mitbestimmungsrechte des Betriebsrats im *Tendenzbetrieb* Theater eingegangen werden (vgl. IFB 2020). Diese sind bei personellen Einzelmaßnahmen gegenüber *Tendenzträgern* (sprich künstlerischen Mitarbeitern) begrenzt, denn hier geht es um die Freiheit des Arbeitgebers, Personen seines Vertrauens mit Aufgaben zu betreuen, die prägend für die Verwirklichung der geistig-ideellen, sprich künstlerischen Zielsetzung sein sollen. Daher ist beispielsweise bei der Einstellung von Tendenzträgern keine Zustimmung des Betriebsrats erforderlich und im Falle einer Kündigung von Tendenzträgern ist – außer bei einem tendenzneutralen Leistungsmangel oder bei dringenden betrieblichen Erfordernissen – das Widerspruchsrecht des Betriebsrats eingeschränkt. Die vierteljährliche Unterrichtungspflicht gegenüber der Arbeitnehmerschaft über die wirtschaftliche Lage und Entwicklung seitens des Arbeitgebers entfällt im Tendenzbetrieb ebenfalls (vgl. IFB 2020).

Andererseits hat der Arbeitgeber einmal pro Jahr auf der *Betriebsversammlung* einen Bericht über die wirtschaftliche Lage und Entwicklung des Betriebs zu erstatten. In Tendenzbetrieben mit mehr als zwanzig wahlberechtigten Arbeitnehmern hat das Theater außerdem den Betriebsrat über geplante *Betriebsänderungen,* die *Nachteile* für die Belegschaft oder erhebliche Teile der Belegschaft haben können, rechtzeitig und umfassend zu unterrichten sowie die geplanten Betriebsänderungen mit dem Betriebsrat zu beraten. Dies gilt zum Beispiel beim angedachten Wegfall einer Sparte oder bei der Umstellung auf einen Haustarif. Weiterhin ist eine Mitbestimmung in *sozialen Angelegenheiten* möglich, wenn es sich um den wertneutralen Arbeitsablauf des Betriebs handelt. Mitspracherechte gelten zudem auf den Gebieten des *Arbeits-* und betrieblichen *Umweltschutzes* sowie im Hinblick auf die Gestaltung von *Arbeitsplatz, Arbeits-ablauf* und *Arbeitsumgebung.* Und auch bei der allgemeinen Personal*planung* steht die Tendenzbetriebsregelung dem Unterrichtungs- und Beratungsrecht des Betriebsrats nicht entgegen (vgl. IFB 2020). Darüber hinaus entsendet der Betriebsrat Mitglieder in den Aufsichtsrat des Trägers.

Betriebs- und Personalrat haben demnach zwar einige Mitwirkungsrechte, diese sind aber relativ stark eingeschränkt. Allerdings könnte die Leitungsspitze des Theaters von sich aus (ähnlich wie gegenüber der Ensemblevertretung) ihre Sitzungen für den Betriebs- oder Personalrat auch bei Fragen öffnen, zu denen dieser nicht angehört werden muss, die aber für den Arbeitsalltag oder für die Weiterentwicklung des Theater wesentlich sind wie die Formulierung von Leitlinien und Leitbild, die Frage der Schlagzahl an Neuproduktionen pro Spielzeit, inhaltliche Überlegungen zum Spielplan oder Überlegungen zur Organisationsdiagnose und -entwicklung. Dabei könnte dem Betriebs- oder Personalrat zumindest ein Informations- und Beratungsrecht eingeräumt werden, um eine grobe Schieflage bei den Mitsprachemöglichkeiten zwischen Ensemble und restlicher Mitarbeiterschaft zu vermeiden und auch um die zu treffenden Entscheidungen durch Einbeziehung der Sicht der gesamten Mitarbeiterschaft auf eine breitere Basis zu stellen.

Mitsprache am Theater durch Vertretungen von Ensemble und Mitarbeiterschaft in den Leitungs-, Aufsichts- und Auswahlgremien sollte in der Tat *möglichst viele* künstlerisch und organisatorisch relevante Fragen betreffen wie die Mitauswahl von Gästen, Regisseuren oder Bühnenbildnern, Besetzungsfragen, Nichtverlängerungen, die Stück- und Stoffauswahl, die Spielplangestaltung, Maßnahmen der Organisationsentwicklung, die Mitauswahl bei den Abteilungs- und Spartenleitungen, bei einem neuen Direktoriumsmitglied sowie vor allem bei der neuen Intendanz. Dabei wäre bei den erst genannten eher *künstlerischen* Themen eine verstärkte Einbeziehung der Ensemblevertretung sinnvoll, bei allen weiteren *organisationsbezogenen, strategischen* Fragen sollten allerdings *beide* Seiten, nämlich sowohl die Ensemblevertretung als auch der Betriebs-/Personalrat mit einbezogen werden.

So ist Jörg Löwer, der Präsident der Genossenschaft Deutscher Bühnenangehöriger (GDBA), beispielsweise der Ansicht, dass die Mitarbeitervertretungen zumindest an den Findungsprozessen einer neuen Leitung stärker als bisher üblich beteiligt werden sollten, um „in den Bewerbungsverfahren nicht nur künstlerische Ideen zu bewerten, sondern auch die Konzepte, wie diese Ideen mit den Mitarbeitenden des Hauses erfolgreich umgesetzt werden sollen. Es ist nötig, dass sozusagen auch die Teamfähigkeit und Kommunikationsstärke im Vorfeld abgefragt werden und damit die Kompetenz zur Mitarbeiterführung eine entscheidendere Rolle im Findungsprozess einnimmt" (Löwer 2020, S. 25).

Allerdings muss eine Einschränkung vorgenommen werden, um nicht der aussichtslosen *Utopie* der späten *60er Jahre* Vorschub zu leisten, nach der alles mit allen diskutiert und von allen entschieden werden sollte. Auch wenn bei möglichst vielen grundlegenden Fragen Mitbestimmung garantiert sein sollte, wird mitunter ein so kurzfristiger Entscheidungsbedarf entstehen, dass aufgrund der gebotenen Eile keine Gremiensitzung mit allen Beteiligten einberufen werden kann, sondern eine Entscheidung von der Führungsspitze getroffen werden muss. Und auch im operativen Alltagsgeschehen wird nicht bei jeder Frage eine Rückkopplung zum gesamten Gremium möglich sein.

Die tatsächliche Gewährung von mehr Mitspracherechten muss zwar als *Gütekriterium* für eine zeitgemäße Führung im Sinne des Cultural Leadership betrachtet werden. Mehr Mitsprache heißt allerdings nicht, dass Intendanz, Doppelspitze oder Direktorium das Heft völlig aus der Hand geben. Mitbestimmung ist vor allem bei *grundsätzlichen* und *strategischen* Fragestellungen sinnvoll. Sie ist nicht angezeigt, wenn es sich um Routineaufgaben und standardisierte Prozessabläufe im alltäglichen operativen Führungsgeschehen handelt. Aber auch bei grundlegenderen Fragen wird es immer wieder Situationen und Konstellationen geben, in denen zu wenig Zeit bleibt, sich mit allen gewählten Vertretern (oder auch nur mit allen Direktoriumsmitgliedern) abzustimmen, sondern in denen zeitnah interveniert und agiert werden muss. Und es werden sich auch immer wieder Patt- oder Konfliktsituationen einstellen, die konsensuell nicht gelöst werden können und in denen dann eine Entscheidung hierarchisch herbeigeführt werden muss. Hier muss die Intendanz oder das jeweils legitimierte Mitglied des Direktoriums das Recht haben zu einer letztendlichen Entscheidung. Allerdings muss diese – und das wäre neu – so bald wie möglich gegenüber den betreffenden Gremien begründet werden. Partizipation und Mitsprache bedeuten also nicht das Ende jedweder Hierarchie. Vielmehr geht es um ein situativ jeweils neu zu bestimmendes Verhältnis von Führung und Mitsprache sowie von Einzel- und Gremienentscheidung.

5.4.5 Goodwill oder verbriefte Rechte?

Auch im *klassisch hierarchisch* geführten Theater sind grundsätzlich *informelle* Varianten von Mitbestimmung möglich, aber diese sind abhängig vom *Goodwill* der Intendanz. So ist der Intendant des Berliner Ensembles Oliver Reese zwar der Ansicht, dass man auch in einem klassisch geführten Theaterbetrieb Mitbestimmung praktizieren könne. "Ich betreibe, wie viele andere Kollegen auch, Theaterleitung auf moderne, kollegiale Weise und arbeite dabei vor allem zusammen und im Team." Und er führt weiter aus, dass keine wesentliche Entscheidung in puncto Spielplan, Personalia oder Organisatorisches getroffen werde, die nicht wenigstens mit dem Leitungsteam besprochen und abgestimmt sei (Reese 2016). Dagegen kann man jedoch einwenden, dass sich diese Form der Mitbestimmung auf die erste nachgeordnete Ebene beschränkt, die unterstellten Abteilungen und deren Mitarbeiter bzw. deren Vertretungen nicht gefragt werden und letztlich alles vom Intendanten, seiner Tagesform, seinen Interessen und seiner jeweiligen Gesprächsbereitschaft abhängt.

Zweifellos ist jede Organisationsstruktur so ‚gut' wie die Menschen, die in ihr arbeiten. Daher können auch in einem hierarchisch geführten Theater Ensemble und Mitarbeiter von einer wohlmeinenden Leitung bei wichtigen Fragen einbezogen werden. So ist nach dem Präsidenten des Deutschen Bühnenvereins Ulrich Khuon „der regelmäßige Austausch mit dem Ensemble über die Ausrichtung und den aktuellen Spielplan des Hauses … eine Selbstverständlichkeit, ohne die ich Theater überhaupt nicht für machbar halte" (Ulrich Khuon, Deutschlandfunk Kultur 03.04.2017). Allerdings gibt es im Kontext des klassischen Intendantenmodells in der Regel *keinen garantierten* Anspruch auf Mitbestimmung, sondern hier liegt alles in der Hand der Intendanz. Außerdem könnte es sich in letzter Konsequenz mitunter um Alibiveranstaltungen oder Pseudopartizipation handeln, da die *endgültigen Entscheidungen* an *anderer Stelle* getroffen werden.

Wem echte Mitbestimmung ein Anliegen ist, sollte daher Ernst machen und sich dafür einsetzen, dass Ensemble- und Mitarbeitervertreter bei allen wichtigen Sitzungen und Gremien eingebunden werden und dass die Rechte zur Mitwirkung und Mitentscheidung in einer Betriebsvereinbarung und/oder in einem Passus zum NV Bühne schriftlich niedergelegt werden.

5.4.6 Mitbestimmung heißt auch Mitverantwortung

Es müssen allerdings einige Einschränkungen vorgenommen werden: Zum einen gibt es Arbeitsfelder im Theater wie z. B. im Kassen- und Servicebereich oder teilweise auch im Technik- und Verwaltungsbereich, in denen die Mitarbeiter mit klaren Aufträgen und Ansagen besser zurechtkommen. Aber auch mit Blick auf die künstlerischen Mitarbeiter oder die künstlerischen Produktionsteams ist aktive Mitarbeit, die auch die Übernahme von *Verantwortung* bedeutet, nicht jedermanns Sache (vgl. Weibler 2016, S. 361). Hier sollte jeder entscheiden können, ob er sich aktiv einbringen will oder lieber die Verantwortung in andere Hände geben will.

Des Weiteren muss den gewählten Vertretungen im Betriebs- und Personalrat, der Ensemblevertretung sowie auch temporär führenden Personen in Arbeits- oder Projektteams klar sein, dass ein Mitwirkungsmandat oder analog die vorübergehende Übernahme von Führungsaufgaben in Teams ein entsprechendes Mindset voraussetzt, nämlich ein ausgeprägtes Verantwortungsbewusstsein im Hinblick auf die Offenheit gegenüber den Ideen oder Anliegen aus dem Kollegenkreis, auf die Einarbeitung in die entsprechenden Themen und Aufgaben, auf die regelmäßige Teilnahme an den Sitzungen sowie entsprechend klare Impulse und Statements sowie einen maßvollen Umgang mit der gewonnenen Machtfülle.

Aufschlussreich ist in diesem Zusammenhang die in von Intendantenseite getroffene Aussage, dass Angebote einer 'offenen Dramaturgie', in deren Rahmen an Vorsprechen teilgenommen werden' kann oder Produktionen gemeinsam ausgewertet werden sollen, kaum genutzt wurden (vgl. Berliner Morgenpost 25.01.2017). Hierzu passt vielleicht auch ein Intendanten-Feedback auf der bundesweiten Ensemble-Versammlung im Jahr 2018, dass auf den Leitungsimpuls hin, von Ensembleseite aus Stück-Vorschläge für die neue Spielzeit zu erarbeiten, die Reaktion ebenfalls sehr zögerlich war und es kaum entsprechende Rückmeldungen gab.

Und hierzu passt sicher auch der mitunter fehlende Mut mancher Personal- oder Betriebsräte, in den Sitzungen der Aufsichtsgremien eine klare Position zu beziehen (wobei der Grund für diese Zurückhaltung auch im unzureichenden Kündigungsschutz für Personal- oder Betriebsräte – von nur einem Jahr nach dem Ende der Amtszeit – zu suchen sein dürfte). Jedenfalls will echte Mitsprache nicht nur von Intendantenseite, sondern auch seitens der Mitarbeiterschaft ernst genommen und gelebt werden, denn ein Mitsprachemandat bedeutet auch die Übernahme von Verantwortung.

5.5   Regie-Führung im Proben- und Inszenierungsprozess

5.5.1   Die Aufgaben von Darsteller und Regie

Die komplexe Arbeitsbeziehung zwischen Schauspieler, Tänzer, Sänger oder Musiker einerseits und sowie Regisseur, Choreograph oder Dirigent andererseits soll hier am Beispiel von Schauspieler und Schauspielregie erläutert werden.

Bereits viele Vertreter der klassischen Schauspieltheorien stimmten darin überein, dass das zentrale, konstitutive Element der Kunstform Theater die Arbeit des Schauspielers sei, also seine Auseinandersetzung mit der Figur während der Probe und während der Aufführung.

Nach Wsewolod Emiljewitsch Meyerhold und Konstantin Sergejewitsch Stanislawski ist der Schauspieler die ‚Hauptsache' bzw. der ‚Zar und Herrscher' auf der Bühne (vgl. Weintz 2008, S. 154, 179). Und auch Alexander Jakowlewitsch Tairow ist der Ansicht, dass „das Zentrum des Theaters der Schauspieler ist ..., denn das Wesen des Theaters ist immer die Handlung, die einzig und allein vom aktiv handelnden Menschen, d. h. vom Schauspieler getragen wird" (Tairow 1964, S. 50, 85). Dies gilt auch noch heute: Die Hauptleistung *während* der *Aufführung* vor Publikum wird nicht von der Regie oder Choreographie (die dann nicht mehr eingreifen kann) erbracht, sondern von den Akteuren auf der Bühne (vgl. Abfalter et al. 2012, S. 600 f).

Die Aufgabe des Schauspielers – weniger des Performers – besteht darin, über den Weg von Imagination, Einfühlung, Ausdruck und Darstellung eine komplexe Kunstfigur zu entwickeln, die in einem Zwischenraum zwischen ihm selbst und der Rolle angesiedelt ist und die in das Gesamtkonzept der Inszenierung passen soll (vgl. auch Weintz 2008, S. 139 f, 234). Der Akteur ist nach Richard Schechner und Victor Turner in Anlehnung an Winnicott er selbst (‚Ich') und steht zugleich für jemand anderen (‚Nicht-Ich'). Im Spiel verschmelzen dann beide Seiten zu einer Art ‚Zwischen'-Zustand, dem sogenannten ‚Nicht Nicht-Ich' (oder ‚nicht nicht er selbst'). So wie der Akteur durch die Rolle transformiert wird und nicht mehr ganz er selbst ist (ohne dabei völlig in der Figur aufzugehen), so wird diese durch das Spiel individuell eingefärbt und transformiert (vgl. Richard Schechner 1990, S. 10, S. 215–218; vgl. auch V. Turner 1989, S. 193; D. W. Winnicott 1973, S. 12, 22 f; vgl. auch Weintz 2008, S. 139 f). In diesem Zusammenhang ist wesentlich, dass auf der vorbereitenden Probe die Ausdeutung und Darstellung in der Regel nicht allein dem Akteur überlassen bleibt, sondern ko-kreativ von Schauspiel und Regie entwickelt wird.

Eine Aufgabe der Regie besteht zunächst in der Auswahl sowie der eigenen, schöpferischen Aneignung von Stoff und Material, wobei sie zumeist durch die Dramaturgie unterstützt wird. Dabei reichen die Auffassungen über die Interpretations- und Handlungsspielräume der Regie von dienender Werktreue oder wissenschaftlicher Akribie bis hin zum Regietheater, wo Texte oft als Steinbruch zur Konstruktion eigener, imaginärer Welten angesehen werden. Weiterhin muss sie als animative, ordnende Instanz zwischen Thema/Stoff/Text, eigener Sicht und Darstellerperspektive vermitteln. Bezogen auf die Rollen-/Probenarbeit sollte der Regisseur dem Darsteller als unentbehrlicher Partner, Zuhörer und Zuschauer zur Seite stehen, indem er ihn ermutigt, zugleich „er selbst zu sein und über sich hinauszugehen" (Brook 1989, S. 30). Die Regie muss also zum einen gemeinsam mit den Verantwortlichen für Dramaturgie und Bühnenbild eine Art Vorahnung zur Inszenierung zu entwickeln. Dann aber sollte sie *offen sein* für Ideen der Darsteller sowie deren *Erprobung* und zugleich immer mögliche *Alternativen* im Blick behalten. Und schließlich muss sie zu einer allmählichen *Fokussierung* des Blicks und zur konsequenten Weiterverfolgung einer sich allmählich herausbildenden Richtung beitragen.

Peter Zadek beschrieb dieses dialektische Verhältnis von Offenheit und Zielorientierung oder Freiraum und Sicherheit auf der Probe wie folgt: „Eine lange geduldige Suche, in der der Schauspieler zur Freiheit kommen kann, sich echt zu verhalten und auszudrücken, indem der Schauspieler auch jedes Risiko eingehen kann ohne die Angst, sich vor dem Regisseur oder den Kollegen lächerlich zu machen (…). Zerstören kann jede zu frühe Entscheidung. Wenn der Regisseur ungeduldig zu früh sich für etwas entscheiden will, wird sich der Schauspieler auch früh festlegen wollen (…) (aber) kein Schauspieler kann sich in frühen Probenstadien frei fühlen, wenn er nicht die Sicherheit hat, dass der Regisseur am Ende die notwendigen Entscheidungen trifft" (Zadek 1994, 1 S. 56 ff). Schauspieler und Regie sind auf einander angewiesen und diese gegenseitige Abhängigkeit wächst, je weiter die Proben voranschreiten, je mehr sich eine gemeinsame Konzeption herausbildet und je mehr gegenseitige Verabredungen getroffen werden (vgl. von Düffel 2011, S. 67).

Die Regie hat aber nicht nur den Prozess der Probenarbeit zu begleiten bzw. zu steuern, sondern steht zusätzlich in einem sehr komplexen Anforderungsgefüge, da sie hauptverantwortlich für das Inszenierungskonzept sowie dessen Umsetzung ist. Sie steht daher neben der engen Interaktion mit den Darstellern in regem Austausch mit der Künstlerischen Produktionsleitung oder Spartenleitung, der Dramaturgie, dem Bühnen- und Kostümbildner, der Licht-, Ton-/Video- und Bühnentechnik, der Werkstättenleitung, der Requisite und den Regie- bzw. Ausstattungs-Assistenten sowie der Abteilung Kommunikation und Öffentlichkeitsarbeit (vgl. auch C. Vorwerk 2012, S. 135), wobei einige der genannten Aufgaben an die Assistenzen delegiert werden.

Das *Kerngeschehen* der Inszenierung spielt sich jedoch im Probenprozess zwischen den Darstellern und der Regie ab. Nicht nur aufgrund der professionellen *Expertise* bei Akteuren wie bei Regisseuren, sondern auch aufgrund der stark ausgeprägten intrinsischen *Motivation* und des persönlichen *Involvements* auf beiden Seiten kann die Interaktionsbeziehung zwischen Regie und Darsteller als eine besonders intensive (und konfliktgefährdete) Arbeitsbeziehung betrachtet werden. Während die Darsteller einen hohen Grad an Autonomie benötigen, um frei und kreativ arbeiten zu können (vgl. Abfalter 2012, S. 588), verfolgt die Regie das Interesse, eine selbst verantwortete Konzeption konsequent um- und durchzusetzen.

5.5.2   Die Probe als Führungsgeschehen

Wenn man unter Führung als interaktionalem Phänomen die gegenseitige Einflussnahme von Führenden und Geführten versteht und wenn es bei Führung darum geht, andere Personen in die Lage zu versetzen, mit zur Erreichung der Ziele beizutragen (vgl. Kauffeld 2011, S. 68), dann kann auch die Probenarbeit in den Bereichen Theater, Oper, Ballett oder Orchester als Führungsgeschehen verstanden werden.

Man spricht nicht von ungefähr von Regie-*Führung,* denn auch Regisseure (und dies gilt ebenso für Choreographen oder Dirigenten) nehmen eine Führungsaufgabe wahr. Sie stehen zum einen in der Verantwortung, eine künstlerisch ambitionierte Inszenierung, Choreographie oder musikalische Interpretation termingerecht zu erarbeiten, den gesamten Probenprozess mit allen Beteiligten zu organisieren, diese mit ihrer Vision und Interpretation zu inspirieren, sie bei ihren Suchprozessen zu unterstützen sowie als bündelnde Instanz Ideen und Beiträge der Mitwirkenden in eine *Gesamtkonzeption* mit einfließen zu lassen. Zum anderen sollten sie den ‚Geführten‘ aber auch genügend *Freiräume* zur Erprobung eigener Ideen bieten. Darüber hinaus haben Regie, Choreographie und Dirigent eine *Fürsorgepflicht* im Hinblick auf die Vereinbarung und Einhaltung von Arbeits- und Ruhezeiten, auf ein zumutbares Maß an seelisch-körperlichen Anforderungen und auf einen wertschätzenden, respektvollen Umgang.

Christopher Vorwerk hat 2012 beispielhaft einige Erwartungen der Darsteller an die Regie und umgekehrt herausgearbeitet (vgl. Vorwerk 2012, S. 135 f). So erhoffen sich die Akteure von der Regie entsprechende Kompetenz, fachliches Hintergrundwissen, handwerkliche Kenntnisse, gute Vorbereitung, ein schlüssiges Konzept, Inspiration, Esprit, Sorgfalt und Geduld. Darüber hinaus werden Einfühlungsvermögen und eine Personenführung erwartet, die auf die Bedürfnisse der Darsteller eingeht, jeden Künstler in seinen eigenen Fähigkeiten fordert, die vorhandenen Potenziale fördert und den Akteuren Raum zur Entfaltung bietet. Wichtig ist den Darstellern letztlich eine unterstützende, konstruktive Regieführung sowie eine aggressionsfreie Arbeitsweise (vgl. Vorwerk 2012, S. 135 f).

Umgekehrt wünschen sich die Regisseure von den Mitwirkenden Können und Professionalität, konstruktive Mitarbeit bei der Umsetzung eines Regiekonzepts, Offenheit dem Team gegenüber, sichere Text- bzw. Partie-Kenntnisse, Probendisziplin, Eigenverantwortung, Flexibilität, Menschlichkeit, Toleranz und Respekt (vgl. ebd).

Führung im Kontext von Regie, Choreographie oder Dirigat ist keine Einbahnstraße. Neben der bündelnden, zentrierenden Leitungsinstanz versuchen auch die Mitwirkenden Einfluss auf das Geschehen zu nehmen. Wie in jedem Führungskontext existiert auch hier das Phänomen der Führung *‚von unten‘*. Die Einflussnahme der Geführten kann auf verschiedene Weise geschehen, nämlich durch Impulse oder Interventionen von einzelnen, künstlerisch profilierten und/ oder durchsetzungsstarken Akteuren oder durch Allianzen zwischen mehreren Personen, die abweichende Sichtweisen vertreten oder sogar den Führungsanspruch insgesamt infrage stellen. Die Reaktion auf derartige Auseinandersetzungen besteht auf der Seite der Führenden nicht selten in einem straffen, autoritären Regiment, das wenig Spielraum für Experimente, Diskussionen sowie gemeinsame Such- und Forschungsprozesse bietet. Die Alternative bestünde in einer situativ angemessenen, *geteilten* Führung, die von Machtkämpfen weitestgehend absieht, bei der beide Seiten (auch rhetorisch) ‚abrüsten‘, sich gegenseitig ernst nehmen, zuhören, auch mal gewähren lassen und bereit sind, möglichst viele Ideen zu erproben, bevor Entscheidungen gefällt werden.

Theater ist Gemeinschaftskunst im kleinen wie im großen Maßstab. An Inszenierung und Aufführung sind in den Stadt-, Landes- und Staatstheatern sehr viele Instanzen, Abteilungen, Gewerke und Hände beteiligt. Dabei gerät eines mitunter aus dem Blick: Auf vieles können Theater, Oper oder Tanz – auch im Sinne eines Armen Theaters (vgl. Grotowski 1969, S. 17 ff) – vielleicht verzichten, allerdings nicht auf den Schauspieler, Tänzer, Sänger oder Musiker. Sie sind es vor allem, die sich selbst in die Arbeit mit einbringen und zwar schon bei der Vorbereitung auf das neue Projekt, dann auf der Probe und später dann Abend für Abend auf der Bühne. Sie sind ihr eigenes künstlerisches Medium und daher in besonders hohem Maße an der Arbeit beteiligt, die im wahrsten Sinne des Wortes oft Knochenarbeit ist. Der allabendliche Einsatz bedeutet Schwerstarbeit und wirkt oft tief in die persönliche Sphäre hinein. Und das Publikum belohnt diesen Einsatz Abend für Abend mit besonderer Zuwendung, denn es spürt ganz unmittelbar, was auf der Bühne künstlerisch und menschlich, psychisch und physisch geleistet wird. Diese besondere Anerkennung würde man den Künstlern auch gerne in ihrem eigenen Haus wünschen. Dies betrifft nicht nur die Arbeitskonditionen, sondern auch die Probenarbeit, die seitens der Regie oder Choreographie nicht unbedingt als ko-kreativer Prozess verstanden wird, sondern oft – auch aufgrund extrem kurzer Probenzeiten von fünf bis 6 Wochen – mit strikten Ansagen und hierarchischem Druck einhergeht.

5.5.3 Die Probe als Ausnahmezustand und die Gefahr des Machtmissbrauchs

Seit einiger Zeit wird von Schauspielerseite ein anderes Arbeits- bzw. Führungsverhalten der Regie im Proben- und Inszenierungsprozess gefordert. Dabei müssen zwei Themenkomplexe unterschieden werden: nämlich zum einen das Problem von Machtmissbrauch und Willkür und zum anderen die Forderung nach mehr Partizipation und Souveränität des Schauspielers innerhalb der Probenarbeit.

So wird zum einen – beflügelt durch die „#MeeToo"-Debatte – vermehrt der Machtmissbrauch während des Probengeschehens in Form von Respektlosigkeit, Rassismus, Sexismus oder auch körperlich übergriffigem Verhalten thematisiert. Machtausübung im Sinne einer institutionalisierten, radikalen Subjektivität mag innerhalb gewisser Grenzen die Kehrseite der Kunstfreiheit oder auch des Tendenzschutzes sein (vgl. Brandenburg 2020, S. 35). Allerdings darf künstlerische Freiheit nicht als Blankoscheck für einen respektlosen, menschenverachtenden Führungs- und Inszenierungsstil verstanden werden. Dennoch wird dies immer noch mit künstlerischen Ansprüchen entschuldigt oder auf dem Narrativ beharrt, dass Theater – im Hinblick auf die Arbeit hinter den Kulissen – eben ein undemokratischer Ort sei.

Des Weiteren mehren sich die Stimmen, die den Prozess der Probe und der Inszenierung als ein kooperatives, dialogisches Geschehen verstanden wissen wollen. Auch wenn die Regie zumindest in der letzten Phase des komplexen Produktionsprozesses, der sogenannten Umsetzungs- oder Verifikationsphase, als zentrale Entscheidungsinstanz fungiert, können die Vorbereitungs-, die Illuminations- und teilweise auch noch die Inkubationsphase (Wallas 2014) im Sinne einer geteilten Führung als ein gemeinsamer Suchprozess angelegt werden. Hier soll aber zunächst auf die Frage des möglichen Machtmissbrauchs eingegangen werden.

Keine Frage: Die Proben- und Inszenierungsarbeit bedeutet – abgesehen vom enormen Zeitdruck im Produktionsablauf – eine Art Ausnahmezustand, bei dem nicht nur fingierte, extreme Situationen und Lebenslagen behandelt, erarbeitet und verkörpert werden, sondern alle Mitwirkenden als Ko-Produzierende in der Regel mit einem hohen Maß an Emotionalität und geistiger Beanspruchung (bei den Akteuren auf der Bühne zusätzlich noch mit ihrer Körperlichkeit) einbezogen sind. Diese Kombination von künstlerischer Ambition, persönlichem Involvement, exponierter (letztlich hauptverantwortlicher) Funktion und institutionellem Druck stellt für jede Regie eine besondere Herausforderung dar, denn sie hat zugleich die Verantwortung für eine offene, konstruktive Arbeits-atmosphäre und für das Wohlergehen aller übrigen Beteiligten.

Die Darstellung von Hass, Zerstörungswut, Gewalt oder sexueller Obsession legitimieren aber weder die Regie noch andere Mitwirkende dazu auf der Probe Respektlosigkeit, Aggressivität oder Übergriffigkeit an den Tag zu legen. Der Präsident des Deutschen Bühnenvereins Ulrich Khuon bringt es auf den Punkt: „Ich finde, die künstlerische Arbeit braucht Besessenheit und muss auch Grenzen überschreiten dürfen. Aber, und das ist fürs Theater sehr wichtig: Wenn jemand Angst erlebt, sich überfordert fühlt und darüber einfach hinweggegangen wird – dann muss diese Person geschützt werden (…). Wir müssen zugleich die Möglichkeit der Grenzüberschreitung schützen wie den Menschen, der sagt, dass er da nicht mitmachen will (…). Es geht beim Theater um Abgründe, es geht um Zerstörung, Gewalt und Verrat. Das heißt jedoch nicht, dass man die Dar-stellung dieser Dinge in der Probenarbeit mit Gewalt und Zerstörung erreichen kann (…). Nicht jede Destruktivität im Sinne der Kunst ist hinnehmbar (Ulrich Khuon, Zeit online 2018a). An anderer Stelle hat Khuon noch pointierter formuliert: „Wenn wir die Freiräume der Kunst schützen wollen, müssen wir daran arbeiten, sie für die Einzelnen trotzdem sicher zu machen" (Khuon/Kiehne/ Grandmontagne 2018). Auch aus der Sicht von Laura Kiehne vom Ensemble-netzwerk sollte während der Probenarbeit kein Anlass zur Sorge bestehen, dass man seinen Körper in irgendeiner Weise ‚missverständlich' einsetzt, sondern es sollte ausschließlich darum gehen, was mit einer Figur ausgedrückt werden soll" (Kiehne ebd.).

Dass die Probe für alle Beteiligten oft einen permanenten Ausnahme-zustand darstellt und die Gefahr des Machtmissbrauchs oft im Raum steht, wird auch augenfällig durch die folgenden Statements: Hier zunächst Shenja Lacher, der sein Engagement am Münchner Residenztheater im Sommer 2016 nicht verlängert hat: „Es geht nicht darum, Regisseure abzuschaffen, aber es ist ein gemeinsamer Prozess, und der Schauspieler ist nicht nur der Pinsel eines Regisseurs… Es braucht natürlich einen Spielleiter – aber bitte mit Respekt. Das fordert auch das ensemble-netzwerk: Kunst auf Augenhöhe (…). Du kannst mir die Sachen ja normal sagen. Ich brauche niemanden, der mich anschreit (…). Erst mal sollte man alles probieren dürfen in den Proben und nicht ständig das Wort ‚Scheiße' hören müssen. Das Endprodukt auf der Bühne haben alle Beteiligten zu verantworten. Aber der Schauspieler muss jeden Abend sein Gesicht dafür hin-halten, und deshalb sollte man genau wissen, was man da tut. Ein Regisseur muss Vertrauen vermitteln" (Lacher 2016).

Ulrike Syha konstatiert einen Widerspruch zwischen Bühnen- und Arbeits-realität, denn machistische Machthaber (auch weiblichen Geschlechts) seien allerorten im Theateralltag auf den Probebühnen wie in den Büros zu finden (vgl. Syha 2020, S. 57).

Und Sybille Berg fasste ihre zahlreichen Probenbesuche an verschiedenen deutschsprachigen Bühnen Ende 2017 wie folgt zusammen „Wenige Male war es eine großartige Zeit. Erwachsene, die einander zuhörten, Dinge ausprobierten (…). Angstfrei und mit einer kreativen Leichtigkeit. Ich bin sehr dankbar für diese Erfahrungen, denn oft hatten die Probenzeiten etwas vom Überlebenstraining in der Tundra. Fast von Beginn an herrschten Panik, Misstrauen und Schlafstörungen vor. Es gab offen und verdeckt ausgetragenen Hass, Druck vom Regisseur, die Panik vor dem Besuch des Intendanten, der kurz und schweigend Proben beobachtete (…). Wie um sich nicht umzubringen, wiederholten alle das Mantra: Wenn die Stimmung bei den Proben gut ist, wird die Arbeit schlecht. Es hat sich nie bewahrheitet. Scheiß Stimmung, scheiß Premiere. So geht die Regel. Oft dachte ich: Wozu verbringen die Menschen hier Lebenszeit im negativen Ausnahmezustand? Warum diese furchtbare Verspannung, und die schlechte Laune? Sind wir im Krieg? Geht es ums Überleben? (…). Es muss gebrüllt werden, gefordert werden, das Theater als Kampfzone, Kunst muss wehtun, und kein gutes Resultat ohne Nervenzusammenbruch (…). Das Despotische ist unabdingbar, man muss vernichten, um etwas anderes zu erhalten' sagte nicht Hitler sondern Frank Castorf. Und schrie Schauspielerinnen an, dass sie ein Mäusehirn haben. Ja nun. Wenn es für die Kunst ist (…). Bei meinen Aufenthalten am Theater sah ich auf Proben diverse Darsteller nach unglaublichen Ausbrüchen und Kämpfen abreisen und wieder eingesammelt werden, ich sah Schauspielerinnen, die sich – für mich komplett ohne einen Sinn – ausziehen mussten, gespreizte Beine waren immer eine gern verwendete Metapher für irgendwas. Ich sah kranke Schauspieler, die sich zu den Proben schleppten aus Sorge, ersetzt zu werden. Selbstverleugnung, Selbstüberforderung im Namen der Kunst" (Berg 2017).

Dabei muss allerdings ergänzt werden, dass es auch *systembedingte* Gründe – wie Zeitdruck oder hohe künstlerische Ansprüche von außen – für individuelles Fehlverhalten auf der Probe gibt, das dadurch dennoch nicht entschuldbar ist. Man könnte „meinen, dass die Struktur des Stadttheaters gegen die permanente Überforderung durch die Regisseure mit einer besonders raffinierten Strategie rebelliert (…) Kürzere Probenzeiten, eine höhere Schlagzahl an abendlichen Aufführungen, kleinere Ensembles und weniger Ausstattung (…). Der erste Einfall zählt, das direkte, meist moderierende Spiel mit dem Zuschauer verdrängt das realistische Schauspiel. Die Erarbeitung von Figuren wird übersprungen, da in der Kürze der Zeit noch Klischees möglich wären" (Stegemann 2011, S. 107).

So macht denn auch der Regie-Shootingstar Ersan Mondtag deutlich, dass sich aus der Reibung zwischen eigenem künstlerischen Profilierungsstreben und dem trägen, oft ausgereizten Theaterapparat Konflikte ergeben, die die Regie zur Verzweiflung treiben und zu (dennoch nicht entschuldbarem!) grenzwertigen Verhalten führen können: „Es gab Situationen, da habe ich herumgeschrien und schmiss eine Plastikflasche auf mein Bühnenbild, weil ich sauer war, das stimmt. Aber kein Glas – und nicht auf die Schauspieler. Und außerdem muss man sich anschauen, wie es dazu kam (…). Bei der ersten Probe gab es keine eingerichtete Probebühne, sondern nur einen leeren Raum mit gespannten Papierwänden. Wie soll ich da eine Inszenierung proben, bei der sich permanent das Bühnenbild dreht und 17 Leute rückwärts laufen, auf einer Schräge, mit zwei Stockwerken? Ich konnte also mit den Proben nicht beginnen und bin wieder abgereist. Das war der erste Konflikt (…). Es gab die Garantie, dass sie mir die Bühne bis zwei Wochen vor der Premiere einrichten (…). Aber bei der technischen Einrichtung neun Tage vor der Premiere stand nur ein Viertel des Bühnenbilds. Komplett aufgebaut wurde es erst am Tag der Premiere" (Mondtag 2019).

5.5.4   Die Probe im Spannungsfeld von Regie-Führung und Darsteller

Die Probe fokussiert den künstlerischen Produktionsprozess am Theater, indem sie ihm einen limitierten zeitlichen Rahmen gibt. Im Probenprozess überlagern sich verschiedene Beobachtungspositionen: die des Regisseurs mit seiner Position des idealen Zuschauerblicks, die des Schauspielers, der seine Mitspieler beobachtet sowie seine Selbstbeobachtung. Diese Verschaltung von Selbst- und Fremdbeobachtung macht das Besondere des Probenprozesses aus (vgl. Matzke 2012, S. 115).

Mit den immer komplexer werdenden Möglichkeiten und Ausdrucksformen des Theaters, dem damit verbundenen Bedarf nach einem Inszenierungskonzept und der damit einhergehenden Stärkung der Regie-Position innerhalb eines komplizierten, arbeitsteiligen Geschehens wurde der Regisseur zum künstlerisch Hauptverantwortlichen im Probenprozess. Die Position der Regie ist daher institutionell unterfüttert. Sie „wurde in der Hierarchie des Stadttheaters als unhinterfragbare Autorität etabliert, um den reibungslosen Ablauf im künstlerisch unberechenbaren Experiment zu gewährleisten… Der Regisseur wird als personifizierter Ausnahmezustand engagiert, um dem Betrieb, was überwiegend die Schauspieler meint, Feuer unterm Hintern zu machen, und pünktlich die nächste Premiere als noch nie gesehenes Ereignis herauszubringen" (Stegemann 2014).

Im Gegensatz zur Idee eines kooperierenden Umgangs zwischen Regie und Darstellern ist die traditionelle, *romantisierende* Sicht immer noch weit verbreitet, die einerseits die Macht der Schauspieler/innen und ihre Einflussnahme auf den Probenverlauf überzeichnet und auf der anderen Seite die Regie zu einer Gegenmacht stilisiert, die die Aufgabe hat, die ‚Bestie' Schauspieler zu zähmen und zu beherrschen. Dies mag beispielsweise für die Arbeitsweise an der Volksbühne ‚unter' Castorf gegolten haben, an der die Regisseure auf Persönlichkeiten wie Katharina Angerer, Herbert Fritsch, Henry Hübchen, Sophie Rois oder Martin Wuttke trafen. Aus der Sicht des Volksbühnen-Bühnenbildners Bert Neumann hatte man es hier mit „selbstständig denkenden und teilweise auch aufmüpfigen Schauspielern (zu tun) ... Frank Castorf und René Pollesch brauchten das geradezu" (Neumann 2017, S. 124).

Im romantisierenden Verständnis tritt also der Schauspielerfront das autoritäre Gegen-Regime des Regisseurs gegenüber. Dabei wird die Probe nicht als *Wettbewerb* um die bessere Idee sondern als *Machtkampf* betrachtet, bei dem es nicht um Reibung und Auseinandersetzung in der Sache geht, sondern um eine Art *Schlachtfeld* wie auch das folgende Zitat unterstreicht: „Ob in Ost oder West, fast immer entscheiden am deutschen Stadttheater die Schauspieler über den Erfolg eines Regisseurs: sie öffnen sich ihm oder verweigern sich. Kunst ist hierzulande das Ergebnis von Qual und Schweiß, da wollen die Schauspieler ordentlich rangenommen werden und spüren, dass sie arbeiten (...). Der Regisseur soll ihnen helfen, auf dem Weg zur Rolle und Figur den inneren Schweinehund zu überwinden, ihn dabei aber auch ausgiebig kraulen. Es handelt sich um eine explizit erotische, sado-masochistische Beziehung: der Regisseur ist ein machtloser Sadist, die Schauspieler sind rachsüchtige Masochisten: quält er sie nicht richtig, werden sie zu Tieren und zerfleischen ihn" (Detje 2002, S. 89). Eine solche Betrachtungsweise verleitet in der Tat dazu, den Probenprozess nicht als ein dialogisches Geschehen, sondern als eine kriegerische Auseinandersetzung zu begreifen und sich dabei auf strikte Machtausübung zu stützen, um die Schlacht für sich zu entscheiden.

5.5.5 Performance-Kollektive als Impulsgeber

Kaum hatte sich zu Beginn des 20. Jahrhunderts die zentrale Steuerungsposition des Regisseurs etabliert, entstanden bereits während der Weimarer Republik und verstärkt seit Mitte der sechziger Jahre mit dem Living Theatre und dem Théâtre du Soleil Gegenbewegungen, die eine kollektiv-kooperative Kreativität erprobten und dabei auf die Signatur des individuellen Regisseurs als genialem Autor der Inszenierung verzichten wollten (vgl. Matzke 2012, S. 272).

Beim Théâtre du Soleil wurde neben dem Prinzip der finanziellen Gleichstellung die Idee der Auflösung der Hierarchien verfolgt. Arbeitsteilung und
individuelles Schöpfertum wurden abgelehnt (vgl. Matzke 2012, S. 274). Im
programmatischen Selbstverständnis des Ensembles wurde Regie als eine Aufgabe unter anderen verstanden, also als Funktion und nicht als Position, mit der
bestimmte Kompetenzen und Ermächtigungen verknüpft sind. Die Regisseurin
wurde zur ‚ersten Schauspielerin' erklärt, deren Aufgabe es ist, nach einer
Synthese zu suchen (vgl. Matzke 2012, S. 276). „Die Aufgabe der Regie besteht
allein darin, Dinge zu verwerfen, deutlich zu machen, was keine Lösung ist. So
erarbeiten alle Schauspieler alle Rollen, die Rollenbesetzung wird danach nach
dem Evidenzprinzip gefällt, wenn alle Beteiligten den Eindruck haben, dass eine
Darstellung richtig ist" (Matzke 2012, S. 276).

Allerdings zeigt sich bereits hier ein erster Widerspruch zwischen
Programmatik und Praxis: Das Prinzip der Evidenz bleibt an die Position der
Beobachtung und damit an die der Regisseurin gebunden. Ariane Mnouchkine ist
nicht nur ‚erste Schauspielerin', die alle Improvisationen zu Gesicht bekommt,
sondern auch ‚erste Zuschauerin'. Je mehr improvisiert wird umso mehr verlieren
die Schauspieler den Überblick und umso machtvoller wird die Position der
‚ersten Zuschauerin', sprich der Regisseurin (vgl. Matzke 2012, S. 277).

Das Théâtre du Soleil konnte seine strikte Programmatik zwar nicht ein-
lösen, denn auch das Ziel der kollektiven Stückentwicklung wurde nach und nach
wieder aufgegeben und es wurde wieder auf singuläre Autoren der klassischen
Dramenliteratur zurückgegriffen. Allerdings wurde in einer späteren Schaffens-
periode mit Hélène Cixious das Prinzip der Hausautorenschaft eingeführt, bei
dem die Texte im Rahmen der Probenprozesse permanent überarbeitet wurden.
Immerhin: im Théâtre du Soleil wurden die tradierten Produktions- und Machtverhältnisse infrage gestellt sowie Organisationsstrukturen und Arbeitsweisen
fortwährend verändert. Daher kann man die Gründung und permanente Weiterentwicklung des Ensembles auch als eine ‚Geste der Selbstermächtigung' verstehen (vgl. Matzke 2012, S. 277–279).

Eine Fortsetzung dieses Theaterverständnisses, das den Verzicht auf die
‚geniehafte', künstlerische Einzelleistung der Regie beinhaltet, findet sich auch
in den aktuellen Theater-und Performancekollektiven wie bei Rimini Protokoll,
She She Pop oder Gob Squad wieder. Durch die Aufwertung des Wissens der
Alltagsexperten, die autobiografische Färbung im Spiel der Performer und die
kollektive Regieführung – bei der die Akteure die Außensicht einnehmen, die
gerade nicht spielen – wird die Autorität von Text und Regie überwunden, zumal
eine Ästhetik des ‚Imperfekten' angestrebt wird. Bei den genannten Kollektiven
stehen partizipative, stärker auf die Eigenbeteiligung aller Akteure setzende,

Produktionsweisen im Vordergrund. Die vorherrschende Arbeitsform ist das Projekt, bei dem je nach Ort, Kontext und Zusammensetzung produziert wird. Charakteristisch für die Arbeitsweise sind Vielstimmigkeit und größtmögliche Autonomie, die jedem Mitglied eine Mitautorenschaft an der Inszenierung ermöglicht (vgl. Matzke 2013, S. 270).

Während im tradierten Theater der Schauspieler die Verantwortung für die Rollenauswahl und -besetzung an Intendanz, Dramaturgie, Regie oder Verwaltung sowie die Hoheit über Bühnentext und Inszenierung an Autor und Regisseur abtritt, erhält er bei den freien Theaterkollektiven diese Verantwortung umfassend zurück: Die Ensembles arbeiten ohne Intendanz und Regie und es gibt kein exponiertes Künstlersubjekt, sondern alle sind Co-Autoren und Mitproduzenten (vgl. Dreysse 2011b, S. 125–127; Matzke 2011, S. 109, 115; Deck 2011, S. 17 f).

Letztlich geht es um die Übertragung des systemischen Gedankens der geteilten Führung auf den Inszenierungsprozess im Sinne einer dialogischen Zusammenarbeit: es gibt keine allwissende Regie und kein richtig oder falsch. Alle sind für das Ergebnis mitverantwortlich. So gilt zum Beispiel für das Kollektiv Rimini Protokoll im Hinblick auf ihre Arbeit mit Alltagsexperten, „dass der Text gemeinsam mit den Darstellern im Laufe der Proben entwickelt wird – immer auf der Grundlage dessen, was die Experten zu berichten wissen. Sie nehmen eine zentrale Stellung im Probenprozess ein, ebenso wie auf dramaturgischer und ästhetischer Ebene. Rimini Protokoll entwickelten von ihrer ersten gemeinsamen Arbeit an eine Dramaturgie der Fürsorge, die sich an den Bedürfnissen und Möglichkeiten der einzelnen Experten orientiert. Künstlerische Entscheidungen müssen dabei oft diesen Bedürfnissen angepasst werden (…). Rimini Protokoll umgehen die Vorstellung von Regie als eines autoritären Zentrums der Inszenierung durch dieses Vorgehen, das sich am einzelnen Darsteller orientiert und auf das Finden von Gegebenem setzt, anstatt auf das Erfinden von etwas Neuem." (Dreysse 2011a, S. 142).

In ähnlichen Worten beschreibt Annemarie Matzke die Arbeit bei She She Pop und Gob Squad: „Positionen wie Regie oder Autorschaft sind nicht an einzelne, individuelle Positionen geknüpft. Eine Arbeitsteilung in verschiedene Bereiche wird abgelehnt. Grundlegendes Prinzip (…) ist eine gemeinschaftliche Entwicklung der Inszenierungen: vom Konzept, über das Schreiben von Texten und dem Entwurf einer theatralen Situation bis hin zur Aufführung. Im Selbstverständnis als Performer wird der Gegensatz zum Berufsbild des Schauspielers darin gesehen, dass die klassische Hierarchie von Autor, Regisseur und Schauspieler aufgehoben ist. Der Performer versteht sich als Urheber und Protagonist der Bühnenhandlungen (…) Insofern geht es immer auch um Formen der Selbst-

Inszenierung, ohne allerdings mit dieser Position eine starke Autorschaft zu verbinden, denn diese Arbeitsweise findet in einem kollektiven Prozess statt, ohne
feste Regieposition. Immer wieder andere Mitglieder der Gruppe übernehmen
innerhalb des Probenprozesses den ‚Außenblick' des Regisseurs" (Matzke 2011,
S. 115). Die Aufgabe der Probe besteht hier nicht darin, Abläufe festzulegen, Entscheidungen zu treffen und damit Verantwortung für die Form zu übernehmen.
Sie zielt nicht auf die permanente Verbesserung der Darstellungsqualität, sondern
auf die Erarbeitung von Möglichkeiten und Strategien, mit Offenheit umzugehen.
Das heißt, die Aufführung zeigt nicht die Präsentation einer erarbeiteten Darstellung, sondern ein Abarbeiten an erforschten Möglichkeiten (vgl. Matzke 2011,
S. 121).

Vor diesem Hintergrund unterscheiden sich Arbeitsweise und ästhetisches
Credo der *freien, kollektiven Theaterarbeit* immer noch von der *Stadttheater-
arbeit,* auch wenn sich beide Seiten in den letzten beiden Jahrzehnten angenähert
haben: Die Performance-Kollektive rücken in offenen Suchprozessen ohne
zentrierende Instanz die Inszenierung des Selbst in den Mittelpunkt, wobei
Rahmen und Abläufe nur grob festgelegt werden, die szenischen Aktionen oft
improvisatorischen Charakter haben und sich das (teilweise ergebnisoffene)
Spiel mit dem Unfertigen oder nicht Perfekten aus der Interaktion zwischen Per-
formern, Mitspielern und Publikum ergibt.

Die öffentlichen Bühnen mit ihren professionell ausgebildeten Ensembles
setzen hingegen auf Virtuosität, Präzision, Festlegung und Wiederholbarkeit. Sie
zielen auf die kongeniale Verschmelzung und Durchdringung von textlichem
Material, Angeboten der Schauspieler sowie Deutungspositionen der Regie in
Richtung auf ein tragfähiges Inszenierungskonzept. Dabei ist die Virtuosität der
ausgebildeten, professionellen Ensembledarsteller unter Umständen meilen-
weit entfernt vom ‚Charme' des ‚Nicht-Perfekten', der den Alltagsexperten
auf den Bühnen der freien Kollektive anhaftet, und umgekehrt. Dennoch: Der
Stadttheater-Anspruch einer erkennbaren, klaren Konzeption, einer ‚Zentral-
perspektive' sowie der hohen schauspielerischen Qualität muss nicht im Widerspruch stehen zu einer Proben- und Inszenierungshaltung, die zumindest in der
Startphase möglichst viel Mitverantwortung der Akteure zulässt.

5.5.6   Das Postulat des souveränen Schauspielers

Für lange Zeit hat sich im Gegensatz zur Sicht von Stanislawski, Meyerhold und
Tairow die Position von Edward Gordon Craig in vielen Köpfen festgesetzt, den
Schauspieler nicht als zentrales Moment des Theaters zu betrachten, sondern

schlicht als Material, als beinahe störendes Element innerhalb des Bühnen-
geschehens sowie als strikt zu führende Übermarionette (vgl. Craig 1969, S. 52;
Weintz 2008, S. 217 f). So wird auch heute noch das Verhältnis zwischen Regie
und Schauspielern oft als eine hierarchische Machtkonstellation begriffen, bei
der die Regie in der Regel ihre Deutungen und künstlerischen Vorlieben gegen
die der Schauspieler durchzusetzen hat. Allerdings muss der Umfang dieser
Deutungs- und Entscheidungshoheit in der Regel mit den Schauspielern ausgehandelt werden, vor allem wenn diese ihrerseits Lebens- und Bühnenerfahrung,
nachvollziehbare Spielideen und/oder schlichtweg gute Argumente geltend
machen.

Regisseure sollten – in Anlehnung an den Leadership-Gedanken – zweifellos
zündende Ideen haben, andere verwickeln, mitreißen, motivieren sowie Hürden
gegen einfache, naheliegende Wege aufbauen. Aber was ist mit den Ideen und
Sichtweisen der übrigen Beteiligten wie in Brechts „Fragen eines lesenden
Arbeiters"? Deshalb wird hier – inspiriert durch die partizipativen Arbeitsweisen in den freien Performance-Kollektiven und in der Theaterpädagogik sowie
durch die Idee des Shared Leadership – eine Sicht favorisiert, die die Probe als
gemeinsamen Suchprozess und als Interaktionsgeschehen auf *Augenhöhe* begreift,
bei dem grundsätzlich zunächst einmal alle Impulse und Ideen erlaubt sind,
bis zum Ende hin dann Fokussierungen und Entscheidungen durch die Regie
erforderlich werden.

In diesem Zusammenhang muss auf einige Stimmen verwiesen werden, die
das Ideal des *souveränen* Schauspielers entwerfen und ihm mehr Einfluss im
Probenprozess zugestehen wollen. Der Regisseur Robert Schuster formuliert
dieses Prinzip wie folgt: „Natürlich haben wir unterschiedliche Positionen, der
eine ist Regisseur, der andere ist Schauspieler (…). Aber die schönste Probe
ist die, wo es plötzlich fließt, weil es nicht mehr um irgendwelche Ansagen
oder Spielchen geht, sondern man frei probiert" (Schuster 2017, S. 91) Und die
Regisseurin Heike M. Goetze ergänzt: „Ich wünsche mir fragende, autonome,
forschende, höchst neugierige Spielernaturen. Forscher, Researcher, die wie
Trüffelschweine Lust haben, nach Dingen zu suchen. Jeder auf seine Art (…). Ich
wünsche mir, dass wir so etwas wie einen Pakt schließen, bei dem auch ich damit
konfrontiert werde, dass Leute stark für sich einstehen können" (Goetze 2017,
S. 92).

Auch die Schauspielerin Wiebke Puls fühlt sich dem Ideal des souveränen
Schauspielers, der sich dennoch als Teil eines Teams begreift, verbunden: „Das
Potenzial ist da. Ich sehe es seit Jahren direkt vor mir, vielleicht deutlicher als
diejenigen, die nicht auf der Bühne stehen (…). Dieses Potenzial in die Pflicht zu
nehmen und mit Verantwortung zu krönen, würde zu einer enormen Identifikation

führen, die auf der Bühne großen Appeal entwickeln könnte (…). Ein souveräner Schauspieler ist für mich Teil einer Gemeinschaft von autarken Künstlern, die das Handwerk verbindet. Die gemeinsam am Feinschliff arbeiten. Miteinander sprechen und auf einander hören" (Puls 2018, S. 110 f).

Die markantesten Positionen zur Souveränität des Schauspielers wurden auf dem Berliner Theatertreffen 2018 von Fabian Hinrichs und Milo Rau formuliert. So mahnte Fabian Hinrichs in seiner Laudatio auf den Kerr-Preisträger Benny Claessens, die zugleich als eine Art ‚Hate Speech' auf die klassische Rollen-verteilung zwischen Regisseur und Schauspieler betrachtet werden kann: Die wichtigste Frage für Schauspieler im 21. Jahrhundert sei: „Bist Du Künstler oder arbeitest Du im Service?". Der Schauspieler sei ein „inconnu, ruhmlos, ein Träger von Talenten ohne Heimat, gefangen in den Rückhaltebecken der Regie-Konzepte, in den begradigten Wahrheiten der flachen Ästhetiken, in trost-losen Betonbecken moralischer Selbstgewissheit… was Anderes bleibt dem heutigen deutschen Schauspieler zunächst übrig, als sich zu fügen und sich die Uniform anzuziehen, die man ihm in den Spind gehängt hat, wenn er weiter in Lohn und Brot stehen muss (…). Auf meiner Suche nach dem souveränen Schau-spieler mit einer Leitung nach oben begegnete mir preußischer Gehorsam, wohl als erschütterndes, durch die Generationen hindurch gewandertes Erbe des preußischen Militarismus, wackeres Soldatentum" (Hinrichs 21.05.2018).

In Hinrichs Vision wird allerdings der ehemals souveräne Regisseur voll-ends durch den einzelnen, souveränen Schauspieler ersetzt, der sich zudem nicht mehr unbedingt als Teil eines kollektiv produzierenden Ensembles begreift. Milo Rau brachte die Idee des souveränen Akteurs – ebenso beim Theatertreffen 2018 – wie folgt auf den Punkt: „Der Schauspieler des 21. Jahrhunderts ist ein Schöpfer, ein Autor. Er braucht keinen Regisseur, keinen Intendanten, keinen Text, außer vielleicht, um ihm bei seiner Arbeit behilflich zu sein (…) Der Dar-steller ist der einzige Autor, der mich im Theater interessiert" (Rau 21.05.2018).

5.5.7 Vertikale und geteilte Führung auf der Probe

Die Angst des Schauspielers (in den Augen des Regisseurs oder der Intendanz) künstlerisch nicht zu genügen, wird potenziert durch die systembedingte Angst, die sich aus den prekären Arbeitsbedingungen speist, denn über jeder Probe schwebt die Gefahr der Nichtverlängerung. Die Regie hat nun grob gesehen zwei Möglichkeiten, mit ihrer Machtfülle umzugehen. Sie kann als Bewertungsinstanz vernichtend urteilen, grausam abstrafen sowie mit Druck arbeiten, den das Betriebssystem Theater scheinbar braucht, um effizient arbeiten zu können oder sie kann viel zulassen, versuchen, einen angstfreien Raum zu etablieren (vgl. auch von Düffel 2011, S. 56) und den Darstellern einen Teil der beschriebenen Souveränität zurückgeben. Der Regie hat zwar, je mehr der Probenprozess voranschreitet, eine zunehmende Verantwortung für das Endergebnis. Allerdings macht es einen gewaltigen Unterschied, ob die Probe (vor allem in der Startphase) auf wirklicher Kooperation basiert oder von Anfang an auf macht- oder angstbesetzten Vorgängen.

Als Beispiel für diese kooperative Arbeitsweise kann die Probenarbeit von *George Tabori* betrachtet werden. Tabori wusste sehr wohl zu unterscheiden zwischen der Aufgabe des Regieführens einerseits, die sich nicht auf rein schauspielerische Fragen beschränken sollte, sondern auch Thema und dramaturgischen Bogen im Blick zu behalten hatte und andererseits den Anforderungen, die an die Schauspieler gestellt werden (vgl. Sack 2011, S. 217). Tabori hatte zwar den Status eines primus inter pares inne, aber betrachtete seine Vorschläge als Impulse, die angenommen oder durch andere Angebote ersetzt werden konnten. Darüber hinaus geschah die Festlegung der Rollen nach einer langen Phase von Improvisationen gemeinsam mit dem Ensemble. Tabori verstand sich als Begleiter der Darsteller. Sein Credo: ‚Der Schauspieler ist das Konzept‘. Er half ihnen aus festgefahrenen Spielsituationen, indem er mal eine Method-Übung vorschlug, mal das Selbstvertrauen der Spieler in ihrem Suchprozess bestärkte oder mal durch technische Änderungen die betreffende Situation auflöste (vgl. ebd. 215, 217, 221).

Auch die Arbeitsweise von *Jossi Wieler* kann als Versuch verstanden werden, die Probe als ein dialogisches Geschehen anzulegen, ohne dass darüber das impulsgebende, zielführende Agieren der Regie verloren geht. Bernd Stegemann schreibt über Jossi Wielers Proben: „Das Vertrauen in die darstellerischen Möglichkeiten der mit Sorgfalt besetzten Schauspieler ist groß und bezieht sie hierdurch in die künstlerische Verantwortung mit ein. Das Gespräch über den gelesenen Text wird angeregt durch die persönlichen Assoziationen und Gedanken aller Beteiligten (…). Auch in den szenischen Proben bleibt die herrschaftsfreie Atmosphäre erhalten und der Schauspieler sieht sich vor die Verantwortung gestellt, nun einen spielerischen Ausdruck zu finden (…). Nun ist der Regisseur in der reagierenden Position. Er nimmt die spielerischen Angebote wahr und schreibt während dieses Ausprobierens der Spieler seine Gedanken und Assoziationen auf“ (Stegemann 2011a, S. 39–41).

René Pollesch geht bei seiner Probenarbeit noch weiter. Er begreift sich als Dienstleister für die ihm anvertrauten Schauspieler, als Moderator, der die Darsteller darin unterstützt, ihren eigenen Spielinteressen zu folgen. Polleschs Regiehaltung ist nach Carl Hegemann zutiefst moralisch geprägt, obwohl er selbst ein kritisches Verhältnis zur Moral hat (vgl. Hegemann 2011, S. 322 f).

Auch für die Inszenierungsweise von *Nikolas Stemann* scheint eine Mischung von ergebnisoffenen Prozessen einerseits und klaren Regie-Impulsen andererseits charakteristisch: „Von der ersten Minute an inszeniert der Regisseur die Vielzahl theatralischer Mittel, die er in diesem Raum versammelt hat. Es wird Musik gemacht, meist unter Teilnahme des Regisseurs, es wird gefilmt und projiziert, die Schauspieler (…) gehen mit ihren Texten in der Hand zu bestimmten Stellen und versetzen sich und ihre Mitspieler in bestimmte Situationen. Niemand (…) weiß, welche Rolle er spielen wird und welche Texte seiner Rolle noch zugeschlagen oder weggenommen werden. Die Atmosphäre gleicht am ehesten den Proben einer Band, die ihr neues Album entwickeln will (…). Die Probe ist ein wirkliches Ausprobieren und Spielen mit den im Raum tatsächlich anwesenden Möglichkeiten (…) der Prozess des Ausprobierens kommt erst durch eine Befreiung von der ständig mitlaufenden Kontroll-und Zensur-Instanz zu einer spezifischen Eigenbewegung, in der spielerische Überlagerungen und inszenatorische Setzungen ein nicht mehr vorher geplantes Verhältnis eingehen. Die Probe beginnt zu spielen. Es entsteht der erhoffte flow (…). So enthemmt die Proben sein können, so konzentriert und angespannt können die nachhängenden Besprechungen sein" (Stegemann 2011a, S. 45 f, 48 f).

Und schließlich mag die Arbeitsweise von *Johan Simons* als weiteres Beispiel für einen kooperativen Arbeitsstil im Sinne von geteilter Führung dienen. So beschreibt die Schauspielerin Sandra Hüller die Arbeit mit Johan Simons: „Er greift wirklich selten ein. Er sieht uns zu (…). (Er schafft) eine Atmosphäre der Angstfreiheit, erstmal ganz ohne Bewertungen. Wenn gar nichts mehr geht und wir keine Ideen mehr haben, nur dann gibt er vor, wie etwas sein soll" (in: Höbel 2019, S. 126).

Die beschriebene Best practice unterstreicht: man kann auch im Stadttheaterkontext die Theaterprobe als einen machtfreien Raum begreifen, in dem vor allem in der Vorbereitungs-, Inkubations- und Illuminationsphase (vgl. Wallas 2014) Ideen der Akteure einfließen und in der Spielpraxis befragt werden können. Diese müssen allerdings am Ende des Prozesses durch die Regie oder ein Regieteam zunehmend gebündelt werden. Ein Schauspielerteam als eine Gruppe künstlerisch hoch spezialisierter Experten benötigt einerseits einen hohen Grad an Autonomie, um auf der Probe frei und kreativ arbeiten zu können, was durch einen nicht-direktiven Führungsstil begünstigt werden könnte (vgl. Abfalter et al. 2012, S. 586 ff). Allerdings muss mit zunehmendem Probenfortschritt ein konsistentes Inszenierungskonzept konturiert werden, an dem die Regie aufgrund ihrer Außensicht und als verlängerter Arm des Publikums den gravierenden Anteil hat. Regieführung verlangt daher im Kontext von Probe und Inszenierung ein variables, situativ angemessenes Führungsverhalten, das in der Startphase eher zur geteilten Führung und in der Schlussphase zu einem eher vertikalen Führungsstil tendiert (ohne allerdings dabei das Prinzip eines wohlwollenden, respektvollen Umgangs aufzugeben).

Im Proben- und Inszenierungsprozess würde sich nach der ersten ‚Halbzeit' eine Form der ‚*Metakommunikation*' anbieten, in der sich die Mitwirkenden – einschließlich (!) der Regie – face to face und konstruktiv über den Prozess, das Arbeitsklima, die Zusammenarbeit und Wünsche an die Regie oder andere austauschen. Die Sorge, dass sich auf diesem Wege Emotionen Bahn brechen und damit die Weiterarbeit zur Disposition stehen könnte, ist unbegründet, denn eine solche Aussprache würde, wenn sie lösungsorientiert verläuft, Arbeitsklima und Zusammenhalt eher fördern und den betreffenden Personen zudem die Chance eröffnen, sich zu erklären oder auch ihr Verhalten zu ändern. Grundlage eines solchen Gesprächs müsste allerdings eine konstruktive, faire Feedbackkultur sein, die an konkreten Vorgängen und eigenen Emotionen ansetzt, keine Grundsatzkritik der Person des Gegenübers darstellt und nicht mit Interpretationen, Ratschlägen, Bewertungen und gar Abwertungen operiert und die auf Verbesserungen zielt.

Abschließend muss im Hinblick auf eine höhere Teilhabe der Darsteller eingeschränkt werden, dass einem Ensemble oft auch Mitwirkende angehören, die sich gerne durch ein überzeugendes Konzept sowie klare Regie-Impulse leiten lassen. Daher steht die Regie vor der Aufgabe, zu differenzieren, wem sie (vor allem) in der Startphase eine Mitverantwortung für die Konzeptentwicklung einräumen kann und wem eher nicht. Darüber hinaus muss man sich bewusst sein, dass eine kollaborative Arbeitsweise, die mehr *geteilte Führung* auf der Probe zulässt, in der Regel *mehr Zeit* erfordert und eine *andere Rahmung* braucht als die Taktung, die bei fünf bis sechs Probenwochen vorherrscht.

Führungsinstrumente auf der obersten und mittleren Führungsebene 6

Im Zuge der hier angestellten Überlegungen wurde herausgearbeitet, dass der verstärkte Rückgriff auf das Prinzip der *geteilten* Führung am Theater *keine Ablösung* der hierarchischen Ordnung bedeutet, sondern deren notwendige *Ergänzung.* Dies impliziert, dass die Führungspersonen auf den verschiedenen Hierarchiestufen weiterhin Anteil an den maßgeblichen Entscheidungen im strategischen und operativen Bereich des Theaters haben – auch wenn diese so weit wie möglich dialogisch mit Ensemble und Mitarbeiterschaft getroffen werden sollten. Darüber hinaus wurde bereits unterstrichen, dass die Führungsspitze gemeinsam mit der mittleren Führungsebene eine entscheidende Mitverantwortung für die Ausrichtung der Bühne sowie für die Konzeptionierung und Umsetzung der institutionellen Weiterentwicklung haben sollte.

Zu diesem Zweck stehen den Führungsverantwortlichen auf der Ebene der *Intendanz,* der *Doppelspitze* oder eines *Direktoriums* sowie teilweise auch auf *der mittleren Führungsebene* eine Reihe von *Führungsinstrumenten* zur Verfügung. Bei den ersten fünf genannten Führungsinstrumenten sollte die höchste Leitungsebene maßgeblich beteiligt sein. Alle anderen Instrumente können und sollten auch auf der mittleren Leitungsebene Anwendung finden.

‚Starting point' und Referenzrahmen jeglicher Planung oder auch Umstrukturierung sollte die Entwicklung einer **Organisations-Identität** mithilfe eines *Leitbildes,* einer *Mission* (die den Unternehmenszweck formuliert) und einer *Vision* sein, die ein ehrgeiziges Langfristziel im Sinne eines zukünftigen Idealzustandes beinhaltet. Diese drei Komponenten der Selbstbeschreibung der Bühne geben einen Orientierungs*rahmen* sowie eine Handlungs*richtung* vor, erhöhen die Identifikation der Mitarbeitenden und verschaffen Klarheit über daraus abzuleitende Ziele und Strategien (vgl. Becker 2006, S. 39; Kotler et al. 2003, S. 134).

© Springer Fachmedien Wiesbaden GmbH, ein Teil von Springer Nature 2020
J. Weintz, *Cultural Leadership – Führung im Theaterbetrieb,*
https://doi.org/10.1007/978-3-658-31731-7_6

Leitbild: Zunächst sollte es um die Entwicklung eines *Leitbildes gehen,* das Aussagen zu den *Werten, Grundsätzen* und *Zielen* der Bühne enthält (vgl. Klein 2009, S. 101), das mit den Sparten- bzw. Abteilungsleitungen sowie den Vertretungen aus Ensemble und Mitarbeiterschaft *gemeinsam erarbeitet* und mit dem Träger und dessen eigenem Selbstverständnis *rückgekoppelt* werden muss. Das Leitbild sollte das *Selbstverständnis* des Theaters nach innen und außen vermitteln, und zwar im Hinblick auf die zugrunde liegenden Wertvorstellungen, auf Ausrichtung und Ziele, Programmatik und Aktivitäten, auf die Positionierung in puncto Publikum, Zielgruppen, Mitbewerber und Stadtgesellschaft, auf die Frage der Arbeits- und Umgangsweisen sowie der Partizipationsmöglichkeiten der Belegschaft. Das Leitbild dient vor allem der Orientierung der Führungskräfte und der Mitarbeiter. Es sollte beispielsweise folgende Fragen beantworten: Wer sind wir? Wofür stehen wir? Was können/bieten wir? Wo arbeiten wir? Wen wollen wir erreichen? Wie arbeiten wir zusammen? Was ist uns außerdem noch wichtig?

Mission: Die Kernbotschaften des Leitbildes sollten in einer *prägnanten, sinnstiftenden Mission* zusammengefasst werden. Es ist aber auch der umgekehrte Weg denkbar: Dabei wird zunächst die Mission entwickelt und diese dann zu einem ausführlicheren Leitbild erweitert. Die *Mission* umreißt kurz und knapp *Identität* und *Daseinsgrund* des Theaters. Sie stellt den zentralen Maßstab dar für die Ableitung von übergeordneten Zielen und Strategien (vgl. Bruhn 2005, S. 150). Die Mission beantwortet in zwei bis drei Sätzen die folgenden Fragen: Wer sind wir? Wo arbeiten wir? Was ist unser Auftrag bzw. was tun wir? Was bieten wir für wen?

Die *Mission* bietet *Orientierung* nach innen und außen. Im Binnenraum des Theaters ist sie ein zentrales Planungs- und Steuerungsinstrument. Hier bildet sie den Ausgangspunkt für alle Strategien, Prozesse und Evaluationen. In der *Außen*wirkung ist sie das wiederkehrende ‚Versprechen' gegenüber allen Anspruchsgruppen, an dem diese ihr Theater messen können (vgl. Klein 2009, S, 94 f; Bruhn 2005, S. 150).

Bei der Entwicklung der Mission fließen Aspekte des kulturpolitischen Auftrags sowie der eigenen Positionierung nach erfolgter Marktanalyse (Besucher und Wettbewerb) ein. Vor allem aber sollte die Mission das Ergebnis eines ausgiebigen Diskussionsprozesses zwischen der Intendanz, dem Ensemble und der Mitarbeiterschaft sein (vgl. Klein 2009, S. 97). Die Mission sollte dank einer *klaren, anschaulichen* Sprache leicht zu *verinnerlichen* sein und gegenüber dem Rechtsträger, den Mitarbeitern, Besuchern, Sponsoren, Medienvertretern und anderen Stakeholdern auf jede erdenkliche und wieder erkennbare Weise (in Verlautbarungen und Ansprachen, auf der Website, in Pressemitteilungen, Spielzeit- und Programmheften, Imagebroschüren sowie auf allen Social Media-Kanälen) kommuniziert werden. Wünschenswert wäre, dass jeder Mitarbeiter das Credo seines Theaters so internalisiert hat, dass er diese Grundidee jederzeit überall vertreten kann.

Auf der Website des Berliner Maxim Gorki Theaters findet sich beispielsweise folgende Selbstbeschreibung, die den Charakter einer Mission hat: „Das Gorki öffnet sich zur Stadt: mit seinem wunderbaren Ensemble, mit dem Studio Я, mit den Gorki-Kolumnist*innen Mely Kiyak und Can Dündar, dem Gorki Forum und den Kolleg*innen von Gorki X, die Sie alle zum Mitmischen einladen. Das Gorki meint die ganze Stadt, mit allen, die in den letzten Jahrzehnten dazu gekommen sind, ob durch Flucht, Exil, Einwanderung oder einfach durch das Aufwachsen in Berlin" (Maxim Gorki Theater: Website 2020).

Vision: Während die *Mission* den *Status quo* beschreibt, umreißt die *Vision* den Weg des Theaters in die *Zukunft*. Auch die *gemeinsam entwickelte Vision* ist ein zentrales Führungselement (vgl. Senge 2008, S. 261). Sie beantwortet die Frage, welche Aufgaben vor dem Hintergrund der vermuteten gesellschaftlichen Entwicklung auf das Theater zukommen werden und wie es diese Herausforderungen beantworten will. Sie enthält eine ambitionierte, aber erreichbare Zielformulierung (und zwar in Form eines *einzigen Satzes*), die benennt, wohin sich die betreffende Bühne in den nächsten *fünf* Jahren entwickeln will. Die Vision bezieht ihre Wirkung aus einem tiefen gemeinsamen Interesse und spornt zu Höchstleistungen an, da sie als herausfordernde Zielsetzung zu neuen Denk- und Handlungsweisen führen sowie Leistungsreserven mobilisieren kann (vgl. Senge 2008, S. 252 f, 256; Becker 2005, S. 46).

Auch die Vision soll sinnstiftend wirken, ist aber eher nach innen gerichtet, wobei sie gemeinsam mit der Belegschaft entwickelt und mit den Gesellschaftern abgestimmt werden sollte. Senge richtet sich ausdrücklich gegen eine (transformational) suggerierte, leitungszentrierte top down-Vision von höchster Ebene. Sie solle vielmehr *im Dialog mit möglichst vielen Mitarbeitern* als Summe vieler einzelner, persönlicher Visionen entwickelt werden, um nicht eine widerstrebende, formelle oder (im besten Falle) echte Einwilligung zu erzielen, sondern ein starkes persönliches *Engagement* für die gemeinsame Sache. „Wer wahrhaft engagiert ist, bringt (…) Energie, Leidenschaft und Begeisterung auf (…) tut mehr, als sich nur an die ‚Spielregeln' zu halten. Er ist verantwortlich für das Spiel" (Senge 2008, S. 270).

Führungsgrundsätze: Die *Führungsgrundsätze* sollten gemeinsam mit Ensemble und Mitarbeiterschaft in Form eines selbstverpflichtenden Verhaltenskodexes entwickelt werden. Er beschreibt erwünschte Umgangsformen und kann als Leitfaden für Führende und Geführte dienen (vgl. Weibler 2016, S. 414 ff). Eine Orientierungshilfe hierzu bietet der vom Deutschen Bühnenverein entwickelte Verhaltenskodex (siehe im Kapitel Führung und Ethik).

Ethik-Grundsätze: Der oben genannte Verhaltenskodex müsste in Abstimmung mit der Belegschaft jedoch noch *ergänzt* werden um einige Aussagen zu *Compliance-Fragen* wie Transparenzgebot, Verhinderung von Korruption oder Vermeidung von Begünstigung, zu Möglichkeiten der *Partizipation* und *Mitgestaltung* sowie zu den *Arbeitsmodalitäten,* also zu Fragen der Vertragsgestaltung und Vertragstreue, zum Bemühen um eine angemessene, (gender-)gerechtere Gagenregelung, zu Fortbildungs- und Aufstiegsmöglichkeiten sowie zu Regelungen von Arbeitszeiten, freien Tagen und Mehrstunden. Maximilian Norz und Thomas Schmidt haben hierzu ausführliche Vorschläge entwickelt (vgl. Norz 2016, S. 109 f; Schmidt 2017, S. 298).

Eine *nachhaltige* Wirkung kann bei diesen fünf erstgenannten Führungsinstrumenten nur erreicht werden, wenn die betreffenden Positionierungen und Verlautbarungen nicht nur (als *Lippenbekenntnisse*) auf der Schau- oder Fassadenseite präsentiert, sondern auch auf der Seite der formal-institutionellen Regelungen und Vereinbarungen konkret umgesetzt werden. Die Einhaltung der Führungs- und Ethik-Grundsätze sollte regelmäßig durch eine unabhängige, externe Stelle überprüft werden.

Die **Personalauswahl** sowohl der künstlerischen wie der nicht-künstlerischen Mitarbeiter kann als zentrales, indirektes Führungsinstrument am Theater gelten, bei dem idealerweise auch Vertretungen der Mitarbeiterschaft bzw. des Ensembles einbezogen werden sollten. Mitarbeiter und Künstler sind das ‚Kapital', ‚Aushängeschild' und ‚Gesicht' des Theaters. Fehlentscheidungen bei der Auswahl kosten unnötig Zeit und Geld und daher gilt es, zunächst die Kriterien für die Auswahl (im Hinblick auf Ausbildung, berufliche Erfahrungen, fachliches bzw. künstlerisches Profil sowie persönliche und soziale Kompetenz) in Form eines Anforderungsprofils zu bestimmen und durch geeignete Auswahlinstrumente die zu den Kriterien passenden Bewerber/innen zu finden. Vor allem bei der Auswahl der nicht-künstlerischen Mitarbeiter empfiehlt es sich, im Vorhinein einen Fragenkatalog zu entwickeln und diesen im Rahmen des strukturierten multimodalen Interviews nach Schuler (siehe Kap. zur Intendantenwahl), das auch kritische Aufgabenstellungen des betreffenden Tätigkeitsfeldes miteinbezieht, abzuarbeiten (vgl. Schuler/Höft 2004, S. 315 f).

Aktuelle Stellenbeschreibungen sind ein wesentliches direktes Führungs-instrument. Diese sollten präzise Angaben zum Anforderungsprofil (Ausbildung, Weiterbildungen, Berufserfahrung sowie fachliche, methodische, soziale und personale Kompetenzen), zur Tätigkeit und zum Aufgabenfeld, zur Einordnung in die Organisation (direkte Vorgesetzte und gegebenenfalls unterstellte Mitarbeiter), zu Befugnissen, Zuständigkeiten, Kommunikationswegen, Besprechungen und Gremiensitzungen sowie zu Zielsetzungen und Beurteilungskriterien enthalten. Stellenbeschreibungen enthalten zentrale Informationen für die (zukünftigen) Stelleninhaber im Hinblick auf Anforderungen und die zu erledigenden Auf-gaben. Sie können genutzt werden für Personalbeschaffung und Personalauswahl, für Mitarbeiterbeurteilungen und Mitarbeitergespräche, zur Personalentwicklung, für die Einordnung ins Entgeltsystem und zur Gestaltung von Organisations-prozessen (vgl. auch Weibler 2010, S. 426).

Kriterien zur Beurteilung von Mitarbeitern und Ensemblemitgliedern: Bei der Beurteilung der Mitarbeiter sollte die *eigenschaftsorientierte* Sicht über-wunden werden, da sonst die Gefahr einer Reproduktion von Vorurteilen und eines sehr ausschnitthaften Eindrucks entsteht. Zielführender ist die *tätigkeits-*bezogene Perspektive, die sich auf das konkrete *beobachtbare Arbeitsverhalten* bezieht. Dies könnte gegebenenfalls durch die *ergebnis*orientierte Sicht ergänzt werden, bei der die Erfüllung von vorher gemeinsam vereinbarten Zielen oder Aufgaben überprüft wird. Allerdings sind viele Arbeitsfelder am Theater zu komplex, als dass sie auf einige wenige Zielvereinbarungen reduziert werden könnten. Daher wäre in der Regel die *tätigkeitsbezogene* Perspektive zu *bevor-zugen,* bei der das *sichtbare Verhalten,* bezogen auf die jeweilige Tätigkeit und Aufgabenstellung, beurteilt wird (vgl. auch Schreyögg/Koch 2010, S. 430 f.).

Folgende Bereiche könnten aus der tätigkeits- und verhaltensbezogenen Sicht beispielsweise beurteilt werden: Fachlichkeit, (künstlerische) Wirksamkeit und Resonanz, Kreativität, Zuverlässigkeit, Einsatzfreude und Effizienz, Disziplin und Einhaltung von Regeln, Flexibilität, Kollegialität (Förderung der Teamleistung und Unterstützung der Kollegen), Bewältigung tätigkeitsspezifischer und darüber hinaus gehender Aufgaben, schriftliche und mündliche Kommunikationsformen sowie Umgangsweisen (vgl. auch Staufenbiel 2012, S. 185 f.).

Mitarbeiter- und Ensemblebefragungen: Die Befragungen können die *Arbeitszufriedenheit* (Arbeitsfeld und Aufgaben, Zusammenarbeit mit Kollegen und Vorgesetzten, Arbeitsbedingungen, Organisation und Leitung, Entwicklungs-möglichkeiten und Vergütung), das *Arbeitsklima* (im Hinblick auf Kollegialität, Wertschätzung und Innovation) oder mögliche *Umstrukturierungen* betreffen. Die Befragungen können beispielsweise nach dem Ende der ersten oder zweiten Spielzeit einer neuen Intendanz vorgenommen werden.

Mitarbeiterbefragungen können der Aktivierung und Einbindung der Beschäftigten dienen, der Überprüfung des Führungsverhaltens auf allen Ebenen, der Verbesserung der Kooperation, der Vorbereitung von Mitarbeitergesprächen, der Diagnose der vorhandenen Aufbau- und Ablauforganisation als Auftakt von Prozessen der Team- oder Organisationsentwicklung sowie der Erhöhung der Akzeptanz gegenüber Veränderungsmaßnahmen (vgl. auch Werther 2015, S. 30).

Bei einer selbst vorgenommenen Vollerhebung innerhalb der gesamten Mitarbeiterschaft wäre die Verwendung eines Online-Tools zu empfehlen (wie ‚limesurvey‘ oder ‚surveymonkey‘). Alternativ wäre aber auch die Zusammenarbeit mit einem externen Dienstleister bei der Durchführung und Auswertung der Umfrage sowie bei der Unterstützung der Nachfolge- und Umsetzungsprozesse denkbar.

Um die *Anonymität* der Befragung zu garantieren, sollte auf die Erhebung demografischer Daten, mittels derer sich konkrete Personen rekonstruieren ließen, verzichtet werden. Maßgeblich für den *Erfolg* sind der optimale Zeitpunkt sowie die Verständlichkeit, Präzision und Wertfreiheit der Fragen, die Benutzerfreundlichkeit (Link in einer Einladungsmail, der den Zugang zur Online-Befragung eröffnet), die *Freiwilligkeit* der Teilnahme, die zeitnahe *Offenlegung aller* Ergebnisse (auch der Befunde, die eine Kritik an den Führungskräften enthalten), die Zusicherung, dass aus den Ergebnissen *konkrete Maßnahmen* erwachsen werden und eine *nachhaltige Umsetzung* entsprechender Schritte. Der Erfolg bei der Umsetzung ist wiederum davon abhängig, dass Konzeption und Ziele der Befragung mit der mittleren Führungsebene abgestimmt werden und dass die mit der konkreten Umsetzung beauftragten Personen konzeptionell mitwirken (vgl. auch Linke 2018, S. 27 f, 30 f, 36 f, 60 f, S. 92, 114 f; Bungard 2018, S. 183). Anregungen für abzufragende Kategorien finden sich in den Kapiteln ‚Führung und Motivation‘ sowie ‚Führung und Organisationsentwicklung‘. Praktische Hilfen zur Vorbereitung und Durchführung einer Mitarbeiterbefragung enthält auch der Leitfaden von Volker Nürnberg (Nürnberg 2017).

Teambefragung und Teamentwicklung: Über eine Vollerhebung in der gesamten Mitarbeiterschaft hinaus kann auch eine Diagnose der *Arbeitszufriedenheit* in *einzelnen Teams* (z. B. innerhalb einer Abteilung) sinnvoll sein. Zum Zwecke der Team*entwicklung* und vorausgehenden Team*diagnose* bieten sich zwei Konzepte an: Hier wäre zum einen das Teamrollen-Konzept nach Raymond Meredith Belbin (1996) zu nennen. Dieses bietet nicht nur Anregungen für die adäquate Zusammenstellung von (Projekt-)Teams, sondern auch für die Identifizierung von Friktionen innerhalb vorhandener Teamkonstellationen. Nach Belbin ist eine möglichst heterogene Zusammensetzung von Teams die Basis für gelingende Kooperation. Darüber hinaus hat sich insbesondere das Team-klima-Inventar (TKI) nach Brodbeck, Anderson und West (vgl. Dick/West 2005, S. 46–49), bewährt, bei dem in Form einer Selbstbefragung das Teamklima im Hinblick auf die Klarheit von Vision und Zielen, auf Partizipation, Aufgaben-orientierung sowie Innovationsbereitschaft geprüft werden kann.

Mitarbeiter- und Zielvereinbarungsgespräche: Anlässe können sein: ein Feedback (Kritik oder Anerkennung), gegenseitige Information und Erwartungs-klärung, eine Beurteilung, eine anstehende Vereinbarung von Aufgaben oder Zielsetzungen, eine gemeinsame Bilanz der vergangenen Spielzeit, ein Aus-tausch über den Aufgabenbereich, die Kooperation im Team oder Ensemble, die Arbeitskonditionen, Konflikte mit anderen Mitarbeitern oder Vorgesetzten, besondere Anliegen des Mitarbeiters sowie Weiterbildungs-, Entwicklungs- und Karrieremöglichkeiten (vgl. auch Stock-Homburg 2010, S. 558 f, 569 f; Weibler 2016, S. 405 f). Viele der genannten Punkte könnten systematisch innerhalb eines Mitarbeitergesprächs behandelt werden, das mindestens einmal je Spiel-zeit zwischen dem Mitarbeiter bzw. Ensemblemitglied und dem unmittelbaren Vorgesetzten (oder alternativ mit der Intendanz) stattfinden sollte. Mitarbeiter- und Zielvereinbarungsgespräche sollten mit Ensemblemitgliedern, künstlerisch Beschäftigten sowie allen anderen Mitarbeitern geführt werden. Da jedoch in vielen Arbeitsfeldern des Theaters aufgrund ihrer Komplexität kaum konkrete Ziele operationalisiert werden können, die durch einen einzelnen Mitarbeiter erreichbar wären, sollten statt Ziele eher Aufgaben vereinbart werden.

Das Gespräch sollte von beiden Seiten gut vorbereitet und in der konkreten Situation dialogisch auf Augenhöhe geführt werden. Folgende Regeln sollten beachtet werden:

- Positiver Einstieg und positiver Abschluss
- dem Mitarbeiter Raum für einen „ersten Aufschlag" sowie für eigene Ein-schätzungen, Vorschläge oder Ziele geben
- Gelegenheit für Lob und Anerkennung nutzen
- Dosierte, konstruktive Kritik, die auf Wertungen verzichtet, sich an konkreten Vorgängen orientiert und die andere Seite anhört, um dann gemeinsam über mögliche Verbesserungen nachzudenken
- Gegenseitige Wertschätzung und Vermeidung von herabsetzenden Äußerungen
- Zuhören aufseiten der Führungsperson (im Zweifelsfall nachfragen)
- Gemeinsam Lösungsansätze für die Zukunft entwickeln und entsprechende Aufgaben oder Ziele vereinbaren (vgl. auch Schreyögg/Koch 2010, S. 432 f; Neuberger 2004, S. 211 ff; Pinnow 2008, S. 264 ff).

Das Mitarbeiter- oder Zielvereinbarungsgespräch sollte folgende Phasen enthalten:

1. Kontakt -/Anwärmphase Hier könnten eine Selbst-Einstufung der Mitarbeiterzufriedenheit auf einer Skala von 1 bis 10 sowie die möglichen Gründe für diese Einstufung erfragt werden
2. Klärung der beiderseitigen Gesprächsziele, des Zeitrahmens und der Gesprächsstruktur
3. Rückschau auf die Ergebnisse der vergangenen und/oder laufenden Spielzeit von beiden Seiten
4. Gesamteinschätzung der vergangenen Arbeitsperiode durch beide Seiten (Entwicklungsziele, Kooperation und Konkurrenz im Team, Fortbildungswünsche sowie Verbesserung der Arbeitsbedingungen)
5. Gemeinsame Vereinbarung von Aufgaben oder Zielen für die kommende Arbeitsperiode durch Abgleich und Annäherung der beiderseitigen Positionen
6. Zusammenfassung des Gesprächsergebnisses und Dokumentation (vgl. auch Klein 2009, S. 126 f).

Anreizsysteme: Anreizsysteme können genutzt werden zur Förderung von Motivation, Commitment und Bindungsbereitschaft auf Seiten von Ensemble und Mitarbeiterschaft. Dabei muss zwischen *materiellen* und *immateriellen* Anreizen unterschieden werden (vgl. Weibler 2016, S. 417 ff). Denkbar sind zum einen materielle Anreize wie die Erhöhung von Gage oder Gehalt (über die Tariferhöhung hinaus). Falls hier die Spielräume ausgeschöpft sein sollten, wären immaterielle Anreize denkbar. Bei Ensemblemitgliedern wären dies beispielsweise die Reduktion der Rollen pro Spielzeit oder die Zusicherung von attraktiven ‚Fach'- bzw. ‚Ansehrollen' für Bewerbungen. Weitere immaterielle Anreize für die künstlerisch wie die nichtkünstlerisch Beschäftigten wären Vereinbarungen zu (Sonder-)Urlaub sowie zu Nebentätigkeiten oder Fortbildungen.

   Weitere Führungsinstrumente sind gut vorbereitete, moderierte Teamgespräche, Ensemble- und Mitarbeiterversammlungen, Großgruppenworkshops und Klausurtagungen sowie Angebote zur Personal- und Teamentwicklung – auch in Form von Weiterbildung, Beratung oder Coaching (vgl. hierzu insbesondere Hausmann 2020, S. 24 ff; 35–37). Hinzu kämen als grundlegende Maßnahmen: Prozesse der Organisationsdiagnose und der Organisationsentwicklung, die bereits an anderer Stelle ausführlich vorgestellt worden sind.

Zusammenfassung und Fazit 7

Bei den hier angestellten Überlegungen stand der Themenkomplex der Führung an den bundesdeutschen Theatern aus der Perspektive des Kulturmanagements im Mittelpunkt der Betrachtung. Zu diesem Zweck wurden Diskurse über Führung und Leadership in den Management Studies, in der Kulturmanagementlehre (vor allem unter dem neuen Leitbegriff des Cultural Leadership) und in der aktuellen Stadttheaterdebatte miteinander korreliert. Daraus konnten entsprechende Implikationen für das *Verständnis von Führung* an bundesdeutschen Bühnen abgeleitet und zugleich der Begriff des *Cultural Leadership* konkreter gefasst werden.

Zunächst wurden die Anforderungen an Führung im Kulturbetrieb erläutert und anschließend einige zentrale Erkenntnisse der Führungsforschung dargelegt, die auch für Kulturorganisationen bedeutsam sind: Neben einer Konkretisierung des Führungsbegriffs wurden insbesondere das Verhältnis von Management und Leadership, der Zusammenhang von Führung und Motivation sowie Führung im Hinblick auf Führungsdilemmata, Machtpotenziale, Menschenbilder und Führungspersönlichkeit behandelt. Im Anschluss standen im Fokus der Untersuchung: Führung ‚von unten‘ und Partizipation, Überlegungen zum Verhältnis von Hierarchie und Heterarchie, zur Organisation und Organisationsentwicklung sowie zu ethischen Fragen und zur Diversität.

Bei der Betrachtung der klassischen und der neueren Führungslehren wurde offenkundig, dass die tradierten personen-, verhaltens- und situationsorientierten Führungstheorien ebenso wie das klassische Leadership-Modell und das transaktional-transformationale Führungskonstrukt im Hinblick auf heutige Führungsanforderungen nur noch begrenzte Aussagekraft haben und dass *systemische* und *relationale* Denkmodelle, die auf *geteilte* Führung zielen, hier weiterführen. Vor dem Hintergrund dieser Ergebnisse wurde die Frage

© Springer Fachmedien Wiesbaden GmbH, ein Teil von Springer Nature 2020
J. Weintz, *Cultural Leadership – Führung im Theaterbetrieb*,
https://doi.org/10.1007/978-3-658-31731-7_7

der Führung im Kulturbetrieb betrachtet, und dabei nicht nur ihre Besonderheit herausgestellt, sondern auch die Tatsache, dass zentrale Positionen aus der
jüngeren Managementlehre für die Reflexion von Führung und Organisation im
Kulturbereich bedeutsam und hilfreich sind.

Anschließend wurde das Führungskonzept des *Cultural Leadership* erläutert,
das den zentralen Bezugspunkt für diese Untersuchung darstellt. *Cultural Leadership* ist der neue *Leitbegriff* in der Kulturmanagementlehre. Er zielt auf eine
andere Kultur des Führens in Kulturorganisationen sowie darüber hinaus und
korrespondiert mit neueren, systemisch-postheroischen Führungsansätzen in den
Management Studies. Es wurde herausgearbeitet, dass *Cultural Leadership* für
eine relationale Führungskultur steht, die durch (temporäre) Teilung der Macht-
befugnis sowie dialogisches Führungsverhalten die vertikalen Strukturen ergänzt
und den rein personenzentriert-monologischen Ansatz überwindet. Zugleich steht
Cultural Leadership für Innovation und Transformation in der Organisation, die
in die Gesellschaft hineinwirkt und für eine unvoreingenommene Nutzung von
Erkenntnissen aus den Management Studies im Kultur- und Theatersektor. Für
die alltägliche Führungspraxis erscheint eine Integration von Management mit
dem klassisch-transformationalen und dem neuen relationalen Leadership-Ansatz
geboten sowie die damit verbundene, immer wieder neu auszulotende Balance
von rationalen, emotionalen und sozialen Führungsanteilen.

Implikationen für die fünf Führungsebenen im Theater
Nach einem Blick auf die Rahmenbedingungen und krisenhaften Entwicklungen
am bundesdeutschen Stadttheater wurde als notwendige Schlüsselstrategie für einen
Transformationsprozess die Reform seiner Führungsstrukturen identifiziert. Dabei
wurden alle Ebenen einbezogen, die am Theater Führungsverantwortung tragen:

Im Hinblick auf die oberste Hierarchiestufe der *Aufsichtsgremien, der
Gesellschafter und der Kulturpolitik* wurden die weitreichenden Aufgaben
erläutert, mit denen sich heutige Kulturpolitik konfrontiert sieht. Statt des eng
gefassten Führungsbegriffs von ‚Aufsicht und Kontrolle' wurde hier die Idee
einer engagierten, *aktiven* Kulturpolitik (angelehnt an das Grundverständnis von
‚Politischer Führung' und ‚Political Leadership') vorgestellt, die ihren Führungs-
auftrag ernst nimmt, eigene Visionen und Lösungswege entwickelt, sich für die
bestmögliche Förderung der Bühnen einsetzt und – im Sinne einer responsiv-
dialogischen Führung – im engen Austausch mit dem Theater, mit seiner Leitung
und mit verschiedenen Anspruchsgruppen steht.

Auf der *Ebene der Intendanz* und der *Geschäftsführung* sowie auf der nachgeordneten Ebene des *mittleren Managements* wurde für eine Auflockerung
der tradierten Führungsweisen durch Ansätze der *geteilten* Führung plädiert,

und zwar sowohl auf der ranghöchsten Ebene durch Implementierung einer echten Doppelspitze oder eines weitgehend gleichberechtigten Direktoriums (gegebenenfalls erweitert um einen *Beirat* oder *Lenkungsausschuss* s. u.) sowie auf der mittleren Ebene durch Einrichtung abteilungsbezogener, abteilungsübergreifender und/oder hierarchieübergreifender Arbeitsgruppen und Projektteams, die situativ und temporär geteilte Führung anwenden.

Bezogen auf die *Mitarbeiterebene* stand – neben der sogenannten *informellen* ,Führung von unten' – die Idee der echten Partizipation im Fokus, und zwar nicht nur in Form von situativ geteilter Führung in Arbeitsgruppen, sondern auch von *formal* garantierten, dauerhaften Mitwirkungsmöglichkeiten für Ensemble und Mitarbeiterschaft in den verschiedenen Gremien des Theaters. Und schließlich wurde auch das Kerngeschehen des theatralen Produktionsprozesses, die *Regieführung* im Rahmen von Probe und Inszenierung einbezogen. Hier gilt es, die künstlerische Souveränität der Regie und die als gleichwertig zu betrachtende, künstlerische Souveränität der Darsteller in eine adäquate Balance zu bringen.

Theaterkrise und vier Lösungsvarianten

Es wurde herausgearbeitet, dass die bundesdeutschen Bühnen gegenwärtig von *mehreren Krisen* geprägt sind, die in einander greifen.

1. Da ist zum einen die *finanzielle* Krise aufgrund der begrenzten öffentlichen Förderungsmöglichkeiten. Diese Spielräume werden allerdings – zumindest vorübergehend – noch weiter eingeschränkt aufgrund der enormen zusätzlichen Aufwendungen der öffentlichen Hand, die die Folgen der *Corona-Pandemie* abfedern sollen. Hinzu kommen die begrenzten Möglichkeiten der Theater im Hinblick auf die Senkung der Ausgaben und Steigerung der Eigeneinnahmen. Dies führt oft zu chronischem Geldmangel (zumindest im Bereich der kleineren und mittleren Theater) und einem damit verbundenen, geringeren künstlerischeren Gestaltungsspielraum. Dieser wird durch den systembedingten, hohen Personalkostenanteil von ca. 73 % vom Gesamtetat noch weiter eingeengt. Es besteht die Gefahr, dass innerhalb des nächsten Jahrzehnts kleinere und mittlere Theater zunächst künstlerisch und am Ende auch finanziell auf der Strecke bleiben werden, wenn sich die öffentliche Hand (auf Länder- und Bundesebene) nicht stärker engagiert.
2. Die *strukturelle* Theaterkrise schlägt sich nieder in einer überholten Organisations- und Führungsstruktur, in teilweise prekären Arbeitsbedingungen, in der eklatanten Gagenungerechtigkeit im Hinblick auf die künstlerischen Mitarbeiter, im Gender Gap bezogen auf Bezahlung, Entwicklungschancen und Karrieremöglichkeiten, in geringen Mitsprachemöglichkeiten und in der

unglücklichen Kombination von Überproduktion und Repertoirebetrieb. Als Kristallisationspunkt dieser Malaise gilt das Prinzip der Allein-Intendanz, von der idealiter kräftige Impulse für Reformen ausgehen könnten, die sich aber mitunter eher als Bremse gegenüber dem notwendigen Wandel erweist.

3. Hinzu kommt die *(kultur-)politische* Krise, die von der erschwerten gesellschaftlichen Legitimation der Theater bis hin zur kaum durch-schlagenden Lobbyarbeit seitens der Kulturpolitik und ihrem gebremsten Engagement im Hinblick auf Innovation und Wandel reicht.

Wie bereits erläutert zeichnen sich vier mögliche Varianten ab, der beschriebenen Misere zu begegnen:

1. Ein neoliberal argumentierender Lösungsvorschlag, der 2012 die Runde machte, bestand in der Idee, den bevorstehenden ‚Kulturinfarkt' zu vermeiden durch die Verknappung des Kulturangebots, die Schließung etlicher Theater und die *Halbierung der kulturellen Infrastruktur* an Hand von Markt- und Relevanzkriterien (vgl. Dieter Haselbach et al. 2012, 202 f, 209 f, 216, 232 f, 245). Dieser Ansatz stieß bei Kulturinstitutionen, Kulturschaffenden und auch Kulturpolitikern zu Recht auf wenig Gegenliebe und erscheint heute (trotz der finanziellen Auswirkungen der Corona-Krise) genauso kulturpolitisch fragwürdig wie damals: Auch wenn aus Nachhaltigkeitsüberlegungen heraus die Frage erlaubt sein sollte, ob Stuttgart eine Opern-Sanierung für eine Milliarde Euro braucht oder ob Berlin essenziell drei Opernhäuser benötigt (die hohe finanzielle Investitionen in der Vergangenheit wie in der Zukunft erforderlich mach(t)en), ist das rein marktbasierte Förderungsprinzip, das auf ein ‚Survival of the fittest' und die damit verbundene Schließung von etlichen Häusern hinauslaufen würde, keine ernsthaft zu erwägende Option. Allerdings sollte die Bereitschaft zu solch hohen baulichen Investitionen mit einem ähn-lichen Engagement im Hinblick auf die Sicherung des Spielbetriebs, die Verbesserung der Arbeitskonditionen und die Vergütung der künstlerischen Mitarbeiter einhergehen. Daher könnte bei aufwendigen Sanierungs-/Neubau-projekten entweder ein Moratorium von fünf bis 10 Jahren oder zumindest eine schlankere, weniger repräsentative Sanierungs- oder Neubau-Lösung in Betracht gezogen werden.

2. Eine andere Variante wäre, sich auf *finanzielle Rettungsversuche* zu beschränken, indem die Theater alles daran setzen, dass Kommunen und Länder nicht nur die Kosten für die vielerorts anstehende Sanierung der existierenden Theaterbauten übernehmen, sondern zusätzlich auch den

laufenden Spielbetrieb mehr als bisher finanziell unterstützen. Der Wille zu einer großzügigeren Förderung oder besseren gesetzlichen Absicherung der bislang freiwilligen, öffentlichen Kulturförderung mag bei manch einem Kulturpolitiker vorhanden sein. Allerdings wird in den nächsten Jahren der finanzielle Spielraum der öffentlichen Haushalte geringer, da zum einen die Zuschüsse für Kunst und Kultur mit immer höheren Aufwendungen im sozialen Bereich konkurrieren müssen. Vor allem aber wird sich aufgrund der Corona-Krise die Schere zwischen dringend erforderlichen Ausgaben und tatsächlichen Steuereinnahmen immer weiter öffnen: All dies wird den Aktionsradius der Kulturpolitik einschränken und damit scheint eine dauerhafte und entscheidende Anhebung der öffentlichen Theaterförderung derzeit schwierig. Allerdings sollten auf Bundesebene zumindest eine *interimistische Zusatzförderung* zur Unterstützung von *Reform*vorhaben und ein *Notfallfonds* für existenziell gefährdete Theater möglich sein sowie auf Länderebene die Bereitstellung zusätzlicher Mittel zur Anpassung der künstlerischen Einstiegsgagen nach oben (siehe unten).

3. In der *,Business as usual'*-Variante könnten die Theater angesichts der stagnierenden öffentlichen Förderung versuchen, durch weitere *Sparmaßnahmen* (vorwiegend im Personalbereich) und weiterhin *hohen Produktionsausstoß* den Status quo zu erhalten. Dies mag für die großen, repräsentativen Metropoltheater, die zumeist über eine auskömmlichere finanzielle Ausstattung verfügen, kurzfristig ein gangbarer Weg sein. Für die kleineren und mittleren Theater – vor allem in den strukturschwachen Regionen und hoch verschuldeten Gemeinden – ist diese Strategie quasi schon ausgeschöpft. Der ,Apparat' mit seinem festen, immer teurer werdenden Personalstock würde immer mehr Geld verschlingen und es würde am Ende kein Geld mehr für künstlerisch vertretbare Produktionen zur Verfügung stehen. Der ,Apparat' würde zu Grunde gehen, nachdem er die immer weiter reduzierte Mitarbeiterschaft bis zum Anschlag ausgelaugt hat. Und irgendwann könnten auch die größeren Häuser von diesem Mechanismus erfasst werden.

4. Der vierte Lösungsansatz wäre der grundlegendste und zielt auf einen Erhalt möglichst vieler Theater durch eine grundsätzliche **Veränderung** bei Organisation und Führung sowie eine **Verbesserung** der **Arbeitsbedingungen**. Als zentraler Ausgangspunkt für alle Reformmaßnahmen gilt – als wesentliche Referenz zum Cultural Leadership – die **Transformation der Führungsstruktur** zu mehr **geteilter** Führung, die als eine **Ergänzung** zur etablierten, vertikalen Ordnung zu betrachten ist.

Angesichts der überbordenden Herausforderungen, vor die die bundesdeutschen Theater gestellt sind, ermöglicht die Implementierung von *geteilter*
Führung an der Spitze eine Verteilung von Entscheidungsbefugnis und Verantwortung auf mehrere Schultern, die Schonung von menschlichen und zeitlichen Ressourcen bei den Führenden, den regelmäßigen Austausch zwischen
ihnen und gemeinsame Lern-Aktivitäten sowie eine verbesserte Entscheidungsqualität und einen ausgeprägten Innovationsvorteil durch Multiperspektivität.
(Situativ) geteilte Führung zwischen der ersten und zweiten Ebene sowie auf den
nachgeordneten Ebenen würde den Informationsfluss entscheidend verbessern,
Ideenvielfalt und Entscheidungssicherheit durch multiple Expertise ermöglichen,
das Potenzial der Mitarbeiter stärker einbeziehen sowie ihre Arbeitsmotivation
und Leistungsbereitschaft steigern. Im Hinblick auf das *Theater als Organisation*
würde geteilte Führung auf möglichst vielen Ebenen Flexibilität und Wandlungsfähigkeit der Bühne unterstützen sowie aufgrund der kooperativen Arbeitsweise die Attraktivität als Arbeitgeber erhöhen (vgl. auch Endres/Weibler 2019,
S. 23–26; Weibler 2016, 599).

Die *Verankerung von geteilter Führung* sollte allerdings mit der Optimierung
der *Arbeitsbedingungen* und der Gewährung *verbriefter Mitspracherechte* für
Ensemble und Mitarbeiterschaft einhergehen, die eine dauerhafte, regelmäßige
Mitsprache und Mitentscheidung in den verschiedenen Gremien garantieren.
Darüber hinaus wäre ein stärkeres Engagement der *Kulturpolitik* und ihrer
Exponenten (auch bei den mittelgroßen und kleineren Theatern) im Sinne einer
aktiven Wahrnehmung ihrer *Führungsaufgabe* vonnöten. Der erforderliche
institutionelle Wandel müsste zudem durch die Kulturpolitik, den Deutschen
Bühnenverein und die Gewerkschaften mit begleitet und mit finanziellen
Anreizen auf Bundes- und Länderebene unterstützt werden (s. u.).

Komponenten des Strukturwandels vor Ort
Eine Transformation der Organisations- und Führungsstruktur im Sinne des
Cultural Leadership sollte die folgenden Bausteine enthalten. Die Reihenfolge
der einzelnen Schritte kann je nach den Gegebenheiten vor Ort anders priorisiert
werden.

1. Bereitschaft aufseiten der **Kulturpolitik,** der Gesellschafter und der Vorsitzenden der Trägergremien, *aktiv Führung* zu übernehmen und im *Dialog*
   mit der Intendanz, einem zusätzlichen *Lenkungsausschuss* (s. u.) und der
   Ensemble-/Mitarbeitervertretung die Weiterentwicklung des Theaters
   sowie die Verbesserung der Rahmenbedingungen voranzutreiben. Ein
   echter Dialog würde auch implizieren, dass beispielsweise bei einem

schwerwiegenden Konflikt oder einer tiefen Vertrauenskrise innerhalb des
Führungsteams oder zwischen der Intendanz und einer Sparten-/Abteilungs-
leitung oder zwischen Intendanz und Mitarbeiterschaft vonseiten des
Aufsichts- oder Verwaltungsrats zur Beurteilung der Lage frühzeitig von den
beteiligten Seiten eine Stellungnahme erbeten wird, die Beteiligten dann im
Rahmen des Aufsichtsgremiums oder mithilfe eines neutralen Vermittlers
(z. B. des Sonderbeauftragten oder Vertrauensanwalts – s. u.) an einen Tisch
geholt werden, eine offene lösungsorientierte Aussprache erfolgt, die alle
Seiten gebührend berücksichtigt und erst dann auf der Trägerebene eine
angemessene Entscheidung gefällt wird.

Dies war beispielsweise am Badischen Staatstheater Karlsruhe im Juli 2020
nicht der Fall, da trotz etlicher interner Probleme der Intendantenvertrag um
5 Jahre verlängert und dies auf der Pressekonferenz auch bereits verkündet
wurde, bevor die Ergebnisse einer am gleichen Tag stattfindenden Mit-
arbeiterversammlung (hier votierte ein Großteil gegen eine Verlängerung)
hätten einbezogen werden können (vgl. Patzer 2020 und Kommentar von
Kiehne/Ensemblenetzwerk hierzu).

Entscheidungsprozesse, die zu einer *Intendantenberufung* oder einer
Intendanzverlängerung (bzw. Nichtverlängerung) führen sollen, stellen
eine Art *Lackmustest* für eine *dialogische* Führungskultur durch die Kulturpolitik und die Träger dar: Aufgrund der genannten Vorkommnisse in Karlsruhe im Sommer 2020 und aufgrund der misslungenen Findungsprozesse am
Berliner Staatsballett, an der Berliner Volksbühne oder am Kölner Schauspiel in den Jahren zuvor dürfte evident geworden sein, dass bei diesen Verfahren neben externen Theaterexperten auch die Positionen des Personalrats/
Betriebsrats und der Ensemblevertretung in die Entscheidung einbezogen
werden sollten.

Das Prinzip des *Dialogs* (in diesem Fall mit der Stadtgesellschaft) müsste
auch für die Diskussion und Planung der teilweise sehr ambitionierten
Sanierungs- oder Neubauvorhaben gelten. So wurde an den Staatstheatern
Stuttgart in der Spielzeit 2020/21 mit dem sogenannten Bürgerforum (aus 40
zufällig ausgewählten Personen) eine neue Variante der Bürgerbeteiligung
begonnen, die allerdings etlichen Bürgern noch nicht weit genug ging. Und
schließlich gehört zu einer *aktiven Kulturpolitik* auch eine verstärkte *Lobbyarbeit* im Hinblick auf die kulturpolitische Legitimation der Bühnen und
ihre angemessene finanzielle Absicherung sowie die *Mitarbeit* in den Versammlungen des Deutschen Bühnenvereins.

2. Um den Dialog zwischen Politik, Theaterleitung und Ensemble und Mitarbeiterschaft zu intensivieren, sollte ein regelmäßiger **Runder Tisch**

etabliert werden, der gemeinsam vom jeweiligen Theater und der lokalen Kulturpolitik getragen wird, der *ein bis zweimal* pro Jahr tagt, an dem seitens des Theaters die Theaterleitung, einige Abteilungsleitungen, die Vertretung des Ensembles und des Personal-/Betriebsrats sowie seitens der Politik die Aufsichtsrats- oder Verwaltungsratsvorsitzenden, ihre Vertretung sowie interessierte Mandatsträger aus dem Aussichtsgremium teilnehmen und bei dem ein konzeptioneller Austausch (jenseits der üblichen Kennzahlen) im Vordergrund stehen sollte.

Zum Zwecke des besseren, regelmäßigen *Informationsflusses* zwischen dem Träger und dem betreffenden Theater (Leitung und Mitarbeiterschaft) könnte das Aufsichtsgremium der Gesellschafter einem Ministerialbeamten, dem Kulturdezernenten oder der Kulturamtsleitung das Mandat eines **Sonderbeauftragten** übertragen. Dieser könnte an einigen Leitungssitzungen oder zumindest an allen Sitzungen des *Lenkungsausschusses* teilnehmen (Abschn. 4.). Ein solches Sondermandat wurde beispielsweise im Juli 2020 für das Badische Staatstheater in Karlsruhe eingerichtet (vgl. Patzer 17.07.2020).

3. Einführung eines **geteilten Führungsmodells** (Shared Leadership) auf der Ebene der Intendanz in Form einer *echten, gleichberechtigten* **Doppelspitze** oder eines *gleichberechtigten* **Direktoriums** mit einem hohen Anteil an **ge**teilter, gemeinsamer (statt nur **ver**teilter) Entscheidungsbefugnis. Die *Ensemblevertretung* und die Vertretung des *Personal-/Betriebsrats* sollten immer zu (entscheidenden) Beratungen der Doppelspitze wie des Direktoriums hinzugezogen werden.

   Bei der **Doppelspitze** wäre das Prinzip des **ge**teilten *Co*-Leaderships mit weitestgehend gemeinsamer Führungsverantwortung dem Prinzip des **ver**teilten *Dual*-Leaderships vorzuziehen. Darüber hinaus müsste sich die Doppelspitze die Führungsverantwortung und Entscheidungsbefugnis mit einem parallel installierten *Lenkungsausschuss* teilen (Abschn. 4.).

   Beim **Direktorium** wären zwei Varianten denkbar:

   a)   Ein *kleineres* Kern-Direktorium aus drei bis fünf Akteuren (Künstlerische Leitung, Geschäftsführung, Programm- oder Produktionsleitung sowie eine Ensemble- und Mitarbeitervertretung), die gleichgestellt sind und gemeinsam beschließen. Auch hier nehmen Ensemble- und Mitarbeitervertreter regelmäßig an allen (entscheidenden) Sitzungen teil. Alle zentralen strategischen und grundlegenden operativen Entscheidungen wären in enger Abstimmung mit einem zusätzlich zu installierenden, monatlich tagenden *Lenkungsausschuss* (Abschn. 4.) zu treffen.

b) Ein *größeres* Direktorium aus (je nach Größe und Sparten) bis zu sieben gleichberechtigten Positionen entweder aus den Bereichen Künstlerische Leitung, Management, Programm, Produktion und Technik (vgl. Schmidt 2017, 332 und 440) oder aus der Geschäftsführung und den Spartendirektoren. Auch hier kämen jeweils noch eine Ensemblevertretung sowie eine Mitarbeitervertretung (aus dem Personal-/Betriebsrat) hinzu. Auch in diesem Direktorium sollte möglichst viel nach dem Prinzip der geteilten Führung beschlossen werden. Entscheidungen zu zentralen künstlerischen, strategischen oder operativen Themen sollten allerdings auch hier im Benehmen mit einem parallel implementierten *Lenkungsausschuss* (vgl. 4.) entschieden werden. Das Direktorium könnte einen, immer nur temporär für eine Spielzeit amtierenden, *Vorsitzenden/Sprecher* nach dem Rotationsprinzip wählen, der bei zeitlich dringlichen, unaufschiebbaren Fragen, unlösbaren Konflikten oder Patt-Situationen im Direktorium die Letztentscheidung treffen und in bestimmten Fällen auch die Außenvertretung übernehmen könnte.

4. Implementierung eines zusätzlichen, beispielsweise monatlich tagenden **Lenkungsausschusses** (vergleichbar mit dem Ausschuss in der Royal Shakespeare Company – s. o.) aus bis zu 15 Personen, in dem die Führungsspitze, Stabsstellen, Spartenleitungen, Abteilungsleitungen sowie die bereits genannten Vertretungen aus Ensemble und Personal-/Betriebsrat *dauerhaft* Mitglied sind. Dieses Gremium würde netzwerkartig nach dem Prinzip der geteilten Führung operieren. Alle grundlegenden, normativen und strategischen Fragen würden hier gemeinsam mit der Führungsspitze rückgekoppelt und entschieden. Die operative Umsetzung wäre dann dem Führungsteam und den einzelnen Abteilungsleitungen vorbehalten. Diesem Lenkungsausschuss könnte zusätzlich der bereits erwähnte **Repräsentant** mit **Sondermandat** aus dem *Aussichtsgremium* des Trägers (siehe 2.) angehören sowie eine **Vertretung** aus einer weiteren Stakeholder-Gruppe (z. B. Förderverein, Verein der Freunde des Theaters oder Vertretung des Publikums). Die beiden letztgenannten Positionen hätten *Beratungs- aber kein Stimmrecht*. Durch eine solche netzwerkartige Konstruktion würde nicht nur die Führung zwischen der 1. und 2.Ebene geteilt und die Belegschaft stärker eingebunden, sondern auch eine enge Verzahnung zwischen Kulturpolitik und Theater sowie eine noch stärkere Öffnung zur Stadtgesellschaft ermöglicht.

5. Offizielle, per Betriebsvereinbarung **garantierte,** regelmäßige **Mitwirkung**
    einer **Ensemblevertretung** sowie einer Vertretung des **Personal-/Betriebs-**
    rats bei den unter 3. genannten **Sitzungen** der Intendanz, der Doppelspitze
    oder dem Direktorium und bei dem unter 4. erläuterten Lenkungsausschuss
    mit eigenem Stimmrecht sowie bei den Zusammenkünften des unter 2. vor-
    gestellten Runden Tisches.

6. Einführung von *abteilungs- oder* auch *hierarchieübergreifenden* **Projekt-**
    gruppen, die ebenfalls nach dem Prinzip der **situativ geteilten Führung**
    arbeiten, nämlich entweder in Form einer gleichberechtigt-*lateralen*
    Führung ohne Weisungsbefugnis einer bestimmten Person (vgl. Kühl/
    Matthiesen 2012, S. 531 f) oder mit einer temporären, kompetenzbasierten
    Führung aus der eigenen Mitte. Diese Projektgruppen könnten beispiels-
    weise als Change- oder OE-Projektteams Veränderungsprozesse begleiten.
    Zum anderen könnten sie Vorschläge und Vorlagen für die Sitzungen der
    Führungsspitze und/oder des Lenkungsausschusses erarbeiten (wie Ideen
    zur Spielplanentwicklung, zu Besetzungsfragen, zur Einladung von Gästen,
    Neu-Engagements etc.). Diese Vorschläge sollten in den Projektgruppen kon-
    sensuell oder nach dem Mehrheitsprinzip entschieden werden.

7. Fortsetzung des Prinzips der **geteilten Führung** auch auf der **mittleren**
    Führungsebene durch Etablierung von temporär und anlassbezogen ein-
    gerichteten Teams in den jeweiligen Abteilungen (wie z. B. in der Drama-
    turgie, im Marketing, in der Technik), die mit kompetenzbasierter Leitung
    aus der eigenen Mitte arbeiten können. Diese Teams könnten für bestimmte
    Vorhaben und Projekte zusammengestellt werden.

8. Neben der **Personal-/Betriebsratsvertretung** (in der Regel deren Vor-
    sitzende) sollte auch die **Ensemblevertretung** an den **Sitzungen des Auf-**
    sichtsgremiums der Gesellschafter teilnehmen.

9. Offiziell garantierte Mitwirkung der **Ensemblevertretung** und der
    Personal-/Betriebsratsvertretung an den Beratungs- und Entscheidungs-
    prozessen zur **Findung** oder möglichen **Verlängerung** einer **Intendanz,**
    einer **Doppelspitze** oder eines **Direktoriums** sowie bei der Wahl eines
    einzelnen **Direktoriumsmitglieds.**

10. Erprobung neuer Formen der **Ko-Kreation** im Rahmen der **Proben- und**
    Inszenierungsprozesse, die den Akteuren eine stärkere Mitsprache an der
    Konzeptionsentwicklung einräumt. Nach der ersten ‚Halbzeit' im Proben-
    prozess (also nach etwa 3 Wochen) sollte es verpflichtend für *alle* Mit-
    wirkenden ein lösungsorientiertes, konstruktives **Metagespräch** geben, das
    von einem (nicht beteiligten) Dramaturgen oder Ensemblemitglied moderiert
    werden könnte. Dabei ist unverzichtbar, dass die Regie an diesem Gespräch

beteiligt ist und sich nicht vertreten lässt, wie dies mancherorts geschieht (vgl. Slevogt 2020). Die angesprochenen Themen sollten das Arbeitsklima und die Zusammenarbeit betreffen. Das Ziel ist die Verbesserung des persönlichen Involvements aller Mitwirkenden und der Arbeitsfähigkeit des Teams mithilfe einer konstruktiven, sachbezogenen Feedbackkultur, die vorschnelle Interpretationen, unerbetene Ratschläge und vor allem persönliche Demontage vermeidet. Lösungen für bestimmte Problemstellungen sollten im Konsens gefunden werden.

11. **Verbesserung** der **Arbeitsbedingungen** durch Träger und Intendanz wie beispielsweise im Hinblick auf Gagen- und Gendergerechtigkeit, die Reduktion der Arbeitszeiten und Ausgleichsmöglichkeiten für Mehrstunden, Gewährung eines probenfreien Samstags oder Montags, Gewährung einiger probenfreier Tage nach einer Premiere, Pauschalen für Vor- und Nachbereitung, moderater Umgang mit der Praxis der Nichtverlängerung einschließlich eines Kündigungsschutzes für neu engagierte, jüngere Künstler sowie für (ehemalige) Ensemblevertreter von beispielsweise zwei Jahren (siehe auch im Kapitel Reformansätze).

12. Etablierung eines **Code of Conduct** im Rahmen eines Compliance-Managements, der sich hinsichtlich der Frage des Machtmissbrauchs am Ethikkodex-Vorschlag des Deutschen Bühnenvereins orientieren kann, der aber darüber hinaus noch *weitere* Statements zum *ethischen Führungshandeln* (vgl. Norz 2016, S. 109 f) oder auch Aussagen zur Führungsstruktur, zu Teilhaberechten und zur Optimierung der Arbeitsbedingungen enthält und dessen Einhaltung alle zwei Jahre durch eine unabhängige externe Stelle *überprüft* werden könnte.

Zusätzlich sollte frühzeitig (also nicht erst dann, wenn das Kind in den Brunnen gefallen ist) durch den **Träger** eine unabhängige Stelle in Form eines **Mediators** oder **Vertrauensanwalts** eingerichtet werden, an die sich Mitarbeiter (spätestens nachdem Gespräche mit der Ensemblevertretung bzw. dem Personal-/Betriebsrat erfolglos geblieben sind) mit Beschwerden wenden könnten und die sich um einen Ausgleich zwischen den betreffenden Parteien bemühen und/oder in gravierenden Fällen das Aufsichtsgremium einschalten könnte. Eine solche Instanz wurde beispielsweise am Badischen Staatstheater Karlsruhe im Juli 2020 installiert (Patzer 2020).

Cultural Leadership am Theater

Gesellschafter und Intendanzen haben die Positionsmacht zum Anschub von Reformen. Dazu braucht es eine klare Vision, eine entsprechende Strategie, passende Ziele, Entscheidungsfreude und einen langen Atem – denn das

Bestreben, die eigene Organisation weiterzuentwickeln, stößt nicht selten auf innere und äußere Widerstände.

Cultural Leadership im öffentlichen Theaterbetrieb im Hinblick auf *Mitarbeiter*führung sollte sich engagieren für den Abbau hierarchischer Barrieren, wo diese unnötig oder kontraproduktiv sind, für (situativ) geteilte Führung auf möglichst allen Ebenen, für ethisch vertretbare Produktionsbedingungen sowie für Mitspracherechte von Ensemble und Mitarbeiterschaft.

Cultural Leadership als *Organisations*führung beinhaltet, dass die Aufsichtsgremien sowie die Intendanz bzw. die Führungsteams den genannten vierten Lösungsweg der *Transformation* einschlagen und versuchen, mit einer überzeugenden Vision und passenden Strategien Reformen einzuleiten, um das Theater auf lange Sicht zu erhalten und abzusichern. Auf diesem Wege könnte auch die zweite Dimension des Cultural Leadership, also die *Wirkung* des Kunst- und Kultursektors *auf die Gesellschaft,* zum Tragen kommen, da vom Theater vorbildhafte Impulse im Hinblick auf die Teilung von Führung und mehr Teilhabe ausgehen können und zwar nicht nur von der Bühne aus, sondern vor allem auch durch die Organisations- und Führungsstruktur hinter den Kulissen.

Grundlegende Reformen des Theatersystems
Die individuellen Lösungswege an den einzelnen Theaterstandorten vor Ort sind die eine Seite des nötigen institutionellen Wandels. Dieser kann sich aber umso leichter entfalten, wenn er andererseits durch eine überregional greifende, *umfassende Reform* des Theater*systems* flankiert wird. Hier könnten vor allem der *Deutsche Bühnenverein* als Arbeitgeber- und gleichzeitiger Interessenverband sowie die *Gewerkschaften* – wenn man so will – ebenfalls *Führungsverantwortung* wahrnehmen.

Vordringlichstes Ziel sollte die Einrichtung eines gemeinsamen, regelmäßig tagenden **Thinktanks** sein, in dem nicht nur Schritte hinsichtlich eines *Masterplans Systemreform* angedacht, sondern auch Beschlussvorlagen entwickelt werden könnten. Dieser regelmäßig tagende Thinktank könnte bestehen aus Vertretern der Kulturpolitik, des Deutschen Bühnenvereins, der Gewerkschaften, des Ensemble-Netzwerks und weiterer Netzwerke sowie der Wissenschaft. Mitwirkende dieses Thinktanks könnten auch in die Auswahlgremien für eine Innovations- bzw. Notfallförderung entsandt werden (siehe unten). Von diesem Kreis könnten folgende Impulse ausgehen:

1. Konzeptionierung eines **Reform-Fahrplans** zu Führung und Organisation, den man den Theatern zur Empfehlung an die Hand geben könnte. Darin könnten auch Vorschläge zur Erprobung von Modellen von geteilter Führung,

zu verbindlichen Mitspracherechten von Ensemble und Mitarbeiter-schaft, zu verbesserten Arbeitsbedingungen und zum Themenkomplex Gendergerechtigkeit (durch gleiche Bezahlung und Festlegung einer Quote von weiblichen Beschäftigten, Künstlern/innen, Autoren/innen, Regisseuren/innen etc.) enthalten sein.

2. Vorschläge zur Schaffung eines **gerechteren Gagensystems,** das die Unter-schiede zwischen den unterschiedlichen Tarifgruppen Schritt für Schritt nivelliert und das mit einer mit gender-, alters- und leistungsgerechten Gagentabelle kombiniert werden sollte. Hinzu kämen Impulse für eine **Neu-konfiguration der öffentlichen Förderung,** die strukturschwache Regionen, finanzschwache Gemeinden, kleinere sowie existenzbedrohte Theater stärker berücksichtigt. Außerdem sollten – um die Kommunen zu entlasten – Bund und Länder stärker als bisher beteiligt sein bei der dauerhaften finanziellen Absicherung der Theater bzw. beim Auflegen zusätzlicher Fonds, durch die eine Angleichung der Künstlergagen erfolgen sowie Reformprozesse und gefährdete Bühnen finanziell unterstützt werden können (s. u.).

3. Impulse für eine Initiative, die mit getragen werden könnte vom Deutschen Kulturrat und von der Kulturpolitischen Gesellschaft, hinsichtlich einer Umwidmung der freiwilligen **Kulturaufgaben** in **Pflichtaufgaben** in Anlehnung an die Empfehlungen aus dem Schlussbericht der Enquete-Kommission „Kultur in Deutschland" aus dem Jahr 2007. Dabei sollten die gesetzlichen Garantien jedoch weiter reichen als die Aussagen des Kultur-raumgesetzes im Bundesland Sachsen.

4. Formulierung angemessener **Exzellenzkriterien** für die Evaluation der künstlerischen, kultur-/bildungspolitischen und managerialen Leistung der Theater, die über die klassischen Kennzahlen von Auslastungs- und Einspiel-quote hinausgehen. Hierzu wurde im Kapitel Kulturpolitik ein *qualitativer Kriterienkatalog* vorgestellt.

5. **Erweiterung des Verhaltenskodexes** des Deutschen Bühnenvereins um Aspekte, die die Führungs- und Unternehmensethik betreffen sowie Konzeptionierung eines **Gütesiegels,** das von externer Stelle vergeben wird (vgl. Norz 2016, 109 f).

6. Auflegen von *Fortbildungen, Workshops* und *Coaching*-**Programmen** zu den Themen **Führung und Organisationsentwicklung.**

7. Konzeption eines **Leitfadens für die Intendanten-** und **Direktoren-wahl** (sowie eventuelle Verlängerung oder Nachwahl), bei der immer eine *Beteiligung* von Ensemble und Stadtgesellschaft vorgesehen sein sollte.

8. Konsequente **Überzeugungs- und Lobbyarbeit** für die Kunstform des Theaters.

Kultur- bzw. finanzpolitische Maßnahmen

Theater wird immer teurer sein müssen als andere Formen künstlerischer Produktion, da es einmalige, nicht repetierbare ‚Live‘-Ereignisse bietet und auf äußerst komplexen, personalintensiven Arbeitsprozessen basiert, an denen viele Abteilungen, Gewerke und Hände beteiligt sind. Es sollte sich aber die Erkenntnis durchsetzen, dass der notorische Geldmangel des Theaters nicht von den dort Beschäftigten verursacht wird, sondern schlicht und ergreifend durch die seit Jahren stagnierenden Zuschüsse – insbesondere der Länder, die gerne auf ihre Kulturhoheit pochen. Daher ist es an der Politik, die Rahmenbedingungen der städtischen Theater zu verbessern zum Beispiel durch eine angemessene Förderung auf Landesebene, die die Kommunen entlastet, durch die gesetzliche Absicherung der bisherigen freiwilligen Leistungen im Kulturbereich als Pflichtaufgaben und durch eine zusätzliche Innovations- und Notfallförderung auf Bundesebene.

Die oben genannten grundlegenden Reformschritte müssten daher von folgenden, überregionalen *kultur- bzw. finanzpolitischen* Maßnahmen flankiert werden:

1. Schrittweise *Anpassung der Gagen* für die künstlerischen Mitarbeiter an die Tarifgruppen nach TVK und TVÖD durch die Bereitstellung von Zusatzmitteln auf der Ebene der einzelnen Bundesländer für die Stadt-, Staats- und Landestheater. Hier ist das Land Hessen Ende 2019 mit gutem Beispiel vorangegangen. Einen Referenzpunkt bieten die ‚Ziele 3000‘ des Ensemblenetzwerks.

2. *Finanzielle Anreize* für *reformwillige* Theater in Form einer temporären Zusatzförderung, da ein struktureller Wandel vorübergehend personelle, zeitliche und finanzielle Ressourcen binden dürfte. Ein solcher *Innovationsfonds Theater* könnte sich aus Mitteln des *Bundes* speisen. Ein teilweise vergleichbarer Vorschlag kommt von Thomas Schmidt in Form eines sogenannten ‚Strukturanpassungsprogramms Reform‘ (vgl. Schmidt 2017, 128, 448). Allerdings soll der hier vorgeschlagene *Innovationsfonds Theater* nicht durch eine anteilige Umlenkung bisheriger Fördermittel gefüllt werden, sondern durch die Bereitstellung von *zusätzlichen* Bundes-Mitteln. Das jährliche Fondsbudget sollte mindestens der Fördersumme des Bundes für die Sparte Theater und Musik im Jahr 2015 entsprechen (34 Millionen Euro). Die Ausschüttung könnte je nach Größe des Hauses und des Reformvorhabens bis zu 5 % des Gesamthaushalts der jeweiligen Bühne betragen und sollte über 3 Jahre verteilt erfolgen.

Zum Erhalt der Förderung sollten *folgende Maßnahmen* umgesetzt worden sein:

- Geteilte Führung auf der Intendanz-Ebene (echte Doppelspitze oder gleichberechtigtes Direktorium).
- Installierung eines mitentscheidenden, einmal monatlich tagenden Lenkungsausschusses.
- Verbriefte kontinuierliche Mitwirkung einer Ensemble-/Mitarbeitervertretung bei den Leitungssitzungen und/oder oder Sitzungen des Lenkungsausschusses.
- Regelmäßige Erprobung von geteilter Führung in hierarchieübergreifenden, abteilungsbezogenen oder abteilungsübergreifenden Projektgruppen.
- Vereinbarung eines erweiterten Verhaltenskodexes, der über den Vorschlag des Deutschen Bühnenvereins noch hinausgeht.
- Verbesserung der Arbeitskonditionen (wie Ausgleich für Mehrstunden, probefreier Samstag oder Montag; Anhebung der Mindestgage vor Ort etc.).

Das Expertengremium, das die Prüfungskriterien letzten Endes festlegt, könnte sich aus Vertretungen des Bundesministeriums für Kultur und Medien, des Deutschen Bühnenvereins, der Künstlergewerkschaften, des Ensemblenetzwerks und einer externen, auf Kultureinrichtungen spezialisierten, Unternehmensberatung zusammensetzen. Die Prüfung der Anträge, die Evaluation der Umsetzung und die mögliche Empfehlung für eine Förderung könnte dann durch die externe Beratungsagentur erfolgen.

3. Einrichtung eines *Notfall-Fonds,* aus dem ein Theater, das ohne eigenes Verschulden in eine *existenzbedrohliche* Krise geraten ist, für maximal drei Jahre finanziell und durch externe Beratungsleistungen unterstützt wird (vgl. auch Schmidt 2017, 127, 442). Dieser *Notfall-Fonds* wäre idealerweise ebenso beim *Bund* angesiedelt und sollte ebenfalls mindestens mit der Summe gefüllt werden, die der Bundesförderung für Theater und Musik im Jahr 2015 entspricht (ca. 34 Millionen Euro). Die Unterstützung aus dem *Notfall-Fonds* könnte an die Mitwirkung eines externen Beraters in der Führungsspitze gekoppelt sein, der mindestens ein Jahr *gleichberechtigt* mit der Intendanz und der Geschäftsführung agiert. Das Gremium, das die Anträge auf Notförderung prüft, könnte ebenfalls aus Vertretungen der Kulturpolitik (z. B. aus dem betreffenden Ministerium), des Deutschen Bühnenvereins, der Künstlergewerkschaften, des.

Ensemblenetzwerks und einer externen Unternehmensberatung bestehen. Auch dieser Fonds sollte aus *zusätzlichen* Mitteln gespeist werden und nicht zu Kürzungen an anderer Stelle (bei den Mitteln vom Land oder der Kommune) führen.

Ausblick

Nach dem Vier-Phasen-Modell von Glasl/Lievegoed zum *Lebenszyklus* von Organisationen befinden sich viele Bühnen immer noch in der sogenannten Differenzierungsphase, in der die Leitung versucht, den ‚Apparat' mittels Logik, Systematik und Hierarchie zu steuern. Nun gilt es, die Theater weiterzuentwickeln und in die *Integrationsphase* einzutreten: Diese beinhaltet die Ergänzung von künstlerischer Durchschlagskraft und wirtschaftlicher Effizienz um eine soziale und ethische Komponente, die Überwindung des Sparten- und Abteilungsdenkens sowie vor allem die Ablösung des Entscheidungsmonopols durch die Teilung von Macht und Einfluss, die Verankerung von Mitsprachemöglichkeiten, die kooperative Entwicklung von Leitlinien und Zielen sowie die (zumindest) temporäre, selbstorganisierte Zusammenarbeit im Team (vgl. Glasl/Lievegoed 2016, S. 96–124).

Der erforderliche Wandel von Struktur und Kultur der bundesdeutschen Theaterinstitutionen kann nur gelingen, wenn er sowohl überregional durch die Kulturpolitik, den Deutschen Bühnenverein und die Gewerkschaften beflügelt wird, als auch vor Ort auf allen Ebenen des Theaters, also seitens des Trägers und seines Aufsichtsgremiums, der Führungsspitze, der mittleren Führungsebene, der Ebene von Ensemble und Mitarbeiterschaft sowie der Ebene der Regieführung wirklich gewollt, umgesetzt und gelebt wird. Und dies sollte nicht nur die Schau- oder Fassadenseite in Form von offiziellen Erklärungen betreffen, sondern auch die formale Seite der Betriebsvereinbarungen und Verträge sowie die informelle Seite der Unternehmenskultur.

Wenn die vornehmste Aufgabe der Theater als öffentlicher Kultureinrichtungen und als ästhetischer, sozialer und politischer Kraftzentren der Städte darin besteht, neben künstlerischer Qualität und Innovation eine wertebasierte Sinnorientierung zu bieten, dann sollten sie sich nicht darauf beschränken, moralische Imperative nach außen zu vertreten, sondern sollten diese Maßstäbe auch an die eigene Organisation anlegen. Dazu braucht es vor allem die Bereitschaft der Intendanz, einen Teil der Entscheidungsbefugnis abzugeben, sowie der Kulturpolitik, der Träger und ihrer Vorsitzenden, der Verbände und auch der Mitarbeiterschaft dies aktiv zu unterstützen. Auch wenn einige Theaterleitungen und Kulturpolitiker bereits erste Reformvorstöße unternommen haben, bleibt für alle Beteiligten noch viel zu tun.

Anhang

Wertekodex des Deutschen Bühnenvereins vom 08.06.2018

„Wir, die deutschen Theater und Orchester, geben grundlegende künstlerische Impulse in eine sich stets wandelnde Gesellschaft und sind daher nicht nur Bewahrer der künstlerischen Freiheit, sondern auch Katalysator gesellschaftlicher Weiterentwicklung. Aus diesem Verständnis heraus haben wir einen Wertebasierten Verhaltenskodex zur Prävention von sexuellen Übergriffen und Machtmissbrauch entwickelt, der einen Verständigungsprozess und einen progressiven Umgang aller Mitarbeiter*innen an unseren Theatern und Orchestern in Gang setzen soll.

Als Theater und Orchester haben wir gemeinsame Werte. Wir zeigen Haltung und ermutigen uns gegenseitig, jede Form von Übergriff oder Diskriminierung zu unterbinden. Geschlechtergerechtigkeit und Chancengleichheit sind für uns elementar. Wir stellen uns der Herausforderung, die Diversität unserer Gesellschaft in unseren Häusern abzubilden und zu leben. Innerbetrieblich zeigen wir einander Respekt und Wertschätzung. Wir sorgen für eine partnerschaftliche Zusammenarbeit in den Betrieben und ein soziales Miteinander mit dem Willen, Konflikte offen anzusprechen und zu lösen. Wir bemühen uns um klare und vertrauensvolle Kommunikation auf allen Ebenen unserer Häuser.

Wir tragen aufgrund dieses Selbstverständnisses und als Arbeitgeber die Verantwortung, unsere Mitarbeiter*innen und Künstler*innen aktiv vor sexueller Belästigung und Machtmissbrauch am Arbeitsplatz zu schützen.

Dem Management und der Führungsebene jedes Theaters und jedes Orchesters obliegen in diesem Zusammenhang besondere Fürsorgepflichten für die Mitarbeiter*innen. Dieser stellen wir uns als Mitglieder im Deutschen Bühnenverein und sehen es als unsere Aufgabe an, mit diesem wertebasierten Verhaltenskodex für ein diskriminierungs- und angstfreies Arbeitsklima zu sorgen.

© Springer Fachmedien Wiesbaden GmbH, ein Teil von Springer Nature 2020   389
J. Weintz, *Cultural Leadership – Führung im Theaterbetrieb*,
https://doi.org/10.1007/978-3-658-31731-7

Grundsätzliches Kennzeichen der Belästigung ist eine Grenzüberschreitung, die ein anderer Mensch gegen seinen Willen erfährt. Als Belästigung können auch Vorgänge empfunden werden, die nicht beabsichtigt waren. Es ist daher nicht angebracht, die persönliche Sphäre anderer zu überschreiten, unter anderem durch:

- die (auch versuchsweise) Erzwingung sexueller Handlungen mittels Gewalt oder Androhung von Gewalt
- direkte/indirekte Drohung mit Nachteilen für die Ablehnung von Avancen
- Versprechen von Vorteilen für sexuelle Zugeständnisse
- Zeigen oder Verbreiten von Pornografie
- anzügliche und sexualisierte Bemerkungen, Witze und Gesten
- abfällige Bemerkungen über den Körper, die Sexualität oder die sexuelle Orientierung Anderer
- nicht einvernehmliche körperliche Berührungen
- Verlangen nach sexueller Aufmerksamkeit.

Auf Basis der oben angeführten Werte verpflichten wir uns auf verbindliche Verhaltensregeln für alle Mitarbeiter*innen in unseren Häusern, unabhängig von ihrer Position:

- Ich trenne zwischen dem, was innerhalb und außerhalb der künstlerischen Arbeit erlaubt ist und missbrauche diese Freiräume der Kunst nicht.
- Ich verhalte mich respektvoll gegenüber allen, unabhängig von Geschlecht, Alter, Religion, Behinderung, Herkunft und sexueller Orientierung.
- Ich unterlasse jede Form von sexueller Belästigung.
- Ich unterlasse Übergriffe in gestischer, sprachlicher und körperlicher Form.
- Ich gehe verantwortungsvoll mit der mir übertragenen Macht um.
- Ich bin mir bewusst, dass mein Verhalten bei meinem Gegenüber eine andere Wirkung erzielen kann als beabsichtigt. Ich gehe damit empathisch und verantwortungsvoll um.
- Ich kommuniziere eindeutig und klar.
- Ich spreche Konflikte offen an und bemühe mich, sie fair zu lösen.
- Ich schreite aktiv ein, wenn ich Zeug*in von Übergriffen, Machtmissbrauch und unangebrachtem Verhalten jeglicher Art werde und spreche unangemessenes Verhalten direkt an.

Das Überwinden von sexueller Belästigung und Machtmissbrauch ist eine gesamtgesellschaftliche Aufgabe, die einen Kulturwandel voraussetzt. Als Theater und

Orchester sorgen wir dafür, dass das Bewusstsein für sexuelle Belästigung und Machtmissbrauch am Arbeitsplatz geschärft wird. Mit dem hier vorliegenden Kodex soll ein weiterer Schritt in diese Richtung geleistet werden. Um dieses Ziel zu erreichen, ist es notwendig, dass sich alle Theater und Orchester und die Rechtsträger die Zeit und den Raum nehmen, sich mit dem Thema zu befassen, eigene Prozesse kritisch zu hinterfragen und die hier statuierten Werte in ihrem eigenen Alltag umzusetzen. Dazu notwendig sind auch flankierende Maßnahmen wie Schulungen und Aufklärung. Bei Verdacht auf sexuelle Belästigung oder Missbrauch verpflichten wir, die deutschen Theater und Orchester, uns darauf, alle notwendigen Maßnahmen zur Aufklärung und zum Schutz der betroffenen Personen einzuleiten. Der Deutsche Bühnenverein unterstützt seine Mitglieder in der Umsetzung auch durch eigene Maßnahmen, etwa durch Vermittlung oder Angebot von Schulungsmaßnahmen oder der Beteiligung an einer überbetrieblichen Vertrauensstelle, an die sich Betroffene wenden können".

Mitglieder, Präsidium und Vorstand des Deutschen Bühnenvereins auf der Jahreshauptversammlung am 8. Juni 2018in Lübeck.

Literatur

Abfalter, Dagmar, Julia Müller, Melanie E. Zaglia, und Linda Fitz. 2012. Passion meets Profession. Erfolgreiche Führung in Fußballteams und Ballettensembles. In *Die Zukunft der Führung*, Hrsg. Sven Grote, S.585-603. Berlin, Heidelberg: Springer.

Achouri, Cyrus. 2015. *Human Resources Management: Eine praxisbasierte Einführung*, 2. Aufl. Wiesbaden: Gabler Verlag.

Aktionsbündnis Darstellende Künste (2019). Geschlechtergerechtigkeit in den Darstellenden Künsten https://www.nrw-lfdk.de/files/positionspapier_geschlechtergerechtigkeit_ergaenzt_aktionsbuendnis.pdf. Zugegriffen: 20. Juli 2020.

Albert, Mathias, Klaus Hurrelmann und Gudrun Quenzel. 2019. *18. Shell Jugendstudie: Jugend 2019 – Eine Generation meldet sich zu Wort*. Weinheim: Beltz.

Allgemeines Gleichbehandlungsgesetz (AGG). 2006. https://dejure.org/gesetze/AGG. Zugegriffen: 10. Juli 2020.

Almstedt, Matthias. 2019. Jetzt handeln: Auswertung einer Umfrage des Deutschen Bühnenvereins zum Fachkräftebedarf. in: Die Deutsche Bühne 10/2019, S.38–39.

Alzen, Niels. Aus tiefster Überzeugung. in: *S-Magazin. Das Stilmagazin vom Spiegel*. 11/2019, S.12. https://brookmedia.de/wp-content/uploads/2019/11/S_Mag_1904_150_DS_preview.pdf. Zugegriffen: 9. Juli 2020.

Arendt, Hannah. 1993. *Macht und Gewalt*. München: Piper.

Auer, Katja, Markus Balser und Cerstin Gammelin. 2020. Der Rettungsschirm wird immer größer. *Süddeutsche Zeitung* 05.04.2020. https://www.sueddeutsche.de/politik/coronavirus-rettungsschirm-hilfspaket-1.4868495. Zugegriffen: 17. Juli 2020.

Backovic, Lazar und Eva Fischer. Chefs mangelt es an Selbstreflexion. Der Engagement-Index rügt deutsche Manager jährlich aufs Neue. Gespräch mit Marco Nink. *Handelsblatt Online* (08.03.2018). https://www.handelsblatt.com/unternehmen/management/interview-mit-strategieberater-marco-nink-chefs-mangelt-es-an-selbstreflexion/21047528.html?ticket=ST-1001555-HtfPCtznllOcUJXn9J33-ap6. Zugegriffen: 10. Juli 2020.

Baecker, Dirk. 1994. *Postheroisches Management: Ein Vademecum*. Berlin: Merve.

Baecker, Dirk. 2013. *Wozu Theater?* Berlin: Verlag Theater der Zeit.

Baecker, Dirk. 2015. *Postheroische Führung: Vom Rechnen mit Komplexität*. Wiesbaden: Springer Gabler.

© Springer Fachmedien Wiesbaden GmbH, ein Teil von Springer Nature 2020
J. Weintz, *Cultural Leadership – Führung im Theaterbetrieb*,
https://doi.org/10.1007/978-3-658-31731-7

Baier, Sebastian. 2017. Die lernfähige Kulturorganisation: in: Cultural Leadership, KM 128 hrsg. von Dirk Schütz. https://www.kulturmanagement.net/dlf/e705f071c73a7217b0217 31d0e2d190b,1.pdf. Zugegriffen: 30. Juni 2020.

Balme, Christopher. 2013. Theater als Kulturindustrie. Globale Perspektiven in einer reflexiven Moderne. In *Theater entwickeln und planen: Kulturpolitische Konzeptionen zur Reform der Darstellenden Künste*, Hrsg. Wolfgang Schneider, 33–55. Bielefeld: transcript Verlag.

Balme, Christopher. 2019. Die Krise der Nachfolge. Zur Institutionalisierung charismatischer Herrschaft im deutschen Stadt- und Staatstheater. In *Zeitschrift für Kulturmanagement. Theater. Politik. Management 2019/2*, Hrsg. Steffen Höhne, Thomas Schmidt, Martin Tröndle und Constanze DeVereaux, 37–54. Bielefeld: transcript Verlag.

Balme, Christopher. 2020. Avantgarde über die Institution denken. Gespräch mit Detlev Baur und Anne Fritsch. *Die Deutsche Bühne 07/2020*, S. 46-49.

Bartz, Tim. David Böcking, Markus Dettmer et al. 2020. Die Verlierer der Krise. in: *Der Spiegel Nr. 28* vom 04.07.2020, S.60–65.

Bass, Bernard M., und Bruce J. Avolio. 1994. *Improving Organizational Effectiveness through Transformational Leadership*. Thousand Oaks: Sage Publications.

Baumol, William J., und William G. Bowen. 1966. *Performing arts: The economic dilemma*. Cambridge, Mass., London: M.I.T. Press.

Bayreuther Festspiele GmbH. 2020. Anzeige Kaufmännische Geschäftsführung (m/w/d), in: *Süddeutsche Zeitung* 23.05.2020.

Becker, Florian. Leistungsmotivation. McClellands Motivationstheorien. in: Wirtschaftspsychologische Gesellschaft, 2020. https://wpgs.de/fachtexte/motivation/ leistungsmotivation-mcclelland-motivationstheorien/. Zugegriffen: 9. Juli 2020.

Becker, Jochen. 2006. *Marketing-Konzeption: Grundlagen des zielstrategischen und operativen Marketing-Managements*, 8. Aufl. München: Vahlen.

Beckhard, Richard. 1969. *Organization development: Strategies and models*. Reading, Mass.: Addison-Wesley.

Behrendt, Eva, Franz Wille, Barbara Burckhardt. 2017. Männer mit Macht: Gespräch mit Peter Carp, Oliver Reese und Anselm Weber. In *Der ideale Staat. Jahrbuch Theater heute 2017*, Hrsg. Eva Behrendt, Barbara Burckhardt und Franz Wille, 70–83. Berlin: Der Theaterverlag – Friedrich.

Behrendt, Eva, Barbara Burckhardt, und Franz Wille (Hrsg.). 2017. *Der ideale Staat.: Jahrbuch Theater heute 2017*. Berlin: Der Theaterverlag – Friedrich.

Behrendt, Eva, Barbara Burckhardt, und Franz Wille (Hrsg.). 2018. *Neue Konflikte: Jahrbuch Theater heute 2018*. Berlin: Der Theaterverlag Friedrich.

Behrendt, Eva (2018a). 2018. Planungsversagen. Chris Dercon ist als Intendant der Volksbühne zurückgetreten: Theater heute. Mai 2018. S.1. Berlin: Der Theaterverlag Friedrich.

Behrendt, Eva und Franz Wille (2018). Die Drei-Drittel-Gesellschaften. Ein Gespräch mit dem Soziologen Andreas Reckwitz. In *Neue Konflikte: Jahrbuch Theater heute 2018*, Hrsg. Eva Behrendt, Barbara Burckhardt und Franz Wille, 36–46. Berlin: Der Theaterverlag Friedrich.

Bekmeier-Feuerhahn, Sigrid und Nadine Ober-Heilig. 2014. *Kulturmarketing: Theorien, Strategien und Gestaltungsinstrumente.* Stuttgart: Schäffer-Poeschel Verlag.

Bekmeier-Feuerhahn, Sigrid, Karen van den Berg et al. (Hrsg.). 2011. *Kulturmanagement und Kulturpolitik. Jahrbuch für Kulturmanagement 2011.* Bielefeld, Berlin: Transcript-Verlag.

Belbin, Raymond Meredith und Wolfgang Bergander. 1996. *Managementteams: Erfolg und Mißerfolg.* Wörrstadt: Bergander Team- und Führungsentwicklung.

Belschak, Frank D. und Deanne N. Den Hartog. 2015. Führung und Machiavellismus. In *Trends der psychologischen Führungsforschung*, Hrsg. Jörg Felfe, 342–352. Göttingen, Bern, Wien: Hogrefe.

Berg, Sybille. 2017. Was sagt uns das, das sogenannte Politische? Über das Theater und seinen Wunsch, politisch zu sein. Vortrag am 9. Dezember 2017 auf der Tagung der Intendantengruppe des Deutschen Bühnenvereins in Hofgeismar. *Nachtkritik* https://www.nachtkritik.de/index.php?option=com_content&view=article&id=14789:vortrag-sibylle-berg&catid=101&Itemid=84. Zugegriffen: 14. Juli 2020.

Bergmann, Anna. 2018. Von allein ändert sich nichts. Gespräch mit Anne Peter In: Moralische Anstalt 2.0. Über Theater und politische Bildung. Hrsg. von der Heinrich-Böll-Stiftung. S. 24-25. https://www.boell.de/sites/default/files/endf_moralische-anstalt-2.0_v01_kommentierbar.pdf?dimension1=division_knm. Zugegriffen: 25. Juni 2020.

Binder, Adolphe. 2020. Persönliche Stellungnahme. *Wuppertaler Rundschau 30.01.2020* https://www.wuppertaler-rundschau.de/kultur/tanztheater-pina-bausch-statement-von-ex-intendantin-adolphe-binder_aid-48650633. Zugegriffen: 3. Juli 2020.

Blake, Robert R., und Jane S. Mouton. 1979. *The new managerial Grid*, 3. Aufl. Houston/Tex.: Gulf Publ.

Blessin, Bernd und Alexander Wick. 2014. *Führen und führen lassen: Ansätze, Ergebnisse und Kritik der Führungsforschung*, 7. Aufl. Konstanz: UVK-Verl.-Ges.

Bockelmann, Thomas. 2015. Wir sind alle Ensemble: in: *Nachtkritik* vom 26.05.2015. https://www.nachtkritik.de/index.php?option=com_content&view=article&id=11023:deba. Zugegriffen: 2. Juli 2020.

Böhling, Susanne. 2013. Wir haben noch Luft nach oben. Bei einer Umfrage wurden knapp 2000 Zuschauer befragt. *Westdeutsche Zeitung* Krefeld 16.07.2013.

Boldt, Esther. 2015. Let's teamwork: in: *Nachtkritik* vom 17.06.2015. https://www.nachtkritik.de/index.php?option=com_content&view=article&id=10942:debatte-um-die-zukunft-des-stadttheaters-xxi-teamleitungen-als-chance-fuer-reaktionsschnelle-und-lernfaehig-theaterhaeuser&catid=101&Itemid=84. Zugegriffen: 3. Juli 2020.

Brandenburg, Detlef. 2020. Stimmungsempirie. In: *Die Deutsche Bühne* 02/2020. S. 34–35.

Brandes, Ulf, Pascal Gemmer, Holger Koschek, und Lydia Schültken. 2014. *Management Y: Agile, Scrum, Design Thinking & Co.: So gelingt der Wandel zur attraktiven und zukunftsfähigen Organisation.* Frankfurt: Campus Verlag.

British Council. 2017. What is Cultural Leadership? https://creativeconomy.britishcouncil.org/media/uploads/files/Cultural_Leadership_2.pdf.

Brook, Peter. 1989. *Wanderjahre. Schriften zu Theater, Film und Oper 1946 – 1987.* Berlin: Alexander-Verl.

Brosi, Prisca und Matthias Spörle. 2012. Die dunkle Seite der Führung. In *Die Zukunft der Führung*, Hrsg. Sven Grote, 269–290. Berlin, Heidelberg: Springer.

Bruhn, Manfred. 2005. *Marketing für Nonprofit-Organisationen: Grundlagen, Konzepte, Instrumente.* Stuttgart: Kohlhammer.

Bundeszentrale für politische Bildung. Die soziale Situation in Deutschland. Bevölkerung mit Migrationshintergrund: vom 19.09.2019. https://www.bpb.de/nachschlagen/zahlen-und-fakten/soziale-situation-in-deutschland/61646/migrationshintergrund-i. Zugegriffen: 9. Juli 2020.

Bungard, Walter. 2018. Mitarbeiterbefragungen. In *Feedbackinstrumente im Unternehmen: Grundlagen, Gestaltungshinweise, Erfahrungsberichte*, 2. Aufl., Hrsg. Ingela Jöns und Walter Bungard, 173–190. Wiesbaden: Springer Gabler.

Burckhardt, Barbara. 2018a. Lasst Taten sehen! #MeToo ist im deutschen Theater angekommen – als Strukturdebatte. *Theater heute* 02/2018 S. 1.

Burckhardt, Barbara. 2018. Die souveräne Schauspielerin, wie Wiebke Puls sie versteht… In Neue Konflikte: *Jahrbuch Theater heute 2018*, Hrsg. Eva Behrendt, Barbara Burckhardt und Franz Wille, 108–111. Berlin: Der Theaterverlag – Friedrich.

Burckhardt, Barbara, und Franz Wille. 2018. Die neuen Kräfte, die wirksam werden. Stück und Inszenierung des Jahres: Ein Gespräch mit Falk Richter. In *Neue Konflikte: Jahrbuch Theater heute 2018*, Hrsg. Eva Behrendt, Barbara Burckhardt und Franz Wille, 118–126. Berlin: Der Theaterverlag – Friedrich.

Castorf, Frank (2017a). Man braucht Konflikte, um sich zu verständigen. Im Interview mit Peter Laudenbach. In *Am liebsten hätten sie veganes Theater. Interviews 1996–2017*, Hrsg. Castorf, Frank und Peter Laudenbach, 115–121. Berlin 2017. Verlag Theater der Zeit.

Castorf, Frank (2017b). Man geht ab und zu gerne fremd. Im Interview mit Peter Laudenbach und Rüdiger Schaper. In *Am liebsten hätten sie veganes Theater. Interviews 1996–2017*, Hrsg. Castorf, Frank und Peter Laudenbach, 29–35. Berlin: Verlag Theater der Zeit.

Castorf, Frank und Peter Laudenbach (Hrsg.). 2017. *Am liebsten hätten sie veganes Theater. Interviews 1996-2017.* Berlin: Verlag Theater der Zeit.

Craig, Edward Gordon. 1969. *Über die Kunst des Theaters.* Berlin: Gerhardt-Verlag.

Deck, Jan, und Angelika Sieburg (Hrsg.). 2011. *Politisch Theater machen: Neue Artikulationsformen des Politischen in den darstellenden Künsten.* Bielefeld: transcript Verlag.

Deck. Jan (2011). Politisch Theater machen. Eine Einleitung. In *Deck, Angelika Sieburg (Hg.). Politisch Theater machen*, 11–28.

Der Spiegel. 1969. Theater. Mitbestimmung. Du Raubritter *Der Spiegel 46/1969.* https://www.spiegel.de/spiegel/print/d-45440170.html. Zugegriffen: 1. Juli 2020.

Der Tagesspiegel. 2018. Ruhrtriennale lädt Young Fathers trotz Antisemitismus-Vorwürfen wieder ein. 22.06.2018. https://www.tagesspiegel.de/kultur/kulturfestival-ruhrtriennale-laedt-young-fathers-trotz-antisemitismus-vorwuerfen-wieder-ein/22724178.html.

Der Theaterverlag – Friedrich Berlin (Hrsg.). *Tanz. Zeitschrift für Ballett, Tanz und Performance 10/2018.*

Dettmer, Markus, Frank Hornig, Anton Rainer, Thomas Schulz, Gerald Traufetter, Robin Wille. Jung, motiviert und abgehängt: Den 20- bis 30-Jährigen lagen die Unternehmen zu Füßen – bis Corona kam. Spiegel Online 22.05.2020. https://www.spiegel.de/wirtschaft/soziales/generation-corona-jung-motiviert-abgehaengt-a-00000000-0002-0001-0000-000171037308. Zugegriffen: 8. Juli 2020.

Detje, Robin. 2002. *Castorf: Provokation aus Prinzip*. Berlin: Henschel.

Deutscher Bühnenverein. 2018. Wertebasierter Verhaltenskodex zur Prävention von sexuellen Übergriffen und Machtmissbrauch. Zugegriffen: 08. Juni 2018.

Deutscher Bühnenverein. 2019. Theaterstatistik 2017/2018: Die wichtigsten Wirtschaftsdaten der Theater, Orchester und Festspiele, 53. Aufl. Köln.

Deutscher Bühnenverein. 2019a. Ergebnisse der Jahreshauptversammlung 2019 in Nürnberg. 14. und 15.06.2019. http://www.buehnenverein.de/de/presse/pressemeldungen.html?det=533. Zugegriffen: 07. Juli 2020

Deutscher Bühnenverein. 2020 Website. http://www.buehnenverein.de/de/1.html. Zugegriffen: 16. Juli 2020.

Deutscher Bundestag. Bundestag verurteilt Boykottaufrufe gegen Israel. 17.05.2019. https://www.bundestag.de/dokumente/textarchiv/2019/kw20-de-bds-642892.

Deutsches Musikinformationszentrum. 2009. Theaterstatistik 2007/2008. http://www.miz.org/news_6796.html.

Deutschlandfunk. Bitte loslegen! Bürgerstiftung für neues Opernhaus in Frankfurt am Main. 07.12.2018. https://www.deutschlandfunk.de/buergerstiftung-fuer-neues-opernhaus-in-frankfurt-am-main.691.de.html?dram:article_id=435366. Zugegriffen: 17. Juli 2020.

Die Stimme. Mannheim muss mehr Geld für Theater-Sanierung ausgeben. 08.07.2020. https://www.stimme.de/suedwesten/kultur/ku/generalsanierung-des-nationaltheaters-mannheim-wird-teurer;art19072,4371490. Zugegriffen: 17. Juli 2020.

Dillerup, Ralf, und Roman Stoi. 2013. *Unternehmensführung*, 4. Aufl. München: Vahlen.

Doerry, Martin et al. Muss Bismarck stürzen? Der Spiegel Nr. 26 vom 20.06.2020. S.104-107,

Domke, Ulla. 2020. Selbstorganisation in Unternehmen. Aus Versehen ausgebremst. In: *Managerseminare 1/2020*, 26–33.

Dössel, Christine. 2015. Hallo, Hybrid: Gespräch mit Matthias Lilienthal. *Süddeutsche Zeitung 07.05.2015* https://www.sueddeutsche.de/kultur/matthias-lilienthal-hallo-hybrid-1.2468833?reduced=true. Zugegriffen: 1. Juli 2020.

Dössel, Christine. 2016. Theaterkrise in München: Kammerspiele? Jammerspiele! *Süddeutsche Zeitung vom 11.11.2016*. https://www.sueddeutsche.de/kultur/theaterkrise-in-muenchen-kammerspiele-jammerspiele-1.3243228-2. Zugegriffen: 3. Juli 2020.

Dreysse, Miriam 2011a. Realität und Theater. Das Politische bei Rimini-Protokoll. In *Politisch Theater machen: Neue Artikulationsformen des Politischen in den darstellenden Künsten*, Hrsg. Jan Deck und Angelika Sieburg, 131–145. Bielefeld: transcript Verlag.

Dreysse, Miriam 2011b. Was tue ich hier eigentlich? Eigenverantwortung im zeitgenössischen Theater. In *Schauspielen heute: Die Bildung des Menschen in den performativen Künsten*, Hrsg. Jens Roselt und Christel Weiler, 125–136. Bielefeld: transcript Verlag.

Drucker, Peter. 2009a. Die Kunst sich selbst zu managen, in: *Harvard Business Manager*, 11/2009, S.38–50.

Drucker, Peter F., James C. Collins, Philip Kotler, James M. Kouzes, Judith Rodin, V. Kasturi Rangan, Frances Hesselbein, und Marlies Ferber. 2009. *Die fünf entscheidenden Fragen des Managements*. Weinheim: Wiley-VCH Verl.

Drucker, Peter F., Stephan Gebauer, und Hermann Simon. 2010. *Was ist Management? Das Beste aus 50 Jahren*, 6. Aufl. München: Econ.

Düffel, John von. 2011. Michael Thalheimer. Das Bauchsystem. In *Chaos und Konzept. Proben und Probieren im Theater*, Hrsg. Melanie Hinz und Jens Roselt, 51–70. Berlin: Alexander-Verl.

Eckert, Georg. 2019. *Politische Führung: Eine Einführung.*

Eilers, Dorte Lena, und Jutta Wangemann (Hrsg.). 2017. *Heart of the city II: Recherchen zum Stadttheater der Zukunft.* Berlin: Theater der Zeit.

Endres, Sigrid, und Jürgen Weibler. 2019. *Plural Leadership: Eine zukunftsweisende Alternative zur One-Man-Show.*

Ensemblenetzwerk u.a. 2018. *Programmheft zum Triptychon der Darstellenden Künste.* Bochum.

Ensemblenetzwerk. 2019. Ziele 3000. https://ensemble-netzwerk.de/enw/ziele-3000/. Zugegriffen: 9. Juli 2020.

Fachverband Kulturmanagement. Programm der 13. Jahrestagung des Fachverbandes für Kulturmanagement zum Thema „Kulturmanagement zwischen Materialität und Digitalisierung".: 23.-25.01.2020. https://www.fachverband-kulturmanagement.org/jahrestagung-des-fachverbandes-fuer-kulturmanagement-zum-thema-kulturmanagement-zwischen-materialitaet-und-digitalisierung-sinnlich-materielles-big-data-und-multiple-entanglements-als-herau/. Zugegriffen: 9. Juli 2020.

Felfe, Jörg. 2015. Transformationale Führung: Neue Entwicklungen. In *Trends der psychologischen Führungsforschung*, Hrsg. Jörg Felfe, 39–52. Göttingen, Bern, Wien: Hogrefe.

Felfe, Jörg (Hrsg.). 2015. *Trends der psychologischen Führungsforschung.* Göttingen, Bern, Wien: Hogrefe.

Fischer, Jens. 2018. Doppelspitze. in: *Die Deutsche Bühne 09/2018.* S.34–39.

Fischer-Lichte, Erika. 2004. Ästhetik des Performativen. Frankfurt am Main: Suhrkamp

Föhl, Patrick S., und Patrick Glogner-Pilz. 2017. *Kulturmanagement als Wissenschaft: Grundlagen – Entwicklungen – Perspektiven. Einführung für Studium und Praxis.* Bielefeld: Transcipt Verlag.

Franken, Swetlana. 2019. *Verhaltensorientierte Führung: Handeln, Lernen und Diversity in Unternehmen*, 4. Aufl. Wiesbaden: Springer Fachmedien Wiesbaden.

Frankfurter Allgemeine Zeitung. Brechts Theater. Das Berliner Ensemble und seine Intendanten. *FAZ.net* 07.08.2006. https://www.faz.net/aktuell/feuilleton/brechts-theater-das-berliner-ensemble-und-seine-intendanten-1355376.html. Zugegriffen: 16. Juli 2019.

Frankfurter Neue Presse. Bühnen-Neubau wird immer wahrscheinlicher. 29.12.2018. https://www.fnp.de/frankfurt/buehnen-neubau-wird-immer-wahrscheinlicher-10927476.html. Zugegriffen: 17. Juli 2020.

Frei, Felix. 2016. *Hierarchie: Das Ende eines Erfolgsrezepts.* Lengerich, Westf: Pabst Science Publishers.

French, John R., und Bertram Raven. *1959. The bases of social power. In D. Cartwright (Ed.), Studies in social power. Univer. Michigan. S. 150–167.*

Fuchs, Max. 2007. *Kulturpolitik.* Wiesbaden: VS Verlag für Sozialwissenschaften | GWV Fachverlage GmbH Wiesbaden.

Gesis. Leibniz-Institut für Sozialwissenschaften. Arbeitszufriedenheit: ABB-Bogen von Neuberger/Allerbeck. https://zis.gesis.org/pdfFiles/Antwortbogen/Neuberger%2B_ Arbeitszufriedenheit_c_Antwortbogen.pdf. Zugegriffen: 9. Juli 2020.

Gilcher-Holtey, Ingrid, Dorothea Kraus, und Franziska Schößler (Hrsg.). 2006. *Politisches Theater nach 1968: Regie, Dramatik und Organisation.* Frankfurt am Main: Campus Verlag GmbH.

Glasl, Friedrich, und Bernard C. J. Lievegoed. 2016. *Dynamische Unternehmensentwicklung: Grundlagen für nachhaltiges Change Management,* 5. Aufl. Bern, Stuttgart: Haupt; Verl. Freies Geistesleben.

Gloger, Boris, und Dieter Rösner. 2017. Selbstorganisation braucht Führung: Die einfachen Geheimnisse agilen Managements, 2. Aufl. München: Hanser.

Gloger, Boris, und Jürgen Margetich. 2018. *Das Scrum-Prinzip: Agile Organisationen aufbauen und gestalten,* 2. Aufl. Stuttgart: Schäffer-Poeschel Verlag.

Glogner-Pilz, Patrick, und Patrick S. Föhl (Hrsg.). 2016. *Handbuch Kulturpublikum: Forschungsfragen und -befunde.* Wiesbaden: Springer VS.

Goertz, Wolfram. Premiere von "Tannhäuser". Nazi-Skandal: Kritik vom israelischen Botschafter. RP-*Online 07.05.2013.* https://rp-online.de/nrw/staedte/duesseldorf/kultur/ nazi-skandal-kritik-vom-israelischen-botschafter_aid-14812871. Zugegriffen: 17. Juli 2020.

Goertz, Wolfram. Tannhäuser mit Hitlergruß und Gaskammer. Inszenierung in Düsseldorf sorgt für Empörung. *RP-Online 05.05.2013.* https://rp-online.de/nrw/staedte/ duesseldorf/kultur/tannhaeuser-mit-hitlergruss-und-gaskammer_aid-15252673. Zugegriffen: 15. Juli 2020.

Goetz, John und Peter Laudenbach. 2018. Die 255 Tage von Chris Dercon. Chronologie eines Desasters. *Süddeutsche Zeitung vom 16.04.2018.* https://projekte.sueddeutsche. de/artikel/kultur/intendant-der-volksbuehne-chris-dercons-scheitern-e608226/. Zugegriffen: 2. Juli 2020.

Goetze, Heike-M. 2017. Wir müssen einen Pakt schließen: Gespräch mit Martin Weigel. In *Heart of the city II: Recherchen zum Stadttheater der Zukunft,* Hrsg. Dorte Lena Eilers und Jutta Wangemann, 92–93. Berlin: Theater der Zeit.

Graf, Matthias, und Niels van Quaquebeke. 2012. Führung aus Sicht der Geführten: Denn wem nicht gefolgt wird, der führt nicht. In *Die Zukunft der Führung,* Hrsg. Sven Grote, 291–306. Berlin, Heidelberg: Springer.

Grandmontagne, Marc. 2017. Immer die gleiche Leier oder warum Ideologie auch keine Lösung ist. *Kulturpolitische Mitteilungen hrsg. von der Kulturpolitischen Gesellschaft* (Nr. 158): 55–57.

Grandmontagne, Marc. 2019. Kritik an Kölner Intendantenwahl: Gespräch mit Christian Bos am 30.01.2019. *Kölner Stadtanzeiger,* 30. Januar.

Grandmontagne, Marc, Julia Jakob und Dirk Schütz. 2018. Häuser der Öffentlichkeit: Gespräch in: *Kulturmanagement Network Magazin Nr. 132.* https://www.kulturmanagement.net/Magazin/Ausgabe-132-Zukunft-der-Arbeit,97. Zugegriffen: 2. Juli 2020.

Gräve, Stephanie und Jonas Zipf. 2017. Arbeit und Struktur: in: *Nachtkritik vom 18.01.2017.* https://www.nachtkritik.de/index.php?option=com_content&view=ar ticle&id=13506:debatte-um-die-zukunft-des-stadttheaters-xxviii-stephanie-graeve-und-jonas-zipf-zu-leitungsstrukturen-an-theatern&catid=101:debatte&Itemid=84. Zugegriffen: 4. Juli 2020.

Grigat, Stephan. Debatte um Achille Mbembe. Zionismus und Universalismus. *TAZ vom 10.05.2020.* https://taz.de/Debatte-um-Achille-Mbembe/!5681657/.

Grossmann, Ralph, Günther Bauer, und Klaus Scala. 2015. *Einführung in die systemische Organisationsentwicklung.* Heidelberg: Carl-Auer.

Grote, Sven (Hrsg.). 2012. *Die Zukunft der Führung.* Berlin, Heidelberg: Springer.

Grotowski, Jerzy. 1969. *Das arme Theater.* Hannover: Friedrich Verlag Velber.

Grundgesetz Art. 3. https://dejure.org/gesetze/GG/3.html. Zugegriffen: 10. Juli 2020.

Grütters, Monika. 2018. 20 Jahre BKM. Eine Erfolgsgeschichte, in: *Kulturpolitische Mitteilungen. Heft 162*, 3/2018 Seite 42–43. In.

Gutting, Doris. 2012. Diversity Management als Führungsaufgabe: Dissertation. In *Die Zukunft der Führung*, Hrsg. Sven Grote, 119–129. Berlin, Heidelberg: Springer.

Haag, Rabea. 2016. Derailment bei Führungskräften, Kassel University Press GmbH.

Habermas, Jürgen. *1981. Theorie des kommunikativen Handelns. Band 1.* Frankfurt am Main: Suhrkamp.

Hackman, J. Richard, und Greg R. Oldham. 1975. Development of the Job Diagnostic Survey. *Journal of Applied Psychology* 60 (2): 159–170. doi: 10.1037/h0076546.

Hage, Simon. Das Corona-Domino, in: *Der Spiegel Nr.15 vom 04.04.2020*, S. 8-17.

Hamel, Gary, und Bill Breen. 2007. *Das Ende des Managements: Unternehmensführung im 21. Jahrhundert.* Berlin: Econ-Verl.

Häntzschel, Jörg. ‚Kampagne'. 2020. Aufrufe für Achille Mbembe. *Süddeutsche Zeitung vom 01.05.2020.* https://www.sueddeutsche.de/kultur/aufrufe-fuer-achille-mbembe-kampagne-1.4894490.

Happel, Herbert. 2017. *Hierarchie als Chance: Für erfolgreiche Kommunikation und Kooperation in Team und Organisation.* Wiesbaden: Springer Fachmedien Wiesbaden.

Hardt-Gawron, Julia und Daniel Hermann. 2015. Transformationale Führung und Innovationsförderung. In *Trends der psychologischen Führungsforschung*, Hrsg. Jörg Felfe, 277–288. Göttingen, Bern, Wien: Hogrefe.

Hartz, Matthias von. 2011. Dem Stadttheater ist noch zu helfen. Nachtkritik Juni 2011. https://www.nachtkritik.de/index.php?view=article&id=5805%3Akrise-des-stadttheaters&option=com_content&Itemid=84. Zugegriffen: 18. Juni 2020.

Haselbach, Dieter, Armin Klein, Pius Knösel, und Stephan Opitz. 2012. *Der Kulturinfarkt: Von allem zu viel und überall das Gleiche. Eine Polemik über Kulturpolitik, Kulturstaat, Kultursubvention*, 3. Aufl. München: Knaus.

Haselbach, Dieter. 2017. Beharrungskräfte und institutioneller Wandel. „Kulturinfarkt"-Co-Autor Dieter Haselbach zum Reformbedarf des deutschen Theatersystems. *Nachtkritik 24.01.2017.* https://www.nachtkritik.de/index.php?option=com_content&view=article&id=13510:debatte-um-die-zukunft-des-stadttheaters-xxix-kulturinfarkt-co-autor-dieter-haselbach-zum-reformbedarf-des-deutschen-theatersystems&catid=101:debatte&Itemid=84. Zugegriffen: 16. Juli 2020.

Hausmann, Andrea. 2013. Mitarbeiter als wichtigste Ressource. Rahmenbedingungen, Aufgabenfelder und Besonderheiten. In *Erfolgsfaktor Mitarbeiter: Wirksames Personalmanagement für Kulturbetriebe*, 2. Aufl., Hrsg. Andrea Hausmann und Laura Murzik, 39–60. Wiesbaden: Springer VS.

Hausmann, Andrea. 2017. Eckpfeiler eines bedeutsamen Konzepts. Das Verständnis von Cultural Leadership im Kulturbetrieb: in: Cultural Leadership, KM 128 hrsg. von Dirk

Schütz. S. 32-37. https://www.kulturmanagement.net/dlf/e705f071c73a7217b021731d0 e2d190b,1.pdf. Zugegriffen: 2. Juni 2020.

Hausmann, Andrea. 2019. *Kunst- und Kulturmanagement: Kompaktwissen für Studium und Praxis*, 2. Aufl.

Hausmann, Andrea. 2019a. *Cultural Leadership I: Begriff, Einflussfaktoren und Aufgaben der Personalführung in Kulturbetrieben*. Wiesbaden, Germany: Springer VS.

Hausmann, Andrea. 2020. *Cultural Leadership II: Instrumente der Personalführung in Kulturbetrieben:* Springer VS.

Hausmann, Andrea, und Laura Murzik (Hrsg.). 2013. *Erfolgsfaktor Mitarbeiter: Wirksames Personalmanagement für Kulturbetriebe*, 2. Aufl. Wiesbaden: Springer VS.

Hausmann, Andrea und Stefan Süß. 2013. Diversity und Diversity-Management in Kulturbetrieben. In *Erfolgsfaktor Mitarbeiter: Wirksames Personalmanagement für Kulturbetriebe*, 2. Aufl., Hrsg. Andrea Hausmann und Laura Murzik, 91–107. Wiesbaden: Springer VS.

Hausner, Marcus B. 2016. Selbstführung als erster Schritt der Mitarbeiterführung: in: VDI-Wissensforum 18.05.2016. https://www.vdi-wissensforum.de/news/selbstfuehrung-als-erster-schritt-der-mitarbeiterfuehrung/. Zugegriffen: 9. Juli 2020.

Hegemann, Carl. 2011. Hexer bei der Arbeit. In *Chaos und Konzept. Proben und Probieren im Theater*, Hrsg. Melanie Hinz und Jens Roselt, 316–327. Berlin: Alexander-Verl.

Henze, Raphaela (Hrsg.). 2013. *Kultur und Management: Eine Annäherung*. Wiesbaden: Springer.

Hermanski, Susanne. 2018. Lilienthal hat Beachtliches geleistet – für die Kammerspiele und für München: Kommentar in der *Süddeutschen Zeitung vom 20.03.2018*. https://www.sueddeutsche.de/muenchen/kammerspiele-lilienthal-hat-beachtliches-geleistet-fuer-die-kammerspiele-und-fuer-muenchen-1.3914057. Zugegriffen: 3. Juli 2020.

Hersey, Paul and Ken Blanchard (1969). Life cycle theory of leadership, Training and Development Journal 2, 6-34.

Herzberg, Frederick, Bernard Mausner, und Barbara Snyderman. 1959. *The motivation to work*. New York: Wiley.

Herzka, Michael. 2013. *Führung im Widerspruch: Management in sozialen Organisationen*. Wiesbaden: Springer VS.

Herzka, Michael. 2017. *Gute Führung: Ethische Herausforderungen im Nonprofit-Management*. Wiesbaden: Springer.

Heskia, Thomas. 2019. Fragen der Macht. Disziplin und Vereinnahmung am Theater. In *Zeitschrift für Kulturmanagement. Theater. Politik. Management 2019/2*, Hrsg. Steffen Höhne, Thomas Schmidt, Martin Tröndle und Constanze DeVereaux, 167–197. Bielefeld: transcript Verlag.

Hessenschau. Streit um Neubau-Standort. Frankfurt beschließt Abriss der Städtischen Bühnen. *Hessenschau 31.01.2020*. https://www.hessenschau.de/kultur/frankfurt-beschliesst-abriss-der-staedtischen-buehnen,staedtische-buehnen-120.html. Zugegriffen: 17. Juli 2020.

Hewison, Robert, und John Holden. 2016. *The Cultural Leadership Handbook: How to Run a Creative Organization*. London: Taylor and Francis.

Hinrichs, Fabian. 2018. Rede über die Schauspielkunst. Der Schauspieler Fabian Hinrichs denkt als Alleinjuror des Alfred-Kerr-Darstellerpreises beim Berliner Theatertreffen über seinen Berufstand nach. Nachtkritik 21.05.2018. https://www.nachtkritik.de/index.php?option=com_content&view=article&id=15434:rede-ueber-die-schauspielkunst-der-fabian-hinrichs-denkt-als-alleinjurors-des-alfred-kerr-darstellerpreises-beim-be-

rliner-theatertreffen-ueber-seinen-berufstand-nach&catid=53&Itemid=83. Zugegriffen: 21. Juli 2020.

Hinterhäuser, Markus. 2019. Es geht darum, durch Kunst unser Leben zu lesen: Gespräch mit Jürgen Kesting. *Frankfurter Allgemeine Zeitung,* 10. Juli.

Hinz, Melanie, und Jens Roselt (Hrsg.). 2011. *Chaos und Konzept. Proben und Probieren im Theater.* Berlin: Alexander-Verl.

Höbel, Wolfgang. 2018. Abgang von Chris Dercon. Gescheitert am bornierten Berlin: in: Spiegel Online vom 13.04.2018. https://www.spiegel.de/kultur/gesellschaft/chris-dercon-verlaesst-volksbuehne-scheinsieg-der-theater-verwahrer-a-1202799.html. Zugegriffen: 4. Juli 2020.

Höbel, Wolfgang. 2019. Immer noch Sturm: Freiheitsdrang und Souveräntität: Die Schauspielerin des Jahres Sandra Hüller. *Theater heute* (Jahrbuch): 124–127.

Höbel, Wolfgang 2019a. 2019. Kuschelkommune. *Der Spiegel,* 21. September.

Höbel. Wolfgang 2019b. 2019. Tempel der Phallokraten. *Der Spiegel,* 7. Dezember.Höbel, Wolfgang (2020). Umstrittener Theatermacher zieht Bilanz. "Ich bin kein Märtyrer. Ich bin ein sehr fröhlicher Mensch" Gespräch mit Matthias Lilienthal. *Spiegel online am 11.07.2020.* https://www.spiegel.de/kultur/matthias-lilienthal-hoert-an-den-muenchner-kammerspielen-auf-die-hoehen-und-tiefen-waren-extrem-a-2249283c-d763-4619-922f-44c0f9edb352.

Hockling, Sabine. 2012. Mittleres Management: Führen in der Sandwichposition. *Zeit online vom 15.06.2012.* https://www.zeit.de/karriere/beruf/2012-06/chefsache-mittleres-management. Zugegriffen: 20. Juli 2020.

Hofert, Svenja. 2018. *Agiler führen: Einfache Maßnahmen für bessere Teamarbeit, mehr Leistung und höhere Kreativität,* 2. Aufl. Wiesbaden: Springer Gabler.

Hoffmann, Erwin. 2019. *Systemisches Arbeiten für Kulturmanager: Praxis Kulturmanagement.* Wiesbaden: Springer Fachmedien Wiesbaden.

Hoffmanns, Christiane. Falsches Spiel um die Absage der Ruhrtriennale. *Die Welt vom 27.04.2020.* https://www.welt.de/regionales/nrw/article207549301/Antisemitischer-Redner-Falsches-Spiel-um-die-Absage-der-Ruhrtriennale.html. Zugegriffen: 14. Juli 2020.

Hofmann, Josephine, Petra Bonnet, Carsten Schmidt, und Valerie Wienken. 2016. *Die flexible Führungskraft: Strategien in einer grenzenlosen Arbeitswelt,* 2. Aufl. Gütersloh: Verlag Bertelsmann Stiftung.

Höhn, Alexander, Daniel F. Pinnow, und Bernhard Rosenberger (Hrsg.). 2017. *Letzte Ausfahrt Führung? Entwicklung und Wertschätzung als neues Paradigma,* 2. Aufl. Wiesbaden: Springer Gabler.

Höhne, Steffen. 2009. *Kunst- und Kulturmanagement: Eine Einführung.* Paderborn: Fink.

Höhne, Steffen. 2019. Das System der Darstellenden Künste in der Transformation.: Eine Untersuchung zum Publikum in Deutschland in historischer Perspektive. In *Zeitschrift für Kulturmanagement. Theater. Politik. Management 2019/2,* Hrsg. Steffen Höhne, Thomas Schmidt, Martin Tröndle und Constanze DeVereaux, 13–36. Bielefeld: transcript Verlag.

Höhne, Steffen, und Martin Tröndle (Hrsg.). 2017b. *Zeitschrift für Kulturmanagement. Evaluation im Kulturbereich II.* Bielefeld: transcript.

Höhne, Steffen, und Martin Tröndle (Hrsg.). 2019. *Zeitschrift für Kulturmanagement: Kunst, Politik, Wirtschaft und Gesellschaft: Cultural Leadership.* Bielefeld: transcript Verlag.

Höhne, Steffen, Thomas Schmidt, Martin Tröndle, und Constanze DeVereaux (Hrsg.). 2019. *Zeitschrift für Kulturmanagement. Theater. Politik. Management 2019/2*. Bielefeld: transcript Verlag.

Hoppe, Bernhard Maria, und Thomas Heinze. 2016. *Einführung in das Kulturmanagement: Themen. Kooperationen. Gesellschaftliche Bezüge*. Wiesbaden: Springer Fachmedien.

Hurrelmann, Klaus, und Erik Albrecht. 2014. *Die heimlichen Revolutionäre: Wie die Generation Y unsere Welt verändert*. Weinheim: Beltz.

IFB Institut zur Fortbildung von Betriebsräten KG (2020). Tendenzbetrieb. https://www. betriebsrat.de/portal/betriebsratslexikon/T/tendenzbetrieb.html. Zugegriffen: 21. Juli 2020.

Jacobs, Sean, Jon Soske, und Achille Mbembe (Hrsg.). 2015. *Apartheid Israel: The Politics of an Analogy*. Chicago: Haymarket Books.

Jankowitsch, Regina Maria, und Annette Zimmer (Hrsg.). 2008. *Political leadership: Annäherungen aus Wissenschaft und Praxis*. Berlin: polisphere.

Jelden, Malte und Björn Bicker im Gespräch mit Veit Arlt und Kathrin Feldhaus. 2017. Corporate Citizenship. In *Heart of the city II: Recherchen zum Stadttheater der Zukunft*, Hrsg. Dorte Lena Eilers und Jutta Wangemann, 67–72. Berlin: Theater der Zeit.

Jöns, Ingela, und Walter Bungard (Hrsg.). 2018. *Feedbackinstrumente im Unternehmen: Grundlagen, Gestaltungshinweise, Erfahrungsberichte*, 2. Aufl. Wiesbaden: Springer Gabler.

Jopt, Lisa und Sascha Kölzow (2016). Wer über politisches Theater redet, muss auch theaterpolitisch reden. Wie die ,Konferenz konkret' fast das Stadttheater gerettet hätte. in *Dramaturgie 02/2016*, S. 45.

Jung, Rüdiger H., Jürgen Bruck, und Sabine Quarg. 2008. *Allgemeine Managementlehre: Lehrbuch für die angewandte Unternehmens- und Personalführung*, 3. Aufl. Berlin: Schmidt.

Kaehler, Boris. 2017. *Komplementäre Führung: Ein praxiserprobtes Modell der Personalführung in Organisationen*, 2. Aufl. Wiesbaden: Springer Gabler.

Kanning, Uwe Peter. 2012. Führung. In *Organisationspsychologie*, Hrsg. Uwe Peter Kanning und Thomas Staufenbiel, S.241-264. Göttingen: Hogrefe Verlag.

Kanning, Uwe Peter, und Thomas Staufenbiel (Hrsg.). 2012. *Organisationspsychologie*. Göttingen: Hogrefe Verlag.

Kasch, Georg (2018). Lebbares Modell gesucht. Interview mit Joachim Lux. Nachtkritik 23.04.2018. https://www.nachtkritik.de/index.php?option=com_content&view=article &id=15281&catid=101&Itemid=84. Zugegriffen: 15. Juli 2020.

Kasch, Georg (2020). Die Ära der Frauen. Echte Hosenrollen – Warum Schauspielerinnen heute so oft Männerfiguren spielen. Nachtkritik vom 23.01.2020. https://nachtkritik. de/index.php?option=com_content&view=article&id=17596:hosenrollen-warum-schauspielerinnen-heute-so-oft-maennerrollen-spielen&catid=101&Itemid=84. Zugegriffen: 17. Juli 2020.

Kauffeld, Simone. 2011. *Arbeits-, Organisations- und Personalpsychologie: Für Bachelor*. Berlin, Heidelberg: Springer-Verlag Berlin Heidelberg.

Keuchel, Susanne. 2016. Zukünftige Herausforderungen der spartenübergreifenden Kulturpublikumsforschung. In *Handbuch Kulturpublikum: Forschungsfragen und -befunde*, Hrsg. Patrick Glogner-Pilz und Patrick S. Föhl, 611–634. Wiesbaden: Springer VS.

Keuchel, Susanne und Dominic Larue. 2012. *"Zwischen Xavier Naidoo und Stefan Raab..."*. *Das 2.Jugend-Kulturbarometer*. Köln: ARCult-Media.

Khuon, Ulrich. 2018a. Das Theater ist ein radikal sozialer Ort: Gespräch mit Dirk Peitz. *Zeit online 20.02.2018*. https://www.zeit.de/kultur/2018-02/ulrich-khuon-deutsches-theater-berlin-metoo-debatte-interview. Zugegriffen: 20. Juni 2020.

Khuon, Ulrich. 2020. Im Interview mit Elena Philip: Der Corona-Shutdown und die Folgen – Der Präsident des Deutschen Bühnenvereins und Intendant des Deutschen Theaters Berlin Ulrich Khuon. *Nachtkritik 19.03.2020*. Wie Phönix aus der Asche. https://www.nachtkritik.de/index.php?option=com_content&view=article&id=17812:agieren-in-der-corona-krise-der-praesident-des-deutschen-buehnenvereins-und-intendant-des-deutschen-theaters-berlin-ulrich-khuon-berichtet-von-der-situation-seines-hauses-und-der-lage-der-theater-angesichts-des-veranstaltungsverbots&catid=1768:coronakrise2020&Itemid=60. Zugegriffen: 2. Juli 2020.

Khuon, Ulrich, Marc Grandmontagne, Laura Kiehne. 2018. Deutscher Bühnenverein und Ensemble-Netzwerk über Macht, Gagen und Spielräume: Interview mit Petra Kohse. *Berliner Zeitung 03.07.2018*. https://www.berliner-zeitung.de/kultur-vergnuegen/interview-deutscher-buehnenverein-und-ensemble-netzwerk-ueber-macht-gagen-und-spielraeume-li.41920. Zugegriffen: 20. Juni 2020.

Khuon. Ulrich. 2017. Ulrich Khuon über die Rolle der Theaterchefs. Intendanten sind keine Autokraten. Gespräch mit Sigrid Brinkmann im *Deutschlandfunk am 03.04.2017*. https://www.deutschlandfunkkultur.de/ulrich-khuon-ueber-die-rolle-der-theaterchefs-intendanten.1013.de.html?dram:article_id=383019. Zugegriffen: 12. Juni 2020.

Kirchler, Erich (Hrsg.). 2011. *Arbeits- und Organisationspsychologie*, 3. Aufl. Wien: facultas.wuv.

Kirchler, Erich, Katja Meier-Pesti, und Eva Hofmann. 2011. Menschenbilder. In *Arbeits- und Organisationspsychologie*, 3. Aufl., Hrsg. Erich Kirchler, 17–195. Wien: facultas.wuv.

Kirchler, Erich und Christa Walenta. 2011. Motivation. In *Arbeits- und Organisationspsychologie*, 3. Aufl., Hrsg. Erich Kirchler, 319–409. Wien: facultas.wuv.

Kirchler, Erich und Erik Hölzl. 2011. Arbeitsgestaltung. In *Arbeits- und Organisationspsychologie*, 3. Aufl., Hrsg. Erich Kirchler, 199–316. Wien: facultas.wuv UTB.

Klaeui, Andreas. Man kennt sich.: Schauspielhaus Zürich. Das Intendantenduo Nicolas Stemann und Benjamin von Blomberg stellt die erste Spielzeit vor. Nachtkritik vom 05.06.2019.

Klein, Armin. 2001. *Kultur-Marketing: Das Marketingkonzept für Kulturbetriebe*. München: Dt. Taschenbuch-Verl.

Klein, Armin. 2009. *Leadership im Kulturbetrieb*. Wiesbaden: VS Verlag für Sozialwissenschaften / GWV Fachverlage GmbH Wiesbaden.

Klein, Armin. 2009a. *Gesucht: Kulturmanager*. Wiesbaden: VS Verlag für Sozialwissenschaften / GWV Fachverlage GmbH Wiesbaden.

Klein, Armin (Hrsg.). 2011. *Kompendium Kulturmarketing: Handbuch für Studium und Praxis*. München: Vahlen.

Klett, Marcel. 2017. Die Einheit in der Vielheit: in: *Nachtkritik vom 23.02.2017*. https://www.nachtkritik.de/index.php?option=com_content&view=article&id=13649:am-beispiel-bremen-marcel-klett-macht-sich-gedanken-zur-kollektiven-leitung-von-theatern&catid=101&Itemid=84. Zugegriffen: 1. Juli 2020.

Kluge, Alexander. o.J. Kulturgeschichte im Dialog. Episches Theater. Gespräch mit Heiner Müller.: Gemeinschaftsprojekt Cornell University, Universität Bremen und Princeton University. https://kluge.library.cornell.edu/de/conversations/mueller/film/106/transcript. Zugegriffen: 10. Juli 2020.

Knava, Irene, und Thomas Heskia. 2016. *ISO for Culture: Qualitätsmanagement als Führungsinstrument: Standards in Kulturbetrieben praktisch umsetzen : Audiencing III.* Wien: Facultas.

Knoblich, Tobias J. 2020. Erklärung des Präsidenten und des Geschäftsführenden Vorstands der Kulturpolitischen Gesellschaft: Kulturpolitik muss nachhaltig wirken. 10 Punkte für eine Kulturpolitik nach der Corona-Pandemie vom 2.April 2020. https://archive.newsletter2go.com/?n2g=xhp1wnzr-6gzwei9v-91r.

Knöfel, Ulrike. Vertreibung ins Paradies: *Der Spiegel vom 29.06.2019.* In: 118–119.

Kolb, Meinulf, Brigitte Burkart, und Frank Zundel. 2010. *Personalmanagement: Grundlagen und Praxis des Human Resources Managements,* 2. Aufl. Wiesbaden: Gabler.

Kolsteeg, Johan und Martin Zierold. 2019. Mapping the meanings of Cultural Leadership: in: Cultural Leadership; Arts Management Quarterly Nr. 130 von Januar 2019. https://cdn.kulturmanagement.net/dlf/f13840dcc1dcf9aa9da8e17d102658fe,1.pdf. Zugegriffen: 15. Juni 2020.

Kolter, Ulrike. Wuppertaler Wunden: Kommentar. *Die Deutsche Bühne 09/2018,* S.12.

Königswieser, Roswita, und Martin Hillebrand. 2011. *Einführung in die systemische Organisationsberatung.* Heidelberg: Carl-Auer Verlag GmbH.

Kontio, Carina. 2018. Warum schlechte Chefs ansteckend sind und was Sie dagegen tun können. *Handelsblatt 09.11.2018.* https://www.handelsblatt.com/unternehmen/beruf-und-buero/the_shift/studie-zu-fuehrungsverhalten-warum-schlechte-chefs-ansteckend-sind-und-was-sie-dagegen-tun-koennen/23594808.html?ticket=ST-1670448-agNZ56srROyj1SsFDLh1-ap4. Zugegriffen: 14. Juli 2020.

Kosminski, Burkhard C. 2013. Ich bin vollkommen geschockt. Burkhard C. Kosminski über das Absetzen seiner Tannhäuser-Inszenierung in Düsseldorf und über Freiheit. Interview mit Stefan M. Dettlinger. *Mannheimer Morgen 10.05.2013.* https://www.morgenweb.de/mannheimer-morgen_artikel,-kultur-ich-bin-vollkommen-geschockt-_arid,465069.html. Zugegriffen: 16. Juli 2020.

Kotler, Philip, Gary Armstrong, und John Saunders. 2003. *Grundlagen des Marketing,* 3. Aufl. München: Pearson Studium.

Kouschkerian, Sema. 2018. Der Sandmann als Publikumsliebling. *Rheinische Post,* 12. Juli.

Kraus, Dorothea. 2006. Zwischen Selbst- und Mitbestimmung: Demokratisierungskonzepte im westdeutschen Theater der frühen siebziger Jahre. In *Politisches Theater nach 1968: Regie, Dramatik und Organisation,* Hrsg. Ingrid Gilcher-Holtey, Dorothea Kraus und Franziska Schößler, 125–152. Frankfurt am Main: Campus Verlag GmbH.

Krizanits, Joana, Martina Eissing, und Kurt Stettler. 2017. *Reinventing Leadership Development: Führungstheorien – Leitkonzepte – radikal neue Praxis.* Stuttgart: Schäffer-Poeschel Verlag für Wirtschaft Steuern Recht GmbH.

Kühl, Stefan. 2011. *Organisationen: Eine sehr kurze Einführung.* Wiesbaden: VS Verlag für Sozialwissenschaften / Springer Fachmedien Wiesbaden GmbH Wiesbaden.

Kühl, Stefan. 2015. *Wenn die Affen den Zoo regieren. Die Tücken der flachen Hierarchien,* 6. Aufl. Frankfurt am Main: Campus.

Kühl, Stefan. 2017. *Leitbilder erarbeiten: Eine kurze organisationstheoretisch informierte Handreichung.* Wiesbaden: Springer VS.

Kühl, Stefan. 2017a. *Laterales Führen: Eine kurze organisationstheoretisch informierte Handreichung.* Wiesbaden: Springer VS.

Kühl, Stefan. 2018. *Organisationskulturen beeinflussen: Eine sehr kurze Einführung.* Wiesbaden: Springer VS.

Kühl, Stefan, und Kai Matthiesen:. 2012. Wenn man mit Hierarchie nicht weiterkommt. Zur Entwicklung des Konzepts des Lateralen Führens. In *Die Zukunft der Führung*, Hrsg. Sven Grote, 531–556. Berlin, Heidelberg: Springer.

Kühl, Stefan, und Judith Muster. 2016. *Organisationen gestalten: Eine kurze organisationstheoretisch informierte Handreichung.* Wiesbaden: Springer VS.

Kuhlmann, Henrik. 2011. Bildet keine Banden, keine Kollektive. Gründet Gewerkschaften. In *Politisch Theater machen. Neue Artikulationsformen des Politischen in den darstellenden Künsten*, Jan Deck und Angelika Sieburg Hrsg., S. 117–118. Bielefeld. Transcript

Kulturpolitische Gesellschaft (Vorstand). Kulturpolitische Mitteilungen: Populäre Musik. Heft Nummer 168; 1/2020.

Kulturstiftung des Bundes. 360°. Fonds für Kulturen der neuen Stadtgesellschaft. https://www.kulturstiftung-des-bundes.de/de/projekte/nachhaltigkeit_und_zukunft/detail/360_fonds_fuer_kulturen_der_neuen_stadtgesellschaft.html. Zugegriffen: 10. Juli 2020.

Kümmel, Peter (2018). Sind wir denn alle eine große Familie? Aus aktuellem Anlass: Ein Vorschlag zur Eindämmung des Machtmissbrauchs an den Theatern: in: *Zeit-Online vom 29.05.2018*; https://www.zeit.de/2018/23/deutsche-theater-machtmissbrauch-eindaemmung-vetternwirtschaft. Zugegriffen: 2. Juli 2020.

Kümmel, Peter (2018a). Burgtheater: Macht und Scham. *Zeit Online* 07.02.2018. https://www.zeit.de/2018/07/burgtheater-metoo-matthias-hartmann/komplettansicht. Zugegriffen: 20. Juli 2020.

Kuhn, Thomas und Jürgen Weibler. 2012. Führungsethik in Organisationen. Stuttgart: W.Kohlhammer

Kununu. Arbeitgeberbewertungen. Rubrik Theater. Jan bis Juli 2020 https://www.kununu.com/de/search#/?q=Theater&country=COUNTRY_DE. Zugegriffen: 30. Juli 2020

Kup, Johannes. 2019. *Das Theater der Teilhabe: Zum Diskurs um Partizipation in der zeitgenössischen Theaterpädagogik.* Uckerland: Schibri-Vlg.

Kurzenberger, Hajo. 2009. *Der kollektive Prozess des Theaters: Chorkörper – Probengemeinschaften – theatrale Kreativität.* Bielefeld: transcript Verlag.

Lacher, Shenja. 2016. Ich zerfleische mich schon selbst. Gespräch mit Jörg Seewald. *FAZ net vom 05.08.2016.* https://www.faz.net/aktuell/feuilleton/buehne-und-konzert/shenja-lache-ueber-kuendigung-beim-muenchner-residenztheater-14368854.html. Zugegriffen: 20. Juli 2020.

Laloux, Frédéric. 2015. *Reinventing organizations: Ein Leitfaden zur Gestaltung sinnstiftender Formen der Zusammenarbeit.* München: Verlag Franz Vahlen.

Landeshauptstadt München. Bevölkerung. Daten zur Demografie (2019). https://www.muenchen.de/rathaus/Stadtinfos/Statistik/Bev-lkerung.html. Zugegriffen: 9. Juli 2020.

Lang, Rainhardt, und Irma Rybnikova. 2014a. Verteilte und geteilte Führung. Alle machen mit? In *Aktuelle Führungstheorien und -konzepte*, Hrsg. Rainhart Lang, Irma Rybnikova und Peter M. Wald, 151–179. Wiesbaden: Springer Gabler.

Lang, Rainhart, Irma Rybnikova, und Peter M. Wald (Hrsg.). 2014. *Aktuelle Führungs-theorien und -konzepte*. Wiesbaden: Springer Gabler.

Lang, Reinhart. 2014e. Ethische und destruktive Führung. Gute Führung. Schlechte Führung. In *Aktuelle Führungstheorien und -konzepte*, Hrsg. Rainhart Lang, Irma Rybnikova und Peter M. Wald, 314–353. Wiesbaden: Springer Gabler.

Lang, Rainhart. 2014b. 2014. Implizite Führungstheorien. Führung im Auge des Betrachters. In *Aktuelle Führungstheorien und -konzepte*, Hrsg. Rainhart Lang, Irma Rybnikova und Peter M. Wald, 57–88. Wiesbaden: Springer Gabler.

Lang, Rainhart. 2014c. Neocharismatische Führungstheorien. Zurück zu den Wurzeln? In *Aktuelle Führungstheorien und -konzepte*, Hrsg. Rainhart Lang, Irma Rybnikova und Peter M. Wald, 90–120. Wiesbaden: Springer Gabler.

Langhoff, Shermin. 2018. Wir brauchen keine toxische Männlichkeit. Gespräch mit Elisa von Hof. Spiegel Online 12.10.2018. https://www.spiegel.de/kultur/gesellschaft/shermin-langhoff-es-ist-an-der-zeit-dass-wir-frauen-die-macht-ergreifen-a-1232467.html. Zugegriffen: 15.07.2020

Langhoff, Shermin. 2019. Ich bin ein Angriffsziel: Gespräch mit Jana Simon. *Zeit Online. 22.05.2019*. https://www.zeit.de/2019/22/shermin-langhoff-maxim-gorki-theater-vermaechtnis-studie. Zugegriffen: 29. Juni 2020.

Langhoff, Shermin. 2019a. Jede Intendanz in einer deutschen Großstadt muss sich heute der Frage stellen, wie divers ihr Ensemble ist: Gespräch mit Celia Parbey vom 27.10.2019. https://editionf.com/shermin-langhoff-gorki-postmigrantisches-theater-interview/. Zugegriffen: 1. Juli 2020.

Langhoff, Shermin im Gespräch mit Rüdiger Schaper und Patrick Wildermann. 2013. Neue Intendantin des Maxim-Gorki-Theaters Berlin. Shermin Langhoff will ein radikal zeit-genössisches Theater. *Der Tagesspiegel vom 05.09.2013*. https://www.tagesspiegel.de/kultur/neue-intendantin-des-maxim-gorki-theaters-berlin-interkulturelles-stadt-theater-/8741880-2.html. Zugegriffen: 2. Juli 2020.

Lansink und Fischer. Jeden Tag ist Weihnachtsfeier. Interview mit Laura Backes und Lars-Olav Beier, *Der Spiegel Nr. 17, 18.04.2020*, S. 120-122.

Lehmann, Hans-Thies 2001. Postdramatisches Theater. 2. Aufl. Frankfurt am Main: Verlag der Autoren

Leibold, Christoph. Antikapitalistische Spiegelungen. *Theater der Zeit 02/2020*: S.32-25.

Leucht, Sabine. 2018. Sündenböcke und der Stoff, aus dem Legenden sind.: Der Münchner Kulturausschuss debattiert über die Causa Lilienthal und das Ende seiner Intendanz an den Kammerspielen. *Nachtkritik vom 13.04.2018*. https://www.nachtkritik.de/index.php?option=com_content&view=article&id=15240:der-muenchner-kulturausschuss-debattiert-ueber-die-causa-lilienthal-und-das-ende-seiner-intendanz-am-den-kammerspielen&catid=101&Itemid=84. Zugegriffen: 2. Juli 2020.

Lewin, Kurt, Ronald Lippitt, und Ralph K. White. 1939. Patterns of Aggressive Behavior in Experimentally Created "Social Climates". *The Journal of Social Psychology* 10 (2): 269–299. doi: 10.1080/00224545.1939.9713366.

Lewinski-Reuter, Verena, und Stefan Lüddemann. 2008. *Kulturmanagement der Zukunft: Perspektiven aus Theorie und Praxis*. Wiesbaden: VS Verlag für Sozialwissenschaften / GWV Fachverlage GmbH Wiesbaden.

Lieb, Arne. Ärger über Defizit im Schauspielhaus: *Rheinische Post vom 01.12.2013*. https://rp-online.de/nrw/staedte/duesseldorf/aerger-ueber-defizit-im-schauspielhaus_aid-14537121?output=amp.

Lieber, Bernd. 2007. *Personalführung: ... leicht verständlich.* Konstanz: UVK Verl.-Ges.

Liepsch, Elisa und Julian Warner. 2019. Un-Mögliche Institutionen wagen. In *Jahrbuch Theater heute 2019*, 80–85.

Lilienthal, Matthias im Gespräch mit Rüdiger Schaper und Patrick Wildersmann. 2019. Ich habe eine sentimentale Beziehung zum Theatertreffen: *Der Tagesspiegel 05.05.2019*. https://www.tagesspiegel.de/kultur/matthias-lilienthal-im-gespraech-ich-habe-eine-sentimentale-beziehung-zum-theatertreffen/24280806.html. Zugegriffen: 4. Juli 2020.

Linke, Ralf. 2018. *Mitarbeiterbefragungen optimieren: Von der Befragung zum wirksamen Management-Instrument.* Wiesbaden: Springer Gabler.

Locke, Edwin A., und Gary P. Latham. 1984. *Goal setting: A motivational technique that works!* Englewood Cliffs, NJ: Prentice-Hall.

Loichinger, Stephan. Frankfurt will neue Oper mitten im Bankenviertel bauen. *Hessenschau vom 10.06.2020*. https://www.hessenschau.de/kultur/frankfurt-will-neue-oper-mitten-im-bankenviertel-bauen,schauspiel-oper-frankfurt-102.html. Zugegriffen: 14. Juli 2020.

Löwer, Jörg (2018). Theaterförderung NRW, Mecklenburg-Vorpommern und Sachsen – Mehr Geld und doch zu wenig. *Website der GDBA*. 14.06.2018. https://www.buehnengenossenschaft.de/theaterfoerderung-nrw-mecklenburg-vorpommern-und-sachsen-mehr-geld-und-doch-zu-wenig. Zugegriffen: 16. Juli 2020.

Löwer, Jörg (2020). 2020. Bitte keine dogmatischen Diskussionen über Leitungsstruktur. In *Doppelspitzen. Doppelt spitze? Dossier: Gemeinsam führen in der Kultur. Deutscher Kulturrat,* Hrsg. Zimmermann, Olaf, Gabriele Schulz et al., 24–25. Berlin: ConBrio Verlagsgesellschaft mbH.

Luhmann, Niklas. 1972. *Funktionen und Folgen formaler Organisation.* Berlin: Duncker & Humblot.

Luhmann, Niklas. 1978. *Organisation und Entscheidung: 227. Sitzung am 18. Januar 1978 in Düsseldorf.* Wiesbaden: VS Verlag für Sozialwissenschaften.

Luhmann, Niklas. 1981. *Soziologische Aufklärung 3. Soziales System, Gesellschaft, Organisation.* Opladen: VS Verl. für Sozialwiss.

Luhmann, Niklas. 1995. *Die Kunst der Gesellschaft*, 2. Aufl. Frankfurt am Main: Suhrkamp.

Luhmann, Niklas. 2016. *Der neue Chef.* Berlin: Suhrkamp.

Luhmann, Niklas. 2018. *Schriften zur Organisation 1: Die Wirklichkeit der Organisation.* Wiesbaden: Springer Fachmedien Wiesbaden.

Mackert, Josef, Heiner Goebbels, Barbara Mundel (Hrsg.). 2011. *Heart of the City: Recherchen zum Stadttheater der Zukunft.* Berlin: Theater der Zeit.

Mahler, Armin. Die Schicksalsfrage, in: *Der Spiegel Nr. 23 vom 30.05.2020*, S.66-68.

Malik, Fredmund. 2006. *Führen, Leisten, Leben: Wirksames Management für eine neue Zeit.* Frankfurt am Main: Campus-Verl.

Manager Magazin. Mittleres Management: Warum Mittelmanager so häufig leiden. 05.02.2015. https://www.manager-magazin.de/unternehmen/karriere/fuehrung-im-mittelmanagement-die-fehler-der-manager-a-1015702.html. Zugegriffen: 20. Juli 2020.

Mandel, Birgit. 2011. Audience Development. In *Kompendium Kulturmarketing: Handbuch für Studium und Praxis*, Hrsg. Armin Klein, 201–214. München: Vahlen.

Mandel, Birgit. 2018. Veränderungen im Cultural Leadership durch neue Generationen von Führungskräften? Ergebnisse einer Befragung von älteren und jüngeren Führungskräften in öffentlichen Kultureinrichtungen in Deutschland. https://doi.org/10.18442/823. Zugegriffen: 1. Juli 2020.

Mangelsdorf, Martina. 2015. *Von Babyboomer bis Generation Z: Der richtige Umgang mit unterschiedlichen Generationen im Unternehmen.* Offenbach: Gabal.

Marcus, Bernd. 2011a. *Einführung in die Arbeits- und Organisationspsychologie.* Wiesbaden: VS Verlag für Sozialwissenschaften / Springer Fachmedien Wiesbaden GmbH Wiesbaden.

Marcus, Bernd. 2011. *Personalpsychologie.* Wiesbaden: VS Verlag für Sozialwissenschaften / Springer Fachmedien Wiesbaden GmbH Wiesbaden.

Marcus, Dorothea. 2019. Notlösung ohne Not: Carl Philip von Maldeghem tritt sieben Tage nach seiner Ernennung wieder zurück als Intendant vom Schauspiel Köln. in: *Nachtkritik vom 01.02.2019.* https://www.nachtkritik.de/index.php?option=com_content&view=article&id=16368:carl-philip-von-maldeghem-tritt-sieben-tage-nach-seiner-ernennung-wieder-zurueck-als-intendant-vom-schauspiel-koeln&catid=101&Itemid=84. Zugegriffen: 20. Juni 2020.

Matthes, Ulrich, Jens Harzer, und Peter Kümmel. Dann würde ich heulen: *Die Zeit vom 28.05.2020.* Seite 47.

Matuschka, Johannes von. 2013. Theatermanagement. Der Mensch im Fokus? In *Kultur und Management: Eine Annäherung*, Hrsg. Raphaela Henze, 37–40. Wiesbaden: Springer.

Matzke, Annemarie. 2011. Inszenierte Co-Abhängigkeit. Zur Aufgabe einer souveränen Darstellerposition im zeitgenössischen Performance-Theater. In *Schauspielen heute: Die Bildung des Menschen in den performativen Künsten*, Hrsg. Jens Roselt und Christel Weiler, 109–136. Bielefeld: transcript Verlag.

Matzke, Annemarie (2012). 2012. *Arbeit am Theater: Eine Diskursgeschichte der Probe.* Bielefeld: transcript Verlag.

Matzke, Annemarie (2012a) (Hrsg.). 2012. *Das Buch von der angewandten Theaterwissenschaft.* Berlin: Alexander-Verl.

Matzke, Annemarie. 2013. Das 'freie' Theater gibt es nicht. Formen des Produzierens im gegenwärtigen Theater. In Theater entwickeln und planen: Kulturpolitische Konzeptionen zur Reform der Darstellenden Künste, Hrsg. Wolfgang Schneider, 259–272. Berlin, Bielefeld: transcript Verlag.

Mbembe, Achille. Brief an die Deutschen. Zitiert in der *TAZ vom 11.05.2020.* https://taz.de/Mbembe-zum-Antisemitismusvorwurf/!5684094/.

Mbembe, Achille. 2015. On Palestine: Foreword. In *Apartheid Israel: The Politics of an Analogy*, Hrsg. Sean Jacobs, Jon Soske und Achille Mbembe, VII-VIII. Chicago: Haymarket Books.

McClelland, David C. 2009. *Human motivation.* Cambridge: Cambridge University Press.

Ministerium für Kultur und Wissenschaft des Landes Nordrhein-Westfalen. Hochschulgesetz Nordrhein-Westfalen 2019. https://www.mkw.nrw/system/files/media/document/file/mkw_nrw_hochschulen_hochschulgesetz_hochschulgesetz_novelliert_begr%C3%BCndet_0.pdf. Zugegriffen: 17. Juli 2020.

Mintzberg, Henry. 1980. *The nature of managerial work*. Englewood Cliffs, N.J.: Prentice-Hall.

Mitarbeiter der Volksbühne. 2016. Offener Brief vom 20.06.2016. https://volksbuehne.adk.de/deutsch/offener_brief/index.html. Zugegriffen: 2. Juli 2020.

Moghimi, Juliane. 2017. Interne Kommunikation an der Oper Stuttgart. Vertrauen ist die Währung am Theater. https://www.kulturmanagement.net/Themen/Interne-Kommunikation-an-der-Oper-Stuttgart-Vertrauen-ist-die-Waehrung-am-Theater,2232. Zugegriffen: 25. Juni 2020.

Mohr, Henning. 2020. In der Zukunftsgefährdungshaltung. Überlegungen zur Notwendigkeit einer innovationsorientierten Kulturpolitik. In *Kulturpolitische Mitteilungen* N. 168. 1/2020. S. 6–7.

Molitor, Andreas. An der Pforte der Erkenntnis. In *Brandeins 02/2019*, 60–65.

Mondtag, Ersan. 2019. Theater ist Ausnahmezustand: Gespräch mit Christine Wahl. *Der Tagesspiegel 30.04.2019*. https://www.tagesspiegel.de/kultur/regisseur-ersan-mondtag-im-gespraech-theater-ist-ausnahmezustand/24269348.html.

Müller, Hans-Erich. 2013. *Unternehmensführung: Strategien – Konzepte – Praxisbeispiele*, 2. Aufl. München: De Gruyter.

Müller, Heiner (Hrsg.). 2014. *Theater ist kontrollierter Wahnsinn: Ein Reader. Herausgegeben von Detlev Schneider.* Berlin: Alexander-Verl.

Müller, Hendrik. 2017. Von Cultural Leadership zu Cultural Diplomacy: in: Cultural Leadership. *KM – Das Magazin von Kulturmanagement Network Nr. 128.* S.37-44. https://www.kulturmanagement.net/dlf/e705f071c73a7217b021731d0e2d190b,1.pdf. Zugegriffen: 2. Juli 2020.

Müller, Hendrik. 2019. Das identitätsorientierte Cultural Leadership-Verständnis und seine Bedeutung für die Kulturmanagementpraxis. In *Zeitschrift für Kulturmanagement: Kunst, Politik, Wirtschaft und Gesellschaft: Cultural Leadership*, Hrsg. Steffen Höhne und Martin Tröndle, 45–55. Bielefeld: transcript Verlag.

Müller, Tobi. 2019. Theaterreform in der Schweiz. Zürich spielt Avantgarde: *Deutschlandfunk Kultur vom 14.09.2019*. https://www.deutschlandfunkkultur.de/theaterreform-in-der-schweiz-zuerich-spielt-avantgarde.2159.de.html?dram:article_id=458821. Zugegriffen: 2. Juli 2020.

Mundel, Barbara und Josef Mackert (2011). 2011. Fluxus für das Stadttheater: Über neue Begegnungen zwischen Stadt und Theater. Und ihre Folgen für die Arbeit an der Institution. Eine Annäherung in fünf Schritten. In *Heart of the City: Recherchen zum Stadttheater der Zukunft*, Hrsg. Mackert, Josef, Heiner Goebbels, Barbara Mundel, 128–136. Berlin: Theater der Zeit.

Mundel, Barbara und Matthias Lilienthal. 2020. München tickt anders. Gespräch mit Theater heute. Jahrbuch Theater heute 2020, S. 72–78. Berlin: Der Theaterverlag – Friedrich.

Nerdinger, Friedemann W., Gerhard Blickle, und Niclas Schaper. 2008. *Arbeits- und Organisationspsychologie*. Berlin, Heidelberg: Springer Medizin Verlag Heidelberg.

Neuberger, Oswald. 1974. *Messung der Arbeitszufriedenheit: Verfahren und Ergebnisse.* Stuttgart: Kohlhammer.

Neuberger, Oswald. 2002. *Führen und führen lassen: Ansätze, Ergebnisse und Kritik der Führungsforschung*, 6. Aufl. Stuttgart: Lucius & Lucius.

Neuberger, Oswald. 2004. *Das Mitarbeitergespräch*. Leonberg: Rosenberger Fachverl.

Neuberger, Oswald, Mechthild Allerbeck, und Eberhard Ulich. 1978. *Messung und Analyse von Arbeitszufriedenheit: Erfahrungen mit dem "Arbeitsbeschreibungsbogen (ABB)"*. Bern: Huber.

Neumann, Bert. 2017. Ich überlege, ob ich ein Tattoo-Studio aufmachen soll. Im Interview mit Peter Laudenbach. In *Am liebsten hätten sie veganes Theater. Interviews 1996–2017*, Hrsg. Castorf, Frank und Peter Laudenbach, 123–129. Berlin: Verlag Theater der Zeit.

Nieswandt, Martina. 2016. Schlüsselfigur Mittelmanager. *Capital 15.04.2016*. https://www.capital.de/karriere/schluesselfigur-mittelmanager. Zugegriffen: 20. Juli 2020.

Nix, Christoph. 2016. Theater_Macht_Politik: Zur Situation des deutschsprachigen Theaters im 21. Jahrhundert. Berlin: Verlag Theater der Zeit.

Nix, Christoph. 2020 Muster ohne Repräsentanz: *Die deutsche Bühne 2020*. S.32-34.

Norz, Maximilian. 2016. *Faire Arbeitsbedingungen in den darstellenden Künsten und der Musik?!: Eine Untersuchung zu Arbeitsbedingungen, Missständen sowie Vorschlägen, die zu besseren Arbeitsbedingungen beitragen können*. Düsseldorf: Hans-Böckler-Stiftung.

Nürnberg, Volker. 2017. *Mitarbeiterbefragungen. Ein effektives Instrument der Mitbestimmung*. München: Haufe Lexware Verlag.

Oberender, Thomas. 2013. Ein Theater neuen Typs. Kulturpolitische Wege der Infarktbekämpfung. In *Theater entwickeln und planen: Kulturpolitische Konzeptionen zur Reform der Darstellenden Künste*, Hrsg. Wolfgang Schneider, 69–89. Berlin, Bielefeld: transcript Verlag.

Oelsnitz, Dietrich von der. 2017. *Einführung in die systemische Personalführung*. Heidelberg: Carl-Auer Verlag GmbH.

Öffentlicher Dienst-Info. 2020. TV-L S: Sozial- und Erziehungsdienst. https://oeffentlicher-dienst.info/tv-l/s/. Zugegriffen: 01.09.2020.

ORF. Burgtheater-Skandal. Eine Chronologie: vom 27.02.2014. https://wien.orf.at/v2/news/stories/2633443/. Zugegriffen: 1. Juli 2020.

Patzer, Georg. 2020. Noch ein Vertrauensvorschuss. Nach Verwaltungsratssitzung und Mitarbeiter*innen-Protesten: Peter Spuhler bleibt Generalintendant des Badischen Staatstheaters Karlsruhe. *Nachtkritik vom 17.07.2020*. https://nachtkritik.de/index.php?option=com_content&view=article&id=18422:nach-verwaltungsratssitzung-und-mitarbeiter-innen-protesten-peter-spuhler-bleibt-generalintendant-des-badischen-staatstheaters-karlsruhe&catid=101&Itemid=84. Zugegriffen: 25. Juli 2020.

Pauly, Kathrin. 2017. Schauspieler fordern mehr Mitbestimmung, *Berliner Morgenpost vom 25.01.2017*. https://www.morgenpost.de/kultur/article209386795/Schauspieler-fordern-mehr-Mitbestimmung.htmlhttps://www.morgenpost.de/kultur/article209386795/Schauspieler-fordern-mehr-Mitbestimmung.html. Zugegriffen: 3. Juli 2020.

Pelinka, Anton. 2008. Kritische Hinterfragung eines Konzepts. Demokratietheoretische Anmerkungen. In *Political leadership: Annäherungen aus Wissenschaft und Praxis*, Hrsg. Regina Maria Jankowitsch und Annette Zimmer, S.35-53. Berlin: polisphere.

Peter, Anne. 2018. Das reicht nicht! Geschlechtergerechtigkeit im Theaterbetrieb – Gründe für die strukturelle Benachteiligung von Frauen und mögliche Lösungsansätze. *Nachtkritik vom 11.05.2018*. https://nachtkritik.de/index.php?option=com_content&view=article&id=15381:frauen-im-theater-ueber-geschlechtergerechtigkeit-im-theaterbetrieb&catid=101&Itemid=84. Zugegriffen: 25. Juni 2020.

Peter, Anne (2019a). Von allein verändert sich nichts. Interview mit der Regisseurin Anne Bergmann, in: Heinrich Böll-Stiftung (Hrsg.): *Moralische Anstalt 2.0. Über Theater und politische Bildung, Schriften zu Bildung und Kultur, Band 13*, Berlin 2019, S.24-25. https://www.boell.de/sites/default/files/moralische-anstalt-2.0.pdf. Zugegriffen: 17. Juli 2020.

Peter, Anne und Elena Philipp. 2019. Perfektes Timing: Wie Frauen am Theater sich gegen Benachteiligung organisieren: in: Moralische Anstalt 2.0. S.18-23. Heinrich-Böll-Stiftung (Hrsg.): *Moralische Anstalt 2.0. Über Theater und politische Bildung, Schriften zu Bildung und Kultur, Band 13*, Berlin 2019 https://www.boell.de/sites/default/files/moralische-anstalt-2.0.pdf. Zugegriffen: 1. Juli 2020.

Peters, Theo. 2015. *Leadership: Traditionelle und moderne Konzepte Mit vielen Beispielen.* Wiesbaden: Springer Gabler.

Peters, Thomas J., und Robert H. Waterman. 1986. *In search of excellence: Lessons from America's best-run companies.* New York, N.Y.: Harper & Row.

Petersen, Thomas, Jan Hendrik Quandt, und Matthias Schmidt (Hrsg.). 2017. *Führung in Verantwortung: Ethische Aspekte für ein zeitgemäßes Management.* Wiesbaden: Springer Gabler.

Petersen, Thomas. 2017a. Werteorientierte Unternehmensführung. Zwischen Preis und Würde. In *Führung in Verantwortung: Ethische Aspekte für ein zeitgemäßes Management*, Hrsg. Thomas Petersen, Jan Hendrik Quandt und Matthias Schmidt, 81–94. Wiesbaden: Springer Gabler.

Petersen, Thomas. 2017b. Führung, Macht, Ethik. In *Führung in Verantwortung: Ethische Aspekte für ein zeitgemäßes Management*, Hrsg. Thomas Petersen, Jan Hendrik Quandt und Matthias Schmidt, 95–108. Wiesbaden: Springer Gabler.

Peymann, Claus. 2015. Offener Brief an den Berliner Bürgermeister Michael Müller: in: *Die Welt vom 01.04.2015*. https://www.welt.de/kultur/buehne-konzert/article139012758/Tim-Renner-ist-die-Fehlbesetzung-des-Jahrzehnts.html#cs-lazy-picture-placeholder-01c4eedaca.png. Zugegriffen: 2. Juli 2020.

Peymann, Claus. 2003. Wir sind die Avantgarde. Interview mit Andreas Müry. *Focus 51/2003*. 15.12.203. https://www.focus.de/kultur/medien/kultur-wir-sind-die-avantgarde_aid_197305.html. Zugegriffen: 14. Juli 2020.

Piecha, Annika, Jürgen Wegge, Lioba Werth, und Peter G. Richter. 2012. Geteilte Führung in Arbeitsgruppen. Ein Modell für die Zukunft? In *Die Zukunft der Führung*, Hrsg. Sven Grote, 557–572. Berlin, Heidelberg: Springer.

Pinnow, Daniel F. 2008. *Führen. Worauf es wirklich ankommt*, 3. Aufl. Wiesbaden: Gabler.

Pinnow, Daniel F. 2011. *Unternehmensorganisationen der Zukunft: Erfolgreich durch systemische Führung.* Frankfurt, New York: Campus Verlag GmbH.

Pircher, Richard. 2018. *Agilstabile Organisationen: Der Weg zum dynamischen Unternehmen und verteilten Leadership : mit Beispielen aus Deutschland, Österreich und der Schweiz.* München: Verlag Franz Vahlen.

Pundt, Alexander, Friedemann W.Nerdinger. 2012. Transformationale Führung. Führung für den Wandel? In *Die Zukunft der Führung*, Hrsg. Sven Grote, 27-60. Berlin, Heidelberg: Springer.

Räber, Martin. 2013. Mitarbeiterpartizipation. Gemeinsam gefällte Entscheidungen sind die besseren Entscheidungen: in: *KM Kultur und Management im Dialog*. Juni 2013. S. 6-8. https://www.kulturmanagement.net/dlf/20e1c4c4c5ca3e2ee64edbbb3d604540,1.pdf. Zugegriffen: 1. Juli 2020.

Raddatz, Frank M. (Hrsg.). 2016. *Republik Castorf: Die Berliner Volksbühne am Rosa-Luxemburg-Platz seit 1992: Gespräche.* Berlin: Alexander Verlag.

Rakow. Christian (2017). Heimvorteil. Christian Rakow widerspricht Dieter Haselbachs Forderung nach einem Ende des Stadttheatersystems. *Nachtkritik 09.02.2017.* https://www.nachtkritik.de/index.php?option=com_content&view=article&id=13598:deba tte-um-die-zukunft-des-stadttheaters-xxx-christian-rakow-widerspricht-dieter-hasel-bachs-forderung-nach-einem-ende-des-stadttheatersystems&catid=101&Itemid=84. Zugegriffen: 16. Juli 2020.

Rapp, Tobias (2020). Stell den Müll raus. *Der Spiegel Nr.18 vom 25.04.2020,* S.100-112,

Rau, Milo. 2018. Der einzige Autor, der mich im Theater interessiert. Der Schauspieler des 21. Jahrhunderts. Rede zur Alfred-Kerr-Preis-Verleihung beim Theatertreffen 2018. *Nachtkritik 21.05.2018.* https://www.nachtkritik.de/index.php?option=com_content&view=artic le&id=15428:milo-raus-rede&catid=101&Itemid=84. Zugegriffen: 21. Juli 2020.

Reckwitz, Andreas. 2016. *Kreativität und soziale Praxis: Studien zur Sozial- und Gesellschaftstheorie.* Bielefeld: transcript.

Reckwitz, Andreas. 2017. *Die Gesellschaft der Singularitäten: Zum Strukturwandel der Moderne,* 6. Aufl. Berlin: Suhrkamp.

Reckwitz, Andreas. 2019. *Die Erfindung der Kreativität: Zum Prozess gesellschaftlicher Ästhetisierung,* 6. Aufl. Berlin: Suhrkamp.

Reckwitz, Andreas. 2019a. *Das Ende der Illusionen: Politik, Ökonomie und Kultur in der Spätmoderne,* 4. Aufl. Berlin: Suhrkamp.

Reese, Oliver. 2016. Kein Übermensch. Oliver Reese verteidigt das Intendanten-Modell in der FAZ (28.10.2018) – zitiert in *Nachtkritik* vom 28.10.2016 https://nachtkritik.de/index. php?option=com_content&view=article&id=13144:presseschau-vom-28-oktober-2016-oliver-reese-verteidigt-das-intendanten-modell-in-der-faz&catid=242:presseschau&Ite-mid=62. Zugegriffen: 2. Juli 2020.

Reiermann, Christian (2020). Tschüss Überschuss. Bundeshaushalt droht Milliardenloch. In: *Spiegel Online vom 28.02.2020.* https://www.spiegel.de/wirtschaft/soziales/bundeshaushalt-droht-milliardenloch-tschuess-ueberschuss-a-00000000-0002-0001-0000-000169705055. Zugegriffen: 17. Juli 2020.

Renz, Thomas. 2016. *Nicht-Besucherforschung. Die Förderung kultureller Teilhabe durch Audience Development.* Bielefeld: transcript Verlag.

Rheinisches Landestheater (2019). Stellenanzeige Verwaltungsdirektor (m/w/d), in: *Die Deutsche Bühne 09/19,* S.101.

Ris, Daniel. 2012. *Unternehmensethik für den Kulturbetrieb: Perspektiven am Beispiel öffentlich-rechtlicher Theater.* Wiesbaden: Springer VS.

Robertson, Brian. 2016. *Holacracy.* München: Franz Vahlen.

Rosa, Hartmut. 2017. Variationen unseres Selbst: Gespräch mit Dorte Lena Eilers und Jutta Wangemann. In *Heart of the city II: Recherchen zum Stadttheater der Zukunft,* Hrsg. Dorte Lena Eilers und Jutta Wangemann, 11–26. Berlin: Theater der Zeit.

Roselt, Jens. 2013. Mythos Stadttheater: Vom Weh und Werden einer deutschen Institution. In *Theater entwickeln und planen: Kulturpolitische Konzeptionen zur Reform der Darstellenden Künste,* Hrsg. Wolfgang Schneider, 215–228. Berlin, Bielefeld: transcript Verlag.

Roselt, Jens, und Christel Weiler (Hrsg.). 2011. *Schauspielen heute: Die Bildung des Menschen in den performativen Künsten.* Bielefeld: transcript Verlag.

Rosenberger, Sigrid. 2008. Leadership revisited. Zur Wiederentdeckung der Persönlichkeit in der Politik, S.55-69. In *Political Leadership: Annäherungen aus Wissenschaft und Praxis*, Hrsg. Regina Maria Jankowitsch und Annette Zimmer. Berlin: polisphere.

Rosenstiel, Lutz von. 2007. *Grundlagen der Organisationspsychologie: Basiswissen und Anwendungshinweise*, 6. Aufl. Stuttgart: Schäffer-Poeschel.

Roth, Steffen. 2014. Die zehn Systeme. Ein Beitrag zur Kanonisierung der Funktionssysteme. ZBW – Deutsche Zentralbibliothek für Wirtschaftswissenschaften. Leibniz-Informationszentrum Wirtschaft. Kiel und Hamburg 2014. https://www.econstor.eu/bitstream/10419/104017/1/14-11-24%20Die%20zehn%20Systeme.%20Ein%20Beitrag%20zur%20Kanonisierung%20der%20Funktionssysteme.pdf. Zugegriffen: 14. Juli 2020.

Rowold, Jens. 2015. *Human Resource Management: Lehrbuch für Bachelor und Master*, 2. Aufl. Berlin: Springer Gabler.

RP-Online. Nazi-Symbolik auf Bühne in Düsseldorf. Rheinoper bestürzt über Kritik an "Tannhäuser" 06.06.2013. https://rp-online.de/nrw/staedte/duesseldorf/kultur/rheinoper-bestuerzt-ueber-kritik-an-tannhaeuser_aid-14812903. Zugegriffen: 17. Juli 2020.

Rüth, Katharina. 2019. Binder-Kündigung ist unwirksam: in: *Westdeutsche Zeitung vom 20.08.2019*. https://www.wz.de/nrw/wuppertal/wuppertaler-tanztheater-kuendigung-von-adolphe-binder-ist-unwirksam_aid-45212101. Zugegriffen: 25. Juni 2020.

Rybnikova, Irma. 2014. Psychoanalytische Führungssicht. In *Aktuelle Führungstheorien und -konzepte*, Hrsg. Rainhart Lang, Irma Rybnikova und Peter M. Wald, 34–55. Wiesbaden: Springer Gabler.

Rybnikova, Irma. 2014b. Austauschtheoretische Führungssicht. Wie du mir, so ich dir. In *Aktuelle Führungstheorien und -konzepte*, Hrsg. Rainhart Lang, Irma Rybnikova und Peter M. Wald, 122–149. Wiesbaden: Springer Gabler.

Rybnikova, Irma. 2014c. Symbolische Führung. Wie Führungskräfte und Mitarbeiter Sinn stiften. In *Aktuelle Führungstheorien und -konzepte*, Hrsg. Rainhart Lang, Irma Rybnikova und Peter M. Wald, 234–257. Wiesbaden: Springer Gabler.

Rybnikova, Irma. 2014d. Führung als Residualfaktor und Führungssubstitute. Sind Führungskräfte überflüssig? In *Aktuelle Führungstheorien und -konzepte*, Hrsg. Rainhart Lang, Irma Rybnikova und Peter M. Wald, 260–284. Wiesbaden: Springer Gabler.

Rybnikova, Irma. 2014e. Führung und Frauen. In *Aktuelle Führungstheorien und -konzepte*, Hrsg. Rainhart Lang, Irma Rybnikova und Peter M. Wald, 388–418. Wiesbaden: Springer Gabler.

Sachsen.de/Revosax. Sächsisches Kulturraumgesetz in der Fassung der Bekanntmachung vom 4. Dezember 2018 (SächsGVBl. S. 811). https://www.revosax.sachsen.de/vorschrift/3215-Saechsisches-Kulturraumgesetz. Zugegriffen: 17. Juli 2020.

Sack, Mira. 2011. *Spielend denken: Theaterpädagogische Zugänge zur Dramaturgie des Probens*. Bielefeld: transcript Verlag.

Salzwedel, Martin. 2017. Der Merlin-Faktor: Wie man vom Kulturmanager zur Führungsperson wird. 18.12.2017. https://www.kulturmanagement.net/Themen/Wie-man-vom-Kulturmanager-zur-Fuehrungsperson-wird-Der-Merlin-Faktor,2281. Zugegriffen: 2. Juni 2020.

Schaper, Rüdiger. René Pollesch übernimmt Intendanz. Der Volksbühnengeruch kehrt zurück: *Der Tagesspiegel vom 12.06.2019*. https://www.tagesspiegel.de/kultur/rene-pollesch-uebernimmt-intendanz-der-volksbuehnengeruch-kehrt-zurueck/24449620.html. Zugegriffen: 2. Juli 2020.

Schechner, Richard. 1990. *Theater – Anthropologie: Spiel und Ritual im Kulturvergleich.* Reinbeck bei Hamburg: Rowohlt Taschenbuch.

Schein, Edgar H. 1980. *Organizational psychology*, 3. Aufl. Englewood Cliffs, N.J.: Prentice-Hall.

Schein, Edgar H. 1990. Organizational culture. *American Psychologist* 45 (2): 109–119. doi: 10.1037/0003-066X.45.2.109.

Schein, Edgar H., und Peter Schein. 2018. *Organisationskultur und Leadership*, 5. Aufl. München: Verlag Franz Vahlen.

Scheytt, Oliver. 2018. Die Vermessung der kulturpolitischen Landschaft. Meilensteine und Wegweiser der Enquetekommission „Kultur in Deutschland", in: Kulturpolitische Mitteilungen. Heft 162, 3/2018 Seite 38–41.

Scheytt, Oliver. 2005. *Kommunales Kulturrecht: Kultureinrichtungen, Kulturförderung und Kulturveranstaltungen.* München: Beck.

Scheytt, Oliver. 2008. *Kulturstaat Deutschland: Plädoyer für eine aktivierende Kulturpolitik.* Bielefeld: transcript Verlag.

Scheytt, Oliver. 2018a. Die eierlegenden Wollmilchsäue. Die Risikofaktoren bei Besetzungsverfahren: in: *Kulturmanagement Net vom 11.01.2018.* https://www.kulturmanagement.net/Themen/Besetzungsverfahren-im-Kulturbereich-Eierlegende-Wollmilchsaeue,2280. Zugegriffen: 6. Juli 2020.

Scheytt, Oliver und Norbert Sievers (2012). Der Kulturinfarkt. Eine Kontraindikation. Kulturpolitische Gesellschaft. 22.03.2012. https://kupoge.wordpress.com/2012/03/22/der-kulturinfarkt-eine-kontraindikation/. Zugegriffen: 17. Juli 2020.

Schiersmann, Christiane, und Heinz-Ulrich Thiel. 2018. *Organisationsentwicklung: Prinzipien und Strategien von Veränderungsprozessen*, 5. Aufl. Wiesbaden: Springer VS.

Schilling, Jan, und Daniel May. 2015. Negative und destruktive Führung. In *Trends der psychologischen Führungsforschung*, Hrsg. Jörg Felfe, 317–329. Göttingen, Bern, Wien: Hogrefe.

Schlicht, Heike. 2020. Gemeinsam statt einsam. In *Doppelspitzen. Doppelt spitze?: Dossier: Gemeinsam führen in der Kultur. Deutscher Kulturrat*, Hrsg. Zimmermann, Olaf, Gabriele Schulz et al., 11–13. Berlin: ConBrio Verlagsgesellschaft mbH.

Schlippe, Arist von, und Jochen Schweitzer. 2013. *Lehrbuch der systemischen Therapie und Beratung I: Das Grundlagenwissen*, 2. Aufl. Göttingen, Bristol, CT, U.S.A.: Vandenhoeck & Ruprecht.

Schmid, Bernd. 2014. *Systemische Organisationsentwicklung: Change und Organisationskultur gemeinsam gestalten.* Stuttgart: Schäffer-Poeschel Verlag.

Schmidt, Matthias und Jan Hendrik Quandt. 2017. Verantwortung oder Pragmatismus. Zeitgemäßes Management in dynamischen Gesellschaften. In *Führung in Verantwortung: Ethische Aspekte für ein zeitgemäßes Management*, Hrsg. Thomas Petersen, Jan Hendrik Quandt und Matthias Schmidt, 1–11. Wiesbaden: Springer Gabler.

Schmidt, Thomas. 2011. Theater im Wandel. Vom Krisenmanagement zur Zukunftsfähigkeit. In *Kulturmanagement und Kulturpolitik. Jahrbuch für Kulturmanagement 2011*, Hrsg. Bekmeier-Feuerhahn, Sigrid, Karen van den Berg et al., S.161-180. Bielefeld, Berlin: Transcript-Verlag.

Schmidt. Thomas. 2012. *Theatermanagement: Eine Einführung.* Wiesbaden: VS Verlag für Sozialwissenschaften.

Schmidt, Thomas. 2013. Auf der Suche nach der zukünftigen Struktur: Für eine Transformation des Theatersystems. In *Theater entwickeln und planen: Kulturpolitische Konzeptionen zur Reform der Darstellenden Künste*, Hrsg. Wolfgang Schneider, 191–213. Berlin, Bielefeld: transcript Verlag.

Schmidt, Thomas. 2013a. Personalentwicklung und Personalmanagement am Theater. Entwicklung neuer Instrumente und ihre Grenzen. In *Erfolgsfaktor Mitarbeiter: Wirksames Personalmanagement für Kulturbetriebe*, 2. Aufl., Hrsg. Andrea Hausmann und Laura Murzik, 185–197. Wiesbaden: Springer VS.

Schmidt, Thomas. 2017. *Theater, Krise und Reform: Eine Kritik des deutschen Theatersystems*. Wiesbaden: Springer VS.

Schmidt, Thomas. 2017b. Die qualitative Performance des Theaters: Ein Modell für die Untersuchung der deutschen Stadt-, Landes- und Staatstheater. In *Zeitschrift für Kulturmanagement. Evaluation im Kulturbereich II*, Hrsg. Steffen Höhne und Martin Tröndle, 75–102. Bielefeld: transcript.

Schmidt, Thomas. 2017c. Die Stunde der Patriarchen muss endlich vorbei sein: Interview mit Anne Hünninghaus. In: *Magazin Human Resources Manager*. https://www. pressesprecher.com/nachrichten/die-stunde-der-patriarchen-muss-endlich-vorbei-sein-965750630. Zugegriffen: 1. Juli 2020.

Schmidt, Thomas. 2017d. Der informierte Künstler: *Nachtkritik vom 03.04.2017*. https:// www.nachtkritik.de/index.php?option=com_content&view=article&id=13808: debatte-um-die-zukunft-des-stadttheaters-xxxii-thomas-schmidt-modelliert-das-mitbestimmungstheater-neuen-typus&catid=101&Itemid=84. Zugegriffen: 2. Juni 2020.

Schmidt, Thomas. 2018. *Elemente des deutschen Theatersystems: Praxis Kulturmanagement*. Wiesbaden: Springer VS.

Schmidt, Thomas. 2018a. *Vorwort im Programmheft zum Triptychon der Darstellenden Künste am Schauspielhaus und am Prinzregent-Theater in Bochum.*

Schmidt, Thomas. 2019. *Die Regeln des Spiels: Programm und Spielplan-Gestaltung im Theater.* Wiesbaden: Springer VS.Schmidt. Thomas. 2019a. *Macht und Struktur im Theater: Asymmetrien der Macht:* Springer VS.

Schmidt, Thomas. 2019b. Macht als struktur- und organisationsbildendes Konzept des Theaterbetriebes. In *Zeitschrift für Kulturmanagement. Theater. Politik. Management 2019/2*, Hrsg. Steffen Höhne, Thomas Schmidt, Martin Tröndle und Constanze DeVereaux, 93–134. Bielefeld: transcript Verlag.

Schmidt, Ulf. 2011. Stadttheater ist nicht nur eine Organisation oder Institution, sondern eine kulturelle Form.: Die Funktion des Stadttheaters. *Nachtkritik vom 28.07.2011.* https://www.nachtkritik.de/index.php?view=article&id=5941%3Adebatte-um-die-zukunft-des-theaters-ii-stadttheater-ist-nicht-nur-eine-organisation-oder-institution-sondern-eine-kulturelle-form&option=com_content&Itemid=84. Zugegriffen: 20. Juni 2020.

Schmidt, Ulf. 2014. Auf dem Weg zum agilen Theater: in: *Nachtkritik vom 25.01.2014.* https://www.nachtkritik.de/index.php?view=article&id=9072%3Adebatte-um-die-zukunft-des-. Zugegriffen: 2. Juli 2020.

Schneider, Wolfgang (Hrsg.). 2013. *Theater entwickeln und planen: Kulturpolitische Konzeptionen zur Reform der Darstellenden Künste*. Berlin, Bielefeld: transcript Verlag.

Schneider, Wolfgang. 2013. Under construction. Reformbedarf auf der Baustelle Theater. In *Theater entwickeln und planen: Kulturpolitische Konzeptionen zur Reform der Darstellenden Künste*, Hrsg. Wolfgang Schneider, 21–26. Berlin, Bielefeld: transcript Verlag.

Scholl, Annika. 2018. Macht. Gelegenheit oder Verantwortung, in: *Wirtschaftspsychologie aktuell*. Zeitschrift für Personal und Management 2/2018. Berlin 36–42.

Scholz, Christian. 2011. *Grundzüge des Personalmanagements*. München: Vahlen.

Scholz, Christian. 2014. Generation Y und Gen-Z. http://die-generation-z.de/generation-y-und-gen-z/. Zugegriffen: 2. Juli 2020.

Scholz. Christian. 2018. Generation Y plus Generation Z. https://www.humanresourcesmanager. de/news/eine-neue-generation-betritt-den-arbeitsmarkt-die-generation-z.html. Zugegriffen: 1. Juli 2020.

Schramme, Annick. 2016. Cultural leadership from a European perspective: 7th Word Summit on Arts & Culture in Valetta/Malta (10/2016). http://2016.artsummit.org/media/ medialibrary/2016/11/Europe_updated_version_8_Nov.pdf. Zugegriffen: 1. Juli 2020.

Schreyögg, Astrid. 2012. *Coaching: Eine Einführung für Praxis und Ausbildung*, 7. Aufl. Frankfurt am Main: Campus Verlag.

Schreyögg, Astrid. 2020. Doppelspitzen und Coaching im Konfliktfall. In *Doppelspitzen. Doppelt spitze? Dossier: Gemeinsam führen in der Kultur. Deutscher Kulturrat*, Hrsg. Zimmermann, Olaf, Gabriele Schulz et al., 18–21. Berlin: ConBrio Verlagsgesellschaft mbH.

Schreyögg, Georg. 2008. *Organisation: Grundlagen moderner Organisationsgestaltung*, 5. Aufl. Wiesbaden: Gabler.

Schreyögg, Georg. 2016. *Grundlagen der Organisation: Basiswissen für Studium und Praxis*, 2. Aufl. Wiesbaden: Springer Gabler.

Schreyögg, Georg, und Daniel Geiger. 2016. *Organisation: Grundlagen moderner Organisationsgestaltung: mit Fallstudien*, 6. Aufl. Wiesbaden: Springer Gabler.

Schreyögg, Georg, und Jochen Koch. 2010. *Grundlagen des Managements: Basiswissen für Studium und Praxis*, 2. Aufl. Wiesbaden: Gabler Verlag / Springer Fachmedien Wiesbaden GmbH Wiesbaden.

Schuler, Heinz (Hrsg.). 2004. *Lehrbuch Organisationspsychologie*, 3. Aufl. Bern: Huber.

Schuler, Heinz und Stefan Höft. 2004. Diagnose beruflicher Eignung und Leistung. In *Lehrbuch Organisationspsychologie*, 3. Aufl., Hrsg. Heinz Schuler, 289–343. Bern: Huber.

Schulz, Gabriele, Carolin Ries, Olaf Zimmermann, Theresa Brüheim, Barbara Haack, Ruth Sandforth, und Friederike Wapler. 2016. Frauen in Kultur und Medien: Ein Überblick über aktuelle Tendenzen, Entwicklungen und Lösungsvorschläge. Berlin: Deutscher Kulturrat.

Schulz, Gabriele, Norbert Sievers, und Olaf Zimmermann (2020). Revision der Kulturpolitik. Brauchen wir eine neue Kulturpolitik? in: Kulturpolitische Gesellschaft (Hrsg.), *Kulturpolitische Mitteilungen, Heft Nummer 168, 1/2020 S.20-24*. In.

Schuster, Robert. 2017. Es gibt im Falschen kein Richtiges: Gespräch mit Martin Weigel. In *Heart of the city II: Recherchen zum Stadttheater der Zukunft*, Hrsg. Dorte Lena Eilers und Jutta Wangemann, 90–91. Berlin: Theater der Zeit.

Schweriner Volkszeitung. Volkstheater Rostock: Ein letztes Ultimatum? *SVZ vom 05.04.2016*. https://www.svz.de/regionales/mecklenburg-vorpommern/ein-letztes-ultimatum-id13185456.html. Zugegriffen: 17. Juli 2020.

Schyns, Birgit, Tina Kiefer, und Lena Staudigl. 2015a. Implizite Führungstheorien. In *Trends der psychologischen Führungsforschung*, Hrsg. Jörg Felfe, 155–165. Göttingen, Bern, Wien: Hogrefe.

Schyns, Birgit und Michael Knoll. 2015. LMX. Leader Member Exchange. In *Trends der psychologischen Führungsforschung*, Hrsg. Jörg Felfe, 55–65. Göttingen, Bern, Wien: Hogrefe.

Seifter, Harvey, und Peter Economy. 2001. *Das virtuose Unternehmen: Aktivieren Sie das Potenzial Ihrer Mitarbeiter mit der Methode des Orpheus Chamber Orchestra, des einzigen dirigentenlosen Orchesters*. Frankfurt: Campus-Verl.

Senge, Peter M. 2008. *Die fünfte Disziplin: Kunst und Praxis der lernenden Organisation*. Stuttgart: Schäffer-Poeschel.

Simon, Fritz B. 2007. *Einführung in die systemische Organisationstheorie*. Heidelberg: Carl-Auer Verlag.

Simon, Fritz B. 2008. *Einführung in Systemtheorie und Konstruktivismus*, 3. Aufl. Heidelberg: Carl-Auer Verlag.

Simon, Herbert A. 1962. The Architecture of Complexity. Proceedings of the American Philosophical Society, Vol. 106, No. 6. (Dec. 12, 1962), S. 467-482. http://www2.econ. iastate.edu/tesfatsi/ArchitectureOfComplexity.HSimon1962.pdf. Zugegriffen: 10. Juli 2020.

Slevogt, Esther. 2020. Intendant unter Beobachtung. Führungskrise am Staatstheater Karlsruhe: Schauspieldirektorin Anna Bergmann im Interview. *Nachtkritik vom 19.07.2020*. https://nachtkritik.de/index.php?option=com_content&view=article&id=18427:fuehr ungskrise-am-staatstheater-karlsruhe-schauspieldirektorin-anna-bergmann-im-interview &catid=101&Itemid=84. Zugegriffen: 25. Juli 2020.

Spieß, Erika, und Lutz von Rosenstiel. 2010. *Organisationspsychologie: Basiswissen, Konzepte und Anwendungsfelder*. München: Oldenbourg.

Spirgi, Dominique 2020. In und aus der Reihe tanzen. In *Theater der Zeit 2/2020*, 36–38.

Stammen, Silvia. Liebe auf den zweiten Blick. *Theater heute* Jahrbuch 2019:128–132.

Statista (2019). Anteil der Personalkosten an den Gesamtkosten von deutschen Theatern in den Spielzeiten 2007/08 bis 2017/18 vom 23.10.2019. https://de.statista.com/ statistik/daten/studie/205094/umfrage/personalkosten-von-theatern-in-deutschland/. Zugegriffen: 15. Juli 2010.

Statistische Ämter des Bundes und der Länder. 2018. Kulturfinanzbericht 2018. https:// www.destatis.de/DE/Themen/Gesellschaft-Umwelt/Bildung-Forschung-Kultur/ Kultur/Publikationen/Downloads-Kultur/kulturfinanzbericht-1023002189004.pdf?__ blob=publicationFile. Zugegriffen: 2. Juli 2020.

Staufenbiel, Thomas. 2012. Leistung und Leistungsbeurteilung. In *Organisationspsychologie*, Hrsg. Uwe Peter Kanning und Thomas Staufenbiel, 182–212. Göttingen: Hogrefe Verlag.

Stegemann, Bernd. 2011. You cannot see, what you cannot see: Sechs Beobachtungen zum Stadttheater. In *Heart of the City: Recherchen zum Stadttheater der Zukunft*, Hrsg. Mackert, Josef, Heiner Goebbels, Barbara Mundel, 102–198. Berlin: Theater der Zeit.

Stegemann, Bernd. 2011a. Die Probe bei Jossi Wieler und Nicolas Stemann. In Chaos und Konzept. Proben und Probieren im Theater, Hrsg. Melanie Hinz und Jens Roselt, 38–50. Berlin: Alexander-Verl.

Stegemann, Bernd. 2013. *Kritik des Theaters*, 2. Aufl. Berlin: Theater der Zeit.

Stegemann, Bernd. 2014. Wäre das schlimm? in: *Nachtkritik vom 06.03.2014.* https:// nachtkritik.de/index.php?option=com_content&view=article&id=9220:debatte-um-die-zukunft-des-stadttheaters-xi-bernd-stegemann-plaediert-fuer-das-kuenstlertheater& catid=101&Itemid=84. Zugegriffen: 1. Juli 2020.

Stegemann, Bernd. 2015. *Lob des Realismus.* Berlin: Verlag Theater der Zeit.

Steinmann, Horst, Georg Schreyögg, und Jochen Koch. 2005. *Management: Grundlagen der Unternehmensführung. Konzepte, Funktionen, Fallstudien,* 6. Aufl. Wiesbaden: Gabler.

Stephan, Julia (2019). An Schweizer Theatern dreht das Intendantenkarussell. *Tagblatt 07.01.2019.* https://www.tagblatt.ch/kultur/es-dreht-das-intendantenkarussell-ld.1082991. Zugegriffen: 17. Juli 2020.

Stephan. Rainer (2019). Toll hier, nichts wie weg! Wie Kay Voges vom Schauspiel Dortmund sich als neuen Intendanten der Volksbühne ins Spiel bringt. Interview mit Kay Voges. Der Tagesspiegel *25.05.2019.* https://www.tagesspiegel.de/kultur/volksbuehnenintendanz-toll-hier-nichts-wie-weg/24382042.html. Zugegriffen: 23. Juli 2020.

Stippler, Maria, Sadie Moore, Seth Rosenthal, und Tina Dörffer. 2017. *Führung: Überblick über Ansätze, Entwicklungen, Trends,* 5. Aufl. Gütersloh: Verlag Bertelsmann Stiftung.

Stock-Homburg, Ruth. 2010. *Personalmanagement: Theorien – Konzepte – Instrumente,* 2. Aufl. Wiesbaden: Gabler.

Sturm, Alexandra, Ilga Opterbeck, und Jochen Gurt. 2011. *Organisationspsychologie.* Wiesbaden: VS Verlag für Sozialwissenschaften.

Süß, Stefan. 2013. Personalmanagement in Kulturbetrieben. Grundlegende Überlegungen und aktuelle Trends. In *Erfolgsfaktor Mitarbeiter: Wirksames Personalmanagement für Kulturbetriebe,* 2. Aufl., Hrsg. Andrea Hausmann und Laura Murzik, 9–23. Wiesbaden: Springer VS.

Syha, Ulrike. Wer will schon Arschloch sein? *Die Deutsche Bühne 02/2020.* 56–57.

Tairow, Alexander. *Das entfesselte Theater. Köln 1964.* Kiepenheuer & Witsch.

Tannenbaum, Robert and Warren H. Schmidt (1958). How to Choose a Leadership Pattern. *Harvard Business Review,* 36, 95–101. – References – Scientific Research Publishing. https://www.scirp.org/(S(351jmbntvnsjt1aadkposzje))/reference/ReferencesPapers. aspx?ReferenceID=1425085. Zugegriffen: 10. Juli 2020.

THEMIS. Vertrauensstelle gegen sexuelle Belästigung und Gewalt. Website (2020). https:// themis-vertrauensstelle.de/ueber-uns/. Zugegriffen: 30.07.2020.

Thomsen, Kai. 2017. Agilität für die Zukunft der Kultur: in: Cultural Leadership, *KM 128* hrsg. von Dirk Schütz. https://www.kulturmanagement.net/dlf/e705f071c73a7217b0217 31d0e2d190b,1.pdf. Zugegriffen: 30. Juni 2020.

Tiedtke, Marion. 2014. Wer sich dauernd rechtfertigt, wird infrage gestellt: *Nachtkritik 21.01.2014.* https://www.nachtkritik.de/index.php?option=com_content&view=article &id=9002:debatte-um-die-zukunft-des-stadttheaters-vii-marion-tiedtkes-vortrag-zum-ueberleben-der-theater-als-ort-der-kunst&catid=101:debatte&Itemid=60. Zugegriffen: 9. Juli 2020.

Tobler, Andreas. 2018. Abrupter Abgang. Der umstrittene Intendant des «Konzert Theater Bern», Stephan Märki, tritt per sofort zurück, wie er an einer emotionalen Medienkonferenz bekanntmachte. *Tagesanzeiger vom 06.07.2018.* https://www.tagesanzeiger. ch/kultur/abrupter-abgang/story/12284733. Zugegriffen: 15. Juni 2020.

Turbo Pascal im Gespräch mit Daniel Ris (2014a). Ohne leise strukturelle Veränderung geht es nicht. In: Turbo Pascal und Theater Freiburg. Mitarbeiter*innenprojekt. Neun Monate. Ein Stadttheater. Ein Theaterkollektiv. November 2014. S.22-23. https://www. kulturstiftung-des-bundes.de/fileadmin/user_upload/downloads/Magazin-Turbo_Pascal. pdf. Zugegriffen: 15. Juli 2020.

Turbo Pascal und Theater Freiburg (2014). Mitarbeiter*innenprojekt. Neun Monate. Ein Stadttheater. Ein Theaterkollektiv. November 2014. S. 4–24. https://www.kulturstiftung-des-bundes.de/fileadmin/user_upload/downloads/Magazin-Turbo_Pascal.pdf. Zugegriffen: 15. Juli 2020.

Turner, Victor. 1989. *Vom Ritual zum Theater: Der Ernst des menschlichen Spiels.* Frankfurt/M.: Ed. Qumran im Campus-Verl.

Vahs, Dietmar. 2009. *Organisation: Ein Lehr- und Managementbuch,* 7. Aufl. Stuttgart: Schäffer-Poeschel.

van Ameln, Falco. Agilität und Führung. Eine Frage der Macht, in: *Wirtschaftspsychologie aktuell. Zeitschrift für Personal und Management. 2/2018,* Berlin 2018, S.28-34.

van Dick, Rolf, und Michael A. West. 2005. *Teamwork, Teamdiagnose, Teamentwicklung.* Göttingen: Hogrefe.

Völckers, Hortensia. 2011. Die Theater müssen ihre Rolle in der Stadt überdenken: Gespräch mit Barbara Mundel und Josef Mackert. In *Heart of the City: Recherchen zum Stadttheater der Zukunft,* Hrsg. Mackert, Josef, Heiner Goebbels, Barbara Mundel, 82–86. Berlin: Theater der Zeit.

Volkland, Anna. *2018. Der Produktionsapparat Theater. Ein Vorschlag, das Phänomen Stadttheater als nichtautomatische Maschinen zu verstehen.:* Vortrag im Rahmen der Jahreskonferenz der Deutschen Gesellschaft für Theaterwissenschaft „Theater und Technik" im Nov. 2018 in Düsseldorf.

Vorwerk, Christopher. 2012. *Qualität im Theater: Anforderungssysteme im öffentlichen deutschen Theater und ihr Management.* Wiesbaden: Springer VS.

Vroom, Victor H. 1964. *Work and motivation.* New York: Wiley.

Walenta, Christa und Erich Kirchler. 2011. Führung. In *Arbeits- und Organisationspsychologie*, 3. Aufl., Hrsg. Erich Kirchler, 413–505. Wien: facultas.wuv.

Wallas, Graham. 2014. *The art of thought.* London: Solis Press.

Walter, Anna Dorothea. 2016. *Mittleres Management – Schlüssel zum Unternehmenserfolg: Leitfaden zur Führung, Förderung und Beratung des "Sandwichmanagements".* Wiesbaden: Springer Gabler.

Waltz, Sasha. 2020. Vertrauen, das über Zweifel und Ängste erhaben ist. In *Doppelspitzen. Doppelt spitze? Dossier: Gemeinsam führen in der Kultur.* Deutscher Kulturrat, Hrsg. Zimmermann, Olaf, Gabriele Schulz et al., 31–32. Berlin: ConBrio Verlagsgesellschaft mbH.

WAZ. 2018. Schulplanung: Zwei Drittel junger Duisburger sind Migranten: *WAZ vom 25.09.2018.* https://www.waz.de/staedte/duisburg/zwei-drittel-der-jungen-duisburger-sind-migranten-id215405679.html. Zugegriffen: 9. Juli 2020.

Weber, Hasko, und Simone Kaempf. 2020. Konfrontation ist fehl am Platz. Debatte um Leitungsstrukturen am Theater – Interview mit Intendant und Bühnenvereins-Vertreter Hasko Weber über Machtmissbrauch, kontinuierliche Reformen und Hau-Ruck-Revolution.: *Nachtkritik vom 05.02.2020.* https://nachtkritik.de/index. php?option=com_content&view=article&id=17640:debatte-um-leitungsstrukturen-

am-theater-interview-mit-intendant-und-buehnenvereins-vertreter-hasko-weber-ueber-machtmissbrauch-kontinuierliche-reformen-und-hau-ruck-revolution&catid=101&Ite mid=84. Zugegriffen: 1. Juli 2020.

Weber, Max, und Johannes Winckelmann. 2009. *Wirtschaft und Gesellschaft: Grundriss der verstehenden Soziologie*, 5. Aufl. Tübingen: Mohr-Siebeck.

Weibler, Jürgen. 2016. *Personalführung*, 3. Aufl. München: Verlag Franz Vahlen.

Weickmann, Dorion. 2018. Wuppertaler Tanztheater. In *Tanz. Zeitschrift für Ballett, Tanz und Performance 10/2018*, Hrsg. Der Theaterverlag – Friedrich Berlin, 16–21.

Weinert, Ansfried. *Organisations- und Personalpsychologie. München 2004.*

Weintz, Jürgen. 2008. *Theaterpädagogik und Schauspielkunst: Ästhetische und psychosoziale Erfahrung durch Rollenarbeit*, 4. Aufl. Berlin: Schibri-Verl.

Weintz, Jürgen. 2011. Arbeitszufriedenheit beim Praxissemester im Kulturbereich von Kulturpädagogik-Studierenden der Hochschule Niederrhein. In: *KM. Das Monatsmagazin von Kulturmanagement Network Nr. 55*, Mai 2011, Weimar, 34-39. https://www.kulturmanagement.net/dlf/880256774acb4f07d6cfb0744ddb985f,1.pdf. Zugegriffen: 3. Juli 2020.

Weintz, Jürgen. 2013. Interview zur Zuschauerbefragung am Theater Mönchengladbach Krefeld. Opernnetz 10.09.2013 https://o-ton.online/Alt/seiten/archiv/archiv_audio_2013.htm. Zugegriffen: 15. März 2020.

Weintz, Jürgen. 2019. *Zwischen Hierarchie und Heterarchie. Überlegungen zum Stadttheater und zur Theaterpädagogik*. Vortrag im Rahmen des Symposiums 'Fachtheoretische Positionen und Perspektiven der Theaterpädagogik' an der Universität der Künste Berlin, Berlin, 13 April 2019. erscheint Anfang 2021 als Festschrift anlässlich der Emeritierung von Ulrike Hentschel.

Weintz, Jürgen, Marie Carolin Bartsch, Annika Sommerfeld, Christoph Traxel. 2016: Kulturbesucher und Nichtbesucher. Prägungen, Interessen, Barrieren und Anreizfaktoren. Eine quantitative Untersuchung im Raum Mönchengladbach. *KM 111 von Juni 2016* https://cdn.kulturmanagement.net/dlf/6061ba48d24fca8caef7fd9f5abf619e,1.pdf. Zugegriffen: 8. Juli 2020.

Welge, Martin K., und Michael A. Peschke. 2003. *Gabler Management Trends 2004: Die besten Praxislösungen*. Wiesbaden: Gabler Verlag.

Werther, Simon. 2013. *Geteilte Führung: Ein Paradigmenwechsel in der Führungsforschung*. Wiesbaden: Springer Gabler.

Werther, Simon. 2014. *Geteilte Führung: Ein Überblick über den aktuellen Forschungsstand*. Wiesbaden: Springer Gabler.

Werther, Simon. 2015. *Einführung in Feedbackinstrumente in Organisationen: Vom 360°-Feedback bis hin zur Mitarbeiterbefragung*. Wiesbaden: Springer.

Westdeutsche Zeitung. Schauspielhaus: Die Sanierung wird fast 50 Prozent teurer. 09.11.2018. https://www.wz.de/nrw/duesseldorf/schauspielhaus-in-duesseldorf-teil-der-sanierung-40-prozent-teurer_aid-34364371. Zugegriffen: 16. Juli 2020.

Westphal, Sascha. 2020. Auf der Suche nach einem neuen Stadttheater. Intendantin Julia Wissert stellt das Programm ihrer ersten Spielzeit am Schauspiel Dortmund vor. *Nachtkritik vom 16.05.2020*. https://www.nachtkritik.de/index.php?option=com_content&view=article&id=18145:intendantin-julia-wissert-stellt-das-programm-ihrer-ersten-spielzeit-am-schauspiel-dortmund-vor&catid=101:debatte&Itemid=84. Zugegriffen: 1. Juli 2020.

Wille, Franz. 2018. Unter Druck. Höhepunkte des Jahres. In *Neue Konflikte: Jahrbuch Theater heute 2018*, Hrsg. Eva Behrendt, Barbara Burckhardt und Franz Wille, 140–146. Berlin: Der Theaterverlag – Friedrich.

Winnicott, Donald W., Jochen Stork, und Gudrun Theusner-Stampa (Hrsg.). 1997. *Familie und individuelle Entwicklung*, 10. Aufl. Frankfurt am Main: Fischer-Taschenbuch-Verlag.

Winnicott, Donald Woods, und Michael Ermann. 1979. *Vom Spiel zur Kreativität*. Stuttgart: Klett-Cotta.

Wojach, Maurice und Jürgen Kleindienst. 2015. Theatermacher kritisieren Umgang mit Latchinian. In: Märkische Allgemeine vom 07.04.2015. https://www.maz-online.de/Nachrichten/Kultur/Reaktionen-auf-Entlassung-von-Latchinian. Zugegriffen: 10.07.2020

Wolff, Harald. 2016. Goldene Zeiten: in: *Nachtkritik vom 08.11.2016*.https://www.nachtkritik.de/index.php?option=com_content&view=article&id=12994:erfahrungsraeume-der-demokratie&catid=101&Itemid=84. Zugegriffen: 2. Juli 2020.

Zadek, Peter. 1994. *Das wilde Ufer: Ein Theaterbuch*. Köln: Kiepenheuer und Witsch.

Ziegler, Michael. 2018. *Agiles Projektmanagement mit Scrum für Einsteiger: Agiles Projektmanagement jetzt im Berufsalltag erfolgreich einsetzen*. München: Prima Media.

Zierold, Martin. 2017. Cultural Leadership als Zukunftsaufgabe: in: Cultural Leadership, *KM 128* hrsg. von Dirk Schütz. https://www.kulturmanagement.net/dlf/e705f071c73a72 17b021731d0e2d190b,1.pdf. Zugegriffen: 30. Juni 2020.

Zierold. Martin. 2019. Auf der Suche nach 'Cultural Leadership'. Editorial zum Themenschwerpunkt. In *Zeitschrift für Kulturmanagement: Kunst, Politik, Wirtschaft und Gesellschaft: Cultural Leadership*, Hrsg. Steffen Höhne und Martin Tröndle, 8–11. Bielefeld: transcript Verlag.

Zimmermann, Olaf. Ermöglichen oder Aktivieren, in: Kulturpolitische Gesellschaft (Hrsg.). Kulturpolitische Mitteilungen Heft 159. IV 2017. S. 40–41.

Zimmermann, Olaf, Gabriele Schulz et al. (Hrsg.). 2020. *Doppelspitzen. Doppelt spitze?: Dossier: Gemeinsam führen in der Kultur. Deutscher Kulturrat*. Berlin: ConBrio Verlagsgesellschaft mbH. https://www.kulturrat.de/wp-content/uploads/2020/06/Doppelspitzen.pdf. Zugegriffen: 20. Juli 2020.

Zukunftsakademie (ZAK) NRW. Vielfalt im Blick. Diversität in Kultureinrichtungen (2019). https://www.stiftung-mercator.de/media/downloads/3_Publikationen/2019/2019_07/zak_nrw_vielfalt_im_blick.pdf. Zugegriffen: 10. Juli 2020.

Zulauf, Jochen. 2012. *Aktivierendes Kulturmanagement: Handbuch Organisationsentwicklung und Qualitätsmanagement für Kulturbetriebe*. Bielefeld: transcript Verlag.

The manufacturer's authorised representative in the EU is Springer
Nature Customer Service Centre GmbH, Europaplatz 3, 69115 Heidelberg,
Germany. If you have any concerns regarding our products, please
contact ProductSafety@springernature.com

Printed and bound by CPI Group (UK) Ltd, Croydon, CR0 4YY
28/04/2026
02098490-0001